KB158503

TAX AFFAIRS

민법과 세법 실무

정진오 · 문정균 공저

SAMIL | 삼일인포마인

www.samili.com 사이트 제품몰 코너에서 본 도서 수정사항을 클릭하시면
정오표 및 중요한 수정 사항이 있을 경우 그 내용을 확인하실 수 있습니다.

머리말

　민법은 경제활동을 규율하는 1차적인 법률로 이에 따른 법률관계에 의한 경제활동 결과에 따라 발생한 담세력에 대하여 과세요건과 효과를 규정하는 세법과는 필수불가결한 관계에 있다.

　공정한 세법의 해석과 적용을 위해서는 민법 등 사법에 대한 전제 지식이 바탕이 되어야한다. 가령 세법에서 사용하는 개념 중 상당수는 민법에서 사용하고 있고, 그 의미 내용도 민법 규정에 의하거나 이를 준용하고 있어 세법과 관련된 민법 내용과 그 법리를 정확하게 해석하여야만 세법의 의미 내용도 명확하게 할 수 있고, 그 집행도 올바르게 할 수 있다.

　아울러, 최근 판례의 경향도 세법과 사법을 조화롭게 해석하면서 민법 등 사법의 법리를 세법의 해석에 통일적으로 적용하려는 모습을 보이고 있어 세법과 관련된 민법에 대한 지식과 이해의 필요성이 증대되고 있다.

　다만, 민법에 관한 지식은 깊이 있는 내용보다도 기본적이고 전반적인 내용과 세법과 연계될 수밖에 없는 관련된 민법의 내용과 그 법리를 충분히 이해하고 세법해석에 적용할 수 있는 정도면 충분하다고 생각된다.

　이러한 점을 감안하여 세무공무원 등 세무행정과 관련된 다수의 이해관계자들에게 세법과 관련된 민법의 내용을 세법과 연계하여 이해할 수 있도록 적당한 분량의 민법과 세법 실무 초판과 개정판을 집필한 바 있다.

　본 개정판에서는 세무공무원과 세무대리인 등 세무분야 전문가 뿐만 아니라 조세분야 전문 변호사 등 일반 법률 전문가와 로스쿨 학생 등 민법과 세법의 관계에 관심이 있는 많은 분들께 도움을 주고자 다음과 같은 사항을 수정·보완하였다.

　첫째, 민법의 편집체계를 기본으로 하고 관련된 세법 내용을 연계하여 정리한 개정판의 편집체계를 이 번 개정판에서도 그대로 유지하였다. 이 번 개정판에서는 민법의 주요 판례를 대폭 보강하여 민법의 입문서로도 충분히 활용될 수 있도록 하였다.

둘째, 계약의 해제, 매매, 증여 등 민법상 중요한 부분에 대하여는 다양한 최신의 판례를 충분히 수록하여 법적 쟁점과 법리를 체계적으로 이해할 수 있도록 하고, 이를 바탕으로 독자들이 민법과 세법을 연계하여 해석하는 데 많은 도움을 주고자 하였다.

셋째, 개정된 세법 중 민법과 관련된 부분은 망라하여 그 내용을 수록하였으며, 민법과 관련된 최신의 세법 판례도 추가하였다. 특히 계약의 해제, 명의신탁 등과 관련한 취득세 과세 문제 등 지방세 판례를 수록하여 세법의 범위를 확대하였다.

또한 각 장의 제목과 사례의 제목을 이해하기 쉽게 수정·보완하여 독자들이 제목만 보더라도 관련 의미내용을 짐작할 수 있도록 하였다.

아무쪼록 본 도서를 통하여 독자분들이 복잡하고 다양한 경제현상을 규율하는 세법을 좀더 명확하고 체계적으로 이해할 수 있기 바란다.

실무자 등에게는 조세법률주의에 입각한 공정한 세법 해석과 적용에 도움이 되기를 기대하고, 납세자에게는 조세법률주의원칙과 공평과세원칙에 의한 적법하고 타당한 납세의무 이행에 도움이 되기 바란다.

개정판의 출판을 흔쾌히 수락하여 주신 삼일인포마인 이희태 대표이사님과 조원오 전무님 그밖에 관계자 여러분께 깊은 감사를 드린다.

2021년 3월

공동저자　정진오, 문정균 씀

차 례

차 례

차 례

차 례

차 례

제11장 소유권과 관련 과세문제

차 례

차 례

제15장　양도담보와 과세문제

차 례

제18장 채권자취소권

차 례

차 례

차 례

제25장　임대차와 임대소득

제26장　소비대차와 이자소득

차 례

제29장 사실혼과 세법상 배우자

차 례

제30장　이혼과 관련 과세문제

C O N T E N T S

차 례

제33장 민사집행법과 세법의 관계

제 1 장

민법과 세법의 법률관계

1. 개 요

민법상 법률관계는 권리와 의무의 관계로 나타나는데, 권리와 의무의 내용은 당사자의 자유로운 의사표시에 의하여 발생하고 그 내용이 결정됨을 원칙으로 하고 있다. 즉 계약을 누구와 체결하고, 계약내용을 어떻게 할 것인가는 원칙적으로 당사자의 의사에 맡기고 있다. 또한 당사자간 대등한 입장에서 서로 대립되는 개인 상호간의 생활관계를 규율하고 개인의 이익을 보호하기 위한 여러가지 제도를 두고 있다.

한편, 조세를 부과하고 징수하는 과세관청과 조세를 부담하는 납세의무자와의 관계를 **조세법률관계**라고 한다. 이러한 조세법률관계는 사법상의 법률관계처럼 당사자의 합의에 의하여 성립하는 것이 아니고 세법에서 정하는 일정한 요건을 충족함으로써 성립하는 법률관계이다.

2. 조세법률관계의 성질

가. 의 의

조세법률관계는 과세주체인 국가와 납세자 사이에서 일정한 권리에 따라 다른 한쪽에 대해 일정한 작위, 부작위, 수인을 요구하고 다른 한 쪽이 그에 따른 의무를 부당하는 권리의무관계라고 할 수 있다.

이러한 조세법률관계를 보는 관점이 다른데 전통적인 입장에서는 조세법률관계를 국가통치권의 일종인 재정권력을 행사하는 관계로 보아 국가 등의 국민에 대한 명령과 복종관계로 이해한다.

반면 다른 견해는 조세법률관계를 민사법률관계와 유사한 법률관계로 보아 과세주체인 국가와 국민이 대등한 관계를 가지는 공법상의 채권채무관계로 이해한다.

나. 조세권력관계설

전통적인 행정법의 학설에서는 조세법률관계를 국가통치권의 하나인 재정권력의 발동형태로 이해하고 그 발동은 법률의 제정, 그 법률에 기한 과세관청의 하명(부과처분), 부과처분에 의한 납세의무자의 발생, 그리고 이 부과처분에 근거하여 강제집행 등의 절차에 의하여 실현되어 간다고 보았다.

따라서 이는 조세법률관계의 성질을 국가 등의 국민에 대한 지배·명령·복종관계로 이해하고 과세관청의 조세부과처분은 납세의무를 창설시키는 하명처분으로 보았던 것이다. 그리하여 조세채권자·조세채무자라는 용어가 부당하다고 하면서 조세법률관계의 당사자는 조세행정관청·조세의무자라고 표현하는 것이 보다 정확하다는 것이다.[1]

다. 조세채무관계설

조세채무관계설은 조세채무의 성립요건이라는 실체면에 주목하여 조세법률관계를 조세법률주의의 원칙에 터잡아 법률이 정하는 요건사실이 충족되는 것에 의하여 법률상 당연히 성립하는 관계로서 조세채권자로서의 행정주체와 조세채무자로서의 국민이 대등한 관계에서 법에 복종하는 공법상의 채권·채무관계로 보는 견해이다.[2]

이에 따르면 행정권의 우위가 현저하지 아니한 조세법률관계의 당사자에 있어 대등한 지위를 강조하면서, 민사채권·채무관계와 유사한 실체법 관계로 조세채무관계를 이해하고, 행정권의 우위가 현저하며 민사채권의 실현과정인 민사소송절차와 유사한 조세채권의 실현과정인 절차법관계는 조세징수의 확보상 필요한 범위 안에서 조세채권자에게 우위적 지위를 보장한 것으로 이해한다.

라. 검 토

조세법률관계를 일률적으로 권력관계 또는 채무관계로 보는 것은 타당하지 않으며, 조세채무의 성립과정은 민사채권채무와 유사한 관계로 볼 수 있고, 조세의 경정권과 징수절차는 권력관계로 보는 것이 합리적이라 판단된다.

---

1) 최명근, 『세법학총론』, 세경사, 2006, 310면.
2) 임승순, 『조세법』, 박영사, 2009, 14면.

제2절 민법 등 사법과 세법의 관계

1. 민법 등 사법과 세법의 관련성

세법은 공법임에도 다른 공법영역과 달리 세법은 민법 등 사법과 밀접한 관련을 가지고 있다. 그 이유는 세법과 사법이 많은 경우에 동일한 사실관계를 전제로 하고 있기 때문이다.

가령 아파트를 가지고 있던 납세의무자가 자신이 보유하고 있는 아파트를 매도하여 양도차익이 발생한 경우 이러한 사실관계에 대해 아파트 매매행위 자체는 사법인 민법에서 규율하고, 그러한 거래행위에 대한 과세문제는 세법에서 규율하는 것이다.

또 재화의 판매행위를 하고 나서야 그 판매에 대한 부가가치세 문제가 발생한다. 이처럼 세법과 사법이 동일한 사실관계를 전제로 하는 이유는 세법에 의한 세금부과는 납세자의 경제적 능력을 기준으로 부과되어야 하는데, 그 납세자의 경제적 능력은 대부분 사법상의 거래를 통해 표출되기 때문이다.[3]

즉 조세는 사인(私人)의 경제활동에서 얻어지는 경제적 가치를 그 대상으로 삼아 과징된다. 그런데 이러한 경제활동은 1차적으로 민법과 상법에 의하여 규율되는 것이다.[4]

그것은 사법이 사회생활의 모든 부분에 대하여 비교적 정확한 규정을 하고 있기 때문이다. 그래서 조세법규는 정도의 차이는 있으나 숙명적으로 사법에 의존하는 관계에 있게 된다.[5]

한편, 법의 해석과 관련하여 민법 등 사법은 일반적이고 다양한 사회생활을 규율하는 법이므로, 법규의 해석에 있어 구체적 타당성과 법적 안정성을 고려하여 양자의 조화로운 접점을 찾기 위해 문언해석을 기본으로 하고, 유추해석과 확장해석 또는 축소해석 등 논리적 해결방법을 동원하여 법적 안정성을 해치지 않는 범위 내에서 구체적으로 타당한 결론을 도출하는 데 중점을 둔다.

반면 세법은 국민의 재산권 보장을 목적으로 하는 조세법률주의를 기본으로 삼고 있

---

3) 이동식, "사법질서에의 세법에서의 의미", 「공법연구」, 제31집 제2호, 한국공법학회, 2002, 461면.
4) 최명근, 전게서, 58면.
5) 홍광식, "세법과 사법", 시법논집 제25집, 법원행정처, 1991, 549면.

으므로 법적 안정성과 예측가능성의 요청에 따라 엄격해석의 원리가 적용된다.[6]

따라서 그 내용은 명확하여야 하고, 독창적 조항을 설정하여 흠결된 영역에 유추적용을 한다거나, 행정편의적인 확장해석은 원칙적으로 허용되지 않고 명령, 규칙 등 행정입법으로 법률에 규정된 내용을 함부로 유추, 확장하는 내용의 해석규정도 마련할 수 없다.[7]

2. 민법과 세법의 가치 체계

사법은 경제적 거래행위에 대하여 실체적인 법적 규율에 필요한 적정한 법률행위의 형식(매매, 임대차 등)을 제공하고 그것을 통해 그 거래행위에 관계된 개인간 이해의 조정을 도모하고 있다. 반면에 전체 국민에게 공평한 조세부과(경제적 능력에 상응하는 조세를 부과)를 하여야 하는 세법은 원칙적으로 그 사법상 법률행위 방식의 이면에 존재하는 경제적 실질을 포착하여야 한다.[8]

가령 증여세 과세를 위해서는 증여가 있어야 하는데, 이 증여는 사법상의 법률행위 방식으로서의 증여가 아니라 타인의 경제적 희생하에 무상으로 다른 타인의 경제적 수익을 하는 것을 모두 증여로 볼 수 있으며, 바로 이것이 증여세 과세요건으로 규정된 증여의 경제적 실질이 되는 것이다.[9]

3. 민법상 채권과 조세채권의 차이

조세법률관계의 중심은 국가와 납세의무자간의 채권·채무관계, 즉 채무이행이나, 이는 사법상의 채무관계와는 다른 여러 차이점을 가지고 있다.

가. 성립과정

조세채무는 법정채무로써 당사자간의 합의에 의하여 그 내용이 정하여지는 것이 아니다. 그러나 사법상의 채권은 당사자간의 합의인 계약(契約)에 의하여 채무관계가 성립하는 것이 원칙이다.

---

6) 구욱서, 『사법과 세법』, 유로, 2010, 23면.
7) 대법원 1983.6.28 선고, 82누221 판결.
8) 이동식, "사법질서의 세법에서의 의미", 공법연구 제31집, 한국공법학회, 2002, 465면.
9) 이동식, 상게 논문, 466면.

나. 확정과정

조세법률관계상 법률의 규정에 의하여 성립한 조세채무는 납세자의 신고행위 또는 과세관청의 처분행위에 의하여 확정된다. 반면 사법상 법률관계는 당사자간의 합의에 의하여 권리의무관계가 형성된다.

다. 집행과정

사법관계에서는 채무가 불이행되는 경우에 법원의 판결 내지는 강제집행이라는 절차를 거쳐야 하는 것이므로 사법권의 힘을 빌려서 채권을 실현하여 만족을 얻게 되는 것이 원칙이다.

그러나 조세채무가 불이행된 경우에는 사법권의 힘을 빌려서 그 실현의 만족을 얻는 것이 아니고, 조세채권자인 징세관서가 그의 자력(自力)에 의하여 행정상의 강제집행을 통하여 조세채권의 급부내용을 실현한다. 이것이 **조세징수의 자력집행**이다.[10]

한편, 조세채권은 국가재정수입 확보를 위하여 국세징수법에 의하여 우선변제권 및 자력집행권이 인정되는 권리로서 사법상의 채권과는 그 성질을 달리하므로 조세채권의 성립과 행사는 오직 법률에 의해서만 가능한 것이고, 조세에 관한 법률에 의하지 아니한 사법상의 계약에 의하여 조세채무를 부담하게 하거나 이를 보증하게 하여 이들로부터 조세채권의 종국적 만족을 실현하는 것은 허용될 수 없다.[11]

라. 채권의 효력

조세채권은 조세의 강한 공익성과 공평하고 확실한 징수의 필요성을 인정하여 체납처분을 하는 때에는 일반채권, 공과금 등 기타 채권에 비하여 우선징수할 수 있는 우선적 효력을 부여하고 있다. 반면에 사법상 채무는 채권자 평등주의가 적용되므로 원칙적으로 우선적 효력을 인정하지 않고 있다.

마. 기타의 차이점

조세법률관계는 채권자인 국가에 경정·결정 등을 통하여 조세채무의 내용을 확정

---

10) 최명근, 전게서, 598면.
11) 대법원 1988.6.14 선고, 87다카2939 판결.

하는 권한, 경정·결정의 보조수단으로 질문·검사권 등 사법상의 채권자에게는 인정되지 않는 여러 가지 특권을 부여하고 있다.

4. 민법 등 사법 규정의 세법 적용

가. 의 의

세법을 적용할 때에는 먼저 사실관계를 확정하여야 한다. 사실관계 확정을 위해서는 비세법(非稅法)을 적용하여야 하는 경우가 많다. 세법의 적용이 되는 사실관계는 비법률적 행위 또는 사실뿐만 아니라 법률적 행위 또는 사실로 구성되어 있기 때문이다. 이에 따라 논리적으로 세법을 적용하기 전에 비세법을 적용한다.[12]

행정법 관계에서 법의 흠결이나 공백이 있는 경우 법 스스로 사법규정의 적용을 인정하고 있는 경우에는 이에 따라 관련 사법규정을 적용하면 된다. 가령 국세기본법 제4조에서 "이 법 또는 세법에 규정하는 기간의 계산은 이 법 또는 그 세법에 특별한 규정이 있는 것을 제외하고는 민법에 의한다"고 규정하고 있다.

그러나 명문의 규정이 없는 경우 오늘날 통설과 판례의 입장은 공법관계에 사법규정의 적용을 인정하되 공법과 사법의 특수성을 감안하여 사법규정을 유추적용해야 한다는 입장이다.[13]

나. 차용개념과 고유개념

(1) 차용개념의 의의

세법은 민법·상법 등 사법이 규율하고 있는 경제적 사상을 그 규율의 대상으로 하고 있으므로 조세법에서는 사법에서 사용하는 개념·용어 등을 사용하는 경우가 많다. 이런 현상을 세법에서는 사법개념의 차용(借用)이라 하고, 이와 같이 세법에서 차용하고 있는 개념을 **차용개념**이라고 한다.[14]

---

12) 오윤, 『세법적용방법론』, 국세공무원교육원, 2010, 5면.
13) 박성용, "공법과 사법의 관계설정 및 개념차용 방법론에 관한 연구", 고려대학교 대학원 석사학위논문, 2009, 44~45면.
14) 문광신, "세법상 증여개념 규정의 타당성 연구", 서울시립대학교 세무대학원 석사학위논문, 2007, 17면.

(2) 차용개념의 해석

가령 「상속세 및 증여세법」의 상속, 상속인, 증여라든가 「소득세법」이나 「법인세법」상의 배당의 개념 등이 그것이다.[15] 이 경우 세법이 명시적으로 차용개념을 사법에서의 의미대로 해석하여야 한다고 규정하고 있는 경우에는 차용개념은 세법에서도 사법에서의 의미대로 해석되어야 한다.

가령, 소득세법 제88조에서 양도라 함은 자산에 대한 등기 또는 등록에 관계없이 매도, 교환, 법인에 대한 현물출자 등으로 인하여 그 자산이 유상으로 사실상 이전되는 것을 말한다고 규정한 경우가 그러하다.

한편, 사실상 이전되는 것은 법률상 이전에 대응되는 개념으로 권리이전의 원인행위가 유효하게 이루어졌으나 권리의 이전을 위한 법률상의 성립요건으로서 등기나 등록만 갖추지 못하고 있을 때를 의미한다고 보고 있다.

문제는 조세법 자체에 정의규정이 존재하지 않거나 명확하게 정의하지 않은 경우 이를 빌려 준 분야에서 정립된 뜻으로 읽을 것인가, 아니면 고유의 의미내용을 부여할 것인가 하는 점이다. 이에 관해서는 논란이 있다.

차용개념의 해석에 관하여는 추상적으로 말하여 3가지 견해가 있을 수 있다. 제1설로 독립설이라고 불리어야 하는 것인데, 조세법이 차용개념을 사용하고 있는 경우도 그것은 원칙적으로 독자적인 의의를 가지는 것이라고 하여야 한다는 견해이다.

세법에서 규정하는 기간의 계산은 그 세법에 특별한 규정이 있는 것을 제외하고는 민법에 따른다.

따라서 장기보유특별공제, 세율과 같이 그 기간 산정을 취득일로부터 양도일까지로 특정하여 규정한 경우에는 초일을 산입하여 기간을 계산하는 것이나,[16] 취득일로부터 1년 이내의 부동산과 같이 특정시점부터 기간을 계산하는 규정 형식에 대해서는 민법의 기간계산원칙과 같이 초일을 불산입하여 기간을 계산하는 것이다.[17]

1) 독립설

법 분야마다 지배하는 법원리가 다르기 때문에 개념 또는 용어의 상대성을 인정해야

---

15) 임승순, 전게서, 47면.
16) 대법원 1992.3.10 선고, 91누8548 판결.
17) 대법원 2013.1.24 선고, 2012두20199 판결.

한다는 전제를 가지고 있다. 즉 세법은 사적 자치의 원칙에 의해 지배되는 사법과 다른 이념을 가지고 있다는 점이다.[18]

즉, 재정수요의 충족, 조세공평의 원칙, 실질과세의 원칙 등 조세법의 특성에 따르는 조세법 독자의 견지에서 그 용어의 의의를 해석해야 한다는 견해이다.[19]

2) 통일설

법질서의 일체성과 법적 안정성을 기초로 하여 차용개념은 원칙적으로 사법에서와 동일하게 해석하여야 한다는 견해이다.

판례에 의하면 소득세법상 '소유'의 개념에 대하여 제94조 제4호 등에서 별도의 정의 규정을 두고 있지 않은 이상 특별한 사정이 없는 한 민사법과 동일하게 해석하는 것이 법적 안정성이나 조세법률주의가 요구하는 엄격해석의 원칙에 부합한다[20]고 하여 통일설을 취하고 있는 것으로 보인다.

3) 목적적합설

조세법에 있어서도 목적론적 해석이 타당하여야 하고 차용개념의 의의는 그것을 규정하고 있는 법규의 목적과의 관련 아래에서 탐구하여야 한다는 견해이다.[21] 즉, 차용개념과 고유개념의 한계가 모호하여 각 범위가 명백하지 못하고, 법률개념으로서의 의미와 내용이 불명확한 용어나 법문언에 대하여 어느 정도 목적론적 해석이 필요하다는 견해이다. 즉, 법률행위 당사자의 의사와 실제로 이루어진 법률행위의 내용에 중점을 두어야 한다는 견해이다.

4) 검 토

학설은 대체로 차용개념은 법적 안정성의 견지에서 사법의 개념과 동일하게 해석하여야 하는 것으로 보고 있다.[22]

판례 또한 사법상의 법률관계와 세법상 법률관계를 통일적으로 해석하고자 하는 경향이 있다.

---

18) 이동식, 전게논문, 462면.
19) 김두형, 『로스쿨 조세법 기초이론』, 한국학술정보(주), 2012, 144면.
20) 대법원 2010.4.29 선고, 2007두11092 판결.
21) 홍광식, 전게논문, 1994, 568면.
22) 임승순, 전게서, 47면.

즉, 주주나 소유의 개념에 대하여 세법이 별도의 정의규정을 두고 있지 않은 이상 특별한 사정이 없는 한 민사법과 동일하게 해석하는 것이 법적 안정성이나 조세법률주의가 요구하는 엄격해석의 원칙에 부합한다.[23]

(3) 고유개념

고유개념이란 과세표준, 필요경비, 원천징수 등 다른 법 분야에서 사용되지 않고 조세법이 독자적으로 사용하는 개념으로 의미내용을 법규의 취지 등에 비추어 독자적 입장에서 해석이 가능하다.

다. 사법상 법률관계의 존중

납세의무자가 경제활동을 함에 있어서는 동일한 경제적 목적을 달성하기 위하여도 여러 가지의 법률관계 중 하나를 선택할 수 있는 것이고, 과세관청으로서는 특별한 사정이 없는 한 당사자들이 선택한 법률관계를 존중하여야 할 것이다.[24]

한편, 부가가치세의 거래징수에 관한 규정은 그 본질에 내재하는 것을 확인하는 확인적·선언적 규정으로 공급자의 거래징수에 관한 권리는 납세의무를 전제로 한 협력의무에 불과하며, 부가가치세를 사실상 누가 부담하고 어떻게 전가할 것인지에 대한 문제는 사적자치의 영역으로 거래당사자 간의 약정 또는 거래관행 등에 의하여 그 부담주체가 결정할 사안이지 부가가치세법 제31조(거래징수)의 규정에 따라 결정되는 사항은 아니다.[25]

---

23) 대법원 2013.3.14 선고, 2011두24842 판결.
24) 대법원 2001.8.21 선고, 2000두963 판결.
25) 서면-2015-법령해석부가-1327, 2015.11.23.

제2장

민법과 세법상 신의성실의 원칙

- 국세기본법 제15조【신의·성실】납세자가 그 의무를 이행할 때에는 신의에 따라 성실하게 하여야 한다. 세무공무원이 직무를 수행할 때에도 또한 같다.

- 국세기본법 제18조 제3항【소급과세의 금지】세법의 해석이나 국세행정의 관행이 일반적으로 납세자에게 받아들여진 후에는 그 해석이나 관행에 의한 행위 또는 계산은 정당한 것으로 보며, 새로운 해석이나 관행에 의하여 소급하여 과세되지 아니한다.

1. 신의성실의 원칙 개요

가. 의 의

권리의 행사와 의무의 이행은 신의에 좇아 성실히 하여야 한다(민법 제2조 제1항). 즉 상대방의 정당한 이익을 배려하여 형평에 어긋나거나 신뢰를 저버리는 내용 또는 방법으로 권리를 행사하거나 의무를 이행하면 안된다는 추상적 법원칙을 선언하고 있다. 이처럼 법률관계에서 각자는 상대방이 자기에 대하여 가지고 있는 신뢰를 배반하지 않도록 성의를 가지고 행동하여야 한다는 원칙이 바로 **신의성실의 원칙이다.**[1]

신의성실의 원칙은 법질서 전체를 관통하는 일반원칙으로서 실정법이나 계약을 형식적이고 엄격하게 적용할 때 생길 수 있는 부당한 결과를 막고 구체적 타당성을 실현하는 작용을 한다.[2]

나. 권리행사의 한계

권리의 내용을 구체적으로 실현하는 것을 권리의 행사라고 한다. 이것은 권리의 내용에 따라 그 행사방법도 다르다. ① 지배권(支配權)은 소유권의 행사로서 목적물에 대한 사용·수익·처분 등 그 권리의 객체를 지배함으로써, ② 청구권(請求權)은 상대방에 대하여 어떤 행위를 요구하고 그 이행을 수령함으로써(예 : 금전의 지급이나 물건의 인도를 청구하고 그 이행을 받는 것), ③ 형성권(形成權)은 권리자가 일방적 의사표시를 함으로써(예 : 동의·취소·해제를 하는 것), ④ 항변권(抗辯權)은 청구권자의 이행청구가 있을 때에 이를 거절하는 형식으로 각각 행사된다.

권리의 행사 여부는 권리자의 자유에 맡겨져 있다. 그리고 개인의 권리는 존중되어야 한다. 그러나 개인도 사회의 일원인 이상 권리의 행사가 타인 나아가 사회의 이익에 반하여서는 안된다. 헌법 제23조 제2항은 "재산권의 행사는 공공복리에 적합하도록 하여야 한다"고 정하는데, 민법도 이러한 정신을 이어받아 신의성실의 원칙을 규정하고

---

1) 지원림, 『민법강의 제7판』, 홍문사, 2009, 44면.
2) 대법원 2018.5.17 선고, 2016다35833 판결.

있다.[3]

다. 적용의 한계

신의성실의 원칙은 독립적으로 새로운 법률제도를 창조하는 것이 아니며, 그 자체가 독자적인 청구권에 속하지도 않는다. 이 원칙은 현존하는 법규들 또는 법률관계를 그 의미와 목적에 따라 구체화하거나 형식적으로 주어진 권리나 의무의 한계를 제시하여 주는 데 있다.[4]

이러한 신의칙은 법해석에 있어서 원칙 중 하나인 법적안정성을 해할 위험이 있으므로 그 적용에는 신중을 기하여 극히 예외적으로 인정해야 한다.[5]

또한 신의성실의 원칙을 적용함에 있어 구체적 사건의 특수성 때문에 당사자 일방 또는 쌍방을 명백히 불공평하게, 즉 법률관계를 의미 내지 목적에 반하여 불리하게 만드는 경우에만 최후의 비상수단으로 이익조정이 행하여질 수 있다.[6]

신의성실의 원칙에 위배된다는 이유로 그 권리의 행사를 부정하기 위해서는 상대방에게 신의를 공여하였다거나 객관적으로 보아 상대방이 신의를 가짐이 정당한 상태에 있어야 하고, 이러한 상대방의 신의에 반하여 권리를 행사하는 것이 정의관념에 비추어 용인될 수 없는 정도의 상태에 이르러야 한다.[7]

그리고 신의성실의 원칙은 모든 법역에 적용되어야 하는 원칙으로 다수인 사이의 모든 법률관계에서 언제나 적용되는 원칙이다.[8]

2. 신의성실의 원칙 적용의 기능

신의칙(信義則)은 개별사안에 대하여 법률을 형식적·획일적으로 적용함으로써 발생하는 부작용을 줄이는 데 동원됨으로써 구체적 타당성을 실현하는 기능을 한다. 가령 사소한 채무불이행을 이유로 하여 채권자가 계약을 해제하는 것을 허용하지 않거나, 권리가 소멸시효에 걸리지 않더라도 일정한 경우에 권리를 실효시키는 것이다.[9]

---

3) 김준호, 『민법강의』, 법문사, 2009, 47면.
4) 지원림, 전게서, 45면.
5) 대법원 2005.5.13 선고, 2004다71881 판결.
6) 지원림, 상게서, 44면.
7) 대법원 2011.2.10 선고, 2009다68941 판결.
8) 지원림, 상게서, 47면.

즉, 당사자로 하여금 어떠한 법규칙에서 법률요건 등으로 수용되지 아니한 사정을 법관 등 법적용자에게 제시하면서 그러한 사정 아래서 법규칙을 그대로 적용하게 되면 도저히 받아들일 수 없는 가혹한 결과가 됨을 법적용자의 법감정 내지 윤리감각에 호소하여 법규칙을 원래의 모습대로 적용하는 것을 제한 또는 배제하게 하는 하나의 법적장치로서 기능하는 것이다.[10]

3. 신의성실의 원칙의 하부 원칙

가. 모순행위금지의 원칙

자신의 선행행위와 모순되는 후행행위는 허용되지 않는다는 원칙을 말한다. 영미법에서 인정되는 금반언의 법리도 이 원칙과 유사한 것이다.

즉, 일정한 법률관계에서 자신의 선행행위를 통하여 상대방으로 하여금 신뢰를 가지게 한 경우, 후에 선행행위와 다른 후행행위를 하여 상대방의 신뢰를 저버리는 때에 신의에 어긋나는 효력을 인정하지 아니하는 것이다.

판례에 의하면, 경매목적이 된 부동산의 소유자가 경매절차가 진행 중인 사실을 알면서도 그 경매의 기초가 된 근저당권 내지 채무명의인 공정증서가 무효임을 주장하여 경매절차를 저지하기 위한 조치를 취하지 않았을 뿐만 아니라 배당기일(配當期日)에 자신의 배당금을 이의 없이 수령하고 경락인으로부터 이사비용을 받고 부동산을 임의로 명도해 주기까지 하였다면 그 후 경락인에 대하여 위 근저당권이나 공정증서가 효력이 없음을 이유로 경매절차가 무효라고 주장하여 그 경매목적물에 관한 소유권이전등기의 말소를 청구하는 것은 금반언의 원칙 및 신의칙에 위반되는 것이어서 허용될 수 없다.[11]

나. 실효의 원칙

판례에 의하면, 회사의 자신에 대한 징계면직처분에 대하여 재심청구를 하였으나 기각되자 회사가 자신의 급여구좌에 입금한 해고예고수당을 반환하기 위하여 이를 공탁

---

9) 김준호, 전게서, 50면.
10) 대법원 2010.5.27 선고, 2009다44327 판결.
11) 대법원 1993.12.24 선고, 93다42603 판결.

까지 하였다가 그 후 아무런 이의 없이 회사로부터 퇴직금을 수령하고 그 후로는 부당노동행위구제신청을 하는 등으로 징계면직처분을 다툼이 없이 다른 생업에 종사하여 오다가 징계면직일로부터 2년 10개월 가량이 경과한 후 제기한 해고무효확인의 소(訴)는 노동분쟁의 신속한 해결이라는 요청과 신의성실의 원칙 및 실효의 원칙에 비추어 허용될 수 없다.[12)]

또한 이미 발생한 해제권을 장기간(해제권이 발생한 날로부터 1년 4월) 행사하지 않고 오히려 매매계약이 유효함을 전제로 잔존채무의 이행을 최고함에 따라 상대방이 해제권은 더 이상 행사되지 않을 것으로 신뢰하였고 그와 같은 신뢰한 데에 정당한 사유가 있었다면, 그 후 해제권을 행사한다는 것은 신의성실의 원칙에 반하여 허용되지 않는다.[13)]

다. 권리남용 금지의 원칙

권리는 남용하지 못한다(민법 제2조 제2항). 계약 또는 법률이 보호하는 이익을 실현하고자 권리를 행사하는 것이 아니라 권리를 그 목적에 반하게 이용하는 경우에 그 권리행사는 신의성실의 원칙에 반하며, 부당하다.[14)]

즉, 권리의 행사가 사회적으로 타당하다고 인정되는 범위를 넘어 오로지 상대방에게 고통이나 손해를 주기 위한 목적으로 행사될 때 권리의 남용이 된다고 본다.

또한 권리행사자의 이익과 그로 인해 침해되는 상대방과의 이익과의 현저한 불균형이 있는 경우에 권리 남용이 될 수 있다. 어느 경우가 이에 해당하는지는 구체적인 사안에 따라 여러 사정을 종합하여 판단하여야 한다.[15)]

판례에 의하면, 지상건물부분은 철근콘크리트조 연건평 594.42평방미터의 4층 건물로서 현재 병원으로 사용 중이고, 그 건물의 축조 상황은 원고의 대지를 침범하고 있지는 않지만 건물은 민법 제242조 소정의 확보거리 0.5미터를 다 두지 못하고 원고 소유대지로부터 30센티미터를 두고 세워져 있어 동 건물의 각 층마다 1.2평씩만이 법정거리 내에 들어 있는바, 동 건물이 건물이 건축된 지 수년이 지난 지금 법정거리 안에

---

12) 대법원 1996.11.26 선고, 95다49004 판결.
13) 대법원 1994.11.25 선고, 94다12234 판결.
14) 지원림, 전게서, 51면.
15) 김준호, 전게서, 59면.

있는 건물부분을 철거하는 것은 원고에게는 거의 어떠한 이익도 가져오지 못하고 오히려 사회·경제적으로 보나 상린관계(相隣關係)의 취지에서 보나 이를 철거한다는 것은 적절하지 아니하므로 원고의 위 건물부분의 철거 청구는 권리의 사회성에 비추어 권리남용에 해당한다.[16)]

또한, 선순위 근저당권자의 신청에 의하여 경매절차가 곧 개시되리라는 사정을 충분히 인식하면서 후순위 근저당권자가 채무자와 임대차계약을 체결하고 그에 따라 유치목적물을 이전받은 경우에 후순위 근저당권자가 선순위 저당권자의 신청에 의하여 개시된 경매절차에서 유치권을 주장하는 것은 신의성실 원칙상 허용될 수 없다.[17)]

라. 기타 신의성실원칙 위반

근저당권자가 담보로 제공한 건물에 대한 담보가치를 조사할 당시 대항력을 갖춘 임차인으로서의 권리를 주장하지 않겠다는 내용의 부동산임대차 확인서를 작성하여 주었고, 그 후 개시된 경매절차에 무상임대차 확인서가 제출되어, 매수인이 확인서 내용을 신뢰하여 매수신청금액을 결정하는 경우와 같이, 임차인이 작성한 무상임대차 확인서에서 비롯된 매수인의 신뢰가 매각절차에 반영되었다고 볼 수 있는 사정이 존재하는 경우에는 비록 매각물건명세서 등에 건물에 대항력 있는 임대차 관계가 존재한다는 취지로 기재되었더라도 임차인이 제3자인 매수인의 건물인도청구에 대하여 대항력 있는 임대차를 주장하여 임차보증금 반환과의 동시이행의 항변을 하는 것은 금반언 또는 신의성실 원칙에 반하여 허용될 수 없다.[18)]

4. 신의칙 위반의 효과

신의칙에 위반될 경우 의무를 이행한 것으로 취급되지 않거나 권리남용으로 되어 권리행사로서 법률효과가 발생하지 않는다.[19)]

---

16) 대법원 1982.9.14 선고, 80다2859 판결.
17) 대법원 2011.12.22 선고, 2011다84298 판결.
18) 대법원 2016.12.1 선고, 2016다228215 판결.
19) 구욱서, 『사법과 세법』, 유로, 2010, 77면.

1. 규정 내용

납세자가 그 의무를 이행할 때에는 신의에 따라 성실하게 하여야 하며, 세무공무원이 직무를 수행할 때에도 또한 같다(국세기본법 제15조).

세법의 해석이나 국세행정의 관행이 일반적으로 납세자에게 받아들여진 후에는 그 해석이나 관행에 의한 행위 또는 계산은 정당한 것으로 보며, 새로운 해석이나 관행에 의하여 소급하여 과세되지 아니한다[20]라고 하여 신의칙에 대한 일반적인 규정을 두고 있다.

신의성실의 원칙은 일반적으로 사법관계를 그 적용대상으로 하여 발전하였다. 그러나 이는 법의 근본이념인 정의와 형평의 원리를 바탕으로 한 것이어서 국가와 국민 사이의 신뢰관계를 전제로 하는 공법관계에서도 그 적용을 부정할 이유가 없다.

특히 조세채권·채무관계는 사법상의 채권·채무관계와 유사하고 전문성·기술성을 그 특질로 하는 조세법령의 해석·적용과 관련하여 과세관청의 언동을 신뢰한 납세자를 보호할 필요성이 있어 신의칙의 적용 가능성은 그만큼 증대되어 있다고 할 수 있다.[21]

조세소송에서의 신의성실의 원칙은 조세법률주의에 의하여 합법성의 원칙이 강하게 작용하는 조세 실체법과 관련한 적용은 사적자치의 원칙이 지배하는 사법에서보다는 제약을 받으며 합법성을 희생하여서라도 구체적 신뢰보호의 필요성이 인정되는 경우에 한하여 비로소 적용된다고 할 것이다.[22]

한편, 납세자나 과세관청의 행위가 신의성실의 원칙에 위반될 경우 어떠한 효과가 주어지느냐에 대하여는 규정 내용이 없다.

---

20) 국세기본법 제18조 제3항. 이는 신의성실 원칙의 파생원칙을 명문화한 것으로 볼 수 있다.
21) 임승순, 『조세법』, 박영사, 2009, 58면.
22) 대법원 1997.3.20 선고, 95누18383 판결.

2. 신의칙에 터잡은 관련 세법 규정

신의성실의 원칙은 합법성을 희생해서라도 구체적 신뢰를 보호할 필요성이 있다고 인정되는 경우에 한하여 비로소 적용된다.

신의칙에 기초를 두었다고 생각할 수 있는 구체적인 규정으로는 과세표준수정신고서를 제출한 과세표준과 세액을 경정할 것을 미리 알고 제출한 경우에 대해서 가산세 경감의 혜택을 박탈하는 것(국세기본법 제48조 제2항 제2호 단서), 국세와 체납액을 지정된 기한까지 납부하지 아니하였을 때, 담보의 변경이나 그 밖에 담보 보전에 필요한 세무서장의 명령에 따르지 아니하였을 때, 재산상황이나 그 밖의 사정의 변화로 유예할 필요가 없다고 인정될 때, 기타 일정한 경우 징수유예를 취소하고 유예에 관계되는 국세 또는 체납액을 한꺼번에 징수할 수 있도록 한 것(국세징수법 제16조 제1항), 연부연납 세액을 지정된 기한까지 납부하지 아니한 경우, 담보의 변경 또는 그 밖에 담보 보전에 필요한 관할 세무서장의 명령에 따르지 않은 경우, 국세징수법 제14조 제1항 각 호의 어느 하나에 해당되어 그 연부연납기한까지 그 연부연납에 관계되는 세액의 전액을 징수할 수 없다고 인정되는 경우에 연부연납을 취소하고 관계되는 세액을 일시에 징수할 수 있도록 한 규정(상속세 및 증여세법 제71조 제4항) 등이 모두 납세자가 신의에 어긋날 경우 납세자에게 준 불이익을 과하거나 이익을 박탈하는 내용이다.[23]

3. 신의성실의 원칙의 적용 범위

신의성실의 원칙을 과세관청에 대해서만 적용할 것이냐, 아니면 납세자에게도 이를 적용해야 하는가에 관하여는 외국에서도 논란이 있었다. 국가의 구성원으로서의 지위에 있는 납세자는 국가의 과세권력을 행사하는 과세관청의 지위에 비하여 약한 지위에 있기 때문에 납세자 측의 신의칙을 적용할 필요가 없다는 이론이 있다. 또한 납세자 측의 신의칙 위반이 있는 경우에는 조세감면혜택의 박탈·가산세의 제재·벌칙 등이 과해지는 것이므로 납세자 측에 신의칙을 적용할 여지가 없다는 등의 이론이 있다.

그러나 조세법률관계의 본질이 권력관계가 아닌 채권·채무관계라고 보는 관점에서 볼 때, 그리고 신의칙이 법정의(法正義)의 이념에서 도출되는 법원리라고 할 때 과세관청은 물론 납세자 측도 이를 준수해야 한다고 할 것이다.[24]

---

23) 이태로·안경봉, 『조세법강의』, 박영사, 2002, 32면.

사법상의 신의성실원칙은 계약 등 구체적인 관계를 전제로 하는데 비해 조세법률관계는 과세관청과 납세자간의 개별적이고 구체적인 관계가 아니고 일방적이고 불특정 다수를 대상으로 하는 추상적 관계이다.[25]

4. 과세관청에 대한 신의칙 적용

가. 요 건

과세관청의 행위에 대하여 신의칙이 적용되는 요건으로는 ① 과세관청이 납세자에게 공적인 견해표명을 하였을 것, ② 납세자가 그 견해표명이 정당하다고 신뢰함에 있어 귀책사유가 없을 것, ③ 납세자가 신뢰에 기한 어떤 행위를 하였을 것, ④ 과세관청이 위 견해표명에 반하는 처분을 하여 납세자의 이익이 침해되었을 것 등이다.[26] 이러한 요건사실에 대해서 공적인 견해표명이 있었다는 점과 공적인 견해표명으로 납세자의 이익이 침해되었음은 납세자가 입증하여야 하며, 그 견해표명에 대한 신뢰가 정당하지 않은 점 내지 납세자의 행위가 그 견해표명에 따른 것이 아니라는 점은 과세관청이 입증하여야 할 것이다.[27]

또한 신의성실의 원칙에 위배된다는 이유로 그 권리의 행사를 부정하기 위해서는 상대방에게 신의를 주었다거나 객관적으로 보아 상대방이 그러한 신의를 가짐이 정당한 상태에 이르러야 하고 이와 같은 상대방의 신의에 반하여 권리를 행사하는 것이 정의 관념에 비추어 용인될 수 없을 정도에 이르러야 한다.[28]

나. 공적인 견해표명

공적견해의 표명은 원칙적으로 책임 있는 지위에 있는 세무공무원에 의하여 이루어져야 한다. 그리고 공적견해의 표명은 일반납세자에 대한 것이든 특정납세자에 대한 것이든 불문하고 과세관청의 과세요건 규정의 해석·적용에 대한 견해표명은 물론 과세요건 사실의 인정에 관한 견해표명도 포함된다.[29]

---

24) 최명근, 『세법학총론』, 세경사, 2006, 162면.
25) 김두형, 『로스쿨 조세법 기초이론』, 2012, 170면.
26) 임승순, 전게서, 59면.
27) 이준봉, 『조세법총론』, 2018, 111면.
28) 국세청, 『조세소송·심판사례집』, 2010, 91면.

또한 공적인 견해표시는 반드시 문서에 의할 필요는 없고 구두에 의하더라도 상관없다. 공적인 견해표시의 형식은 예규·통첩·훈령, 각 세법의 기본통칙의 공표, 납세안내책자와 같이 일반적인 것이든 세무상담, 질의회신, 신고·지도, 비과세의 통지 등 구체적인 경우에 개별적으로 판단하여야 한다.[30]

과세관청이 공적견해 표시 후 사정이 변경된 경우에는 그 공적견해는 더 이상 납세자에게 신뢰의 대상이 된다고 보기 어려운 만큼 특별한 사정이 없는 한 과세관청이 그 견해표명에 반하는 처분을 하더라도 신의성실의 원칙에 위반된다고 할 수 없다.[31]

한편, 조세법령의 규정내용 및 행정규칙 자체는 과세관청의 공적 견해표명에 해당하지 아니한다고 할 것이다.[32]

(1) 공적인 견해표명으로 본 경우

1) 세무지도

세무서 직원들이 이 사건 골절치료기구의 수입판매업자인 사업자들에게 명시적으로 위 물품이 부가가치세 면제대상이라는 세무지도를 하였고, 사업자들로서는 위와 같은 세무지도를 믿고 그 이후의 국내거래에 있어서 부가가치세를 대행징수하지 아니하였으며, 그와 같이 믿게 된 데에 사업자들에게 어떤 귀책사유가 있다고 볼 수 없다면, 이 사건 부가가치세 면세 여부에 관한 과세관청의 공적인 견해표명이 있었다고 보아야 할 것이므로, 그 후 과세관청인 세무서가 위 골절치료기구의 수입시에는 부가가치세가 면제되지만, 수입판매업자가 수입한 후 재차 국내 의료기관에 판매공급하는 경우에는 부가가치세가 면제되지 아니한다는 이유로 면세로 처리한 과세기간에 대한 부가가치세액을 증액결정한 과세처분은 신의성실의 원칙에 위반되는 행위로서 위법하다.[33]

2) 인근 납세자에 대한 질의회신

국세청장이 훈련교육용역의 제공이 사업경영상담업에 해당하는 것으로 본다는 회신을 동종의 인근사업자에게 하였고, 납세자는 사업양수시에 이를 상담업으로 본다고 하

---

29) 임승순, 전게서, 59면.
30) 백승희, "세법상 신의성실의 원칙에 관한 연구", 전북대학교 대학원, 석사학위논문, 2006, 45면.
31) 대법원 2011.5.13 선고, 2008두19659 판결.
32) 대법원 2003.9.5 선고, 2001두403 판결.
33) 대법원 1990.10.10 선고, 88누5280 판결.

는 위의 견해를 신뢰하여서 면세사업자로 등록을 마치고 부가가치세를 거래징수하거나 신고·납부하지 아니하였다면 국세청장의 위와 같은 회시는 위 용역의 제공이 상담업에 해당한다고 보는 공적인 견해를 명시적으로 표명한 것이고, 이후 이와 같은 사업장의 사업자들이 과세관청의 견해에 따라 이후의 거래시에 거래상대방으로부터 부가가치세를 징수하거나 신고·납부하지 아니하였다면 거기에 귀책사유가 있다고 하기도 어려울 것이므로, 위와 같은 경위로 사업을 하다가 폐업한 후에야 비로소 종전의 견해와는 반대로 위 용역의 제공이 상담업에 해당하지 않는다고 하면서 과세처분에 이른 것은 신의성실의 원칙에 위배된다.[34]

(2) 공적인 견해표명으로 보지 않은 경우

1) 민원상담

주택매매에 앞서 과세관청의 민원상담직원으로부터 아무런 세금도 부과되지 아니할 것이라는 말을 들은 바 있고, 매매 후 과세관청이 양도소득세를 비과세처리하였으나 약 5년 후 과세처분을 하였다 하더라도 신의칙상 소급과세금지원칙에 위배되지 않는다.[35] 즉, 인터넷 질의회신이나 민원상담 등 상대방의 추상적인 질의에 대한 일반론적인 견해표명의 경우에는 공적인 견해표명으로 보기 어렵다.

2) 사업자등록

부가가치세법상의 사업자등록은 과세관청으로 하여금 부가가치세의 납세의무자를 파악하고 그 과세자료를 확보케 하려는 데 입법취지가 있는 것으로서, 이는 단순한 사업사실의 신고로서 사업자가 소관세무서장에게 소정의 사업자등록신청서를 제출함으로써 성립되는 것이고, 사업자등록증의 교부는 이와 같은 등록사실을 증명하는 증서의 교부행위에 불과한 것이므로, 세무서장이 납세의무자에게 부가가치세 면세사업자용 사업자등록증을 교부하였다 하더라도 그가 영위하는 사업에 관하여 부가가치세를 과세하지 아니함을 시사하는 언동이나 공적인 견해를 표명한 것이라고는 볼 수 없다.[36]

---

34) 대법원 1994.3.22 선고, 93누22517 판결.
35) 대법원 1993.2.23 선고, 92누12919 판결.
36) 대법원 2003.5.30 선고, 2001두4795 판결.

3) 고객만족센터 상담

최근 대법원은 아파트 양도와 관련하여 양도소득세 및 증여세와 관련된 상담을 하고 국세청고객만족센터의 상담원의 답변을 받은 후 1세대 1주택 비과세 요건을 충족하므로 양도소득세를 환급해 달라는 경정청구와 이에 대한 거부처분과 관련하여 국세청고객만족센터 상담원의 답변은 상담직원들이 주로 근로소득자나 소규모 사업자 등을 대상으로 전문지식과 경험을 토대로 하여 1일 수천 건을 상담하는 단순한 상담 내지 안내수준이 행정서비스의 한 방법일 뿐 이를 행정청의 공적인 견해표명이라고 보기 어렵다 할 것이다. 나아가 국세청고객만족센터의 첫 화면에 납세자담당관실, 전문상담관실이라 기재되어 있어 그 답변이 납세자담당관 내지는 전문상담관이라고 상담자가 받아들였다 하더라도 이를 두고 행정청의 공적인 견해표명이라고 할 수 없을 뿐만 아니라 이를 국세청의 공적인 견해표명이라고 할 수 없다[37]라고 판시한 바 있다.

다. 견해표명에 대한 납세자의 정당한 신뢰

납세자가 과세관청의 공적인 견해표명을 신뢰하는 것이 무리가 아니라고 인정할 만한 사정이 있어야 한다. 즉 신뢰가 정당하여야 한다. 명백히 세법에 반하는 우대적 취급의 약속을 신뢰하였다면 정당한 신뢰라고 할 수 없다.

과세관청의 질의회신 등을 통하여 어떤 견해를 표명하였다고 하더라도 그것이 중요한 사실관계와 법적인 쟁점을 제대로 드러나지 아니한 채 질의한 데 따른 것이라면 공적인 견해표명에 의하여 정당한 기대를 가지게 할 만한 신뢰가 부여된 경우라고 볼 수 없다.[38]

또한 납세자의 사실의 은폐나 허위사실의 고지 등에 기하여 이루어진 경우에는 납세자의 신뢰를 보호할 가치가 없다.

따라서 허위로 작성된 자경확인서를 제출하여 현지 상황을 모르는 주소지 관할 세무서장으로 하여금 원고가 8년 이상 자경하였다고 사실을 오인케 하여 비과세 결정을 받았으나, 1988년도에 나머지 6필지를 양도한 후에 국세청장으로부터 부동산투기혐의자로 분류되어 실지조사가 시행된 결과 8년 이상 자경한 사실이 없음이 확인되어 다시 이 사건 과세처분이 내려졌다는 것인바, 그렇다면 주소지 관할 세무서장이 위와 같은

37) 대법원 1990.10.10 선고, 2008두21515 판결.
38) 대법원 2013.12.26 선고, 2011두5940 판결.

경위로 한 비과세 결정이 일반적으로 납세자에게 받아들여진 국세행정의 관행이 되었다고 할 수 없고, 농지세과세증명이나 미과세증명만으로 비과세 처리하는 것이 국세행정의 확립된 관행이라는 소론의 주장도 받아들일 수 없으며, 과세관청이 위와 같은 경위로 일단 비과세 결정을 하였다가 이를 번복하고 다시 과세처분을 한 사실만 가지고 그 과세처분이 신의성실의 원칙에 반하여 위법하다고 할 수 없다.[39]

라. 신뢰에 기초한 납세자의 세무상의 처리

납세자가 과세관청의 견해표명을 신뢰한 까닭에 어떤 세무상의 처리를 했어야 한다. 그리고 그 신뢰와 처리간에는 상당한 인과관계가 있어야 한다.

마. 납세자의 이익 침해

과세관청의 신의에 반하는 처분으로 인해 납세자가 경제적으로 불이익(不利益)을 받았어야 한다. 경제적 불이익이란 새로운 조세부담이나 조세부담의 증가 또는 환급의 거부, 징수유예 취소 등 납세자에게 불리한 것 모두가 포함된다. 그리고 불이익은 과세관청의 견해표명과 상당한 인과관계가 있어야 한다.

바. 세법해석 사전답변제도

특정한 거래와 직접 관련이 있는 자는 그 거래에 대한 세법해석에 관하여 법정신고기한 내에 국세청장에게 서면으로 사전답변을 신청할 수 있도록 하고 국세청장은 적법한 사전답변신청에 대하여 서면으로 답변하도록 하는 제도로, 신청인이 답변 내용을 정당하게 신뢰하고 전제사실대로 특정한 거래를 이행한 경우에 답변내용에 반하는 처분의 금지를 명문화하여 과세관청에 대한 금반언의 원칙을 공개적으로 선언하였다.[40]
이러한 제도는 납세자로 하여금 난해한 세법의 적용결과에 대해 미리 알 수 있도록 한다는 점에서 행정의 예측가능성을 높이고 법적인 안정성을 제고하는 제도로서 기능할 수 있다.

---

39) 대법원 1991.10.22 선고, 90누9360 전원합의체 판결.
40) 임승순, 전게서, 62면.

5. 납세자에 대한 신의칙 적용

가. 개 요

납세자에 대하여 신의칙을 적용할 필요가 없다는 견해도 있으나, 조세법률관계는 특별권력관계가 아닌 국가와 납세자 사이의 채권·채무관계로 보는 입장에서는 정의와 형평의 관념에 바탕을 둔 신의칙은 납세자에게도 그 적용이 있다고 보아야 한다.[41]

납세자에 대한 신의칙 적용 여부는 주로 납세자가 회계장부의 변칙처리 또는 허위의 세무신고를 하고 과세관청이 그에 기초한 과세처분을 행하였을 경우에 그 과세처분을 그대로 유지할 것인가의 관점에서 문제가 된다.[42]

조세채무가 사법상 채무의 속성을 가지고 있는 점에서 민법의 최고원리로 채무자에게 적용되는 신의칙을 조세채무관계에서만 전적으로 배제할 수 없으며, 조세법률관계에서도 사실인정에 있어서는 신의칙에 반한 납세자의 행위가 있을 수도 있고, 납세의무자에게도 조세환급청구권 등 권리도 있다는 점에서 납세의무자에게도 신의칙은 적용되어야 한다.[43]

그러나 납세자가 과세관청에 대하여 자기의 과거 언동에 반하는 행위를 하였을 때에는 조세감면 등 세법상 각종 혜택의 박탈, 가산세에 의한 제재 등의 불이익 처분이 가해지기 때문에 신의칙을 적용할 여지가 없고 과세관청은 세법의 해석·적용에 관하여 우월적 지위와 공권력을 가지고 있으며 세무조사권 등에 의하여 사실인정에 있어서도 최종적 확정권한이 있는 반면, 납세자들은 특정의 견해표시행위의 기회가 거의 없다는 이유 등을 들어 납세자가 과세관청에 과거의 언동에 반하는 배신행위를 하였다고 하더라도 신의칙이 적용되지 않는다는 견해가 있다.[44]

나. 요 건

납세의무자에게 신의성실의 원칙을 적용하기 위해서는 첫째, 객관적으로 모순되는 행태가 존재하고, 둘째, 그 행태가 납세의무자의 심한 배신행위에 기인하였으며, 셋째,

---

41) 임승순, 상계서, 62면.
42) 사법연수원, 『조세법총론Ⅰ』, 2011, 32면.
43) 백승희, 전계논문, 57면.
44) 백승희, 상계논문, 56면.

그에 기하여 야기된 과세관청의 신뢰가 보호받을 가치가 있는 것이어야 할 것이다.[45)]

다. 신의성실의 원칙에 위배된 경우

(1) 사실관계

소외 회사의 최대주주 겸 대표이사인 소외인은 소외 회사에 대하여 화의절차가 개시되자 강제집행을 면할 목적으로 2001.11. 처남인 원고에게 소외 회사 소유의 부동산을 명의신탁하였다. 원고는 2001.10. 사업장 소재지를 위 부동산 소재지로 하여 부동산임대업 등을 목적으로 한 사업자등록을 하고, 2001.11. 소외 회사에게 위 부동산을 임대한 것처럼 가장한 후 2001년 제2기 부가가치세 확정신고를 하고 위 부동산 중 건물 등의 취득가액에 대한 매입세액 일부를 환급받았다. 원고가 계속 부가가치세를 자진신고·납부하여 오다가 2004년 제1기 부가가치세 중 일부를 미납하자 피고는 2004.9.6 원고에게 미납된 부가가치세의 납부고지를 하는 한편, 원고가 부동산임대업에 대한 폐업신고를 하였음을 이유로 2004.12.10 원고에게 폐업시 잔존재화 자가공급 의제규정에 따라 위 부동산 중 건물 등의 잔존시가(殘存時價)에 대한 부가가치세를 과세하였다.

(2) 쟁 점

납세의무자가 명의신탁받은 부동산을 신탁자 등에게 임대한 것처럼 가장하여 건물 등의 취득가액에 대한 매입세액까지 환급받은 다음, 임대사업의 폐업신고 후 명의신탁을 이유로 임대차계약이 통정허위표시(通情虛僞表示)로서 무효라고 주장하는 것이 신의성실의 원칙에 위배 여부.

(3) 판결 요지

조세법률주의에 의하여 합법성의 원칙이 강하게 작용하는 조세실체법과 관련한 신의성실의 원칙은 합법성을 희생해서라도 구체적 신뢰를 보호할 필요성이 있다고 인정되는 경우에 한하여 비로소 적용된다고 할 것인바, 납세의무자에게 신의성실의 원칙을 적용하기 위해서는 객관적으로 모순되는 행태가 존재하고, 그 행태가 납세의무자의 심한 배신행위에 기인하였으며, 그에 기하여 야기된 과세관청의 신뢰가 보호받을 가치가

---

45) 대법원 2007.6.28 선고, 2005두2087 판결.

있는 것이어야 할 것이다.

납세의무자가 명의신탁받은 부동산을 신탁자 등에게 임대한 것처럼 가장하여 사업자등록을 마치고 그 중 건물 등의 취득가액에 대한 매입세액까지 환급받은 다음, 임대사업의 폐업신고 후 잔존재화의 자가공급 의제규정에 따른 부가가치세 부과처분 등에 대하여 그 부동산은 명의신탁된 것이므로 임대차계약이 통정허위표시로서 무효라고 주장하는 것은 신의성실의 원칙에 위배된다.[46]

라. 신의성실의 원칙에 위배되지 않은 경우

(1) 참조 판례

1) 사실관계

납세자는 일반사업자로 사업자등록을 하고 예식장업과 부동산임대업(음식점, 미용실)을 영위하다 부동산을 양도하면서 사업양수도계약을 체결하고 사업자등록을 폐업신고하였으며, 양수자는 일반사업자로 사업자등록을 하고 예식장업(음식 및 미용업 포함)을 하였는바, 이에 대해 과세관청은 사업이 그대로 양도되지 않은 것으로 보아 부가가치세를 과세하였다.

2) 쟁 점

사업의 포괄적 양수도로 볼 수 있는지 여부와 허위로 사업자등록을 하고 종합소득세를 신고·납부하였다고 하여 신의성실의 원칙에 위배되는지 여부.

3) 판결요지

과세관청은 실지조사권을 가지고 있을 뿐만 아니라 경우에 따라서 그 실질을 조사하여 과세하여야 할 의무가 있으며, 과세처분의 적법성에 대한 증명책임도 부담하고 있는 점 등에 비추어 보면, 납세자가 허위의 사업자등록 및 임대차계약서를 작성하고 종합소득세를 신고·납부하였다가 부과처분이 있은 후 임대사실을 부인하고 전체를 직접 운영하였다고 주장하는 사정만으로 신의성실의 원칙에 위반될 정도로 심한 배신행위를 하였다고 볼 수 없다[47]고 판시하였다.

---

46) 대법원 2009.4.23 선고, 2006두14865 판결.
47) 대법원 2008.6.26 선고, 2006두17475 판결.

(2) 기타 신의성실의 원칙에 위배되지 않은 경우

① 명의신탁자가 소유권보존등기말소취소소송에서 그 등기가 원인무효라고 주장하여 그 판결에 기하여 등기를 말소한 다음 목적부동산의 양도로 인한 양도소득세부과 처분 취소소송에서 명의신탁등기였다고 주장한 경우[48]

② 소유권이전등기 원인이 취득시효 완성으로 되어 있는 것을 세무서가 양도로 보아 양도소득세를 부과하자, 사실은 명의신탁 환원이었다고 주장한 경우[49]

③ 오락실의 공동사업자로 부가가치세법상의 사업자등록을 하고 종합소득세를 신고 납부하였다가 그 후 과세관청이 오락실의 누락수입이 있다는 이유로 종합소득세를 부과하자, 쟁송에서 오락실의 실질적 공동사업자가 아니라고 주장한 경우[50]

④ 장부를 허위기장하고 원천징수하여야 할 갑종근로소득세를 적게 납부하였다가 과세관청의 실지조사에서 당초 신고에서 누락된 수입금액이 발견되자, 장부상 지급금액 이외에 추가로 지급한 실제 지급액을 필요경비로 공제할 것을 주장한 경우[51]

⑤ 금융기관여신운용규정상 원고명의로는 담보로 제공할 수 없어 제3자에게 명의신탁 하면서 변칙적 회계신고와 세무신고를 하였다가 과세처분취소소송에서 다른 주장 을 한 경우[52]

⑥ 법인이 자산의 매수에 따른 인수채무의 변제를 부득이한 사정으로 대표이사에 대한 가지급금으로 변칙처리한 경우[53]

⑦ 부동산에 대한 증여세를 신고납부 후 증여세에 대한 과세관청의 증액경정처분을 다투는 소송에서 명의신탁 사실을 밝히지 않았으며, 세무조사를 받는 과정에서 증여사실을 확인하는 경위서를 제출한 바 있어도, 부동산에 관하여 부과된 증여세의 취소를 구하는 소송에서 명의신탁이었다고 주장한 경우[54]

⑧ 상속세 신고 당시 공유상태로 상속받았다고 하였다가 상속세 부과처분 후 특정 부분을 상속하였다고 주장한 경우[55] 등에서 신의칙을 부정함으로써 납세자측 신의칙

---

48) 대법원 1990.10.23 선고, 89누8057판결.
49) 대법원 2001.6.15 선고, 2000두2952 판결.
50) 대법원 1997.6.13 선고, 97누4968 판결.
51) 대법원 1993.9.24 선고, 93누6232 판결.
52) 대법원 1995.11.17 선고, 95누10525 판결.
53) 대법원 1986.4.8 선고, 85누480 판결.
54) 대법원 2004.5.14 선고, 2003두3468 판결.
55) 대법원 1996.3.22 선고, 95누15261 판결.

위반에 소극적인 태도를 보이고 있다.

마. 분식회계와 신의성실의 원칙

납세자가 가공이익을 계상(분식회계)하여 초과납부한 법인세에 대하여 법정기한 내에 경정청구를 할 수 있는데, 신의성실의 원칙상 이를 인정할 수 있는가 논란이 제기 될 수 있다.

판례는 납세의무자가 자산을 과대계상하거나 부채를 과소계상하는 등의 방법으로 분식결산을 하고 이에 따라 과다하게 법인세를 신고하였다가 그 과다납부한 세액에 대하여 취소소송을 제기하여 다툰다는 사정만으로 신의성실의 원칙에 위반될 정도로 심한 배신행위를 하였다고 볼 수는 없는 것이고, 과세관청이 분식결산에 따른 법인세신고를 그대로 믿고 과세하였다고 하더라도 이를 보호받을 가치가 있는 신뢰라고 할 수도 없다[56]라고 판시하고 있다.

6. 소급과세 금지

가. 의 의

세법의 해석이나 국세행정의 관행이 일반적으로 납세자에게 받아들여진 후에는 그 해석이나 관행에 의한 행위 또는 계산은 정당한 것으로 보며, 새로운 해석이나 관행에 의하여 소급하여 과세되지 아니한다(국세기본법 제18조 제3항). 이는 헌법상 신뢰보호의 원칙[57]을 구체화한 것이라고 볼 수 있다.

비과세 관행에 관한 규정은 신의칙 규정의 파생원칙 또는 예시적인 특별규정으로 이해된다. 따라서 위 규정이 없더라도 일반적인 신의칙 법리의 적용이 불가능하지 않으며, 비과세 관행도 신의칙의 경우와 마찬가지로 합법성의 원칙을 희생해서라도 납세자의 신뢰를 보호함이 정의에 부합하는 것으로 인정되는 특별한 사정이 있는 경우에 적

---

56) 대법원 2006.1.26 선고, 2005두6300 판결.
57) 국민들의 법적 안정성 속에서 삶을 영위할 수 있게 하기 위해서는 일반적인 사람들의 합리적인 판단에 의할 때, 국가행위에 의하여 시행된 법률이나 제도가 장래에도 계속될 것이라고 믿게 되고 이를 토대로 일정한 법적 지위를 형성한 경우 그와 같은 법적 지위와 관련된 법규나 제도의 개폐에 있어 국민이 믿고 따른 신뢰를 최대한 보호하는 것이 필요한데, 이를 **신뢰보호의 원칙**이라고 한다(정종섭, 『헌법학원론』, 박영사, 2009, 171면).

용된다고 본다.[58]

또한 비과세 관행은 특정한 납세자가 아닌 불특정한 납세자에게 그 해석 또는 관행이 이의 없이 받아들여진 경우에 적용된다는 점에서 국세기본법 제15조의 신의칙과 차이가 있다. 따라서 비과세 관행 규정은 그 내용상 과세관청만을 그 적용대상으로 한다.[59]

나. 성립요건

본조를 적용하기 위하여는 ① 비과세 관행이 성립하여야 하고, ② 이에 반하여 소급과세하여야 한다.

(1) 비과세 관행

비과세가 성립하려면 상당한 기간에 걸쳐 그 사항에 대하여 과세하지 아니하였다는 객관적 사실이 존재하여야 할 뿐만 아니라 과세관청이 그 사항에 대하여 과세할 수 있음을 알면서도 어떤 특별한 사정에 의하여 과세하지 않는다는 의사가 있고, 이와 같은 의사가 명시적 또는 묵시적으로 표시되어야 한다.[60] 묵시적 표시가 있다고 하기 위하여는 단순한 과세누락과는 달리 과세관청이 상당기간의 불과세(不課稅) 상태에 대하여 과세하지 않겠다는 의사표시를 한 것으로 볼 수 있는 사정이 있어야 한다.[61]

(2) 소급과세 금지

소급과세 금지는 일반적으로 납세자에게 받아들여진 세법의 해석 또는 국세행정의 관행을 변경하여 과세처분을 했다는 사정만으로는 적용될 수 없고, 납세자가 세법에 대한 종전의 유권해석을 신뢰한 나머지 이로 인하여 어떠한 행위나 계산을 하고 새로운 국세행정의 관행을 적용하는 것이 납세자에게 조세부담 등 경제적 불이익을 가하게 되는 경우에 적용될 수 있다.[62]

---

58) 임승순, 전게서, 64면.
59) 사법연수원, 『조세법총론 I』, 2011, 41면.
60) 이태로·안경봉, 전게서, 40면.
61) 대법원 2003.9.5 선고, 2001두7855 판결.
62) 최명근, 전게서, 175면.

7. 신의칙 위반의 효과

신의칙에 반하는 처분이 있을 경우 그 처분은 ① 법의 기본개념에 반하는 위법한 처분이므로 무효라고 하는 설, ② 신의칙 위반 여부는 쟁송을 거치기 전에는 명백하지 않으며, 무효라고 할 경우 불복전치를 요하지 않고 장기간의 출소권(出訴權)이 인정되어 불안정한 법률관계가 지속된다는 문제점이 있으므로 취소원인이 될 뿐이라고 보아야 한다는 설, ③ 일률적으로 무효·취소를 가릴 게 아니라 당해 사건의 제반 이익 교량의 결과 출소기간을 무시하고 납세자의 권리를 구제해야 할 경우이냐 아니냐를 판단하여 무효·취소 여부를 결정하여야 한다는 설 등이 대립한다.[63]

판례는 신의칙에 반하는 행정처분이라도 외관상은 적법한 행위로서 그 하자가 중대·명백한 것이라고 볼 수는 없다[64]라고 판시하여 무효를 원인으로는 보고 있지 않다.

제3절 　 관련 사례(판례)

1. 가장행위와 신의성실의 원칙 위반

가. 사실관계

원고 A는 갑 농지의 소유권을 취득하였는데, 그 원인이 된 매매계약을 자기의 아버지인 B(당시 ○○그룹의 회장 ○○○)가 체결하였고, 그 매매대금도 B가 지급하였다. 그런데 A는 자기 앞으로 소유권이전등기를 할 때에 B와 함께 서울에 거주하면서 ○○그룹의 계열회사에서 경영수업을 하고 있었을 뿐, 그 스스로 농가도 아니고 토지를 농지로 자경할 의사도 없으면서 B와 의논한 끝에 그 주소를 토지의 부근에 이전하여 농가 또는 자경의사가 있는 것처럼 가장하여 소재지 관서의 증명을 얻은 후 농지인 토지에 관하여 그 앞으로 소유권이전등기를 경료하였다. 그 후 국가(피고)는 A가 등기명의자로 되어 있는 사실이 실질소유자 B로부터 A에게 증여에 해당한다고 하여 A에게 증여세

63) 이태로·안경봉, 전게서, 42면.
64) 대법원 2002.4.26 선고, 2002두1465 판결.

를 부과하였다. 원고 A는 과세처분의 취소를 청구하면서, 자기가 한 농가 또는 자경의 사의 가장(假裝)을 내세워 그 등기의 무효를 스스로 주장하여 증여의 대상이 되지 않는 다고 청구하였다.[65]

나. 판결요지

농지의 명의수탁자가 적극적으로 농가이거나 자경의사가 있는 것처럼 하여 소재지 관서의 증명을 받아 그 명의로 소유권이전등기를 마치고 그 농지에 관한 소유자로 행세하면서, 한편으로 증여세 등의 부과를 면하기 위하여 농가도 아니고 자경의사도 없었음을 들어 농지개혁법(현행 농지법)에 저촉되기 때문에 그 등기가 무효라고 주장함은 전에 스스로 한 행위와 모순되는 행위를 하는 것으로 자기에게 유리한 법지위를 악용하려 함에 지나지 아니하므로 이는 신의성실의 원칙이나 금반언의 원칙에 위배되는 행위로서 법률상 용납될 수 없다.[66]

다. 검 토

이 경우 명의수탁자가 증여의제 규정의 적용을 회피하기 위하여 등기의 무효를 주장하는 것은 모순된 거동이라고 보아 명의수탁자의 주장을 허용하지 않고 있다. 이에 따라 실질과세원칙상 납세의무자에 해당되지 않는 자에게 당초 과세처분을 유지하는 결과가 된다.

2. 납세자의 신의성실 원칙 위반

가. 사실관계

○○회사는 2004.2.12 금괴 제조·도소매업을 목적으로 하여 설립된 회사로서 2004년 제1기분 및 제2기분 부가가치세를 신고하면서 금지금 중 수출된 부분에 관하여 영세율 적용을 이유로 그 매입세액의 공제·환급을 구하였으나 과세관청은 2005. 10.4 이를 거부하는 취지에서 환급신청에 대한 거부처분과 기환급액의 회수를 위한 부가가

---

65) 김민중, 『민법판례연구』, 한국고시신문사, 2009, 14면.
66) 대법원 1990.7.24 선고, 89누8224 판결.

치세 부과처분 등을 하였다.

나. 판결요지

과세관청에서는 수출과 관련된 매입세액을 부인하였는바, 그 이유는 ○○회사는 자본금이 1억원에 불과하고 그 대표자 구○○은 종전에 금지금업이나 무역업에 종사한 경험이 전혀 없고, 전단계 거래자인 주식회사 DDD, 주식회사 KK코리아, 주식회사 GG무역 등의 악의적 사업자들은 오로지 매출세액을 포탈하여 이를 이윤으로 삼을 의도에 과세사업자들에게 저가로 공급하면서 그 매출세액을 국가에 납부하지 아니하고 폐업해 버린 사실 등 수출업자인 ○○회사가 그 전의 일련의 거래과정에서 매출세액의 포탈을 목적으로 부정거래를 하는 악의적 사업자가 존재하고 그로 인하여 매입세액 공제·환급이 다른 조세수입의 감소를 초래한다는 사정을 알았거나 중대한 과실로 이를 알지 못하였음에도 불구하고 매입세액의 공제·환급을 구하는 것이라면 이는 악의적 사업자의 부당거래에 편승한 ○○회사가 매입세액 공제·환급제도를 악용하여 악의적 사업자가 포탈한 매출세액의 일부를 이익으로 분배받고자 하는 것일 뿐만 아니라 전단계 세액공제제도를 취하고 있는 부가가치세 제도 및 전반적 조세정의의 근간을 훼손하는 것이 되므로 국세기본법 제15조가 규정하는 신의성실의 원칙에 반하여 허용될 수 없다.[67]

다만, 영세율이 적용되지 않는 국내 과세사업자의 경우에는 위에서 본 변칙적 금지금 거래에 있어서 어느 한 단계를 차지하더라도 위 거래의 필수적인 존재가 아닐 뿐만 아니라 영세율이 적용되는 사업자와 악의적 사업자 사이의 도관역할 등을 할 뿐 이어서 그의 매입세액 공제·환급을 인정하더라도 매출세액과 매입세액의 차액이 국가에 납부되므로 국고에 직접적 손실이 발생하지 아니하며, 또한 전단계세액공제제도의 근간을 유지하는 데에는 영세율이 적용되는 사업자의 매입세액 공제·환급을 제한하는 것으로 족하고, 더 나아가 그 중간 단계에 있는 과세사업자의 매입세액 공제·환급마저 부인하는 것은 국가가 부당한 이득을 취하는 결과에 이르게 된다는 점 등에 비추어보면, 위와 같은 신의성실의 원칙은 국내의 과세거래에 관련된 매입세액의 공제·환급에 대하여 적용될 수 없다고 할 것이다.[68]

---

67) 대법원 2011.1.20 선고, 2009두13474 판결.
68) 대법원 2011.2.10 선고, 2009두16367 판결.

다. 검 토

신의성실원칙은 세무행정청의 행위 뿐만 아니라 납세자의 행위에 대하여도 적용된다. 그러나 조세법률관계의 당사자인 납세자와 국가 등 과세관청 사이의 무기와 힘의 차이를 염두에 두어야 할 것이다. 즉, 세무행정기관에게는 진실을 파악하기 위한 조사권 등 공권력의 발동이 보장되어 있고, 납세자의 신의칙 위반에 대하여는 각종의 제재수단이 법정되어 있으므로 세무행정의 행위에 대해 신의칙을 적용하는 경우보다 제한적이고 엄격하게 적용되어야 할 것이다.[69]

3. 과세관청의 신의성실원칙 위반

가. 사실관계

국내회사(한국오라클 주식회사)가 국내사업장이 없는 외국법인(오라클 코퍼레이션)과의 공급계약에 따라 그 법인이 지정하는 자에게 서비스를 제공하고 그 대가를 그 법인에게 지급하여야 할 금액에서 차감하는 방식으로 지급받는 거래에 대하여 과세관청이 그동안의 관행과는 달리 부가가치세를 부과처분하였고 이에 대하여 국내회사가 그동안의 관행에 따라 영세율이 적용되어야 한다고 소송을 제기하였다.

나. 판결요지

조세법률관계에서 과세관청의 행위에 대하여 신의칙 내지 비과세의 관행이 성립되었다고 하려면 장기간에 걸쳐 어떤 사항에 대하여 과세하지 아니하였다는 객관적 사실이 존재할 뿐만 아니라 과세관청 자신이 그 사항에 대하여 과세할 수 있음을 알면서도 어떤 특별한 사정에 의하여 과세하지 않는다는 의사가 있고 이와 같은 의사가 대외적으로 명시적 또는 묵시적으로 표시될 것임을 요한다고 해석되며, 국세기본법 제18조 제3항 규정에서의 "일반적으로 납세자에게 받아들여진 세법의 해석 또는 국세행정의 관행"이란 비록 잘못된 해석 또는 관행이라도 특정납세자가 아닌 불특정한 일반납세자에게 정당한 것으로 이의 없이 받아들여져 납세자가 그와 같은 해석 또는 관행을 신뢰하는 것이 무리가 아니라고 인정될 정도에 이른 것을 말한다.

---

69) 국세청, 『조세법의 해석과 적용에 관한 연구』, 국세청, 2011, 210면.

따라서 국내회사가 국내사업장이 없는 외국법인과의 공급계약에 따라 그 법인이 지정하는 자에게 서비스를 제공하고 그 대가를 그 법인에게 지급하여야 할 금액에서 차감하는 방식으로 지급받는 거래에 대하여 과세관청이 부가가치세 부과처분을 한 사안에서, 국내사업장이 없는 "외국법인 등이 지정한 자에게" 국내에서 용역 등을 제공하는 경우도 영세율 적용대상으로 규정한 국세청 부가가치세법 기본통칙 11-26-3[70]은 각 구 부가가치세법 시행령(2000.12.29 대통령령 제17041호로 개정되기 전의 것 및 2001.12.31 대통령령 제17460호로 개정되기 전의 것) 제26조 제1항 제1호의 취지 등에 부합하는 해석으로 볼 수 있어, 그 거래는 외화획득 거래로서 영세율이 적용되어 온 과세관행에 포섭될 수 있으므로, 위 부과처분은 신의칙 내지 새로운 해석에 의한 소급과세금지의 원칙에 반하여 위법하다고[71] 판시하고 있다.

다. 검 토

1938년 이후 여러 차례 질의 회신을 통하여 위와 같은 경우 영세율이 적용된다는 예규를 만들어 시행하고, 1985년 이후에는 같은 내용을 부가가치세법 기본통칙으로 규정하여 시행하였다. 또한 원고는 1989년 11월경 이후부터 이 사건 부과처분에 이르기까지 영세율 적용대상으로 신고를 하여 온바, 과세관청은 이에 대해 영세율 적용을 거부한 적이 없었다.

그리고 대법원은 대금을 외국환은행에서 원화로 받는 것으로 되어 있어 원화로 받는 경우에만 영세율 적용이 되어야 한다는 취지로 판결하였으나, 국세청은 당해 외국법인 등에 대한 채무와 상계하는 방식으로 지급받는 경우에도 영세율을 적용한다는 의사를 대외에 표시하여 왔다.[72]

기본통칙 또는 예규도 납세의무자인 국민에게 예측가능성을 줄 정도로 장기간 규정되고 납세자도 그 견해를 받아들이고 숙지되었다면 바로 재판규범으로 삼을 수는 없다고 하더라도 신뢰의 대상으로 인정함이 타당하다.[73]

---

70) 그 내용은 국내에 사업장이 없는 비거주자 또는 외국법인이 지정한 자에게 국내에서 재화 또는 용역을 공급하고 그 대가를 당해 비거주자 또는 외국법인으로부터 외국환은행을 통하여 원화로 받은 경우에는 영의 세율을 적용한다.
71) 대법원 2010.4.15 선고, 2007두19294 판결.
72) 한국세법학회, 『2010년 조세법 판례 회고』, 2011, 11~12면.
73) 김두형, 『로스쿨 조세법 기초이론』, 2012, 176면.

신의성실원칙은 본래 민법상 채권, 채무관계를 규율하기 위한 원칙이었으나, 오늘날에는 모든 법분야의 근본적 원칙의 하나로 확립되었는 바, 조세채권·채무 관계를 규율하고 있는 세법상 영역에서도 기본원칙의 하나로 인정되고 있다.

한편 민법상의 신의성실원칙은 계약 등 구체적인 관계를 전제로 하는데 비해 조세법률관계의 신의성실원칙은 과세관청과 납세자간의 일방적이고 불특정 다수를 대상으로 하는 관계에서 적용되는 원칙이다.

이와 관련하여 일반적으로 조세법률관계에 있어서 과세관청의 행위에 대하여 신의성실의 원칙을 적용하기 위해서는 민법상 신의성실원칙 파생원칙인 모순행위 금지의 원칙과 대응하여 과세관청이 납세자에게 신뢰의 대상이 되는 공적인 견해표명을 하여야 하고 납세자가 그 견해 표명을 신뢰하고 신고 등 일정한 행위를 하여야 하고, 과세관청이 당초 공적견해에 반하는 처분이 있어야 한다.

판례의 경향을 살펴보면, 공적견해 표명을 매우 제한적으로 해석하는데, 가령 국세종합상담센터의 답변이나, 국세청 예규 또는 내부 세법해석기준 또는 집행기준 등도 과세관청의 공적견해 표명으로 보지 않고 있다. 또한 과세관청의 의사표시가 일반론적인 견해표명에 불과한 경우에는 신의성실원칙 적용을 배제하고 있다. 그 밖에 과세관청의 여러 가지 납세지도에 대한 납세자의 신뢰이익 보호 필요성이 매우 중요시 되고 있다.

그러나 행정규칙이라 하더라도 예규 등은 납세의무의 성립 여부에 중요한 기준이 되고, 이러한 사실에 대하여 납세자는 신뢰하고 이에 따라 기장 또는 신고 등 각종 의무를 이행한다. 따라서 예규 등도 사실상 대외적 구속력이 발생하므로 공적인 견해 표명으로 봐도 무방하다.

한편 납세자에 대한 신의성실 원칙이 적용되기 위해서는 납세자의 심한 배신행위에 기한 모순행위가 있어야 한다. 다만, 납세자가 모순된 행동을 하는 경우 가산세 등 각종 불이익한 처분을 받을 수 있고, 과세관청은 납세자에 비해 우월적 지위에 있는 점 등을 감안하여 납세의무자에 대한 신의성실원칙은 제한적으로 인정되고 있다.[74]

조세채권채무관계는 사법상의 채권채무관계와 유사하고 매우 전문적이고 기술적인 분야이므로 세법의 해석과 적용에 있어서 과세관청의 언동을 신뢰한 납세자의 보호 필요성이 높아 신의성실원칙의 적용 가능성과 중요성이 증가하고 있다.

---

74) 대법원 1997.3.29 선고, 95누18383 판결.

제3장

권리 · 의무의 주체와 납세의무자

관련 세법규정 요약

- 국세기본법 제13조 【법인으로 보는 단체】 법인이 아닌 사단, 재단, 그 밖의 단체 중 주무관청의 허가 또는 인가를 받아 설립되거나 법령에 따라 주무관청에 등록한 사단, 재단, 그 밖의 단체로서 등기되지 아니하거나, 공익을 목적으로 출연된 기본재산이 있는 재단으로서 등기되지 아니한 것에 해당하는 것으로 수익을 구성원에게 분배하지 아니하는 것은 법인으로 보아 국세기본법과 세법을 적용한다.

- 부가가치세법 제3조 【납세의무자】 사업자, 재화를 수입하는 자로서 개인, 법인(국가·지방자치단체와 지방자치단체조합을 포함한다), 법인격 없는 사단·재단 또는 그밖의 단체는 이 법에 따라 부가가치세를 납부할 의무가 있다.

- 소득세법 제2조 제1항, 제2항 【납세의무】 거주자, 비거주자로서 국내원천소득이 있는 개인은 이 법에 따라 각자의 소득에 대한 소득세를 납부할 의무를 지고, 원천징수의무자는 이 법에 따라 원천징수한 소득세를 납부할 의무를 진다.

- 소득세법 제2조 제3항, 제4항 【납세의무】 법인 아닌 단체는 구성원간 이익의 분배비율이 정하여져 있고 해당 구성원별로 이익의 분배비율이 확인되는 경우, 사실상 구성원별로 이익이 분배되는 것이 확인되는 경우에는 단체의 구성원별로 소득세 등을 납부할 의무를 지며, 분배비율이 정하여지지 아니하거나, 확인되지 아니하는 부분은 해당 단체를 1거주자로 보아 소득세 납세의무를 부담한다.

- 법인세법 제3조 제1항, 제2항 【납세의무】 내국법인, 국내원천소득이 있는 외국법인은 이 법에 따라 그 소득에 대한 법인세를 납부할 의무가 있다. 내국법인 중 국가와 지방자치단체에 대하여는 법인세를 부과하지 아니한다.

- 상속세 및 증여세법 제3조의2 【상속세 납부의무】 상속인(특별연고자 중 영리법인은 제외한다) 또는 수유자(영리법인은 제외한다)는 상속재산 중 각자가 받았거나 받을 재산을 기준으로 일정한 비율에 따라 계산한 금액을 상속세로 납부할 의무가 있다. 다만, 특별연고자 또는 수유자가 영리법인인 경우로서 그 영리법인의 주주 또는 출자자 중 상속인과 직계비속이 있는 경우에는 일정한 산식에 의하여 계산한 지분상당액을 그 상속인 및 직계비속이 납부할 의무가 있다.

- 상속세 및 증여세법 제4조2 【증여세 납부의무】 수증자가 거주자(본점이나 주된 사무소의 소재지가 국내에 있는 비영리법인 포함)인 경우에는 증여세 과세대상이 되는 모든 증여재산, 수증자가 비거주자인 경우에는 과세대상이 되는 국내에 있는 모든 증여재산에 대하여 증여세를 납부할 의무가 있다. 영리법인이 증여받은 재산 또는 이익에 대하여 법인세법에 따른 법인세가 부과되는 경우 해당 법인의 주주에 대하여 특수관계법인, 특정법인과의 거래를 통한 이익에 대한 증여세 부과를 제외하고 증여세를 부과하지 아니한다.

제1절 ｜ 민법 내용

1. 의 의

권리는 일정한 이익을 누릴 수 있도록 법에 의하여 주어진 힘(법력설)[1]이므로 이러한 이익의 귀속주체가 필요한데, 법에 의하여 권리를 누릴 수 있는 힘을 부여받은 자를 **권리주체**라고 한다. 이러한 권리주체는 자연인과 법인의 두 가지가 있다.

한편 의무란 의무자의 의사와 관계없이 반드시 따라야 할 법률상 구속을 말한다.

2. 자연인

가. 자연인의 권리능력

사람은 생존한 동안 권리와 의무의 주체가 된다(민법 제3조). 사람의 권리능력은 출생과 함께 시작된다. 그런데 어느 시점에 출생이 되었는지에 관하여는 태아가 모체 밖으로 완전히 나온 순간, 즉 전부노출설이 통설적 입장이다.[2]

그리고 사망의 시기는 호흡과 심장의 기능이 영구적으로 정지한 때, 즉 심폐사설이 전통적 입장이다. 이 밖에도 ① 동시사망의 추정(민법 제30조), ② 인정사망(가족관계의 등록 등에 관한 법률 제87조), ③ 실종선고(민법 제27조~제29조) 등이 있다.

한편, 태아의 경우에는 개별적 보호주의를 취하고 있는데, 불법행위에 의한 손해배상청구권에 있어서 태아는 출생한 것으로 본다(민법 제762조). 태아는 상속순위에 관하여 이미 출생한 것으로 본다(민법 제1000조 제3항). 유증에 관해서도 태아는 이미 출생한 것으로 본다(민법 제1064조, 제1000조 제3항). 또한 부는 포태 중에 있는 자에 대하여도 이를 인지할 수 있다(민법 제858조).

상법상 상해보험계약을 체결할 때 약관 또는 보험자와 보험계약자의 개별 약정으로 태아를 상해보험의 피보험자로 할 수 있다.[3]

---

1) 기타 권리의 본질을 의사의 지배라고 하는 의사설, 법률상 보호되는 이익이라고 보는 이익설 등이 있다.
2) 지원림, 『민법강의 제7판』, 홍문사, 2009, 63면.
3) 대법원 2019.3.28 선고, 2016다211224 판결.

나. 행위능력

민법은 객관적·획일적 기준에 의하여 유효하게 법률행위를 할 수 있는 자(행위능력자)와 할 수 없는 자(행위무능력자)를 나누고, 행위무능력자가 독자적으로 법률행위를 한 경우에 그에게 의사능력이 있었는지를 묻지 않고 행위무능력을 이유로 법률행위를 취소할 수 있도록 한다.[4]

행위능력이란 단독으로 유효한 법률행위를 할 수 있는 지위 또는 자격을 가리킨다.[5]

한편 2013년 7월 1일부터는 획일적으로 행위능력을 제한하는 문제점을 갖고 있는 기존의 금치산·한정치산 제도 대신 보다 능동적이고 적극적인 성년후견(민법 제9조), 한정후견(민법 제12조), 특정후견(민법 제14조의 2) 제도를 도입하였다.

3. 법 인

가. 법인의 의의

법인이란 사람 또는 재산으로 구성되는 구성물로 재산관계에 관하여 법률에 의하여 자연인처럼 권리와 의무의 주체가 되고 독립한 권리주체로서 법적 거래에 참여할 수 있게 된 것을 말한다.[6] 즉, 자연인 이외의 것으로 법률의 규정에 의하여 권리능력이 인정되는 단체 또는 재산을 의미한다.

이러한 법인의 존재이유는

① 사단이나 재단을 그 구성원 또는 재산출연자와는 별도의 법적 주체로 활동하게 하기 위하여서이다. 만일 법인제도가 없다면 사단법인의 경우 수많은 구성원이 모두 법적 거래에 참여하여야 하는 번거로움이 생기고, 재단법인은 독자적 활동이 불가능할 것이다.

② 사단 또는 재단의 재산과 사단의 구성원 또는 재산출연자의 재산을 분리하여 구별하여야 할 필요성이 있기 때문이다.

③ 사단이나 재단이 외부의 제3자에 대하여 책임을 져야 할 경우 그 구성원이나 출연자의 고유재산에 대하여는 강제집행을 하지 못하도록 하고 당해 사단 또는 재단의

---

4) 지원림, 전게서, 71면.
5) 김준호, 『민법강의』, 법문사, 2009, 80면.
6) 지원림, 상게서, 98면.

재산에 대하여만 책임을 물을 수 있게 하여야 할 필요가 있다.[7]

이러한 사단 또는 재단이 법률에 의해 인격을 승인받아 사단법인·재단법인이 되어 권리와 의무의 주체가 된다는 것은 다음 세 가지 의미가 있다.

① 법인은 권리·의무의 주체가 될 수 있지만 자연인처럼 스스로 행동할 수 없기 때문에 대표이사 등 기관을 설정하고, 기관의 행위는 곧 법인의 행위로 간주하는 방식을 취한다.

② 법인은 구성원의 가입·탈퇴가 있더라도 그에 영향을 받지 않고 그 동일성이 유지된다.

③ 법인의 재산은 구성원의 재산과는 독립된 법인 자체의 재산이라는 점이다.[8]

나. 법인제도의 목적

사단 또는 재산에 법인격을 부여하는 데에는 두 가지의 목적이 있다.

① **법률관계 처리의 편의이다.**

거래당사자가 누구인지를 명확히 하기 위하여 단체가 그 주체가 되는 것이 필요하다.

② **책임의 분리이다.**

법인격이 인정되는 경우 개인재산과 구분되는 단체 자체의 재산이 인정된다. 따라서 단체에 대한 채권자는 단체에 대해서만 집행할 수 있고 구성원의 개인재산에 대하여는 집행할 수 없다.[9]

재단에서는 일정한 목적에 바쳐진 재산이 출연자의 재산과 섞이지 않은 채 독자성을 가질 수 있게 된다는 점을 둘 수 있다.[10]

다. 법인의 설립 근거

학술, 종교, 자선, 기예, 사교 기타 영리 아닌 사업을 목적으로 하는 사단 또는 재단은 주무관청의 허가를 얻어 이를 법인으로 할 수 있다(민법 제32조).

법인설립에 관한 입법주의는 공권력의 관여 정도에 따라 법률이 정하는 요건을 충족

---

7) 송덕수, 『신민법강의』, 박영사, 2009, 335~336면.
8) 김준호, 전게서, 124면.
9) 김준호, 전게서, 124면.
10) 지원림, 전게서, 98면.

하면 법인이 성립하는 준칙주의(상법상 회사, 노동조합), 법률이 정하는 요건을 충족하고 주무관청의 인가를 얻어 성립하는 인가주의(상공회의소, 농업협동조합), 법률이 정하는 요건을 충족하고 수무관청의 허가를 요구하는 허가주의 등으로 분류된다. 민법이 정하는 법인에 대하여는 허가주의를 채택하고 있다(민법 제32조).[11]

영리법인에 대하여는 상법 또는 특별법이 우선적으로 적용되며, 그에 정함이 없는 경우에는 민법의 법인에 관한 규정이 보충적으로 적용된다(상법 제1조).

라. 법인의 권리능력

(1) 개 요

법인은 법률의 규정에 좇아 정관으로 정한 목적의 범위 내에서 권리와 의무의 주체가 된다(민법 제34조). 그 목적을 넘는 경우에는 법인에 대한 관계에 있어 절대적 무효가 된다는 것이 통설과 판례의 입장이다.[12]

법률에 의한 제한의 경우로는 청산법인의 청산의 목적범위 내(「민법」 제81조), 파산의 목적범위 내(「채무자회생 및 파산에 관한 법률」 제328조), 회사는 다른 회사의 무한책임사원이 되지 못하는 것(「상법」 제173조)이 있다.[13]

법인의 권리능력은 법률의 규정과 정관상의 목적에 의하여 제한을 받게 된다. 또한 자연인을 전제로 하는 권리를 가질 수 없다. 따라서 법인은 생명권, 상속권, 친권 등을 가질 수 없다. 그러나 유증을 받을 수는 있다.

(2) 법인의 행위능력

법인이 그 권리능력의 범위에 속하는 권리를 현실로 취득하거나 이미 취득한 권리를 관리하고 처분하기 위해서는 일정한 행위를 하여야 한다. 이 경우 법인의 행위는 자연인을 통하여 할 수밖에 없다. 이때의 자연인을 대표기관이라고 부르는데, 대표기관의 행위는 자연인으로서의 행위가 아니라 법인의 행위로 간주된다. 이사·임시이사·특별대리인·직무대행자·청산인이 그 대표기관이 된다.[14]

---

11) 양창수·김형석, 『권리의 보전과 담보』, 박영사, 2012, 18면.
12) 김준호, 상계서, 145면.
13) 김준호, 상계서, 144면.
14) 김준호, 전게서, 147면.

(3) 법인의 불법행위능력

법인은 이사 기타 대표자가 그 직무에 관하여 타인에게 가한 손해를 배상할 책임이 있다. 이사 기타 대표자는 이로 인하여 자기의 손해배상책임을 면하지 못한다. 또한 법인의 목적범위 외의 행위로 인하여 타인에게 손해를 가한 때에는 그 사항의 의결에 찬성하거나 그 의결을 집행한 사원·이사·기타 대표자가 연대하여 배상하여야 한다(민법 제35조).

판례에 의하면, 그 직무에 관한 것이라는 의미는 행위의 외형상 대표자의 직무행위라고 인정할 수 있는 것이라면 설사 그것이 대표자 개인의 사리를 도모하기 위한 것이었거나 혹은 법령의 규정에 위반된 것이었다 하더라도 위의 직무에 관한 행위에 해당한다고 본다.[15]

(4) 법인의 기관

법인의 의사를 결정하고 집행하는 담당자로서 법인 기관으로는 이사·감사·사원총회·청산인이 있다.

법인의 사무집행은 이사가 행하고(민법 제58조), 자연인으로 구성되며 그 수에는 제한이 없으며 각자가 법인의 사무에 관하여 법인을 대표한다. 정관 또는 총회의 결의로 감사를 둘 수 있고 법인의 재산상황과 이사의 업무집행을 한다(민법 제66조·제67조). 그리고 사단법인의 사무는 정관으로 이사 또는 기타 임원에게 위임한 사항 외에는 사원총회의 결의에 의한다(민법 제68조).

마. 법인의 종류

(1) 사단법인과 재단법인

사단법인은 일정한 목적을 위해 결합된 사람의 단체를 실체로 하는 법인으로 사원의 구성원을 사원이라 하고 사원자격의 득실에 관한 규정은 정관에서 정한다(민법 제40조)이고, 재단법인은 일정한 목적을 위해 바쳐진 재산을 실체로 하는 법인이다.

---

15) 대법원 1969.8.26 선고, 68다2320 판결.

(2) 내국법인과 외국법인

대한민국법에 준거하여 설립된 법인이 내국법인이고, 외국법에 준거하여 설립된 법인은 외국법인이라고 한다.[16]

(3) 공법인과 사법인

법인은 법률의 규정에 의하여 성립한다. 그런데 법인설립의 근거가 되는 법률이 공법인가 아니면 사법인가에 따라 법인은 공법인과 사법인으로 나뉜다. **공법인**에 관한 분쟁은 행정소송에 의하여야 하는 반면, **사법인**에 관한 것은 민사소송에 의한다. 농업협동조합과 같이 공법인의 성질과 사법인의 성질을 모두 갖춘 **중간적 법인**도 있다. 중간적 법인에 관하여는 개개의 법률관계의 성질에 따라 그 적용법규가 결정되어야 한다.[17]

(4) 영리법인과 비영리법인

사법인은 영리를 목적으로 하는 영리법인과 그렇지 않은 비영리법인으로 나뉜다. 영리를 목적으로 한다는 것은 법인이 영리적인 사업을 한다는 의미가 아니라 구성원의 이익을 목적으로 함을 의미한다. 영리법인은 전부가 사단법인이고, 이익을 분배받을 사원이 없는 재단법인은 성질상 영리법인으로 될 수 없다. 영리법인 중 전형적인 것은 주식회사로 상법의 규율을 받는 반면, 비영리법인은 영리를 목적으로 하지 않는 사단법인 또는 재단법인으로 민법의 규율을 받는다.[18]

(5) 일반법인과 특수법인

민법과 상법에 의해 설립되는 법인을 일반법인이라 하고, 그 외의 법률에 의해 설립되는 법인을 특수법인이라고 한다. 학교법인·의료법인·사회복지법인·재개발조합·농업협동조합·대한교원공제회·신용보증기금 등이 그러하며, 이들 특수법인에 대하여는 그 설립근거가 된 특별법이 민법에 우선하여 적용된다.[19]

한편, 영농조합법인의 실제를 민법상 조합으로 보면서 협업적 농업경영을 통한 농업

---

16) 김준호, 전게서, 128면.
17) 지원림, 전게서, 100~101면.
18) 지원림, 전게서, 101면.
19) 김준호, 전게서, 130면.

생산성 향상 등을 도모하기 위하여 일정한 요건을 갖춘 조합체에 특별히 법인격을 부여하고 있다. 영농조합법인에 대하여는 농어업경영체법 등 관련 법령에 특별한 규정이 없으면 법인격을 전제로 한 것을 제외하고는 민법의 조합에 관한 규정이 준용된다.

따라서 영농조합법인의 채권자가 조합원에 대하여 권리를 행사하는 경우에 영농조합법인의 채권자는 원칙적으로 조합원에 대한 채권자의 권리행사에 관한 민법 제712조에 따라 채권 발생 당시의 각 조합원에 대하여 지분비율에 따라 또는 균분해서 채무의 이행을 청구할 수 있다.[20]

바. 법인의 설립

(1) 비영리사단법인의 설립

학술·종교·자선·기예·사교 기타 영리 아닌 사업을 목적으로 하는 사단은 주무관청의 허가를 얻어 이를 법인으로 할 수 있다(민법 제32조).

비영리사단법인의 설립에는 ① 목적의 비영리성, ② 설립행위(정관 작성)[21], ③ 주무관청의 허가, ④ 설립등기의 네 가지 요건을 갖추어야 한다.

비영리사업이란 구성원의 경제적 이익을 추구하고 종국적으로 수익의 구성원들에게 분배되는 것이 아닌 사업을 말한다. 일정한 목적의 공익법인에 대하여는 「공익법인의 설립·운영에 관한 법률」이 민법에 우선하여 적용된다. 그리고 민법 제32조는 "학술·종교·자선·기예·사교"를 목적으로 하는 법인은 사회복지사업법과 사립학교법 등의 특별법에 의해 우선 규율된다.[22]

(2) 비영리재단법인의 설립

재단법인의 설립에는 ① 목적의 비영리성, ② 설립행위, ③ 주무관청의 허가, ④ 설립등기의 네 가지 요건을 갖추어야 한다. 요건은 사단법인과 동일하다. 그러나 설립행위는 사단법인과 다른 점이 있다.

설립자는 일정한 재산을 출연하여야 한다. 출연재산은 제한이 없으므로 채권(債券)이

---

20) 대법원 2018.8.1 선고, 2017다246739 판결.
21) 정관에는 반드시 기재되어야 하는 필요적 기재사항과 그렇지 않은 임의적 기재사상이 있으며, 필요적 기재사항은 그 중 하나라도 누락되면 효력이 없다.
22) 김준호, 상게서, 136면.

라도 무방하다. 그런데 그러한 출연재산이 언제 법인에 귀속하는지가 문제된다. 이에 관하여 민법은 제48조에서 "생전처분으로 재단법인을 설립하는 때에는 출연재산은 법인이 성립된 때로부터 법인의 재산으로 된다"고 하고, "유언으로 재단법인을 설립한 때에는 출연재산은 유언의 효력이 발생한 때로부터 법인에 귀속한 것으로 본다"고 규정하고 있다. 이에 의하면, 법인의 설립시기는 설립등기를 한 때이고, 유언의 효력발생시기는 유언에 의한 설립의 경우에는 유언자의 사망시에 법인에 귀속된다.[23]

그런데 제48조의 규정과 법률행위에 의한 권리변동의 성립요건으로서 공시를 필요로 한 규정간에 충돌이 생기고, 그래서 제48조를 어떻게 해석할 것인가에 관해 학설과 판례가 나누어져 있다.

판례에 의하면, 출연재산은 출연자와 법인과의 관계에 있어서 그 출연행위에 터잡아 법인이 성립되면 그로써 출연재산은 민법의 위 조항에 의하여 법인 설립시에 법인에게 귀속되어 법인의 재산이 되는 것이라고 할 것이고, 출연재산이 부동산인 경우에 있어서도 위 양 당사자간의 관계에 있어서는 위 요건(법인의 성립) 외에 등기를 필요로 하는 것이 아니라 함이 상당하다 할 것이다. 제3자에 대한 관계에 있어서는 출연행위가 법률행위이므로 출연재산의 법인에의 귀속에는 부동산의 권리에 관해서는 법인 성립 외에 등기를 필요로 하는 것이라고 함이 상당하다 할 것이다[24]라고 하고 있다.

사. 법인의 소멸

(1) 법인의 해산

법인이 활동을 정리하고 청산절차에 들어가는 것이 해산(解散)으로 존립기간의 만료, 법인의 목적의 달성 또는 달성의 불능 기타 정관에 정한 해산사유의 발생, 파산 또는 설립허가의 취소로 해산한다(민법 제77조).

(2) 법인의 청산

해산한 법인의 잔무를 처리하고 재산을 정리하기 위하여 완전히 소멸할 때까지의 절차로 청산이 종료된 때 법인은 소멸한다.[25]

---

23) 송덕수, 전게서, 359면.
24) 대법원 1979.12.11 선고, 78다481, 482 전원합의체 판결.
25) 김준호, 전게서, 174면.

해산 이후 청산이 종료될 때까지 제한된 권리능력의 범위 내에서 존속하는 법인을 청산법인이라 한다.

아. 권리능력 없는(법인 아닌) 사단과 재단

(1) 개 요

사단 또는 재단의 실체를 가지면서도 그 허가를 받지 못하거나 또는 그 등기를 하지 않은 때에는 권리능력 없는 사단 또는 재단으로 남을 수밖에 없다.[26] 이러한 단체에 대하여 어떤 지위를 부여할 것인가가 문제되는데, 부동산의 등기와 소송에서는 단체 자체를 그 주체로 인정하는 규정을 마련하고 있어 법인과 다를 것이 없다. 그러나 민법에서 법인 아닌 사단의 재산의 소유를 총유로 정한 것 말고는 아무런 규정이 없다.[27]

(2) 권리능력 없는(법인 아닌) 사단

1) 요 건

비법인사단은 구성원의 개인성과는 별개로 권리 · 의무의 주체가 될 수 있는 독자적 존재로서의 단체적 조직을 가지는 특성이 있다 하겠는데, 어떤 단체가 고유의 목적을 가지고 사단적 성격을 가지는 규약을 만들어 이에 근거하여 의사결정기관 및 집행기관인 대표자를 두는 등의 조직을 갖추고 있고, 기관의 의결이나 업무집행방법이 다수결의 원칙에 의하여 행하여지며, 구성원의 가입 · 탈퇴 등으로 인한 변경에 관계없이 단체 그 자체가 존속되고, 그 조직에 의하여 대표의 방법, 총회나 이사회 등의 운영, 자본의 구성, 재산의 관리 기타 단체로서의 주요사항이 확정되어 있는 경우에는 비법인사단으로서의 실체를 가진다고 할 것이다.[28]

비법인사단에 대하여는 사단법인에 관한 민법 규정 가운데서 법인격을 전제로 하는 것을 제외하고는 이를 유추적용한다.[29] 사단법인의 사원의 지위는 양도 또는 상속할 수 없다고 규정한 민법 제56조의 규정은 강행규정이라고 할 수 없으므로 비법인사단에서도 사원의 지위는 규약이나 관행에 의하여 양도 또는 상속될 수 있다.[30]

---

26) 이 밖에 감독관청의 규제와 감독을 기피하여 법인으로 만들고 싶지 않은 경우, 법인을 설립하고 있는 도중에 있는 경우가 있다.
27) 김준호, 상계서, 182~183면.
28) 대법원 1999.4.23 선고, 99다4504 판결.
29) 대법원 1996.9.6 선고, 94다18522 판결.

비법인사단의 대표적인 것으로는 종중과 교회가 있다. 이 밖에 판례에 의하면 동, 리, 자연부락, 등록된 일반적인 사찰, 주택건설촉진법에 의한 주택조합이나 연합주택조합 또는 새선축조합, 불교신도회, 법인 아닌 어촌계, 아파트 부녀회 등이 있다.[31]

한편, 민법상의 조합과 법인격은 없으나 사단성이 인정되는 비법인사단을 구별하는 방법은 일반적으로 그 단체성의 강약을 기준으로 판단하여야 한다.[32]

2) 법률관계(재산관계)

법인 아닌 사단의 사원이 집합체로서 물건을 소유할 때에는 총유로 한다(민법 제275조 제1항).[33] 이는 권리능력 없는 사단이 실체는 사단이라 하더라도 법인격이 없기 때문에 사원 전원이 공동으로 소유하는 형식을 취할 수밖에 없고 그 소유형태를 총유로 개념지운 것이다.[34]

따라서 사단의 사원 개인이 처분할 수 있는 목적물에 대한 지분을 가질 수 없고, 단지 청산 또는 규약에 따라 총유물을 사용 수익할 수 있을 뿐이다.[35]

한편, 종중 소유의 재산은 그 관리 및 처분에 관하여 종중규약에 정하는 바가 없으면 종중총회의 결의에 의하여야 한다.[36]

사단 소유에 속하는 재산의 공시방법과 관련하여 종중, 문중, 그 밖에 대표자나 관리인이 있는 법인 아닌 사단이나 재단에 속하는 부동산의 등기에 관하여는 그 사단이나 재단을 등기권리자 또는 등기의무자로 한다(부동산등기법 제26조 제1항). 권리능력 없는 사단이 대외적으로 부담한 채무에 관해서는 사단 자체의 재산이 집행의 대상이 된다.[37]

(3) 권리능력 없는(법인 아닌) 재단

1) 개 요

일정한 목적을 위해 출연된 재산이 관리되는 모습으로는 ① 신탁의 방법, ② 법인조직, ③ 권리능력 없는 재단으로서 관리되는 것의 세 가지가 있다. 이 중 ③ 재단법인의

---

30) 대법원 1997.9.26 선고, 95다6205 판결.
31) 송덕수, 전게서, 342면.
32) 대법원 1999.4.23 선고, 99다4504 판결.
33) 김준호, 전게서, 184면.
34) 김준호, 상게서, 184면.
35) 양창수·김형석, 『권리의 보전과 담보』, 박영사, 2012, 60면.
36) 의정부지법 2019.5.22 선고, 2018가합50604 판결.
37) 김준호, 상게서, 184면.

실체가 되는 재단으로서의 실질을 가지면서도 주무관청의 허가 내지 설립등기를 하지 않아 법인격을 취득하지 못한 것이 권리능력 없는 재단이다.[38]

2) 법률관계

법인 아닌 재단에 속하는 부동산의 등기에 관하여는 그 재단을 등기권리자 또는 등기의무자로 한다(부동산등기법 제26조).

제2절 국세기본법상 관련 내용

1. 세법상 납세의무자 의의

납세의무자란 납세의무의 주체로 조세법률관계에 있어서 조세채무를 부담하는 자를 말한다. 세법에 따라 국세를 징수하여 납부할 의무를 지는 것과 구별된다. 납세의무의 주체로는 자연인과 법인이 있다. 또한 권리능력 없는 사단 등도 일정한 요건을 충족하면 납세의무자가 된다.

법인격 없는 사단등도 실질적으로는 법인과 동일하게 활동하는 것을 감안하여 이를 법인과 동일하게 취급하는 것이 공평한 세부담을 배분할 수 있다는 점에서 타당하다.

2. 귀속명의자와 실질과세원칙

실질과세원칙은 소득이나, 수익, 재산, 거래 등의 과세대상에 관하여 귀속 명의와 달리 실질적으로 귀속되는 자가 따로 있는 경우에는 형식이나 외관을 이유로 귀속명의자를 납세의무자로 삼을 것이 아니라 실질적으로 귀속되는 자를 납세의무자로 삼겠다는 것이므로, 재산의 귀속명의자에게 이를 지배·관리할 능력이 없고 명의자에 대한 지배권 등을 통하여 이를 지배·관리하는 자가 따로 있는 경우 등에는 그 재산에 관한 소득은 실질적으로 지배·관리하는 자에게 귀속된 것으로 보아 그를 납세의무자로 삼아야 할 것이나, 그러한 명의와 실질의 괴리가 없는 경우에는 소득의 귀속명의자에게 소

---

38) 김준호, 전게서, 187면.

득이 귀속된 것으로 보아야 한다.[39]

한편, 실질과세원칙에 따라 실질소유자를 납세의무자로 삼아야 할 것이고, 이러한 경우에 해당하는지 여부는 명의사용의 경위, 당사자간 약정, 명의자의 관여 정도와 범위 등 여러 사정을 종합적으로 고려하여야 한다.[40]

3. 법인격 없는 사단 등의 의의

조세법에 있어서 법인격 없는 사단 등의 의의는 사법에 있어서 법인격 없는 사단과 동일하게 해석된다. 그 요건으로 ① 고유의 목적을 가지고 사단적 성격을 가지는 규약을 만들어 이에 근거하여 의사결정기관 및 집행기관인 대표자를 두는 등의 조직을 갖추고 있고(조직성), ② 기관의 의결이나 업무집행방법이 다수결의 원칙에 의하여 행해지며(의사결정의 방법), ③ 구성원의 가입·탈퇴 등으로 인한 변경에 관계없이 단체 그 자체가 존속되고(구속성), ④ 그 조직에 의하여 대표의 방법, 총회나 이사회 등의 운영, 자본의 구성, 재산의 관리 기타 단체로서의 주요 사항이 확정되어 있을 것(고유의 재산) 등의 네 가지를 들 수 있다.[41]

한편, 민법상 조합의 명칭을 가지고 있는 단체라 하더라도 고유의 목적을 가지고 사단적 성격을 가지는 규약을 만들어 이에 근거하여 의사결정기관 및 집행기관인 대표자를 두는 등의 조직을 갖추고 있고, 기관의 의결이나 업무집행방법이 다수결의 원칙에 의하여 행해지며, 구성원의 가입, 탈퇴 등으로 인한 변경에 관계없이 단체 그 자체가 존속되고, 그 조직에 의하여 대표의 방법, 총회나 이사회 등의 운영, 자본의 구성, 재산의 관리 기타 단체로서의 주요사항이 확정되어 있는 경우에는 비법인사단으로서의 실체를 가진다.[42]

4. 법인격 없는 사단 등의 법인으로 보는 단체

법인격 없는 사단, 재단, 그 밖의 단체 중 주무관청의 허가 또는 인가를 받아 설립되거나 법령에 따라 주무관청에 등록한 사단, 재단, 그 밖의 단체로서 등기되지 아니한

---

39) 대법원 2014.7.10 선고, 2012두16466 판결.
40) 대법원 2014.5.16 선고, 2011두9935 판결.
41) 이태로·안경봉, 『조세법강의』, 박영사, 2002, 52면.
42) 대법원 1992.7.10 선고, 92다2431 판결.

것, 공익을 목적으로 출연된 기본재산이 있는 재단으로서 등기되지 아니한 것에 해당하는 것으로서 수익을 구성원에게 분배하지 아니하는 것은 법인으로 본다.[43]

위의 주무관청의 허가를 받았으나 등기되지 아니한 단체는 비영리법인을 말하며, 주무관청의 설립인가를 받았으나 등기되지 아니한 단체는 법률에 의하여 인가를 받도록 한 단체를 말하고 이에는 비영리법인 외에 영리법인도 포함한다.[44]

또한 사단, 재단, 그 밖의 단체의 조직과 운영에 관한 규정을 가지고 대표자나 관리인을 선임하고, 사단, 재단, 그 밖의 단체 자신의 계산과 명의로 수익과 재산을 독립적으로 소유·관리하며, 사단, 재단, 그 밖의 단체의 수익을 구성원에게 분배하지 아니하는 경우,[45] 대표자나 관리인이 관할 세무서장에게 신청하여 승인을 받은 것도 법인으로 본다.[46] 법인으로 보는 단체의 국세에 관한 의무는 그 대표자나 관리인이 이행하여야 한다.

5. 비영리법인의 법인세 과세 여부

비영리내국법인인 학교법인이 업무와 직접 관계없이 타인으로부터 무상으로 받은 자산을 수익사업에 사용하는 경우 해당 자산의 가액은 법인세 과세대상에 해당하지 아니한다.[47]

---

43) 국세기본법 제13조 제1항.
44) 구욱서, 『사법과 세법』, 유로, 2010, 565면.
45) 이 요건은 관할 세무서장에게 법인으로 보는 단체로 승인할 때에는 물론이고 법인으로 보는 단체로 승인을 얻은 이후 그 단체 존속기간 내내 유지되어야 한다(서삼 46019-10685, 2003.4.23).
46) 국세기본법 제13조 제2항.
47) 사전-2015-법령해석법인-0151, 2016.2.17.

1. 납세의무자

가. 일반적인 납세의무자

사업자, 재화를 수입하는 자로서 개인, 법인, 국가 및 지방자치단체와 지방자치단체조합, 법인격 없는 사단·재단 또는 그밖의 단체는 부가가치세를 납부할 의무가 있다(부가가치세법 제3조). 사업자란 사업목적이 영리이든 비영리이든 관계없이 사업상 독립적으로 재화 또는 용역을 공급하는 자를 말한다(부가가치세법 제2조 제3호).

또한, 부가가치세는 실질적인 소득이 아닌 거래의 외형에 대하여 부과하는 거래세의 형태를 띠고 있으므로, 부가가치세법상 납세의무자에 해당하는지 여부 역시 원칙적으로 그 거래에서 발생한 이익이나 비용의 귀속이 아니라 재화 또는 용역의 공급이라는 거래행위를 기준으로 판단하여야 한다. 따라서 부가가치세 납세의무자는 위탁매매나 대리와 같이 부가가치세법에서 별도의 규정을 두고 있지 않은 한 계약상 또는 법률상의 원인에 의하여 재화를 사용·소비할 수 있는 권한을 이전하는 행위를 한 자를 의미한다.[48]

이 경우 과세의 대상이 되는 행위 또는 거래의 귀속이 명의일 뿐이고 사실상 귀속되는 자가 따로 있는 경우에는 사실상 귀속되는 자에 대하여 부가가치세법을 적용한다(부가 통칙 2-0-2).

부가가치세의 납세의무자는 조세법률관계에 있어 권리·의무의 주체이므로 권리능력이 있어야 하는바, 그 범위는 원칙적으로 법인세나 소득세에 있어서와 다르지 않다. 국가나 지방자치단체에 대하여는 법인세는 비과세되나 부가가치세는 과세되는데, 이는 부가가치세는 다른 사업자 또는 소비자의 부담으로 전가되기 때문이다.[49]

나. 신탁재산과 관련된 납세의무자

신탁재산과 관련된 재화 또는 용역을 위탁자 명의로 공급하거나 위탁자가 신탁재산

---

48) 대법원 2017.5.18 선고, 2012두22485 판결.
49) 임승순, 『조세법』, 박영사, 2008, 859면.

을 실질적으로 지배·통제하는 경우 등에는 위탁자가 납세의무자가 되고(부가가치세법 제3조 제3항), 그 밖의 경우에는 신탁재산과 관련된 재화 또는 용역을 공급하는 때에는 신탁법 제2조에 따른 수탁자가 신탁재산별로 각각 별도의 납세의무자로서 부가가치세를 납부할 의무가 있다(부가가치세법 제3조 제2항).

다. 신탁 수익자의 제2차 납세의무

수탁자가 납부하여야 하는 신탁 설정일 이후 국세기본법 제35조 제2항에 따른 법정기일이 도래하는 부가가치세 등으로서 해당 신탁재산과 관련하여 발생한 부가가치세 등에 대하여 신탁재산으로 충당하여도 부족한 경우에는 그 신탁의 수익자는 받은 수익과 귀속된 재산의 가액을 합한 금액을 한도로 하여 그 부족한 금액에 대하여 부가가치세 등을 납부할 의무가 있다(부가가치세법 제3조의2 제1항).

라. 위탁자의 물적 납세의무

부가가치세 등을 납부하여야 하는 위탁자가 신탁설정일 이후 국세기본법 제35조 제2항에 따른 법정기일이 도래하는 부가가치세로서 해당 신탁재산과 관련하여 발생한 부가가치세 등을 체납한 경우 위탁자의 다른 재산에 대하여 강제징수를 하여도 징수할 금액에 미치지 못한 때에는 해당 신탁재산의 수탁자는 그 신탁재산으로써 위탁자의 부가가치세 등을 납부할 의무가 있다(부가가치세법 제3조의2 제2항).

2. 공동사업의 납세의무

2 이상의 개인 또는 법인이 공동으로 사업을 영위하는 경우에는 그 공동사업체를 하나의 납세의무자로 하여 국세기본법 제25조의 규정에 의하여 연대하여 부가가치세를 납부할 의무를 진다(국세청 부가 1235-894, 1979.3.31).

제4절 소득세법상 관련 내용

1. 납세의무

거주자, 비거주자로서 국내원천소득이 있는 개인은 소득세법에 따라 각자의 소득에 대한 소득세를 납부할 의무를 진다. 또한 거주자, 비거주자, 내국법인, 외국법인의 국내지점 또는 국내영업소에 해당하는 자는 소득세법에 따라 원천징수한 소득세를 납부할 의무를 진다(소득세법 제2조 제1항, 제2항).

가. 1거주자로 취급하는 경우

또한 「국세기본법」 제13조 제1항에 따른 법인으로 보는 단체 외의 사단·재단 및 그 밖의 단체는 거주자 또는 비거주자로 보아 소득세법을 적용한다. 이 때 이익의 분배방법이나 분배비율이 정하여져 있지 아니하여야 한다. (소득세법 제2조 제3항).이 경우 1거주자로 보는 단체의 소득은 그 대표자나 관리인의 다른 소득과 합산하여 과세하지 아니한다.

나. 1거주자로 취급하지 않는 경우

구성원 간 이익의 분배비율이 정하여져 있고 해당 구성원별로 이익의 분배비율이 확인되는 경우, 구성원간 이익의 분배비율이 정하여져 있지 아니하나 사실상 구성원별로 이익이 분배되는 것이 확인되는 경우에는 소득구분에 따라 해당 단체의 구성원별로 소득세 등을 납부할 의무를 진다(소득세법 제2조 제3항).

따라서 조합이 이익의 분배방법이나 분배비율이 정하여져 있는 비법인사단에 해당되면 소득세의 납세의무는 그 조합원들이 된다.[50]

다. 기타

전체 구성원 중 일부 구성원의 분배비율만 확인되거나 일부 구성원에게만 이익이 분

---

50) 서울고법 2019.7.12 선고, 2019누34069 판결.

배되는 것으로 확인되는 경우에 확인되는 부분은 구성원별로 소득세 등을 납부할 의무를 지고, 확인되지 아니하는 부분은 해당 단체를 1거주자 등으로 보아 소득세 납세의무를 부담한다(소득세법 제2조 제4항).

2. 신탁재산 귀속 소득세 납세의무자

신탁재산에 귀속되는 소득은 그 신탁의 이익을 받을 수익자(수익자가 사망하는 경우에는 그 상속인)에게 귀속되는 것으로 본다(소득세법 제2조의3 제1항).

수익자가 특별히 정하여지지 아니하거나 존재하지 아니하는 신탁 또는 위탁자가 실질적으로 신탁재산을 통제하는 등 일정한 신탁의 경우에는 그 신탁재산에 귀속되는 소득은 위탁자에게 귀속되는 것으로 본다(소득세법 제2조의3 제2항).

3. 양도소득세 납세의무자

가. 원칙

양도소득세 납세의무자는 일정한 자산을 양도함으로써 발생하는 소득이 있는 거주자로 보는 개인과 법인 아닌 단체를 말한다. 또한 국내에 소재하는 자산을 양도한 경우 비거주자를 말한다.

나. 교회의 납세의무

교회에 대한 양도소득세 부과처분이 정당한지 여부에 관하여 토지 양도 당시 대한예수교회 소속 교회로써 주무관청의 허가나 인가를 받아 설립되지 않았고, 법령에 의해 주무관청에 단체로서 등록이 되지 아니하였으며, 대표자나 관리인이 관할 세무서장에게 승인을 얻은 바도 없으므로 거주자에 해당하므로 양도소득세 부과처분은 적법하다고 판시하였다.

나아가 국세기본법 제13조 제2항에 의한 승인을 받았는지 여부에 따라서 과세와 비과세가 결정되는 것이 공평과세와 신의성실의 원칙에 위반되지 않는다고 보았다.[51]

---

51) 대법원 2008.6.12 선고, 2008두5278 판결.

다. 종중의 납세의무

등기부상 종중의 대표자 명의로 명의신탁된 임야를 종중결의에 의하여 매각한 경우 양도의 주체 및 양도소득세 납세의무자는 명의수탁자가 아니라 종중이 된다.[52] 그러나 종중결의에 의하지 않는 경우라면, 명의수탁자가 명의신탁자인 종중의 위임 또는 승낙 없이 임의로 처분한 것이며, 이러한 경우에는 명의신탁자인 종중이 양도소득을 실질적으로 지배, 관리, 처분할 수 있는 지위에 있다고 볼 수 없으므로 종중은 양도소득세 납세의무자라고 할 수 없을 것이다.[53]

한편, 종중이 종중 대표자와 제3자간 체결된 종중재산의 매매계약은 무효임을 주장하여 소유권이전등기 말소청구의 소를 제기하여 소유권이전등기에 대해 원인무효 판결을 받은 후 소유권말소등기를 포기하고 그 대가를 수령한 경우에는 소득세법 제88조에 따른 양도에 해당한다.[54]

라. 한정승인자의 양도소득세 납세의무

상속받은 부동산에 상속개시 전에 설정된 저당권의 실행을 위한 부동산 임의경매는 담보권의 내용을 실현하여 현금화하기 위한 행위로서 양도소득세 과세대상인 자산의 양도에 해당하고, 이 경우 양도소득인 매각대금은 부동산의 소유자에게 귀속되고 그 소유자가 한정승인자라도 양도소득의 귀속자로 보아야 한다. 한정승인제도는 채무의 존재를 제하는 것이 아니라 상속채무에 대한 책임의 범위를 제한하는 것인 바, 한정승인을 한 상속인들은 상속채무의 변제라는 경제적 효과를 얻었으므로 상속인들에게 양도소득세를 부과한다고 하여 실질과세원칙에 위배된다고 할 수도 없다.[55]

---

52) 대법원 1981.6.9 선고, 80누545 판결.
53) 대법원 2014.9.4 선고, 2012두10710 판결.
54) 과세기준자문, 법규과-409, 2014.4.24.
55) 대법원 2012.9.13 선고, 2010두13630 판결.

법인세법상 관련 내용

1. 내국법인과 외국법인의 구분

내국법인이란 국내에 본점이나 주사무소 또는 사업의 실질적 관리장소를 둔 법인을 말하며, 국내・외에서 발생하는 모든 소득에 대하여 법인세 납세의무가 있다. 외국법인은 외국에 본점 또는 주사무소를 둔 법인을 말하며, 국내에서 발생하는 소득 중 국내원천소득에 한하여 법인세 납세의무가 있다.

2. 영리법인의 납세의무

내국법인, 국내원천소득이 있는 외국법인은 법인세법에 따라 그 소득에 대한 법인세를 납부할 의무가 있다(법인세법 제3조 제1항). 영리내국법인에 법인세가 과세되는 소득은 각 사업연도 소득, 청산소득, 토지 등 양도소득이 있다(법인세법 제4조 제1항).

그러나 내국법인 중 국가와 지방자치단체(지방자치단체조합을 포함한다)에 대하여는 법인세를 부과하지 아니한다(법인세법 제3조 제2항).

연결법인은 각 연결사업연도의 소득에 대한 법인세를 연대하여 납부할 의무가 있다(법인세법 제3조 제3항).

영리외국법인은 국내원천 각 사업연도 소득과 국내에 소재한 토지 양도소득에 대하여 법인세 납세의무가 있다(법인세법 제4조 제4항).

3. 비영리법인 납세의무

비영리법인이란 민법 제32조에 따라 설립된 법인, 사립학교법이나 그밖에 특별법에 따라 설립된 법인으로서 민법 제32조에 규정된 목적과 유사한 목적을 가진 법인과 국세기본법 제13조 제4항에 따른 법인으로 보는 단체를 말한다. 다만, 일정한 조합법인 등이 아닌 법인으로서 그 주주・사원 또는 출자자에게 이익을 배당할 수 있는 법인은 제외한다(법인세법 제2조 제2호 가목, 나목, 다목).

비영리내국법인의 각 사업연도 소득 중 사업 또는 수입(수익사업)에서 생기는 소득과 토지 등 양도소득으로 한다(법인세법 제4조 제1항 제3항).

또한, 의제법인(擬制法人)으로 승인을 받으면 법인세법상 비영리내국법인으로 취급되므로 순자산의 증가 전부가 아니라 이자소득·배당소득·주식 등 양도차익·고정자산 처분이익 및 제조업·부동산임대업 등 사업에서 발생한 소득과 같이 일정한 수익사업에서 생긴 소득에 대해서만 납세의무를 진다.[56]

비영리외국법인은 국내원천소득 중 수익사업에서 생기는 소득과 국내 토지 등 양도소득에 한한다(법인세법 제4조 제1항, 제5항).

4. 소득세법상 1거주자로 보는 법인 아닌 단체의 구성원이 법인 등인 경우 납세의무

구성원 간 이익의 분배비율이 정하여져 있고 해당 구성원별로 이익의 분배비율이 확인되는 경우, 구성원간 이익의 분배비율이 정하여져 있지 아니하나 사실상 구성원별로 이익이 분배되는 것이 확인되는 경우에는 소득구분에 따라 해당 단체의 구성원이 법인 등인 경우 법인세를 납부할 의무를 진다(소득세법 제2조 제3항). 즉, 이 경우에는 단체라고 하더라도 공동으로 사업을 경영하는 것으로 본다는 의미이다.

그리고 전체 구성원 중 일부 구성원의 분배비율만 확인되거나 일부 구성원에게만 이익이 분배되는 것으로 확인되고 그 구성원이 법인 등인 경우에는 법인세를 납부할 의무를 진다(소득세법 제2조 제4항).

5. 신탁소득의 법인세 납세의무

신탁재산에 귀속되는 소득에 대해서는 그 신탁의 이익을 받을 수익자가 그 신탁재산을 가진 것으로 본다(법인세법 제5조 제1항).

다만, 신탁법 제3조 제1항 각 호 외의 부분 단서에 따른 목적신탁, 신탁법 제78조 제2항에 따른 수익증권발행신탁, 신탁법 제114조 제1항에 따른 유한책임신탁 등의 경우에는 신탁재산에 귀속되는 소득에 대하여 신탁계약에 따라 그 신탁의 수탁자가 법인세를 납부할 수 있다(법인세법 제5조 제2항).

다만, 수익자가 특별히 정하여지지 아니하거나 존재하지 아니하는 신탁 또는 위탁자

---

56) 구욱서, 전계서, 567면.

가 신탁재산을 실질적으로 통제하는 등 일정한 요건을 충족하는 신탁의 경우에는 신탁재산에 귀속되는 소득에 대하여 그 신탁의 위탁자가 법인세를 납부할 의무가 있다(법인세법 제5조 제3항).

제6절 상속세 및 증여세법상 관련 내용

1. 증여세 납세의무

가. 거주자의 증여세 납세의무

수증자가 거주자(본점이나 주된 사무소의 소재지가 국내에 있는 비영리법인 포함)인 경우에는 증여세 과세대상이 되는 모든 증여재산, 수증자가 비거주자인 경우에는 과세대상이 되는 국내에 있는 모든 증여재산에 대하여 증여세를 납부할 의무가 있다(상속세 및 증여세법 제4조의2 제1항).

한편, 명의신탁 증여의제 규정에 따라 재산을 증여한 것으로 보는 경우에는 실제소유자가 해당 재산에 대하여 증여세를 납부할 의무가 있다(상속세 및 증여세법 제4조의2 제2항).

나. 영리법인의 증여세 납세의무

영리법인이 증여받은 재산 또는 이익에 대하여 법인세법에 따른 법인세가 부과되는 경우 해당 법인의 주주에 대하여 특수관계법인, 특정법인과의 거래를 통한 이익에 대한 증여세 부과를 제외하고 증여세를 부과하지 아니한다(상속세 및 증여세법 제4조의2 제4항).

다. 비영리법인의 증여세 납세의무

또한 비영리법인은 원칙적으로 증여세 납세의무가 있다(상속세 및 증여세법 제4조의2 제1항 제1호). 이 경우 국세기본법 제13조 제4항에 따라 법인으로 보는 법인격이 없는 사단 · 재단 또는 그 밖의 단체는 비영리법인으로 본다. 그밖의 단체는 거주자 또는 비거주자로 본다(상속세 및 증여세법 제4조의2 제8항). 그 밖의 단체가 이익의 분배방법이나 분배비율이 정하여진 경우에는 단체의 구성원별로 그 분배비율에 따라 각각 증여세가 과세된다.

다만, 공익법인 등이 출연받은 재산의 가액은 일정한 사유가 있는 경우를 제외하고는 증여세 과세가액에 산입하지 아니한다(상속세 및 증여세법 제48조 제1항).

한편, 종중이 종중재산을 매각한 대금을 무상으로 종회원에게 분배하는 경우에는 그 분배한 대금에 대하여 종회원에게 증여세가 과세된다.[57] 종중재산의 소유형태인 총유에는 공유와 달리 지분이 인정되지 않으며 총유물에 관하여는 공유물과 달리 법인격 없는 사단의 사원에게 분할청구권이 인정되지 않을 뿐만 아니라 총회의 분배 결의에 따라 종회원들이 분배 수령함으로써 그 권리가 종회원들에게 이전되는 것이다.[58]

라. 명의신탁 재산에 대한 물적 납세의무

실제 소유자가 명의신탁 증여의제에 따른 증여세, 가산금 또는 체납처분비를 체납한 경우에 그 실제소유자의 다른 재산에 대하여 체납처분을 집행하여도 징수할 금액에 미치지 못하는 경우에는 국세징수법에서 정하는 바에 따라 상속세 및 증여세법 제45조의 2에 따라 명의자에게 증여한 것으로 보는 재산으로써 납세의무자인 실제소유자의 증여세, 가산금 또는 강제징수비를 징수할 수 있다(상속세 및 증여세법 제4조의2 제9항).

2. 상속세 납세의무

가. 상속인의 상속세 납세의무

상속인 또는 수유자는 상속재산 중 각자가 받았거나 받을 재산을 기준으로 일정한 비율에 따라 계산한 금액을 상속세로 납부할 의무가 있다(상속세 및 증여세법 제3조의2).

상속인에 해당하는 자는 피상속인의 직계비속, 피상속인의 직계존속, 피상속인의 형제자매, 피상속인의 4촌 이내의 방계혈족(민법 제1000조), 상속인이 될 직계비속 또는 형제자매가 상속개시 전에 사망하거나 결격자가 된 경우에 그 직계비속이 있는 때에는 그 직계비속이 사망하거나 결격된 자의 순위에 갈음하여 상속인이 되는 경우(민법 제1001조), 그리고 피상속인의 배우자로 피상속인의 직계비속, 피상속인의 직계존속과 동

---

57) 질의회신, 서일46014-10895, 2003.7.7.
58) 서울고등법원 1998.6.11 선고, 97구28966 판결.

순위로 공동상속인이 되는 경우(민법 제1003조 제1항), 대습상속의 경우 상속개시 전에 사망 또는 결격된 자의 배우자는 대습상속인과 동순위로 공동상속인이 되고, 그 상속인이 없는 경우 단독상속인(민법 제1003조 제2항), 상속인이 상속개시 있음을 안 날로부터 3월 내에 단순승인이나 한정승인 또는 포기를 한 경우의 상속인(민법 제1019조 제1항)이다.

한편, 상속을 포기한 상속인은 상속이 개시된 때에 소급하여 그 효력이 발생하므로 당연히 상속세 납세의무가 없다. 다만, 상속개시 전 10년 이내에 피상속인으로부터 증여받은 재산이 있거나 추정상속 재산이 있는 때에는 상속세 납세의무가 있다(상속세 및 증여세법 제2조 제4호).

나. 특별연고자로 상속재산 분여받은 자의 상속세 납세의무

상속인 공고 후에도 상속권을 주장하는 자가 없는 때에는 가정법원은 피상속인과 생계를 같이하고 있던 자, 피상속인의 요양간호를 한 자 기타 피상속인과 특별한 연고가 있던 자의 청구에 의하여 상속재산의 전부 또는 일부를 분여받은 자[59](민법 제1057조의2 제1항)이다.

다. 수유자가 영리법인인 경우 상속세 납세의무

영리법인이 수유자 등인 경우 그 영리법인은 상속세가 면제된다. 다만, 특별연고자 또는 수유자가 영리법인인 경우로서 그 영리법인의 주주 또는 출자자 중 상속인과 직계비속이 있는 경우에는 일정한 산식에 의하여 계산한 지분상당액을 그 상속인 및 직계비속이 납부할 의무가 있다. 이는 영리법인을 이용한 변칙상속을 규제하기 위함이다.

라. 수유자가 비영리법인인 경우 상속세 납세의무

비영리법인이 상속재산을 유증받은 경우에는 그 유증받은 재산의 범위 내에서 상속세 납세의무를 지며, 법인격 없는 단체도 비영리법인으로 보기 때문에 상속세 납세의무가 있다. 다만, 일정한 공익사업에 출연한 재산은 상속세 과세가액에 산입하지 아니한다.

---

59) 민법 제1057조의2 제1항.

마. 법인 아닌 사단, 재단 또는 기타의 경우

비영리법인 또는 거주자 등으로 보아 상속세 및 증여세 납세의무가 있다.

바. 사인증여에 의한 수증자

사인증여를 받은 자는 상속세 납세의무가 있다(상속세 및 증여세법 제2조 제5호).

---

1. 명의신탁자를 양도소득세 주체로 보기 위한 요건

가. 사실관계

부동산 X에 대하여 소유권자 A와 B가 각각 1/2 지분으로 소유권 보존등기를 마친 후 A가 B에 대한 구상금 채권을 담보하기 위해 위 부동산에 대하여 근저당권을 설정받은 후에 임의경매가 개시되어 A명의로 B의 지분 1/2를 낙찰받았는데 매수대금은 B가 부담하였다. 이후 위 부동산을 제3자에게 양도하자 과세관청에서는 매수명의인인 A를 납세의무자로 보고 양도소득세를 부과하였다. 이에 대하여 A는 실질과세원칙상 명의수탁자 A에 대한 과세처분은 위법하다고 하여 소송을 제기하였다.

나. 판결요지

부동산경매절차에서 부동산을 매수하려는 사람이 다른 사람과 사이에 자신이 매수대금을 부담하여 다른 사람 명의로 매각허가결정을 받고 나중에 그 부동산의 반환을 요구한 때에 이를 반환받기로 약정한 다음 그 다른 사람을 매수인으로 한 매각허가가 이루어진 경우, 그 경매절차에서 매수인의 지위에 서게 되는 사람은 그 명의인이므로 그가 대내외적으로 경매 목적 부동산의 소유권을 취득하고 위 부동산을 양도함에 따른 양도소득은 특별한 사정이 없는 한 그 소유자인 명의인에게 귀속되는 것이 원칙이다. 그러나 부동산 경매절차에서 매수대금을 부담한 사람이 다른 사람 명의로 매각허가

결정을 받은 후에 자신의 의사에 따라 부동산을 제3자에게 양도하여 그 양도대금을 모두 수령하고 명의인은 매수대금을 부담한 사람에게 부동산을 반환하기로 한 약정의 이행으로서 직접 3자에게 소유권이전등기를 경료해 준 경우에는 그 매수대금을 부담한 사람이 양도소득을 사실상 지배·관리·처분할 수 있는 지위에 있어 사실상 소득을 얻은 자로 할 것이므로 실질과세의 원칙상 그 매수대금을 부담한 사람이 양도소득세 납세의무를 부담한다.[60]

다. 검 토

부동산경매절차에서 그 대금을 부담하는 사람이 다른 사람의 이름을 빌려 부동산을 매수한 뒤 그 앞으로 소유권이전등기를 마친 경우 대금을 부담한 사람과 이름을 빌려 준 사람 사이에는 명의신탁관계가 성립한다(대법원 2002.9.10 선고, 2002두5351 판결). 이 경우 매수인의 지위는 그 명의인이고 대내외적으로 경매 목적 부동산의 소유권을 취득하며 원칙적으로 양도소득세 납세의무자도 된다.

다만, 명의신탁된 부동산의 양도로 인한 양도소득세의 경우 신탁자가 자신의 의사에 기하여 신탁재산을 양도하는 경우에는 그가 양도재산을 사실상 지배·관리·처분할 수 있는 지위에 있으므로 실질과세 원칙상 그 납세의무자는 명의신탁자이다.[61]

그리고 명의신탁자를 양도의 주체로 보기 위해서는 명의신탁자가 명의수탁자에 대한 소송을 통해 양도대가 상당액을 상당한 시간이 경과한 후에 회수하였다고 하더라도 양도소득의 환원이 있다고 볼 수 없고, 명의신탁자에게 환원되었다고 판단하기 위해서는 명의수탁자가 양도대가를 수령하는 즉시 그 전액을 자발적으로 명의신탁자에게 이전하는 등 명의신탁자를 양도의 주체로 볼 수 있는 경우이어야 한다.[62]

즉, 형식상 소유자와 상관없이 실질과세원칙에 따라 양도자산을 사실상 지배·관리·처분한 자를 양도소득세 납세의무자로 본다는 의미이다.

2. 비영리법인의 종교용지 분양권 양도의 수익사업 해당 여부

비영리법인인 교회가 교회이전을 위하여 주택공사로부터 종교용지를 분양받아 계약

---

60) 대법원 2010.11.25 선고, 2009두19564 판결.
61) 사법연수원, 『조세법총론Ⅰ』, 2011, 49면.
62) 대법원 2014.9.4 선고, 2012두10710 판결.

금과 중도금을 일부 납부한 상태에서 종교용지 분양권을 다른 교회에 양도한 경우 이는 수익사업에서 생기는 소득에 해당한다.[63]

3. 주택조합이 법인으로 보는 단체에 해당하는지 여부

법인으로 보는 단체의 조항을 적용받기 위해서는 수익을 분배하지 아니하는 비영리성의 요건을 갖추어야 하고, 수익의 분배란 단체가 얻은 수익을 이익배당이나 잔여재산분배 등의 방법으로 그 구성원에게 귀속시키는 것을 말한다.

주택조합이 상가분양에서 발생한 수익금을 단체의 구성원이 부담하여야 할 주택건축비에 충당하는 것은 수익을 구성원에게 분배하는 것으로, 이 경우 해당 조합은 법인으로 보는 단체에 해당하지 아니한다.[64]

4. 법인으로 보는 단체 승인 전 납세의무

국세기본법 제13조에 따라 법인으로 보는 단체로 승인받은 종중이 법인으로 승인받기 전에 종중 소유의 부동산을 양도한 경우 해당손익을 사실상 법인에게 귀속시킨 것이 확인되면 최초 사업연도의 기간이 1년을 초과하지 아니하는 범위 내에서 양도손익을 법인세법에 따라 과세표준과 세액을 신고할 수 있다.[65]

그리고 종중이 법인으로 승인받기 전에 취득하여 처분일 현재 3년 이상 계속하여 정관에 규정된 고유목적사업에 직접 사용하던 부동산의 처분으로 발생하는 수입은 수익사업에서 생기는 소득에 해당하지 않는다.[66]

5. 비영리법인의 고유목적사업에 직접 사용한 날의 기산일

법인으로 보는 단체로 승인받기 전부터 사실상 고유목적사업에 직접 사용한 때에는 고유목적사업에 직접 사용한 날로부터 기산하여 판단한다.[67]

---

63) 법규법인2009－0133, 2009.4.15.
64) 서면－2018－법령해석기본－1900, 2019.5.21.
65) 사전－2018－법령해석법인－0436, 2018.8.23.
66) 사전－2015－법령해석법인－0035, 2015.5.7.
67) 법규법인2012－263, 2012.6.29.

민법과 세법의 비교

조세법률관계를 민사채권채무와 유사한 관계로 보면 법률관계의 당사자로 조세를 부과하고 징수할 권한이 부여된 과세주체 즉 국가가 채권자가 되고, 납세자가 채무자가 되는 관계로 설명할 수 있다. 세법상 당사자인 납세의무자는 민법상 자연인(개인)과 법인, 그리고 법인으로 의제되는 단체, 법인으로 의제되지 않는 단체가 있다.

민법상 법인은 비영리법인을 말하며 주무관청의 허가를 얻어 설립등기를 함으로써 성립하고, 여기에는 사단과 재단이 있다. 한편, 사단 또는 재단의 실체를 가지면서도 그 허가를 받지 못하거나 또는 그 등기를 하지 않은 때에는 권리능력 없는 사단 또는 재단이 된다.

세법상 비영리법인은 민법에 의하여 설립된 학술, 종교 단체 등과 특별법에 의하여 설립된 비영리법인과, 그리고 법령에 의하여 주무관청에 등록한 사단·재단 기타 단체로서 등기되지 아니한 단체와 공익을 목적으로 한 재단으로서 등기되지 아니한 단체, 일정한 요건을 갖추고 단체의 수익을 구성원에게 분배하지 아니하는 단체로서 관할 세무서장의 승인을 얻은 단체를 말한다.

세법상 비영리법인의 경우에는 법인세법상 국내외 수익사업에서 발생하는 소득과, 토지 등 양도소득에 대하여 법인세를 납부할 의무가 있고(청산소득 제외), 상속세 및 증여세법상 상속세와 증여세 납세의무자가 될 수 있다. 다만, 비영리법인 중 공익법인 등이 출연받은 재산의 가액은 일정한 사유가 있는 경우를 제외하고는 증여세 과세가액에 산입하지 않는다.

여기서 상증세법상 공익법인이란 비영리법인에 해당하면서 일정한 공익사업을 영위하는 법인에 해당하는 것으로 공익법인의 설립·운영에 관한 법률의 적용을 받는 공익법인 보다 범위가 넓다.

또한 비영리법인이 사업상 독립적으로 재화 또는 용역을 공급하는 경우 부가가치세 납세의무가 있다. 즉 부가가치세 납세의무는 영리법인과 비영리법인으로 구분하지 않고 영리법인이든 비영리법인이든 판매하는 재화 또는 용역이 부가가치세 과세대상이면 납세의무가 있기 때문이다.

그리고 법인 아닌 사단·재단 및 그 밖의 단체는 거주자 또는 비거주자로 보아 소득세법상 납세의무자가 되고, 상속세 및 증여세법상 납세의무자가 될 수 있으며, 사업상 독립적으로 재화 또는 용역을 공급하는 경우 부가가치세 납세의무가 있다.

제**4**장

권리의 객체와 과세대상

관련 세법규정 요약

- 부가가치세법 제4조【과세대상】부가가치세는 사업자가 행하는 재화 또는 용역의 공급, 재화의 수입의 거래에 대하여 과세한다.

- 소득세법 제3조【과세소득의 범위】거주자에게는 소득세법에서 규정하는 모든 소득에 대하여 과세한다. 비거주자는 일정한 국내원천소득에 대해서만 과세한다.

- 소득세법 제94조 제1항【양도소득의 범위】토지 또는 건물, 부동산을 취득할 수 있는 권리, 지상권, 전세권과 등기된 부동산임차권 등의 양도로 인하여 발생하는 소득은 양도소득으로 한다.

- 법인세법 제14조 제1항【각 사업연도의 소득】내국법인의 각 사업연도 소득은 그 사업연도에 속하는 익금의 총액에서 그 사업연도에 속하는 손금의 총액을 뺀 금액으로 한다.

- 상속세 및 증여세법 제3조, 제4조【상속세 과세대상, 증여세 과세대상】상속개시일 현재 피상속인이 거주자인 경우에는 모든 상속재산, 피상속인 비거주자인 경우에는 국내에 있는 모든 상속재산에 대하여 상속세를 부과한다. 무상으로 이전받은 재산 또는 이익에 대하여는 증여세를 부과한다.

제1절	민법 내용

1. 권리의 객체

권리는 일정한 이익을 누릴 수 있는 힘인바, 그러한 힘의 대상을 **권리의 객체**라고 한다. 즉, 이익발생의 대상이 권리의 객체이다. 권리의 객체는 권리의 종류에 따라 다르다. 물권의 객체는 물건이고, 채권의 객체는 채무자의 일정한 행위이며, 형성권에는 법률관계 그 자체가 그 객체이다.[1] 그밖에 친족권에 있어서는 친족상의 지위, 상속권에 있어서는 상속재산 등이 권리의 객체가 된다.

2. 물 건

가. 개 념

물건이라 함은 유체물 및 전기 기타 관리할 수 있는[2] 자연력을 말한다(민법 제98조). 유체물은 형체가 있는 물질이고, 무체물은 형체가 없는 물질이다. 보통의 물건은 **유체물**이며, 전기·열·빛·음향·에너지·전파·공기 등의 자연력은 **무체물**이다.[3]

물건이 되려면 관리할 수 있는 것이어야 한다. 관리할 수 있다는 것은 배타적 지배가 가능하다는 의미이다. 따라서 유체물이라도 해·달·별·바다 등은 물건이 아니다. 그리고 공기 등도 자연력이지만 배타적 지배가 불가능하므로 물건이 아니다.[4]

또한 물건은 독립성을 가져야 한다. 물건의 독립성 유무는 물리적으로 결정되는 것이 아니라 사회통념에 의하여 결정된다. 물권의 객체는 하나의 물건으로 다루어지는 독립물이어야 하며, 이처럼 하나의 독립된 물건에 대해 하나의 물권을 인정하는 원칙을 「일물일권주의」라고 한다.[5]

---

1) 지원림, 『민법강의 제7판』, 홍문사, 2009, 153면.
2) 관리할 수 있다는 것은 배타적 지배가 가능하다는 뜻이다.
3) 송덕수, 『신민법강의』, 박영사, 2009, 395면.
4) 송덕수, 상게서, 395면.
5) 김준호, 『민법강의』, 법문사, 2009, 192면.

나. 동산과 부동산

토지 및 그 정착물은 **부동산**이다. 부동산 이외의 물건은 **동산**이다(민법 제99조). 동산과 부동산을 구별하는 이유는 양자가 가지는 재산적 가치의 차이를 들기도 하지만, 양자의 공시방법이 다르기 때문이다.

기타 무주물(無主物) 선점의 경우에 동산은 선점을 한 자가 소유권을 취득한다. 그러나 부동산은 국유로 한다.

한편, 독일, 스위스, 프랑스 등에서는 '지상물은 토지에 따른다'라는 로마법의 원칙을 채택해서, 건물 기타 토지의 정착물을 토지의 일부로 보고 독립된 부동산으로 다루지 않는다.[6]

(1) 토 지

토지는 일정한 범위의 지표면을 말하며 토지의 소유권은 정당한 이익이 있는 범위 내에서 토지의 상하에 미친다. 토지는 연속되어 있으나 인위적으로 그 지표에 선을 그어 구별하며, 각 구역은 지적공부인 토지대장 또는 임야대장에 등록되고 독립된 지번이 부여된다. 그리고 토지의 개수는 지적법에 의한 지적공부상의 「필(筆)」을 표준으로 하여 결정되며, 지적법 소정의 절차에 따른 분필 또는 합필도 가능하다.[7]

(2) 토지의 정착물

토지의 정착물이란 토지에 고정적으로 부착되어 용이하게 이동할 수 없는 물건으로 그러한 상태로 사용되는 것이 통상적으로 용인되는 것을 말한다. 건물·수목·교량·도로의 포장 등이 그 예이다. 통설은 토지에 정착되어 있으면 그 정착의 사실만으로 부동산으로 보는 것이 통설이다.[8]

1) 건 물

건물은 토지와는 독립된 별개의 부동산이다. 따라서 토지와 그 지상에 건물이 있는 경우 토지나 건물만을 따로 처분할 수 있고, 부동산 등기부에 공시를 하여야 한다.

---

6) 김준호, 상계서, 197면.
7) 지원림, 전계서, 157면.
8) 김준호, 전계서, 199~201면.

건물로 인정되기 위해서는, 최소한 기둥과 지붕 그리고 주벽이 이루어지면 이를 법률상 건물이라고 할 것이다.[9]

독립한 건물의 개수는 동(棟)으로 표시한다. 건물의 개수도 사회통념에 의하여 결정하여야 하는데 건물의 경우에는 1동의 건물의 일부가 독립하여 소유권의 객체가 될 수 있는데, 이를 **구분소유**라고 한다.

구분소유가 성립하는 시점은 원칙적으로 건물전체가 완성되어 당해 건물에 관한 건축물대장에 구분건물로 등록된 시점이라 할 것이다.[10]

2) 입 목

수목은 토지와 분리되면 동산으로 되지만, 미분리상태에서는 원칙적으로 토지의 구성부분이므로 독립된 물건이 아니다.[11] 그러나 토지에 부착된 수목의 집단에 대해 그 소유자가 「입목에 관한 법률」에 의해 입목등기부에 입목으로 소유권보존등기를 하면 입목은 별도의 부동산으로 본다.

3) 수 목

입목이 아닌 그 밖의 수목 내지 수목의 집단에 대하여는 명인방법[12]이라는 관습법상의 공시방법을 갖춘 때에는 토지와는 독립하여 거래할 수 있다.

4) 미분리의 과실

과수의 열매, 엽연초 등 미분리의 과실은 수목의 일부이지만, 명인방법을 갖춘 때에는 이를 토지와는 독립하여 거래할 수 있다. 이 경우 미분리 과실을 부동산으로 볼 것인가, 동산으로 볼 것인가는 견해가 대립되고 있다.[13]

5) 농작물

약초, 마늘, 고추 등 토지에서 경작되거나 재배되는 농작물은 토지의 일부분이다. 다만, 정당한 권원(權原)에 의해 타인의 토지에서 경작·재배한 농작물은 토지에 부합하

9) 대법원 1986.11.11 선고, 86누173 판결.
10) 대법원 2006.11.9 선고, 2004다67691 판결.
11) 지원림, 전게서, 158면.
12) 제3자가 명백하게 인식할 수 있도록 공시하는 방법으로 현재의 소유자가 누구라는 것을 알 수 있도록 표찰 등을 붙이는 것을 말한다.
13) 송덕수, 전게서, 401면.

지 않고 독립된 물건으로 다루어진다. 따라서 정당한 권원 없이 타인의 토지에서 경작한 농작물은 토지에 부합하고 그 결과 독립된 부동산으로 되지 않는다.

그러나 판례는 농작물에는 예외를 두어 권원 없이 재배하였다고 하더라도 그 농작물의 소유권은 언제나, 즉 명인방법을 갖출 필요도 없이 경작자에게 있는 것으로 본다.[14]

(3) 동 산

부동산 이외의 물건은 모두 동산이다(민법 제99조 제2항). 토지에 정착되지 않은 물건도 동산이고, 전기 기타 관리할 수 있는 자연력도 동산이다.

그리고 선박·자동차·항공기·건설기계 등도 동산이지만, 특별법에 의해 부동산에 준하는 취급을 받고 있다.

다. 주물과 종물

물건의 소유자가 그 물건의 일상적인 사용을 돕기 위하여 자기 소유인 다른 물건을 부속하게 한 경우에, 그 물건을 **주물**(主物)이라고 하고, 주물에 부속시킨 다른 물건을 **종물**(從物)이라고 한다(민법 제100조 제1항). 배와 노, 자물쇠와 열쇠, 말과 안장, 주택과 창고 등의 관계가 그러하다.

또한 종물은 주물의 처분에 따른다(민법 제100조 제2항). 따라서 소유권의 양도나 물권의 설정과 같은 물권적 처분뿐만 아니라 매매·임대차와 같은 채권적 처분도 포함한다.[15]

라. 원물과 과실

과실은 물건으로부터 생기는 경제적 수익을 말하고, 원물이란 과실을 생기게 하는 물건을 말한다. 과실은 천연과실과 법정과실로 나눌 수 있는데 천연과실은 물건의 용법에 의하여 수취하는 산출물을 말하며, 법정과실은 물건의 사용대가로 받는 금전, 기타의 물건이다.

---

14) 대법원 1963.2.11 선고, 62다913 판결.
15) 김준호, 전게서, 204면.

3. 채무자의 행위

채무란 채무자가 채권자에게 일정한 행위 즉 급부를 하여야 할 의무를 말한다. 급부의 내용은 계약 또는 법률의 규정에 의하여 정해진다. 급부에 대한 대가를 반대급부라고 하며, 급부의 성질상 작위급부, 부작위급부, 주는급부, 하는급부, 특정물급부, 불특정물급부, 가분급부, 불가분급부, 일시적 급부와 계속적 급부 등으로 나눌 수 있다.

가령 매매계약에서는 매도인이 매매 목적물의 권리를 이전하는 행위이며, 매수인이 그 대금을 지급하는 행위이다.

4. 지적재산권

지적재산권은 물건이나 일정한 급부가 아닌 저작, 발명 등의 정신적 창조물을 독점적으로 이용하는 것을 내용으로 하는 권리로 특허권·실용신안권·디자인권·상표권·저작권 등이 이에 해당되며, 특별법에 의하여 규율되고 있다.

제2절 부가가치세법상 관련 내용

1. 과세대상 물건

가. 재화의 범위

부가가치세는 재화 또는 용역의 공급, 재화의 수입 거래에 대하여 부과한다(부가가치세법 제4조). 재화란 재산 가치가 있는 물건 및 권리를 말한다(부가가치세법 제2조 제1호).

따라서 재화의 개념은 민법상의 물건의 개념보다 넓다. 민법상의 물건은 반드시 경제적 가치를 가져야 하는 것은 아니나, 재화는 재산적 가치가 있어야 한다. 그리고 부가가치세법상 재화의 개념은 민법상의 매매의 목적물인 재산권과 거의 일치한다.[16]

물건은 상품, 제품, 원료, 기계, 건물 등 모든 유체물과 전기, 가스, 열 등 관리할 수

---

16) 구욱서, 『사법과 세법』, 유로, 2010, 284면.

있는 자연력을 말하고, 권리는 광업권, 특허권, 저작권 등 물건 외에 재산적 가치가 있는 모든 것을 말한다(부가가치세법 시행령 제2조).

나. 기타 권리 중 과세대상

부가가치세 과세거래인 권리의 공급에 해당하기 위해서는 그 권리가 현실적으로 이용될 수 있고 경제적 교환가치를 가지는 등 객관적인 재산적 가치가 인정되어야 한다.[17]

기타 과세대상 권리로는 음반저작물에 대한 복제·판매권, 영업권, 사업자의 채석허가 양도, 신제품개발을 위하여 연구 중인 신기술개발에 관한 권리, 한국자산관리공사 등으로부터 경락받은 건물 및 기계장치에 대한 매수인의 지위, 건물임차권, 광업권, 사회기반시설 등을 지방자치단체에 기부채납하고 취득한 무상사용권을 양도하는 경우, 어업면허권, 입어허가권, 수입권, 지상권, 온라인게임에서 사용할 수 있는 게임머니, 건설업면허권, 해외유전개발사업권 지분 양도[18] 등이다.

다. 기타 권리 중 과세대상이 아닌 것

소유재화의 파손·훼손·도난 등으로 인하여 가해자로부터 받은 손해배상금, 도급공사 및 납품계약서상 그 기일의 지연으로 인하여 발주자가 받는 지체상금, 공급받을 자의 해약으로 인하여 공급할 자가 재화 또는 용역의 공급 없이 받는 위약금 또는 이와 유사한 손해배상금, 대여한 재화의 망실에 대하여 받는 변상금, 협회 등 단체가 재화의 공급 또는 용역의 제공에 따른 대가관계 없이 회원으로부터 받는 협회비·찬조비 및 특별회비 등은 과세대상이 아니다. 또한 수표·어음 등의 화폐대용증권은 과세대상이 아니다(부가 통칙 1-0-4).

질권·저당권 또는 양도담보의 목적으로 동산·부동산 또는 부동산상의 권리를 제공, 상속세 및 증여세법 등에 따라 물납하는 사업용 자산, 국세징수법, 민사집행법에 따른 경매로 매각되는 재화, 공익사업을 위한 토지 등의 취득 및 보상에 관한 법률 등에 따른 수용된 재화에 대한 대가 등은 과세대상이 아니다.

---

17) 대법원 2015.6.11 선고, 2015도1504 판결.
18) 강인·황종대·신정기, 『부가가치세 실무』, 삼일인포마인, 2009, 118면.

그밖에 외상매출금, 출자지분의 양도, 토지를 취득할 수 있는 권리, 토지사용승낙을 받아 정지작업 중 양도하는 건설업자의 토지, 토지와 건물을 취득할 수 있는 권리(분양권)를 양도하는 경우 해당 토지분 등 권리는 과세대상이 아니다.

또한 민법 제741조의 규정에 의하여 법률상 원인 없이 타인의 재산 또는 노무로 인하여 얻은 이익은 부가가치세 과세대상에 해당하지 아니한다.[19]

2. 과세대상 용역

과세되는 용역이란 재산적 가치가 있는 모든 역무와 그밖의 행위를 말한다(부가가치세법 제2조 제2호). 용역에 해당되는 것으로는 건설업, 숙박업 및 음식점업, 운수업, 통신업, 금융업 및 보험업, 부동산임대업, 교육서비스업, 보건 및 사회복지사업, 오락, 문화 및 운동관련서비스업, 기타 공공 수리 및 개인서비스업, 가사서비스업 등이 있다.

제3절 소득세법상 관련 내용

1. 과세소득의 범위

거주자에게는 소득세법에서 규정하는 모든 소득에 대하여 과세한다. 다만, 해당 과세기간 종료일 10년 전부터 국내에 주소를 두거나 거소를 둔 기간의 합계가 5년 이하인 외국인 거주자에게는 과세대상 소득 중 국외에서 발생한 소득의 경우 국내에서 지급되거나 국내로 송금된 소득에 대해서만 과세한다. 비거주자는 일정한 국내원천소득에 대해서만 과세한다(소득세법 제3조).

2. 물건 등의 양도에 관한 양도소득의 범위

토지 또는 건물, 부동산을 취득할 수 있는 권리, 지상권, 전세권과 등기된 부동산임차권 등의 양도로 인하여 발생하는 소득은 양도소득이다(소득세법 제94조 제1항).

---

19) 재부가-420, 2007.6.1.

가. 토지와 건물

토지는 지적법에 따라 지적공부에 등록히여야 할 지목에 해당하는 것을 말한다. 지목은 지적공부사항에 지목에 관계없이 사실상의 지목에 의하나, 사실상의 지목이 불분명한 경우에는 지적공부상 지목에 의한다.

한편 토지의 정착물로서 사실상 토지와 일체화되어 토지로부터 분리복구가 불가능하거나, 토지로부터 분리하게 되면 경제적 가치가 거의 없어서 거래상 독립한 권리의 객체성을 상실하였다고 평가되는 경우에 거래 당사자가 구축물을 토지와 함께 양도하면서 구축물의 양도대가를 별도로 정하였다고 하더라도 구축물의 양도대가는 토지의 양도소득에 포함되어 양도소득세 과세대상이 된다.[20]

건물은 당해 건물과 그 건물에 부속된 시설물과 구축물을 포함한다. 건축물이란 토지에 정착하는 공작물 중 지붕과 기둥 또는 벽이 있는 것과 이에 딸린 시설물, 지하나 고가의 공작물에 설치하는 사무소·공연장·점포·차고·창고 등을 말한다.

나. 부동산을 취득할 수 있는 권리

부동산을 취득할 수 있는 권리라 함은 ① 건물이 완성되는 때에 그 건물과 이에 딸린 토지를 취득할 수 있는 권리(아파트당첨권 등), ② 지방자치단체·한국토지공사가 발행하는 토지상환채권, ③ 대한주택공사가 발행하는 주택상환채권, ④ 부동산매매계약을 체결한 자가 계약금만 지급한 상태에서 양도하는 권리 등을 말한다(소득세법 제94조 제1항 제2호 가목, 소득 통칙 94-0…1).

다. 부동산상의 권리

(1) 양도소득인 부동산상의 권리

지상권의 양도는 부동산에 관한 권리로 양도소득으로 한다(소득세법 제94조 제1항 제2호 나목). 전세권과 등기된 부동산임차권의 양도는 양도소득으로 한다(소득세법 제94조 제1항 제2호 다목).

---

20) 대법원 2015.10.29 선고, 2011두23016 판결.

(2) 기타소득인 부동산상의 권리

공익사업을 위한 토지 등의 취득 및 보상에 관한 법률 제4조에 따른 공익사업과 관련하여 지상권(지하 또는 공중에 설정된 권리를 포함한다)을 설정하거나 대여함으로써 발생하는 소득은 기타소득으로 한다(소득세법 제21조 제1항 제9호).

한편, 부동산임대소득은 부동산에 지역권·지상권을 제외한 전세권 기타 권리를 설정하고 그 대가로 받는 것과 임대차계약 기타 방법에 의하여 물건 또는 권리를 사용 또는 수익하게 하고 그 대가를 받는 것을 의미하고, 한편 지상권에 있어서 지료(地料)의 지급은 그 요소가 아니므로 지료에 관한 약정이 없으면 지료의 지급을 구할 수 없으나 그 약정이 있는 이상 토지소유자는 지료에 관한 등기 여부에 관계없이 지상권자에 대하여 그 약정된 지료의 지급을 구할 수 있고, 다만 등기가 되어 있지 않다면 지상권을 양수한 사람 등 제3자에게 대항할 수 없을 뿐이므로, 당사자 사이에 지상권을 설정하고 지료에 관한 약정이 있었던 이상 그 지료액 또는 지급시기를 등기하지 않았다고 하더라도 토지소유자가 지급받는 지료는 계속적·정기적으로 지급받는지 여부에 상관없이 구 소득세법 제21조 제1항 제9호 소정의 기타소득에 해당한다고 할 것이다.[21]

(3) 사업소득인 부동산상의 권리

전세권 또는 등기된 부동산임차권을 설정하고 그 대가를 받는 것은 부동산임대업에서 발생하는 소득으로 사업소득에 속한다(소득세법 제19조 제1항 제12호).

공익사업을 위한 토지 등의 취득 및 보상에 관한 법률 제4조에 따른 공익사업과 관련하여 지상권(지하 또는 공중에 설정된 권리를 포함한다)을 설정하거나 대여함으로써 발생하는 소득을 제외한 기타 지상권을 설정하고 대여함으로써 받는 소득은 부동산 및 임대업에서 발생하는 소득으로 보아 사업소득으로 한다(소득세법 제19조 제1항 제12호).

라. 지장물의 대가

토지의 수용으로 인하여 토지소유자가 사업시행자로부터 수령하는 토지 및 토지 위에 설치되어 있는 지장물의 대가는 소득세법 제94조 제1호에 따른 토지의 양도대가에 해당한다.[22]

---

21) 대법원 2009.9.24 선고, 2007두7505 판결.
22) 사진법령재산-167, 2017.6.20.

법인세법상 관련 내용

내국법인의 각 사업연도 소득은 그 사업연도에 속하는 익금의 총액에서 그 사업연도에 속하는 손금의 총액을 뺀 금액으로 한다(법인세법 제14조 제1항).

상속세 및 증여세법상 관련 내용

상속개시일 현재 피상속인이 거주자인 경우에는 모든 상속재산, 피상속인이 비거주자인 경우에는 국내에 있는 모든 상속재산에 대하여 상속세를 부과한다(상속세법 및 증여세법 제3조). 무상으로 이전받은 재산 또는 이익에 대하여는 증여세를 부과한다(상속세법 및 증여세법 제4조).

관련 사례(판례 및 과세실무)

1. 게임머니가 부가가치세 과세대상인지 여부

가. 사실관계

원고는 아이템 고수라는 상호로 게임머니 매매업을 영위하는 사업자로서 ○○○주식회사가 제공하는 게임 사이트인 '○게임' 내의 온라인 포커게임에서 사용되는 '포커' 게임머니를 주로 매매하는 영업을 하였는데, 원고는 게임머니를 확보하기 위하여 ○○○으로부터 '아바타'를 구입하고 아바타를 구입하면 주는 '엔돌핀'을 ○○○으로부터 지급받고, 위 엔돌핀으로 게임머니를 받아서 게임머니를 확보하였고 이를 구입하고자 하는 사람들이 원고에게 게임머니를 구입한다는 의사표시를 하고 지정된 은행계좌에 입금한 후, 입금했다는 통보를 하면, 원고는 입금사실을 확인한 후, 게임 구매를 포커

게임자로 초대하여 게임 구매자에게 게임을 일부러 져줘 게임머니를 이전하는 방식으로 거래하자, 이에 대해 과세관청이 게임머니 관련 매출을 신고하지 않았다는 사유로 부가가치세를 경정·고지하였다.[23]

나. 판결요지

대법원은 "원고가 다른 게임 이용자 등에게 대가를 지급하고 사들인 게임머니를 지배·관리하면서 다른 이용자에게 높은 가격에 판매하고 이윤을 남긴 이상, 게임머니는 부가가치세법상의 재화로 보아야 한다"라고 하였다. 재판부는 이어 "소득의 과세대상인 사업소득은 영리를 목적으로 독립된 지위에서 계속적이고 반복적으로 행하는 사회적 활동인 사업에서 발생하는 소득인데, 원고는 부가가치를 창출해낼 수 있을 정도의 사업 형태를 갖추고 계속적이고 반복적인 의사로 재화인 게임머니를 게임 이용자에게 공급했으므로 부가가치세법상의 사업자에 해당한다"[24]라고 판결하였다.

다. 검 토

게임머니는 현금으로의 교환이나 온라인 거래의 수단으로 사용할 수 없고 해당 게임에서만 사용되는 게임 점수이므로 게임 사이트 운영자가 가입자에게 무상제공 또는 유상판매하거나 가입자가 게임을 통하여 획득할 수 있는 특성을 갖고 있어 형법상의 '재물'은 아니라 할 것이지만, 원고가 별도의 매매사이트를 개설하고 타인으로부터 유상으로 취득하여 또 다른 타인에게 유상으로 판매하는 등 가치를 부여하였기 때문에 '재산적 가치'가 있으므로 게임머니를 재산적 가치가 있는 무체물로서의 재화라고 보는 것이 엄격해석의 원칙에 반한다고 볼 수 없다.[25]

생각건대 재산적 가치고 있고 부가가치를 창출할 정도의 사업형태를 갖추고 계속적이고 반복적으로 재화를 공급한다면 물건의 형체의 유무에 불문하고 부가가치세 과세대상인 재화에 해당한다 할 것이다.

---

23) 김진오·김영진·박철경·채명성·황재훈, 『조세법판례연구』, 세경사, 2010, 297면.
24) 대법원 2012.4.13 선고, 2011두30281 판결.
25) 김진오·김영진·박철경·채명성·황재훈, 전게논문, 306면.

2. 기프트 카드의 판매가 부가가치세 과세대상인지 여부

기프트 카드 구매자가 온라인 게임 사이트 등에 접속하여 게임 등을 할 수 있는 경우 해당 기프트 카드의 판매는 부가가치세 과세대상에 해당한다.[26]

제7절 민법과 세법의 비교

민법상 권리의 객체란 이익발생의 대상이 되는 것을 말하는 것이고, 이에 대응되는 세법상 과세물건은 조세법률관계 성립에 필요한 물적요소로서 개별 세법에서 과세의 목적물로 정하는 일정한 물건·행위·사실 등을 말한다.

주요 과세물건으로 소득세와 법인세는 소득을 부가가치세는 재화 또는 용역의 공급이, 개별소비세에서는 특정한 물품이나 특정장소에의 입행행위, 상속세에서는 상속재산, 증여세에서는 재산의 무상이전이 있다.

한편, 민법상 물건은 유체물 및 전기 기타 관리할 수 있는 자연력을 말하고, 부가가치세법상 재화의 범위와 유사하다. 다만, 부가가치세법상 재화의 범위에 물건과 광업권, 특허권, 저작권 등과 재산적 가치가 있는 모든 권리를 포함하고 있어 민법상 물건보다 범위가 넓다고 할 수 있다.

그리고 민법상 채권의 객체인 채무자의 일정한 행위와 관련하여는 부가가치세법상 용역이 이에 해당될 수 있으며, 재화 외에 재산적 가치가 있는 모든 역무와 그 밖의 행위는 부가가치세 과세대상이다.

소득세에서는 소득세법에서 열거된 소득에 대하여만 과세하는데 반하여 법인소득은 원칙적으로 순자산이 증가하면 이를 모두 소득으로 보아 과세한다.

상속재산과 증여재산의 개념은 민법상의 개념과 유사하기는 하나 일치하지는 않으며, 세법상 증여의 개념은 민법상 증여의 개념보다 포괄적이다.

---

26) 법규부가2013-279, 2013.10.25.

제 5 장

법률행위와 납세의무의
성립 · 확정 · 소멸

관련 세법규정 요약

- 국세기본법 제21조 제1항【납세의무의 성립시기】국세를 납부할 의무는 소득세·법인세의 경우에는 과세기간이 끝나는 때, 상속세는 상속이 개시되는 때, 증여세는 증여에 의하여 재산을 취득하는 때, 종합부동산세는 과세기준일, 부가가치세는 과세기간이 끝나는 때. 다만, 수입재화의 경우에는 세관장에게 수입신고를 하는 때에 성립한다.

- 국세기본법 제26조【납부의무의 소멸】국세·가산금 또는 체납처분비를 납부할 의무는 납부·충당되거나 부과가 취소된 때, 국세를 부과할 수 있는 기간에 국세가 부과되지 아니하고 그 기간이 끝난 때, 국세징수권의 소멸시효가 완성된 때에 소멸한다.

| 제1절 | 민법 내용 |

1. 법률행위

가. 법률행위의 의의

법률행위는 의사표시를 불가결의 요소로 하고 의사표시의 내용대로 법률효과가 발생하는 것은 법질서가 승인한 사법상의 법률요건이라고 할 수 있다.[1]

즉 법률적인 효과를 발생하게 하는 행위를 법률행위라고 말할 수 있다. 이러한 법률행위는 의사표시의 형태에 따라 계약, 단독행위, 합동행위로 분류할 수 있다.

법률행위는 행위유형 전부를 총괄하는 개념 내지 추상화 개념으로 만들어진 것으로 모든 법률행위를 의사표시를 중심으로 통일적으로 처리하고자 하는 의도에서 마련된 것이다. 의사표시를 요소로 하는 법률행위는 권리의 변동을 원하는 당사자의 의사 내지 목적대로 그 효과가 발생한다는 점에 특질이 있다.[2]

(1) 법률요건

조건명제의 형식을 취하는 법규정의 특성상, 일정한 원인이 있어야 그 결과로 법률관계의 변동이 일어난다. 즉 법률관계의 변동이 일어나려면, 일정한 전제조건이 갖추어져야 하는데, 이러한 전제조건을 **법률요건**이라고 한다.[3]

대체로 민법의 규정은 일정한 요건이 충족되면 일정한 효과가 발생하는 것으로 정하는 방식을 취하고 있다. 가령 매매계약은 매도인의 재산권 이전과 매수인의 대금지급의 합의를 요건으로 하여 재산권 이전의무와 대금지급의무라는 효과가 발생하는 것으로 정하고 있다. 또 불법행위의 요건이 충족되면 그 효과로서 피해자가 손해배상채권을 취득하는 것으로 정하는 것이 그러하다. 이러한 효과를 가져 오는 요건을 법률요건이라고 한다.[4]

---

1) 송덕수, 『신민법강의』, 박영사, 2009, 75면.
2) 김준호, 『민법강의』, 법문사, 2009, 216~217면.
3) 지원림, 『민법강의 제7판』, 홍문사, 2009, 165면.
4) 김준호, 전게서, 212면.

(2) 법률사실

1) 개 념

법률요건을 구성하는 개개의 사실이 법률사실이다. 이러한 법률사실은 하나의 법률사실이 법률요건을 구성하기도 하지만, 다수의 법률사실이 결합하여 하나의 법률요건을 구성하기도 한다. 전자의 예로는 유언·취소·해제, 그리고 후자의 예는 매매·임대차 등의 계약으로 청약의 의사표시와 승낙의 의사표시가 결합하여 하나의 법률요건이 된다.

2) 법률사실의 구분

법률사실은 사람의 정신작용에 기한 법률사실, 즉 용태와 그렇지 않은 사건으로 나뉜다. 용태는 다시 인간의 의사가 외부로 표현되는 외부적 용태와 행위와 내심의 의사에 지나지 않는 내부적 용태로 나뉜다.

외부적 용태인 행위는 법이 가치 있는 것으로 평가하여 허용하는 적법행위와 법이 허용할 수 없는 것으로 평가하여 행위자에게 일정한 불이익을 발생시키는 위법행위로 구분한다.

적법행위는 일정한 법률효과의 발생을 원하는 내심의 의사를 외부로 표시하는 의사표시와 법률효과가 행위자의 의사에 기해서가 아니라 법률의 규정에 의하여 행위자가 원하였든 아니든 발생하는 준법률행위로 나뉜다. 준법률행위는 다시 일정한 의식내용을 다른 사람에게 전달하는 표현행위[5]와 의사와 무관하게 오직 사실적 결과의 발생만을 목적으로 하는 행위로서 사법적 의미 있는 것인 사실행위[6]로 나누어진다.

내부적 용태는 일정한 사실에 대한 관념 또는 의식의 유무에 따라 관념적 용태(예 : 선의·악의)와 일정한 의사를 가지는가의 내심적 과정을 의미하는 의사적 용태로 나뉜다.[7]

(3) 의사표시

의사표시는 법률효과를 발생하게 하려는 내심의 의사와 이를 외부로 표시하는 표시행위로 이루어진다. 이 내심의 의사와 표시된 의사가 불일치할 때 어느 쪽을 존중해서

---

5) 표현행위에는 의사의 통지(각종의 최고·거절), 관념의 통지(각종의 통지), 감정의 표시(용서)의 세 가지가 있다.
6) 사실행위는 유실물의 습득, 무주물 선점 등이 있다.
7) 지원림, 전게서, 166∼167면.

그 효과를 발생하게 할 것인가가 문제가 되는데, 본인의 의사를 더 존중해 주는 의사주의와 표시된 의사를 신뢰한 상대방이나 제3자를 더 보호하기 위한 표시주의가 있다. 민법은 이 두 가지 요청을 조화하여 결함 있는 의사표시를 비진의(非眞意)표시, 허위표시, 착오, 사기, 강박으로 나누어 규정하고 있다.[8]

가령, 매도인의 대리인이 매도인이 납부하여야 할 양도소득세 등의 세액이 매수인이 부담하기로 한 금액뿐이므로 매도인의 부담은 없을 것이라는 착오를 일으키지 않았더라면 매수인과 매매계약을 체결하지 않았거나 아니면 적어도 동일한 내용으로 계약을 체결하지 않았을 것이 명백하다면, 매도인의 위와 같은 착오는 매매계약의 중요부분에 관한 것에 해당하므로 착오에 의한 취소가 인정된다.[9]

또한 거래에 있어서 중요한 사항에 관하여 구체적 사실을 신의성실의 의무에 비추어 비난받을 정도의 방법으로 허위로 고지한 경우에는 기망행위에 해당한다.[10]

한편, 의사표시는 상대방에게 도달한 때 효력이 생기고(민법 제111조 제1항), 상대방이 정당한 사유 없이 통지의 수령을 거절한 경우에는 상대방이 그 통지의 내용을 알 수 있는 객관적 상태에 놓여 있는 때에 의사표시의 효력이 생기는 것으로 보아야 한다.[11]

(4) 법률효과

일정한 법률요건이 갖추어짐에 따라 발생하는 법률관계의 변동, 즉 권리 · 의무의 발생 · 변경 · 소멸이 **법률효과**이다.

나. 법률행위의 요건

법률행위가 그 효과를 발생하려면 먼저 법률행위로서 성립하여야 하고, 성립된 법률행위가 유효한 것이어야 한다. 가령 매매는 청약과 승낙의 의사표시로서 성립하지만 그것이 사회질서에 위반하는 경우에는 무효이다.[12]

---

8) 최종고, 『법학통론』, 박영사, 2008, 387면.
9) 대법원 1994.6.10 선고, 93다24810 판결.
10) 대법원 2009.4.23 선고, 2009다1313 판결.
11) 대법원 2008.6.12 선고, 2008다19973 판결.
12) 김준호, 전게서, 218면.

(1) 성립요건

법률행위가 성립하기 위한 일반적 요건으로는 ① 당사자, ② 목적, ③ 의사표시의 세 가지가 필요하다는 게 통설이다.

특별성립요건으로는 개별적인 법률행위에서 법률이 그 성립에 관해 특별히 추가하는 요건으로서, 가령 질권설정계약에서의 물건의 인도(민법 제330조), 대물변제에서 물건의 인도(민법 제466조), 혼인에서 신고(민법 제812조) 등이 그러하다.[13]

(2) 유효요건

모든 법률행위에 공통적으로 요구되는 일반적 효력발생요건으로 일반적 성립요건에 다시 일정한 제한이 가해진다.

당사자에게 각종의 능력, 즉 권리능력, 의사능력 및 행위능력이 있어야 한다. 이 중 권리능력이나 의사능력을 결하면 그 행위는 무효이고, 행위능력을 결하면 이를 취소할 수 있다. 또한 법률행위의 내용과 관련하여 목적이 확정되어 있거나 확정가능하여야 하고 그 실현이 가능하여야 하며, 목적이 법에 위반되지 않아야 할 뿐만 아니라 선량한 풍속 기타 사회질서에 위반[14]되어서도 안된다.

의사능력이란 자신의 행위의 의미나 결과를 정상적인 인식력과 예기력을 바탕으로 합리적으로 판단할 수 있는 정신적 능력 내지 지능을 말하는 것으로서, 의사능력 유무는 구체적인 법률행위와 관련하여 개별적으로 판단하여야 한다.[15]

의사표시에 관하여 의사와 표시가 일치하여야 하고, 의사형성과정에서 하자 있어서도 안된다.[16]

특별효력요건으로는 가령 대리행위에서의 대리권의 존재, 조건부·기한부 법률행위에서의 조건의 성취 또는 기한의 도래, 유언에서 유언자의 사망 및 수증자의 생존이 그러하다.[17]

---

13) 김준호, 상게서, 219면.
14) 인륜에 반하는 행위, 정의관념에 반하는 행위, 개인의 자유를 극도로 제한하는 행위, 도박 등 사행행위가 이에 해당될 수 있다.
15) 대법원 2009.1.15 선고, 2008다58367 판결.
16) 지원림, 전게서, 176면.
17) 김준호, 전게서, 219면.

(3) 법률행위 부관(조건과 기한)

조건은 법률행위 효력의 발생 또는 소멸을 장래의 불확실한 사실의 성부에 의존하게 하는 법률행위의 부관이다. 반면 장래의 사실이더라도 그것이 장래에 반드시 실현되는 사실이면 실현되는 시기가 확정되지 않더라도 이는 기한으로 보아야 한다.[18]

한편, 해제조건부 증여로 인한 부동산소유권이전등기를 마쳤다고 하더라도 그 해제조건이 성취되면 그 소유권은 증여자에게 복귀한다 할 것이고, 이 경우 당사자의 별도의 의사표시가 없는 한 그 조건성취의 효과는 소급하지 않는다. 다만, 조건성취 전에 수증자가 한 처분행위는 조건성취의 효과를 제한하는 한도내에서 무효이다.[19]

또한 조건부 법률행위에 있어서 조건 자체가 불법적인 것이어서 무효인 경우 또는 조건을 붙이는 것이 허용되지 아니하는 법률행위에 조건을 붙인 경우에는 그 법률행위 전부가 무효로 된다.[20]

다. 법률행위의 해석

(1) 법률행위 해석 방법

법률행위의 해석방법으로는 자연석 해석 · 규범적 해석, 보충적 해석 등이 있는데, 자연적 해석이란 잘못된 표시는 해가 되지 않는다는 것으로 구체적으로 계약의 당사자 모두가 합의했다면 비록 계약서에 표시를 잘못했더라도 당초에 당사자가 합의한 대로 계약이 성립하고 효력이 발생한다는 것을 말한다.

규범적 해석이란 내심의 효과의사와 표시행위가 일치하지 않은 경우 표시행위의 객관적 의미 또는 그 표시에 부여한 의미에 의한 해석방법을 말한다.

보충적 해석이란 당사자가 기도한 바에 비추어 법률행위 내용에 틈이 있는 경우 그 틈을 메꾸어 법률행위의 효력을 유지시키기 위한 법률행위 해석 방법으로 보충되는 당사자의 의사는 당사자의 실제 의사 또는 계약의 목적, 거래관행, 적용법규, 신의칙 등에 비추어 객관적으로 확인되는 정당한 이익 조정의사를 말한다.[21]

---

18) 대법원 2018.6.28 선고, 2018다201702 판결.
19) 대법원 1992.5.22 선고, 92다5584 판결.
20) 대법원 2005.11.8 선고, 2005마541 결정.
21) 대법원 2006.11.23 선고, 2005다13288 판결.

(2) 관련 판례

법률행위의 해석은 당사자가 그 표시행위에 부여한 객관적 의미를 명백하게 확정하는 것으로서, 사용된 문언에만 구애받을 것은 아니지만, 어디까지나 당사자의 내심의 의사가 어떤지에 관계없이 그 문언의 내용에 의하여 당사자가 그 표시행위에 부여한 객관적 의미를 합리적으로 해석하여야 하는 것이고, 당사자가 표시한 문언에 의하여 그 객관적 의미가 명확하게 드러나지 않는 경우에는 그 문언의 형식과 내용 그 법률행위가 이루어진 동기 및 경위, 당사자가 그 법률행위에 의하여 달성하려는 목적과 진정한 의사, 거래의 관행 등을 종합적으로 고려하여 사회정의와 형평의 이념에 맞도록 논리와 경험의 법칙, 그리고 사회일반의 상식과 거래의 통념에 따라 합목적적으로 해석하여야 한다.[22]

일반적으로 계약을 해석할 때에는 형식적인 문구에만 얽매여서는 안 되고 쌍방당사자의 진정한 의사가 무엇인가를 탐구하여야 한다. 계약 내용이 명확하지 않은 경우 계약서의 문언이 계약 해석의 출발점이지만, 당사자들 사이에 계약서의 문언과 다른 내용으로 의사가 합치된 경우에는 그 의사에 따라 계약이 성립한 것으로 해석해야 한다.[23]

가령, 계약당사자 쌍방이 모두 동일한 물건을 계약 목적물로 삼았으나 계약서에는 착오로 다른 물건을 목적물로 기재한 경우, 계약서에 기재된 물건이 아니라 쌍방 당사자의 의사합치가 있는 물건에 관하여 계약이 성립한 것으로 봐야 한다.

라. 대리제도

(1) 의의

법률행위의 효과는 의사표시를 한 표시자에게 발생하는 것이 일반적이다. 그런데 표시자가 아닌 다른 자에게 법률효과가 귀속되는 제도가 대리이다. 대리의 기능은 사적자치의 확장과 사적자치의 보충 두 가지이다.

그리고 본인에게 법률효과를 귀속시키기 위해서는 대리인이 본인을 위한 것임을 표시(현명주의)하여야 한다. 대리인이 본인을 위한 것임을 표시하지 아니한 때에는 그 의

---

22) 대법원 2001.3.23 선고, 2000다40858 판결.
23) 대법원 2018.7.26 선고, 2016다242334 판결.

사표시는 자기를 위한 것으로 본다. 즉, 대리인 자신이 확정적으로 법률효과를 받는다.

한편, 대리권을 수여하는 수권행위는 불요식의 행위로서 명시적인 의사표시에 의함이 없이 묵시적인 의사표시에 의하여 할 수도 있다.[24)]

(2) 표현대리

대리권이 없이 행하여진 대리가 무권대리인데 대리권이 없어도 대리인에게 대리권이 있는 것으로 믿을 만한 외관이 있고, 그 외관형성에 관해 본인이 일정한 원인을 준 경우에는 본인에게 법률효과가 생기는 것이 표현대리이다.

즉, 표현대리의 법리는 거래의 안전을 위하여 어떠한 외관적 사실을 야기한 데 원인을 준 자는 그 외관적 사실을 믿음에 정당한 사유가 있다고 인정되는 자에 대하여 책임이 있다는 권리외관이론에 그 기초를 두고 있다.[25)]

그러나 단지 본인의 성명을 모용하여 자기가 마치 본인인 것처럼 기망하여 본인명의로 직접 법률행위를 한 경우에는 특별한 사정이 없는 한 표현대리는 성립할 수 없다.[26)]

마. 강행규정(효력규정)과 단속규정

강행규정이란 당사자의 의사에 관계없이 강제적으로 적용되는 규정을 말하는 것으로 강행규정에 위반되는 법률행위는 공공의 질서에 반하므로 무효이다.

단속규정이란 어떤 행위를 함에는 일정한 조건을 요하거나, 행정단속을 위하여 일정한 제한·금지를 가하는 규정을 말한다. 단속규정은 그 위반 행위를 한 자에 대하여 제재를 가하여 금지하는데 그치고 사법상 효력은 인정되는 단순단속규정과 위반한 법률행위가 무효가 되는 효력규정으로 구분할 수 있다.

법률행위가 일정한 행위를 금지하는 구체적 법규정에 위반하여 행하여진 경우에 법률행위가 무효인가 또는 법원이 법률행위 내용의 실현에 대한 조력을 거부하거나 기타 다른 내용으로 효력이 제한되는가의 여부는 당해 법규정이 가지는 넓은 의미에서의 법률효과에 관한 문제로서, 다른 경우에서와 같이 법규정의 해석에 의하여 정하여진다. 따라서 명문의 정함이 있다면 당연히 이에 따라야 할 것이고, 정함이 없는 때에는 종국

---

24) 대법원 2016.5.26 선고, 2016다203315 판결.
25) 대법원 1998.5.29 선고, 97다55317 판결.
26) 대법원 2002.6.28 선고, 2001다49814 판결.

적으로 금지규정의 목적과 의미에 비추어 그에 반하는 법률행위의 무효 기타 효력 제한이 요구되는지를 검토하여 정할 것이다.[27]

한편, 부동산중개수수료에 관한 규정들은 중개수수료 약정 중 소정의 한도를 초과하는 부분에 대한 사법상의 효력을 제한하는 이른바 강행규정에 해당하고 부동산중개업법 등 관련 법령에서 정한 한도를 초과한 부동산중개수수료 약정은 그 한도를 초과하는 범위 내에서 무효이다.[28]

2. 권리변동의 모습

가. 권리의 발생

권리의 발생에는 종전에 없던 권리가 새로 생기는 원시취득[29]과 타인의 권리를 바탕하여 취득하는 승계취득으로 나눌 수 있다.

승계취득은 다시 이전적 승계와 설정적 승계로 나눌 수 있다. 이전적 승계는 구권리자의 권리가 동일성을 유지하면서 신권리자에게 이전되는 경우이다. 이전적 승계는 다시 각각의 권리가 각각의 취득원인에 의하여 승계되는 특정승계와 하나의 취득원인에 의하여 여러 개의 권리가 한꺼번에 승계되는 포괄승계가 있다. 매매에 의한 소유권 취득은 특정승계에 해당하고, 상속·포괄유증·회사합병에 의한 권리취득은 포괄승계에 해당한다.

설정적 승계는 구권리자의 권리는 그대로 있으면서 신권리자가 그 권리 위에 제한적인 내용의 권리를 새로이 취득하는 것으로 소유권 위에 지상권·저당권 등의 제한물권이 설정되거나 임차권이 취득되는 경우이다.[30]

나. 권리의 변경

권리의 동일성을 유지하면서 주체, 내용 또는 작용이 변경되는 것을 말한다.

---

27) 대법원 2017.2.3 선고, 2016다259677 판결.
28) 대법원 2007.12.20 선고, 2005다32159 판결.
29) 무주물의 선점이 대표적인 경우이고, 건물신축과 시효취득 등이 있다.
30) 송덕수, 전게서, 67면.

다. 권리의 소멸

권리가 권리주체로부터 이탈하는 것을 말하며, 절대적 소멸(예 : 권리의 포기)과 상대적
소멸(예 : 매매)이 있다.

제2절　　법률행위의 분류

법률행위는 여러 기준에 의해 분류함으로써 그에 관하여 적용되는 법규정 및 법원리
를 유형화할 수 있다.[31)]

1. 재산행위와 신분행위

법률행위에 의해 발생되는 효과가 재산상의 법률관계에 관한 것인지 또는 신분상의
법률관계에 관한 것인지에 따른 분류이다.

매매 · 임대차 · 소유권 양도 등은 **재산행위**이고, 혼인 · 입양 · 약혼 · 인지 · 유언 등
은 **신분행위**이다.

2. 출연행위와 비출연행위

재산행위에는 출연행위와 비출연행위가 있다. **출연행위**는 자기의 재산을 감소시키
고 타인의 재산을 증가케 하는 행위이고(매매 · 임대차), **비출연행위**는 타인의 재산을 증
가케 함이 없이 행위자의 재산을 감소하거나 직접 재산의 증감을 일어나지 않게 하는
행위이다(소유권의 포기 · 대리권 수여 등).

출연행위는 출연과 대가적으로 상대방의 출연이 있는 것이 유상행위이고(매매 · 임대
차), 그러한 대가관계가 없는 것이 무상행위이다(증여 · 사용대차).

---

31) 김준호, 전게서, 222 ~ 224면 참조.

3. 단독행위 · 계약 · 합동행위

가. 단독행위

하나의 의사표시만으로 성립하는 법률행위가 단독행위이다. 단독행위는 또 상대방에 대한 통지를 요건으로 하는지에 따라 상대방 있는 단독행위와 상대방 없는 단독행위로 나뉜다.

동의 · 채무면제 · 상계 · 추인 · 취소 · 해제 · 해지 등은 **상대방 있는 단독행위**이고, 유언 · 재단법인의 설립행위 · 권리의 포기 등은 **상대방 없는 단독행위**이다.

나. 계 약

두 개의 대립되는 의사표시의 합치에 의하여 성립하는 법률행위로서 의사표시가 둘이라는 점에서 단독행위와 다르고, 그 복수의 의사표시가 상호 대립하는 점에서 합동행위와 다르다. 민법은 14개의 전형적인 채권계약을 예시하고 있다.

다. 합동행위

사단법인의 설립행위는 둘 이상의 의사표시가 필요한 점에서 계약과 유사하지만, 그 의사표시가 계약에서처럼 상호 대립적인 것이 아니라 공동목적을 위한 평행적 · 구심적이라는 점에서 특색이 있다. 또 계약에서는 계약당사자는 채권과 채무로 나뉘어 서로 대립하는 구도이지만, 합동행위에서는 다수의 당사자에게 동일한 법률효과가 생기는 점에서 계약과 구별된다.

4. 요식행위와 불요식행위

법률행위의 자유는 방식의 자유를 포함하기 때문에 불요식행위가 원칙이다. 다만, 법률은 행위자로 하여금 신중하게 행위를 하게 하거나 또는 법률관계를 명확하게 하기 위하여 일정한 방식(서면 · 신고 등)을 요구하는 경우가 있는데, 법인의 설립, 혼인, 인지, 입양 등이 그러하다.

5. 생전행위와 사후행위

행위자의 사망으로 인하여 그 효력이 생기는 법률행위를 **사후행위**라고 하고 유언과 사인증여가 이에 속한다. 이에 대하여 보통의 법률행위를 **생전행위**라고 한다. 사후행위는 행위자가 사망함으로써 그 효력이 발생하는 것이므로, 그 행위의 존재나 내용을 명확하게 해 둘 필요가 있다. 따라서 일정한 방식을 요구하는 것이 보통이다. 즉 유언은 민법에서 정한 일정한 방식에 의하지 아니하면 그 효력이 없다(민법 제1060조). 사인증여(死因贈與)는 사후행위이지만 유언과는 달리 계약이므로 유언에서처럼 일정한 방식을 갖추어야 그 효력이 발생하는 것은 아니다.

6. 채권행위 · 물권행위 · 준물권행위

가. 채권행위

채권 · 채무를 발생시키는 법률행위이다(증여 · 매매 등). 채권행위에서는 채무자가 일정한 급부를 이행하여야 할 의무를 지는 점에서, 이를 의무부담행위라고도 한다. 채권행위에서는 이행이 남아 있는 점에서 이행의 문제가 남아 있지 않은 물권행위 · 준물권행위와 구별된다.

나. 물권행위

직접 물권의 변동을 가져오는 법률행위로서 이행의 문제를 남기지 않는 점에 그 특색이 있다(부동산매매에서 매도인이 대금을 받고 등기서류를 교부한 때에는 당사자간에는 소유권이 이전되는 것으로 합의한 것이 된다). 다만, 민법은 이것 외에 일정한 공시(동산은 인도, 부동산은 등기)를 갖추어야만 물권변동이 발생하는 것으로 하는 성립요건주의를 채택하고 있다.

다. 준물권행위

물권 이외의 권리의 변동을 직접 가져오는 법률행위로서, 채권양도 · 무체재산권 양도 · 채무면제 등이 있다.

7. 의무부담행위와 처분행위

의무부담행위란 당사자에게 일정한 급부의무를 발생시키는 법률행위를 말하는데, 채권행위(매매계약)가 그 전형적인 예이다. 의무부담행위는 당사자에게 일정한 청구권과 그에 상응하는 의무를 발생시킬 뿐이므로 처분행위에서와 달리 이행의 문제가 남게 된다. 따라서 이에 의하여 권리의 변동이 일어나지 않는다. 처분권 없는 자의 의무부담행위도 유효하다. 다만, 담보책임이 생긴다.

반면 **처분행위**는 권리의 변동을 직접 일으키는 법률행위를 말하는 것으로 물권의 변동을 가져오는 물권행위(소유권 양도)가 대표적인 것으로 처분행위는 이행이라는 문제를 남기지 않는다.[32]

즉, 권리의 발생, 변경, 소멸을 직접 발생시키는 법률행위를 말한다. 처분권한 없는 무권리자의 처분행위는 원칙적으로 무효이다.

8. 신탁행위 · 비신탁행위

신탁행위에는 두 가지가 있다. 즉 신탁법상의 신탁과 민법상의 신탁행위가 그것이다.

신탁법상 신탁이란 신탁자가 수탁자에게 특정의 재산권을 이전하거나 기타의 처분을 하여 수탁자로 하여금 자기 또는 제3자를 위하여 또는 특정의 목적을 위하여 관리 · 처분하게 하는 법률관계를 말한다. 이에 따라 신탁재산은 수탁자에게 절대적으로 이전되고, 신탁설정자는 신탁계약에 따른 이익교부채권을 가질 뿐이다.[33]

신탁행위의 특징은 일정한 경제상의 목적을 위해 권리의 이전 형식을 취하는 점에 있고, 이것은 사적 자치라는 관점에서 그 유효성이 인정되어 왔다.

신탁행위에서는 실질(경제상의 목적)과 외형(권리의 이전)이 일치하지 않아 제3자와의 관계에서, 판례는 기본적으로 신탁자와 수탁자의 관계에서는 신탁계약의 취지에 따라 신탁자가 그 권리를 보유하고, 제3자에 대한 관계에서는 수탁자가 권리를 가지는 것으로 이론구성을 하였다.

그러나 명의신탁의 폐해를 규제하기 위해 「부동산 실권리자명의 등기에 관한 법률」이 제정되면서, 동법에서 "명의신탁은 무효로 한다"고 규정하면서, 앞으로는 명의신탁을 사적 자치에 기반을 두는 신탁행위로 구성하기가 어렵게 되었다.[34]

---

32) 지원림, 전게서, 181면.
33) 지원림, 상게서, 181면.

제3절 국세기본법상 관련 내용

1. 납세의무의 성립

납세의무의 성립이란 납세의무자·과세물건·과세표준·세율 등 세법이 정하는 과세요건이 충족되어 추상적 납세의무가 발생된 상태를 말한다. 납세의무자나 과세관청 어느 쪽의 행위도 필요 없고 과세요건 사실만 존재하게 되면 그 시점에서 법률상 당연히 납세의무는 성립하게 된다. 이 단계에서는 아직 납세의무의 내용이 구체적으로 '확정'되지 않았기 때문에 납세의무자는 내용에 따른 조세채무의 이행을 할 수 없고 과세관청도 이에 대응하는 징수권을 갖지 못한다.[35]

납세의무인 조세채무는 법률이 정하는 과세요건이 충족되는 때에는 그 조세채무의 성립을 위한 과세관청이나 납세의무자의 특별한 행위가 필요 없이 당연히 자동적으로 성립한다.[36]

2. 납세의무의 확정

가. 개 념

조세채무의 내용은 먼저 과세요건사실을 파악하고 다음으로 이에 관계 세법 규정을 적용하여 과세표준과 세액을 계산하는 등 조세법률관계의 당사자 중 어느 일방이 이를 확인하여야 하는데, 이러한 절차를 **조세채무의 확정**이라고 한다.[37] 조세채무의 성립에는 아무런 절차를 요하지 않는 데 반하여 조세채무의 확정에는 조세법률관계 당사자의 일정한 확인행위가 요구된다는 점이 성립과 동시에 확정되는 민사채무와 차이점이다.

이때 그 확인을 제1차적으로 납세의무자에게 맡기는 제도가 **신고납세제도**이고, 그 확인을 과세관청의 조사결정에 의하도록 하는 것이 **부과과세제도**이다.

---

34) 김준호, 전게서, 224면.
35) 이태로·안경봉, 『조세법강의』, 박영사, 2002, 49면.
36) 대법원 1985.1.22 선고, 83누279 판결.
37) 최명근, 『세법학총론』, 세경사, 2006, 366면.

나. 확정의 시기

소득세·법인세·부가가치세 등 신고납세제도를 채택하고 있는 조세에 있어서는 정부에 과세표준과 세액을 신고하는 때에 납세의무가 확정된다.

다만, 납세의무자가 과세표준과 세액의 신고를 하지 아니하거나 신고한 과세표준과 세액이 세법이 정하는 바에 맞지 아니한 경우에는 정부가 과세표준과 세액을 결정하거나 경정하는 때에 그 결정 또는 경정에 따라 확정된다.

인지세, 원천징수하는 소득세 또는 법인세, 납세조합이 징수하는 소득세, 중간예납하는 법인세, 납부지연가산세 및 원천징수납부 등 불성실가산세는 납세의무가 성립하는 때에 납세의무가 확정된다.

부과과세제도에 있어서는 과세관청의 부과처분이 있어야 비로소 납세의무가 확정된다. 부과과세제도에서의 과세표준 신고는 납세의무를 확정시키는 효과가 없고, 다만 부과처분을 함에 있어서 필요한 근거자료와 참고자료를 제출하는 성격의 협력의무를 이행하는 효과밖에 없다.[38]

다. 확정 내용의 변경

신고 등에 의하여 확정된 납세의무의 내용이 탈루 또는 오류 등의 사유에 의하여 변경될 수 있는데, 그 방법으로는 과세관청은 경정권을 그리고 납세의무자는 수정신고(국세기본법 제45조)할 수 있고, 법률의 규정에 의하여 납부할 정당한 세액 보다 과다 신고한 경우에는 경정청구(국세기본법 제45조의2)를 통하여 확정된 납세의무의 내용을 변경할 수 있다.

3. 납세의무의 소멸

과세요건의 충족에 의하여 당연히 성립하여 신고 또는 부과처분에 의하여 확정된 납세의무는 여러 가지 원인에 의하여 소멸하게 된다. 납세의무는 그 본질이 채무이기 때문에 사법상의 채무가 급부의 이행으로 소멸하듯이 통상 세액의 납부에 의하여 소멸하는 것이 원칙이다.

---

38) 최명근, 전게서, 368면.

사법상의 채무가 상계에 의하여 소멸하는 것과 마찬가지로 납부할 세액을 납세의무자의 국가에 대한 국세환급금으로 충당하는 방법으로도 소멸한다. 기타 채무자가 조세채무를 임의로 이행하지 않을 경우 체납처분을 통한 강제집행에 의하여 소멸하고 부과권의 제척기간의 경과, 국세징수권의 소멸시효의 완성으로도 납세의무가 소멸한다.[39]

제4절 관련 사례(판례)

1. 사실관계

납세자 갑은 주택을 양도하면서 1세대 1주택 판정 시 양도당시 재단법인에 출연된 주택은 재단법인 설립허가일(설립등기일)에 이미 재단법인에게 귀속되었으므로 이를 제외하면 1세대 1주택으로 양도소득세가 비과세 되어야 한다고 주장하는 반면 과세관청은 재단법인에 출연된 주택의 귀속시기는 증여를 원인으로 한 소유권이전 등기일로 보아 1세대 1주택에 해당되지 않는다고 보아 양도소득세를 과세하였다.

2. 판결요지

「민법」 제187조는 "상속, 공용징수, 판결, 경매 기타 법률의 규정에 의한 부동산에 관한 물권의 취득은 등기를 요하지 아니한다. 그러나 등기를 하지 아니하면 이를 처분하지 못한다"고 규정하고 있고, 「민법」 제48조 제1항은 "생전처분으로 재단법인을 설립하는 때에는 출연재산은 법인이 성립된 때로부터 법인의 재산이 된다"고 규정하고 있는데, 위 「민법」 제48조 제1항은 출연자와 재단법인과의 관계에 있어서 출연재산의 귀속시기에 관한 규정이므로 재단법인 설립을 위해 부동산에 관한 물권을 출연한 경우 출연자와 재단법인과의 관계에 있어서는 「민법」 제48조 제1항에 의하여 재단법인이 성립되면 출연재산이 재단법인에 귀속되고, 제3자에 대한 관계에 있어서는 출연행위가 법률행위이므로 재단법인 성립 외에 등기까지 경료되어야 출연재산이 재단법인에 귀속된다고 할 것이다. 다만, 여기서 제3자라 함은 출연된 부동산에 관한 물권에 대하

---

39) 최명근, 상게서, 462면.

여 이해관계를 갖게 된 자만을 의미하므로 과세관청은 이에 해당하지 아니한다. 따라서 소득세법에서 정한 자산의 양도 또는 취득시기를 정함에 있어서 재단법인 설립을 위해 출연된 부동산에 관한 물권이 출연자로부터 재단법인에게로 양도되는 시기는 재단법인이 성립된 때이다.[40]

3. 검 토

민법 제48조 제1항에 따라 생전처분으로 재단법인을 설립하는 때에는 출연재산은 법인이 성립된 때로부터 법인의 재산이 된다. 따라서 이 경우에는 권리의 이전이나 그 행사에 등기 등을 요하는 부동산의 경우의 일반적인 증여재산의 취득시기인 소유권이 전등기일은 적용되지 않는다.

제 5 절   민법과 세법의 비교

민법상 채권채무관계는 당사자간의 법률행위에 의한 합의 또는 법률의 규정에 의하여 성립하는데 반하여 국가의 조세채권은 법률에 정하여진 과세요건의 충족에 의하여 법률상 당연히 성립한다.

따라서 조세채권채무는 당사자간의 합의에 의하여 성립할 수 없으며, 조세채권채무가 성립 후 이를 확인하는 행위 즉 납세의무를 확정하는 절차가 추가로 필요하다. 이러한 점에서 민사채무와 차이가 있다.

그리고 민법상 채권은 이행기가 경과하면 별도의 절차 없이 강제집행을 통하여 채권의 만족을 얻을 수 있으나, 조세채권은 성립과 별도의 확정절차 이후에 강제징수절차가 진행될 수 있다.

한편, 조세채무의 확정방식에 있어서 소득세 등 신고납세제도를 채택하고 있는 조세에 있어서는 정부에 과세표준과 세액을 신고하는 때에 확정되고, 상속세 및 증여세 등 부과과세방식 세목에 있어서는 과세관청의 부과처분이 있을 때 조세채무가 확정된다.

---

40) 대법원 2010.10.28 선고, 2009두7172 판결.

신고서는 일정한 법정서식에 의하여 작성하여 제출하여야 그 효력이 있다. 사법상 법률관계의 취소 또는 해제, 확정내용의 오류 등의 사유가 발생한 경우 납세의무자는 경정청구제도를 활용하여 확정된 조세채무의 소멸 또는 감액을 과세관청에 청구할 수 있다.

납세의무의 소멸과 관련하여 납세의무는 그 본질이 채무이기 때문에 사법상의 채무가 급부의 이행으로 소멸하듯이 통상 세액의 납부에 의하여 소멸하는 것이 원칙이다.

제6장

법률행위의 무효와 취소 및
과세문제

관련 세법규정 요약

소득세법 제110조 【양도소득 과세표준 확정신고】 해당 과세기간의 양도소득금액이 있는 거주자는 그 양도소득 과세표준을 그 과세기간의 다음 연도 5월 1일부터 5월 31일까지 납세지 관할 세무서장에게 신고하여야 한다. 다만, 「부동산 거래신고 등에 관한 법률」 제10조 제1항에 따른 토지거래계약에 관한 허가구역에 있는 토지를 양도할 때 토지거래허가일이 속하는 과세기간의 다음 연도 5월 1일부터 5월 31일까지 납세지 관할 세무서장에게 신고하여야 한다.

제1절　민법 내용

1. 법률행위의 무효

가. 개요

법률행위의 무효란 법률행위가 성립한 때로부터 법률상 당연히 그 효력이 없는 것으로 확정된 것을 말한다. 즉, 법률행위가 성립할 당시부터 확정적 효력이 발생하지 아니하는 것을 말한다. 따라서 법률행위가 성립된 것을 전제로 하므로 법률행위 자체가 성립되지 않는 법률행위의 부존재와는 구별된다.

법률행위가 무효이면 법률행위에 의하여 의욕된 법률효과가 발생하지 않는다. 따라서 무효인 법률행위가 채권행위인 때에는 채권이 발생하지 않고, 이행할 필요가 없다. 물권행위인 때에는 물권변동은 일어나지 않는다. 채권행위가 있고 그 이행으로서 물권행위가 행하여진 경우, 채권행위만이 무효인 때에 물권행위도 무효로 되는지는 물권행위를 무인행위로 보는지에 따라 다르다. 무효인 채권행위에 기하여 이미 이행이 된 때에는 급부한 것의 반환이 문제된다. 일반적으로 급부한 것이 부당이득으로 반환되어야 한다.[1]

나. 법률행위의 무효 사유

법률행위가 무효가 되는 사유로는 의사무능력자의 법률행위, 원시적 불능의 법률행위, 강행법규에 위반하는 법률행위, 반사회질서의 법률행위, 불공정한 법률행위, 상대방이 안 비진의표시, 통정허위표시 등이 이에 해당한다.

(1) 반사회질서의 법률행위

명의신탁재산을 매수한 제3자가 명의수탁자의 명의신탁자에 대한 배신행위에 적극 가담한 경우 명의수탁자와 제3자 사이의 계약은 반사회적 법률행위로서 무효이다.[2]

---

1) 송덕수, 『신민법강의』, 박영사, 2009, 249면.
2) 대법원 1992.6.9 선고, 91다29842 판결.

그러나, 양도소득세를 회피하기 위한 방법으로 부동산을 명의신탁한 것이라도 그러한 이유 때문에 민법 제103조의 반사회적 법률행위로서 명의신탁이 무효라고 할 수 없다.[3]

또한 보험계약자가 다수의 보험계약을 통해 보험금을 부정취득할 목적으로 보험계약을 체결한 경우, 보험계약을 악용해 부정한 이익을 얻고자 하는 사행심을 조장함으로써 사회적 상당성을 일탈하게 될 뿐만 아니라, 합리적인 위험의 분산이라는 보험제도의 목적을 해치고 위험발생의 우발성을 파괴하여 다수의 선량한 보험가입자들의 희생을 초래하여 보험제도의 근간을 해치게 되므로 이 같은 보험계약은 민법 제103조 소정의 선량한 풍속 기타 사회질서에 반해 무효이다.[4]

한편, 부동산의 이중매매가 반사회적 법률행위로서 무효가 되기 위하여는 매도인의 배임행위와 매수인이 매도인의 배임행위에 적극 가담한 행위로 이루어진 매매로서, 그 적극 가담하는 행위는 매수인이 다른 사람에게 매매목적물이 매도된 것을 안다는 것만으로는 부족하고, 적어도 그 매도사실을 알고도 매도를 요청하여 매매계약에 이르는 정도가 되어야 한다.[5]

또한 금전소비대차계약의 당사자 사이의 경제력의 차이로 인하여 그 이율이 사회통념상 허용되는 한도를 초과하여 현저하게 고율로 정하여진 경우 한도를 초과하는 부분의 이자 발생은 선량한 풍속 기타 사회질서에 위반한 사항을 내용으로 하는 법률행위로서 무효이다.[6]

보유기간이 3년 이상으로 되게 함으로써 양도소득세를 부과받지 않게 할 목적으로, 매매를 원인으로 한 소유권이전등기는 1991년말 이후에 넘겨 받기로 특약을 하였다고 하더라도, 그와 같은 목적은 위 특약의 연유나 동기에 불과한 것이어서 위 특약 자체가 사회질서나 신의칙에 위반한 것이라고는 볼 수 없다.[7]

(2) 통정허위표시

상대방과 통정한 허위의 의사표시는 무효이고 누구든지 그 무효를 주장할 수 있는

---

3) 대법원 1991.9.13 선고, 91다16334 판결.
4) 대법원 2018.9.13 선고, 2016다255125 판결.
5) 대법원 1994.3.11 선고, 93다55289 판결.
6) 대법원 2007.2.15 선고, 2004다50426 판결.
7) 대법원 1991.5.14 선고, 91다6627 판결.

것이 원칙이나 허위표시의 당사자와 포괄승계인 이외의 자로서 허위표시에 의하여 외형상 형성된 법률관계를 토대로 실질적으로 새로운 법률상 이해관계를 맺은 선의의 제3자에 대하여는 허위표시의 무효를 대항하지 못한다.[8] 다만, 과세관청은 허위표시에 의하여 외형상 형성된 법률관계를 토대로 실질적으로 새로운 법률상 이해관계를 맺은 선의의 제3자에 해당한다고 보기 어렵다.[9]

채권자가 주택임대차보호법상이 대항력을 취득하는 방법으로 기존 채권을 우선변제받을 목적으로 주택임대차계약의 형식을 빌려 기존 채권을 임대차보증금으로 하기로 하고 주택의 인도와 주민등록을 마침으로써 주택임대차의 대항력을 취득한 것처럼 외관을 만들었을 뿐 실제 주택을 주거용으로 사용·수익할 목적을 갖지 아니한 계약은 주택임대차계약으로서는 통정허위표시에 해당되어 무효가 된다.[10]

또한 제3자 명의로 대출관계서류 및 약속어음을 작성받았고 제3자는 형식상의 명의를 빌려준 자에 불과하고 그 대출약정 및 약속어음 발행은 상호신용금고의 양해 하에 그에 따른 채무부담 의사 없이 형식적으로 이루어진 것에 불과하여 통정허위표시에 해당되어 무효의 법률행위이다.[11]

(3) 불공정한 법률행위

불공정한 법률행위는 피해 당사자가 궁박·경솔 또는 무경험의 상태에 있고 상대방 당사자가 그와 같은 피해 당사자 측의 사정을 알면서 이를 이용하려는 폭리행위를 한 경우에 성립된다.[12] 또한 객관적으로 급부와 반대급부 사이에 현저한 불균형이 존재하여야 한다.[13]

다. 무효의 구분

(1) 절대적 무효와 상대적 무효

법률행위를 한 당사자 외에 제3자에 대하여도 무효인 것을 절대적 무효라 하며, 의사

---

8) 대법원 2000.7.6 선고, 99다51258 판결.
9) 의정부지법 2019.4.30 선고, 2017구합12525 판결.
10) 대법원 2007.12.13 선고, 2007다55088 판결.
11) 대법원 1996.8.23 선고, 96다18076 판결.
12) 대법원 2010.7.15 선고, 2009다50308 판결.
13) 대법원 2002.10.22 선고, 2002다38927 판결.

무능력자의 법률행위, 강행법규에 위반하는 법률행위, 반사회질서 법률행위가 이에 해당한다.

반면에 법률행위의 당사자간에는 무효이지만 선의의 제3자에 대하여는 무효를 주장할 수 없는 것을 **상대적 무효**라고 한다. 상대방이 안 비진의(非眞意) 의사표시 또는 허위표시는 당사자간에는 무효이지만, 이 무효로써 선의의 제3자에게 대항하지 못하는 것이 그러하다.[14] 제3자란 비진의 표시 또는 허위표시를 기초로 하여 새로운 법률상 이해관계를 가진 자를 말한다.

(2) 전부무효와 일부무효

법률행위의 전부가 무효인 경우가 **전부무효**이고, 그 일부만이 무효인 경우가 **일부무효**이다. 법률행위의 일부분이 무효인 때에는 그 전부를 무효로 한다. 그러나 그 무효부분이 없더라도 법률행위를 하였을 것이라고 인정될 때에는 나머지 부분은 무효로 되지 아니한다(민법 제137조). 이른바 일부무효의 법리이다.

이 경우 하나의 법률행위가 가분이어야 한다. 즉 행위의 전체적 성격을 변경하지 않으면서 분할될 수 있고, 무효인 부분을 제외한 나머지로 그 자체 하나의 법률행위가 되는 것이어야 한다.[15]

판례에 따르면, 복수의 당사자 사이에 중간생략등기의 합의를 한 경우 그 합의는 전체로서 일체성을 가지는 것이므로, 그 중 한 당사자의 의사표시가 무효인 것으로 판명된 경우 나머지 당사자 사이의 합의가 유효한지의 여부는 민법 제137조에 정한 바에 따라 당사자가 그 무효부분이 없더라도 법률행위를 하였을 것이라고 인정되는지의 여부에 의하여 판정되어야 할 것이고, 그 당사자의 의사는 실재하는 의사가 아니라 법률행위의 일부분이 무효임을 법률행위 당시에 알았다면 당사자 쌍방이 이에 대비하여 의욕하였을 가정적 의사를 말하는 것이다.[16]

(3) 확정적 무효와 유동적 무효

확정적 무효란 법률행위의 무효는 확정적인 것이어서 타인의 행위 등이 있다고 하여 유효하게 될 수는 없다.

---

14) 김준호, 상게서, 358면.
15) 양창수 · 김재형, 『계약법』, 박영사, 2012, 702면.
16) 대법원 1996.2.27 선고, 95다38875 판결.

반면, 유동적 무효란 현재는 법률행위가 효력이 없지만 타인의 일정한 행위(허가, 인가, 추인 등), 기타 유효요건을 갖추면 유효하게 될 수 있는 법적상태를 말한다. 무권대리행위나 처분권 없는 자의 처분행위, 토지거래허가구역 내의 매매계약 등이 그 예이다. 이들 행위는 본인이나 처분권자의 추인 또는 관할 관청 등의 허가 등이 있으면 처음부터 유효했던 것으로 된다.

따라서 부동산거래신고법상 토지거래허가구역 내의 토지의 소유권 등 권리를 이전 또는 설정하는 내용의 거래계약은 관할관청의 허가를 받아야만 그 효력이 발생하고 허가를 받기 전에는 그 효력이 발생하지 않는다(부동산거래 신고 등에 관한 법률 제11조 제1항, 제6항).

라. 유동적 무효에 관한 법리

(1) 기본 법리

대법원 1911.12.24, 90다12243은 국토이용관리법(현행 부동산 거래신고 등에 관한 법률)상 허가를 받지 않은 토지매매계약에 관하여 이른바 "유동적 무효"의 법리를 체계화하였다.[17]

이 판결에서 대법원은 "국토이용관리법상의 규제구역 내의 '토지 등의 거래계약' 허가에 관한 관계규정의 내용과 그 입법취지에 비추어 볼 때 토지의 소유권 등 권리를 이전 또는 설정하는 내용의 거래계약은 관할관청의 허가를 받아야만 그 효력이 발생하고 허가를 받기 전에는 물권적 효력은 물론 채권적 효력도 발생하지 아니하여 무효로 보아야 할 것이라고 보았다.

그러나 일단 허가를 받으면 그 계약은 소급하여 유효한 계약이 되고 이와 달리 불허가가 된 때에는 무효로 확정되므로 허가를 받기까지는 유동적 무효의 상태에 있다고 보는 것이 타당하다.

(2) 유동적 무효상태의 법률관계

① 허가를 받기 전의 유동적 무효상태에서는 물권적 효력은 물론 채권적 효력도 발생하지 않으므로, 각 당사자는 상대방에 대하여 이행청구를 할 수 없으며, 이행청구권

---

17) 이하 내용은 지원림, 『민법강의 제7판』, 홍문사, 2009, 351~354면 참조.

이 부인되는 결과 채무불이행에 기한 계약해제나 손해배상도 인정될 여지가 없다.

② 유동적으로 무효인 거래계약의 효과로 각 계약당사자는 상대방에 대하여 토지거래 신청절차에 협력할 의무(쌍방 당사자가 공동으로 관할 관청의 허가를 신청할 의무)를 부담하는데, 이 의무의 이행을 소구할 수 있고, 청구인용의 판결이 확정되면 그것으로 토지거래허가신청 의사표시에 갈음하므로 단독으로 허가신청을 할 수 있다. 그런데 협력의무의 이행을 청구함에 있어서 대금채무에 관하여 이행제공을 할 필요가 없다. 즉, 토지거래허가를 받기까지는 매수인으로서는 그 계약내용에 따른 대금지급 의무가 있다고 할 수 없다.

③ 다만, 협력의무를 부담하는 한도에서 당사자의 의사표시까지 무효상태에 있는 것이 아니므로 협력의무를 이행하지 않고 매수인이 그 매매계약을 일방적으로 철회함으로써 매도인이 손해를 입은 경우에, 매수인은 이 협력의무 불이행과 인과관계 있는 손해를 배상하여야 한다.

④ 유동적 무효상태에 있는 동안에 이미 지급한 계약금의 반환을 부당이득으로 청구할 수 없고, 유동적 무효상태가 확정적으로 무효로 되어야 비로소 부당이득으로 반환을 구할 수 있다.

⑤ 한편, 중간등기 생략의 합의가 있다고 하여 최초의 매도인과 최종의 매수인 사이에 매매계약이 체결되었다는 것을 의미하는 것은 아니고, 따라서 최종매수인은 최초매도인에 대하여 직접 그 토지에 관한 토지거래허가신청절차의 협력의무이행 청구권을 가지고 있다고 할 수 없으며, 설사 최종매수인이 자신과 최초매도인을 매매당사자로 하는 토지거래허가를 받아 최종매수인 앞으로 소유권이전등기를 경료하였더라도 그러한 소유권이전등기는 적법한 토지거래허가 없이 경료된 등기로 무효라고 하였다.[18]

(3) 유동적 무효의 확정적 유효 전환

토지거래허가를 받으면 그 계약은 소급하여 유효한 계약으로 확정된다. 또한 거래계약이 유동적 무효인 상태에서 그 토지에 대한 토지거래허가구역의 지정이 해제되거나 허가구역 지정기간이 만료되었음에도 허가구역 재지정을 하지 않은 경우의 효과에 관하여 대법원 1999.6.17, 98다40459의 다수의견은 더 이상 관할 행정청으로부터 토지거

---

18) 대법원 1996.6.28 선고, 96다3982 판결.

래허가를 받을 필요가 없이 확정적으로 유효가 되어 거래당사자는 그 계약에 기하여 바로 토지의 소유권 등 권리의 이전 또는 설정에 관한 이행청구를 할 수 있고, 상대방도 반대급부의 청구를 할 수 있다고 보아야 할 것이지, 여전히 그 계약이 유동적 무효 상태에 있다고 볼 것은 아니다라고 하였다.

(4) 유동적 무효의 확정적 무효 전환

유동적 무효가 확정적 무효로 되는 사유로 우선 토지거래허가를 배제하거나 잠탈하는 내용의 계약인 경우를 들 수 있는바, 강행규정인 「국토의 계획 및 이용에 관한 법률」 제118조를 정면으로 위반한 것이어서 확정무효이다. 그런데 이처럼 허가를 배제하거나 잠탈하려고 하였던 경우와 허가받을 것을 전제로 한 경우 사이에 큰 차이가 있으므로, 당사자가 자신이 체결한 계약이 어느 경우에 해당하느냐에 대한 주장사실은 요건사실에 해당하여, 법원은 그에 구속된다.[19]

그 밖에 관할관청의 불허가처분이 확정된 경우, 당사자 일방이 허가신청절차 협력의무 이행거절의사를 명백히 표시한 경우, 당사자 쌍방이 이행거절의사를 명백히 한 경우 및 토지거래허가 전의 거래예약이 정지조건부 계약이었는데 그 정지조건이 토지거래허가를 받기 전에 이미 불성취로 확정된 경우도 있다.

마. 무효행위의 추인

무효행위의 추인이란 법률행위로서의 효과가 확정적으로 발생하지 않는 무효행위를 뒤에 유효하게 하는 의사표시이다.[20]

원칙적으로 무효인 법률행위는 추인하여도 그 효력이 생기지 아니한다(민법 제139조). 이는 추인에 의하여 법률행위가 유효하게 되면 당초 무효로 정한 법의 취지에 반하기 때문이다. 그러나 예외적으로 당사자가 무효임을 알고 추인한 때에는 새로운 법률행위를 한 것으로 본다(민법 제139조 단서).

가령, 가장매매(통정허위표시)의 당사자가 그 무효인 매매를 추인하면 그때부터 유효한 매매가 된다. 이처럼 무효행위의 추인에는 소급효(遡及效)가 없는 것이 원칙이지만 당사자간에 한해서는 소급효를 인정할 수 있다는 것이 통설이다.[21]

19) 대법원 2000.4.7 선고, 99다68812 판결.
20) 송덕수, 전게서, 250면.

또한 입양행위 등의 신분행위의 경우 실질적 요건을 갖추지 못하여 무효이더라도 신분행위 후에 그 내용에 맞는 신분관계가 실질적으로 형성되어 당사자 쌍방이 이의 없이 신분관계를 계속하여 왔다면 추인에 의하여 소급적으로 신분행위의 효력을 인정한다.[22]

바. 무효행위의 전환

무효인 법률행위가 다른 법률행위의 요건을 구비하고 당사자가 그 무효를 알았더라면 다른 법률행위를 하는 것을 의욕하였으리라고 인정될 때에는 다른 법률행위로서의 효력을 갖게 된다(민법 제138조). 즉 가정적 의사를 통하여 당사자가 의욕하였던 결과를 달성시키기 위한 취지이다.

가령 무효인 갑법률행위가 을이라는 행위로서는 유효하고, 또 당사자가 그 무효를 알았더라면 을로서의 행위를 의욕하였을 것으로 인정되는 경우에는, 무효인 갑행위를 을행위로서 그 효력을 인정하는 것이다.[23]

판례에 의하면, 당사자 사이에 양친자관계를 창설하려는 명백한 의사가 있고 나아가 기타 입양의 성립요건이 모두 구비된 경우에 입양신고 대신 친생자 출생신고가 있다면 형식에 다소 잘못이 있더라도 입양의 효력이 있다고 해석함이 타당하다 할 것이다.[24]

또한 매매계약이 약정된 매매대금의 과다(過多)로 말미암아 민법 제104조에서 정하는 불공정한 법률행위에 해당하여 무효인 경우에도 무효행위의 전환에 관한 민법 제138조가 적용될 수 있다. 따라서 당사자 쌍방이 무효를 알았더라면 대금을 다른 액(額)으로 정하여 매매계약에 합의하였을 것이라고 예외적으로 인정되는 경우에는 그 대금액을 내용으로 하는 매매계약이 유효하게 성립한다.[25]

사. 무효인 법률행위의 효과

무효인 법률행위에 기한 이행이 있기 전이면 더 이상 이행할 필요가 없고, 이에 급부가 이행되었다면 그 급부는 원칙적으로 부당이득이 되어 반환되어야 한다.[26]

---

21) 김준호, 전게서, 363면.
22) 대법원 2000.6.9 선고, 99므1633 판결.
23) 김준호, 상게서, 363면.
24) 대법원 1977.7.26 선고, 77다492 전원합의체 판결.
25) 대법원 2010.7.15 선고, 2009다50308 판결.

2. 법률행위의 취소

가. 취소의 개념

취소(取消)란 일단 유효하게 성립한 법률행위의 효력을 행위무능력 또는 의사표시에 있어서의 착오·사기·강박을 이유로 법률행위를 한 때에 소급하여 소멸하게 하는 취소권자의 의사표시이다 따라서 취소할 수 있는 법률행위라 할지라도 취소권자의 취소가 있을 때까지는 유효하되, 취소가 있으면 소급하여 무효로 된다.[27]

착오가 있다고 하려면 법률행위를 할 당시에 실제로 없는 사실을 있는 사실로 깨닫거나, 아니면 실제로 있는 사실을 없는 것으로 잘못 생각하듯이 의사표시자의 인식과 그러한 사실이 어긋나는 경우라야 한다.[28]

한편, 의사표시는 법률행위 내용의 중요부분에 착오가 있는 때에는 취소할 수 있다. 법률행위 중요부분의 착오란 표의자가 그러한 착오가 없었더라면 그 의사표시를 하지 않았으리라고 생각될 정도로 중요한 것이어야 하고, 보통 일반인도 표의자의 처지에 있었더라면 그러한 의사표시를 하지 않았으리라고 생각될 정도로 중요한 것이어야 한다.[29]

취소와 구분되는 개념으로 철회와 해제가 있는데, **철회**는 아직 효력을 발생하고 있지 않은 의사표시를 종국적으로 효력이 발생하지 않게 하거나 또는 일단 발생한 의사표시의 효력을 장래에 향하여 소멸시키는 표의자의 일방적 의사표시이다.

그리고 **해제**는 일단 유효하게 성립한 계약의 효력을 당사자 일방의 의사표시에 의하여 그 계약이 처음부터 없었던 것과 같은 상태로 돌아가게 하는 것을 말한다.[30]

나. 취소권자

법률행위의 취소는 무효와 달리 일정한 자, 즉 취소권자만이 행사할 수 있다. **취소권자**로는 제한능력자, 하자 있는 의사표시를 한 자,[31] 그 대리인 또는 승계인에 한하여

---

26) 지원림, 전게서, 348면.
27) 송덕수, 전게서, 254면.
28) 대법원 2020.5.14 선고, 2016다12175 판결.
29) 대법원 1996.3.26 선고, 93다55487 판결.
30) 송덕수, 전게서, 255면.
31) 이에는 착오로 인한 의사표시와 사기나 강박에 의한 의사표시를 한 때 표의자가 이를 취소할 수 있다.

취소할 수 있다(민법 제140조).

다. 취소의 상대방

취소할 수 있는 법률행위의 상대방이 확정한 경우에는 그 취소는 그 상대방에 대한 의사표시로 하여야 한다(민법 제142조).

가령, 미성년자 A가 B에게 매각한 부동산이 C에게 전매된 경우, A의 취소의 의사표시는 B에게 하여야 하고 C에게 하여서는 안된다. 마찬가지로 제3자 C의 사기(詐欺)에 의하여 A가 B에게 부동산을 매각한 경우에도 B에 대하여 하여야 한다.[32]

라. 취소의 효과

(1) 개 요

취소한 법률행위는 처음부터 무효로 본다. 그러나 제한능력자는 그 행위로 인하여 받은 이익이 현존하는 한도에서 상환할 책임이 있다(민법 제141조).

제한능력자의 취소에 있어서는 제3자에게도 주장할 수 있는 절대적인 것이다. 이 경우 취소한 법률행위는 처음부터 무효가 되므로, 이행을 하기 전이면 이행할 필요가 없고, 이행한 후이면 법률상 원인 없이 급부한 것이 되어 부당이득으로 그 반환을 청구할 수 있다(민법 제741조 이하).

(2) 제한능력자 부당이득 반환의 범위

제한능력자는 이익이 현존하는 범위 내에서 반환의무가 있다. "이익이 현존한다" 함은 사실상 얻은 이익이 그대로 있거나 그것이 변형되어 잔존하고 있는 것을 말한다. 생활비 등 필요한 비용에 충당한 경우에는 다른 재산의 소비를 면한 것이 되므로 그 한도에서 이익은 현존하는 것이 된다. 그러나 유흥비 등으로 소비한 경우에는 이익은 현존하지 않는다. 현존이익의 범위는 취소한 시점을 기준으로 한다.[33]

---

32) 김준호, 전게서, 370면.
33) 김준호, 전게서, 370면.

마. 취소할 수 있는 법률행위의 추인

(1) 개 념

추인은 취소할 수 있는 법률행위를 취소하지 않겠다고 하는 의사표시이다. 즉 추인은 취소권의 포기이며, 이로써 취소할 수 있는 행위는 확정적으로 유효하게 된다.[34]

(2) 요 건

추인은 취소의 원인이 종료한 후에 하지 아니하면 효력이 없다(민법 제144조). 따라서 무능력자의 경우에는 능력자가 된 이후, 하자 있는 의사표시에 의한 경우에는 그 상태에서 벗어난 후에만 취소할 수 있다. 그러나 법정대리인이 추인하는 경우에는 그러하지 아니한다.

(3) 효 과

추인 후에는 취소하지 못한다. 따라서 당초의 법률행위는 확정적으로 유효가 된다.

바. 법정추인

법정추인이란 취소할 수 있는 법률행위에 대해 객관적으로 추인이라고 인정되는 일정한 사실이 있는 경우 법률상 당연히 추인한 것으로 보는 것을 말한다.

취소할 수 있는 법률행위에 관하여 추인할 수 있은 후에 ① 전부나 일부의 이행, ② 이행의 청구, ③ 경개(更改), ④ 담보의 제공, ⑤ 취소할 수 있는 행위로 취득한 권리의 전부나 일부의 양도, ⑥ 강제집행의 사유가 발생한 때에는 **법정추인**이 된다.

이들 요건이 갖추어지면 추인이 있었던 것과 같은 효력이 생겨 취소할 수 있는 행위는 유효한 것으로 확정된다.

다만, 이의를 유보한 때에는 법정추인의 효과가 발생하지 않는다(민법 제145조 단서).

사. 취소권의 소멸

취소권은 추인할 수 있는 날로부터 3년 내에, 법률행위를 한 날로부터 10년 내에 행사하여야 한다(민법 제146조). 어느 것이든 먼저 경과하면 취소권은 소멸한다.

---

34) 송덕수, 전게서, 259면.

취소권의 존속기간은 제척기간이라고 보아야 할 것이고 재판상 행사뿐만 아니라 재판 외에서 의사표시를 하는 방법으로 권리를 행사할 수 있다고 보아야 한다.[35]

법률관계를 가급적 조속히 확정하고 상대방을 불안정한 지위에서 벗어날 수 있도록 단기의 소멸시효를 규정하고 있다.[36]

3. 법률행위의 무효와 취소의 차이점

무효(無效)와 취소(取消)는 취소가 있는 경우 법률행위의 효과가 발생하지 않는다는 점에서 같다. 그러나 여러 가지 점에서 차이가 있다.

무효와 취소는 네 가지 점에서 차이가 있다.

첫째, **무효**는 법률행위의 효력에서 누구의 주장을 기다릴 필요 없이 처음부터 당연히 효력이 발생하지 않는 것인 데 비해, **취소**는 일정한 취소권자가 취소를 한 때에 소급하여 무효인 것으로 된다.

둘째, 추인의 가부에서 무효인 법률행위는 추인하여도 그 효력이 생기지 않는 것이 원칙인 데 비해(민법 제139조), 취소할 수 있는 법률행위를 추인하면 그 이후에는 더 이상 취소할 수 없고 유효한 법률행위로 확정된다(민법 제143조).

셋째, 권리행사기간에서 무효는 아무리 시간이 경과하더라도 무효일 뿐 유효한 것으로 치유되지 못하지만, 취소는 일정한 기간 내에 취소권을 행사하지 않으면 취소권 자체가 소멸하여 그 이후에는 유효한 법률행위로 확정된다(민법 제143조 제1항).

넷째, 부당이득반환의 범위에서 법률행위를 취소하면 처음부터 무효가 되므로(민법 제141조), 취소한 때에는 그 결과에서 무효와 같게 된다. 따라서 그 법률행위에 의해 급부가 있은 때에는 부당이득 반환의무가 발생하게 된다.[37] 부당이득 반환과 관련하여 제한능력자는 그 행위로 인하여 받은 이익이 현존하는 한도에서 상환할 책임이 있다.

무효와 취소는 이와 같이 차이가 있으나, 어떤 경우에 법률행위를 무효로 하고 어떤 경우에 취소할 수 있는 것으로 할 것인가는 입법정책의 문제이다. 대체적으로 법질서가 도저히 허용할 수 없는 것은 무효로 규정하고, 효력의 부정을 특정인에게 맡겨도 무방한 때에는 취소로 규정한다.[38]

---

35) 대법원 1993.7.27 선고, 92다52795 판결.
36) 송덕수, 전게서, 101면.
37) 김준호, 『민법강의』, 법문사, 2009, 357면.

제2절 부가가치세법상 관련 내용

부가가치세법에 부가가치세 과세대상인 법률행위가 무효 또는 취소된 경우 당초 과세된 부가가치세에 어떤 영향을 미치는지에 대하여는 명문으로 규정하고 있지 않다. 다만, 원칙적으로 법률행위가 무효 또는 취소되면 과세대상인 재화 또는 용역의 공급이 없는 것으로 보아 부가가치세가 과세될 수 없다.

부동산매매업자가 사업용건물을 신축분양시 계약금 및 중도금을 받고 세금계산서를 교부하여 신고하였으나 분양이 취소되고 분양대금이 반환되었다면 수정세금계산서를 교부할 수 있다(심사부가 2004-7107, 2004.12.6.).

제3절 소득세법상 관련 내용

1. 법률행위의 무효 또는 취소와 과세여부 일반

양도소득세는 자산의 양도로 인한 소득에 대하여 과세되는 것이므로, 외관상 자산이 매매계약에 의하여 양도된 것처럼 보이더라도, 그 매매계약이 처음부터 무효이거나 나중에 취소되는 등으로 효력이 없는 때에는, 양도인이 받은 매매대금은 원칙적으로 양수인에게 원상회복으로 반환되어야 할 것이어서 이를 양도인의 소득으로 보아 양도소득세의 과세대상으로 삼을 수 없음이 원칙이다.[39]

다만, 과세소득은 이를 경제적 측면에서 보아 현실로 이득을 지배관리하면서 이를 향수하고 있어서 담세력이 있는 것으로 판단되면 그 소득을 얻게 된 원인관계에 대한 법률적 평가가 반드시 적법하고 유효한 것이어야 하는 것이 아니다.[40]

한편 토지의 매수인이 개인인지 법인인지, 법인이더라도 주택건설사업자인지 및 주택건설업자라도 양도소득세 감면신청을 한 것인지 여부 등은 매도인이 부담하게 될 양

---

38) 송덕수, 전게서, 96면.
39) 대법원 2011.7.21 선고, 2010두23644 판결.
40) 대법원 1983.10.25 선고, 81누136 판결.

도소득세 산출에 중대한 영향을 미치게 되어 이점에 관한 착오는 법률행위의 내용의 중요부분에 관한 것이라고 할 수 있다.[41)]

2. 위법소득(행정법규 위반거래소득)에 대한 과세

소득세법상 과세소득은 경제적 측면에서 보아 현실로 이득을 지배·관리하면서 이를 향수하고 있어 담세력이 있는 것으로 판단되면 족하고 그 소득을 얻게 된 원인관계에 대한 법률적 평가가 반드시 적법하고 유효한 것이어야 하는 것은 아니다.[42)]

즉, 조세공평의 원칙에 의하여 정당한 소득을 얻은 자나 위법한 소득을 얻은 자나 모두 그 소득을 실질적으로 향유하고 있다는 점에서 동일하므로 위법한 소득도 과세하여야 한다는 논리이다.

이에 따라 매매 등 계약이 법률상 무효라는 이유로 매도인 등이 얻은 양도차익에 대해 양도소득세를 과세할 수 없다고 보는 것은 과세 없는 양도차익을 향유하게 하는 결과가 되어 조세정의와 형평에 어긋난다고 보아 토지거래허가구역에 있는 토지를 관청의 허가 없이 매수한 다음 제3자에게 전매하고 소유권이전등기를 최초 매도인에서 곧바로 최종 매수인으로 마친 경우 중간 매도인이 양도차익을 얻었다면 양도소득세를 내야 한다고 판시[43)]한 바 있다.

한편 임야의 양도가 원고 종중의 규약에 따른 적법한 절차를 거치지 아니하여 무효인 이상 그 대표자가 양도대금을 수령하여 사용하였다거나 매수인 명의로 소유권이전등기가 경료되었는데도 그 말소청구소송 등을 제기하지 않고 있다고 하더라도, 이를 두고 양도소득세의 과세대상인 자산의 양도에 해당한다거나 자산의 양도로 인한 소득이 있다고는 할 수 없다고 하고 있다.[44)] 소득세법상 양도는 권리이전의 원인행위가 유효하게 이루어진 것을 전제로 하기 때문이다.

3. 범죄행위로 인한 이득에 대한 과세 문제

뇌물, 알선수재 및 배임수재에 의하여 받는 금품은 기타소득으로 소득세 과세대상이

41) 대법원 1995.3.24 선고, 94다44620 판결.
42) 대법원 1983.10.25 선고, 81누136 판결.
43) 대법원 2011.7.21 선고, 2010두23644 판결.
44) 대법원 1997.1.21 선고, 96누8901 판결.

다(소득세법 제21조 제1항 제23호, 제24호).

　다만, 형법상 뇌물, 알선수재, 배임수재 등의 범죄에서 몰수나 추징을 하는 것은 범죄행위로 인한 이득을 박탈하여 부정한 이익을 보유하지 못하게 하는 데 목적이 있으므로 이러한 위법소득에 대하여 몰수나 추징이 이루어졌다면 이는 위법소득에 내재되어 있던 경제적 이익의 상실가능성이 현실화된 경우에 해당한다. 따라서 이러한 경우에는 소득이 종국적으로 실현되지 아니한 것이다.[45]

4. 토지거래규제지역 내의 양도소득세 과세 문제

가. 학 설

(1) 양도에 해당된다는 견해

① 양도소득세의 부과대상으로 삼기 위해서는 당해 토지가 유상으로 사실상 이전이 이루어진 것으로 볼 수 있느냐에 의하여 판단하여야 하는바, 세법상 등기 유무에 불구하고 잔금이 청산된 경우에는 양도가 이루어진 것으로 보아야 하므로 토지거래허가가 없는 경우에도 잔금의 청산이 이루어진 이상 양도에 해당한다는 견해이다.
② 사법적 효력 유무에 따라 과세 여부가 결정되어서는 안되고, 경제적 효과가 반환되지 않고 그대로 남아 있다면 과세하는 것이 공평과세의 원칙에 부합하기 때문에 허가를 받지 아니한 경우에도 대금을 청산한 경우에는 양도에 해당한다는 견해이다.

(2) 양도에 해당되지 않는다는 견해

① 토지거래허가지역 내의 토지에 관한 매매계약은 허가를 받기 전에는 물권적 효력은 물론 채권적 효력도 발생하지 아니하여 유동적 무효이므로 비록 대금을 청산하였다 하더라도 허가를 받기 전까지는 양도에 해당하지 아니한다는 것이다.
② 토지거래허가지역에서 토지거래 허가를 받지 않은 상태에서는 소유권의 이전등기가 불가능한바, 이 경우 실무상 과세관청이 등기관서를 통한 과세자료를 확보할 수 없으므로 허가를 받기 전까지는 양도에 해당하지 아니한다는 것이다.
③ 양도소득의 경우 양도계약이 무효·취소 등의 사유로 효력이 상실될 경우 반환을

---

45) 대법원 2015.7.16 선고, 2014두5514 판결.

청구할 가능성이 높고 그러한 청구가 있을 경우 실제로 양도대가의 반환이 이루어질 가능성이 높기 때문에 소득이 실현·인식된 것으로 볼 수 없으므로 허가를 받기 전까지는 양도로 볼 수 없다는 것이다.

④ 지방세인 취득세에 있어서 취득이란 그 재산을 취득하여 경제적 이득이 취득자에게 귀속되어야 하고, 양도·수익·처분이라는 배타적 소유권을 행사할 수 있을 때인데, 허가가 없는 취득자는 이러한 재산 취득의 이득을 누리지 못하므로 취득세 과세대상이 아니므로 과세객체를 양도라는 측면에서 파악하고 있는 양도자의 입장에서도 허가 없이 양도한 경우 양도소득세 과세대상에 해당되지 않는다는 것이다.

나. 대법원 견해

(1) 양도에 해당되지 않는다는 판단(원칙)

국토이용관리법상 토지거래허가지역 내에서의 매매계약 등 거래계약은 관할관청의 허가를 받아야만 그 효력이 발생하며, 허가를 받기 전에는 물권적 효력은 물론 채권적 효력도 발생하지 아니하여 무효라 할 것이고, 양도소득세에 있어 자산의 양도라 함은 그 자산이 유상으로 사실상 이전되는 것을 말한다고 규정하고 있어 경제적인 측면에서만 양도소득을 파악하여 이득의 지배·관리나 향수를 하고 있는 지위에 있는 것만으로 양도소득이 있다고 판단하여서는 아니되므로, 토지거래허가를 받지 아니한 상태에서 단지 그 매매대금이 먼저 지급되어 매도인이 이를 보관하고 있다 하여 이를 두고 양도소득의 과세대상인 자산의 양도에 해당한다고 할 수 없다.[46]

(2) 양도에 해당된다는 판단(예외)

토지거래허가구역 내의 토지를 매도하고 그 대금을 수수하였으면서도 토지거래 허가를 배제하거나 잠탈할 목적으로 매매가 아닌 증여가 이루어진 것처럼 가장하여 매수인 앞으로 증여를 원인으로 한 이전등기까지 마친 경우 또는 토지거래허가구역 내의 토지를 매수하였으나, 그에 따른 토지거래허가를 받지 아니하고 이전등기를 마치지도 아니한 채 그 토지를 제3자에게 전매하여 그 매매대금을 수수하고서도 최초의 매도인이 제3자에게 직접 매도한 것처럼 매매계약서를 작성하고 그에 따른 토지거래허가를

---

46) 대법원 2000.6.13 선고, 98두5811 판결.

받아 이전등기까지 마친 경우에, 그 이전등기가 말소되지 아니한 채 남아 있고 매도인 또는 중간의 매도인이 수수한 매매 대금도 매수인 또는 제3자에게 반환하지 아니한 채 그대로 보유하고 있는 때에는 매도인 등에게 자산의 양도로 인한 소득이 있다고 보아 양도소득세 과세대상이 된다.[47]

(3) 종 합

토지거래허가를 받지 않은 상태에서 매매대금을 수령하였다고 하더라도 유동적 무효의 법리에 의하여 허가를 받기 전까지는 무효이므로 원칙적으로 양도소득세 과세대상이 아니다.

다만, 토지거래허가를 잠탈하거나 배제할 목적 등이 있어 그 매매계약이 무효이더라도 매도인이 수수한 매매대금을 보유하고 있는 경우에는 토지를 사실상 이전함으로써 자산의 양도로 인한 소득이 있다는 것이다.

이는 만약 매매 등 계약이 법률상 무효라는 이유로 매도인이 얻은 양도차익에 대하여 양도소득세를 과세할 수 없다고 보는 것은 매도인으로 하여금 과세 없는 양도차익을 향유하게 하는 결과가 되어 조세정의와 형평에 심히 어긋난다는 것이다.

다. 양도시기

토지거래허가구역 내의 토지에 관하여 대금청산 후 허가를 받아 소유권이전등기를 한 경우 비록 그 매매계약은 토지거래허가를 받을 때까지는 법률상 미완성의 법률행위로써 효력이 발생하지 아니하지만 나중에 허가를 받으면 그 계약은 소급하여 유효한 계약이 되므로 양도소득 산정의 기준이 되는 양도시기는 그 대금청산일이 된다.[48]

토지거래허가구역 내의 토지로서 토지거래계약허가 후 대금을 청산한 경우에는 그 대금청산일이 취득·양도시기가 된다.[49]

라. 신고기한과 부과제척기간 기산일

현행 소득세법 제110조 제1항에 의하면, 당해 연도의 양도소득이 있는 거주자는 그

---

47) 대법원 2011.7.21 선고, 2010두23644 판결.
48) 대법원 1998.2.27 선고, 97누12754 판결.
49) 질의회신, 재일46014－2056, 1997.8.29.

양도소득세 과세표준을 당해 연도의 다음 연도 5월 1일부터 5월 31일까지 납세지 관할 세무서장에게 신고하여야 한다.

다만, 토지거래 허가를 받기 전에 대금을 청산한 경우 확정신고는 토지거래계약 허가일이 속하는 연도의 다음 연도 5월 1일부터 5월 31일까지로 한다고 규정하고 있다. 그리고 예정신고는 허가일이 속하는 달의 말일부터 2개월 이내에 하여야 한다. 즉, 대금청산일이 아니고 허가일 기준으로 양도소득세를 신고하여야 한다.

한편, 토지거래허가 대상 토지는 허가받은 날로부터 국세의 부과가 가능하므로 허가받은 날부터 국세부과 제척기간의 기산일이 되는 것으로 봄이 타당하다.[50]

토지거래허가지역의 지정이 해제된 경우 토지거래계약이 확정적으로 유효가 된 다음 연도 5.1부터 5.31까지 같은 법 제110조 제1항 소정의 과세표준확정신고를 하여야 하고, 양도소득세 부과의 제척기간은 그 다음날부터 기산한다.[51]

5. 강제경매로 취득한 부동산에 관한 채무자 명의의 등기가 원인무효인 경우 양도소득세 과세

외관상 자산이 강제경매절차에 의하여 양도된 것처럼 보이더라도, 강제경매 절차의 기초가 된 경매부동상에 관한 채무자 명의의 등기가 원인무효인 때에는 매수인은 경매부동산의 소유권을 취득할 수 없고, 강제경매절차를 통하여 채무자에게 돌아간 이익이 있으면 원칙적으로 원상회복으로 반환의 대상이 될 수 있을 뿐이므로 특별한 사정이 없는 한 채무자에게 매각대금 상당의 양도소득이 귀속되었다고 보아 양도소득세를 과세할 수 없다.[52]

---

50) 조심－2019－중－2275, 2019.9.18.
51) 대법원 2019.6.13 선고, 2019두35190 판결.
52) 대법원 2016.8.18 선고, 2014두10981 판결.

법인세법상 관련 내용

1. 소득을 얻게 된 원인관계가 적법·유효해야 하는지

경제적인 측면에서 보아 현실로 이득을 지배·관리하면서 이를 행사하고 있고 담세력이 있는 것으로 판단되면 족하고, 그 소득을 얻게 된 원인관계에 대한 법률적 평가는 반드시 적법·유효한 것이어야 하는 것은 아니다.[53]

2. 사회질서에 위반한 비용의 손금 산입 여부

손금은 당해 법인의 순자산을 감소시키는 거래로 인하여 발생하는 손금 또는 비용의 금액으로 한다. 원칙적으로 손비는 그 법인의 사업과 관련하여 발생하거나 지출된 손금 또는 비용으로서 일반적으로 용인되는 통상적인 것이거나 수익과 직접 관련된 것으로 한다(법인세법 제19조 제1항).

이와 관련하여 사회질서에 위반하여 지출된 비용은 일반적으로 용인되는 통상적인 비용에서 제외되며, 수익과 직접 관련된 비용에 해당한다고 볼 수도 없다.[54]

즉, 민법상 법률행위 무효사유인 사회질서에 위반하여 지출된 비용은 손금에 산입할 수 없다는 의미이다.

---

53) 대법원 1995.11.10 선고, 95누7758 판결.
54) 대법원 2015.1.29 선고, 2014두4306 판결.

부동산에 관하여 수증자 명의의 소유권이전등기가 적법하게 마쳐졌고 등기원인이 매매로 되어 있으나 그 부동산이 실제로는 증여된 것이라면 그 등기를 한 때에 수증자의 납세의무와 국가의 그에 대한 조세채권이 적법하게 성립하였다 할 것이므로 소유자가 수증자를 상대로 위 등기가 원인무효라는 이유로 말소등기 절차의 이행을 구하는 소송을 제기하여 승소판결을 받아 그 판결이 그대로 확정되었다는 사유만으로는 과세관청이 위 소 제기 전에 수증자에 대하여 증여세 등을 부과한 과세처분에 영향을 줄 수 없다.[55]

그러나 당사자 사이에 아무런 증여행위가 없었는데도 마치 증여가 있었던 것처럼 증여를 원인으로 하는 소유권이전등기가 경료되어 있는 경우에는 원인무효의 등기에 불과한 것이므로 당초 증여세를 부과할 수 없다.[56]

증여를 원인으로 한 소유권이전등기가 원인무효라는 이유로 그 말소를 명하는 판결이 확정되었다면 일단 그 증여는 처음부터 무효라고 볼 것이므로, 이와 달리 그 증여가 부존재 또는 무효가 아닌데도 당사자 사이에 담합하여 원인무효인 것처럼 제소하여 판결을 받은 것이라는 점은 예외적 사유로서 이를 주장하는 과세관청에 그 입증 책임이 있다.[57]

---

55) 대법원 1993.8.24 선고, 93누760 판결.
56) 대법원 1995.11.24 선고, 95누10006 판결.
57) 대법원 1992.6.9 선고, 91누10404 판결.

제6절 **관련 사례(판례 및 과세실무)**

1. 토지거래허가구역 내 미등기 전매 양도소득세 과세 적법 여부

가. 사실관계

양도소득세 납세의무자 을은 토지거래허가구역 내에 있는 임야를 미등기 전매하였는 바, 이에 대하여 과세관청은 실지조사를 통해 미등기전매 사실을 확인하고 이에 따른 양도소득세를 부과하였다. 이에 납세의무자 을은 당초 전소유자 갑과의 1차 매매계약과 관련하여 토지거래허가를 받은 바 없으므로 매매계약은 유동적 무효의 상태에 있었고, 그 후 위 토지가 전소유자 갑으로부터 병(최종매수인)에게 직접 매도되었으므로 을은 위 토지를 취득한 바 없으므로 이에 대한 양도소득세 과세처분은 위법하다는 주장이다.

한편 위 토지는 농림지역으로서 토지거래허가구역으로 지정되어 있었는데, 이후 등기부상 소유자 갑, 매수자 병(최종매수인) 명의로 토지거래허가신청이 접수되어 토지거래허가가 내려졌고, 그 후 위 토지 등 인근지역 모두 토지거래허가구역에서 해제되어 병 명의로 소유권이전등기가 마쳐졌다.

나. 판결요지

매매계약의 실질적인 주체는 을이고 무효인 매매계약에 따른 최종 매수인 명의로 마친 소유권이전등기가 말소되지 아니한 채 남아 있고, 을이 받은 매매대금도 반환하지 아니한 채 그대로 보유하고 있어 예외적으로 을에게 자산의 양도로 인한 소득이 있으므로 양도소득세 부과처분은 적법하고 실질과세 원칙을 위반한 잘못도 없다.[58]

다. 검 토

미등기전매자가 토지거래허가구역 내의 토지를 매매하면서 처음부터 토지거래허가를 받을 의사가 없이 이를 배제·잠탈하는 내용의 계약을 체결한 경우 이는 위법내지

---

58) 대법원 2011.11.24 선고, 2011두31673 판결.

탈법적인 것이어서 무효임에도 불구하고 경제적 이익이 종국적으로 전매자 등에게 귀속되고 당초 소유자에서 최종 매수인 앞으로 소유권이전등기가 말소되지 아니하고 남아 있는 경우 예외적으로 자산의 양도로 인한 소득이 있다고 보고 있다.

이는 국토계획법상 토지거래허가를 배제 또는 잠탈하는 내용의 계약으로 그 효력이 확정적으로 무효라 하더라도 그대로 보유하고 있는 이득에 대하여 양도소득세를 부과함으로써 조세정의를 실현하는 것을 우선하는 것으로 볼 수 있다.

다만, 소득세법상 양도는 권리이전의 원인행위가 유효하게 이루어진 것을 전제로 하는 것이고 사법상 양도 개념과 세법상 양도 개념은 별개로 구분될 수 없으므로 양도로 인한 소득을 보유할 적법한 권원이 없는 경우에는 자산의 양도가 있다고 볼 수 없다는 반대의견이 있다.

2. 양도담보목적물에 대한 압류 및 공매가 반사회적 법률행위인지 여부

양도담보물에 관한 압류처분 당시에 대외적으로는 납세의무자의 소유이므로 이를 압류하여 공매한 것이 위법하다거나 반사회적 법률행위로서 무효라고 볼 수 없다.[59]

3. 강제집행절차에서 채무자 명의가 등기가 원인무효인 경우 채무자에 대한 양도소득세 과세 여부

양도소득세는 자산의 양도로 인한 소득에 대하여 과세되는 것인데, 외관상 자산이 강제집행에 의하여 양도된 것처럼 보이더라도, 강제경매절차의 기초가 된 경매부동산에 관한 채무자 명의의 등기가 원인무효인 때에는, 매수인은 경매부동산의 소유권을 취득할 수 없고, 강제경매절차를 통하여 채무자에게 돌아간 이익이 있으면 원칙적으로 원상회복으로 반환의 대상이 될 수 있을 뿐이므로 이 경우 특별한 사정이 없는 한 채무자에게 매각대금 상당의 양도소득이 귀속되었다고 보아 양도소득세를 과세할 수 없다.[60]

---

59) 대법원 2017.5.16 선고, 2017다208669 판결.
60) 대법원 2016.8.18 선고, 2014두10981 판결.

4. 무효인 공사계약에 기한 공사용역의 부가가치세 과세여부

공사도급업체가 입찰방해 등 유죄판결을 받음에 따라 공사계약이 무효가 된 경우 공사용역이 완료된 부분에 대하여는 각각의 공급시기에 세금계산서를 발급하는 것이며, 공사도급업체의 귀책사유로 반환받은 부당이득금은 부가가치세 과세대상이 아니다.[61]

5. 토지거래허가구역 내 매매계약 해제로 인한 위약금 과세

유동적 무효인 상태에서 허가구역지역이 해제되어 확정적으로 유효한 계약이 된 경우로서, 매수자의 잔금지급의무 불이행으로 매도자가 잔금지금에 대한 이행의 최고를 거쳐 매매계약을 해제하겠다는 통고를 하여 계약금이 위약금으로 되는 경우에는 해당 위약금을 기타소득으로 과세할 수 있다.[62]

6. 원상회복 이행불능으로 인한 손해배상청구권 취득시 양도소득세 과세 여부

부동산에 대한 매매계약을 체결하면서 양수인 앞으로 미리 소유권이전등기를 경료하였는데 양수인이 잔대금지급채무를 이행하지 아니하는 등으로 양도인이 매매계약을 해제하거나 해제조건이 성취되었다면, 위 매매계약은 그 효력이 상실되어 양도가 이루어지지 않는 것이 되므로 양도소득세의 과세요건인 자산의 양도가 있다고 볼 수 없고, 위 부동산에 대한 제3취득자가 있어 양도인 앞으로의 원상회복이행불능이 됨으로써 양도인이 이로 인한 손해배상청구권을 취득하더라도 이를 위 부동산의 양도로 인한 소득이라고 볼 수 없다.[63]

7. 원인무효인 3자간 등기명의신탁 부동산의 양도시기

소득세법 제98조의 규정에 의한 양도자산의 취득시기 및 양도시기는 당해 자산의 대금을 청산한 날로 하되, 대금을 청산하기 전에 소유권이전등기를 한 경우에는 등기부

61) 사전-2015-법령해석부가-0376, 2015.12.11.
62) 과세기준자문 소득 법규과-279, 2014.3.26.
63) 대법원 1989.7.11 선고, 88누8609 판결.

에 기재된 등기접수일인 바, 3자간 등기명의신탁 약정에 따라 명의수탁자 명의로 마친 소유권이전등기는 위 조항에서 말하는 소유권이전등기에 해당하지 않는다. 따라서 해당 부동산의 양도시기는 그 대금을 청산한 날이 된다.[64]

8. 매매계약 무효로 몰취된 계약금의 기타소득 수입시기

토지매매계약이 매수자의 계약불이행으로 계약이 무효되고 계약금이 몰취되는 경우 해당 계약금의 기타소득 수입시기는 계약의 무효가 확정된 날이다.[65]

제7절 　민법과 세법의 비교

법률행위가 무효이면 처음부터 효력이 생기지 않아 그에 관한 거래가 존재하지 않기 때문에 과세문제가 발생하지 않고 과세 후에 당초 법률행위가 무효인 것으로 확인된 경우에는 당사자에게 원상회복의무가 생겨 과세대상 자체가 소멸하게 된다.

법률행위가 취소되면 유효하게 발생한 소득이 소급하여 소멸하게 되므로 양도소득세 등 과세가 이루어질 수 없다. 따라서 양도계약이 당초부터 무효이거나 취소사유에 의해서 소급하여 무효가 된 경우에는 원상회복되어야 하는 결과 양도인이 수수하였던 매매대금 등 대가도 양수인에게 반환되어야 하므로 양도소득세 과세대상이 아니다.

다만, 원상회복이 불가능하여 매도인이 양도차익을 그대로 보유하게 되는 경우나, 매매계약이 무효임에도 불구하고 당사자 사이에서 그 매매 등 계약이 유효한 것으로 취급되어 매도인이 그 매매대금을 그대로 보유하고 있는 경우에는 경제적 이익이 매도인에게 귀속된다고 할 것이므로 매도인에게 자산이 양도로 인한 소득이 있어 양도소득세 과세대상이 된다.

한편, 민법상 선량한 풍속 기타 사회질서에 위반한 사항을 내용으로 하는 법률행위는 무효로 한다. 세법에서도 사회질서에 위반하여 지출된 비용에 대하여는 제재를 가

---

64) 대법원 2018.11.9 선고, 2015두41630 판결.
65) 사전-2019-법령해석소득-0083, 2019.5.10.

하고 있다.

즉, 법인세법상 일반적으로 용인되는 통상적인 비용이라 함은 납세의무자와 같은 종류의 사업을 영위하는 다른 법인도 동일한 상황 아래에서 지출하였을 것으로 인정되는 비용을 의미하고, 특별한 사정이 없는 한 사회질서에 위반하여 지출된 비용은 여기에서 제외된다.

증여세의 경우에 증여를 원인으로 한 소유권이전등기가 원인무효라는 이유로 그 말소를 명하는 판결이 확정되었다면 일단 그 증여는 처음부터 무효이다.[66]

그러나 부가가치세의 경우에는 원칙적으로 무효 또는 취소되고 매매대금 등이 원상회복된 경우에 한하여 과세대상이 아닌 재화의 공급 또는 용역의 공급이 된다.

결국 조세채무의 성립여부는 조세법률주의의 요청으로 조세법이 정한 과세요건을 충족하였는지에 따라 객관적으로 판단하여야 하고, 행위의 위법 여부나 그에 대한 제재의 필요성에 따라 판단할 것이 아니다. 법을 위반한 행위가 있다고 하여 과세요건이 구비되지 않았는데도 조세를 부과할 수는 없는 것이다.[67]

---

66) 대법원 1998.4.24 선고, 98두2164 판결.
67) 대법원 2018.3.22 선고, 2014두43110 판결.

제 **7** 장

소멸시효와 국세징수권 소멸시효

- 국세기본법 제27조【국세징수권의 소멸시효】국세의 징수를 목적으로 하는 국가의 권리는 이를 행사할 수 있는 때부터 5억 원 이상의 국세는 10년, 그밖의 국세는 5년간 행사하지 아니하면 소멸시효가 완성된다. 소멸시효에 관하여는 이 법 또는 세법에 특별한 규정이 있는 것을 제외하고는 민법에 따른다.

- 국세기본법 제28조【소멸시효의 중단과 정지】소멸시효는 납부고지, 독촉, 교부청구, 압류의 사유로 중단된다. 세법에 따른 분납기간, 납부고지의 유예, 지정납부기한·독촉장에서 정하는 기한의 연장, 징수유예기간, 압류·매각의 유예기간, 연부연납기간, 사해행위취소소송 또는 채권자대위소송 진행기간, 체납자가 국외에 6개월 이상 체류하는 경우 국외 체류 기간에는 진행되지 아니한다.

- 법인세법 제19조의2 제1항, 시행령 제19조의2 제1항 제4호【대손금의 손금불산입】민법에 따른 소멸시효가 완성된 대여금 및 선급금은 회수할 수 없는 채권으로 해당 사유가 발생하여 손금으로 계상한 날이 속하는 사업연도의 손금으로 처리한다.

- 부가가치세법 제45조 제1항, 시행령 제87조 제1항 제1호【대손세액 공제의 특례】사업자가 부가가치세가 과세되는 재화 또는 용역을 공급하고 외상매출금이나 그밖의 매출채권의 전부, 또는 일부가 민법에 따른 소멸시효가 완성되어 회수할 수 없는 경우 그 대손이 확정된 날이 속하는 과세기간의 매출세액에서 뺄 수 있다.

- 소득세법 제27조 제3항, 시행령 제55조 제1항 제16호 및 제2항 【사업소득의 필요경비 계산】사업소득을 계산할 때 필요경비에 산입할 금액은 대손금으로 민법에 따른 소멸시효가 완성된 금액을 포함한다.

제1절 **민법 내용**

1. 소멸시효제도의 의의

시효란 일정한 사실상태가 일정기간 계속된 경우에 진정한 권리관계와 일치하는지 여부를 묻지 않고 그 사실상태를 존중하여 일정한 법률효과를 발생시키는 제도를 말한다. 이 가운데서 권리 불행사라는 사실상태가 일정기간 계속된 경우에 권리 소멸의 효과가 발생하는 것이 **소멸시효**이다.[1]

2. 소멸시효의 존재이유

소멸시효의 존재이유는 전통적으로 세 가지를 들고 있다.

가. 사회질서의 안정 도모

일정한 사실상태가 오래 계속되면 사회는 이를 진실한 권리관계에 부합하는 것으로 신뢰하여 이를 기초로 하여 사회질서가 형성되는데, 이를 부인하면 사회질서가 흔들리게 됨에 따라 법이 일정한 기간 계속된 사실상태를 권리관계로 인정함으로써 사회질서의 안정을 꾀하는 것이다.

나. 입증책임 문제

일정한 사실상태가 오래 계속되면 진정한 권리관계에 대한 증거가 없어지기 쉽다. 따라서 이를 위하여 입증곤란을 구제하여 주기 위하여 존재이유가 있다.

즉, 채권관계의 경우 그 성립과 내용에 관한 증거 및 증인을 오랫동안 확보하고 있어야 하는데 이를 위하여는 채무자에게 많은 비용이 초래되므로 이러한 상황을 해결하기 위하여 발전되어온 제도가 소멸시효제도이다.[2]

---

1) 지원림, 『민법강의 제7판』, 홍문사, 2009, 379면.
2) 양창수·김형석, 『권리보의 보전과 담보』, 박영사, 2012, 65면.

다. 권리 불행사자에 대한 제재

오랫동안 자기의 권리를 행사하지 아니한 이른바 "권리 위에 잠자는 자"에 대한 제재를 들 수 있다.[3]즉 시효제도의 존재이유는 영속된 사실상태를 존중하고 권리 위에 잠자는 자를 보호하지 않는다는 데에 있고, 특히 소멸시효에 있어서는 후자의 의미가 강하다[4].

다만, 소멸시효제도는 일정 기간의 경과로 무조건 채권이 소멸된다고 보지 않고 시효중단도 인정하여 채권자와 채무자의 이익이 서로 균형을 이루도록 하고 있다.[5]

3. 소멸시효의 요건

가. 개 요

시효로 인하여 권리가 소멸하려면 권리가 소멸시효에 걸리는 것이어야 하고, 권리자가 권리를 행사할 수 있는데도 불구하고 행사하지 않아야 하며, 권리 불행사의 상태가 일정한 기간 동안 계속되어야 한다.

나. 소멸시효에 걸리는 권리

채권은 10년간 행사하지 아니하면 소멸시효가 완성된다. 그리고 소유권 이외의 재산권은 20년간 행사하지 아니하면 소멸시효가 완성한다(민법 제162조). 따라서 지상권·지역권 등 용익물권은 소멸시효의 대상이 된다. 그러나 전세권은 그 존속기간이 10년을 넘지 못하므로 20년의 소멸시효에 걸리지 않는다.[6]

그리고 재산권이 아닌 인격권·형성권 등은 소멸시효에 걸리지 않는다. 또한 점유권, 유치권, 상린권(相隣權), 공유물분할청구권 등도 소멸시효에 걸리지 않는다.[7]

또한 부동산 소유권이전등기 청구권도 채권적 청구권이므로 원칙적으로 소멸시효에 걸린다. 다만, 부동산을 매수한 자가 그 목적물을 인도받아 이를 사용수익하는 경우에

---

3) 김준호, 『민법강의』, 법문사, 2009, 396면.
4) 대법원 1992.3.31 선고, 91다32053 전원합의체 판결.
5) 대법원 2018.7.19 선고, 2018다22008 판결.
6) 김준호, 상계서, 403면.
7) 지원림, 전게서, 384면.

그 매수인의 등기청구권은 다른 채권과 달리 소멸시효에 걸리지 않는다.[8]

한편 매도인에 대한 하자담보에 기한 매수인의 손해배상청구권은 그 권리의 내용·성질 및 취지에 비추어 민법 제162조 제1항의 채권 소멸시효의 규정이 적용된다 할 것이다.[9]

다. 권리의 불행사

(1) 권리를 행사할 수 있는 때

소멸시효는 권리를 행사할 수 있는 때로부터 진행한다(민법 제166조 제1항). 그리고 부작위(不作爲)를 목적으로 하는 채권의 소멸시효는 위법행위를 한 때로부터 진행한다(민법 제166조 제2항).

소멸시효에 있어서 권리를 행사할 수 있는 때의 의미에 관하여 문제가 되는데, 권리를 행사할 수 있다는 것은 법률상의 장애(기간의 미도래, 조건의 불성취 등)가 없는 것을 가리킨다. 따라서 법률상의 장애가 있으면 소멸시효는 진행하지 않는다. 반면에 권리자의 질병, 여행, 법률적 지식의 부족, 권리의 존재 또는 권리행사 가능성에 대한 부지(不知) 및 그에 대한 과실 유무, 미성년인 사정과 같은 사실상의 장애는 소멸시효의 진행에 영향을 미치지 않는다.[10]

과세처분의 하자가 중대하고 명백하여 당연무효에 해당하는지 여부를 당사자로서는 현실적으로 판단하기 어렵다거나 당사자에게 처음부터 과세처분의 취소소송과 부당이득반환청구소송을 동시에 제기하는 것은 기대할 수 없다고 하여도 이러한 사유는 사실상의 장애사유에 지나지 않는다.[11]

소유권이전등기청구권에 있어서 그 목적물인 건물이 완공되지 아니하여 이를 행사할 수 없었다는 사유는 법률상의 장애에 해당한다.[12]

한편, 객관적으로 채권자가 권리를 행사할 수 없었던 장애사유가 있거나, 채무자가 시효완성 전에 채권자의 권리행사나 시효중단을 불가능 또는 현저히 곤란하게 하거나, 채권자로 하여금 그러한 조치가 불필요하게 믿는 행동을 하였거나 등의 특별한 사정이

---

8) 대법원 1976.11.6 선고, 76다148 판결.
9) 대법원 2011.10.13 선고, 2011다10266 판결.
10) 송덕수, 『신민법강의』, 박영사, 2009, 285면.
11) 대법원 1992.3.31 선고, 91다32053 판결.
12) 대법원 2007.8.23 선고, 2007다28024 판결.

있는 경우 소멸시효완성을 주장하는 것은 신의성실의 원칙에 반하거나 권리남용에 해당되어 허용될 수 없다.[13)]

(2) 구체적인 기산점

변제기가 확정기한부 권리는 그 기한이 도래한 때, 변제기가 불확정기한부인 경우에는 기한이 객관적으로 도래한 때, 기한의 정함이 없는 경우에는 채권이 성립한 때, 정지조건부 권리의 경우에는 조건이 성취된 때, 채무불이행으로 인한 손해배상청구권은 본래의 채권을 행사할 수 있는 때로부터, 부당이득반환청구권은 성립과 동시에, 동시이행항변권이 붙어 있는 채권의 경우에는 이행기부터 진행한다.[14)]

오납금에 대한 법률상 원인 없는 부당이득반환청구권은 납부 또는 징수시에 발생하며 확정된다.[15)]

보험청구권은 보험사고의 발생으로 인하여 구체적인 권리로 확정되어 그때부터 그 권리를 행사할 수 있게 되는 것이므로 특별한 사정이 없는 한 원칙적으로 보험금청구권의 소멸시효는 보험사고가 발생한 때로부터 진행한다고 해석해야 할 것이다.[16)]

라. 소멸시효기간

(1) 채 권

채권은 10년간 행사하지 아니하면 소멸시효가 완성한다. 다만, 상행위로 생긴 채권의 소멸시효기간은 원칙적으로 5년이다.

(2) 소유권 이외의 기타의 재산권

소유권 이외의 기타의 재산권은 20년간 행사하지 아니하면 소멸시효가 완성한다.

(3) 3년간의 단기소멸시효

① 이자, 부양료, 급료, 사용료 기타 1년 이내의 기간으로 정한 금전 또는 물건의 지급

---

13) 대법원 1999.12.7 선고, 98다42929 판결.
14) 지원림, 전게서, 388~389면.
15) 대법원 1992.3.31 선고, 91다32053 판결.
16) 대법원 2001.4.27 선고, 2000다31168 판결.

을 목적으로 한 채권

② 의사, 조산사, 간호사 및 약사의 치료, 근로 및 조제에 관한 채권

③ 도급받은 자, 기사 기타 공사의 설계 또는 감독에 종사하는 자의 공사에 관한 채권

④ 변호사, 변리사, 공증인, 공인회계사 및 법무사에 대한 직무상 보관한 서류의 반환
　을 청구하는 채권

⑤ 변호사, 변리사, 공증인, 공인회계사 및 법무사의 직무에 관한 채권

⑥ 생산자 및 상인이 판매한 생산물 및 상품의 대가

⑦ 수공업자 및 제조자의 업무에 관한 채권

(4) 1년의 단기소멸시효

① 여관, 음식점, 대석(貸席), 오락장의 숙박료, 요금료, 임대료, 입장료, 소비물의 대가
　및 체당금의 채권

② 의복, 침구, 장구, 기타 동산의 사용료의 채권

③ 노역인, 연예인의 임금 및 그에 공급한 물건의 대금채권

④ 학생 및 수업자의 교육, 의식 및 유박에 관한 교주, 교사의 채권

(5) 판결 등에 의하여 확정된 채권의 소멸시효

　판결 등에 의하여 확정된 채권은 단기의 소멸시효에 해당하는 것이라도 그 소멸시효
는 10년으로 한다(민법 제165조 제1항). 이는 확정판결에 의하여 권리관계가 확정된 후에
도 다시 단기소멸시효에 걸린다면 권리의 보존을 위하여 여러 번의 중단절차를 거쳐야
하는 불편을 고려한 것이다.

　이는 판결에 의하여 확정된 채권은 단기의 소멸시효에 해당한다 하더라도 그 단기에
관계없이 10년으로 한다는 것이 동 법조의 취지이다.[17] 그리고 판결에 의하여 확정된
채권은 재판이 확정된 시점부터 새로 소멸시효가 진행한다.

　확정판결에 의한 채권의 소멸시효기간인 10년의 경과가 임박한 경우에는 그 시효중
단을 위한 제소는 소의 이익이 있다.[18]

---

17) 대법원 1981.3.24 선고, 80다1888 판결.

18) 대법원 2018.7.19 선고, 2018다22008 판결.

(6) 지연손해금의 소멸시효기간

금전채무에 대한 변제기 이후의 지연손해금은 금전채무의 이행을 지체함으로 인한 손해의 배상으로 지급되는 것이므로 그 소멸시효기간은 원본채권의 그것과 같다.[19]

4. 시효의 장애

가. 소멸시효의 중단

권리의 불행사라는 사실상태가 소멸시효의 완성을 향하여 경과하는 과정을 **소멸시효의 진행**이라고 하는데, 그러한 진행이 방해되는 경우가 있는바, 소멸시효의 진행을 방해하는 사태를 **시효의 장애**라 하며, 이에는 **중단**과 **정지**의 두 가지가 있다.[20]

원래 시효는 법률이 권리 위에 잠자는 자의 보호를 거부하고 사회생활상 영속되는 사실상태를 존중하여 여기에 일정한 법적 효과를 부여하는 제도이기에 어떤 사실상의 상태가 계속 중 그 사실상의 상태와 상용할 수 없는 사정이 발생할 때는 그 사실상의 상태를 존중할 이유를 잃게 된다고 할 것이니 이미 진행한 시효기간의 효력을 상실케 하는 것이 이른바, 시효중단이라고 하는 것이다.[21]

즉, 권리자가 권리를 행사함으로써 권리불행사의 상태가 없게 된 경우 그 상태를 보호할 필요가 없어 진행된 시효기간의 효력을 상실시키는 것이다.

시효가 중단된 때에는 중단까지의 경과한 시효기간은 이를 산입하지 아니하고 중단사유가 종료한 때로부터 새로이 진행한다(민법 제178조 제1항).

나. 시효중단 사유

시효중단은 청구, 압류 또는 가압류, 가처분, 승인에 의한다(민법 제168조).

(1) 청 구

청구란 시효의 대상인 권리를 행사하는 것을 말하며, 재판상 청구뿐만 아니라 재판 외의 것도 포함한다.[22] 민법은 시효중단의 효력이 발생하는 청구의 유형으로 재판상

---

19) 대법원 2010.9.9 선고, 2010다28031 판결.
20) 지원림, 전게서, 324면.
21) 대법원 1979.7.10 선고, 79다569 판결.

청구(민법 제170조), 파산절차 참가(민법 제171조), 지급명령(민법 제172조), 화해를 위한 소환(민법 제173조), 최고(催告)[23](민법 제174조)가 있다.

재판상 청구는 소의 제기로 민사소송이면 되고 형사소송은 국가형벌권의 행사 목적으로 하는 것이어서 시효중단 사유가 되지 못한다. 행정소송은 원칙적으로 시효중단사유가 되지 못하나, 행정행위의 취소 또는 무효를 전제로 하는 경우의 무효확인소송이나 취소소송은 시효중단사유가 된다.[24] 시효중단의 효력은 소를 제기한 때에 발생한다(민사소송법 제265조).

다만, 재판상 청구가 있더라도 소송의 각하, 기각 또는 취하가 있으면 시효중단의 효력은 없고(민법 제170조 제1항), 최고의 효력만 인정되어 6개월 이내에 재판상 청구 압류 또는 가압류를 하면 시효는 최초의 재판상 청구로 인하여 중단된 것으로 본다(민법 제170조 제2항).

한편, 응소를 하여 그 소송에서 적극적으로 권리를 주장하고 그것이 받아 들여진 경우라면 시효중단 사유로서 재판상 청구가 있는 것으로 볼 수 있다.[25] 이 때 시효중단의 효력은 원고가 소를 제기한 때가 아니라 피고가 현실적으로 권리를 행사하여 응소한 때에 발생한다.[26] 다만, 권리자인 피고가 응소했으나 그 소가 각하되거나 취하하는 등의 사유로 본안에서 그 권리 주장에 관한 판단 없이 소송이 종료된 경우에는 그때부터 6개월 이내에 재판상의 청구 등 다른 시효중단 조치를 취해야 응소 시에 소급해 시효중단의 효력이 인정된다.[27]

또한 채권자가 확정판결에 기한 채권의 실현을 위하여 채무자에 대하여 민사집행법상 재산명시신청을 하고 그 결정이 채무자에게 송달되었다면 거기에 소멸시효 중단사유인 최고로서의 효력만이 인정된다.[28]

22) 대법원 1979.2.13 선고, 78다1500 판결.
23) 최고는 종국적인 소멸시효 중단사유가 아니며 최고 후 6월 내에 다른 시효중단사유가 발생하여야 중단의 효력이 있다. 즉, 소를 제기하거나 압류 또는 가압류·가처분을 하는 등 절차를 속행하지 아니하는 한 상실한다.
24) 양창수·김형석,『권리보의 보전과 담보』, 박영사, 2012, 95-96면.
25) 대법원 1993.12.21 선고, 92다47861 판결.
26) 대법원 2012.1.12 선고, 2011다78606 판결.
27) 대법원 2019.3.14 선고, 2018두56435 판결.
28) 대법원 2012.1.12 선고, 2011다78606 판결.

(2) 압류, 가압류, 가처분

압류는 집행법원이 확정판결 기타의 집행권원에 기하여 채무자의 재산의 처분을 금지하는 강제집행의 첫 단계이다. 그리고 **가압류**는 장래의 금전채권의 보전으로서 집행 대상 재산을 미리 압류(동결)하여 두는 것이고, **가처분**은 금전 이외의 청구권의 목적물의 현상을 유지하거나 또는 다툼 있는 권리관계에 대하여 임시의 지위를 주는 것이다.[29]

한편, 채권자가 채무자의 제3채무자에 대한 채권을 압류 또는 가압류한 경우에 채무자에 대한 채권자의 채권에 관하여 시효중단의 효력이 생긴다고 할 것이나, 압류 또는 가압류된 채무자의 제3채무자에 대한 채권에 대하여는 민법 제168조 제2호 소멸시효 중단사유에 준하는 확정적인 시효중단의 효력이 생긴다고 볼 수 없다.[30]

그밖에 압류에 준하는 것으로 집행력 있는 집행권원의 정본을 가진 채권의 배당요구나[31] 저당권을 가진 채권자의 채권신고를 압류에 준한다고 본다.[32]

한편, 압류 또는 가압류의 경우 시효중단의 효력이 발생하는 시기는 신청시이다.[33]

(3) 승 인

승인이란 시효이익을 받는 당사자인 채무자가 소멸시효 완성으로 채권을 상실하게 될 자에 대하여 상대방의 권리 또는 자신의 채무가 있음을 알고 있다는 뜻을 표시함으로써 성립한다.[34]

승인은 특별한 방식이 요구되지 않으며 권리의 존재를 인식하여 이 인식을 표시하였다고 인정될 수 있으면 그 행위는 승인이 된다. 가령 채무이행기한의 유예를 청구한다든지 담보의 제공 등이 이에 해당한다.[35] 기타 이자의 지급, 일부변제, 기한유예의 요청 등이 있다.

한편, 이행인수인이 채권자에 대하여 채무를 승인한 경우에는 시효중단의 사유가 되는 채무승인의 효력이 발생하지 않는다.[36]

---

29) 송덕수, 전게서, 299면.
30) 대법원 2003.5.13 선고, 2003다16238 판결.
31) 대법원 2002.2.26 선고, 2000다25484 판결.
32) 대법원 2010.9.9 선고, 2010다28031 판결.
33) 대법원 2017.4.7 선고, 2016다35451 판결.
34) 대법원 2017.7.11 선고, 2014다32458 판결.
35) 양창수·김형석, 『권리보의 보전과 담보』, 박영사, 2012, 110면.

(4) 기타 소멸시효 중단 문제

원인채권의 지급을 확보하기 위한 방법으로 어음이 수수된 경우 채권자가 원인채권에 기하여 청구를 한 경우에는 어음채권의 소멸시효를 중단시키는 효력은 없으나, 어음채권에 기하여 청구를 한 경우에는 원인채권의 소멸시효를 중단시키는 효력이 있다.[37]

또한 채권자대위권 행사의 효과는 채무자에게 귀속되는 것이므로 채권자대위소송의 제기로 인한 소멸시효 중단의 효과 역시 채무자에게 생긴다.[38]

다. 시효중단의 효력

시효가 중단된 때에는 중단까지 경과한 시효기간은 이를 산입하지 아니하고 중단사유가 종료한 때로부터 새로이 기산한다(민법 제178조). 그리고 중단의 효력은 당사자 및 그 승계인에게만 효력이 있다(민법 제169조). 또한 주채무자에 대한 시효의 중단은 보증인에게 대하여 그 효력이 있다(민법 제440조). 그러나 보증인의 재산에 대한 압류는 주채무자에 대하여는 시효중단의 효력이 없다.[39]

즉 보증채무에 대한 소멸시효가 중단되었다고 하더라도 이로써 주채무에 대한 소멸시효가 중단되는 것은 아니고, 주채무가 소멸시효로 소멸된 경우에는 보증채무도 그 채무 자체의 시효중단에도 불구하고 부종성에 따라 당연히 소멸된다고 할 것이다.[40]

승계인은 시효중단에 관여한 당사자로부터 중단의 효과를 받는 권리를 그 중단 효과 발생 이후에 승계를 한 자를 가리키며 특정승계인, 포괄승계인을 포함한다.[41]

중단사유가 종료한 때란 재판상 청구의 경우에는 재판이 확정된 때(민법 제178조 제2항), 압류·가압류·가처분은 그 절차가 종료되는 때, 승인은 그 통지가 상대방에 도달한 때이다.

---

36) 대법원 2016.10.27 선고, 2015다239744 판결.
37) 대법원 1996.6.11 선고, 99다16378 판결.
38) 대법원 2011.10.13 선고, 2010다80930 판결.
39) 대법원 1977.9.13 선고, 77다418 판결.
40) 대법원 2002.5.14 선고, 2000다62476 판결.
41) 대법원 1997.4.25 선고, 96다46484 판결.

라. 소멸시효의 정지

(1) 개 요

일정한 사유가 있는 경우에는 그 사유가 종료된 때로부터 일정기간 내에는 소멸시효가 완성하지 않도록 하고 있는데, 이것을 **소멸시효의 정지**라고 한다.[42]

이는 권리자가 법적으로 또는 사실적으로 권리를 행사하기 어려운 상황에 있음에도 불구하고 사실상태를 존중하여 소멸시효를 진행시키는 것은 권리자에게 지나치게 불리한 결과를 가져오는 바, 그러한 경우에 권리자의 권리행사가 가능하게 되는 시점까지 시효의 완성을 중지시킬 필요가 있기 때문이다.[43]

(2) 정지사유

1) 제한능력자 보호를 위한 정지

소멸시효의 기간 만료 전 6월 내에 제한능력자의 법정대리인이 없는 때에는 그가 능력자가 되거나 법정대리인이 취임한 때로부터 6월 내에는 시효가 완성하지 아니한다(민법 제179조).

재산을 관리하는 아버지, 어머니 또는 후견인에 대한 제한능력자의 권리는 그가 능력자가 되거나 후임의 법정대리인이 취임한 때로부터 6월 내에는 소멸시효가 완성하지 아니한다(민법 제180조 제1항).

2) 부부 사이의 권리를 위한 정지

부부의 일방의 타방에 대한 권리는 혼인관계의 종료한 때로부터 6월 내에는 소멸시효가 완성하지 아니한다(민법 제180조 제2항).

3) 상속재산에 관한 권리를 위한 정지

상속재산에 속한 권리나 상속재산에 대한 권리는 상속인의 확정, 관리인의 선임 또는 파산선고가 있는 때로부터 6월 내에는 소멸시효가 완성하지 아니한다(민법 제181조).

---

42) 송덕수, 전게서, 303면.
43) 양창수 · 김형석, 『권리보의 보전과 담보』, 박영사, 2012, 92면.

4) 천재 등에 의한 정지

천재, 기타 사변으로 인하여 소멸시효를 중단할 수 없을 때에는 그 사유가 종료한 때로부터 1월 내에는 시효가 완성하지 아니한다(민법 제182조).

5. 소멸시효 완성의 효과

현행 민법에 의하면 소멸시효가 "완성한다"라고만 규정하고 "완성한다"의 의미에 관하여는 명백하게 규정한 바가 없다. 다만, 소멸시효는 그 기산일에 소급하여 효력이 생긴다(민법 제167조)라는 규정만 있다. 주된 권리의 소멸시효가 완성된 때에는 종속된 권리에 그 효력이 미치므로(민법 제183조) 원본채권이 시효로 소멸하면 이자채권 역시 시효로 소멸한다.

가. 절대적 소멸설

판례에 따르면, 소멸시효에 있어서 그 시효기간이 만료되면 권리는 당연히 소멸하는 것이지만 그 시효의 이익을 받는 자가 소송에서 소멸시효의 주장을 하지 아니하면 그 의사에 반하여 재판할 수 없는 것이고, 그 시효이익을 받는 자는 시효기간 만료로 인하여 소멸하는 권리의 의무자를 말한다고 할 것이다[44]라고 하여 소멸시효가 완성되면 권리가 당연히 절대적으로 소멸한다고 보고 있다. 다만, 이 경우에도 변론주의 원칙상 소송당사자가 소멸시효가 완성되었음을 주장하여야 한다. 한편 시효이익은 미리 포기하지 못한다.[45]

한편 주채무가 시효로 소멸한 때에는 보증인도 그 시효소멸은 원용할 수 있으며, 주채무자가 시효의 이익을 포기하더라도 보증인에게는 그 효력이 없다.[46]

나. 상대적 소멸설

소멸시효 완성으로 권리가 당연히 소멸하지 않고, 다만 시효의 이익을 받을 자에게 권리의 소멸을 주장할 권리가 생기고 그가 권리를 행사한 때 권리가 소멸한다는 견해

---

44) 대법원 1991.7.26 선고, 91다5631 판결.
45) 대법원 1992.10.27 선고, 91다41064 판결.
46) 대법원 1991.1.29 선고, 89다카1114 판결.

이다.[47]

다. 소멸시효 이익의 포기

소멸시효의 이익은 미리 포기하지 못하나 시효완성 후의 시효이익의 포기는 허용된다(민법 제184조 제1항). 한편, 소멸시효 완성 이후에 있는 과세처분에 기하여 세액을 납부한 경우에 시효이익을 포기한 것으로 볼 수 없다.[48]

시효이익의 포기가 인정되려면 시효이익을 받는 채무자가 시효의 완성으로 인한 법적인 이익을 받지 않겠다는 효과의사가 필요하다.[49]

6. 제척기간

가. 개 요

제척기간이란 법률에서 정한 일정한 권리의 행사기간을 말한다. 가령, 취소권은 추인할 수 있는 날로부터 3년 내에, 법률행위를 한 날로부터 10년 내에 행사하여야 하는데, 이때의 3년·10년이 제척기간이다. 제척기간 내에 권리를 행사하지 않으면 그 권리는 당연히 소멸한다. 제척기간을 두는 이유는 일정한 권리에 대해 행사기간을 정해 그 법률관계를 조속히 확정하는 데 있으며, 주로 형성권에서 문제가 된다.[50]

형성권은 일반적으로 10년의 제척기간에 걸린다고 해석되고 있다.[51]

매매예약의 완결권은 일종의 형성권으로 당사자 사이에 그 행사기간을 약정한 때에는 그 기간 내에, 그러한 약정이 없는 때에는 그 예약이 성립한 때로부터 10년 내에 이를 행사하여야 하고, 그 기간을 지난 때에는 예약완결권은 제척기간의 경과로 소멸한다.[52]

또한 해제권은 형성권이므로 10년의 제척기간에 걸리므로 10년이 지나면 자동적으로 해제권이 소멸한다.

---

47) 김준호, 전게서, 431면.
48) 대법원 1988.1.19 선고, 87다카70 판결.
49) 대법원 2013.2.28 선고, 2011다21556 판결.
50) 김준호, 전게서, 398면.
51) 양창수·김형석, 『권리보의 보전과 담보』, 박영사, 2012, 134면.
52) 성남지원 2019.10.29 선고, 2019가단217789 판결.

한편, 양도인이 채권양도통지를 한 것만으로는 권리를 행사한 것으로 볼 수 없으며, 채권양도 통지를 한 후에 양수인이 그 이행을 청구하여야 제척기간의 준수를 위한 권리행사로 볼 수 있다.[53]

나. 소멸시효와의 차이

소멸시효가 완성되면 그 기산일에 소급하여 권리소멸의 효과가 생기지만(민법 제167조), 제척기간의 경우에는 소급효가 인정되지 않으므로 기간이 경과한 때부터 장래에 향하여 권리가 소멸하여 법률관계가 확정된다. 제척기간에 있어서는 소멸시효와 같이 기간의 중단이 있을 수 없다.[54]

구체적인 권리행사기간이 제척기간과 소멸시효 가운데 어느 것에 해당되는지는 법률규정에 의한다. 즉 「시효로 인하여」로 되어 있는 경우에는 **소멸시효기간**이고, 그러한 문구가 없으면 **제척기간**으로 해석한다.[55]

7. 제척기간과 소멸시효의 경합

하자담보에 기한 매수인의 손해배상청구권은 권리의 내용·성질 및 취지에 비추어 제162조 제1항의 채권 소멸시효의 규정이 적용되고, 제582조의 제척기간 규정으로 인하여 소멸시효 규정의 적용이 배제된다고 볼 수 없다.[56]

---

53) 대법원 2012.3.22 선고, 2010다28840 판결.
54) 대법원 2003.1.10 선고, 2000다26425 판결.
55) 송덕수, 전게서, 110면.
56) 대법원 2011.10.13 선고, 2011다10266 판결.

1. 부과제척기간

가. 의　의

　국가가 내부적으로 계산하여 정한 세액의 납부를 납세자에게 고지하여 해당 금액의 구체적 조세채무를 발생시키는 경우 이는 행정처분에 해당하고, 이러한 행정처분은 세금을 부과하는 것을 내용으로 하는 것이라는 점에서 이를 '부과처분' 또는 '과세처분'이라고 부른다. 또한 이러한 부과처분을 할 수 있는 국가의 권력을 보통 '부과권'이라고 부른다.[57] 과세관청이 성립한 납세의무를 확정하기 위하여 납세고지 또는 납부통지하는 권한을 부과권이라고 하는 점에서 확정된 납세의무를 징수하기 위하여 납세고지 또는 납부통지하는 권한을 징수권이라고 한다.

　이러한 부과권에 대하여 국세기본법에서는 제척기간을 설정하고 그 기간 내에 조세의 부과처분이 없으면 조세채무 자체가 소멸하는 것으로 규정하고 있다. 이는 법률관계가 언제까지나 불확정한 상태로 놓이는 것은 바람직하지 않기 때문에 이를 신속히 확정하기 위한 것이다.

나. 제척기간

　신고한 일반 국세는 국세를 부과할 수 있는 날로부터 5년의 부과제척기간이 상속세 및 증여세는 10년의 부과제척기간이 적용된다. 무신고 일반 국세는 7년, 무신고 상속세 및 증여세는 15년이 된다.

　납세자가 사기나 그 밖의 부정한 행위로 국세(세금계산서 불성실가산세 등 포함)를 포탈하거나 환급·공제받은 경우에는 그 국세를 부과할 수 있는 날로부터 일반 국세는 10년, 상속세 및 증여세는 15년이 된다. 그리고 「상속세 및 증여세법」에 따라 신고서를 제출한 자가 일정한 거짓신고 또는 누락신고를 한 경우에는 15년으로 한다.

　한편, 제3자의 명의로 되어 있는 피상속인 또는 증여자의 재산을 상속인이나 수유자

---

57) 윤지현, "이른바 '특례제척기간'을 통한 과세관청의 '재처분'은 어느 범위에서 허용되는가?" : 국세기본법 제26조의2 제2항이 정하는 제척기간의 적용범위에 관한 고찰, 세경사, 2009, 10면.

가 취득한 경우 등 일정한 사유가 있는 경우에는 그 사유가 있음을 안 날로부터 1년 이내에 상속세 및 증여세를 부과할 수 있다.

그 밖에 이의신청 등 불복청구 또는 소송에 대한 결정이나 판결이 확정된 경우, 최초의 신고, 결정 또는 경정에서 과세표준 및 세액 결정의 근거가 된 거래 또는 행위 등이 그 거래, 행위 등과 관련된 소송에 대한 판결에 의하여 다른 것으로 확정된 경우에는 그 판결 등이 확정된 날로부터 1년이다(국세기본법 제26조의2).

다. 부과제척기간 완성의 효과

국세부과의 제척기간은 권리관계를 조속히 확정시키려는 것이므로 국세징수권 소멸시효와는 달리 진행기간의 중단이나 정지가 없으므로 일정한 기간이 경과하면 정부의 부과권은 소멸되어 과세표준이나 세액을 변경하는 어떤 결정도 할 수 없다.[58]

그리고 법인세법에 의하여 처분되는 상여는 법인이 소득금액변동통지서를 받은 날에 그 소득금액을 지급한 것으로 의제되어 법인의 원천징수의무가 성립하나 그 소득금액의 귀속사업연도소득에 대한 국세부과의 제척기간이 만료되면 원천징수의무도 소멸한다.[59]

한편, 중간예납·예정신고 및 수정신고기한의 다음날은 국세부과제척기간의 기산일로 보지 아니하고, 당해 국세의 과세표준과 세액에 대한 정기분 확정신고기한의 다음날을 기산일로 보는 것을 말한다.[60]

2. 장기제척기간 적용 여부

가. 사기 기타 부정한 행위 해당 여부

법인이 경비 과다계상으로 인하여 손금불산입된 부분이 대표자 인정상여로 소득처분되어 소득금액변동통지가 된 경우에 소득을 은닉함으로써 그에 대한 법인세를 포탈하기 위한 행위로 볼 수는 있어도 소득이 사외유출되어 그 귀속자가 밝혀지지 않음에 따른 대표자로서 인정상여처분을 받을 것까지 모두 예상하여 그로 인해 부과될 소득세

---

58) 국세기본법 기본통칙 26의2-0-1.
59) 국세기본법 기본통칙 26의2-0-2.
60) 국세기본법 기본통칙 20의2-12의3-1.

를 포탈하기 위하여 행한 것으로 보기 어려우므로 그 인정상여처분은 "납세자가 사기 기타 부정한 행위로써 국세를 포탈한 경우"에 해당한다고 볼 수 없으므로 부과제척기 간은 5년이 된다.[61]

나. 국세포탈이 없는 사기 기타 부정한 행위시 부과제척기간

국세기본법 제26조의2 제1항 제1호의 규정형식, 입법취지 및 엄격해석의 원칙상 법 정신고기한 내에 과세표준신고서를 제출한 납세자가 사기 기타 부정한 행위를 하였다 고 하더라도 그로 인하여 국세를 포탈하거나 환급·공제받지 아니하는 경우에는 그 부과제척기간은 5년이 된다.[62]

다. 부당행위계산 부인의 경우 부과제척기간

납세자가 특수관계자에게 부동산을 무상으로 사용하도록 제공하고 그에 따른 종합 소득세 과세표준 및 세액을 전혀 신고하지 않아 부당행위계산 부인규정을 적용하여 과 세하는 경우 부과제척기간은 7년이다.[63]

3. 국세징수권의 소멸시효

가. 국세징수권의 의의

징수권은 확정된 조세채권의 실현을 위하여 조세채무자에게 납부(이행)를 청구하는 권능이라고 할 수 있다.[64] 이러한 징수권도 일정한 기간 동안 행사하지 않으면 소멸시 효가 완성된다.

소멸시효제도는 일정한 사실상태가 장기간에 걸쳐 계속되는 경우에 그것이 진실한 권리관계에 합치하는지 여부를 묻지 않고 그 사실상태를 그대로 권리관계로 인정하는 제도인데,[65] 국세의 징수를 목적으로 하는 국가의 권리(징수권)는 이를 행사할 수 있는

---

61) 대법원 2010.4.29 선고, 2007두11382 판결.
62) 대법원 2009.12.24 선고, 2007두16974 판결.
63) 대법원 2010.9.30 선고, 2008두12160 판결.
64) 최명근, 『세법학총론』, 세경사, 2006, 471면.
65) 임승순, 『조세법』, 박영사, 2009, 128면.

때부터 5년 또는 10년간 행사하지 아니하면 소멸시효가 완성된다(국세기본법 제27조 제1항).

소멸시효에 관하여 국세기본법 또는 세법에 특별한 규정이 있는 것을 제외하고는 민법에 따른다(국세기본법 제27조 제1항).

나. 기산일

① 과세표준과 세액의 신고에 의하여 납세의무가 확정되는 국세의 경우 신고한 세액에 대해서는 그 법정신고납부기한의 다음날(국세기본법 제27조 제3항 제1호)
② 과세표준과 세액을 정부가 결정, 경정 또는 수시부과결정하는 경우 납부고지한 세액에 대해서는 그 고지에 따른 납부기한의 다음날(국세기본법 제27조 제3항 제2호)
③ 원천징수의무자 또는 납세조합으로부터 징수하는 국세의 경우 납부고지한 원천징수세액 또는 납세조합징수세액에 대해서는 그 고지에 따른 납부기한의 다음날(국세기본법 제27조 제4항 제1호)
④ 인지세의 경우 납부고지한 인지세액에 대해서는 그 고지에 따른 납부기한의 다음날(국세기본법 제27조 제4항 제2호)

다. 소멸시효의 중단과 정지

조세채권의 소멸시효에 관하여는 세법에 특별히 규정된 것을 제외하고 민법의 규정이 준용되므로 시효의 중단에 관한 사유도 그 성질에 반하지 않는 한 민법의 규정이 준용된다.[66]

소멸시효는 납세의 고지, 독촉, 교부청구, 압류 등의 사유로 중단된다(국세기본법 제28조 제1항).

소멸시효의 중단사유는 납세의무의 존부에 미치는 영향이 중대하므로 예시적 사유로 볼 수 없고 제한적·열거적 사유로 보아야 한다.[67]

다만 국세기본법 제28조 제1항 각 호가 규정한 사유들만이 국세징수권의 소멸시효 중단 사유가 된다고 볼 수 없다. 그러므로 민법 제168조 제1호가 소멸시효의 중단사유로 규정하고 있는 청구도 그것이 허용될 수 있는 경우라면 구 국세기본법 제27조 제2항에 따라 국세징수권의 소멸시효 중단사유가 될 수 있다고 봄이 타당하다.[68]

---

66) 임승순, 전게서, 129면.
67) 대법원 2016.12.1 선고, 2014두8650 판결.

(1) 시효의 중단

소멸시효는 그 본질이 권리의 불행사라고 하는 상태가 법정기간 동안 계속되면 권리를 소멸시키는 제도이므로 시효기간의 진행 중에 권리행사라고 볼 수 있는 사유가 발생하면 그때까지 진행해 온 시효는 중단된다. 즉 권리행사라고 볼 수 있는 사유의 발생시점까지 진행한 시효의 효과는 없었던 것으로 돌아간다.[69]

그리고 제2차납세의무는 그 발생, 소멸에 있어 주된 납세의무에 부종하는 것이므로 주된 납세의무자에 대한 시효의 중단은 제2차납세의무자에 대하여도 그 효력이 있다.[70]

1) 납세의 고지

납세의 고지란 세무서장이 조세를 징수하기 위하여 먼저 확정된 납세의무의 이행을 청구하는 절차이다.[71] 납세고지가 중단사유로 되는 것은 신고주의 세목으로서 납세의무자의 신고행위에 의하여 조세채권이 확정되었으나 납세의무자가 그 신고세액을 자진납부하지 아니하여 조세채권자가 그 신고하였으나 납부하지 않은 세액을 납세고지에 의하여 징수하는 경우에 적용된다.[72]

2) 교부청구

교부청구는 문서로 하여야 한다. 교부청구에 의한 시효중단의 효력은 교부청구서 또는 참가압류통지서를 집행기관에 접수한 때에 생긴다.

한편, 국세징수법 등 관련 법규에서 교부청구를 한 세무서장 등이 체납자에게 교부청구한 사실을 알릴 것을 요하지 아니하므로, 체납자에게 교부청구 사실을 알리지 아니하였다고 하여 소멸시효 중단의 효력에 영향을 미칠 수 없다.[73]

3) 압 류

압류는 그 집행에 착수함으로써 시효중단의 효력이 생기고, 압류에 따른 체납처분이

---

68) 대법원 2020.3.2 선고, 2017두41771 판결.
69) 최명근, 전게서, 492면.
70) 대법원 1985.11.12 선고, 85누488 판결.
71) 김두형, 『로스쿨 조세법 기초이론』, 한국학술정보(주), 2012, 351면.
72) 최명근, 전게서, 492면.
73) 대법원 2010.5.27 선고, 2009다69951 판결.

종료하거나 해제될 때까지 계속된다. 압류에 착수하였으나 압류할 재산이 없어 집행불능으로 끝난 경우에도 시효중단의 효력을 인정하는 것이 통설이다. 이 경우 압류하기 위하여 수색에 착수하였을 때 시효중단의 효력이 생긴다.[74]

즉, 세무공무원이 국세징수법에 의하여 체납자의 가옥, 선박, 창고, 기타 장소를 수색하였으나 압류할 목적물을 찾아 내지 못하여 압류를 실행하지 못하고 수색조서를 작성하는데 그친 경우에도 소멸시효 중단의 효력이 있다.[75]

한편, 국세기본법상 소멸시효의 중단사유인 압류에 의한 시효중단의 효력은 압류가 해제되거나 집행절차가 종료된 때 중단사유가 종료한 것으로 볼 수 있다.[76]

4) 승 인

민법 제168조 제3호의 소정의 승인은 조세채권에 있어서도 시효중단사유로 준용된다. 세법상 징수유예의 신청·세금의 일부 납부·물납 또는 분할납부의 신청·기한 후 과세표준신고서나 수정신고·납세연기원이나 납세서약서의 제출 등이 승인에 해당된다.[77]

한편, 내국법인이 동일 거래처 간 계속적인 거래로 다수의 채권·채무관계가 발생하였고, 채무자인 해당 거래처가 거래 종료 이후에도 채무의 일부를 변제한 경우 기존의 모든 채무에 대하여 승인한 것으로 변제 후 남은 채무 전부에 대하여 소멸시효 중단의 효력이 생긴다.[78]

(2) 소멸시효의 정지

시효기간이 진행 중에 권리자가 중단사유에 해당하는 행위를 하는 것이 불가능하거나 현저히 곤란한 사유가 있는 경우 소멸시효의 완성을 유예하는 것이다. 즉, 시효의 진행을 일시적으로 멈추게 하고 그러한 사유가 해소되면 나머지 기간만 진행함으로써 시효가 완성되도록 하는 제도이다.[79]

이에는 세법에 따른 분납기간, 세법에 따른 납부고지의 유예, 지정납부기한·독촉장

---

74) 임승순, 전게서, 130면.
75) 대법원 2001.8.21 선고, 2000다12419 판결.
76) 대법원 2017.4.28 선고, 2016다239840 판결.
77) 임승순, 상게서, 135면.
78) 사전－2017－법령해석법인－0205, 2017.6.7.
79) 최명근, 전게서, 496면.

에서 정하는 기한의 연장, 징수유예기간, 세법에 따른 압류·매각의 유예기간, 세법에 따른 연부연납기간, 사해행위취소소송이나 채권자대위소송을 제기하여 그 소송이 진행중인 기간, 체납자가 국외에 6개월 이상 계속 체류하는 경우 해당 국외 체류 기간이 해당된다(국세기본법 제28조 제3항).

라. 소멸시효 완성의 효과

소멸시효가 완성되면 국세징수권은 당연히 소멸한다. 그리고 조세채권의 결손처분 사유에 해당한다.

제3절 개별세법상 관련 내용

민법에 따른 소멸시효가 완성된 대여금 및 선급금은 회수할 수 없는 채권으로 해당 사유가 발생하여 손금으로 계상한 날이 속하는 사업연도의 손금으로 처리한다(법인세법 제19조의2 제1항, 같은법 시행령 제19조의2 제1항 제4호).

사업자가 부가가치세가 과세되는 재화 또는 용역을 공급하고 외상매출금이나 그밖의 매출채권의 전부, 또는 일부가 민법에 따른 소멸시효가 완성되어 회수할 수 없는 경우 그 대손이 확정된 날이 속하는 과세기간의 매출세액에서 뺄 수 있다(부가가치세법 제45조 제1항, 같은법 시행령 제87조 제1항 제1호).

사업소득을 계산할 때 필요경비에 산입할 금액은 대손금으로 민법에 따른 소멸시효가 완성된 금액을 포함한다(소득세법 제27조 제3항, 같은법 시행령 제55조 제1항 제16호 및 제2항).

관련 사례(판례 및 과세실무)

1. 행정소송 제기가 재판상 청구에 해당하는지 여부

가. 사실관계

원고 A회사(고등교과서주식회사)를 비롯한 4개의 교과서회사에 대한 세칭 검인정교과서 부정사건(조세포탈)에 대한 조사가 1977.2.24부터 치안본부에서 시작되어 A회사의 간부가 연금되는 등 1개월간에 걸쳐 강압적인 수사가 강행되는 중에, A회사의 간부는 그 의사에 반하여 A회사가 1971.12.11부터 1977.11.30까지 사이에 탈세하였다는 내용의 확인서, 진술서 등을 작성하게 되었다. A회사의 간부로부터 받은 확인서, 진술서 등을 근거로 작성된 과세자료에 기하여 국가(국세청의 지휘감독을 받는 마포세무서장)는 1977.6.10 A회사에 대하여 법인세 등의 과세처분을 하였다. 그러나 A회사는 과세처분에 불복하여 감사원의 심사청구를 거쳐 행정소송을 제기하였고, 서울고등법원은 1983.11.18 과세처분을 취소하라는 판결을 선고하였다. 국가는 불복하여 대법원에 상고를 제기하였으나, 대법원은 1984.3.13 상고를 기각함으로써 A회사에 대한 과세처분은 모두 무효로 되었다. 다시 국가는 확정판결로써 과세처분이 취소된 이유가 납세고지서에 세액의 산출근거를 명시하지 않은 절차상의 하자 때문이라고 하여 동일한 과세원인으로 A회사에 대하여 1984.6.1 과세처분을 하였다. 그리고 A회사는 과세처분에 따라서 1984.6.15에 세금을 납부하였다. 그 후 A회사는 국세기본법상의 전심절차를 거쳐 서울고등법원에 취소소송을 제기한 결과, 1985.11.1 과세처분의 무효를 선언하는 의미에서의 취소판결이 선고되었고, 후에 대법원의 판결로 파기환송되었으나, 환송 후 서울고등법원에서 A회사가 다시 승소하여 결국 1990.7.27 대법원이 상고기각함으로써 확정되었다. 그럼에도 불구하고 국가(피고)는 이미 납부된 금액과 그 세액에 대한 환급가산금을 A에게 환급하지 아니하였다.[80] 이에 대하여 A회사가 국가에 대하여 오납금 합계 금 5,745,535,181원의 환급청구를 한 사건이다.[81]

---

80) 국세기본법 제52조, 제54조에 의하면 국세환급금과 국세환급가산금에 관한 권리는 납부 후 그 납부의 기초가 된 신고 또는 부과를 경정하거나 취소함에 따라 발생한 국세환급금은 그 국세 납부일로부터 5년간 행사하지 아니하면 소멸시효가 완성한다.

81) 김민중, 『민법판례연구』, 한국고시신문사, 2009, 39면.

나. 판결요지

일반적으로 위법한 행정처분의 취소, 변경을 구하는 행정소송은 사권을 행사하는 것으로 볼 수 없으므로 사권에 대한 시효중단사유가 되지 못하는 것이나, 다만 오납한 조세에 대한 부당이득반환청구권을 실현하기 위한 수단이 되는 과세처분의 취소 또는 무효확인을 구하는 소는 그 소송물이 객관적인 조세채무의 존부확인으로서 실질적으로 민사소송인 채무부존재확인의 소와 유사할 뿐 아니라, 과세처분의 유효 여부는 그 과세처분으로 납부한 조세에 대한 환급청구권의 존부와 표리관계에 있어 실질적으로 동일 당사자인 조세부과권자와 납세의무자 사이의 양면적 법률관계라고 볼 수 있으므로, 위와 같은 경우에는 과세처분의 취소 또는 무효확인청구의 소가 비록 행정소송이라고 할지라도 조세환급을 구하는 부당이득반환청구권의 소멸시효중단사유인 재판상 청구에 해당한다고 볼 수 있다.[82]

다. 검 토

일반적으로 행정소송의 제기는 민법상 소멸시효 중단 사유인 재판상 청구에 해당되지 않으나 오납한 조세에 대한 부당이득반환청구권을 실현하기 위한 수단으로서의 과세처분의 취소 또는 무효확인청구의 소 제기는 부당이득반환의 소와 소송물이 유사하고, 과세처분의 유효 여부가 조세에 대한 환급청구권의 존부와 표리관계에 있을 경우 사권의 소멸시효 중단사유인 재판상 청구에 해당한다고 본 판례이다.

2. 제2차 납세의무자의 부과제척기간 기산일

가. 사실관계

A세무서는 갑주식회사에 2003.1.31 납기 법인세 0,000천원을 부과하였다가 납세고지서에 하자가 발견되어 당초 부과처분을 직권취소하고 새로이 납부기한을 2005.5.31로 하여 부과처분을 하였다. 이후 당초 부과세액이 체납이 되고 갑주식회사의 재산을 체납처분하여도 그 재산으로 체납액을 충당하기가 부족하여 2008.5.28에 과점주주인 을을 갑주식회사의 제2차 납세의무자로 지정하는 통지를 하면서 관련 세액을 고지하였다.

---

82) 대법원 1992.3.31 선고, 91다32053 판결.

이에 대하여 을은 자신에 대한 부과처분은 당초 부과처분의 납부기한인 2003.1.31의 다음날로부터 이미 5년이 경과하여 부과된 것이어서 위법하다고 주장하여 제2차 납세의무자에 대한 부과제척기간의 기산일이 언제 시작되는 지가 쟁점이 되었다.

나. 판결요지

법인의 과점주주 등이 부담하는 제2차 납세의무는 주된 납세의무와 별도로 부과제척기간이 진행하고 그 부과제척기간은 특별한 사정이 없는 한 이를 부과할 수 있는 날인 제2차 납세의무가 성립한 날로부터 5년간 봄이 상당하다고 하였다. 그리고 2차 납세의무의 성립시기는 적어도 주된 납세의무의 납부기한이 경과한 이후라고 할 것이다.

당초 부과처분은 A세무서가 직권 취소하였으므로 2차 납세의무 성립의 전제가 되는 주된 납세의무에 관한 부과처분이라고 할 수 없다.[83]

다. 검 토

제2차 납세의무의 성립시기는 주된 납세의무자의 납부기한이 경과한 이후이어야 하는데 당초 처분은 직권 취소되었으므로 주된 납세의무자에 관한 부과처분이 다시 이루어진 경우 이에 의한 납부기한이 경과한 때로부터 제2차 납세의무가 성립하고 부과제척기간 기산일이 된다.

3. 인정상여처분에 대한 소득세 부과제척기간

가. 사실관계

○○지방청은 2000년에 ○○티에스에 대한 세무조사를 실시하여 가공매입세금계산서를 수취한 사실을 적발하고 관련세액을 추징하고 소득차액에 대하여는 사외유출된 귀속불분명 소득으로 보아 해당 과세기간 동안 ○○티에스의 대표이사로 재직하였던 갑과 을에게 인정상여로 처분하여 1996년 귀속분 ○○억원과 1997년 귀속분 ○억원을 각각 관할 세무서에 과세자료를 통보하였다. 이에 관할 세무서에는 2004년도에 1996년과 1997년 귀속 소득세 ○○만원을 부과하였는바, 위 부과처분이 과세기간 종료일로

---

83) 대법원 2012.5.9 선고, 2010두13234 판결.

부터 5년이 경과하였으므로 부과제척기간이 지난 후에 이루어진 것에 해당되어 위법한지 문제이다.

나. 판결요지

갑 등이 장차 위와 같이 은닉된 ○○티에스의 소득이 사외유출되어 그 귀속자가 밝혀지지 아니함에 따라 자신이 ○○티에스의 대표자로서 인정상여처분을 받을 것까지 모두 예상하여 그로 인하여 부과될 소득세를 포탈하기 위하여 가공 세금계산서를 수취하는 등의 행위를 한 것으로 보기는 어려워 구 국세기본법 제26조의2 제1항 제1호 소정의 '납세자가 사기 기타 부정한 행위로써 국세를 포탈한 경우'에 해당한다고 볼 수 없으므로, 갑 등의 1996년 및 1997년 귀속분 종합소득세에 대한 부과제척기간은 구 국세기본법 제26조의2 제1항 제3호에 의하여 5년이라고 봄이 상당하다.[84]

다. 검 토

소득이 사외유출되어 그 귀속자가 밝혀지지 아니함에 따라 법인의 대표자에게 인정상여 처분을 한 경우 대표자는 인정상여처분을 받을 것까지 예상하고 관련 조세를 포탈하기 위하여 가공세금계산서 등을 수수한 것으로 보기는 어려워 사기 기타 부정한 행위로써 국세를 포탈한 경우에 해당되지 않으므로 5년의 제척기간이 적용된다.

그러나 사외유출된 금액의 귀속자가 분명하여 그 귀속자에게 소득처분되는 상여에 대한 종합소득세에 대하여는 10년의 부과제척기간이 적용된다(기획재정부 조세정책과-5, 2011.1.3.).

4. 조세채권 존재 확인의 소에 의한 시효중단 여부

국세기본법은 민법에 따른 국세징수권 소멸시효 중단사유의 준용을 배제하는 규정을 두지 않고 있고, 조세채권도 민사상 채권과 비교하여 볼 때 그 성질상 민법에 정한 소멸시효 중단사유를 적용할 수 있는 경우라면 그 준용을 배제할 이유도 없다. 따라서 민법 제168조 제1호가 소멸시효의 중단사유로 규정하고 있는 청구도 그것이 허용될 수 있는 경우라면 국세징수권의 소멸시효 중단사유가 될 수 있다고 봄이 상당하다. 즉,

---

84) 대법원 2010.12.23 선고, 2008두10522 판결.

시효중단을 위한 조세채권 존재 확인의 소는 소의 이익이 있는 재판상 청구에 해당하므로 소멸시효 중단 사유가 될 수 있다.[85]

5. 매출채권의 시효중단과 어음채권 시효완성시 효력

내국법인이 제품매출 후 거래처로부터 대가의 지급에 갈음한다는 특약없이 어음을 교부받은 경우 매출채권과 어음채권이 병존하므로 어음채권의 시효가 완성되더라도 매출채권의 시효가 중단된 경우에는 법인세법상 회수할 수 없는 채권에 해당하지 않는다.[86]

6. 양도소득세 부과제척기간 기산일

거주자가 양도소득세 예정신고를 하지 않은 경우 관할 세무서장은 확정신고기한이 도과하기 전이라도 예정신고기한 다음 날부터 그 자산의 양도로 인한 양도소득세를 부과할 수 있다. 그러나 이는 예정신고제도의 입법취지상 소득의 발생 초기에 세원을 조기에 확보할 수 있도록 부과·징수의 특례를 정한 것에 불과할 뿐이고, 그로 인하여 양도소득세 부과제척기간이 당연히 예정신고기한의 다음날부터 진행된다고 볼 수 없다.[87]

---

85) 대법원 2020.3.2 선고, 2017두41771 판결.
86) 기준－2019－법령해석법인－0480, 2019.10.17.
87) 대법원 2020.6.11 선고, 2017두40235 판결.

민법상 소멸시효기간은 당사자 간의 법률행위에 의하여 단축할 수 있지만, 세법상으로는 근거가 없어 소멸시효기간을 단축할 수 없다.

세법상 소멸시효가 완성되면 이를 원용하지 않더라도 조세채권은 당연히 소멸한다. 즉, 민법상 소멸시효의 효과인 절대설과 그 내용이 동일하다.

세법상 소멸시효 중단사유는 납세의 고지, 독촉 또는 납부최고, 교부청구, 압류 등이 있다. 민법상 소멸시효 중단사유 중의 하나인 가처분은 세법에서 적용될 여지가 없다.

그리고 민법상 주채무자에 대한 시효의 중단은 보증인에게도 미치며, 세법상 주된 납세의무자에 대한 시효의 중단은 제2차 납세의무자에게도 그 효력이 있다.

세법상 압류란 세무공무원이 국세징수법 규정에 따라 납세자의 재산에 대한 압류 절차에 착수하는 것을 말하는 바, 세무공무원이 체납자의 가옥 등을 수색하였으나 압류할 목적물을 찾아내지 못하여 압류를 실행하지 못하고 수색조서를 작성하는 데 그친 경우에도 소멸시효 중단의 효력이 있다.

다만, 민법상의 청구 및 승인에 관한 규정이 준용될 수 있는지 논란이 있을 수 있다. 민법상 승인으로 세법상 볼 수 있는 것은 징수유예의 신청, 세금의 분납 또는 분할납부의 신청 등이 이에 해당된다.

한편, 국세기본법상 특례제척기간을 두고 있는데 이는 통상제척기간이 지났음에도 불구하고 과세관청에게 다시 처분의 기회를 부여하는 것으로 원칙적으로 동일한 과세단위 내에서 재처분을 허용하고 있다.

소멸시효가 완성된 채권은 회수할 수 없는 채권 즉 대손금으로 보아 법인세법상 각 사업연도 소득금액 계산시 손금에 산입되고, 소득세법상 필요경비에 산입되며, 부가가치세법상 대손세액공제로 매출세액에서 차감된다.

제8장

물권의 효력과 국세우선권

국세기본법 제35조【국세의 우선】국세 및 강제징수비는 다른 공과금이나 그 밖의 채권에 우선
하여 징수한다. 다만, 지방세나 공과금의 체납처분을 할 때 그 지방세나 공과금의 체납처분비 또는
강제징수비 , 강제집행·경매 또는 파산절차에 따라 재산을 매각할 때 그 강제집행·경매 또는
파산절차에 든 비용, 국세의 법정기일 전에 전세권, 질권 또는 저당권을 등기하거나 등록한 경우의
그 전세권, 질권 또는 저당권에 의하여 담보된 채권, 국세의 법정기일 전에 주택임대차보호법 제3
조의2 제2항 또는 상가건물 임대차보호법 제5조 제2항에 따른 대항요건과 확정일자를 갖춘 임차
권, 납세의무자를 등기의무자로 하고 채무불이행을 정지조건으로 하는 대물변제의 예약에 따라
채권 담보의 목적으로 가등기를 마친 가등기담보권에 해당하는 권리가 설정된 재산을 매각하여
국세를 징수하는 경우 그 권리에 의하여 담보된 채권, 주택임대차보호법 제8조 또는 상가건물임
대차보호법 제14조가 적용되는 임대차관계에 있는 주택 또는 건물을 매각할 때 임대차에 관한
보증금 중 일정금액으로서 임차인이 우선하여 변제받을 수 있는 채권, 사용자의 재산을 매각하거
나 추심할 때 근로기준법 제38조 또는 근로자퇴직급여보장법 제12조에 따라 국세나 가산금에
우선하여 변제되는 임금, 퇴직금, 재해보상금은 국세가 우선하지 않는다.

민법 내용

1. 물권의 효력

가. 의 의

물권(物權)은 물건을 직접적·배타적으로 지배할 수 있는 절대권이므로 이로부터 물권의 우선적 효력·물권적 청구권이 나온다. 이들은 모든 종류의 물권에 공통하는 일반적 효력이다.[1]

물건에 대하여 배타적인 물권을 인정하는 이유는 특정인이 재화를 소유하면서 타인이 함부로 이를 침해하지 못하도록 함으로써 사유재산제도를 정착시키고 법적 안정성을 도모하는 데 있다.

나. 우선적 효력

우선적 효력이란 하나의 물건 위에 수 개의 권리가 경합하는 경우에 어느 권리가 다른 권리에 우선하는 효력을 말하는 것으로 물권은 배타적인 권리로 누구에 대하여도 우선하여 주장할 수 있다.

(1) 물권 상호간의 우선적 효력

하나의 물건 위에 성립한 서로 양립할 수 없는 수 개의 물권[2] 상호간에는 시간적으로 먼저 성립한 물권이 나중에 성립한 물권에 우선한다. 가령 하나의 물건에 대하여 수 개의 소유권이 경합하면, 먼저 성립한 소유권만이 성립한다.[3]

1) 용익물권 상호간

지상권·지역권·전세권 등은 종류를 달리하는 물권이므로 동일한 물건 위에 동시에 성립할 수 있다. 이들 상호간의, 예컨대 여러 지상권 상호간의 우선적 효력은 순위

---

1) 이영준,『물권법』, 박영사, 2009, 42면.
2) 한편, 양립할 수 있는 물권으로는 소유권과 제한물권, 저당권과 전세권, 수 개의 저당권이 있다.
3) 지원림,『민법강의 제7판』, 홍문사, 2009, 427면.

에 의한다. 순위는 물권적 합의와 등기가 모두 이루어진 시(時)를 기준으로 한다. 따라서 먼저 물권적 합의가 되고 후에 등기가 있는 경우에는 등기의 시를, 먼저 등기가 되고 그 후에 물권적 합의가 있는 경우에는 물권적 합의의 시를 기준으로 하여 순위를 정할 것이다.[4]

2) 담보물권 상호간

저당권과 질권은 동일한 물건 위에 성립할 수 없다. 저당권은 부동산에 관하여, 질권은 동산·권리에 관하여 성립할 수 있는 것이기 때문이다. 그리고 동일한 물건 위에 두 개 이상의 질권이 성립할 수 없다. 그러나 저당권은 동일한 물건 위에 여러 개가 성립할 수 있다. 이러한 저당권은 물권적 합의와 등기가 모두 이루어진 시에 따라 순위를 가지며, 선순위가 후순위에 우선한다.[5]

3) 소유권과 제한물권

권리의 성질상 제한물권이 우선한다.

(2) 물권과 채권과의 관계

어떤 물건에 관하여 물권과 채권이 대립하는 경우에, 그 성립의 시간적 선후에 관계없이 물권이 채권에 우선한다. 예컨대 A가 자기 소유의 토지를 B에게 매도한 후 다시 C에게 매도하여 C 앞으로 소유권이전등기가 경료된 경우에, A의 이중양도가 사회질서에 반하지 않는 한 B가 가지는 A에 대한 소유권이전등기청구권보다 C가 가지는 소유권이 나중에 성립하였지만 우선한다. 따라서 B는 A에게 위 채권을 주장하지 못하고, A에 대하여 채무불이행 책임을 물을 수 있을 뿐이다. 그러나 근로자의 임금 등의 채권의 우선특권(근로기준법 제38조), 임대차에서의 소액보증금에 대한 우선특권(주택임대차보호법 제8조, 상가건물임대차보호법 제14조), 조세우선특권(국세기본법 제35조 제1항 제3호, 지방세기본법 제99조 제1항 제3호) 등에 대하여는 정책적으로 법률상 특수한 순위가 인정된다.

또한 부동산임차권이 등기된 경우, 주택임차권이 주택임대차보호법에 의한 대항요건을 갖춘 경우 등에는 예외적으로 시간적으로 먼저 성립된 경우 채권이 물권에 우선하는 효력을 가진다.[6]

---

4) 이영준, 전게서, 43면.
5) 이영준, 상게서, 43면.

다. 물권적 청구권

(1) 의 의

물권적 청구권이란 목적물에 대한 직접적이고 배타적인 지배권을 확보하기 위하여 물권의 내용으로서 구체화된 지배가 방해받거나 또는 방해받을 염려가 있는 경우에, 물권자가 방해자에 대하여 그 방해의 제거 또는 예방에 필요한 행위를 청구할 수 있는 권리이다.[7] 즉, 현재의 소유권 침해 상태를 장래에 향하여 시정하는 것을 그 내용으로 하며, 물권적청구권의 내용은 물권 침해의 모습에 따라 다양하게 나타난다.

1) 반환청구권

소유권이나 점유권이 타인의 점유에 의하여 방해받고 있을 때 그 목적물의 반환을 청구할 수 있다. 권리로 점유자가 점유를 침탈당하거나(민법 제204조), 소유자가 소유에 속한 물건을 점유한 자에 대하여 그 반환을 청구할 수 있다. 그러나 점유자가 그 물건을 점유할 권리가 있는 때에는 반환을 거부할 수 있다(민법 제213조).

이러한 물권적 반환청구권은 동산에 대하여서 뿐만 아니라 부동산에 대하여도 인정된다. 예컨대 갑소유의 자전거를 을이 갑의 승낙 없이 타고 다니는 경우 갑이 을에 대하여 소유물반환청구권을 행사할 수 있다. 그리고 갑의 가옥을 임차하고 있는 을이 임대차계약기간이 만료되었음에도 불구하고 이를 점유하여 반환을 거절하는 경우 갑은 을에 대하여 소유물반환청구권을 행사할 수 있다.[8]

한편, 소유물반환청구소송에서 소유자는 그 목적물이 자기 소유라는 점과 상대방이 현재 그 목적물을 점유하고 있다는 점을 주장 입증하게 된다.[9]

2) 방해제거청구권

방해제거청구권은 소유권 등의 실현이 타인에 의해 점유 이외의 방법으로 방해되고 있을 때 그 방해의 제거를 구할 수 있는 권리이다.

소유자는 소유권을 방해하는 자에 대하여 방해의 제거를 청구할 수 있고(민법 제214조),

---

6) 지원림, 전게서, 427~428면.
7) 김형배, 『민법학 강의』, 신조사, 2006, 366면.
8) 이영준, 전게서, 46면.
9) 양창수·권영준, 『권리의 변동과 구제』, 박영사, 2012, 382면.

점유자는 점유의 방해를 받은 때에는 그 방해의 제거를 청구할 수 있다(민법 제205조).

방해는 소유권이 사용·수익·처분 등 어떤 측면에서 타인의 개입으로 인하여 원래의 내용대로 실현되지 않고 있는 상태를 의미한다.[10]

예컨대 을이 갑의 토지에 권한 없이 건물을 건축하는 경우 갑은 을에 대하여 그 건물의 철거 및 토지의 인도를 청구할 수 있는바, 여기서 철거청구는 소유물방해제거청구권을 행사하는 것이며 인도청구는 소유물반환청구권을 행사하는 것이다.[11]

또한 현재 등기부상 표시가 실지 소유 관계를 표상하고 있는 것이 아니라면 진실한 소유자는 그 소유권에 터잡아 소유명의자를 상대하여 그 소유권에 장애가 되는 이전등기 및 보전등기의 말소청구를 하는 것은 소유권의 내용인 침해배제권의 정당한 행사이다.[12]

3) 방해예방청구권

점유자가 점유의 방해를 받을 염려가 있는 때에는 방해의 예방을 청구할 수 있다(민법 제206조). 소유권을 방해할 염려가 있는 행위를 하는 자에 대하여 그 예방을 청구할 수 있다(민법 제214조).

예컨대 을이 건축공사로 토지를 심굴하여 인근 갑의 빌딩이 도괴될 우려가 있는 경우 갑은 을에 대하여 지반공사를 철거하게 할 수 있다.[13]

제2절　국세기본법상 관련 내용

1. 국세의 우선권

가. 의 의

조세의 징수를 확보하기 위하여 어떠한 제도를 마련할 것인가는 기본적으로 입법정책의 문제로서 나라에 따라 그 제도와 내용이 상이하지만, 일반적으로 각국은 조세의

---

10) 양창수·권영준, 『권리의 변동과 구제』, 박영사, 2012, 390면.
11) 이영준, 전게서, 46면.
12) 대법원 1985.11.12 선고, 81다카325 판결.
13) 이영준, 상게서, 46면.

공익성에 기초하여 조세채권자에 국가 또는 지방자치단체에게 사법상의 일반채권자에게는 통상 인정되지 않는 특별한 우월적 지위를 부여하고 있다.

이러한 조세의 우선권은 납세자에게 조세의 체납사실이 있고 그의 재산이 강제환가된 경우 조세채권의 효율적인 확보를 위하여 제한된 범위 내에서 다른 채권자보다 우선하여 변제받을 수 있는 세법상 인정된 특수한 우선변제권이라고 할 수 있다.[14]

나. 우선변제권 내용

(1) 일반적인 경우

국세 및 강제징수비는 다른 공과금이나 그 밖의 채권에 우선하여 징수한다.[15]

우선하여 징수한다라고 함은 납세자의 재산을 강제매각절차에 의하여 매각하는 경우에 그 매각대금 중에서 국세를 우선하여 징수하는 것을 말한다(국기 통칙 35-0-1).

(2) 예외적인 경우

「채무자 회생 및 파산에 관한 법률」 제180조(공익채권의 변제 등) 및 제477조(재단 부족의 경우 변제방법)에 따라 공익채권 또는 재단채권으로 있는 국세가 타의 공익채권 또는 재단채권과 동등 변제되는 경우와, 「관세법」 제3조에 따른 관세를 납부하여야 할 물품에 대하여는 관세가 다른 조세 등에 우선한다(국기 통칙 35-0-14).

또한 지방세나 공과금의 체납처분 또는 강제징수를 할 때 그 체납처분금액 또는 강제징수금액 중에서 국세 및 강제징수비를 징수하는 경우의 그 지방세나 공과금의 체납처분비 또는 강제징수비와 강제집행·경매 또는 파산절차에 따라 재산을 매각할 때 그 매각금액 중에서 국세 및 강제징수비를 징수하는 경우의 그 강제집행·경매 또는 파산절차에 든 비용 등에 대하여는 우선하지 아니한다(국세기본법 제35조 제1항 제1호·제2호).

(3) 전세권·질권·저당권의 피담보채권과 국세의 우선권

법정기일 전에 전세권, 질권 또는 저당권 설정을 등기하거나 등록한 사실이 부동산등기부 등본, 공증인의 증명, 질권에 대한 증명으로서 세무서장이 인정하는 것, 공문서 또는 금융회사 등의 장부상의 증명으로서 세무서장이 인정하는 것에 따라 증명되는 재

---

14) 임승순, 『조세법』, 박영사, 2009, 216~217면.
15) 국세기본법 제35조 제1항.

산을 매각할 때 그 매각금액 중에서 국세를 징수하는 경우의 그 전세권, 질권 또는 저당권에 의하여 담보된 채권, 주택임대차보호법 제3조의2 제2항 또는 상가건물임대차보호법 제5조 제2항에 따라 대항요건과 확정일자를 갖춘 임대차보증금 반환채권, 납세의무자를 등기의무자로 하고 채무불이행을 정지조건으로 하는 대물변제의 예약에 따라 채권 담보의 목적으로 마친 가등기 담보에 의하여 담보된 채권에는 우선하지 아니한다(국세기본법 제35조 제1항 제3호, 같은법 시행령 제18조 제2항).

(4) 법정기일

① 과세표준과 세액의 신고에 따라 납세의무가 확정되는 국세와 중간예납하는 법인세, 예정신고납부하는 부가가치세 및 양도소득과세표준 예정신고의 경우 신고한 해당 세액에 대해서는 그 신고일, ② 과세표준과 세액을 정부가 결정·경정 또는 수시부과 결정을 하는 경우 고지한 해당 세액에 대해서는 그 납부고지서의 발송일, ③ 원천징수의무자나 납세조합으로부터 징수하는 국세와 인지세의 경우에는 그 납세의무 확정일, ④ 제2차 납세의무자(보증인을 포함한다)의 재산에서 국세를 징수하는 경우에는 「국세징수법」 제7조에 따른 납부고지서의 발송일, ⑤ 양도담보재산에서 국세를 징수하는 경우에는 「국세징수법」 제7조에 따른 납부고지서의 발송일, ⑥ 「국세징수법」 제31조 제2항에 따라 납세자의 재산을 압류한 경우에 그 압류와 관련하여 확정된 세액에 대해서는 그 압류등기일 또는 등록일이다. ⑦ 부가가치세법 제3조의2에 따라 신탁재산에서 부가가치세를 징수하는 경우에는 납부고지서의 발송일이 된다(국세기본법 제35조 제2항).

(5) 임대차에 관한 보증금과 국세의 우선권

「주택임대차보호법」 제8조 또는 「상가건물임대차보호법」 제14조가 적용되는 임대차관계에 있는 주택 또는 건물을 매각할 때 그 매각금액 중에서 국세를 징수하는 경우 임대차에 관한 보증금 중 일정금액으로서 같은 조에 따라 임차인이 우선하여 변제받을 수 있는 금액에 관한 채권은 국세가 우선하지 아니한다(국세기본법 제35조 제1항 제4호). 이 경우 국세징수법 제66조의 공매공고일 이전에 주택임대차보호법 제3조[16] 또는 상가건물임대차보호법 제3조[17]에 의한 대항력을 갖추어야 한다(국기 통칙 35-0-15).

---

16) 임대차는 그 등기가 없는 경우에도 임차인이 주택의 인도와 주민등록을 마친 때에는 그 다음날부터 제3자에 대하여 효력이 생긴다. 이 경우 전입신고를 한 때에 주민등록이 된 것으로 본다.

17) 임대차는 그 등기가 없는 경우에도 임차인이 건물의 인도와 「부가가치세법」 제5조, 「소득세법」 제168조

(6) 기타 채권과 국세의 우선권

사용자의 재산을 매각하거나 추심할 때 그 매각금액 또는 추심금액 중에서 국세를 징수하는 경우에 「근로기준법」 제38조[18] 및 근로자퇴직급여보장법 제12조에 따라 국세에 우선하여 변제되는 임금, 퇴직금, 재해보상금, 그 밖에 근로관계로 인한 채권은 국세가 우선하지 아니한다(국세기본법 제35조 제1항 제5호).

(7) 가등기 채권과 국세의 우선권

담보목적의 가등기가 되어 있는 재산을 압류하는 경우에 조세의 법정기일이 담보가등기 경료일보다 앞서고, 그 본등기 이전에 압류가 행하여진 경우 국세가 우선한다. 그렇지 않으면 가등기 채권이 우선한다(국세기본법 제35조 제4항).

즉 법정기일 전에 가등기가 된 경우에는 그 가등기에 기한 본등기가 국세의 압류일 후에 행하여진 때에도 가등기 권리를 주장할 수 있으나, 국세의 법정기일 이후에 가등기 된 경우 본등기 이전 압류가 된 경우 가등기 권리를 주장할 수 없다.

(8) 압류에 의한 우선

국세 강제징수에 따라 납세자의 재산을 압류한 경우에 다른 국세 및 강제징수비 또는 지방세의 교부청구가 있으면 압류에 관계되는 국세 및 강제징수비는 교부청구된 다른 국세 및 강제징수비 또는 지방세 보다 우선하여 징수한다(국세기본법 제36조 제1항). 지방세 체납처분에 의하여 납세자의 재산을 압류한 경우에 국세 및 강제징수비의 교부청구가 있으면 교부청구된 국세 및 강제징수비는 압류에 관계되는 지방세의 다음 순위로 징수한다(국세기본법 제36조 제2항).

공시를 수반하는 담보물권이 설정된 부동산에 관하여 담보물권 설정일 이전에 법정기일이 도래한 조세채권과 담보물권 설정일 이후에 법정기일이 도래한 조세채권에 기한 압류가 모두 이루어진 경우, 당해세를 제외한 조세채권과 담보물권 사이의 우선순위는 그 법정기일과 담보물권 설정일의 선후에 의하여 결정하고, 이와 같은 순서에 의하여 매각대금을 배분한 후, 압류선착주의에 따라 각 조세채권 사이의 우선순위를 결

또는 「법인세법」 제111조에 따른 사업자등록을 신청하면 그 다음날부터 제3자에 대하여 효력이 생긴다.
18) 최종 3개월분의 임금, 재해보상금 채권은 사용자의 총재산에 대하여 질권 또는 저당권에 따라 담보된 채권, 조세·공과금 및 다른 채권에 우선하여 변제되어야 한다.

정하여야 할 것이다.[19]

(9) 통정허위에 의한 담보권 설정

납세자가 제3자와 짜고 거짓으로 재산에 전세권·질권·저당권 및 임대차계약·가등기·양도담보의 설정계약을 하고 그 등기 또는 등록을 하거나 주택임대차보호법 제3조의2 제2항 또는 상가건물 임대차보호법 제5조 제2항에 따른 대항요건과 확정일자를 갖춘 임대차 계약을 체결함으로써 그 재산의 매각금액으로 국세를 징수하기 곤란하다고 인정할 때에는 그 행위의 취소를 법원에 청구할 수 있다. 이 경우 납세자가 국세의 법정기일 전 1년 내에 특수관계인 중 일정한 자와 전세권·질권 또는 저당권 설정계약, 가등기 설정계약 또는 양도담보 설정계약을 한 경우에는 짜고 한 거짓 계약으로 추정한다(국세기본법 제35조 제6항).

이는 과세관청이 허위의 계약이라는 사실을 입증하기 곤란한 점을 고려하여 일정한 담보권 설정계약에 대하여 통정허위계약으로 추정함으로써 과세관청의 입증책임을 덜어주기 위한 것으로, 이 경우 통정행위가 아님은 담보권자 또는 납세의무자가 입증하여야 한다. 채권자가 주택임대차보호법상의 대항력을 취득하는 방법으로 기존 채권을 우선변제 받을 목적으로 주택임대차계약의 형식을 빌려 기존 채권을 임대차보증금으로 하기로 하고 주택의 인도와 주민등록을 마침으로써 주택임대차로서의 대항력을 취득한 것처럼 외관을 만들었을 뿐 실제 주택을 주거용으로 사용·수익할 목적을 갖지 아니한 계약은 주택임대차계약으로서는 통정허위표시(민법 제108조)에 해당되어 무효이다.[20] 이는 무효를 주장하는 자가 통정허위표시임을 입증하여야 하는데, 실무상 통정허위표시의 입증이 매우 까다롭다. 국세기본법은 통정허위표시에 해당하는 경우 이를 무효가 아닌 취소를 구할 수 있는 것으로 정하면서 동시에 특수관계인인 경우 거짓 계약인 것으로 추정하여 과세관청의 입증책임을 덜어주고 있다.

---

19) 대법원 2005.11.24 선고, 2005두9088 판결.
20) 대법원 2002.3.12 선고, 2000다24184 판결.

2. 신고납세방식 국세의 조세채권과 담보권과의 우선순위 기준으로 신고일로 정한 규정의 취지

한편, 헌재결정에 의하면 신고납세방식의 국세에서 납세의무자가 이를 신고한 경우 그 조세채권과 담보권과의 우선순위를 국세신고일을 기준으로 하도록 규정한 것은 조세의 우선권과 담보권자의 우선변제청구권을 조화적으로 보장하기 위한 것으로서, 이는 결국 "조세징수의 확보"와 "사법질서의 존중"이라는 두 가지 공익목적의 합리적인 조정을 도모하고자 하는 것이라고 볼 수 있다.[21]

제3절   **관련 사례(판례)**

1. 사실관계

피상속인 갑은 부동산 중 1필지는 1/2, 그리고 다른 1필지는 단독으로 소유하고 있었고, 이 부동산에 대하여 ○○농업협동조합은 1999.11.27에 채권최고액 510백만원으로 채무자는 배○○으로 된 근저당권설정등기를 마쳤다.

이후 피상속인 갑이 2002.5.12 사망하여 갑의 처인 을과 자녀들인 병과 정이 갑의 재산을 공동상속하였는데, 11.12에 일부 부동산은 상속재산분할협의에 의하여 병에게 단독상속되어 2003.4.29에 협의분할에 의한 상속을 원인으로 소유권이전등기가 마쳐졌다.

그 후 ○○농업협동조합은 병 소유 부동산에 관하여 채권최고액은 2억원에 채무자는 병으로 하여 근저당설정등기를 마쳤다.

한편 ○○세무서장은 그 후 갑의 사망에 따른 상속세 13억원을 결정하고 갑의 상속인 중 병에게 4억원을 납부할 것으로 고지하였다. 이후 병이 상속세를 납부하지 아니하자 병 공동소유 부동산과 단독소유 부동산을 각각 압류하였다.

그리고 위 부동산에 대하여 근저당권자인 ○○농업협동조합의 임의경매신청으로 경매가 개시되었고, 배당 결과 근저당설정일과 법정기일의 우열에 의하여 배당이 되어

---

21) 헌재 2007.5.31 선고, 2005헌바60 결정.

○○세무서는 6순위로 배당표가 작성되어 배당이의의 소를 제기하였다.

2. 판결요지

상속세는 상속부동산 자체에 관하여 부과된 것이고, ○○농업협동조합의 근저당권 설정 당시 이미 등기부상 협의분할에 의한 상속을 원인으로 하여 병 명의로 소유권이 전등기가 마쳐져 있었던 사실을 인정할 수 있으므로 근저당권자인 ○○농업협동조합 은 장래 위 상속을 과세원인으로 하여 상속세가 부과될 것이라는 것을 상당할 정도로 예측할 수 있다고 봄이 상당하므로 상속세는 국세기본법 제35조 제1항 제3호 단서의 당해세에 해당된다. 또한 상속세가 당해세에 해당되는지 여부는 개별 담보물권자와의 사이에서 예측가능성이 있는지 여부를 기준으로 판단되어야 한다. 따라서 근저당설정 등기가 상속등기 전이나 후에 행하여진 경우에도 당해세에 해당된다.[22]

3. 검 토

근저당권자가 상속세가 부과될 것이라는 것을 상당한 정도로 예측할 수 있다면 근저 당권 설정등기가 상속등기 전이나 후에 행하여진 경우에도 당해세에 해당한다.

이 경우 근저당권에 우선할 수 있는 범위는 상속세 총액 중 부동산 상속재산 전체에 대한 평가액 비율 상당액 및 가산금 등이다.

| 제4절 | 민법과 세법의 비교 |

일반적으로 각국은 조세의 공익성에 기초하여 조세채권에 대하여 사법상 일반 채권 자에게 인정되니 않는 우월적 지위를 부여하고 있다. 즉 조세채권에선 사법상 채권자 평등의 원칙이 적용되지 않으며 물권이 채권 보다 우선한다는 민법상의 법리도 세법에 서는 제한된 범위내에서 그 적용을 배제하고 있다.

이러한 조세의 우선권은 국세의 체납 사실이 있고, 그의 재산이 체납처분 또는 강제

---

22) 대법원 2006.12.22 선고, 2006다68742 판결.

집행된 경우 조세채권의 효율적일 확보를 위하여 제한된 범위 내에서 다른 채권자 보다 우선하여 변제받을 수 있는 세법상 인정된 특별한 우선변제권이다.

한편, 세법에서는 납세자가 국세의 법정기일 1년 내에 특수관계자 등 일정한 자와 전세권, 질권 또는 저당권 등 담보물권을 설정한 경우에 허위 계약으로 추정한다. 즉, 통정허위표시에 의한 법률행위로 보아 그 효력을 부인하겠다는 것이다.

이는 일정한 허위의 계약에 의한 담보권 설정에 대한 과세관청의 입증을 덜어주기 위하여 추정규정을 둔 것으로 이 경우 통정행위가 아니라는 점은 담보권자 또는 납세의무자가 입증하여야 한다.

이에 따라 과세관청은 통정허위에 의한 담보물권 설정계약의 취소를 법원에 청구할 수 있는데, 방법 등은 채권자취소권 행사 요건을 준용한다. 한편, 판례에 의하면 통정허위표시의 경우에도 채권자취소권의 대상이 된다.[23]라고 보고 있다.

---

23) 대법원 1998.2.27 선고, 97다50985 판결.

제9장

물권의 변동과 과세소득 귀속

관련 세법규정 요약

- 부가가치세법 제15조【재화의 공급시기】 재화의 이동이 필요한 경우에는 재화가 인도되는 때, 재화의 이동이 필요하지 아니한 경우에는 재화가 이용가능하게 되는 때가 재화의 공급시기이다.

- 부가가치세법 제16조【용역의 공급시기】 용역의 공급시기는 역무의 제공이 완료되는 때, 시설물, 권리 등 재화가 사용되는 때이다.

- 소득세법 제98조, 소득세법 시행령 제162조【양도 또는 취득의 시기】 자산의 양도차익을 계산할 때 그 취득시기 및 양도시기는 원칙적으로 대금을 청산한 날로 한다. 대금을 청산한 날이 분명하지 아니한 경우에는 등기부·등록부 또는 명부 등에 기재된 등기·등록접수일 또는 명의개서일, 대금을 청산하기 전에 소유권이전등기를 한 경우에는 등기부·등록부 또는 명부 등에 기재된 등기접수일, 장기할부조건의 경우에는 소유권이전등기접수일·인도일 또는 사용수익일 중 빠른 날, 자기가 건설한 건축물에 있어서는 사용검사필증교부일, 상속 또는 증여에 의하여 취득한 자산에 대하여는 그 상속이 개시된 날 또는 증여를 받은 날, 점유취득시효에 의한 부동산소유권 취득의 경우에는 당해 부동산의 점유를 개시한 날, 공익사업을 위하여 수용되는 경우에는 대금을 청산한 날, 수용의 개시일 또는 소유권이전등기접수일 중 빠른 날, 완성 또는 확정되지 아니한 자산을 양도 또는 취득한 경우에는 그 목적물이 완성 또는 확정된 날, 환지처분으로 인하여 취득한 토지의 취득시기는 환지 전의 토지의 취득일이다.

- 법인세법 시행령 제68조【자산의 판매손익 등의 귀속사업연도】 상품 등 외의 자산의 양도의 귀속시기는 그 대금을 청산한 날이고, 대금을 청산하기 전에 소유권 등의 이전등기를 하거나 당해 자산을 인도하거나 상대방이 당해 자산을 사용수익하는 경우에는 그 이전등기일·인도일 또는 사용수익일 중 빠른 날, 증권시장에서의 유가증권은 매매계약을 체결한 날로 한다.

민법 내용

1. 물권변동의 의의

물권변동은 물권의 발생, 변경 및 소멸을 말한다. 권리주체의 입장에서는 물권의 득실변경을 말한다. 이러한 물권변동은 법률행위 또는 법률의 규정에 따라 이루어진다.

2. 물권변동의 모습

가. 법률행위에 의한 물권변동

법률행위에 의한 물권변동은 당사자의 의사에 의하여 일어나는 것이므로 사적 자치의 원칙이 지배하고 있는 법체계하에서 중요한 의미를 가지고 있다. 법률행위에 의한 물권변동은 부동산은 등기, 동산물권변동은 인도가 있어야 효력을 발생한다.[1]

즉, 공시의 원칙이 적용된다. 공시의 원칙이란 물권의 존재, 내용 및 변경에는 공시방법이 갖추어져야 한다는 원칙을 말한다.

나. 법률의 규정에 의한 물권변동

법률이 당사자의 의사와 관계 없이 일정한 목적으로 일정한 요건만 갖추어지면 당연히 물권변동의 효과가 발생하도록 규정하고 있는 것으로 법률의 규정에 의한 부동산물권변동은 등기가, 동산물권변동은 인도가 없어도 그 효력이 발생한다.[2]

상속, 공용징수, 판결, 경매 기타 법률의 규정에 의한 부동산에 관한 물권의 취득은 등기를 요하지 아니한다. 그러나 등기를 하지 아니하면 이를 처분하지 못한다(민법 제187조).

상속재산인 부동산의 분할 귀속을 내용으로 하는 상속재산분할심판이 확정되면 민법 제187조에 의하여 상속재산분할심판에 따른 등기 없이도 해당 부동산에 관한 물권변동의 효력이 발생한다.[3]

---

1) 이영준, 『물권법』, 박영사, 2009, 60면.
2) 이영준, 상게서, 60면.

이 외에 취득시효(민법 제245조), 무주물 선점(민법 제252조), 유실물 습득(민법 제253조), 매장물 발견(민법 제254조), 첨부(민법 제256조) 등도 법률의 규정에 의한 물권변동에 해당한다.

3. 공시의 원칙과 공신의 원칙

가. 의 의

물권은 배타성이 있어 동일한 물건 위에 병존할 수 없는 둘 이상 성립할 수 없다. 그리고 물권은 원칙적으로 현실적인 지배를 요소로 하지 않는다. 따라서 물권을 거래하는 자가 예측하지 못한 손해를 입지 않으려면, 거래 객체인 물건 위에 누가 어떤 내용의 물권을 가지고 있는지를 알 수 있어야 한다. 이에 물권의 귀속과 내용을 널리 일반인에게 알리는 공시제도(公示制度)가 필요하다.[4]

우리 민법은 부동산에 관하여는 공시의 원칙만을 인정하고 있고, 동산에 관하여는 두 원칙 모두를 인정하고 있다.

나. 공시의 원칙

(1) 개 요

물권의 변동은 공시방법에 의하여 물권의 존재 · 내용 및 변동을 공시하여야 한다는 원칙이다. 가령 A가 그의 토지소유권을 B에게 이전하려면 등기(登記)를 하여야 하고, C가 그의 시계의 소유권을 D에게 이전하려면 인도(引渡)를 하여야 한다는 원칙이다. 공시의 원칙은 그 자체가 물권을 취득하려고 하는 제3자 내지 거래의 안전을 보호한다.[5]

(2) 등기의 추정력

부동산에 관하여 소유권이전등기가 마쳐진 경우 등기명의자는 제3자에 대하여서 뿐만 아니라 그 전의 소유자에 대하여도 적법한 등기원인에 의하여 소유권을 취득한 것으로 추정된다.[6]

---

3) 대법원 2020.8.13 선고, 2019다249312 판결.
4) 송덕수, 『신민법강의』, 박영사, 2009, 437면.
5) 송덕수, 상게서, 438~440면.

(3) 가등기의 효력

한편, 가등기는 소유권 등에 대한 순위보전적 효력만이 있을 뿐이고, 가등기만으로는 아무런 실체법상의 효력을 갖지 아니하고[7] 본등기의 순위는 가등기의 순위에 의하고 물권변동의 시기는 본등기 신청이 접수된 때이다.[8]

(4) 중간생략등기

부동산이 미등기 전매된 경우 최종 양수인이 중간생략등기의 합의를 이유로 최초 양도인에게 직접 그 소유권이전등기청구권을 행사하기 위해서는 관계 당사자 전원의 의사 합치와 최초 양도인이 양도에 동의하고 있어야 한다.[9]

다. 공신의 원칙

등기·점유 등 공시방법에 의하여 공시된 내용을 믿고 거래한 자가 있는 경우에 그 공시방법이 진실한 권리관계와 일치하고 있지 않더라도 그 자의 신뢰를 보호하여야 한다는 원칙이다. 가령 A의 토지에 관하여 B가 그 토지를 A로부터 매수한 것처럼 서류를 위조하여 자신의 이름으로 소유권이전등기를 한 뒤에 C에게 이를 매도한 경우에, C가 B의 소유권이전등기를 진실한 것으로 믿고 있었을 때에는 C는 그 토지의 소유권은 유효하게 취득하는 것이다.

이와 같이 공시방법에 의하여 공시된 내용을 신뢰하여 거래한 자에 대하여 그가 신뢰한 대로의 효력을 발생시키는 힘을 공신력(公信力)이라고 한다. 공신의 원칙이 인정되면 물건의 매수인 기타 물권을 거래하는 자는 공시방법을 믿고 거래하면 설사 공시방법이 실제 권리관계와 일치하지 않더라도 권리를 취득하게 되어, 거래의 안전이 보호된다.[10]

라. 우리 법의 태도

공신의 원칙을 인정하면 거래의 안전은 보호되지만, 진정한 권리자의 권리는 침해

---

6) 대법원 2013.1.10 선고, 2010다75044 판결.
7) 대법원 2001.3.23 선고, 2000다51285 판결.
8) 대법원 1992.9.25 선고, 92다21258 판결.
9) 대법원 1995.8.22 선고, 95다15575 판결.
10) 송덕수, 전게서, 438~440면.

된다는 심각한 문제를 수반한다. 따라서 그 인정 여부는 양자의 법익을 비교하여 상대적으로 우위에 있는 것을 보호하는 입장을 취할 수밖에 없다. 이러한 점에서 볼 때 동산물권의 경우에는 거래가 빈번하고 인도(引渡)라는 공시수단이 완전치 못하다는 점에서 진정한 권리자를 희생시키더라도 거래의 안전을 보호할 요청이 상대적으로 크다. 반면에 부동산은 거래가 빈번히 이루어지는 것이 아니고 비교적 안정적인 공시수단인 등기(登記)가 있어 진정한 권리자의 법익을 상대적으로 더 보호할 필요가 있다.[11]

우리나라는 공신의 원칙을 부동산거래에 관하여서는 인정하지 않고, 동산거래에 관하여서만 인정하고 있다. 동산의 경우 선의취득제도가 그것이다.

부동산 등기에 관하여 공신력이 인정되지 아니하는 것이 우리 법제이므로 무효인 등기에 기초하여 새로운 법률원인으로 이해관계를 맺은 자가 다시 등기를 이어받았다면 그 명의의 등기 역시 특별한 사정이 없는 한 무효다.[12]

그러므로 매수인의 부동산소유권이전등기가 불실등기인 경우 전득자가 그 불실등기를 믿고 부동산을 매수하여 소유권이전등기를 마쳤다 하더라도 그 소유권을 취득한 것으로 될 수 없다.[13]

4. 부동산 물권의 변동

가. 법률행위에 의한 부동산물권의 변동

(1) 개 요

법률행위에 의한 부동산물권의 변동은 민법 제186조가 적용된다. 따라서 법률행위와 등기가 있어야 물권변동이 일어난다.[14] 여기서 법률행위는 물권적 합의를 의미한다. 등기는 물권의 효력발생요건이다. 그러나 효력존속요건은 아니다. 따라서 물권에 관한 등기가 원인 없이 말소된 경우에는 그 물권의 효력에는 아무런 영향을 미치지 않는다.[15]

---

11) 김준호, 『민법강의』, 법문사, 2009, 477면.
12) 대법원 2005.11.10 선고, 2005다34667 판결.
13) 대법원 2009.2.26 선고, 2006다72802 판결.
14) 형식주의로 부동산의 인도 유무와는 원칙적으로 무관하다.
15) 대법원 2001.1.16 선고, 98다20110 판결.

(2) 물권행위(물권적 합의)

물권행위라 함은 물권변동을 직접 목적으로 하는 당사자간의 물권적 의사표시와 이에 의한 등기·인도를 구성요소로 하는 법률행위이다. 물권행위에 의하여 직접 물권변동이 발생하므로 물권행위는 처분행위이다.[16] 따라서 그것이 유효하기 위하여는 처분자에게 처분권한이 있어야 한다. 처분권한은 물권행위를 하는 때뿐만 아니라 공시방법을 갖추는 때에도 필요하다. 처분권한이 없는 자가 그 처분하는 경우에는 그 처분행위는 무효이다.[17]

(3) 물권행위와 공시방법[18]

물권행위에 의한 물권변동이 어떤 요건이 갖추어지는 때에 일어나는가에 관하여는 크게 두 가지의 입법례가 대립하고 있는데, 대항요건주의(의사주의)와 성립요건주의(형식주의)가 있다.

1) 대항요건주의 (의사주의)

프랑스 민법에서는 당사자의 의사표시, 즉 물권행위만 있으면 공시방법을 갖추지 않아도 물권변동이 생긴다. 그런데 이러한 태도에 의하면 제3자에게 예측하지 못한 손해가 발생할 가능성이 있기 때문에 거래의 안전을 보호하기 위하여 보완책을 강구하고 있다. 즉 동산물권에 관하여는 공신의 원칙을 인정하고, 부동산물권에 관하여는 공시방법을 갖추어야만 물권변동을 가지고 제3자에게 대항할 수 있도록 한다. 프랑스 민법의 이러한 태도를 대항요건주의·의사주의·불법주의라고 한다. 일본 민법도 대항요건주의를 채택하고 있다.

2) 성립요건주의 (형식주의)

독일 민법에서는 당사자의 의사표시, 즉 물권행위뿐만 아니라 등기·인도 등의 공시방법까지 갖추어야만 비로소 물권변동이 발생한다. 따라서 공시방법을 갖추지 않는 한 제3자에 대한 관계에서는 물론이고 당사자 사이에서도 물권변동은 발생하지 않는다. 이러한 독일법의 태도는 성립요건주의·형식주의·독법주의라고 한다.

---

16) 이영준, 전게서, 66면.
17) 송덕수, 전게서, 443면.
18) 송덕수, 상게서, 444~445면.

우리 민법은 제186조·제188조에서 각각 부동산물권과 동산물권에 관하여 성립요건주의를 규정하고 있다. 부동산 등기가 유효하려면 등기가 실체적 법률관계에 부합하여야 한다.

실체적 법률관계에 부합하는 유효한 등기가 되기 위해서는 소유권을 이전할 것을 목적으로 하는 계약이 있고 동 계약당사자간에 등기청구권을 실현하는데 있어서 법률상 하등의 지장이 없고 따라서 등기의무자가 그 의무의 이행을 거절할 정당한 하등의 사유가 없는 경우에 양도인이 동 계약에 터잡고 양수인으로 하여금 사실상 그 목적부동산에 대한 전면적인 지배를 취득케 하여 그로써 양도인에 대한 관계에 있어서는 양수인은 소유권의 개념으로서 통합되어 그의 실질적인 내용을 이룩하고 있는 것으로 되어 있는 사용, 수익, 처분 등의 모든 권능을 취득하였다고 할 수 있는 상태[19]를 말한다.

3) 두 입법주의의 비교

가) 부동산 매매의 경우

예컨대 A가 B에게 토지를 팔기로 하는 매매계약을 체결하고 아직 B명의로 등기를 하지 않은 경우에 대항요건주의에 의하면 B는 토지의 소유권을 취득한다. 그러나 그것은 당사자 사이 A와 B 사이에서만 그렇다. B가 소유권 취득이라는 물권변동을 가지고 제3자에게 대항할 수 있으려면 그의 명의로 등기를 하여야 한다. 따라서 이 경우 A가 C에게 그 토지를 다시 팔고 C에게 먼저 등기를 이전해 주면 C가 확정적으로 소유권을 취득하게 되고, B는 소유권을 가지고 C에게 대항하지 못한다. 다음에 성립요건주의에 의하면 A와 B 사이의 계약만으로는 A·B 사이에서조차 소유권의 변동은 일어나지 않는다. 그리고 B가 그의 명의로 등기를 하는 때에 그는 당사자 사이에서나 제3자에 대한 관계에서나 처음으로 확정적으로 소유권을 취득하게 된다.

나) 동산 매매의 경우

예컨대 A가 그의 시계를 B에게 팔기로 하는 매매계약을 체결하고 아직 그 시계를 B에게 인도해 주지 않은 경우 이때 대항요건주의(의사주의)에 의하면 B는 시계의 소유권을 취득하게 된다. 다만, 그 경우에 A가 그 시계를 사정을 모르는 C에게 다시 팔고 C에게 인도해 주었다면, 그때는 C가 소유권을 취득하게 되고 반사적으로 B는 소유권

---

19) 대법원 1978.8.22 선고, 76다343 판결.

을 잃게 된다. 여기서 C가 소유권을 취득하게 되는 것은 공신의 원칙 때문이다.

성립요건주의(형식주의)에 의하면 B는 시계의 소유권을 취득하지 못한다. 그가 시계의 소유권을 취득하려면 시계를 인도받아야 한다. 그때 비로소 A와 B 사이에서도 소유권 취득이 일어나는 것이다.

나. 법률의 규정에 의한 물권변동

(1) 공용징수의 경우

공용징수는 공익사업을 위해 개인의 재산권을 강제적으로 취득하는 법률제도를 말하는 것으로 협의수용의 경우에는 협의에서 정해진 시기에, 토지수용위원회의 재결에 의한 수용의 경우에는 재결에서 정한 수용개시일에 물권변동이 생긴다(공익사업을 위한 토지 등의 취득 및 보상에 관한 법률 제45조 제1항). 공용징수의 법적성질은 원시취득이다.[20]

(2) 판결의 경우

형성판결이 확정된 때에 물권변동이 생긴다.[21] 이에 해당하는 것으로는 공유물 분할판결, 사해행위 취소판결, 상속재산 분할판결 등이 있다. 즉, 판결 자체에 의하여 부동산 물권 취득의 효력이 발생하는 경우를 말한다.[22]

(3) 상속의 경우

상속이 개시된 때 물권변동이 생긴다. 피상속인의 사망으로 상속이 개시되면, 상속재산은 포괄적으로 승계되는데 물권도 상속등기 없이 바로 상속인에게 이전된다.

(4) 경매의 경우

경매는 국가기관이 하는 공경매를 말하고 국세징수법상의 공매도 포함된다. 매각대금을 완납한 때 물권변동의 효력이 생긴다.

---

20) 대법원 2004.4.16 선고, 2003다64206 판결.
21) 그러나 이행의 소에 대하여 청구를 승인하는 취지의 판결인 이행판결, 특정의 권리 또는 법률관계의 현재에 있어서의 존재 또는 부존재를 주장하여 그 확정을 구하는 확인의 소에 대한 확인판결은 이에 해당되지 않는다.
22) 대법원 1998.7.28 선고, 96다50025 판결.

(5) 기타 법률의 규정

신축건물의 소유권 취득과 법정지상권 취득, 유치권 등이 있다.

(6) 처분의 경우

법규정에 의하여 등기 없이 취득된 부동산 물권이라도 이를 처분하는 경우에는 그 물권 및 그 처분에 관한 등기를 하여야 한다.[23]

5. 동산물권의 변동

동산에 관한 물권의 양도는 그 동산을 인도하여야 효력이 생긴다(민법 제188조). 인도는 점유의 이전, 즉 사실적 지배의 이전을 말한다. 인도의 형태는 현실인도, 간이인도, 점유개정, 목적물반환청구권의 양도가 있다.

동산물권의 변동을 가져오는 것은 법률행위에 의하는 것과 법률의 규정에 의한 것이 있다. 법률의 규정에 의한 것으로는 취득시효, 선의취득, 선점, 유실물 습득, 매장물 발견 등이 있다.

6. 물권행위의 독자성과 무인성

물권행위는 채권행위와 별개의 행위로 구별된다. 그리고 물권행위는 보통 채권행위의 이행으로서 행하여진다. 가령 토지의 매매계약을 체결하면 토지의 소유권이전채무가 생기게 되고, 그 채무를 이행하기 위하여 그 토지의 소유권이전 합의를 하는 것이다. 학설은 인정설과 부정설로 나누는데, 판례는 독자성을 부정하고 있다.

물권행위는 보통 채권행위에 기하여 그 이행행위로서 행하여진다. 이와 같이 채권행위가 행하여지고 그 이행으로서 물권행위가 따로 독립하여 행하여진 경우에 그 원인행위인 채권행위가 부존재, 무효, 취소 또는 해제되는 경우 그에 따라 물권행위도 무효로 한다는 것이 유인론이고, 물권행위는 무효로 되지 않는다고 하는 것이 무인론이다.[24]

---

23) 양창수·권영준,『권리의 변동과 구제』, 박영사, 2012, 63면.
24) 송덕수,『신민법입문』, 박영사, 2009, 164면.

가. 무인성 이론에 의할 경우

가령, A가 의사무능력상태에서 그 소유 부동산에 대해 B와 매매계약을 체결하였는데, 그 후 잔금을 수령하고 등기서류를 교부할 당시에는 의사능력을 회복하였다고 가정할 경우 물권행위의 무인론에 의할 경우에 부동산의 소유자가 B로 되어 있으면 B는 소유권을 취득한다. 그러나 그 소유권 취득은 법률상 원인 없이(원인행위의 실효) 타인의 재산으로 이익을 얻은 것이 되어 부당이득이 되어 A는 부당이득반환청구권이라는 채권의 행사로써 그 부동산의 반환을 청구할 수 있다. 이 경우 B의 소유권 반환의무와 A의 대금 반환의무는 동시이행의 관계에 있다.

그러나 위 부동산이 C 앞으로 소유권이전등기가 된 경우 C의 선의·악의를 불문하고 유효하다. A는 B에 대해 부동산의 반환에 갈음하는 가액의 반환을 구할 수 있을 뿐이다.

나. 유인성 이론에 의할 경우

유인론에 의하면 위 부동산의 소유명의가 B이든 C이든 채권행위의 무효는 물권행위도 무효로 되므로 B와 C 모두 소유권을 취득하지 못한다. 따라서 A는 부동산의 반환 및 등기말소를 청구할 수 있다.[25]

---

25) 김준호, 전게서, 486면.

1. 재화의 공급시기

재화가 공급되는 시기는 재화의 이동이 필요한 경우 : 재화가 인도되는 때, 재화의 이동이 필요하지 아니한 경우 : 재화가 이용가능하게 되는 때,[26] 기타의 경우에는 재화의 공급이 확정되는 때이다(부가가치세법 제15조 제1항).

① 현금판매 · 외상판매 또는 할부판매의 경우에는 재화가 인도되거나 이용가능하게 되는 때, 상품권 등을 현금 또는 외상으로 판매하고 그 후 해당 상품권 등이 현물과 교환되는 경우에는 재화가 실제로 인도되는 때

② 장기할부판매의 경우에는 대가의 각 부분을 받기로 한 때

③ 재화의 공급으로 보는 가공의 경우에는 가공된 재화를 인도하는 때

④ 반환조건부판매 · 동의조건부판매 기타 조건부 및 기한부 판매의 경우에는 그 조건이 성취되거나 기한이 경과되어 판매가 확정되는 때

⑤ 완성도기준지급 또는 중간지급조건부로 재화를 공급하거나 전력 기타 공급단위를 구획할 수 없는 재화를 계속적으로 공급하는 경우는 대가의 각 부분을 받기로 한 때, 재화의 공급으로 보는 가공의 경우에는 가공된 재화를 인도하는 때

⑥ 사업자가 자기의 사업과 관련하여 생산하거나 취득한 재화를 자기의 사업을 위하여 직접 사용하거나 소비하는 경우(자가공급), 사업자가 자기의 사업과 관련하여 생산하거나 취득한 재화를 자기나 그 사용인의 개인적인 목적 또는 그 밖의 목적으로 사용 · 소비하거나(개인적 공급), 사업장이 둘 이상인 사업자가 자기의 사업과 관련하여 생산 또는 취득한 재화를 판매할 목적으로 자기의 다른 사업장에 반출하는 경우에는 재화를 반출한 때(직매장 반출), 자기의 고객이나 불특정 다수인에게 증여하는 경우(사업상 증여)에는 재화를 증여한 때, 사업자가 사업을 폐업하는 경우 남아 있는 재화는 자기에게 공급하는 것(폐업시 잔존재화)으로 보는 경우에는 폐업하는 때

---

26) 이용가능하게 된 때라 함은 건물의 경우 매매대금이 청산되거나 소유권이전등기 전이라도 양수인에게 점유를 이전하여 배타적으로 이용하는 때가 되며, 소유권이전등기가 완료되었다고 하더라도 양수인의 사용 · 수익이 제한받고 있는 경우는 공급시기가 도래하지 않고, 사용 · 수익이 가능한 날이 공급시기가 된다(김용관 · 양동구 · 백경집 · 최낙경, 『부가가치세법』, 국세공무원교육원, 2010, 124면).

2. 용역의 공급시기

용역이 공급되는 시기는 역무의 제공이 완료되는 때, 시설물·권리 등 재화가 사용되는 때, 장기할부조건부 또는 그밖의 조건부 용역을 공급하는 경우, 완성도지급조건부로 용역을 공급하는 경우, 중간지급조건부로 용역을 공급하는 경우, 공급단위를 구획할 수 없는 용역을 계속적으로 공급하는 경우에는 대가의 각 부분을 받기로 한 때를 공급시기로 본다(부가가치세법 제15조, 시행령 제29조 제1항).

그리고 역무의 제공이 완료되는 때 또는 대가를 받기로 한 때를 공급시기로 볼 수 없는 경우에는 역무의 제공이 완료되고 그 공급가액이 확정되는 때, 사업자가 부동산 임대용역을 공급하는 경우로서 사업자가 부동산 임대용역을 공급하고 전세금 또는 임대보증금을 받는 경우, 사업자가 둘 이상의 과세기간에 걸쳐 임대용역을 공급하는 경우에는 예정신고기간 또는 과세기간의 종료일이 된다(부가가치세법 제15조, 시행령 제29조 제2항). 또한 폐업 전에 공급한 용역의 공급시기가 폐업일 이후에 도래하는 때에는 폐업일을 공급시기로 본다(부가가치세법 제15조, 시행령 제29조 제3항).

3. 경매와 부가가치세 과세

경매에 의하여 재화를 인도 또는 양도하는 경우에도 원칙적으로 재화의 공급에 포함된다(부가가치세법 시행령 제18조 제1항 제4호). 그러나 예외적으로 국세징수법 제66조에 따른 공매(같은법 제67조에 따른 수의계약에 따라 매각하는 것을 포함한다) 및 민사집행법에 따른 경매(같은법에 따른 강제경매, 담보권 실행을 위한 경매, 민법·상법 등 그 밖의 법률에 따른 경매를 포함한다)에 따라 재화를 인도 또는 양도하는 것, 공익사업을 위한 토지 등의 취득 및 보상에 관한 법률 등에 따른 수용절차에서 수용대상 재화의 소유자가 수용된 재화에 대한 대가를 받는 경우는 재화의 공급으로 보지 아니한다(부가가치세법 시행령 제18조 제3항).

당초 강제경매만 재화의 공급의 범위에서 제외하였으나, 2008년 세법 개정시 경매재화 공급자는 폐업·파산 등으로 세금부담능력이 없어 체납하는 반면, 경락자는 매입세액공제를 받아 세수 일실만 초래하는 점을 감안하여 민사집행법에 따른 경매도 재화공급의 범위에서 제외하였다.[27]

---

27) 기획재정부, 『2007 간추린 개정세법』, 2008, 555면.

소득세법상 관련 내용

1. 자산의 양도시기

자산의 거래과정 중 어느 단계에서 소득세법상의 양도가 이루어진 것으로 보아 소득 금액을 포착할 것인가를 결정하는 것이 필요한데, 이는 양도소득의 귀속 여부를 결정 하는 기준이 될 뿐만 아니라, 양도차익의 크기, 장기보유특별공제의 적용 여부 및 각종 비과세 및 감면요건의 충족 여부 등의 판단 기준이 된다는 점에서 매우 중요하다.[28]

가. 원 칙

양도 및 취득시기는 원칙적으로 대금을 청산한 날로 한다(소득세법 제98조 제1항). 대금 을 청산한 날이란 매매계약서에 기재된 잔금지급약정일에도 불구하고 실제로 대금을 주고받은 날을 말한다.

따라서 매매계약서 등에 기재된 잔금지급약정일보다 앞당겨 잔금을 받거나 늦게 받 는 경우에는 실지로 받은 날이 잔금청산일이 된다(소득 통칙 98-162…1). 그리고 잔금을 어음이나 기타 이에 준하는 증서로 받은 경우 어음 등의 결제일이 그 자산의 잔금청산 일이 된다(소득 통칙 98-162…4).

그리고 대물변제는 본래의 채무에 갈음하여 다른 급부를 현실적으로 하는 때에 성립 하는 요물계약(要物契約)으로서 여기서의 다른 급부가 부동산의 소유권이전일 때에는 그 소유권이전등기를 완료하여야만 대물변제가 성립되어 기존채무가 소멸하는 것이므 로 그 소유권이전등기가 경료된 때에 부동산이 양도되고 그 대가의 지급이 이루어진 것으로 보아야 한다.[29]

나. 조건부 매매의 경우

조건부로 자산을 매매하는 경우 그 조건성취일이 양도 또는 취득의 시기가 된다(구소 득 통칙 98-4).

---

28) 임승순, 『조세법』, 박영사, 2009, 528면.
29) 대법원 1991.11.12 선고, 91누8432 판결.

다. 경락에 의하여 자산을 취득하는 경우

경매에 의하여 자산을 취득하는 경우에는 경락인이 경매대금을 완납한 날이 취득의 시기가 된다(소득 통칙 98-162···3).

라. 신축건물의 취득시기

자기가 건설한 건축물에 있어서는 건축법 제22조 제2항에 따른 사용승인서 교부일. 다만, 사용승인서 교부일 전에 사실상 사용하거나 임시사용승인을 받은 경우에는 그 사실상 사용일 또는 임시사용승인을 받은 날 중 빠른 날로 하고, 건축허가를 받지 아니하고 건축하는 건축물에 있어서는 그 사실상의 사용수익일로 한다(소득세법 시행령 제162조 제1항 제4호). 잔금청산일까지 아파트가 완공되지 않은 경우에는 건물이 완성된 날(사용승인일)을 취득시기로 본다(구소득 통칙 98-2).

마. 점유로 인한 부동산의 취득시기

점유취득시효로 인한 부동산의 취득시기는 점유개시일이 된다(소득세법 시행령 제162조 제1항 제6호).

바. 대금청산일이 분명하지 않은 경우

등기부·등록부 또는 명부 등에 기재된 등기·등록접수일 또는 명의개서일(소득세법 시행령 제162조 제1항 제1호)

사. 대금청산 전 소유권이전등기한 경우

등기부·등록부 또는 명부 등에 기재된 등기접수일(소득세법 시행령 제162조 제1항 제2호). 이는 자산을 양수한 자가 대금을 청산하기 전에 그 자산에 관한 소유권이전등기를 한 경우에는 자산의 양도시기를 등기부에 기재된 등기접수일로 의제하는 규정이다.[30]

한편, 삼자간 등기명의신탁 약정에 따라 명의수탁자 명의로 마친 소유권이전등기는 위에 해당하지 않는다고 보는 것이 타당하다. 따라서 매도인이 부동산을 양도하면서

---

30) 대법원 2002.4.12 선고, 2000두6282 판결.

삼자간 등기명의신탁 약정에 따라 그 소유권이전등기를 마쳐준 다음 매수인인 명의신탁자와 대금을 청산한 경우 해당 부동산의 양도시기는 그 대금을 청산한 날이라고 보아야 한다.[31]

아. 장기할부조건 매매

장기할부조건이라 함은 계약금을 제외한 해당 자산의 양도대금을 2회 이상으로 분할하여 수입하고, 양도하는 자산의 소유권이전등기(등록 및 명의개서를 포함한다)접수일·인도일 또는 사용수익일 중 빠른 날의 다음날부터 최종 할부금의 지급기일까지의 기간이 1년 이상인 것을 말한다(소득세법 시행령 제162조 제1항 제3호, 시행규칙 제78조 제3항). 이 경우 양도 및 취득의 시기는 소유권이전등기접수일·인도일 또는 사용수익일 중 빠른 날이다.

사용수익일에는 매매목적물인 자산을 현실적으로 사용수익하기 시작된 날은 물론 매매계약의 내용 중 특약으로 정한 사용수익이 가능한 날도 포함된다.[32]

자. 상속 또는 증여에 의하여 취득한 자산

상속이 개시된 날 또는 증여를 받은 날(소득세법 시행령 제162조 제1항 제5호). '증여를 받는 날'은 권리의 이전에 등기를 요하는 재산의 증여에 있어서는 그 등기일을 말한다.[33] 그리고 동산은 인도일 또는 사실상 점유이전일이 된다.

차. 공익사업을 위하여 수용되는 경우

대금을 청산한 날, 수용의 개시일 또는 소유권이전등기접수일 중 빠른 날(소득세법 시행령 제162조 제1항 제7호). 한편 토지공사가 수용보상금에 관하여 진정한 권리자를 알 수 없다는 이유로 수용보상금에 대하여 상대적 불확지공탁을 한 경우 토지의 양도시기는 토지에 대한 수용보상금의 공탁일이 아니라 판결의 확정일로 보아야 한다.[34]

---

31) 대법원 2018.11.9 선고, 2015두41630 판결.
32) 대법원 2015.12.10 선고, 2015두48266 판결.
33) 대법원 1999.11.12 선고, 98두19155 판결.
34) 대법원 2012.2.23 선고, 2010두9372 판결.

카. 대금청산일까지 목적물이 완성되지 않은 경우

목적물이 완성 또는 확정된 날(소득세법 시행령 제162조 제1항 제8호). 양도자산이 완성 또는 확정되지 아니한 경우 대금청산이 먼저 이루어졌다 하더라도 이전등기를 하거나 인도받아 소유권자로서 권리를 행사할 수 있는 상태가 되지 않았기 때문에 그와 같은 상태가 되었을 때인 완성 또는 확정의 시점으로 그 시기를 유예한다는 의미에서 규정을 둔 것으로 보고 있다.[35]

타. 환지처분에 의한 취득시기

도시개발법 또는 그밖의 법률에 따른 환지처분으로 인하여 취득한 토지의 취득시기는 환지 전의 토지의 취득일(나중에 양도시 보유기간 전체에 대한 양도차익을 과세함으로써 환지처분 당시의 양도차익을 과세이연하는 효과를 가져온다), 다만, 교부받은 토지의 면적이 환지처분에 의한 권리면적보다 증가 또는 감소된 경우에는 그 증가 또는 감소된 면적의 토지에 대한 취득시기 또는 양도시기는 환지처분의 공고가 있은 날의 다음날로 한다(소득세법 시행령 제162조 제1항 제9호).

제4절 법인세법상 관련 내용

1. 상품(부동산 제외)·제품 또는 기타의 생산품

그 상품 등을 인도한 날(법인세법 시행령 제68조 제1항 제1호), 시용판매는 상대방이 그 상품 등에 대한 구입의 의사표시를 한 날. 다만, 일정기간 내에 반송하거나 거절의 의사표시를 하지 아니하면 특약 등에 의하여 그 판매가 확정되는 경우에는 그 기간의 만료일(법인세법 시행령 제68조 제1항 제2호)이 된다.

---

35) 구욱서, 『사법과 세법』, 유로, 2010, 159면.

2. 상품 등 외의 자산

그 대금을 청산한 날. 다만, 대금을 청산하기 전에 소유권 등의 이전등기(등록을 포함한다)를 하거나 당해 자산을 인도하거나 상대방이 당해 자산을 사용수익하는 경우에는 그 이전등기일·인도일 또는 사용수익일 중 빠른 날로 한다(법인세법 시행령 제68조 제1항 제3호).

법인이 시효로 재산을 취득하면 당해 법인의 순자산을 증가시키는 거래로 수익이 발생한 것이 되어 익금에 산입하는데, 취득시기는 시효완성이므로 시효완성일이 속하는 사업연도의 익금으로 된다.[36)]

3. 자산의 위탁판매

수탁자가 그 위탁자산을 매매한 날

제5절 관련 사례(판례)

1. 사실관계

한국토지공사가 납세자 갑(종중)의 토지를 수용하고 이에 대한 수용보상금 ○○○억원을 지급하려고 하였는데, 수용 대상인 토지에 대한 소유권 분쟁으로 그 수용보상금 채권의 권리귀속에 대한 다툼이 있어 사업시행자의 과실 없이 보상금을 받을 자를 알 수 없는 때에 해당되어 구 공익사업법 제40조 제2항 제3호에 따라 공탁을 하였다. 이후 갑(종중)이 공탁금출급청구권 확인소송을 제기하자 과세관청에서는 토지에 대한 양도시기로 수용보상금 공탁일로 하여 관련 양도소득세 신고불성실가산세와 납부불성실가산세를 부과하였다. 이에 대하여 납세자는 공탁금을 확정판결일까지 지급받지 못하여 양도에 따른 소득은 현실로 얻지 못하였으므로 소득이 발생한 것으로 보고 한 양도소득세 부과처분과 가산세 처분이 부당하다고 주장하였다.

---

36) 구욱서, 전게서, 992면.

2. 판결요지

공탁금출급청구권 확인청구소송 등에서 청구를 각하 또는 기각하는 판결이 확정되기 전에는 공탁금에 대한 권리자로 인정받을 수 없으므로 공탁금에 대한 청구인의 권리는 판결이 확정된 때 비로소 그 실현의 가능성에 있어 상당히 높은 정도로 성숙·확정되었다 할 것이므로 이 사건 토지의 양도소득이 납세자에게 귀속된 날은 수용보상금의 공탁일이 아니라 판결의 확정일이다.[37]

3. 검 토

공익사업법에 의한 수용으로 인한 양도의 경우에도 소득세법상 양도시기는 원칙적으로 대금을 청산한 날이며, 수용보상금에 대하여도 달리 볼 것이 아니므로 공탁된 수용보상금에 관하여 확정판결일을 양도일로 보는 것이 타당하다.

> **제6절** **민법과 세법의 비교**

민법상 물권변동은 법률의 규정에 의한 경우와 법률행위에 의하여 발생할 수 있는데 법률행위에 의한 물권 변동이 효력이 발생하기 위해서는 부동산의 경우에는 등기를 하여야 하고, 동산의 경우에는 그 동산을 인도하여야 한다.

소득세법과 법인세법에는 손익의 권리의무의 확정시에 실현되는 것으로 보는 권리의무확정주의를 채택하여 손익의 귀속시기를 명확하게 규정하고 있다. 이는 납세자의 과세소득을 획일적으로 파악하여 과세의 공평을 기하고 납세자의 자의에 의한 과세시기의 조작을 방지하기 위한 것이다.

권리의무확정주의는 실질적으로 불확실한 소득에 대하여 장래의 실현을 전제로 미리 과세하는 것으로 설령 현실적으로 소득이 없더라도 그 원인이 되는 권리가 확정적으로 발생한 때 그 소득이 있는 것으로 보아 과세소득을 계산하는 것을 말한다.

부동산의 권리변동과 과세시기와 관련하여 양도소득세는 양도 및 취득의 시기는 원

---

37) 대법원 2012.5.9 선고 2010두22597 판결.

칙적으로 대금청산일 또는 잔금지급약정일이다. 즉 의사의 합치가 있고 잔금이 지급이 완료되면 등기가 되지 않더라도 세법상 양도가 이루어진 것으로 보아 양도소득세 과세가 이루어진다. 다만, 대금청산일이 불분명하거나, 대금 청산 전에 소유권이 이전된 경우에는 등기접수일이 양도일이 된다. 민법상 물권 변동이 효력이 발생하기 위해서는 부동산의 경우에는 등기를 하여야 하는 것과 차이가 있다.

그리고, 부동산 증여에 대한 증여시기와 관련하여 상속세 및 증여세법에서는 원칙적으로 증여를 받은 날인데 권리에 이전의 등기를 요하는 재산에 있어서는 그 등기일이 된다.

법인세법에서는 부동산 양도시기를 대금청산일·인도일·이전등기일·사용수익일 중 빠른 날로 본다.

다만, 부가가치세법에서는 부동산 등의 재화는 소유권이전등기와 관계없이 그 부동산을 사용수익할 수 있는 때에 재화의 공급이 있는 것으로 본다.

한편 동산에 있어서 법인세법 등에서는 상품을 인도한 날에 권리가 변동되는 것으로 보므로 권리변동 시기가 민법과 거의 유사하다고 할 수 있다.

그밖에 법률의 규정에 의한 물권변동의 시기는 민법과 유사하다. 가령 경매에 의하여 자산을 취득하는 경우에는 경매대금 완납일, 상속에 의할 경우에는 상속개시일이 된다.

다만, 점유취득시효로 인한 부동산의 취득시기는 점유개시일이 되고, 공익사업을 위한 수용의 경우에는 대금을 청산한 날 , 수용의 개시일, 소유권이전등기접수일 중 빠른 날이 되어 민법과 차이가 있다.

제 10장

점유권과 재화의 공급

관련 세법규정 요약

• 부가가치세법 제9조【재화의 공급】재화의 공급은 계약상 또는 법률상의 모든 원인에 의하여 재화를 인도 또는 양도하는 것으로 한다.

• 부가가치세법 제15조 제1항 제1호【재화의 공급시기】재화의 공급시기는 재화의 이동이 필요한 경우 재화가 인도되는 때이다.

민법 내용

1. 점유의 의의

점유권이라 함은 물권에 대한 사실상의 지배라고 하는 법적 지위를 말한다. 이처럼 사실상의 지배를 점유권으로 하여 그 지배한 정당한 것인가를 묻지 않고 그 지배를 일단 보호하려는 것이 점유제도이다. 여기서 사실상의 지배를 정당화할 수 있는 권리를 본권이라 하므로, 점유권은 본권의 유무를 묻지 않고 성립하는 권리이다. 사실상의 지배는 법률상의 지배에 대응하는 개념이다. 예컨대 소유자는 물건을 법률상 지배하는 데 대하여 점유자는 물건을 사실상 지배한다. 법률상의 지배는 「있어야 할 상태」를 보호하는 데 대하여 사실상의 지배는 「있는 상태」를 보호하는 것이다.[1]

사실적 지배가 있다고 하기 위하여는 반드시 물건을 물리적·현실적으로 지배하여야 하는 것은 아니고 사회통념에 따라 합목적적으로 판단하여야 한다. 사실적 지배가 인정되기 위하여는 공간적으로 밀접한 관계가 있어야 하지만 사회관념에 따라 일정한 예외가 인정된다. 가령 여행 중인 사람은 집에 두고 온 물건에 대하여 사실적 지배를 하고 있다고 할 수 있다. 그리고 사실적 지배는 시간적으로 어느 정도 계속되어야 한다. 따라서 볼펜을 잠시 빌려 쓰는 경우에는 사실적 지배를 인정하기 어렵다.[2]

2. 점유권의 객체

점유권은 사실상의 지배이므로 사실상의 지배가 가능한 것만이 점유권의 객체로 될 수 있다. 따라서 권리에 대하여는 원칙적으로 점유권이 성립할 수 없다. 그리고 점유권은 그 성질상 개별적 특정 물건에 대하여만 인정된다. 그러므로 집합물 전체에 대하여 점유권은 성립할 수 없다. 예컨대 「특정한 상점 내의 상품 전체」에 대한 점유권을 인정하는 것은 불가능하다.[3]

---

1) 이영준, 『물권법』, 박영사, 2009, 311~312면.
2) 지원림, 『민법강의 제7판』, 홍문사, 2009, 515면.
3) 이영준, 전게서, 315면.

3. 점유권의 종류

점유의 종류는 물건과의 관계의 정도에 따라 직접점유와 간접점유, 사실상의 지배를 행사하는 자의 사회적 종속관계의 여부에 따라 점유자와 점유보조자에 의한 점유 등으로 나눌 수 있다.

가. 점유보조자

점유보조자란 타인의 지시를 받아 물건에 대한 사실상의 지배를 하는 자를 말한다(민법 제195조). 여기서 지시를 하는 타인을 **점유주**라고 부른다. 점유보조자는 물건에 대하여 사실상의 지배를 하더라도 점유권을 취득하지 못하여 점유주만이 점유권자로 된다.[4]

점유주와 점유보조자 사이는 사회적 종속관계가 있어야 한다. 점유보조관계란 지시에 의한 명령·복종 관계를 말하는데, 가사상·영업상의 관계 외에 계약, 친족법 또는 공법에 기해서도 발생할 수 있다. 이 관계는 반드시 유효한 것이어야 하는 것은 아니고, 계속적인 것을 요하지도 않는다.[5]

이러한 점유보조자는 점유자가 아니므로 점유에 관한 모든 효과는 점유주만 가지고 점유보조자는 가지지 않는다. 따라서 점유보호청구권은 제3자에 관한 관계에 있어서도 점유주에게만 인정되고 점유보조자에 대하여는 인정되지 않는다.[6]

나. 간접점유

간접점유란 지상권·전세권·질권·사용대차·임대차·임치 기타의 관계로 타인으로 하여금 물건을 점유하게 하고 그 타인의 점유를 매개로 하는 점유를 말한다(민법 제194조).

가령 A 소유의 아파트를 B가 임차하여 점유하는 경우에, 그 아파트를 사실상 지배하는 것은 B이지만, 위 아파트를 직접 지배하고 있지 않은 A에게도 B의 점유를 매개로 하여 점유를 인정하는 것이 간접점유제도이다. 위에서 A는 간접점유자이다.[7]

---

4) 이영준, 상게서, 326면.
5) 지원림, 전게서, 518면.
6) 이영준, 상게서, 332면.
7) 지원림, 전게서, 519면.

간접점유는 그 법적 효력에 있어서 직접점유와 같다. 가령 주택임대차보호법 제3조 제1항에 정한 대항요건은 임차인이 당해 주택에 거주하면서 이를 직접 점유하는 경우뿐만 아니라 타인의 점유를 매개로 하여 이를 간접점유하는 경우에도 인정될 수 있고, 제3자를 점유매개자로 하여 농지를 간접적으로 점유하여 온 자는 비록 그가 농민이 아니라도 농지를 시효취득할 수 있다.[8]

또한 점유매개자(직접점유자)가 그 점유를 침탈당하거나 방해받고 있는 경우에, 간접점유자도 점유보호청구권을 가진다(민법 제207조 제1항).

4. 인 도

인도는 점유의 이전을 말하는데, 이것은 현실의 인도를 원칙으로 한다(민법 제188조 제1항). 즉 사실상의 지배를 이전함을 말한다. 물건의 인도가 이루어졌는지 여부는 사회관념상 목적물에 대한 양도인의 사실상 지배인 점유가 동일성을 유지하면서 양수인의 지배로 이전되었다고 평가할 수 있는지 여부에 달려 있다.[9]

그런데 민법은 이 외에도 간이인도(민법 제188조 제2항)·점유개정(민법 제189조)·목적물반환청구권의 양도(민법 제190조)의 경우에도 인도가 있은 것으로 인정하는데, 이 세 가지는 당사자의 의사표시만으로 그 효력이 생기는 점에서 현실의 인도와 구분된다.[10]

가. 현실의 인도

현실의 인도라 함은 물건의 사실상의 지배를 실제로 양도인으로부터 양수인에게 이전하는 것을 말한다. 통설에 의하면 사실상의 지배의 이전이 있는지 여부는 사회통념에 따라야 된다고 한다.[11]

나. 간이인도

양수인이 이미 그 동산을 점유한 때 당사자의 의사표시만으로 그 효력이 생기는(민법 제188조 제2항) 것으로, 가령 A 소유의 동산을 임차하고 있는 B가 그 동산을 매수하는

---

8) 이영준, 전게서, 342면.
9) 이영준, 상게서, 258면.
10) 김준호, 『민법강의』, 법문사, 2009, 537면.
11) 이영준, 전게서, 260면.

경우이다. 이때에는 현실의 인도를 할 필요 없이 당사자의 의사표시만으로 인도한 것과 같은 효력이 생긴다. 이때의 의사표시는 점유의 이전에 관한 합의를 뜻한다.[12]

다. 점유개정

동산에 관한 물건을 양도하는 경우에 당사자의 계약으로 양도인이 그 동산의 점유를 계속하는 때에는 양도인이 인도받은 것으로 보는(민법 제189조) 것으로, 여기서 계약은 점유매개관계의 설정에 관한 계약을 가리키는 것으로 양도인과 양수인 사이에 점유매개관계를 설정하여 양도인이 양수인에 대하여 점유매개자가 되기로 하는 합의이다.

가령 A가 B에게 동산을 매도하면서 동시에 B로부터 임차하는 경우이다. 이 인도방식은 종전의 점유에 아무런 변화가 없으므로 이를 공시방법으로 인정할 수 있는지 문제가 될 수 있는데, A가 B에게 현실의 인도를 한 후에 다시 임차하는 것을 막을 수 없고, 이때는 결과에서 같으므로 이를 인도의 독립된 유형으로 인정한 것이다.[13]

라. 목적물반환청구권의 양도

제3자가 점유하고 있는 동산에 관한 물권을 양도하는 경우에 양도인이 그 제3자에 대한 반환청구권을 양수인에게 양도함으로써 동산을 인도한 것으로 보는(민법 제190조) 것으로, 가령 A가 창고업자 B에게 임치한 동산을 임치한 상태에서 C에게 양도하는 방식이다. 이 경우 A는 간접점유자이고 B는 직접점유자인데 A가 임치계약에 따라 B에 대하여 가지는 반환청구권을 C에게 양도함으로써 C가 간접점유자가 되면서 그 소유권을 취득하는 방식이다.[14]

5. 점유권의 효력

점유자가 점유물에 대하여 행사하는 권리는 적법하게 보유한 것으로 추정한다(민법 제200조). 따라서 이를 부정하는 자가 입증책임을 진다. 또한 선의의 점유자는 점유물의 과실을 수취한다(민법 제201조).

---

12) 김준호, 상게서, 537면.
13) 김준호, 상게서, 538면.
14) 김준호, 전게서, 539면.

그러나 점유자의 권리추정은 특별한 사정이 없는 한 부동산물권에 대하여는 적용되지 아니한다.[15]

목적 부동산을 인도받아 계속 점유하는 경우에는 그 소유권이전등기청구권의 소멸시효는 진행하지 않는다.[16]

한편 토지의 매수인이 아직 소유권이전등기를 경료받지 않았더라도 매매계약의 이행으로 그 토지를 인도받은 때에는 매매계약의 효력으로서 이를 점유·사용할 권리가 있다고 할 것이므로, 매도인이 매수인에 대하여 그 점유·사용을 법률상 원인이 없는 이익이라고 하여 부당이득반환청구를 할 수는 없다. 이러한 법리는 대물변제 약정 등에 의하여 매매와 같이 부동산의 소유권을 이전받게 되는 사람이 이미 해당 부동산을 점유·사용하고 있는 경우에도 마찬가지로 적용된다.[17]

6. 점유권의 소멸

물건을 사실상 지배하는 자는 점유권이 있다. 점유자가 물건의 사실상 지배를 상실한 때에는 점유권이 소멸한다(민법 제192조).

7. 점유권의 양도와 상속

점유권의 양도는 점유물의 인도로 그 효력이 생긴다(민법 제196조). 상속에 의하여 피상속인의 점유권은 상속인에게 이전한다(민법 제193조).

8. 점유보호청구권

점유보호청구권은 점유가 침해당하거나 침해당할 염려가 있는 때에 그 점유자에게 본권이 있는지를 묻지 않고 그 자체를 보호하기 위하여 인정되는 물권적 청구권이다. 그 유형으로는 점유 침해의 모습에 따라 점유물반환청구권·점유물방해제거청구권·점유물방해예방청구권의 세 가지가 있다.[18]

---

15) 사법연수원, 『요건 사실론』, 2011, 76면.
16) 대법원 2010.1.28 선고, 2009다73011 판결.
17) 대법원 2016.7.7 선고, 2014다2662 판결.
18) 지원림, 전게서, 536면.

가. 점유물반환청구권

점유자가 점유의 침탈을 당한 때에는 그 물건의 반환 및 손해의 배상을 청구할 수 있다(민법 제204조 제1항). 침탈이란 점유자가 그의 의사에 의하지 않고서 사실적 지배를 빼앗기는 것이다. 침탈당한 날로부터 1년 내에 행사하여야 한다.

나. 점유물방해제거청구권

점유자가 점유의 방해를 받은 때에는 그 방해의 제거 및 손해의 배상을 청구할 수 있다(민법 제205조 제1항). 점유권에 의한 방해배제청구권(점유보호청구권)은 물건 자체에 대한 사실상의 지배상태를 점유 침탈 이외의 방법으로 침해하는 방해행위가 있는 경우에 성립된다.[19] 방해가 종료된 날로부터 1년 내에 행사하여야 한다.

다. 점유물방해예방청구권

점유자가 점유의 방해를 받을 염려가 있는 때에는 그 방해의 예방 또는 손해배상의 담보를 청구할 수 있다(민법 제206조).

9. 자력구제권

사인(私人)이 자기의 권리를 보호하거나 실현하기 위하여 국가의 힘을 빌리지 않고 사적 실력을 행사하여 강제하는 것을 **자력구제**(自力救濟)라 한다.

가. 자력방위권

점유자는 그 점유를 부정히 침탈 또는 방해하는 행위에 대하여 자력으로써 이를 방위할 수 있다(민법 제209조 제1항). 이를 **자력방위권**이라고 하며, 침탈 또는 방해행위가 계속되는 경우에 한한다.

---

19) 대법원 1987.6.9 선고, 86다카2942 판결.

나. 자력탈환권

또한 점유물이 침탈되었을 경우에 부동산일 때에는 점유자는 침탈 후 직시(直時) 가해자를 배제하여 이를 탈환할 수 있고, 동산일 때에는 점유자는 현장에서 또는 추적하여 가해자로부터 이를 탈환할 수 있다(민법 제209조 제2항). 이를 **자력침탈권**이라 한다.

자력탈환권은 점유가 침탈되었을 때 시간적으로 좁게 제한된 범위 내에서 자력으로 점유를 회복할 수 있다는 것으로서, 위 규정에서 말하는 "직시"란 "객관적으로 가능한 한 신속히" 또는 "사회관념상 가해자를 배제하여 점유를 회복하는 데 필요하다고 인정되는 범위 안에서 되도록 속히"라는 뜻으로 해석할 것이므로 점유자가 침탈사실을 알고 모르고와는 관계없이 침탈을 당한 후 상당한 시간이 흘렀다면 자력탈환권을 행사할 수 없다.[20]

효과로는 권리의 침해가 있는 경우에 원칙적으로 자력구제가 허용되지 않지만 민법 제209조의 요건을 충족하면 위법성이 조각된다.[21]

제2절 부가가치세법상 관련 내용

1. 재화의 공급

가. 개 요

일반적으로 재화의 공급은 사업자가 거래상대방에게 사실상·법률상의 처분권을 이전하여 주고 그 대가를 받은 것을 말한다.[22]

재화의 공급이란 계약상·법률상의 모든 원인에 의하여 재화를 인도 또는 양도하는 것이다(부가가치세법 제9조 제1항). 계약상 또는 법률상의 모든 원인에 의하여 재화를 인도 또는 양도하는 것을 부가가치세의 과세원인이 되는 재화의 공급이라고 하고, 부가가치세의 성질에 비추어 그 인도 또는 양도는 그 실질적으로 얻은 이익의 유무에 불구하고

---

20) 대법원 1993.3.26 선고, 91다14116 판결.
21) 지원림, 전게서, 541면.
22) 김형환, 『부가가치세 실무해설』, 세경사, 2010, 212면.

재화를 사용·소비할 수 있도록 소유권을 이전하는 일체의 원인행위를 모두 포함한다.[23)

계약 등 법률행위에 의한 경우이든 수용[24)이나 판결·경매[25)와 같은 법률의 규정에 의한 경우이든 묻지 않는다. 따라서 법률상의 원인에 기하지 않은 도난이나 강탈, 유실에 의한 경우는 재화의 공급에 포함되지 않는다.[26)

나. 인 도

부가가치세법에서는 인도 및 양도의 정의에 관하여 명시하고 있지 않으며, 민법에서 사용하고 있는 인도와 양도의 개념을 엄격하게 구별하여 사용하고 있지 아니하고 이를 혼용하여 사용하고 있다.[27)

인도는 재화에 대한 사실상의 지배, 즉 점유를 이전하는 것으로서 현실의 인도뿐만 아니라 간이인도, 점유개정, 목적물반환청구권의 양도가 모두 포함된다.[28)

다. 양 도

양도는 소유권의 이전으로 법률상의 지위의 이전을 뜻하며, 대표적인 예는 부동산의 소유권이전이라고 할 것이다. 부가가치세 과세대상인 건물이 공급되었다고 하기 위해서는 그 사실상의 지배인 점유의 이전만으로는 부족하고 건물에 대한 소유권이 이전되어야 한다는 뜻에서 양도라는 용어를 사용한 것으로 본다.[29)

---

23) 대법원 1996.6.11 선고, 96누3371 판결.
24) 다만, 「도시 및 주거환경정비법」·「공익사업을 위한 토지 등의 취득 및 보상에 관한 법률」 등에 따른 수용절차에 있어서 소유자가 재화를 철거하는 조건으로 대가를 받는 경우에는 재화의 공급으로 보지 아니한다(부가가치세법 시행령 제14조 제4항).
25) 다만, 「국세징수법」 제61조에 따른 공매 및 「민사집행법」에 따른 경매에 따라 재화를 인도 또는 양도하는 것은 재화의 공급으로 보지 아니한다(부가가치세법 시행령 제14조 제3항).
26) 임승순, 『조세법』, 박영사, 2009, 879면.
27) 강인·황종대·신정기, 『부가가치세 실무』, 삼일인포마인, 2009, 288면.
28) 임승순, 전게서, 880면.
29) 고성춘, 『조세법』, 도서출판 청보, 2008, 659면.

2. 계약상 원인에 의한 재화의 인도 또는 양도

가. 매매계약에 의한 재화의 인도 또는 양도

계약상의 원인으로는 현금판매·외상판매·할부판매·장기할부판매[30]·조건부 및 기한부 판매·위탁판매 기타 매매계약에 의하여 재화를 인도 또는 양도하는 것을 말한다(부가가치세법 시행령 제18조 제1항 제1호).

한편, 현금판매, 외상판매 또는 할부판매의 경우 재화의 공급시기는 재화가 인도 되거나 이용가능하게 되는 때이다(부가가치세법 시행령 제28조 제1항).

나. 가공계약에 의한 재화의 인도 또는 양도

자기가 주요 자재의 전부 또는 일부를 부담하고 상대방으로부터 인도받은 재화에 공작을 가하여 새로운 재화를 만드는 가공계약에 의하여 재화를 인도하는 것을 말한다(부가가치세법 시행령 제18조 제1항 제2호). 공급시기는 가공된 재화를 인도하는 때이다(부가가치세법 시행령 제28조 제1항).

다. 교환계약에 의한 재화의 인도 또는 양도

재화의 인도대가로서 다른 재화를 인도받거나 용역을 제공받는 교환계약에 의하여 재화를 인도 또는 양도하는 것 등이 있다(부가가치세법 시행령 제18조 제1항 제3호). 상품권 등을 현금 또는 외상으로 판매하고 그 후 상품권 등이 현물과 교환되는 경우 공급시기는 재화가 실제로 인도되는 때이다(부가가치세법 시행령 제28조 제1항).

3. 법률상 원인에 의한 재화의 인도 또는 양도

가. 경 매

경매(競賣)는 국가기관이 법률에 의하여 행하는 경매와 사인(私人)들 사이에서 행하여지는 경매의 두 가지가 있다. 전자는 민사집행법에 의하여 규율되고, 후자는 사인들

---

30) 재화를 공급하고 그 대가를 월부·연부 기타 부불방법에 따라 받는 것 중 2회 이상으로 분할하여 대가를 받고, 당해 재화의 인도일의 다음날로부터 최종 부불금의 지급기일까지의 기간이 1년 이상인 것을 말한다.

사이에 행하여지는 경매이다.

이 중 민사집행법에 의한 경매는 재화의 공급으로 보지 않는다. 왜냐하면 국세를 체납하여 압류된 경우와 채무를 변제하시 못하여 강제집행하는 경우에 공매 또는 강제경매를 통해 재화가 인도 또는 양도될 때 국세를 체납하거나 채무를 변제하지 못하였던 경매재화의 공급자가 부가가치세를 거래징수하여 납부하여야 하나, 경매재화의 공급자는 대부분 폐업·파산 등으로 세금부담능력이 없기 때문에 부가가치세를 납부하지 못하는 반면, 경매재화의 구입자, 즉 경락자는 매입세액을 공제받기 때문에 과세관청의 입장에서 세수 일실만 초래하고, 경매대금을 배분하는 때에도 부가가치세가 다른 채권에 반드시 우선하지도 않으므로 조세채권의 확보가 곤란하여 재화의 공급으로 보지 아니한다.[31]

나. 수 용

수용(收用)이란 공익사업을 위하여 소유권 기타의 재산권을 법률의 힘에 의하여 강제적으로 취득하는 것을 말한다. 그리고 수용에서의 물권변동은 ① 기업자와 토지소유자의 협의에 의하여 협의수용의 경우에 협의에서 정하여진 시기에, ② 협의가 성립하지 않아 토지수용위원회의 재결에 의하는 재결수용의 경우에는 재결에서 정한 수용의 개시일에 일어난다.[32]

그러나 「도시 및 주거환경정비법」, 「공익사업을 위한 토지 등의 취득 및 보상에 관한 법률」 등에 따른 수용절차에서 수용대상 재화의 소유자가 수용된 재화에 대한 대가를 받는 경우에는 재화의 공급으로 보지 아니한다(부가가치세법 시행령 제18조 제3항 제3호).

다. 현물출자

현물출자(現物出資)는 법인 또는 공동사업체에 자본금 또는 출자금을 금전 이외의 재산으로 출자하는 것을 말한다. 주식회사에서는 금전출자가 원칙이나, 예외적으로 현물출자가 가능하다.

현물출자의 목적물이 될 수 있는 것은 대차대조표의 자산에 기재할 수 있는 것이면 무엇이든지 가능하다고 본다. 따라서 동산, 부동산, 채권, 유가증권, 무체재산권, 영업

---

31) 강인·황종대·신정기, 전게서, 296면.
32) 지원림, 전게서, 467면.

의 전부 또는 일부의 양도, 영업상의 비결, 컴퓨터의 소프트웨어 등 재산적 가치가 있는 것이면 무엇이든지 현물출자의 목적물이 될 수 있다.[33]

그리고 사업자간에 상품·제품·원재료 등의 재화를 차용하여 사용·소비하고 동종 또는 이종의 재화를 반환하는 소비대차의 경우에 해당 재화를 차용하거나 반환하는 것은 각각 재화의 공급에 해당한다(부가 통칙 6-14-1).

그러나 출자자가 자기의 출자지분을 타인에게 양도하거나 법인 또는 공동사업자가 출자지분을 현금으로 반환하는 것은 재화의 공급에 해당하지 아니하는 것이나, 법인 또는 공동사업자가 출자지분을 현물로 반환하는 것은 재화의 공급에 해당한다(부가 통칙 6-14-2).

제3절 소득세법상 관련 내용

1. 유실물의 소득구분

유실물의 습득 또는 매장물의 발견으로 인하여 보상금을 받거나 새로 소유권을 취득하는 경우 그 보상금 또는 자산은 기타소득이다(소득세법 제21조 제1항 제11호). 여기서 습득이란 유실물의 점유를 취득하는 것을 말한다.

2. 점유취득시효에 의한 부동산의 취득시기

점유취득시효에 의하여 부동산의 소유권을 취득하는 경우 취득시기는 당해 부동산의 점유를 개시한 날이다(소득세법 시행령 제162조 제1항 제6호).

---

33) 정찬형, 『상법강의(상)』, 박영사, 2009, 593면.

1. 건물의 인도의무 등이 없는 경우 부가가치세 과세

가. 사실관계

납세자 갑은 2004년부터 부동산임대업을 영위하였다. 이 건물은 그 후 대한주택공사에서 시행하는 택지개발사업구역내에 편입되어 납세자 갑은 대한주택공사와의 사이에 건물은 2006년 1월까지 철거하기로 하는 내용의 합의를 하고 대한주택공사로부터 ○억원의 보상금을 수령하였다.

이에 대하여 과세관청은 한국주택공사로부터 갑이 수령한 보상금 ○억원이 부가가치세법상 재화의 공급에 해당한다고 보아 부가가치세 ○억원을 부과하였다.

나. 판결요지

납세자 갑은 위 건물에 대하여 건물을 철거할 의무만 부담할 뿐 건물을 인도하거나 등기를 이전할 의무를 부담하지 아니한다 할 것이므로 재화의 공급이 있었다고 볼 수 없어 부가가치세 과세처분은 위법하다.[34]

다. 검 토

임대건물의 경우 건물을 철거후 퇴거시키기는 어려우므로 임대인은 대한주택공사에 대하여 나중에 철거할 의무만 부담할 뿐 건물을 인도하거나 등기를 이전할 의무를 부담하지 아니하므로 부가가치세법상 재화의 공급인 계약상 또는 법률상 원인에 의하여 재화를 인도 또는 양도한 것으로 보아 과세처분한 것은 위법하다.

---

34) 대법원 2011.10.27 선고, 2011두28943 판결.

2. 임대차계약이 해지되어 임차인의 점유가 불법점유가 된 경우 부가 가치세 과세대상 여부

임대인의 해지통고로 건물 임대차계약이 해지되어 임차인의 점유가 불법점유가 된다고 하더라도, 임차인이 건물을 명도하지 아니하고 계속 사용하고 있고 임대인 또한, 임차보증금을 반환하지 아니하고 보유하면서 향후 월 임료 상당액을 보증금에서 공제하는 관계에 있다면, 이는 부가가치세의 과세대상인 용역의 공급에 해당한다.[35]

3. 토지 무단 사용에 대한 부당이득금의 부가가치세과세 여부

당초부터 정당한 권원 없이 토지가 무단으로 점용되어 법원의 확정판결을 통해 수령한 부당이득금은 계약상 또는 법률상 원인에 의한 용역의 공급대가에 해당하지 아니하여 부가가치세 과세대상인 부동산임대용역에 해당하지 않는다.[36] 즉, 점유·사용으로 인해 손해를 입은 토지소유자에게 이득을 반환하는 손해배상금은 과세대상이 아니다.[37]

제5절 민법과 세법의 비교

세법상 과세요건이 충족되기 위해서는 과세대상인 소득 또는 재산 등 담세력이 있어야 하고, 이러한 담세력을 납세자가 가지기 위해서는 과세대상 물건에 대한 소유권이 이전되어야 하므로, 물건의 사실상 점유 상태를 보호하는 권리인 점유권은 다른 물권에 비해서 세법에서 특별한 의미가 없다.

다만, 부가가치세는 과세대상인 재화의 공급이란 계약상 또는 법률상 원인에 의하여 재화를 인도 또는 양도를 말하는 것으로 부가가치세의 성질상 그 인도는 재화를 사용·수익할 수 있도록 소유권을 이전하는 것을 말한다. 다만, 소유자 명의가 이전되지

---

35) 대법원 2003.11.28 선고, 2002두8534 판결.
36) 법규부가2014-230, 2014.6.25.
37) 재정경제원 소비46015-339, 1996.11.14.

않았다고 하더라도 사실상 소유자로서 배타적인 이용·관리·처분을 할 수 있도록 점유를 이전하면 재화의 공급으로 볼 수도 있다.

다만, 재화의 공급시기와 관련하여 재화의 이동이 필요한 경우에는 인도되는 때로 보고 있으면, 기타 일정한 재화의 공급도 해당 재화를 인도하는 때를 공급시기로 보고 있다. 이 때의 인도의 의미는 양수인이 소유권을 취득하고 물건을 사실상 지배하면서 사용·수익할 수 있는 상태를 말한다고 보아야 한다.

민법상 유실물을 습득한 후 피해자 또는 유실자가 유실한 날로부터 2년 이내에 그 물건의 반환을 청구하지 않으면 습득자는 확정적으로 소유권을 취득한다. 이에 대해 소득세법상 기타소득으로 과세한다.

점유취득시효는 민법상 그 등기를 하여야만 소유권을 취득하는데, 소득세법에서는 등기가 이루어지면 점유자가 점유를 개시한 때에 소급하여 소유권을 취득한다는 점을 감안하여 점유개시일을 양도소득세 계산시 취득시기로 보고 있다.

제11장

소유권과 관련 과세문제

관련 세법규정 요약

- 국세기본법 제25조【연대납세의무】공유물, 공동사업 또는 그 공동사업에 속하는 재산에 관계되는 국세·가산금과 강제징수비는 공유자 또는 공동사업자가 연대하여 납부할 의무를 진다. 법인이 분할되거나 분할합병되는 경우 분할법인에 대하여 분할일 또는 분할합병일 이전에 부과되거나 납세의무가 성립한 국세·가산금 및 강제징수비는 분할되는 법인, 분할 또는 분할합병으로 설립되는 법인 등이 연대하여 납부할 의무를 진다. 법인이 분할 또는 분할합병으로 해산하는 경우 그 법인이 납부할 국세·가산금·강제징수비는 분할 또는 분할합병으로 설립된 법인, 존속하는 분할합병의 상대방 법인이 연대하여 납부할 의무를 진다.

- 부가가치세법 제9조 제1항【재화의 공급】재화의 공급은 계약상 또는 법률상의 모든 원인에 따라 재화를 인도하거나 양도하는 것으로 한다.

- 소득세법 제21조 제11호, 제12호【기타소득】유실물의 습득 또는 매장물의 발견으로 인하여 보상금을 받거나 새로 소유권을 취득하는 경우 그 보상금 또는 자산, 소유자가 없는 물건의 점유로 소유권을 취득하는 자산은 기타소득으로 한다.

- 소득세법 제88조【양도의 정의】양도란 자산에 대한 등기 또는 등록에 관계없이 매도, 교환, 법인에 대한 현물출자 등으로 인하여 그 자산이 유상으로 사실상 이전되는 것을 말한다.

1. 소유권의 의의

물권은 물건을 지배하는 권리인데, 그 지배는 두 가지 방향으로 나타난다. 하나는 물건의 사용가치(사용·수익)를 얻는 것이고, 다른 하나는 교환가치(처분)를 얻는 것인데, 소유권은 양자 모두를 가진다(민법 제211조).

소유권은 권리의 성격에서

① 소유권이 가지는 물적 지배는 물건이 가지는 사용가치와 교환가치의 전부에 전면적으로 미친다(전면성).

② 소유권과 제한물권이 동일인에게 귀속하면 제한물권은 혼동으로 인해 소멸하는데, 그것은 소유권이 단일의 권리라 하는 혼일성에서 기인한다(혼일성).

③ 또한 제한물권이 해소되면 본래의 상태로 회복된다(탄력성).

④ 소유권에는 존속기간이 없으며, 제3자의 취득시효로 인해 상대적으로 소유권을 잃을 수는 있어도 소멸시효에 걸리지 않는다(항구성).[1]

2. 소유권의 제한

사유재산권 특히 소유권에 대한 절대적 지배를 인정하고 국가나 다른 개인은 이에 제한을 가하지 않는다는 원칙이 사유재산권 존중의 원칙이다. 이 원칙은 근대민법의 기본원리 가운데 하나였다. 그러나 20세기에 들어와 자본주의의 폐해가 심각하게 나타나자 이 원칙 및 소유권에 대한 제약이 많이 늘고 있다.[2]

「헌법」 제23조 제1항에서 "모든 국민의 재산권은 보장된다. 그 내용과 한계는 법률로 정한다"고 규정하고 있다. 따라서 입법에 의하여 소유권이 제한될 수 있다. 이러한 제한으로 「민법」상의 상린관계에 관한 규정, 「농지법」 제6조[3]와 같이 소유 자체를 제

---

1) 김준호, 『민법강의』, 법문사, 2009, 593~594면.
2) 송덕수, 『신민법강의』, 박영사, 2009, 570면.
3) 상속으로 농지를 취득한 자로서 농업경영을 하지 아니하는 자는 그 상속농지 중에서 총 1만제곱미터까지만 소유할 수 있다.

한하는 경우, 「부동산 거래신고 등에 관한 법률」 제10조와 같이 거래를 제한하는 경우, 「도시계획법」, 「소방법」 등과 같이 소유권의 자유로운 행사를 제한하는 경우 등이 있으며, 특히 「공익사업을 위한 토지 등의 취득 및 손실보상에 관한 법률」과 같이 소유권 자체를 박탈하는 규정도 있다.[4]

3. 토지소유권의 범위

토지의 소유권은 정당한 이익 있는 범위 내에서 토지의 상하에 미친다(민법 제212조). 따라서 토지소유자는 지표뿐만 아니라 지상의 공중이나 지하도 정당한 이익이 있는 범위 내에서 이용할 수 있다. 정당한 이익의 범위는 사회관념에 따라 판단한다.

4. 건물의 구분소유

1동의 건물을 구분하여 그 각각의 부분을 수인이 소유하는 것을 가리켜 건물의 구분소유라고 한다. 민법은 구분소유에 관하여 제215조에서 소유자 상호간의 관계를 규율하고 있다. 그런데 그 규정은 과거에 규모가 작은 건물을 세로로 구분한 경우를 생각하여 주어진 간단한 것이다. 따라서 그것만으로는 오늘날의 중·고층의 대규모 구분소유는 합리적으로 규율할 수 없다. 그리하여 오늘날 구분소유를 적절하게 규제할 목적으로 「집합건물의 소유 및 관리에 관한 법률」이 제정되어 시행되고 있다.[5]

5. 상린관계

원래 토지는 연속되어 있으나, 인위적으로 그 지표에 선을 그어 구별한다. 따라서 토지 소유자 각자가 자기의 소유권을 주장하고 행사하는 경우에, 인접하고 있는 토지의 소유권 사이의 충돌문제가 발생할 수 있다. 여기서 인접하고 있는 토지 소유자 상호간의 이용을 조절하기 위하여 제216조 내지 제244조가 그들 상호간의 법률관계를 규정하고 있는데, 이를 **상린관계**(相隣關係)라고 한다. 상린관계는 구체적으로 토지소유권의 확장 또는 축소의 형태로 나타난다.[6]

---

4) 지원림, 『민법강의 제7판』, 홍문사, 2009, 543면.
5) 송덕수, 전게서, 573면.
6) 지원림, 전게서, 546면.

6. 소유권의 취득

가. 개 요

(1) 의의

소유권의 취득원인에는 법률행위와 법률의 규정의 두 가지가 있는데, 전자는 민법 제186조에서 규율하고 법률의 규정에 의하여 소유권을 취득하는 것으로 정하는 것으로 매매·증여 등 취득원인이 다양하다.

법률의 규정에 의한 소유권 취득원인으로 「물권」편의 대표적인 것으로 취득시효·선의취득·무주물 선점·유실물 습득·매장물 발견·첨부(부합·혼화·가공)에 관하여 따로 정한다.[7]

(2) 원시취득과 승계취득

타인의 권리를 바탕으로 하지 않고서 원시적으로 취득하는 것을 말한다. 원시취득은 이미 존재하고 있는 권리를 바탕으로 하는 것이 아니므로 취득하기 전의 권리상태는 취득한 권리에 영향을 미치지 않는다. 이에 해당하는 것으로는 건물신축, 시효취득, 선점, 습득, 수용재결에 의한 취득이 있다.

자기의 비용과 노력으로 건물을 신축한 자는 그 건축허가가 타인의 명의로 된 여부에 관계없이 그 소유권을 원시취득한다.[8]

승계취득은 타인의 권리를 바탕으로 하여 취득하는 것이며, 타인이 가지고 있는 이미 존재하고 있는 권리를 승계하여 어떤 주체에게 권리가 발생하는 것이다. 이에 해당하는 것으로는 매매, 상속, 경매 등에 의한 취득이 있다.

(3) 법률행위에 의한 소유권 취득

매매 등에 의한 소유권 취득이 이에 해당하고, 부동산 취득의 경우에는 민법 제186조에 따라 등기하여야 효력이 발생한다.

다만, 부동산 매수인이 아직 소유권이전등기를 경료하지 않았다고 하더라도 매매계약의 이행으로 그 부동산을 인도받은 때에는 매매계약의 효력으로서 이를 점유·사용

---

7) 김준호, 전게서, 616면.
8) 대법원 2002.4.26 선고, 2000다16350 판결.

할 권리가 생긴다.[9]

부동산 매매로 인한 소유권이전등기청구권은 물권의 이전을 목적으로 하는 매매의 효과로서 매도인이 부담하는 재산권이전의무의 한 내용을 이루는 것이고, 매도인이 물권행위의 성립요건을 갖추도록 의무를 부담하는 경우에 발생하는 채권적 청구권이다.[10] 따라서 원칙적으로 10년의 소멸시효에 걸린다.

한편, 당사자 사이에 중간생략등기에 관한 합의가 이루어진 경우 최종 양수인이 중간생략등기의 합의를 이유로 최초 양도인에게 직접 중간생략등기를 청구하기 위해서는 관계 당사자 전원의 의사합치가 필요하다.[11]

나. 취득시효

(1) 개요

시효에는 소멸시효와 취득시효의 둘이 있다. 어느 것이나 일정한 사실상태가 계속된 경우 일정한 효과를 부여하는 점에서 같다. 그러나 효과면에서 소멸시효는 권리의 소멸을 가져오고, 취득시효는 권리의 취득을 가져오는 차이가 있다.

취득시효는 어떤 자가 권리자인 것처럼 행사하고 있는 사실상태가 일정한 기간 동안 계속된 경우 그가 진실한 권리자인가를 묻지 않고 처음부터 권리자이었던 것으로 인정하는 제도이다.[12] 취득시효로 인한 권리취득의 효력은 점유를 개시한 때에 소급한다(민법 제247조 제1항).

(2) 취득시효 대상

부동산 및 동산의 소유권은 취득시효의 목적이 된다(민법 제245조, 제246조).

부동산 취득시효는 다시 점유취득시효(민법 제245조 제1항)와 등기부취득시효(민법 제245조 제2항)에 따라 존재이유가 다르다. 점유취득시효는 입증곤란을 구제를 통해 진정한 권리자의 보호에 근본취지가 있고, 등기취득시효는 부동산 거래의 안전을 도모할 수 있는 점에 존재 이유가 있다고 볼 수 있다.[13]

---

9) 대법원 1996.6.25 선고, 95다12682 판결.
10) 대법원 2005.3.10 선고, 2004다67653 판결.
11) 대법원 2005.9.29 선고, 2003다40651 판결.
12) 송덕수, 전게서, 590면.
13) 김준호, 전게서, 618면.

한편, 국유재산은 일반재산을 제외하고는 시효취득의 대상이 되지 않는다(국유재산법 제7조 제2항). 또한 집합건물의 공용부분은 취득시효에 의한 소유권 취득의 대상이 될 수 없다.[14)]

(3) 부동산 소유권의 취득시효

민법 제245조에서는 부동산 소유권의 취득시효에 관하여 두 종류를 규정하고 있다. 하나는 등기 없이 20년간 소유의 의사로 평온·공연하게 부동산을 점유하는 자는 등기함으로써 그 소유권을 취득하는 것이고, 다른 하나는 부동산의 소유자로 등기한 자가 10년간 소유의 의사로 평온·공연하게 선의이며 무과실로 그 부동산을 점유하는 때 소유권을 취득한다. 전자를 **점유취득시효**라 하고, 후자를 **등기부 취득시효**라고 한다.

점유취득시효의 성립 여부가 빈번하게 문제되고 있는데, 이는 허술한 일제의 토지조사사업, 농지개혁 등으로 인한 토지공부의 혼란, 등기를 통한 권리관계 명확화에 대한 국민들의 법의식 부족 등에 주로 기인한다.[15)]

1) 점유취득시효

가) 자주점유

점유는 자주점유이어야 하고 평온·공연한 점유이어야 한다. 자주점유라 함은 소유자와 동일한 지배를 사실상 행사하려는 의사를 가지고 하는 점유[16)]를 의미하는 것으로 소유권을 가지고 있거나 소유권이 있다고 믿고서 하는 점유를 의미하는 것은 아니다.[17)] 점유자는 소유의 의사로 평온·공연하게 점유한 것으로 추정한다(민법 제197조 제1항).

점유자의 점유가 소유의 의사 있는 자주점유(自主占有)인지, 아니면 소유의 의사 없는 타주점유(他主占有)인지는 점유자 내심의 의사에 의하여 결정되는 것이 아니라 점유 취득의 원인이 된 권원의 성질이나 점유와 관계가 있는 모든 사정에 의하여 객관적으로 결정되어야 한다.[18)]

---

14) 대법원 2013.12.12 선고, 2011다78200 판결.
15) 양창수·권영준, 『권리의 변동과 구제』, 박영사, 2012, 225면.
16) 국유재산에 관하여 대부계약신청을 하여 관리청과의 사이에 대부계약을 체결하였다면 이는 점유자가 타인의 소유권을 배제하여 자기의 소유물처럼 배타적 지배를 가지고 점유하는 것으로 볼 수 없다.
17) 지원림, 전게서, 574면.
18) 대법원 2011.7.28 선고, 2011다15094 판결.

점유의 원인이 매매·증여 등이 존재하는 때에는 자주점유이고, 그 원인이 지상권·전세권·질권·임대차·임치 등인 경우에는 타주점유가 된다.[19]

한편 법률행위 또는 법률요건이 없이 법률요건이 없다는 사실을 잘 알면서도 한 악의의 무단점유는 자주점유가 아니다.[20]

또한 점유자가 진정한 소유자라면 통상 취하지 아니할 태도를 나타내거나 소유자라면 당연히 취했을 것으로 보이는 행동을 취하지 아니한 경우 등 외형적·객관적으로 보아 점유자가 타인의 소유권을 배척하고 점유할 의사를 갖고 있지 아니하였던 것이라고 볼 만한 사정이 증명된 경우 소유의 의사로 점유한 추정은 깨어진다.[21]

나) 20년 이상 평온·공연한 자주점유

또한 평온·공연한 자주점유가 20년간 계속되어야 한다. 20년간의 점유에 관해서는 점유의 승계가 인정되고(민법 제199조), 전후양시에 점유한 사실이 있는 때에는 그 점유는 계속된 것으로 추정한다(민법 제198조).

기산점과 관련하여 판례는 고정시설의 입장에서 점유기간의 기산점을 임의로 선택할 수 없고, 현실적으로 점유를 개시한 시점을 확정하여 그때로부터 20년의 기간을 기산하여야 한다라고 하고 있다. 그러나 예외적으로 권리의 변동이 없는 경우에는 역산시설의 입장을 취하고 있다.[22]

즉, 점유기간 중 부동산에 대한 소유명의자가 동일하고 그 변동이 없는 경우 취득시효의 기산점을 임의로 선택할 수 있다.[23] 등기명의자의 변동이 있는 경우에는 이와는 달리 임의로 기산점을 정할 수 없다.[24]

한편 판례는 20년 취득시효기간이 완성되기 전에 부동산이 제3자에게 양도된 경우에는 취득시효 완성 후 점유자는 제3자에게 취득시효를 주장할 수 있지만, 취득시효기간 완성 후에 제3자에게 양도된 경우에는 이중양도의 법리에 따라 점유자가 제3자에게 취득시효를 주장할 수 없는 것으로 본다.[25]

---

19) 김준호, 전게서, 620면.
20) 김준호, 상게서, 621면.
21) 대법원 2006.2.23 선고, 2005다66473 판결.
22) 사법연수원, 『요건 사실론』, 2011, 94면.
23) 대법원 1990.1.25 선고, 88다카22763 판결.
24) 대법원 1989.4.25 선고, 88다카3618 판결.
25) 김준호, 상게서. 624면.

다) 등기청구권의 행사

부동산에 대한 점유취득시효가 완성되었다고 하더라도 이를 등기하지 아니하고 있는 사이에 그 부동산에 관하여 제3자에게 소유권이전등기가 마쳐지면 점유자는 그 제3자에게 대항할 수 없다.[26]

취득시효기간이 만료되면 점유자는 점유토지에 관한 소유권이전등기청구권을 취득하고 등기함으로써 소유권을 취득한다(민법 제245조 제1항). 점유자가 취득시효가 완성된 후에 점유를 상실하였다 하더라도 취득시효기간 완성으로 인하여 이미 취득한 소유권이전등기청구권은 소멸하지 아니한다.[27]

취득시효완성으로 토지의 소유권을 취득하기 위하여는 그로 인하여 소유권을 상실하게 되는 시효완성 당시의 소유자를 상대로 하여 소유권이전등기청구를 하는 방법에 의하여야 한다.[28]

라) 소유권 취득

소유권 취득의 효과는 점유를 개시한 때에 소급한다. 취득시효로 인한 소유권 취득은 원시취득이다. 따라서 원칙적으로 소유자의 소유권에 존재하였던 모든 제한은 소멸한다.[29] 그러므로 완전한 내용의 소유권을 취득한다.

2) 등기부 취득시효

가) 요건

등기부 취득시효는 등기의 공신력이 인정되지 않아 선의·무과실의 소유권 양수인이 소유권 등기를 이전받았음에도 전자의 무권리를 이유로 권리를 취득하지 못하는 점을 해소하기 위한 것이다.[30]

등기부 취득시효에서는 부동산의 소유자로 등기한 자가 10년간 소유의 의사로 평온·공연하게 선의·무과실로 부동산을 점유하는 것이 필요하다(민법 제245조 제2항).

이 등기는 적법·유효한 등기일 필요는 없고 원인무효의 등기라 하더라도 무방하다.

---

26) 대법원 1998.7.10 선고, 97다45402 판결.
27) 대법원 1992.11.13 선고, 92다14083 판결.
28) 대법원 1997.4.25 선고, 96다53420 판결.
29) 대법원 2004.9.24 선고, 2004다31463 판결.
30) 양창수·권영준,『권리의 변동과 구제』, 박영사, 2012, 229면.

점유기간이 10년이어야 하는데, 소유권등기가 등기부에 등재된 기간이 10년이어야 한다는 것이 통설이다.[31]

한편, 판례는 등기부취득시효에 의하여 소유권을 취득하는 자는 10년간 반드시 그의 명의로 등기되어 있어야 하는 것은 아니고 앞사람의 등기까지 아울러 그 기간동안 부동산의 소유자로 등기되어 있으면 된다고 풀이하고 있다.[32]

점유자의 선의·무과실이어야 하는데, 선의란 점유를 취득함에 있어 자기가 소유자라고 믿는 것을 말한다. 그리고 무과실은 그렇게 믿는데 과실이 없는 것을 말한다.[33]

선의·무과실은 시효기간 내내 계속되어야 하는 것은 아니고, 점유를 개시한 때에 있으면 그것으로 충분하다.[34]

소유의 의사, 선의, 평온 및 공연은 점유자에게 추정되고(민법 제197조 제1항), 무과실은 취득시효를 주장하는 자가 입증하여야 한다.[35]

과실 유무와 관련 부동산매매에 있어서 등기부상 명의인이 매도인이 아닌 제3자인 경우에는 매수인은 등기부상 소유 명의자에 대하여 진부를 확인하거나 매도인에게 처분권한이 있는지 여부에 관하여 확인하지 아니하면 무과실의 점유를 개시하였다고 볼 수 없다.[36] 즉, 부동산을 매수하는 사람으로서는 매도인에게 부동산을 처분할 권한이 있는지 여부를 조사하여야 한다. 그러한 조사를 하지 않고 매수하였다면 부동산의 점유에 대하여 과실이 있다고 보아야 한다.[37]

반면 등기부상 명의인과 매도인이 동일인인 경우에는 이를 소유자로 믿고 그 부동산을 매수한 자는 특별한 사정이 없는 한 과실 없는 점유자라 할 것이다.[38]

위의 요건이 갖추어지면 점유자는 곧바로 부동산의 소유권을 취득한다. 목적부동산에 대하여 이미 등기가 되어 있기 때문에 별도의 등기문제가 생기지 않는다.

---

31) 김준호, 상게서, 628~629면.
32) 대법원 1989.12.26 선고, 87다카2176 판결.
33) 송덕수, 전게서, 602면.
34) 대법원 1993.11.23 선고, 93다21132 판결.
35) 대법원 1983.10.11 선고, 83다카531 판결.
36) 대법원 1992.11.13 선고, 92다30245 판결.
37) 대법원 2017.12.13 선고, 2016다248424 판결.
38) 대법원 1983.3.8 선고, 80다3198 판결.

나) 등기부 취득시효 완성의 효과

등기부 취득시효의 요건을 갖추면 그때부터 등기는 실체적 권리관계에 부합하여 시효완성자는 바로 소유권을 점유를 개시한 때에 소급하여 취득한다(민법 제245조 제2항, 제247조 제1항).

따라서 등기부 취득시효가 완성된 후에 그 부동산에 관한 점유자 명의의 등기가 말소되거나 적법한 원인 없이 다른 사람 앞으로 소유권 이전등기가 마쳐졌더라도 그 점유자는 등기부 취득시효 완성에 의하여 취득한 소유권을 상실하지 않는다.[39]

(4) 동산소유권의 취득시효

10년간 소유의 의사로 평온·공연하게 동산을 점유한 자는 그 소유권을 취득한다. 위의 점유가 선의이며 과실 없이 개시된 때에는 5년을 경과함으로써 그 소유권을 취득한다.

(5) 취득시효 완성의 효과

취득시효의 요건이 완비되면 점유자는 권리를 취득한다. 그리고 취득시효로 인한 소유권의 취득은 원시취득이다. 따라서 원소유자의 권리 위에 존재하던 제한은 원칙적으로 소멸한다. 그러므로 완전한 내용의 소유권을 취득한다.[40]

취득시효로 인한 소유권 취득의 효과는 점유를 개시한 때에 소급한다(민법 제247조 제1항). 따라서 점유자가 취득시효기간 중에 취득한 과실은 정당한 권원에 기한 것이 되어서 소유자에게 반환할 필요가 없다.[41]

다. 선점·습득·발견

무주의 동산을 소유의 의사로 점유하는 자는 그 소유권을 취득한다. 무주의 부동산은 국유로 한다. 야생하는 동물은 무주물로 하고, 사양하는 야생동물도 다시 야생상태로 돌아가면 무주물로 한다(민법 제252조). 문화재를 습득하거나 발견한 경우에는 국가에 대하여 보상을 청구할 수 있다(민법 제255조 제2항).

---

39) 대법원 2001.1.16 선고, 98다20110 판결.
40) 지원림, 전게서, 586면.
41) 지원림, 상게서, 587면.

라. 유실물 습득

유실물은 법률에 정한 바에 의하여 공고한 후 6개월 내에 그 소유자가 권리를 주장하지 아니하면 습득자가 그 소유권을 취득한다(민법 제253조).

유실물은 점유자의 의사에 기하지 않고서 그의 점유를 떠난 물건으로서 도품(盜品)이 아닌 것을 말한다.

마. 매장물 발견

매장물은 법률에 정한 바에 의하여 공고한 후 1년 내에 그 소유자가 권리를 주장하지 아니하면 발견자가 그 소유권을 취득한다. 그러나 타인의 토지 기타 물건으로부터 발견한 매장물은 그 토지 기타 물건의 소유자와 발견자가 절반하여 취득한다(민법 제254조).

바. 첨　부

첨부란 어떤 물건에 타인의 물건 또는 노력이 결합되어 사회관념상 그 분리가 불가능하거나 그 분리에 과다한 비용이 드는 경우 그 물건을 어느 한 사람의 소유에 속하게 하여 사회경제적으로 불리한 원상회복을 방지함으로써 소유권의 효용을 제고함에 그 취지가 있다.[42] 이에는 부합·혼화·가공 3가지가 있다.

부합과 혼화는 소유자를 달리하는 물건이 결합하여 한 개의 물건으로 된 것이고, 가공은 어떤 물건을 타인이 가공하여 새로운 물건으로 된 경우이다. 여기서 구물건의 소유자로 하여금 복구청구를 허용하지 않고 그 새로운 물건을 어느 누구의 소유로 귀속시키는 데 그 취지가 있으며, 이 점에서 첨부는 법률의 규정에 의한 소유권 취득의 원인이 된다.[43]

(1) 부동산에의 부합

부동산의 소유자는 그 부동산에 부합한 물건의 소유권을 취득한다. 그러나 타인의 권원에 의하여 부속된 것은 그러하지 아니하다(민법 제256조). 이 경우에 부동산 소유자는 동산 소유자에 대하여 보상의무를 진다.

---

42) 지원림, 전게서, 596면.
43) 김준호, 전게서, 638면.

가령, 유류저장탱크를 토지로부터 분리하는 데는 과다한 비용이 들고 또한 사실관계가 위와 같다면 지하에 매설된 유류저장탱크를 분리하여 발굴할 경우 그 경제적 가치가 현저히 감소할 것임은 경험칙상 분명하므로 이 사건 유류저장탱크는 이 사건 토지에 부합된 것이라고 할 것이다.[44]

(2) 동산에의 부합

동산과 동산이 부합하여 훼손하지 아니하면 분리할 수 없거나 그 분리에 과다한 비용을 요하는 경우에는 그 합성물의 소유권은 주된 동산의 소유자에게 속한다. 부합한 동산의 주종을 구별할 수 없는 때에는 동산의 소유자는 부합 당시의 가액의 비율로 합성물을 공유한다.

(3) 혼 화

서로 다른 소유자에 속하는 동산과 동산이 섞여서 원물(元物)을 분리할 수 없는 것으로 소유물이 어느 것인지 식별할 수 없거나 분리에 과다한 비용이 필요하게 된다(민법 제258조).

(4) 가 공

타인의 동산에 가공한 때에는 그 물건의 소유권은 원재료의 소유자에게 속한다. 그러나 가공으로 인한 가액의 증가가 원재료의 가액보다 현저히 다액인 때에는 가공자의 소유로 한다(민법 제259조).

7. 소유권에 기한 물권적 청구권

물권의 내용의 실현이 방해받는 경우에 물권의 일반적 효력으로서 물권적 청구권이 발생한다. 따라서 소유권의 내용의 실현이 방해받는 경우에는 소유권에 기한 물권적 청구권이 인정된다. 민법은 소유권에 기한 물권적 청구권으로서 소유물반환청구권·소유물방해제거청구권·소유물방해예방청구권의 세 가지를 인정하고 있다.[45]소유권에 기한 물권적 청구권은 소멸시효의 대상이 아니다.[46]

---

44) 대법원 1995.6.29 선고, 94다6345 판결.
45) 김준호, 전게서, 644면.

가. 소유물반환청구권

소유자는 그의 소유에 속하는 물건을 점유하는 자에 대하여 반환을 청구할 수 있는 권리이다(민법 제213조). 청구권자는 점유하고 있지 않는 소유자로 법률상 소유자이어야 한다. 따라서 건물의 소유자로부터 건물을 매수하였으나 소유권이전등기를 마치지 못한 자는 직접 소유권에 기하여 반환을 청구할 수 없다.[47]

청구권의 상대방은 현재 그 물건을 점유하고 있는 사람이다. 자주점유이든 타주점유이든 관계없다. 그러나 점유보조자는 상대방이 되지 못한다.[48]

상대방에게 점유할 권리가 없어야 한다(민법 제213조 단서). 지상권·유치권·전세권·질권 등이 그러하다.

나. 소유물방해제거청구권

소유자는 소유권을 방해하는 자에게 방해의 제거를 청구할 수 있다(민법 제214조). 방해 제거를 청구할 수 있기 위해서는 현재 소유권 행사를 방해하고 있어야 하고, 그 방해가 위법하여야 한다.[49]

방해배제청구권은 방해로 일어난 결과를 제거하는 것이 아니라 현재 진행되고 있는 방해의 원인을 제거하는 것을 내용으로 한다.[50]

그리고 **방해**란 점유 이외의 방법으로 소유권의 내용이 타인의 개입에 의하여 실현되지 못하는 상태를 말한다. 가령 타인의 토지 위에 송전선을 설치하는 경우가 그 예다.[51]

그러므로 소유 토지에 타인이 건물을 소유하고 있는 경우 지상건물에 대한 점유사용으로 대지인 토지의 소유권이 방해되고 있는 것이므로 토지 소유자는 방해배제로서 점유자에 대한 건물 철거를 주장할 수 있다.

한편 현재 등기명의인 표시변경의 부기등기에 의하여 등기부상의 표시가 실제 소유관계를 표상하고 있는 것이 아니라면 진실한 소유자가 그 소유권에 터잡아 표시상의

---

46) 대법원 1993.12.21 선고, 91다41170 판결.
47) 대법원 2007.6.15 선고, 2007다11347 판결.
48) 김준호, 상게서, 645면.
49) 대법원 2003.3.28 선고, 2003다5917 판결.
50) 대법원 2003.3.28 선고, 2003다5917 판결.
51) 김준호, 전게서, 648면.

소유자를 상대로 그 소유권에 장애가 되는 등기의 말소청구를 하는 것은 소유권의 내용인 침해배제청구권의 정당한 행사이다.[52]

다. 소유물방해예방청구권

소유자가 소유권을 방해할 염려가 있는 행위를 하는 자에 대하여 그 예방이나 손해의 담보를 청구할 수 있는 권리이다(민법 제214조).

구체적 요건으로는 ① 청구권자는 방해당할 염려가 있는 소유권을 가지고 있어야 한다. ② 상대방은 장차 소유권을 방해할 염려가 있는 행위를 하는 자이다. ③ 상대방이 소유권을 방해할 염려가 있어야 한다.[53]

8. 공동소유

가. 의　의

공동소유란 1개의 물건을 2인 이상의 다수인이 공동으로 소유하는 것을 말한다. 우리 민법은 공유, 합유, 총유의 3가지의 유형을 규정하고 있다.

공동소유의 유형은 다수인의 인적 결합관계가 물권법에 반영된 것으로 물건을 공동으로 소유하는 자들 사이의 인적 결합형태[54]에 따라 그 물건의 귀속에 대한 관계가 달라진다. 다수인의 결합형태는 크게 사단과 조합으로 나누고, 사단은 다시 사단법인과 권리능력 없는 사단으로 구분한다. 인적 결합형태에 따른 공동소유관계로는 물건을 공동으로 소유하는 공동목적을 위한 결합관계가 존재하지 않는 지분적 조합의 형태인 **공유**가 있다. 그리고 조합의 소유형태로 **합유**가 있으며, 다수인이 권리능력이 없는 사단을 이루어 물건을 소유하는 형태인 **총유**가 있다. 또한 사단법인의 소유형태는 단독소유이다.[55]

---

52) 대법원 1993.10.8 선고, 93다28867 판결.
53) 지원림, 전게서, 615면.
54) 공유(共有)는 인적결합관계가 없는 공동소유의 형태이다. 그리고 합유(合有)는 조합의 소유형태이며, 총유(總有)는 인적결합관계가 매우 강한 단체이다.
55) 지원림, 전게서, 208면.

나. 공 유

(1) 공유의 개념

물건이 지분에 의하여 수인의 소유로 된 때에는 공유로 한다. 공유자의 지분은 균등한 것으로 추정한다(민법 제262조).

즉, 소유권이 양적으로 분할되어 2인 이상의 공유자에게 귀속되는 것으로 2분의 1, 3분의 1 등과 같이 일정한 비율로 표시된다.[56]

(2) 공유의 성립

공유는 법률행위 또는 법률의 규정에 의하여 성립하고, 법률행위에 의할 경우 물건을 공유하기로 하는 합의와 공시방법으로 동산은 공동점유, 부동산인 경우에는 공유등기가 필요하다.

법률의 규정에 의한 것으로는 ① 타인의 물건 속에서 매장물 발견(민법 제254조 단서), ② 주종을 구별할 수 없는 동산의 부합·혼화(민법 제257조·제258조), ③ 공유물의 과실(민법 제102조), ④ 건물 구분소유에서 공용부분(민법 제215조), ⑤ 경계에 설치된 경계표·담·도랑(민법 제239조), 귀속불명의 부부재산(민법 제830조), ⑥ 공동상속 및 공동의 포괄적 수증(민법 제1006조, 제1078조) 등이 있다.[57]

(3) 공유의 지분

지분의 의미에 관하여 통설인 양적 분할설은 1개의 소유권의 분량적 일부분이라고 한다. 즉 지분은 그 성질이나 효력에서 소유권과 동일하지만 단지 양적으로 소유권의 일부, 즉 소유권의 비율일 뿐이다. 따라서 어느 공유자가 다른 공유자의 지분을 전부 매수하면 그는 단독소유자가 된다.[58]

가령 A·B·C 3인이 토지를 공유하는 경우, 각자가 단독으로 1개의 소유권을 가져 3개의 소유권이 인정되는 것이 아니라, 소유권은 1개이고 각자가 이 중 3분의 1의 비율로 자기 몫을 가지는 것이 지분이요, 이것이 모아져 공유의 내용을 이룬다. 각자가 1개의 독립된 소유권을 가지려면 공유물을 분할하여야 한다.[59]

---

56) 양창수·권영준, 『권리의 변동과 구제』, 박영사, 2012, 284면.
57) 김준호, 전게서, 655면.
58) 지원림, 상게서, 610면.
59) 김준호, 전게서, 655면.

지분의 비율은 법률의 규정 또는 당사자의 약정에 의하여 결정되고, 그것이 불분명하면 균등한 것으로 추정된다(민법 제262조 제2항).

공유지분의 포기는 제186조에 의하여 등기를 하여야 공유지분 포기에 따른 물권변동의 효력이 발생한다.[60]

(4) 공유지분의 사용 및 처분

공유자는 그 지분을 처분할 수 있고 공유물 전부를 지분의 비율로 사용·수익할 수 있다(민법 제263조). 따라서 다른 공유자의 동의가 필요하지 않다. 그러나 지분 위에 지상권이나 전세권과 같은 용익물권을 설정하기 위해서는 공유자 전원의 동의가 있어야 한다. 왜냐하면 이러한 용익물권 설정의 효과가 공유물 전체에 미쳐 실질적으로 공유물 전체를 처분하는 결과가 되기 때문이다.[61]

또한 지분은 공유물에 대한 소유의 비율로 추상적인 개념이고 어느 특정부분을 지칭하는 것은 아니므로 성질상 공유물 전체에 미치게 된다. 가령 A와 B가 자동차를 공유하는 경우 A는 그 지분비율에 따른 시간 내지 횟수 등을 통해 자동차 전부를 사용할 수 있다. 그러나 어느 공유자가 공유물 전부를 배타적·독점적으로 사용할 수는 없다.[62]

그리고 토지나 건물에 관하여 지분을 소유하고 있는 공유자나 그 지분에 관한 소유권이전등기청구권을 가지고 있는 자라고 할지라도 다른 공유자와 협의 없이는 공유물을 배타적으로 점유하여 사용·수익할 수 없다.[63]

(5) 공유물의 관리 및 보존

공유물(共有物)의 관리에 관한 사항은 공유자 지분의 과반수로써 결정한다. 그러나 공유물의 멸실 등을 방지하고 그 현상을 유지하기 위한 보존행위는 각자가 할 수 있다(민법 제265조). 관리란 공유물을 이용 또는 개량하는 행위를 말한다.

공유자가 공유물을 타인에게 임대하는 행위 및 그 임대차계약을 해지하는 행위는 공유물의 관리행위에 해당한다.[64]

---

60) 대법원 2016.10.27 선고, 2015다52978 판결.
61) 지원림, 전게서, 611면.
62) 김준호, 상게서, 657면.
63) 대법원 1994.3.22 선고, 93다9392 판결.

한편, 공유토지에 관하여 과반수지분권자를 가진 자가 그 공유토지의 특정된 한 부분을 배타적으로 사용할 것을 정하는 것은 공유물의 관리방법으로 적법하다.[65]

관리에 관한 결정은 공유자의 과반수가 아니라 지분의 과반수에 의한다. 따라서 1/2 지분권자는 다른 1/2 지분권자의 협의 없이는 공유물을 배타적으로 독점사용할 수 없다.[66]

공유물의 소수지분권자가 다른 공유자와 협의 없이 공유물의 전부 또는 일부를 독점적으로 점유·사용하고 있는 경우 다른 소수지분권자는 공유물의 보존행위로서 그 인도를 청구할 수는 없고, 다만 자신의 지분권에 기초하여 공유물에 대한 방해 상태를 제거하거나 공동 점유를 방해하는 행위의 금지 등을 청구할 수 있다.[67]

만약 공유자 1인이 공유물을 배타적으로 사용하거나 제3자가 공유물을 불법점유하는 경우에 다른 공유자는 단독으로 자기 지분의 범위 안에서 부당이득 반환 및 손해배상을 청구할 수 있다.[68]

(6) 공유물의 처분 · 변경

공유자는 다른 공유자의 동의 없이 공유물을 처분하거나 변경하지 못한다(민법 제264조). 공유물을 처분하기 위하여 공유자 전원의 동의가 있어야 하므로 공유자 1인에 의한 처분행위는 무효라고 하여야 한다.[69]

(7) 공유물의 부담

공유자는 그 지분의 비율로 공유물의 관리비용 기타 의무를 부담한다(민법 제266조 제1항).

(8) 공유물의 분할

1) 의 의

공유물 분할은 공유자들에게 그 지분의 청산을 행함으로써 공유관계를 해소하는 것을 말하며, 다른 공유자의 합의 없이도 공유관계를 해소할 수 있다.[70]

---

64) 대법원 2010.9.9 선고, 2010다37905 판결.
65) 대법원 1991.9.24 선고, 88다카33855 판결.
66) 지원림, 전게서, 612면.
67) 대법원 2020.5.21 선고, 2018다287522 판결.
68) 대법원 1991.9.24 선고, 91다23639 판결.
69) 지원림, 상게서, 613면.

즉, 공유물 분할은 형식적으로는 공유자 상호간의 지분의 교환 또는 매매라고 볼 것이나, 실질적으로는 공유물이 분산되어 있는 지분을 분할로 인하여 취득하는 특정 부분에 집중시켜 그 소유형태를 변경한 것에 불과하다.[71]

이에 따라 공유자는 언제든지 공유물의 분할을 청구할 수 있다. 그러나 5년 이내의 기간으로 분할하지 아니할 것을 약정할 수 있다(민법 제268조).

2) 분할의 방법

① 협의에 의한 분할

협의에 의해 분할하는 때에는 분할의 방법도 협의에 따라 정해진다. 현물분할이 보통이지만, 공유물을 매각하여 그 대금을 나누는 대금분할이나, 공유자 1인이 다른 공유자의 지분을 매수하고 그 대금을 지급하고 단독소유자가 되는 가격배상의 방법이 있다.[72]

② 재판상 분할

분할의 방법에 관하여 협의가 성립되지 아니한 때에는 공유자는 법원에 그 분할을 청구할 수 있다(민법 제269조). 현물로 분할할 수 없거나 분할로 인하여 현저히 그 가격이 감손될 염려가 있는 때에는 법원은 물건의 경매를 청구할 수 있다(민법 제269조 제2항).

한편 물건을 현물분할하는 경우에는 분할청구자의 지분 한도 내에서 현물분할을 하고 분할을 원하지 않는 다른 나머지 공유자는 공유로 남는 방법도 허용된다.[73]

3) 분할의 효과

분할로 인하여 공유관계는 해소되고 각 공유자는 분할된 부분에 대해 단독의 소유권을 취득한다. 부동산의 경우에 협의분할시에는 등기시(민법 제186조), 재판상 분할에서는 판결의 확정시(민법 제187조)에 각각 그 소유권을 취득한다. 그리고 분할은 지분의 교환 또는 매매의 실질을 가지는 것이어서 소급하지 않지만, 상속재산의 분할의 경우에는 상속개시된 때에 소급하여 그 효력이 있다(민법 제1015조).[74]

---

70) 양창수·권영준, 『권리의 변동과 구제』, 박영사, 2012, 300면.
71) 대법원 2016.5.27 선고, 2014다230894 판결.
72) 김준호, 전게서, 664면.
73) 대법원 2015.3.26 선고, 2014다233428 판결.
74) 김준호, 전게서, 665면.

4) 분할로 인한 담보책임

공유자는 다른 공유자가 분할로 인하여 취득한 물건에 대하여 그 지분의 비율로 매도인과 동일한 담보책임이 있다.

(9) 공유물 지분 공유자 우선 매수권

공유물 지분을 경매하는 경우 다른 공유자는 최고 매수신고가 결과 같은 가격으로 채무자의 지분을 우선 매수하겠다고 신고를 할 수 있으며 법원은 최고가 매수신고가 있더라도 그 공유자에게 매각을 허가하여야 한다(민사집행법 제140조 제1항, 제2항).

★
구분소유적 공유관계

1필지 토지 중 일부를 특정하여 매수하고 다만, 그 소유권이전등기는 그 필지 전체에 관하여 공유지분권이전등기를 한 경우에는 그 특정부분 이외의 부분에 관한 등기는 상호명의신탁을 하고 있는 것으로 그 지분권자는 내부관계에 있어서는 특정부분에 한하여 소유권을 취득하고 이를 배타적으로 사용·수익할 수 있고, 외부관계에 있어서는 필지 전체에 관하여 공유관계가 성립되고 공유자로서의 권리만을 주장할 수 있다.[75] 그리고 구분소유적 공유관계를 해소하기 위해서는 공유물 분할청구를 할 수 없고, 상호명의신탁해지에 기한 지분이전등기절차에 의하여야 한다.[76]

다. 합 유

(1) 의 의

법률의 규정[77] 또는 계약에 의하여 수인이 조합체[78]로서 물건을 소유하는 때에는 합유로 한다. 합유자의 권리는 합유물 전체에 미친다.

즉, 동업을 목적으로 한 조합이 조합체로서 또는 조합재산으로서 부동산의 소유권을 취득하였다면 민법 제271조 제1항의 규정에 의하여 당연히 그 조합체의 합유물이 된다.[79]

---

75) 대법원 1994.2.8 선고, 93다42986 판결.
76) 대법원 2010.5.27 선고, 2006다84171 판결.
77) 신탁법 제45조에 의하면 수탁자가 수인인 경우에는 신탁재산은 그 합유로 한다.
78) 이에는 조합계약이 있고, 그 전형적인 예가 동업계약이다.
79) 대법원 2002.6.14 선고, 2000다30622 판결.

합유는 소유권이 양적으로 다수인에게 분속한다는 점에서 공유와 공통되지만, 합유자의 지분은 공동사업을 위하여 구속되며, 따라서 이를 자유롭게 처분하지 못한다.[80] 합유지분의 비율은 조합관계에서 정하지 않으면 출자가액에 비례하여 결정한다(민법 제711조 제1항).

등기할 권리가 합유인 경우에는 그 신청서에 그 뜻을 적어야 한다(부동산등기법 제48조 제4항).

(2) 합유물의 처분·변경과 보존

합유물을 처분 또는 변경함에는 합유자 전원의 동의가 있어야 한다. 그러나 보존행위는 각자가 할 수 있다(민법 제272조).

다만, 합유물 가운데서도 조합재산인 경우 그 처분·변경에 관한 행위는 조합의 특별사무에 해당하는 업무집행으로서, 이에 대하여는 특별한 사정이 없는 한 민법 제706조 제1항이 민법 제272조에 우선하여 적용되므로 조합재산의 처분·변경은 업무집행자가 없는 경우에는 조합원의 과반수로 결정하고 업무집행자가 수인 있는 경우에는 그 업무집행자의 과반수로 결정하며, 업무집행자가 1인만 있는 경우에는 그 업무집행자가 단독으로 결정한다.[81]

(3) 합유물의 처분과 합유물의 분할청구

합유자는 전원의 동의 없이 합유물에 대한 지분을 처분하지 못하며, 합유자는 합유물의 분할을 청구하지 못한다(민법 제273조).

(4) 합유의 종료

합유는 조합체의 해산 또는 합유물의 양도로 인하여 종료한다(민법 제274조).

한편, 부동산의 합유자 중 일부가 사망한 경우 합유자 사이의 특별한 약정이 없는 한 사망한 합유자의 상속인은 합유자로서의 지위를 승계하지 못하므로 해당 부동산은 잔존 합유자가 2인 이상인 경우에는 잔존 합유자의 합유로 귀속하고 1인인 경우에는 잔존 합유자의 단독소유로 귀속된다.[82]

---

80) 지원림, 전계서, 619면.
81) 대법원 2010.4.29 선고, 2007다18911 판결.
82) 대법원 1996.12.10 선고, 96다23238 판결.

라. 총 유

(1) 개 념

법인이 아닌 사단의 사원이 집합체로서 물건을 소유할 때에는 총유로 한다(민법 제275조). 대표적인 예로 종중과 교회가 있다. 공유나 합유와 달리 구성원의 지분권이 없다.

권리능력 없는 사단은 그 자체가 독립된 권리의 주체가 될 수 없어 그에 속하는 물건을 소유하는 때에도 그 사단의 구성원인 사원 모두가 공동으로 소유하므로 총유라고 부른다.[83]

한편, 주택법에 의하여 설립된 주택조합은 민법상의 비법인 사단에 해당하고 주택조합이 주체가 되어 신축완공된 상가건물이나 조합원 외의 일반인에게 분양되는 부분은 조합원 전원의 총유에 속한다.[84]

(2) 총유물의 관리·처분과 사용·수익

총유물의 관리 및 처분(총유물에 관한 이용·개량행위나 법률적·사실적 처분행위)은 사원총회의 결의에 의하고, 각 사원은 정관 기타의 규약에 좇아 총유물을 사용·수익할 수 있다(민법 제276조). 사원총회의 결의를 거치지 않은 총유물의 관리·처분행위는 무효다.[85]

종중 소유의 재산은 종중원의 총유에 속한다. 그러므로 그 관리 및 처분에 관하여 먼저 종중규약에 정하는 바가 있으면 이에 따라야 한다. 그리고 그 점에 관한 종중규약이 없으면 종중총회의 결의에 의하여야 한다.[86]

한편, 총유물의 보존에 있어서는 공유물의 보존에 관한 민법 제256조의 규정이 적용될 수 없고, 특별한 사정이 없는 한 민법 제276조 제1항 소정의 사원총회 결의를 거쳐야 한다.[87] 즉 사단구성원 개인은 단독으로 총유재산의 보존행위를 할 수 없다.[88]

---

83) 김준호, 전게서, 672면.
84) 대법원 2007.12.13 선고, 2005다52214 판결.
85) 대법원 2014.2.13 선고, 2012다112299 판결.
86) 대법원 1996.8.20 선고, 96다18656 판결.
87) 대법원 1994.10.25 선고, 94다28437 판결.
88) 대법원 2005.9.15 선고, 2004다44971 판결.

(3) 총유물에 관한 권리의무의 득실

총유물에 관한 사원의 권리의무는 사원의 지위를 취득상실함으로써 취득상실된다 (민법 제277조).

일부 교인들이 교회를 탈퇴하여 그 교회 교인으로서의 지위를 상실하게 되면 종전 교회의 총유 재산의 관리처분에 관한 의결에 참가할 수 있는 지위나 그 재산에 대한 사용·수익권을 상실한다. 또 종전 교회의 재산은 그 교회에 소속된 잔존 교인들의 총유로 귀속됨이 원칙이다.[89]

(4) 총유의 종료

법인 아닌 사단의 해산, 총유물의 양도 등에 의하여 종료한다.

제2절 국세징수법상 관련 내용

1. 공유물에 대한 체납처분

압류할 재산이 공유물인 경우 각자의 지분이 정해져 있지 아니하면 그 지분이 균등한 것으로 보아 압류한다(국세징수법 시행령 제29조).

2. 공유자의 우선매수권

공매재산이 공유물의 지분인 경우 공유자는 매각결정 기일 전까지 공매보증금을 제공하고 최고가 매수신청이 있는 경우에는 최고가 매수신청가격, 최고가 매수신청이 없는 경우에는 공매예정가격으로 공매재산을 우선매수하겠다는 신고를 할 수 있다. 이 경우 세무서장은 그 공유자에게 매각결정을 하여야 한다. 여러 사람의 공유자가 우선매수하겠다는 신고를 하였을 때에는 특별한 협의가 없으면 공유지분의 비율에 따라 공매재산을 매수하게 된다(국세징수법 제79조).

---

89) 대법원 2006.4.20 선고, 2004다37775 판결.

제3절 부가가치세법상 관련 내용

재화의 공급이란 계약상 또는 법률상의 모든 원인에 의하여 재화를 인도 또는 양도하는 것을 말하는 것으로서 부가가치세의 성질에 비추어 보면, 그 인도 또는 양도는 재화를 사용·소비할 수 있도록 소유권을 이전하는 것을 전제로 하는 것이라고 할 것인바, 사업자가 다른 사람의 토지 위에 건물을 신축하여 사용하고 일정시점 이후에 토지 소유자에게 건물을 양도하기로 하는 약정을 체결한 경우, 그 건물에 대한 소유권이전등기를 경료하기 전이라도 재화의 공급이 있는 것으로 보기 위하여는 적어도 토지소유자로 하여금 그 건물의 사실상 소유자로서 그 건물에 대한 배타적인 이용 및 처분을 할 수 있도록 그 점유를 이전하여야 한다.[90]

재화의 공급이란 재화에 대한 사용·소비·처분의 권한, 즉 실질적 소유권이 이전되는 것을 말한다.[91]

한편, 부동산을 양도하는 경우의 공급시기는 해당 부동산이 이용가능하게 되는 때이며, 이용가능하게 되는 때란 원칙적으로 소유권이전등기일 전에 실제 양도하여 사용·수익하거나 잔금 미지급 등을 소유권이전등기일 이후에도 사용·수익할 수 없는 사실이 객관적으로 확인되는 때에는 실제로 사용·수익이 가능한 날을 말한다.[92]

제4절 소득세법상 관련 내용

1. 사업소득세 과세대상

도매 및 소매에서 발생하는 소득은 사업소득으로 한다(소득세법 제19조 제7호). 도매업은 구입하여 소유권을 가지고 있는 신품 또는 중고품을 변형하지 않은 상태에서 도매업자, 소매업자 등에게 재판매하는 것을 말하고, 소매는 구입한 신상품 또는 중고품을

---

90) 서울행정법원 2007.4.17 선고, 2006구합43696 판결.
91) 대법원 2006.10.13 선고, 2005두2926 판결.
92) 부가가치세 집행기준 9-21-1.

변형 없이 일반 소비자에게 재판매하는 산업활동을 말한다.

2. 기타소득 과세대상

유실물의 습득 또는 매장물의 발견으로 인하여 보상금을 받거나 새로 소유권을 취득하는 경우 그 보상금 또는 자산과 소유자가 없는 물건의 점유로 소유권을 취득하는 자산은 기타소득으로 한다(소득세법 제21조 제1항 제11호 · 제12호).

3. 양도소득세 과세대상

가. 자산의 유상이전 의미

양도란 자산에 대한 등기 · 등록과 관계없이 매도, 교환, 법인에 대한 현물출자 등으로 인하여 그 자산이 유상으로 사실상 이전되는 것을 말한다(소득세법 제88조 제1항).

여기서 자산이 유상으로 사실상 이전되는 것이라 함은 매매와 같은 경우에는 그 토지의 대가가 사회통념상 대금의 거의 전부가 지급되었다고 볼 만한 정도의 대금지급이 이행되었음을 뜻한다고 보아야 한다.[93]

또한 해석상 매도, 교환, 법인에 대한 현물출자 이외의 사유로 인한 것이라 할지라도 자산이 유상으로 사실상 이전된 경우 양도가 이루어진 것으로 볼 수 있다.[94]

자산의 유상이전에는 그 소유권이전의 대가로 현금 또는 현물 등을 받거나 양도자산에 대응하는 다른 자산을 대체취득하거나 법률상 변제의무가 있는 채무를 소멸시키거나 하는 경우를 모두 포함하고, 이때 자산의 처분이 소유자의 자의에 의한 것인지 경매 또는 공매 등과 같이 자의에 의한 것이 아닌지 여부는 양도에의 해당 여부를 판단하는 데 아무런 영향을 미치지 않는다.[95]

나. 경매에 의한 보증인 소유 부동산 이전시 자산의 유상이전 여부

따라서 경매에 의하여 보증인 소유 부동산의 소유권이 이전된 경우, 양도소득의 대상은 매각대금이고 양도소득의 귀속자는 물건소유자인 보증인라고 할 것이며, 또한 보

---

93) 대법원 1984.2.14 선고, 82누286 판결.
94) 대법원 2010.12.9 선고, 2010두15452 판결.
95) 헌재 2002.6.27 선고, 2000헌바44 결정.

증인의 주채무자에 대한 구상권은 대금납부 후 채권자에게 대금이 교부됨으로써 그 대위변제적 효과로서 발생하는 것이지 경매의 대가적 성질을 가지는 것이 아니기 때문에 구상권의 행사가 사실상 불가능이라고 하더라도 그러한 사정은 양도소득의 성부에는 아무 영향이 없다.[96]

4. 공유물 분할시 과세대상 여부

가. 법률행위에 의한 공유물분할

원래 공유물의 분할은 법률상으로는 공유자 상호간의 지분의 교환 또는 매매라고 볼 것이나, 실질적으로는 공유물에 대하여 관념적으로 그 지분에 상당하는 비율에 따라 제한적으로 행사되던 권리, 즉 지분권을 분할로 인하여 취득하는 특정부분에 집중시켜 그 특정부분에만 존속시키는 것으로 그 소유형태가 변경될 뿐이라고 할 것이어서 이를 자산의 유상양도라고 할 수 없으며, 이러한 법리는 위와 같은 지분교환의 형식으로 한 개의 공유물을 분할하여 그 중 특정부분에 대한 단독소유권을 취득하는 경우는 물론 여러 개의 공유물 또는 공유자산을 일괄하여 분할함에 있어 각 공유물을 그 지분비율에 따라 하나 하나 분할하는 대신 지분비율과 각 공유물의 가액을 함께 고려하여 그 중 한 개 이상씩의 특정공유물 전체에 대한 단독소유권을 취득하는 경우에도 이로 인한 상호지분 이전시에 시가 차액에 대한 정산을 하였다는 특별한 사정이 없는 한 마찬가지로 적용된다 할 것이다.[97]

한편, 실질적으로 자산의 유상양도에 해당되지 않는 공유물분할로 인하여 이전받은 공유지분을 이후 유상양도한 경우 그 양도차익을 산정함에 있어서 그 공유지분의 취득가액은 최초의 공유물 취득시를 기준으로 할 것이지 형식적인 공유지분 이전시를 기준으로 할 것은 아니다.[98]

나. 이혼시 재산분할에 의한 양도(법률의 규정에 의한 공유물분할)

민법 제839조의2에 규정된 재산분할제도는 혼인 중에 부부 쌍방의 협력으로 이룩한

---

96) 대법원 2017.7.11 선고, 2017두35516 판결.
97) 대법원 1995.9.5 선고, 95누5653 판결.
98) 대법원 2003.11.14 선고, 2002두6422판결.

실질적인 공동재산을 청산 분배하는 것을 주된 목적으로 하는 것인바, 이와 같이 협의 이혼시에 실질적인 부부공동재산을 청산하기 위하여 이루어지는 재산분할은 그 법적 성격, 분할대상 및 범위 등에 비추어 볼 때 실질적으로는 공유물분할에 해당하는 것이라고 봄이 상당하므로, 재산분할의 방편으로 행하여진 자산의 이전에 대하여는 공유물분할에 관한 법리가 준용되어야 할 것이다.

따라서 원고들이 각자의 소유명의로 되어 있던 이 사건 각 부동산을 상대방에게 서로 이전하였다고 하여도 분할 후 자산가액의 비율이 실질적인 공동재산의 청산범위를 넘어서는 것이라거나 또는 재산분할 비율과의 차이에 따른 정산을 하였다는 등의 특별한 사정이 없는 한 공유물분할에 관한 법리에 따라 그와 같은 부동산의 이전이 유상양도에 해당한다고 볼 수 없고, 또한 재산분할이 이루어짐으로써 분여자의 재산분할의무가 소멸하는 경제적 이익이 발생한다고 하여도, 이러한 경제적 이익은 분할재산의 양도와 대가적 관계에 있는 자산의 출연으로 인한 것이라 할 수 없으므로, 재산분할에 의한 자산의 이전이 양도소득세 과세대상이 되는 유상양도에 포함된다고 할 수 없다.[99]

또한 이혼시 재산분할의 방법으로 부부 일방의 소유명의로 되어 있던 부동산을 상대방에게 이전한 경우에도 마찬가지라고 할 것이다.[100]

그러나 재산분할금을 지급하고 그 이후에 이를 충당하기 위해 해당 자산을 양도하는 경우에는 소득세법 제88조 제1항에 따라 양도소득세가 과세된다. 이 경우 재산분할금과 해당 자산을 양도하는 것은 별개이므로 해당 자산의 양도가액에서 그 양도 전에 지급한 재산분할금을 제외하지 아니한다.[101]

그리고 법원의 판결에 따라 이혼으로 인한 재산분할로 본인의 부동산 지분에 대한 소유권이전등기를 마친 후, 별도로 민법 제269조 제1항에 따른 공유물분할청구 소송을 제기하여 화해권고결정으로 해당 부동산의 지분을 상대방에게 이전하고 그 지분에 상당하는 현금을 받는 경우에는 유상양도에 해당한다.[102]

---

99) 대법원 1998.2.13 선고, 96누14401 판결.
100) 대법원 2003.11.14 선고, 2002두6422 판결.
101) 기획재정부 재산제세과-1040, 2010.10.28.
102) 사전-2015-법령해석재산-0174, 2015.10.8.

가. 상속재산의 범위

상속재산이란 피상속인에게 귀속되는 모든 재산을 말하며, 금전으로 환산할 수 있는 경제적 가치가 있는 모든 물건을 말한다(상속세 및 증여세법 제2조 제3호).

한편, 상속개시 후 피상속인의 재산을 상속인을 취득자로 하여 증여 또는 매매를 원인으로 하는 소유권이전등기를 한 경우 그 재산은 상속재산에 포함한다.

나. 합유재산 상속재산 해당 여부

부동산의 합유자 중 일부가 사망한 경우 합유자 사이에 특별한 약정이 없는 한 사망한 합유자의 상속인은 합유자로서의 지위를 승계하는 것이 아니므로 해당 부동산은 잔존합유자가 2인 이상일 경우에는 잔존합유자의 합유로 귀속되고, 잔존합유자가 1인인 경우에는 잔존합유자의 단독소유로 귀속된다.[103]

공동광업권자는 조합계약을 한 것으로 간주되므로 공동광업권자의 1인이 사망한 때에는 민법 제717조에 의하여 공동광업권의 조합관계로부터 당연히 탈퇴되고, 특히 조합계약에서 사망한 공동광업권자의 지위를 그 상속인이 승계하기로 약정한 바가 없는 이상 사망한 공동광업권자의 지위는 상속인에게 승계되지 아니한다고 할 것이다.[104]

대법원판례는 근본적으로 합유는 조합체의 소유형태이므로 합유등기가 이루어지면 합유자 상호간에는 조합체가 형성되고, 따라서 합유자의 지위는 조합원으로서의 지위이므로 조합원의 지위는 공익권적 성질이 강하여 상속이 인정될 수 없으므로 합유자의 지위는 상속될 수 없다고 보는 것으로 보인다.[105]

다. 증여재산의 범위

증여재산이란 수증자에게 귀속되는 모든 재산으로 금전으로 환산할 수 있는 경제적 가치가 있는 모든 물건을 말한다(상속세 및 증여세법 제2조 제7호).

---

103) 대법원 1994.2.25 선고, 93다39225 판결.
104) 대법원 1981.7.28 선고, 81다145 판결.
105) 고성춘, 『조세법』, 도서출판 청보, 2008, 164면.

관련 사례(판례 및 과세실무)

1. 무효인 소유권이전등기의 압류말소등기 절차 승낙 여부

가. 사실관계

종중 소유의 부동산 X에 대하여 종중원인 갑이 종중 부동산을 증여를 원인으로 항려 갑에게 소유권이전등기를 마치고, 기타의 종중 부동산도 증여를 원인으로 갑의 처인을 앞으로 소유권이전등기를 경료하였다. 그 후 과세관청은 갑의 체납액을 이유로 갑 명의로 등기된 위 부동산 X를 압류하였다.

이에 대하여 종중은 부동산 X는 종중 소유로 X를 증여한다는 결의를 한적도 없는데도 갑이 종중총회회의록, 증여계약서 등을 위조하여 임의로 소유권이전등기를 마친 것이므로 갑 명의의 소유권 이전등기는 원인무효의 등기이고 따라서 갑 명의 소유권이전등기는 말소되어야 하고 무효인 소유권이전등기에 기초하여 부동산을 압류한 과세관청은 압류말소등기 절차에 승낙의 의사표시를 하여야 한다고 주장한다.

나. 판결요지

X부동산에 관한 갑 명의의 소유권이전등기는 종중의 회칙에서 정한 총회결의 없이 무단으로 경료된 원인무효의 등기라 할 것이므로 갑은 종중에게 X부동산에 관한 소유권이전등기의 말소등기 절차를 이행할 의무가 있다.

그리고 X부동산에 관한 압류권자인 과세관청은 X부동산이 갑의 재산임을 전제로 한 체납처분에 따른 압류등기를 경료하였는 바, 갑 명의의 소유권이전등기가 말소될 경우 이해관계 있는 제3자에 해당되므로 과세관청은 갑 명의의 소유권이전등기의 말소등기에 대하여 승낙의 의사표시를 할 의무가 있다.[106]

---

106) 대법원 2012.1.12 선고, 2011다96413 판결.

다. 검 토

갑 명의의 소유권이전등기는 종중총회 등의 결의 없이 회의록 등을 위조하여 임의로 이루어진 것이므로 원인무효의 등기이고 따라서 갑 명의의 소유권이전등기는 말소되어야 하며, 무효인 소유권이전등기에 기초하여 압류한 과세관청은 말소등기절차에 승낙의 의사표시를 하여야 한다.

2. 취득시효로 인한 소급효가 압류채권자에게도 미치는지 여부

과세관청이 시효취득자에 의하여 이미 부동산 점유취득시효 기간이 경과된 부동산을 압류하였더라도 그 때까지 시효취득자가 등기를 하지 아니하였다면 제3자인 과세관청에 대하여 시효취득을 이유로 소유권을 주장할 수 없고, 압류채권자에게 대항할 수 없다.[107]

그러므로 부동산 점유취득시효의 완성을 원인으로 소유권이전등기를 하였더라도 소유권이전등기 이전에 행한 원소유자 체납에 따른 과세관청의 압류는 적법한다. 따라서 압류해제사유가 아니다.[108]

3. 신탁을 원인으로 한 소유권 이전 시 양도소득세 과세 여부

건물 신축 목적의 신탁법상 신탁등기는 소득세법상 양도가 아니며, 공동사업 경영약정 계약으로 토지 등을 당해 공동사업에 현물출자하는 경우에는 등기에 관계없이 양도로 본다.[109]

4. 소유권 유보계약에 의하여 공급하는 재화의 공급시기

의류 등을 판매하는 사업자가 대리점에 의류 등을 판매하고 그 대리점은 대금의 지급여부에 관계없이 구매한 의류 등을 자기의 책임과 계산하에 제3자에게 판매하는 등 처분권한이 있는 경우에는 당해 의류 등이 대리점에 인도되는 때가 공급시기이다.[110]

---

107) 대법원 1991.2.26 선고, 90누5375 판결.
108) 서면-2016-법령해석기본-5113, 2016.10.25.
109) 사전-2018-법령해석재산-0203, 2018.12.26.
110) 질의회신 부가가치세과-1273, 2009.9.9.

제7절 민법과 세법의 비교

    납세의무의 성립은 납세의무자, 과세물건 등의 일정한 요건이 충족되어야 하는데, 납세의무자는 원칙적으로 과세대상인 소득·수익·재산·행위 등에 소유권자임을 전제로 하여 이루어진다.

    다만, 국세기본법상 실질과세원칙에 의하여 소득이나 수익, 재산, 행위 또는 거래 등의 과세대상에 관하여 귀속 명의와 달리 실질적으로 지배·관리하는 자가 따로 있는 경우에는 당해 과세대상을 지배·관리하는 자를 납세의무자로 삼아야 할 것이다.[111]

    사법상의 양도 개념과 세법상의 양도 개념이 반드시 일치하지 않는다. 그 문언의 의미도 세목마다 다르게 해석된다.

    부가가치세법에서는 재화의 공급이란 계약상 또는 법률상의 모든 원인에 의하여 재화를 인도 또는 양도하는 것을 말하는 것으로 그 인도 또는 양도는 재화를 사용 또는 소비할 수 있도록 소유권을 이전하는 것을 전제로 하므로 이는 사법상의 양도 개념과 동일하다고 할 수 있다. 다만, 소유권이전등기 전이라고 배타적인 이용 및 처분을 할 수 있도록 점유가 이전되면 재화의 공급에 해당된다.

    양도소득세 과세대상과 관련하여 양도란 그 자산이 유상으로 사실상 이전되는 것을 말한다고 명확히 규정하고 있다. 여기서 그 자산이 유상으로 사실상 이전되는 것은 법률상 완전하게 소유권이전등기까지 마친 것 뿐만 아니라 사회통념상 대금의 거의 전부가 지급되었다고 볼 만한 정도의 대금지급이 이행되었을 때에도 자산의 유상양도로 보고 있다. 또한 소유권이전 미등기 자산이라도 매도인이 매매대금을 그대로 보유하여 담세력이 있으면 양도소득세 과세 대상이 된다.

    또한 민법상 공유물 분할에 관한 법리는 세법에도 동일하게 적용되어 원칙적으로 공유물 분할 또는 이혼이 재산분할에 의한 부동산 이전이 유상양도에 해당한다고 볼 수 없다.

    상속재산이란 피상속인에게 귀속되는 모든 재산을 말한다. 여기에서 법률상 소유권을 가진 재산 뿐만 아니라 사실상 소유권 또는 명의신탁 재산 등 실질적 소유권을 가

---

111) 대법원 2014.5.16 선고, 2011두9935 판결.

진 재산도 상속재산에 포함될 수 있다.

압류한 물건이 공유물에 해당되고 그 몫이 정하여져 있지 않으면 균등한 것으로 추정하는데 민법의 그 내용과 동일하다.

제 12 장

명의신탁과 관련 과세문제

관련 세법규정 요약

- 국세기본법 제14조 제1항【실질과세】과세의 대상이 되는 소득, 수익, 재산, 행위 또는 거래의 귀속이 명의일 뿐이고 사실상 귀속되는 자가 따로 있을 때에는 사실상 귀속되는 자를 납세의무자로 하여 세법을 적용한다.

- 상속세 및 증여세법 제45조의2【명의신탁재산의 증여 의제】권리의 이전이나 그 행사에 등기 등이 필요한 재산(토지와 건물은 제외)의 실제소유자와 명의자가 다른 경우에는 국세기본법 제14조에도 불구하고 그 명의자로 등기 등을 한 날에 그 재산의 가액을 실제소유자가 명의자에게 증여한 것으로 본다. 그러나 조세 회피의 목적 없이 타인의 명의로 재산의 등기 등을 하거나 소유권을 취득한 실제소유자 명의로 명의개서를 하지 아니한 경우, 자본시장과 금융투자업에 관한 법률에 따른 신탁재산인 사실의 등기를 한 경우, 비거주자가 법정대리인 또는 재산관리인의 명의로 등기등을 한 경우에는 그러하지 아니하다.

1. 명의신탁 개요

가. 개념

명의신탁이란 대내적으로 명의신탁자가 소유권을 보유하여 이를 관리·수익하면서 공부상의 소유명의만을 명의수탁자 앞으로 해두는 것, 즉 당사자간의 신탁에 관한 채권계약에 의하여 신탁자가 실질적으로 그의 소유에 속하는 부동산의 등기명의를 실체적인 거래관계가 없는 수탁자에게 매매 등의 형식으로 이전하여 두는 것을 말한다.[1]

이는 일제 강점기 때 종중 소유의 토지를 그 명의로 사정을 받을 수 없어 종원 명의로 사정·등기된 것을 법적으로 어떻게 파악할 것인가가 문제가 되어 명의신탁의 법리가 판례에 의하여 형성되었다.

이 경우 신탁자는 수탁자에 대하여 소유권의 확인을 구할 수 있고 신탁자는 목적물을 자신 또는 제3자에 의하여 사용수익할 수 있다.[2]

나. 명의신탁의 성립

명의신탁이 성립하려면 명의신탁자와 명의수탁자 사이에 명의신탁관계의 설정에 관한 합의가 있어야 한다.[3] 명의신탁자는 원칙적으로 언제든지 명의신탁계약을 해지하고 명의수탁자에게 신탁재산의 반환을 청구할 수 있다.

명의신탁대상은 공부에 의하여 소유관계가 표시되는 재화로 등기·등록에 의하여 공시되는 재화와, 그러한 재화로 부동산 외에 선박, 자동차, 중기나 건설기계 등을 들 수 있다.[4]

---

1) 지원림,『민법강의 제7판』, 홍문사, 2009, 623면.대법원 1993.11.9 선고, 92다31699 판결.
2) 양창수·권영준,『권리의 변동과 구제』, 박영사, 2012, 339면.
3) 대법원 1981.12.8 선고, 81다카 367 판결.
4) 지원림, 전게서, 625면.

다. 명의신탁의 기본적 법률관계

명의신탁관계는 대내관계와 대외관계로 구분할 수 있는데, 명의신탁의 대내관계는 신탁자와 수탁자 사이에 체결된 신탁계약에 의하여 정해지고, 신탁계약의 기본은 신탁자가 수탁자에 대한 관계에서 목적물의 소유권을 보유한다는 것이다. 다만, 대외관계에서는 수탁자가 완전한 소유권을 가진다.[5]

대외관계에서는 수탁자만이 소유자로 다루어지기 때문에 수탁자의 일반채권자는 신탁재산에 대하여 강제집행 내지 경매를 할 수 있다. 그리고 수탁자가 수탁재산에 대하여 한 처분행위 등은 완전히 유효하게 된다. 그리하여 취득자인 제3자가 선의이든 악의이든 권리를 취득한다.[6]

라. 부동산실명법 시행 이후 명의신탁의 법률관계

부동산등기 명의신탁 약정과 그 등기에 기한 물권변동은 원칙적으로 무효이다. 따라서 수탁자 명의로 소유권이전등기가 이루어지더라도 그 소유권 변동은 발생하지 않으므로 수탁자는 대외적으로 소유권을 행사할 수 없으며 신탁자는 그 소유 명의의 반환을 청구할 수 있다.

다만, 예외적으로 구분소유적 공유에서의 상호명의신탁, 조세포탈이나 법령의 제한을 회피할 목적으로 하지 않은 종중재산의 명의신탁이나, 부부간의 명의신탁은 유효하다.

즉, 종중이 보유한 부동산에 관한 물권을 종중 외의 자의 명의로 등기한 경우와 배우자 명의로 부동산에 관한 물권을 등기한 경우, 종교단체의 명의로 그 산하조직이 보유한 부동산에 관한 물권을 등기한 경우로서 조세포탈, 강제집행의 면탈 또는 법령상 제한의 회피를 목적으로 하지 아니하는 경우에는 무효가 되지 않는다(부동산 실권리자명의 등기에 관한 법률 제8조).

한편, 명의신탁 약정에 따라 부동산에 관한 소유명의를 취득한 명의수탁자가 부동산 실명법의 유예기간이 경과함에 따라 부동산에 관한 완전한 소유권을 취득하게 된 경우 명의신탁자에게 자신이 취득한 당해 부동산을 부당이득으로 반환할 의무가 있다.[7]

즉, 명의신탁 약정 자체는 선량한 풍속 기타 사회질서 위반에 해당하지 않으므로 부

---

5) 김준호, 『민법강의』, 법문사, 2012, 729면.
6) 송덕수, 『신민법강의』, 박영사, 2009, 504면.
7) 대법원 2014.5.29 선고, 2012다42505 판결.

동산실명법에 따라 명의신탁약정과 그에 기한 물권변동이 무효로 되더라도 명의신탁자는 명의수탁자를 상대로 소유권에 기해 소유권이전등기의 말소 또는 진정명의회복을 위한 이전등기를 청구할 수 있다.[8]

2. 명의신탁 유형과 법률관계

가. 등기명의신탁

부동산에 대한 명의신탁의 유형으로 명의신탁부동산의 등기명의인만이 명의수탁자에게 이전될 뿐이고 명의수탁자가 부동산 취득의 원인계약에 관여하지 않는 형태의 명의신탁을 말한다.[9]

(1) 전형적 명의신탁(양자간 등기명의신탁)

부동산 소유자로 등기된 자가 그 등기명의를 타인에게 신탁하기로 하는 명의신탁약정을 맺고 수탁자 앞으로 등기를 이전하는 형식이다. 이 경우 부동산실명법에 의하여 명의신탁약정과 등기가 무효이므로(부동산 실권리자명의 등기에 관한 법률 제4조) 소유권은 신탁자가 가진다.

이 때의 물권자는 부동산의 등기명의자는 물론, 건물의 신축자와 같은 원시취득자와 민법 제187조에 의하여 소유권을 취득하는 자를 포함한다.[10]

유예기간이 경과한 날 이후부터 명의신탁약정과 그에 따라 행하여진 등기에 의한 부동산에 관한 물권변동이 무효이므로 명의신탁자는 더 이상 명의신탁 해지를 원인으로 하는 소유권이전등기를 청구할 수 없다.[11]

이때 신탁자는 소유권에 기한 방해배제청구권 행사에 의한 원인무효를 이유로 한 그 등기의 말소 또는 진정명의 회복을 원인으로 소유권이전등기 등을 구할 수 있다.[12]

---

8) 대법원 2019.6.20 선고, 2013다218156 판결.
9) 지원림, 상게서, 624면.
10) 사법연수원, 『부동산등기법』, 2011, 180면.
11) 대법원 1991.1.26 선고, 98다1027 판결.
12) 대법원 2019.6.20 선고, 2013다218156 판결.

(2) 중간생략 명의신탁(삼자간 등기명의신탁)

신탁자가 매매계약의 당사자가 되어 매도인과 매매계약을 직접 체결하고 그 등기는 매도인으로부터 수탁자 앞으로 합의하에 이전하는 경우이다.

(가) 명의신탁자와 매도인의 법률관계

이 경우 매매계약에 따른 법률효과는 명의신탁자에게 귀속된다.[13] 그리고 법은 매도인과 신탁자 사이의 매매계약의 효력을 부정하는 규정을 두고 있지 않으므로 매도인이 명의신탁사실을 알았는지 여부를 불문하고 매도인과 신탁자 사이의 매매계약을 유효하다. 그 결과 매도인은 신탁자에게 소유권이전등기의무를 부담하므로,[14]명의신탁자는 매도인에게 매매계약에 기한 소유권이전등기를 청구할 수 있다

(나) 명의신탁자와 명의수탁자의 법률관계

명의신탁약정과 등기는 무효가 되어 부동산의 소유권은 전 소유자(매도인)가 가지므로 명의수탁자를 상대로 소유권에 기한 명의신탁자 명의의 말소등기 또는 진정명의 회복을 원인으로 소유권이전등기를 구할 수 있다.[15]또한 명의신탁 약정이 무효이므로 신탁자는 수탁자를 상대로 명의신탁 약정의 해지를 원인으로 소유권이전등기를 구할 수 없다.

(다) 명의수탁자와 매도인과의 법률관계

명의신탁약정과 그에 의한 등기가 무효로 되고 그 결과 명의신탁된 부동산은 매도인 소유로 복귀하므로 매도인은 명의수탁자에게 무효인 명의 등기의 말소를 구할 수 있다.[16] 그리고 명의신탁자는 그 매매계약에 기한 매도인에 대한 소유권이전등기청구권을 보전하기 위하여 매도인을 대위하여 명의수탁자에게 무효인 명의수탁자 등기의 말소를 구할 수 있다.[17]

---

13) 대법원 2018.3.22 선고, 2014두43110 판결.
14) 사법연수원, 『부동산등기법』, 2011, 183면.
15) 김준호, 『민법강의』, 법문사, 2009, 686면.
16) 대법원 2011.9.8 선고, 2009다49193 판결.
17) 대법원 2002.3.15 선고, 2001다61654 판결.

나. 계약명의신탁

다른 사람(명의수탁자)에게 위탁하여 명의수탁자가 계약당사자로서 전 소유자로부터 부동산을 매수하여 명의수탁자 앞으로 등기를 경료하는 명의신탁을 말한다.[18)

계약명의신탁약정은 무효로 한다(부동산실명법 제4조 제1항). 또 명의신탁약정에 따른 등기로 이루어진 부동산에 관한 물권변동은 무효로 한다. 다만, 상대방 당사자가 명의신탁약정이 있다는 사실을 알지 못한 경우에는 그러하지 아니하다(부동산실명법 제4조 제2항). 즉, 계약명의신탁은 매도인의 선의·악의에 따라 그 효력이 다르다.

그리고 계약명의신탁에서는 명의신탁자가 매매계약의 당사자가 아니어서 삼자간 명의신탁에서처럼 매도인이나 명의수탁자에게 매매계약에 의한 소유권이전등기를 청구할 수 없다.

(1) 매도인이 선의인 경우

(가) 명의수탁자와 매도인과의 법률관계

상대방이 명의신탁약정이 있다는 사실을 알지 못한 채 물권을 취득하기 위한 계약을 체결한 경우 그 계약과 그에 따른 등기를 유효하다 할 것이고, 매도인이 계약 체결 이후에 명의신탁약정 사실을 알게 되었다고 하더라도 위 계약과 등기의 효력에는 영향이 없다. 즉, 명의신탁자와 명의수탁자 사이의 명의신탁 약정의 무효에도 불구하고 그 소유권이전등기에 의해 당해 부동산에 관한 물권변동 자체는 유효한 것으로 취급된다.

(나) 명의신탁자와 명의수탁자의 법률관계

매도자가 선의인 경우에 수탁자는 완전한 물권을 취득한다. 이때 신탁자는 수탁자의 상대방에 대하여 아무런 청구도 할 수 없다. 명의신탁자는 명의신탁약정이 무효이므로 명의수탁자에 대하여 명의신탁약정에 기한 소유권이전등기를 신청할 수도 없다.

계약명의신탁 약정이 부동산실명법 시행 후인 경우에는 명의신탁자는 애초부터 당해 부동산을 취득할 수 없었다. 그러므로 명의신탁약정의 무효로 인하여 명의신탁자가 입은 손해는 부동산 자체가 아니라 명의수탁자에게 제공한 매수자금이다.[19) 따라서

---

18) 지원림, 상게서, 624면.
19) 대법원 2007.6.14 선고, 2007다17284 판결.

신탁자는 수탁자를 상대로 부당이득(매매대금)의 반환청구를 할 수 있을 뿐이다.[20]

그러나 부동산실명법 시행전 명의신탁을 하였으나 유예기간 내에 실명등기를 하지 않은 경우 부동산을 부당이득으로 반환청구하는 것이 가능하다.[21]

즉, 명의신탁약정이 무효이므로 신탁자가 수탁자에게 제공한 매매대금 등의 급부는 법률상 원인이 없게 되고 수탁자는 신탁자의 손해 아래 부동산의 소유권을 취득한 셈이 되므로 신탁자는 수탁자에게 매매대금 상당의 부당이득반환을 구할 수 있다.[22]

(2) 매도인이 악의인 경우

(가) 명의수탁자와 매도인과의 법률관계

그러나 악의인 경우에 매도인과 명의수탁자 사이의 매매계약과 소유권이전등기는 무효이므로 효력을 상실하여 소유권은 전 소유자(매도인)에게 복귀한다. 이에 따라 매도인은 소유권에 기해 수탁자 명의의 소유권이전등기 말소를 청구할 수 있다. 이에 대하여 수탁자는 매도인에게 이미 지급한 매매대금의 반환을 구할 수 있다.

한편, 명의수탁자로부터 매매대금을 수령한 매도인은 그 부동산에 관한 소유명의를 회복하기 전까지는 신의칙 내지 민법 제536조 본문의 규정에 의하여 명의수탁자에 대하여 이와 동시이행의 관계에 있는 매매대금 반환의무의 이행을 거절할 수 있다.[23]

(나) 명의신탁자와 매도인과의 법률관계

그리고 신탁자는 매도인과 매매계약관계가 없기 때문에 매도인을 상대로 부동산에 관한 소유권이전등기청구를 할 수 없다.[24]

다만, 무효사실이 밝혀진 후에 계약상대방인 매도인이 계약명의자인 명의수탁자 대신 명의신탁자가 그 계약의 매수인으로 되는 것에 대하여 동의 내지 승낙함으로써 부동산 명의신탁자에게 양도할 의사를 표시하였다면 명의신탁자는 당초의 매수인이 아니라 하더라도 매도인에 대하여 별도의 원인으로 한 소유권이전등기 청구를 할 수 있다.[25]

---

20) 송덕수, 상게서, 509면. 대법원 2008.11.27 선고, 2008다55290 판결.
21) 대법원 2002.12.26 선고, 2000다21123 판결.
22) 대법원 2005.1.28 선고, 2002다66922 판결.
23) 대법원 2013.9.12 선고, 2010다95185 판결.
24) 대법원 2016.6.28 선고, 2014두6456 판결.

(다) 명의신탁자와 수탁자의 법률관계

명의신탁 약정이 무효이므로, 신탁자는 수탁자에 대하여 명의신탁 해지를 원인으로 소유권이전등기를 구할 수 없고, 신탁자는 수탁자에 제공한 매수자금에 대하여 부당이득 반환청구를 할 수 있다. 그리고 수탁자를 대위하여 수탁자의 매도인에 대한 매매대금 상당의 부당이득반환청구를 할 수 있다.

다. 삼자간 등기명의신탁과 계약명의신탁의 구별

명의신탁 약정이 이른바 삼자간 등기명의신탁인지 아니면 계약명의신탁인지의 구별은 계약당사자가 누구인가를 확정하는 문제로 귀결되는데, 타인을 통하여 부동산을 매수함에 있어 매수인 명의를 그 타인 명의로 하기로 하였다면 이때의 명의신탁관계는 그들 사이의 내부적인 관계에 불과하므로, 설령 계약의 상대방인 매도인이 그 명의신탁관계를 알고 있었다고 하더라도 계약명의자인 명의수탁자가 아니라 명의신탁자에게 계약에 따른 법률효과를 직접 귀속시킬 의도로 계약을 체결하였다는 특별한 사정이 인정되지 아니하는 한 그 명의신탁관계는 계약명의신탁에 해당한다고 보아야 할 것이다.[26]

다만, 계약명의자가 명의수탁자로 되어 있다 하더라도 계약당사자를 명의신탁자로 볼 수 있다면 이는 3자간 등기명의신탁이 된다.[27]

라. 명의신탁자와 명의수탁자 간 부당이득 반환문제

양자간 명의신탁에서는 신탁자는 수탁자를 상대로 소유권에 기한 원인무효인 소유권이전등기의 말소를 구할 수 있으므로[28] 별도의 부당이득 반환문제는 발생하지 않는다. 또한 삼자간 등기명의신탁의 경우에도 매도인은 명의수탁자에게 무효인 그 명의등기의 말소를 구할 수 있고, 명의신탁자는 소유권이전등기청구권을 보존하기 위하여 매도인을 대위하여 명의수탁자에게 무효인 그 명의 등기의 말소를 구할 수 있으므로[29]

---

25) 대법원 2003.9.5 선고, 2001다32120 판결.
26) 대법원 2015.5.14 선고, 2012다105369 판결.
27) 대법원 2010.10.28 선고, 2010다52799 판결.
28) 대법원 2014.2.13 선고, 2012다97864 판결.
29) 대법원 2002.3.15 선고, 2001다61654 판결.

별도의 부당이득반환 문제는 발생하지 않는다.

계약명의신탁에 있어서는 매도인이 악의인 경우 수탁자 명의의 소유권이전등기는 무효이다. 부동산의 소유권은 매도인이 그대로 보유하므로 명의수탁자가 명의신탁자에 대하여 매매대금 등을 부당이득으로 반환할 의무가 있다.[30]

매도인이 선의인 계약명의신탁 약정이 부동산실명법 시행 후인 경우에는 명의수탁자는 명의신탁자로부터 제공받은 매수자금이 부당이득이 되므로,[31] 이를 반환할 의무가 있다.

마. 상호명의신탁(구분소유적 공유관계)

부동산 1필지 중 일부를 특정하여 취득하고 다만 그 소유권이전등기만은 편의상 1필지 전체에 대하여 공유지분등기를 경료한 경우에는 상호명의신탁에 의한 수탁자의 등기로서 유효하고 외부관계에 있어서는 그 1필지 전체에 관하여 적법한 공유관계가 성립되어 그 공유지분등기는 내부적으로 소유권을 취득한 특정부분에 한하지 않고 그 전부에 관하여 유효하게 이전될 수 있다.[32]

한편, 건물에 대한 구분소유적 공유관계를 해소하기 위해서는 건물 각 층의 구분소유자들은 다른 층 소유자들과 사이에 상호명의신탁을 해지하는 한편으로 건물에 대하여 구분건물로 건축물대장의 전환등록 절차 및 구분등기절차를 마치고 각 층별로 신탁받은 공유지분 전부를 이전하는 방식으로 건물에 대한 구분소유적 공유관계를 해소할 수 있다.[33]

3. 명의신탁의 제3자에 대한 효력

(1) 제3자의 소유권 취득

명의신탁약정과 등기의 무효는 제3자에게 대항하지 못한다(부동산실명법 제4조 제3항). 제3자로는 명의수탁자로부터 물권을 설정받거나 이전받은 자, 명의수탁부동산에 대한 가등기권리자나 가압류채권자, 그리고 명의신탁부동산을 임차한 제3자와 같이 채권적

---

30) 대법원 2012.11.29 선고, 2011도7361 판결.
31) 대법원 2007.6.14 선고, 2007다17284 판결.
32) 사법연수원, 『부동산등기법』, 2011, 179면.
33) 대법원 2010.5.27 선고, 2006다84171 판결.

권리를 가진 자도 포함된다.[34]

즉, 여기서 제3자란 수탁자가 물권자임을 기초로 그 외의 사이에 새로운 이해관계를 맺은 자를 말하고, 여기에는 소유권이나 저당권 등 물권을 취득한 자 뿐만 아니라 압류 또는 가압류채권자도 포함되며, 제3자의 선의·악의를 묻지 않는다.[35]

명의수탁자가 명의신탁자의 위임 내지 승낙을 받아 부동산을 양도하게 되면 제3자는 선·악의를 불문하고 당해 부동산을 유효하게 취득한다.[36]

(2) 명의신탁자와 수탁자 그리고 매도인의 법률관계

무효인 명의신탁등기 명의자 즉 명의수탁자가 신탁 부동산을 임의로 처분한 경우 특별한 사정이 없는 한 그 제3취득자는 유효하게 소유권을 취득하게 되고, 이로써 명의신탁자는 신탁부동산에 대한 소유권을 상실하게 된다.[37]

양자간 명의신탁에서 명의수탁자가 신탁 부동산을 처분하여 제3취득자가 유효하게 소유권을 취득하면 명의신탁자의 소유권에 기한 물권적청구권 즉 말소등기청구권이나 진정명의 회복을 원인으로 한 이전등기청구권도 더 이상 그 존재 자체가 인정되지 않는다.[38]

명의신탁자는 신탁부동산의 소유권을 이전받을 권리를 상실하는 손해를 입게 되는 반면, 명의수탁자는 신탁부동산의 처분대금이나 보상금을 취득하는 이익을 얻게 되므로 명의수탁자는 명의신탁자에게 그 이익을 부당이득으로 반환할 의무가 있다.[39]

부동산실명법을 위반하여 무효인 명의신탁 약정에 따라 명의수탁자 명의로 등기를 한 것만으로 불법원인급여에 해당한다고 볼 수 없다.[40]

삼자간 등기명의신탁에서 매도인은 명의수탁자가 신탁부동산을 타에 처분하였다고 하더라도 명의수탁자로부터 그 소유명의를 회복하기 전까지는 명의신탁자에 대하여 신의칙 등에 의하여 동시이행관계에 있는 매매대금 반환채무의 이행을 거절할 수 있고, 한편 명의신탁자의 소유권이전등기청구권도 허용되지 아니하므로 결국 매도인은

---

34) 지원림, 전게서, 640면.
35) 대법원 2009.3.12 선고, 2008다36022 판결.
36) 대법원 2000.10.6 선고, 2000다32147 판결.
37) 대법원 2013.2.28 선고, 2010다89814 판결.
38) 대법원 2013.2.28 선고, 2010다89814 판결.
39) 대법원 2011.9.8 선고, 2009다49193 판결.
40) 대법원 2019.6.20 선고, 2013다218156 판결.

명의수탁자의 처분행위로 손해를 본 바가 없다.

한편, 계약명의신탁에서 매매계약을 체결한 악의의 매도인이 명의수탁자 앞으로 소유권이전등기를 마친 경우, 명의수탁자가 그 부동산을 제3자에게 처분하면 소유자인 매도인은 특별한 사정이 없는 한 명의수탁자의 처분행위로 어떠한 손해도 입은 바가 없다.[41]

제2절 소득세법(양도소득세)상 관련 내용

1. 부동산실명법 이전 양도소득세 과세 문제

가. 유예기간내 명의신탁 해지시 양도소득세 과세 여부

명의신탁자는 원칙적으로 언제든지 명의신탁약정을 해지하고 명의수탁자에 대하여 명의신탁재산의 반환을 청구할 수 있다.[42] 명의신탁이 해지되면 명의신탁자에 대하여 소유권을 이전하여야 한다.

다만, 제3자에 대한 관계에서 명의신탁자가 명의신탁계약을 해지하더라도 명의수탁자가 여전히 소유자이므로 소유권이전등기를 경료하지 않는 한 명의신탁자는 제3자에 대하여 소유권을 주장할 수 없다.[43]

이와 관련하여 판례에 의하면, 유예기간 내에 명의신탁 해지를 원인으로 소유권이전등기 청구권 행사에 의하여 그 명의로 찾아간 것은 이를 유상양도라 할 수 없다 할 것이다.[44]

나. 명의신탁재산에 대한 양도소득세 납세의무자

이 경우 명의신탁자가 부동산을 양도하여 그 양도로 인한 소득이 명의신탁자에게 귀

---

41) 대법원 2013.9.12 선고, 2010다95185 판결.
42) 대법원(전) 1980.12.9 선고, 79다634 판결.
43) 지원림, 상게서, 631면.
44) 대법원 1994.9.9 선고, 93누23541 판결.

속되었다면, 우리 세법이 규정하고 있는 실질과세의 원칙상(국세기본법 제14조 제1항 참조), 당해 양도소득세의 납세의무자는 양도의 주체인 명의신탁자이지 명의수탁자가 그 납세의무자가 되는 것은 아니라 할 것이다.[45]

2. 부동산실명법 이후 양도소득세 과세 문제

가. 유예기간 경과후 무효인 명의신탁 약정에 기한 소유권 환원시 양도소득세 과세 여부

부동산실명법 소정의 유예기간 내에 실명등기 등을 하지 아니한 경우에는 종전의 명의신탁약정에 따라 행하여진 등기가 원인무효로서 말소되어야 하므로 명의신탁자가 명의수탁자를 상대로 원인무효를 이유로 위 등기의 말소를 구하거나 진정명의 회복을 원인으로 한 이전등기를 구할 수 있다.[46] 이 경우에도 소득세법상 양도가 있다고 볼 수 없다.[47]

제3자간 명의신탁의 경우 수탁자 명의의 등기는 무효이므로 소유권은 여전히 전 소유자인 매도인에게 남아 있다. 따라서 매도인이 진정명의 회복을 위한 이전등기를 구하여 매도인 앞으로 소유권이전등기를 하여도 유상양도로 볼 수 없다.[48]그리고 신탁자로부터 수탁자 앞으로 당초등기는 무효이므로 유상양도가 될 수 없다.

나. 양자간 명의신탁재산 양도에 대한 양도소득세 납세의무

(1) 원 칙

명의신탁자가 명의신탁된 부동산의 양도로 인한 양도소득을 사실상 지배·관리·처분할 수 있는 지위에 있으므로 실질과세원칙상 명의신탁자가 납세의무자가 된다.[49]

(2) 예 외

명의수탁자가 명의신탁자의 위임이나 승낙 없이 임의로 명의신탁재산을 양도하였다

---

45) 대법원 1993.9.24 선고, 93누517 판결.
46) 대법원 2002.9.6 선고, 2002다35157 판결.
47) 임승순, 『조세법』, 박영사, 2009, 505면.
48) 구욱서, 『사법과 세법』, 유로, 2010, 129면.
49) 대법원 2000.10.6 선고, 2000다32147 판결.

면 양도주체는 명의수탁자이지 명의신탁자가 아니고 양도소득이 명의신탁자에게 환원되지 않는 한 명의신탁자가 사실상 소득을 얻은 자로서 양도소득세 납세의무자가 된다고 할 수 없다.[50]

다. 삼자간 명의신탁재산의 매도인 양도소득세 과세 문제

매도인과 명의신탁자 사이의 매매계약이 유효한 이상 명의신탁자로부터 매매대금을 전부 수령한 매도인은 소득세법상 양도소득세 납세의무를 부담하게 되고, 이후 명의신탁자가 자신의 의사에 따라 부동산을 양도할 경우 그 양도소득에 대한 납세의무는 명의신탁자가 부담하여야 한다.[51]

한편, 삼자간 등기명의신탁 약정에 따라 명의 수탁자 명의로 소유권이전등기를 마쳐준 다음 매수인인 명의신탁자가 대금을 청산한 경우 부동산 양도시기는 소유권이전등기 접수일이 아니라 대금을 청산한 날이다.[52]

라. 계약명의신탁의 경우 매도인 양도소득세 과세 문제

(1) 매도인이 선의인 경우

판례에 의하면, 전 소유자가 계약명의신탁약정의 존재를 알았다면 부동산에 관한 물권변동은 무효로 되지만, 몰랐다면 물권변동이 유효하다.[53]

명의신탁자와 명의수탁자가 이른바 계약명의신탁약정을 맺고 명의수탁자가 당사자가 되어 명의신탁약정이 있다는 사실을 알지 못하는(선의인 경우) 매도인과 부동산에 관한 매매계약을 체결한 경우 매도인과 수탁자 관계는 부동산실명법 제4조 제2항 단서 규정에 의하여 수탁자 명의의 등기는 확정적으로 유효하게 되어 완전한 소유권을 취득하므로 유상양도에 해당된다.[54]

(2) 매도인이 악의인 경우

반면, 계약상대방이 계약명의신탁약정에 대하여 악의인 경우 명의수탁자 명의의 등

---

50) 대법원 2014.9.4 선고, 2012두10710 판결.
51) 대법원 2017.10.27 선고, 2016도43091 판결.
52) 대구고법 2019.6.7 선고, 2018누4855 판결.대법원 2018.11.9 선고, 2015두41630 판결.
53) 지원림, 전게서, 638면.
54) 구욱서, 전게서, 131면.

기는 그 효력을 상실하여 부동산의 소유권을 전 소유자에게 복귀한다. 따라서 전 소유자는 수탁자에게 원인계약의 무효를 이유로 등기의 말소를 청구할 수 있다.[55] 이 경우에 매도인으로부터 당초 수탁자 앞으로 넘어간 등기가 사법상 무효이더라도 매도인에게 양도소득세를 과세하여야 한다.[56]

(3) 양도시기 판정

이 경우에 과연 양도의 시기를 언제로 볼 것인가가 문제된다. ① 매도인으로부터 수탁자 명의로 소유권이전등기시에 자산의 유상양도가 있었다고 볼 것인가, ② 매도인으로부터 신탁자 명의로 재차 소유권이전등기가 이루어질 때 양도행위가 있었다고 볼 것인가는 학설상 대립이 있다.

제3절 상속세 및 증여세법상 관련 내용

1. 명의신탁 증여의제

가. 내 용

권리의 이전이나 그 행사에 등기 등이 필요한 재산(토지와 건물은 제외한다)의 실제소유자와 명의자가 다른 경우에는 「국세기본법」 제14조 실질과세원칙에도 불구하고 그 명의자로 등기 등을 한 날에 그 재산의 가액을 실제소유자가 명의자에게 증여한 것으로 본다(상속세 및 증여세법 제45조의2 제1항).

주주명부 또는 사원명부가 작성되지 아니한 경우에는 납세지 관할 세무서장에게 제출한 주주등에 관한 서류 및 주식등변동상황명세서에 의하여 명의개서 여부를 판단한다. 이 경우 증여일은 증여세 또는 양도소득세 등의 과세표준신고서에 기재된 소유권이전일 등에 의한다(상속세 및 증여세법 제45조의2 제4항).

한편, 1995.7.1부터 「부동산 실권리자명의 등기에 관한 법률」이 시행됨에 따라 1995.

---

55) 지원림, 전게서, 639면.
56) 구욱서, 상게서, 131면.

5.30자 「부동산등기특별조치법」 제7조가 삭제되어 부동산에 관한 명의신탁은 무효이고, 그에 따라 물권변동 자체가 일어나지 않으므로 이를 악용한 조세회피라는 것은 원칙적으로 있을 수가 없게 되어 이에 대한 증여의제규정이 무의미하게 되어 부동산(토지 및 건물)은 증여의제대상에서 제외되었다.[57]

나. 입법취지

「상속세 및 증여세법」상 증여의제(贈與擬制)규정은 명의신탁제도를 이용한 조세회피를 효과적으로 방지하여 조세정의를 실현하는 데 그 입법취지가 있다.[58]

명의자가 누구인지에 관계없이 실제 재산의 귀속자를 납세의무자로 정하는 실질과세원칙(국세기본법 제14조)에 대한 예외를 인정하는 제도로 과세재산이 증여인지 명의신탁인지 구별이 어려우므로 그 입증의 편의를 위한 제도라는 주장과 명의신탁에 대한 규제의 필요성에서 그 징벌의 성격을 가진 제도라는 주장이 있으나, 양 성격이 혼재된 것이라는 견해가 통설이다.[59]

2. 조세회피 목적

가. 조세회피 목적의 추정

타인의 명의로 재산의 등기등을 한 경우 및 실제소유자 명의로 명의개서를 하지 아니한 경우에는 조세회피 목적이 있는 것으로 추정한다(상속세 및 증여세법 제45조의2 제3항).

나. 조세회피 목적의 추정의 배제

실제 소유자 명의로 명의개서를 하지 아니한 경우로서 매매로 소유권을 취득하고 종전의 소유자가 양도소득세 과세표준신고 또는 증권거래법 제10조에 따른 신고와 함께 소유권 변경 내용을 신고하는 경우, 상속으로 소유권을 취득하고 상속인이 상속세 과세표준신고 등과 함께 해당 재산을 상속세 과세가액에 포함하여 신고한 경우, 다만 상속세 과세표준과 세액을 결정 또는 경정할 것을 미리 알고 수정신고하거나 기한 후

---

57) 임승순, 전게서, 824면.
58) 대법원 2004.9.24 선고, 2002두12137 판결.
59) 김진오·김영진·박철경·채명성·황재훈, 『조세법판례연구』, 세경사, 2010, 537면.

신고를 하는 경우는 제외한다(상속세 및 증여세법 제45조의2 제3항).

다. 조세회피 목적에서 조세의 의미

대법원은 1990년 조세회피 목적에 대한 단서 규정이 신설된 후에는 회피되는 조세를 증여세에 한정하지 않는 것으로 해석하였고, 이후 계속 같은 태도를 유지하고 있다. 따라서 적용대상이 주로 주식이므로 회피 여부를 판단하는 조세는 신주(新株) 취득에 따른 취득세, 주식 배당에 대한 종합소득세, 주식 양도에 따른 양도소득세 등 명의신탁으로 회피할 가능성이 있는 모든 조세를 그 판단대상으로 한다.[60]

그러나 이 경우에도 명의신탁이 조세회피 목적이 아닌 다른 이유에서 이루어졌음이 인정되고 그 명의신탁에 부수하여 사소한 조세경감이 생기는 것에 불과하다면 그와 같은 명의신탁에 같은 조항 단서 소정의 '조세회피 목적'이 있었다고 볼 수는 없다[61]고 보고 있는데, 엄격해석의 원칙상 사소한 조세경감의 의미를 놓고 다양한 해석이 나올 수 있어 문제가 있어 보인다.

라. 조세회피 목적 없음의 입증책임

명의신탁 목적에 조세회피 목적이 포함되어 있지 않은 경우에는 증여의제로 의율할 수 없는 바, 조세회피 목적이 없었다는 점에 대한 증명책임은 이를 주장하는 명의자에게 있다.[62]

명의자로서는 명의신탁에 있어 조세회피 목적이 없었다고 인정될 정도로 조세회피와 상관없는 뚜렷한 목적이 있었고, 명의신탁 당시에나 장래에 있어 회피될 조세가 없었다는 점을 객관적이고 납득할 만한 증거자료에 의하여 통상인이라면 의심을 가지지 않을 정도의 입증을 하여야 할 것이다.[63]

한편, 양도담보 목적으로 주식의 소유 명의가 채무자로부터 채권자에게 이전되었다고 하더라도 실질적으로 채권자에 주식에 대한 소유권을 보유하고 있는 것이 아니라 담보권을 보유하고 있는 것에 불과할 경우 이에 대하여 명의신탁의 증여의제 규정이

60) 김진오·김영진·박철경·채명성·황재훈, 전게서, 561면.
61) 대법원 2006.5.12 선고, 2004두7733 판결.
62) 대법원 2011.9.8 선고, 2007두17175 판결.
63) 대법원 2006.9.22 선고, 2004두11220 판결.

적용될 여지가 없어 증여세 부과처분은 위법하다.[64]

마. 명의개서 여부 판정

주주명부 또는 사원명부가 작성되지 아니한 경우에는 납세지 관할 세무서장에게 제출한 주주 등에 관한 서류 및 주식이동상황명세서에 의하여 명의개서 여부를 판단한다 (상속세 및 증여세법 제45조의2 제4항).

한편, 주식변동상황명세서 등이 제출되면 그때 비로소 주식 등 변동상황이 회사를 비롯한 외부에 명백하게 공표되어 명의신탁으로 인한 증여의제 여부가 판정될 수 있는 것이므로, 그와 같이 실제소유자와 명의자가 다른 주식의 변동사실이 외부에 분명하게 표시되었다고 볼 수 있는 명세서 등의 제출일을 증여의 목적에 따른 증여의제일로 보아야 한다.[65]

3. 명의가 도용된 경우

증여가 있는 것으로 의제되려면 실질소유자 이외에 명의자가 따로 있고, 그 명의자 명의로 등기·등록 등이 경료되어 있다는 것만으로는 부족하고, 그 등기·등록 등이 실질소유자와 명의자 사이에 합의가 있거나 의사소통이 있어 그런 등기 또는 등록이 된 경우에 한한다고 풀이함이 상당하다 할 것이다[66]라고 하여 명의자의 의사와는 관계없이 일방적으로 명의자 명의를 사용하여 등기한 경우에는 적용될 수 없다고 보고 있다.

4. 명의신탁재산의 상속재산 해당 여부

상속세법상 명의신탁 증여의제 규정은 명의신탁 제도를 이용한 조세회피 행위를 효과적으로 방지하여 조세 정의를 실현하기 위해 실질과세의 원칙에 대한 예외를 인정하는 데에 그 입법 취지가 있고, 이는 수탁자에게 증여세를 부과하는 경우에 한하여 적용될 수 있을 뿐이며, 가사 위 증여의제 규정이 적용되어 증여세가 부과되었다고 하더라도 당해 거래의 실질이 증여인 것으로 확정되는 것은 아니다. 따라서 피상속인이 명의

---

64) 대법원 2012.5.24 선고, 2012두4326 판결.
65) 대법원 2017.5.17 선고, 2016두55049 판결.
66) 대법원 1987.11.24 선고, 87누512 판결.

신탁을 하여 둔 재산에 대하여 그 수탁자에게 증여의제 규정이 적용되어 증여세가 부과될 수 있다고 하더라도, 그 재산이 신탁자인 피상속인의 소유에 속한 것이라는 실질에는 변함이 없으므로, 그 재산은 피상속인의 사망시 당연히 상속재산에 속한다고 보아야 한다.[67]

제4절 관련 사례(판례 및 과세실무)

1. 신탁자가 체납자인 경우 계약명의신탁에 기한 부당이득반환청구권 대위 행사

가. 사실관계

체납자 갑이 아파트를 매입하면서 명의는 을로 하는 계약명의신탁 약정을 체결하고 매매대금을 지급받은 을은 위 명의신탁 약정 사실을 알지 못하는 병과 매매계약을 체결하고 을 명의로 소유권이전등기를 마쳤다. 이에 대하여 과세관청은 이는 부동산실명법상 명의신탁 약정이 무효이므로 을이 갑으로부터 제공받은 매매대금은 부당이득으로 갑에게 반환되어야 하는 바, 갑이 부당이득반환청구를 하지 아니하자 갑의 부당이득청구권을 대위행사하였다.

나. 판결요지

아파트 매매대금의 출처 및 지급과정, 아파트의 거주관계, 소득수준, 매매대금의 출처에 관한 주장의 일관성 및 신빙성의 정도 등 여러 가지 사정을 종합하여 보면, 계약명의신탁에 따라 아파트를 취득한 것으로 인정된다. 그러므로 부동산실명법에 의거 명의수탁자인 을은 위 아파트의 완전한 소유권을 취득하게 되고, 갑은 애초부터 부동산의 소유권을 취득할 수 없었으므로 을은 갑으로부터 제공받은 매수자금을 부당이득하였다 할 것이다. 그러므로 을은 무자력 상태에 있는 갑에 대한 조세채권의 보전을 위하

---

67) 대법원 2005.7.28 선고, 2002누16865 판결.

여 갑을 대위하여 부당이득 반환채권을 행사하고 있는 과세관청에 부당이득금을 지급할 의무가 있다.[68]

다. 검 토

부동산실명법상 계약명의신탁은 원칙적으로 무효이나 매도인이 선의인 경우에는 명의신탁약정은 무효라 하더라도 수탁자는 유효하게 부동산의 소유권을 취득한다. 다만, 수탁자가 신탁자로부터 받은 부동산 매수자금은 무효의 명의신탁 약정에 기한 것으로서 법률상 원인 없는 것이 되므로 신탁자에 대하여 그 매수대금 상당액의 부당이득반환의무를 부담하게 된다.

따라서 과세관청은 체납자인 신탁자를 대위하여 부당이득반환청구권을 행사할 수 있고, 수탁자는 이에 따라 부당이득금을 과세관청에 지급할 의무가 있어 판결 내용은 정당하다.

2. 강행법규 위반으로 무효인 주식명의신탁의 증여의제 여부

가. 사실관계

회사 갑은 2000년에 개인주주들과 ○○창업투자회사로 하여금 장외에서 기관투자가들이 취득한 갑회사의 주식 792,000주를 취득하게 하고 위 주식 중 300,000주를 매각하고 나머지 492,000주 중 362,000주를 개인주주들 앞으로 명의개서하였으며, 나머지 130,000주와 362,000주 전부를 회사 명의로 실명전환하게 되자 과세관청에서 구상속세법 제41조의2 제1항에 의거 개인주주들에게 명의신탁 증여의제로 증여세를 부과하였다. 또한 개인주주들이 납부능력이 없다는 이유로 증여자인 회사 갑을 증여세액에 대한 연대납세의무자로 지정하여 개인주주들에 대한 증여세 부과일자와 같은 날에 개인주주들의 증여세를 연대하여 납부할 것을 고지하였다.

이에 대하여 회사 갑은 자기주식 취득은 상법이나 증권거래법 등에 의하여 예외적으로 허용되는 경우에 해당하지 아니하여 당연무효이므로 명의신탁재산에 대한 증여의제 규정을 적용하여 개인주주들에게 증여세를 부과할 수 없다고 주장하였다.

---

68) 대법원 2011.9.29 선고, 2011다53065 판결.

나. 판결요지

명의신탁약정에 따라 제3자 명의로 이루어진 등기 등이 강행법규 위반 등으로 인하여 무효라는 이유만으로 명의신탁 증여의제 규정의 적용이 배제되는 것은 아니고, 명의신탁에 부수하여 사소한 조세경감이 생기는 것에 불과하다면 명의신탁에 조세회피 목적이 있었다고 단정할 수는 없다고 할 것이나, 조세회피 목적이 포함되어 있지 않은 경우에만 증여의제로 의율할 수 없는 것이므로 다른 주된 목적과 아울러 조세회피 의도가 있었다고 인정되면 조세회피 목적이 없다고 할 수 없다.[69]

다. 검 토

사법상 당연 무효인 자기주식취득 행위라도 명의신탁에 해당되는 경우에는 증여의제규정의 적용이 배제되지 않는다. 명의신탁 증여의제 규정이 명의신탁 행위에 대한 제재의 성격이 있음을 확인한 판결로 보인다.

3. 증여의제 대상이 된 명의신탁주식 매도대금으로 다시 동일인 명의로 명의개서된 주식의 과세 여부

최초 증여의제 대상이 되어 과세되었거나 과세될 수 있는 명의신탁 주식의 매도대금으로 취득하여 다시 동일인 명의로 명의개서된 주식은 그것이 최초의 명의신탁 주식과 시기상 또는 성질상 단절되어 별개의 새로운 명의신탁 주식으로 인정되지 않는 한 다시 증여세가 과세될 수 없다.[70]

4. 명의신탁자가 사망하여 상속하면서 명의개서를 하지 않은 경우 명의신탁 증여의제 과세대상 여부

주식의 명의신탁자가 사망한 후 일정기간 내에 상속인이 명의개서를 하지 않았다고 하여 명의개서해태 증여의제 규정에 의하여 명의수탁자가 다시 증여세 과세 대상이 된다고 보는 것은 지나치게 가혹할 뿐만 아니라 자기책임의 원칙에 반하여 부당하다.

---

69) 대법원 2011.9.8 선고, 2007두17175 판결.
70) 대법원 2017.2.21 선고, 2011두10232 판결.

따라서 주식이 명의신탁되어 명의수탁자 앞으로 명의개서가 된 후에 명의신탁자가 사망하여 주식이 상속된 경우에는 명의개서해태 증여의제 규정의 적용 대상에 해당하지 않는다.[71]

5. 명의신탁 주식의 포괄적 교환으로 교부받은 신주의 명의신탁관계 성립 여부

주식의 명의신탁을 받은 자가 주식의 포괄적 교환으로 인하여 그의 명의로 완전모회사의 신주를 교부받아 명의개서를 마친 경우 그 신주에 관하여는 명의신탁자와 명의수탁자 사이에 종전의 명의신탁관계와는 다른 새로운 명의신탁관계가 형성되므로 그에 관하여 새로운 조세회피의 목적이 없다는 등의 특별한 사정이 없는 한 이는 상증법상 명의신탁재산 증여의제의 적용대상이 된다.[72]

6. 3자간 등기명의신탁시 부동산의 양도시기

3자간 등기명의신탁 약정에 따른 명의수탁자 명의 등기의 성격과 효력 등의 사정들을 종합하여 보면, 3자간 등기명의신탁 약정에 따라 명의수탁자 명의로 마친 소유권이전등기는 소득세법 제162조 제1항 제2호에서 정하고 있는 대금을 청산하기 전에 소유권이전등기를 한 경우 등기부에 기재된 등기접수일에 의한 양도시기에 해당하지 않는다고 보는 것이 타당하다. 따라서 매도인이 부동산을 양도하면서 3자간 등기명의신탁 약정에 따라 명의수탁자 명의로 그 소유권이전등기를 마쳐진 다음 매수인인 명의신탁자와 대금을 청산한 경우 해당 부동산의 양도시기는 그 대금을 청산한 날이라고 보아야 한다.[73]

---

71) 대법원 2017.1.12 선고, 2014두43653 판결.
72) 대법원 2013.8.23 선고, 2013두5791 판결.
73) 대법원 2018.11.9 선고, 2015두41630 판결.

7. 주식 명의신탁이 사기 기타 부정한 행위에 해당하는지 여부

주식 명의신탁 등 납세자가 명의를 위장하여 소득을 얻더라도 명의위장이 조세포탈 목적에서 비롯되고, 허위계약서의 작성과 대금의 허위지급, 과세관청에 대한 허위의 조세 신고 등 적극적인 행위가 없는 한 명의위장 사실만으로는 국세기본법에서 정한 사기 기타 부정한 행위에 해당한다고 볼 수 없다.[74]

8. 상호명의신탁 해지를 위한 소송비용 등의 양도비 해당 여부

부동산 구분소유적 공유관계에 따른 상호명의신탁을 해지하기 위한 소송비용과 그에 따른 취득세는 자산의 취득가액 또는 자본적지출액에 해당하지 않으므로 양도소득세 필요경비로 인정되지 않는다.[75]

9. 명의신탁된 영농조합법인 지분 압류의 효력

영농조합법인은 관계 법령상 조합원 자격을 제한하고 있어 타인의 명의를 빌려 영농조합법인에 출자한 자라고 하더라도 당연히 조합원이 될 수 없고, 명부에 기재된 명의수탁자가 조합원의 지위를 갖는다고 봄이 상당하므로, 그 지분을 명의신탁자의 재산으로 압류한 처분은 제3자에 대한 압류이므로 위법하다.[76]

---

74) 대법원 2018.3.29 선고, 2017두69991 판결
75) 사전-2018-법령해석재산-0736, 2019.1.30.
76) 대법원 2018.11.29 선고, 2018두52464 판결.

명의신탁증여의제 규정은 명의신탁제도를 이용한 조세회피 행위를 효과적으로 방지하는 취지에서 실질과세 원칙에 대한 예외를 둔 것으로 사법상 증여가 아닌 경제적 거래를 세법상 증여로 보아 증여세를 부과하는 것이다.

사법상 주식명의신탁은 유효하여 아직도 자본을 분산할 수 밖에 없는 사정과 주주 개인의 신용상의 문제, 기타 사업상 불가피한 사정 등을 이유로 많이 존재하고 있다.

명의신탁과 관련한 세법상의 문제는 부동산 명의신탁과 주식 명의신탁과 관련된 과세문제인데 부동산 명의신탁은 부동산 실명법 시행 이후로 원칙적으로 조세회피 문제가 발생하지 않아 증여세 과세 대상이 아니고, 다만 양도소득세 과세시 납세의무자를 누구로 보아야 할 것인지가 자주 문제가 되고 있다.

판례에 의하면 실질과세 원칙에 의하여 양도소득을 사실상 지배·관리·처분할 수 있는 지위에 있는 사실상 귀속자를 납세의무자로 보고 있으며, 3자간 명의신탁이나 계약명의신탁에 있어서는 사법상 효력의 유무에도 불구하고 매도인의 양도소득이 있는 것으로 본다.

주식 등 명의신탁 증여의제는 명의신탁을 이용한 조세회피행위를 효과적으로 방지하기 위하여 실질과세 원칙을 배제하면서 사법적 효력은 유지하면서 담력력에 관계없이 명의자에게 그 재산을 증여한 것으로 보아 증여세를 과세한다.

한편, 피상속인이 명의신탁을 하여 둔 재산에 대하여 그 수탁자에게 증여의제 규정에 의하여 증여세가 부과되어도 그 재산이 신탁자의 소유에 속한 것이라는 실질에는 변함이 없으므로 그 재산은 피상속인의 상속재산에 포함된다.

★

제3자간 등기명의신탁에 있어서 재산세 납세의무자

명의신탁자가 부동산에 관한 매매계약을 체결하고 매매대금을 모두 지급하였다면 재산세 과세기준일 당시 그 부동산에 관한 소유권이전등기를 마치기 전이라도 명의신탁자는 해당 부동산에 대한 실질적인 소유권을 가진 자로서 특별한 사정이 없는 한 그 재산세를 납부할 의무가 있다.[77]

한편, 명의수탁자에 대하 재산세 부과처분은 특별한 사정이 없는 한 위법한 것으로 취소되지 않는 이상 유효한 처분이고, 과세관청이 명의수탁자에게 재산세를 부과하여 명의수탁자가 이를 납부한 것을 두고 민법 제741조에서 정한 법률상 원인 없이 명의신탁자가 이익을 얻었거나 명의수탁자에게 손해가 발생한 경우라고 보기는 어렵다.

77) 대법원 2020.9.3 선고, 2018다283773 판결.

제 **13** 장

용익물권과 소득구분

- 소득세법 제19조 제1항 제12호【사업소득】공익사업을 위한 토지 등의 취득 및 보상에 관한 법률 제4조에 따른 공익사업과 관련하지 아니한 지역권·지상권을 설정하거나 대여함으로써 발생하는 소득은 기타소득으로 한다.

- 소득세법 제21조 제1항 제9호【기타소득】공익사업을 위한 토지 등의 취득 및 보상에 관한 법률 제4조에 따른 공익사업과 관련하여 지역권·지상권을 설정하거나 대여함으로써 발생하는 소득은 기타소득으로 한다.

- 소득세법 제94조 제1항 제2호 나목, 다목【양도소득의 범위】지상권, 전세권과 등기된 부동산 임차권은 양도소득으로 한다.

1. 용익물권

용익물권(用益物權)은 타인의 물건을 일정한 범위 내에서 사용·수익하는 것을 내용으로 하는 권리로서, 물건의 교환가치만을 지배하는 담보물권과 더불어 제한물권(制限物權)에 속하는 것이다. 민법은 용익물권으로 지상권·지역권·전세권의 세 가지를 인정하고 있다.

가. 지상권

(1) 개 요

지상권은 타인의 토지에 건물 또는 기타 공작물이나 수목을 소유하기 위하여 그 토지를 사용하는 권리를 말한다(민법 제279조).

이 경우 지상권 설정계약 당시 건물 기타 공작물이나 수목이 없더라도 지상권은 유효하게 성립할 수 있다.[1]

지상물은 건물 기타 공작물·수목에 한정된다. 공작물에는 건물을 비롯하여 도로·연못·교량·각종의 탑·전주 등 공작물뿐만 아니라 지하철·터널·우물·지하호 등 지하의 공작물을 포함하며, 인공적으로 설치되는 모든 건축물 및 설비를 말한다.

수목이란 식림의 대상이 되는 식물을 말하는데, 민법은 그 종류를 특별히 제한하고 있지 않다.[2]

(2) 지상권의 취득

1) 법률행위에 의한 취득

지상권은 토지소유자와 지상권을 취득하려는 자 사이의 지상권설정계약과 그 등기에 의하여 성립한다. 지상권의 설정 또는 이전의 등기를 신청하는 경우에는 신청서에 지상권 설정의 목적과 범위를 적고, 만일 등기원인에 존속기간, 지료(地料), 지급시기 등

---

1) 대법원 1996.3.22 선고, 95다49318 판결.
2) 김준호,『민법강의』, 법문사, 2009, 692면.

이 있는 경우에는 이를 적어야 한다(부동산등기법 제69조).

지상권설정등기가 경료되면 토지의 사용수익권은 지상권자에게 있고 지상권을 설정한 토지소유자는 지상권이 존속하는 한 토지를 사용 수익할 수 없다.[3]

2) 법률의 규정에 의한 취득

지상권은 상속·공용징수·판결·경매 등 법률행위가 아닌 그 밖의 사유로 취득할 수 있으며, 이때에는 그 등기를 필요로 하지 않는다(민법 제187조).

일정한 경우에는 토지에 대한 임차권이나 지상권을 설정할 수 없는 상태에서 토지와 건물의 소유자가 다르게 되는 때가 있다. 이 경우에 건물을 철거하여야 하는데, 이는 건물소유자에게 가혹하고 또 그에게 잘못이 있는 것도 아니므로 법률은 위와 같은 경우에 한해서는 건물소유자가 토지에 대해 지상권을 취득하는 것으로 간주하는데, 이것이 **법정지상권제도**이다.[4] 이는 가치권과 이용권의 조절을 위한 공익상의 이유로 지상권의 설정을 강제하는 것이므로 법정지상권을 배제하는 약정을 하여도 그 특약은 효력이 없다.[5]

법정지상권이 인정되는 경우로는 ① 토지와 건물이 동일인에게 속하는 상태에서 건물에만 전세권을 설정하였는데, 나중에 토지소유자가 변경된 경우, ② 토지와 건물이 동일인에게 속하는 상태에서 어느 한쪽에 대하여 또는 양자에 대하여 저당권이 설정되었는데, 나중에 저당권이 실행됨으로써 토지와 건물의 소유자가 다르게 된 경우이다.[6]

이러한 법정지상권은 집행권원에 기하여 행하는 강제집행이나 국세징수법이 정하는 공매의 경우에도 마찬가지로 적용된다.[7]

한편 법정지상권이 성립하려면 저당권 설정 당시에 저당권의 목적이 되는 토지 위에 건물이 존재하여야 하는 바[8], 토지에 관하여 지상권이 설정될 당시 토지 소유자에 의하여 그 지상에 건물이 증축 중이었던 경우 그것이 사회관념상 독립된 건물로 볼 수 있는 정도에 이르지 않았다 하더라도 그 후 경매절차에서 매수인이 매각대금을 다 낼 때까지 최소한의 기둥과 지붕, 그리고 주벽이 이루어지는 등 독립된 부동산으로서 건

---

3) 대법원 2018.3.15 선고, 2015다69907 판결.
4) 김준호, 전게서, 695면.
5) 대법원 1988.10.25 선고, 87다카1564 판결.
6) 지원림, 『민법강의 제7판』, 홍문사, 2009, 647면.
7) 양창수·김형석, 『권리의 보전과 담보』, 박영사, 2012, 381면.
8) 대법원 1991.4.26 선고, 90다19985 판결.

302

물의 요건을 갖춘 경우에는 법정지상권이 성립한다.[9]

3) 관습법상 법정지상권

토지와 그 지상의 건물이 동일한 소유자에게 속하였다가 토지 또는 건물이 매매나 기타 원인으로 인하여 양자의 소유자가 다르게 된 때에는 그 건물을 철거하기로 하는 합의가 있었다는 특별한 사정이 없는 한 건물소유자는 토지 소유자에 대하여 그 건물을 위해 관습법상의 지상권을 취득하게 된다.[10]

또한 건물의 소유자가 관습법상 법정지상권을 취득한 후 공매로 소유권이전등기가 말소됐더라도 법정지상권이 소멸하는 것은 아니고, 공매로 건물을 취득한 이후의 소유자도 법정지상권을 승계취득한다.[11]

법정지상권의 처분은 법률행위에 의한 물권변동으로 등기를 갖추어야만 그 효력이 발생하는 것이므로 법정지상권을 가진 전 건물소유자로부터 건물을 양수한 자는 법정지상권의 이전등기를 하지 않는 한 법정지상권을 취득할 수 없다.[12]

4) 구분지상권

지상 또는 지하의 공간을 상하의 범위를 정하여 건물, 기타 공작물을 소유하기 위하여 지상권의 목적으로 할 수 있다(민법 제289조의2). 가령, 어느 토지의 지하철, 지하상가를 건설하거나 공중에 고압선을 시설하는 경우가 이에 해당된다.

(3) 지상권의 존속기간

석조, 석회조, 연와조 또는 이와 유사한 견고한 건물이나 수목의 소유를 목적으로 하는 경우 30년, 그 밖의 건물의 경우 15년, 건물 이외의 공작물의 경우에 5년보다 단축하지 못한다(민법 제280조).

(4) 지상권의 효력(지료 지급의무)

지상권이 설정등기가 경료되면 그 지상권의 내용과 범위는 등기된 바에 따라서 대세

---

9) 대법원 2011.1.13 선고, 2010다67159 판결.
10) 대법원 2004.6.11 선고, 2004다13533 판결.
11) 대법원 2014.9.4 선고, 2011다13463 판결.
12) 대법원 1985.4.9 선고, 84다카1131 판결.

적 효력이 발생한다.[13)

지료의 지급은 지상권의 요소는 아니다. 따라서 지료의 유무는 지상권의 성립, 존속에 영향을 주지 않고 무상의 지상권 설정도 가능하다.

당사자가 지료를 지급하기로 약정한 때에만 지료 지급의무가 생긴다. 그러나 법정지상권의 경우에는 당연히 지료의 지급을 예정하고 있다. 지료를 금전에 한하지 않는다. 지료와 그 지급시기에 관한 약정은 이를 등기할 수 있다.[14)

(5) 지상권 양도

지상권자는 타인에게 그 권리를 양도하거나 그 토지를 임대할 수 있다(민법 제282조). 또한 저당권의 목적으로 할 수 있다(민법 제371조).

(6) 지상권의 소멸

존속기간의 만료 등 일반적인 소멸사유에 의한 것과 지상권자가 2년 이상의 지료를 지급하지 아니한 때에는 지상권 설정자는 지상권의 소멸을 청구할 수 있다(민법 제287조). 지상권이 소멸하면 지상권자는 지상권등기를 말소하고 목적 토지를 반환할 의무를 진다.

2년분 이상의 지료를 연체한 관습법상의 법정지상권자에게도 토지소유자가 제287조에 따른 지상권 소멸청구를 할 수 있다.[15)

(7) 담보지상권

토지에 관하여 저당권을 취득함과 아울러 그 저당권의 담보가치를 확보하기 위하여 지상권을 취득하는 경우 특별한 사정이 없는 한 당해 지상권은 저당권이 실행될 때까지 제3자가 용익권을 취득하거나 목적 토지의 담보가치를 하락시키는 침해행위를 하는 것을 배제함으로써 저당 부동산의 담보가치를 확보하는 데 그 목적이 있다.[16)

나. 지역권

지역권이란 일정한 목적을 위하여 타인의 토지를 자기토지의 편익에 이용하는 권리

---

13) 대법원 2008.2.15 선고, 2005다47205 판결.
14) 김준호, 전게서, 702면.
15) 대법원 1993.6.29 선고, 93다10781 판결.
16) 대법원 2004.3.29 선고, 2003마1753 결정.

를 말한다(민법 제291조).

지역권이 성립하기 위하여 편익을 받는 토지(요역지)와 편익을 제공하는 토지(승역지)가 있어야 한다. 지역권의 설정으로 요역지(要役地)의 이용가치가 증가되는 반면, 승역지(承役地)의 이용이 제한된다. 지역권은 물권으로서 양도성을 가지며 무상일 수도 있고 유상일 수도 있다.[17]

다. 전세권

(1) 개 요

전세권은 전세금을 지급하고 타인의 부동산[18]을 점유하여 그 부동산의 용도에 좇아 사용·수익하면서 그 부동산 전부에 대하여 후순위권리자 기타 채권자보다 전세금의 우선변제를 받을 권리를 말한다(민법 제303조 제1항).

전세권은 목적 부동산의 용도에 좇아 사용·수익하는 권리이기 때문에 용익물권이 본체이지만, 후순위권리자 기타 채권자 보다 전세권의 우선변제를 받을 수 있으므로 담보물권으로서의 성질도 함께 가지고 있다.[19]

한편, 채권적 전세[20]의 경우 전세금을 반환받을 때까지 목적물의 인도를 거절하거나, 다른 채권자의 경매신청이 있을 때에 그 절차에 참여하여 우선변제를 주장할 수 있을 뿐이고, 자신이 직접 경매를 청구할 수 없다는 점에서 전세권의 경우에는 전세권자가 전세금의 반환을 구하기 위해 적극적으로 경매를 청구하여 우선변제를 받을 수 있는 점에서 차이가 있다.[21]

(2) 전세권의 취득

전세권은 부동산소유자와 전세권자 사이의 전세권 설정 합의와 등기에 의하여 설정된다. 합의의 내용은 전세권자가 전세금을 지급하고 일정한 권능을 포함하는 법적 권리로서 전세금을 취득하기로 하는 것이다. 그리고 목적부동산의 인도는 그 요건이 아니다. 따라서 전세권자가 전세목적물을 인도받지 않더라도 전세권의 성립에는 영향이

---

17) 지원림, 전게서, 665~666면.
18) 농경지는 전세권의 목적으로 하지 못한다.
19) 대법원 2005.3.25 선고, 2003다35659 판결.
20) 미등기 전세를 말한다. 임차인은 임차보증금만을 교부하고 월차임은 없이 소정 기간 중 건물을 점유사용하여 수익하고, 임대인은 임차보증금의 이자를 차임으로 상계하는 임대차계약의 하나이다.
21) 김준호, 전게서, 727면.

없다.[22] 또한 채권담보의 목적으로 전세권을 설정하여도 전세권은 유효하다.[23]

전세권이 성립하려면 전세금이 전세권의 요소이므로 전세금을 주고받은 때에 전세권이 성립한다고 보는 것이 통설이다. 전세금은 전세권자가 설정자에게 교부하는 금전으로 전세권이 소멸하는 때에 반환받으며, 전세금의 액은 당사자가 자유로이 정할 수 있고 그 액은 등기하여야 하며, 그렇지 않으면 제3자에게 대항할 수 없다.[24]

한편, 전세권은 다른 담보권과 마찬가지로 전세권자와 전세권설정자 및 제3자 사이에 합의가 있으면 그 전세권자의 명의를 제3자로 하는 것도 가능하다.[25]

(3) 전세금

전세금은 전세권의 요소로서 설정계약과 등기 외에 전세금의 지급이 있을 때에 비로소 전세권이 성립된다. 전세금은 목적물에 대한 사용대가로서의 차임(借賃)에 충당한다는 점에서 목적물에 대한 사용대가로서의 성질을 가진다.[26]

전세금의 지급은 전세권 성립의 요소가 되는 것이지만 그렇다고 하더라도 전세금의 지급이 반드시 현실적으로 수수되어야만 하는 것은 아니고 기존의 채권으로 전세금의 지급에 갈음할 수도 있다.[27]

또한 전세권의 목적물의 전부 또는 일부가 전세권자의 귀책사유로 멸실된 때 전세권자는 손해를 배상할 책임이 있으며, 이 경우 전세권 설정자는 전세권이 소멸된 후 전세금으로써 손해의 배상에 충당할 수 있다(민법 제315조).

(4) 전세권의 존속기간

전세권의 존속기간은 10년을 넘지 못한다. 당사자의 약정기간이 10년을 넘는 때에는 이를 10년으로 단축한다(민법 제312조 제1항). 이는 전세권 설정자의 이익을 보호하기 위한 것이다. 전세권이 기간만료로 종료된 경우 전세권은 전세권설정등기의 말소등기 없이도 당연히 소멸한다.[28]

---

22) 지원림, 전게서, 674면.
23) 대법원 1995.2.10 선고, 94다18508 판결.
24) 송덕수, 『신민법강의』, 박영사, 2009, 657면.
25) 대법원 2005.5.26 선고, 2003다12311 판결.
26) 김준호, 상게서, 728면.
27) 대법원 1995.2.10 선고, 94다18508 판결.
28) 대법원 1999.9.17 선고, 98다31301 판결.

건물에 대한 전세권의 존속기간을 1년 미만으로 정한 때에는 이를 1년으로 한다(민법 제312조 제2항).

전세권의 설정은 이를 갱신할 수 있다. 그 기간은 갱신한 날로부터 10년을 넘지 못한다(민법 제312조 제3항). 전세권이 법정갱신된 경우 이는 법률의 규정에 의한 물권의 변동이므로 전세권갱신에 관한 등기를 필요로 하지 아니하고, 전세권자는 등기 없이도 전세권설정자나 그 목적물을 취득한 제3자에 대하여 갱신된 권리를 주장할 수 있다.[29]

한편, 전세권의 존속기간을 약정하지 아니한 때에는 각 당사자는 언제든지 상대방에 대하여 전세권의 소멸을 통고할 수 있고 상대방이 이를 통고받은 날로부터 6월이 경과하면 전세권은 소멸한다(민법 제313조).

(5) 전세권의 효력

1) 부동산의 용도에 따른 사용·수익

전세권자는 목적부동산을 점유하여 그 용도에 좇아 사용·수익할 수 있다. 여기서 수익은 천연과실 또는 법정과실의 취득을 의미한다.[30]

또한 전세권자는 목적물의 현상을 유지하고 통상의 관리에 필요한 수선을 할 의무를 부담한다(민법 제309조).

2) 건물의 전세권과 법정지상권

대지와 건물이 동일인에게 속한 경우에 건물에 전세권을 설정한 때에는 그 대지 소유권의 특별승계인은 전세권 설정자에 대하여 지상권을 설정한 것으로 본다. 지료는 당사자의 청구에 의하여 법원이 이를 정한다(민법 제305조 제1항).

3) 전세권의 양도

전세권자는 전세권을 타인에게 양도 또는 담보로 제공할 수 있다(민법 제306조 제1항). 전세권 양수인은 전세권 설정자에 대해 전세권 양도인과 동일한 권리의무가 있다(민법 제307조).

이 경우 전세금은 전세권의 요소이므로 전세금반환채권과 분리하여 전세권만을 양

---

29) 대법원 2010.3.25 선고, 2009다35743 판결.
30) 지원림, 전게서, 677면.

도할 수 없으며, 전세권에는 담보물권의 효력으로서 수반성이 인정되므로 전세금반환
채권이 처분되면 전세권도 함께 처분되는 것이 원칙이다.[31]

다만, 전세권이 존속기간의 만료로 소멸한 경우이거나, 전세계약의 합의해지 또는
당사자 사이의 특약에 의하여 전세금반환채권 처분에도 불구하고 전세권 처분이 따르
지 않는 경우 등의 특별한 사정이 있는 때에는 채권양수인은 담보물권이 없는 무담보
채권을 양수한 것이 된다.[32]

4) 전전세

전세권자는 그 존속기간 내에서 그 목적물을 타인에게 전전세 또는 임대할 수 있다
(민법 제306조).

전전세(轉傳貰)란 전세권자가 그 전세권의 범위 내에서 전세목적물의 일부 또는 전부
에 대하여 제3자에게 다시 전세권을 설정해 주는 것을 말한다. 원래의 전세권을 그대
로 가지고 있으면서 이를 기초로 하여 제3자에게 전세권을 취득하게 하는 점에서 전세
권의 양도와 다르다. 그리고 전전세권은 전세권을 기초로 하여 성립하는 것이므로 목
적물의 범위·존속기간·전세금 등에서 전세권의 내용을 초과할 수 없다.[33]

한편, 전세권자는 전전세를 하지 않았으면 면할 수 있었던 불가항력으로 인한 손해
에 대하여 그 책임을 부담한다(민법 제308조).

(6) 전세권의 소멸

존속기간의 만료, 전세권에 우선하는 저당권의 실행에 의한 경매 등에 의하여 소멸
하고, 전세권자가 설정계약 또는 그 목적물의 성질에 의하여 정하여진 용법으로 사
용·수익하지 아니한 경우에 전세권 설정자가 전세권의 소멸을 청구할 수 있다(민법 제
311조 제1항).

전세권의 존속기간이 만료되면 전세권의 용익물권적 권능은 전세권설정등기의 말소
없이도 당연히 소멸하고, 단지 전세금반환채권을 담보하는 담보물권적 권능의 범위 내
에서 전세금의 반환시까지 그 전세권설정등기의 효력이 존속한다.[34]

---

31) 김준호, 전게서, 737면. 대법원 2002.8.23 선고, 2001다69122 판결.
32) 대법원 1997.11.25 선고, 97다29790 판결.
33) 김준호, 상게서, 737면.
34) 대법원 2005.3.25 선고, 2003다35659 판결.

(7) 전세권이 성립한 후 목적물의 소유권 양도시 전세권의 존속 여부

전세목적물의 소유권이 이전된 경우 전세권은 전세권자와 목적물의 소유권을 취득한 신 소유자 사이에서 계속 동일한 내용으로 존속하게 된다고 보아야 한다. 따라서 신 소유자는 전세권이 소멸하는 때에 전세권자에 대하여 전세권 설정자의 지위에서 전세금 반환의무를 부담하게 된다.[35]

(8) 전세권자의 경매청구권

전세권설정자가 전세금의 반환을 지체한 경우 전세권자는 민사집행법의 규정에 따라 전세 목적물의 경매를 청구할 수 있고(민법 제318조), 후순위 권리자나 그 밖의 채권자 보다 우선하여 전세금을 변제받을 수 있다(민법 제303조 제1항). 다만, 건물의 일부분에 관한 전세권자가 전세권의 목적물이 아니 나머지 건물에 대하여 경매신청은 할 수 없다.[36]

제2절   소득세법(양도세)상 관련 내용

1. 지상권 양도, 설정 또는 대여 소득 구분

지상권의 양도로 인하여 발생한 소득은 양도소득으로 한다(소득세법 제94조 제1항 제2호). 지상권의 가액은 상속세 및 증여세법에서 정하는 일정한 산식에 의하여 평가한 방법에 의한다(소득세법 제99조 제1항 제2호, 소득세법 시행령 제165조 제2항).

공익사업을 위한 토지 등의 취득 및 보상에 관한 법률 제4조에 따른 공익사업과 관련하지 아니한 지상권(지하 또는 공중에 설정된 권리를 포함한다)을 설정하거나 대여함으로써 발생하는 소득은 사업소득으로 한다(소득세법 제19조 제1항 제12호).

또한 공익사업을 위한 토지 등의 취득 및 보상에 관한 법률 제4조에 따른 공익사업과 관련하여 지상권(지하 또는 공중에 설정된 권리를 포함한다)을 설정하거나 대여함으로써 발생하는 소득은 기타소득으로 한다(소득세법 제21조 제1항 제9호).

---

35) 대법원 2000.6.9 선고, 99다15122 판결.
36) 대법원 2001.7.2 선고, 2001마212 결정.

2. 전세권 양도, 설정 또는 대여 소득 구분

전세권과 등기된 부동산임차권의 양도로 인하여 발생한 소득은 양도소득으로 한다(소득세법 제94조 제1항 제2호).

한편, 부동산업에서 발생하는 소득에는 부동산 임대업이 포함되고, 부동산 임대소득은 전세권 등의 권리를 설정하고 그 대가를 받는 것이므로[37] 전세권을 설정하고 그 대가를 받는 것(대여)은 사업소득에 해당된다.

3. 지역권의 설정 또는 대여 소득 구분

공익사업을 위한 토지 등의 취득 및 보상에 관한 법률 제4조에 따른 공익사업과 관련하지 아니한 지역권(지하 또는 공중에 설정된 권리를 포함한다)을 설정하거나 대여함으로써 발생하는 소득은 사업소득으로 한다(소득세법 제19조 제1항 제12호).

또한 공익사업을 위한 토지 등의 취득 및 보상에 관한 법률 제4조에 따른 공익사업과 관련하여 지역권(지하 또는 공중에 설정된 권리를 포함한다)을 설정하거나 대여함으로써 발생하는 소득은 기타소득으로 한다(소득세법 제21조 제1항 제9호).

한편, 지역권 양도로 인한 소득은 양도소득세 과세대상이 아니다.

제3절 **상속세 및 증여세법상 관련 내용**

지상권의 가액은 지상권이 설정되어 있는 토지의 가액에 기획재정부령으로 정하는 일정률을 곱하여 계산한 금액을 해당 지상권의 잔존연수를 감안하여 기획재정부령이 정하는 방법에 따라 환산한 가액으로 한다. 이 경우 그 잔존연수에 관하여는 민법 제280조 및 제281조에 규정된 지상권의 존속기간을 준용한다(상속세 및 증여세법 시행령 제51조 제1항).

---

37) 대법원 2009.9.24 선고, 2007두7505 판결.

부가가치세법상 관련 내용

토지소유자가 사업자에게 20년간 토지를 사용할 수 있도록 지상권을 설정하여 주고 매년 그 대가를 받는 경우 그 지상권의 목적과 내용, 존속기간, 설정경위 등에 비추어 지상권의 설정 자체가 수익을 올릴 목적으로 이루어진 것으로서 독립적인 사업활동으로 볼 수 있는 경우에는 부가가치세가 과세된다.[38]

관련 사례(판례 및 과세실무)

1. 지상권 지료의 소득구분

가. 사실관계

갑이 1994.6.1 갑이 대표이사로 되어 있는 주식회사 ○○건설과 사이에 토지에 관한 지상권설정계약을 체결한 이래 약 10년 동안 지료 명목으로 매년 20,000,000원씩 지급 받기로 하는 지상권설정등기를 마쳤다. 이후 갑과 주식회사 ○○건설은 1996. 12.31 지 상권설정계약의 내용을 변경하여 토지를 1997.1.1부터 2003.12.31까지 사용하는 대가 로 1년에 50,000,000원씩 갑에게 지급하기로 약정하였으나 지상권설정등기에 관한 변 경등기를 마치지 않았다.

그리고 갑은 약정을 근거로 하여 지급받은 금액을 매출 또는 소득으로 신고하여 부 가가치세 및 종합소득세를 신고납부하였는데, 과세관청은 토지를 특수관계자에게 시 가보다 낮게 임대한 것으로 보고 소득금액을 부당행위계산 부인하여 토지의 가액의 50%에 상당한 금액에 해당 연도의 정기예금이자율을 곱하여 임대수입을 계산하여 과 세처분하여 문제가 제기되었다. 즉 납세자는 토지에 관한 지상권을 설정하고 받은 금 액은 부동산임대소득이 아니라 소득세법 제21조 제1항 제9호에서 규정한 기타소득에 해당한다는 것이다.

---

38) 과세기준자문, 법령해석부가-0017, 2018.2.23.

나. 판결요지

부동산임대소득은 부동산에 지역권·지상권을 제외한 전세권 기타 권리를 설정하고 그 대가로 받는 것과 임대차계약 기타 방법에 의하여 물건 또는 권리를 사용 또는 수익하게 하고 그 대가를 받은 것을 의미하고, 지상권에 있어서 지료의 지급은 그 요소가 아니므로 지료에 관한 약정이 없으면 지료를 구할 수 없으나, 그 약정이 있는 이상 토지소유자는 지료에 관한 등기 여부에 관계없이 지상권자에 대하여 그 약정된 지료의 지급을 구할 수 있고, 다만 등기가 되어 있지 않다면 지상권을 양수한 사람 등 제3자에게 대항할 수 없을 뿐이므로 당사자 사이에 지상권을 설정하고 지료에 관한 약정이 있었던 이상 그 지료액 또는 지급시기를 등기하지 않았다고 하더라도 토지소유자가 지급받는 지료는 계속적·정기적으로 지급받는지 여부에 상관없이 기타소득에 해당한다.[39]

다. 검 토

지상권에 있어서 지료의 지급은 그 요소는 아니라고 하더라도 지료에 관한 약정이 있으면 토지소유자는 등기 여부에 관계없이 지상권자에 대하여 약정된 지료의 지급을 구할 수 있고, 지료 명목으로 매년 일정한 금액을 지상권자가 받아왔으며, 지료 변경에 관한 등기 절차를 이행하지 아니하였더라도 지료는 임대소득이 아닌 기타소득에 해당한다.

2. 지상권 설정행위의 부가가치세 과세 요건

지상권 설정행위는 원칙적으로 부가가치세 과세대상이 아니다. 다만 실질과세의 원칙상 지상권의 목적과 내용, 존속기간의 범위, 설정경위 등에 비추어 지상권의 설정 자체가 수입을 올릴 목적으로 이루어진 것으로서 사회통념상 독립적인 사회활동으로 볼 수 있을 정도의 계속성과 반복성을 갖추고 있는 경우라면 임대업으로 보아 부가가치세 과세대상으로 볼 수 있다.[40]

---

39) 대법원 2009.9.24 선고, 2007두7505 판결.
40) 대법원 2018.5.15 선고, 2018두34138 판결.

민법과 세법의 비교

　용익물권은 타인의 물건을 일정한 범위 내에서 사용·수익하는 것을 내용으로 하는 권리로 일정한 재산적 교환가치가 있으므로 세법에서도 용익물권의 양도 또는 설정 등의 대가에 대하는 사업소득, 기타소득, 양도소득으로 보아 과세소득으로 파악한다.

　먼저, 공익사업과 관련 없이 지상권을 설정하거나 대여함으로써 발생하는 소득은 사업소득으로 과세되며, 공익사업과 관련하여 지상권을 설정하거나 대여함으로써 발생하는 소득은 기타소득으로 과세한다.

　지역권의 경우에도 공익사업과 관련 없이 지역권을 설정하거나 대여함으로써 발생하는 소득은 사업소득으로 과세되며, 공익사업과 관련하여 지역권을 설정하거나 대여함으로써 발생하는 소득은 기타소득으로 과세한다.

　전세권의 경우 전세권을 설정하거나 대여함으로써 발생하는 소득은 사업소득으로 과세된다.

　또한 전세권과 지상권의 양도로 발생하는 소득은 양도소득으로 과세하다. 다만, 지역권의 양도로 인한 소득은 현행법상 열거되지 않아 과세할 수 없다.

제 **14**장

담보물권과 국세우선의 원칙

관련 세법규정 요약

- 국세기본법 제35조 제1항 제3호, 같은법 시행령 제18조 제2항【국세의 우선】국세의 법정기일 전에 전세권·질권 또는 저당권 설정을 등기하거나 등록한 사실이나 주택임대차보호법 또는 상가건물임대차보호법에 따른 대항요건과 확정일자를 갖춘 사실이 부동산등기부 등본, 공증인 의 증명, 질권에 대한 증명으로서 세무서장이 인정하는 것, 공문서 또는 금융회사 등의 장부상 의 증명으로서 세무서장이 인정하는 것에 따라 증명되는 자산을 매각할 때, 그 매각대금 중에 서 국세를 징수하는 경우에는 그 전세권, 질권 또는 저당권에 의하여 담보된 채권이나 확정일 자를 갖춘 임대차보증금 반환채권, 납세의무자를 등기의무자로 하고 채무불이행을 정지조건으 로 하는 대물변제의 예약에 따라 채권담보의 목적으로 마친 가등기 담보에 의하여 담보된 채권 에는 국세가 우선하지 아니한다.

- 국세징수법 제34조 제1항【질권이 설정된 재산의 압류】세무공무원이 질권이 설정된 재산을 압류하려는 경우에는 그 질권자에게 문서로써 해당 질물의 인도를 요구하여야 한다.

- 부가가치세법 제10조 제9항 제1호【재화의 공급의 특례】시행령 제22조【재화의 공급으로 보 지 아니하는 담보의 제공】재화의 공급으로 보지 아니하는 담보의 제공이란 질권·저당권 또 는 양도담보의 목적으로 동산·부동산 및 부동산상의 권리를 제공하는 것을 말한다.

1. 담보물권의 의의

민법이 정하는 전형적인 담보물권으로는 유치권·질권·저당권의 세 가지가 있다. **유치권**은 물건과 채권간에 견련성(牽聯性)이 있는 경우에 그 채권의 변제를 받을 때까지 목적물을 유치하는 것을 내용으로 하는데(민법 제320조), 당사자의 의사와는 관계없이 일정한 요건에 해당하면 당연히 성립하는 법정담보물권이고 당사자간의 약정에 의하여 성립하는 질권·저당권과 다르다. 질권과 저당권은 전형적인 물건의 교환가치를 파악하는 물건인데, **질권**은 동산과 재산권을, **저당권**은 부동산을 그 객체로 하고 있는 점에서 내용이 다르다.[1)]

2. 담보물권제도의 필요성

채무자가 채무내용을 좇은 이행을 하면, 채권자가 그로써 만족을 얻어 채권이 소멸한다. 그런데 채무자가 채무를 이행하지 않으면 채권자를 그 효력으로 채무자의 일반재산에 대하여 강제집행을 하여 채권의 만족을 얻는 것이 보통이다. 그래서 법은 채권자대위권, 채권자취소권의 제도를 두어 채무자의 일반재산을 보전하고자 한다.

그런데 수 개의 채권이 경합할 경우에 각 채권의 효력은 원칙적으로 채권자평등의 원칙에 의하여 평등하므로 채무자의 일반재산으로 채권 전부를 변제할 수 없다면, 먼저 성립한 채권이더라도 우선적으로 변제받지 못한다. 따라서 채권의 만족을 확실하게 하기 위하여 채권자 평등의 원칙에 구애받지 않는 채무자의 일반재산에 의한 보장 이상의 대비책을 강구할 필요가 있는데, 이것을 **담보제도**라고 한다. 즉 담보제도는 채권의 만족을 확실하게 하기 위하여 발달된 것이다.[2)] 이에는 인적담보와 물적담보로 나누어진다.

---

1) 김준호, 『민법강의』, 법문사, 2009, 702면.
2) 지원림, 『민법강의 제7판』, 홍문사, 2009, 690면.

3. 인적담보와 물적담보

가. 인적담보

인적담보는 채무자의 책임재산[3]에 제3자의 책임재산을 추가하는 방법에 의한 담보제이다. 보증채무와 연대채무가 그것이다. 이러한 인적담보는 담보목적이 없어도 원용할 수 있고 또 절차가 간편한 장점이 있다. 그러나 담보하는 자의 재산상태에 의존하게 되어 담보로서의 효력이 확실하지 않은 단점이 있다.[4]

나. 물적담보

채무자 또는 제3자의 특정한 재화를 가지고 채권을 담보하는 제도이다. 여기서는 채무자가 채무를 이행하지 않으면 채권자가 특정한 재화(담보에 제공된 재산)에 관하여 채권자 평등의 원칙을 깨뜨려서 다른 채권자보다 우선해서 변제를 받게 한다. 민법상의 담보물권이 그 전형적인 것이다. 이러한 **물적담보**는 담보하는 자의 인적요소에 의존하지 않고 재화의 객관적 가치에 의하여 담보하게 되어 담보로서의 효력이 확실하고, 그 결과 서로 알지 못하는 자들 사이의 신용을 매개하는 기능도 한다. 그러나 그 절차가 복잡하다는 단점이 있다.[5]

4. 담보물권에 공통된 성질

가. 부종성

부종성(附從性)이란 피담보채권의 존재를 전제로 해서만 담보물권이 존재할 수 있는 성질을 말한다.[6]

따라서 피담보채권이 성립하지 않으면 담보물권도 성립하지 않고, 피담보채권이 소멸하면 담보물권도 소멸하게 된다.[7]

---

3) 채무자의 일반재산은 모든 채권의 만족을 담보하는 수단이 된다.
4) 송덕수, 『신민법강의』, 박영사, 2009, 671면.
5) 송덕수, 상게서, 671면.
6) 지원림, 전게서, 692면.
7) 송덕수, 전게서, 672면.

나. 수반성

담보물권은 채권에 의존하는 것이므로 그 채권의 처분에 담보물권도 같이 따라가는 것, 즉 채권(피담보채권)이 양도되면 담보물권도 같이 이전되고 채권이 다른 권리의 목적이 되면 담보물권도 그 목적이 되는 성질을 말한다(민법 제361조).

다. 물상대위성

담보물권은 목적물이 가지는 교환가치를 파악하는 데 있으므로, 목적물이 멸실 등이 되더라도 그에 갈음하는 교환가치가 존재하는 경우에는 그 효력을 미치는 것을 **물상대위**(物上代位)라고 한다. 가령, 저당권의 목적이 된 토지가「공익사업을 위한 토지 등의 취득 및 보상에 관한 법률」에 의해 수용되면서 보상금이 지급되는 경우 이 보상금청구권에 저당권의 효력이 미치는 것이 그러하다.[8]

저당목적물이 소실되어 저당권설정자가 보험회사에 대하여 화재보험계약에 따른 보험금청구권을 취득한 경우 그 보험금청구권은 저당목적물이 가지는 가치의 변형물이라 할 것이므로 저당권자는 저당권 설정자의 보험회사에 대한 보험금청구권에 대하여 물상대위권을 행사할 수 있다.[9]

한편, 유치권에는 우선변제권이 없으므로 물상대위가 적용되지 않는다.

라. 불가분성

담보물권은 피담보채권 전부의 변제를 받을 때까지 목적물 전부에 대해 그 권리를 행사할 수 있는데, 이를 **불가분성**이라고 한다. 피담보채권의 완전한 변제를 받게 하자는 데 그 취지가 있다.

불가분성에 기초하여 다음과 같은 점을 도출할 수 있다.

① 피담보채권의 일부가 변제 등의 사유로 소멸하더라도 그에 비례하여 목적물의 일부가 감소하는 것은 아니다.

② 그 반대로 목적물의 일부가 불가항력 등의 사유로 멸실하더라도 그에 비례하여 채권액의 일부가 감소하는 것은 아니다.

---

8) 김준호, 전게서, 751~752면.
9) 대법원 2004.12.24 선고, 2004다52798 판결.

③ 담보물이 공유자 사이에 분할된 경우, 담보물권이 분할에 의해 영향을 받을 것은 아니므로, 이때는 분할된 각 부분에 대해 피담보채권 전부를 가지고 그 권리를 행사할 수 있다.[10]

5. 유치권

가. 개 념

유치권(留置權)이란 타인의 물건 또는 유가증권을 점유하는 자가 그 물건 등에 관하여 생긴 채권을 가진 경우에 그 채권을 변제받을 때까지 그 목적물을 유치할 수 있는 권리를 말한다(민법 제320조 제1항). 이는 목적물을 유치함으로써 채무자에게 심리적 압박을 가하여 간접적으로 변제를 강제하는 것을 목적으로 하는 담보물권이다.

유치권은 법률상 당연히 성립하는 법정담보물권이라는 점에서 다른 담보물권과 다르고 공평의 원칙에 의한 것이다.[11]

나. 유치권의 성립요건

(1) 개요

유치권이 성립하려면 채권의 변제기가 도래하여야 한다(민법 제320조 제1항). 그리고 유치권은 타인의 물건을 점유하는 자가 그 물건과 견련관계에 있는 채권을 가지는 경우에 성립하는 것이므로 점유가 필요하고 그 점유는 계속되어야 한다. 따라서 유치권자가 점유를 잃으면 유치권은 소멸한다.[12] 그러나 점유가 불법행위로 인한 경우에는 유치권이 성립하지 않는다(민법 제320조 제2항).

수급인이 자신의 재료와 노력으로 완성시킨 건물은 수급인 소유의 건물이므로 그 건물에 대하여 유치권을 가질 수 없다.[13]

채권이 목적물 자체로부터 생긴 경우로 목적물에 지출한 비용상환청구권, 목적물에 대한 수리비 채권, 도급계약에서 수급인의 도급인에 대한 공대대금채권 등이 있다.

---

10) 김준호, 전게서, 751~752면.
11) 지원림, 전게서, 695면.
12) 지원림, 전게서, 698면.
13) 대법원 1993.3.26 선고, 91다14116 판결.

(2) 견련관계

임차인의 임차보증금반환청구권이나 손해배상청구권은 유치권의 발생요건으로서 채권과 물건 간의 견련관계가 인정되지 않는다.[14)]

주택건물의 신축공사를 한 수급인이 그 건물을 점유하고 있고, 또 그 건물에 관하여 생긴 공사대금채권이 있다면 수급인은 그 채권을 변제받을 때까지 건물을 유치할 권리가 있다.[15)]

또한 계약명의신탁에 있어서 일반적으로 신탁자가 그 목적 부동산을 점유하는 데 명의신탁약정이 무효임을 이유로 신탁자가 수탁자에 가지는 매매대금상당의 부당이득반환채권은 점유하는 목적물과 견련관계는 인정할 수 없다.[16)]

다. 유치권의 효력

(1) 목적물 유치권

유치권자는 그의 채권을 변제받을 때까지 목적물을 유치할 수 있다. 유치란 점유를 계속하고 인도를 거절함을 의미한다. 그리고 인도거절의 상대방은 채무자뿐만 아니라 목적물의 양수인은 물론 강제집행에 의한 매수인에 대하여도 인도를 거절할 수 있다.[17)] 유치권자는 유치물의 보전을 위해 유치물을 사용할 수 있지만, 그 사용으로 인해 얻은 실질적 이익은 부당이익으로 반환하여야 한다.[18)]

(2) 유치물의 소유권이 양도된 경우

유치권을 행사하는 도중에 유치물의 소유권이 제3자에게 양도된 경우에도 그 제3자에게 유치권을 행사할 수 있다.[19)] 이때 유치권이 성립된 부동산 매수인은 유치권자에게 채무자의 채무와 별개의 독립된 채무를 부담하는 것이 아니라 단지 채무자의 채무를 변제할 책임을 부담한다.[20)]

---

14) 대법원 1976.5.11 선고, 75다1305 판결.
15) 대법원 1995.9.15 선고, 95다16202 판결.
16) 대법원 2009.3.26 선고, 2008다34828 판결.
17) 지원림, 상게서, 702~703면.
18) 대법원 2009.9.24 선고, 2009다40684 판결.
19) 대법원 1972.1.31 선고, 71다2414 판결.
20) 대법원 2009.9.24 선고, 2009다39530 판결.

또한 경매로 인한 압류의 효력이 발생하기 전에 유치권을 취득한 경우에는 유치권 취득시기가 근저당 설정 후에 발생하였다 하더라도 그 부동산에 관한 경매절차의 매수인에게 대항할 수 있다.[21]

그리고 부동산에 가압류등기가 경료되어 있을 뿐 현실적으로 매각절차가 이루어지지 않는 상황에서 부동산을 점유 이전받아 유치권을 취득한 자는 그 부동산에 관한 경매절차에서 매수인에게 대항할 수 있다.[22]

그러나 공사를 도급받은 수급인이 경매개시 결정의 기입등기가 마쳐지기 전에 채무자로부터 건물의 점유를 이전받았다 하더라도 경매개시 결정의 기입등기가 마쳐져 압류의 효력이 발생한 후에 공사를 완공하여 공사대금채권을 취득함으로써 그때 유치권이 성립한 경우에는 수급인은 그 유치권을 내세워 경매절차의 매수인에게 대항할 수 없다.[23] 즉 이 경우는 민사집행법상의 압류의 처분금지효에 저촉되므로 부동산을 점유한 채권자는 유치권을 내세워 그 부동산에 관한 경매절차에서 매수인에게 대항할 수 없고 경매개시결정 기입등기의 선의·악의·과실 여부는 영향을 미치지 않는다.[24]

(3) 체납처분절차와 유치권

체납처분압류가 되어 있는 부동산에 대하여 경매절차개시 전에 유치권을 취득한 유치권자가 경매절차의 매수인에게 유치권을 행사할 수 있는지와 관련하여, 체납처분절차와 민사집행절차는 서로 별개의 절차로서 공매절차와 경매절차가 별도로 진행되는 것이므로, 부동산에 관하여 체납처분압류가 되어 있다고 하여 경매절차에서 이를 그 부동산에 관하여 경매개시결정에 따른 압류가 행하여진 경우와 마찬가지로 볼 수 없다. 따라서 체납처분압류가 되어 있는 부동산이라고 하더라도 그러한 사정만으로 경매절차가 개시되어 경매개시결정등기가 되기 전에 부동산에 관하여 민사유치권을 취득한 유치권자가 경매절차의 매수인에게 유치권을 행사할 수 없다고 볼 것은 아니다.[25]

---

21) 대법원 2009.1.15 선고, 2008다70763 판결.
22) 대법원 2011.11.24 선고, 2009다19246 판결.
23) 대법원 2011.10.13 선고, 2011다55214 판결.
24) 대법원 2006.8.25 선고, 2006다22050 판결.
25) 대법원 2014.3.20 선고, 2009다60336 판결.

(4) 유치물 경매권

유치권자는 채권의 변제를 받기 위하여 유치물을 경매할 수 있다. 정당한 이유가 있는 때에는 유치권자는 감정인의 평가에 의하여 유치물로 직접 변제에 충당할 것을 법원에 청구할 수 있다(민법 제322조).

한편 유치권자는 원칙적으로 우선변제권이 없다. 그러나 채무자 또는 제3자가 목적물의 인도를 받으려면 먼저 유치권자에게 변제하여야 하므로 사실상 우선변제를 받을 수 있다.[26] 즉 유치권자는 경락인에 대하여 피담보채권의 변제를 청구할 수는 없지만 자신의 피담보채권이 변제될 때까지 유치 목적물인 부동산의 인도를 거절할 수 있다.[27]

유치권에 의한 경매도 강제경매나 담보권 실행을 위한 경매와 마찬가지로 목적 부동산 위의 부담을 소멸시키는 것은 법정매각조건으로 하여 실시되고, 우선 채권자뿐만 아니라 일반채권자의 배당요구도 적용되며, 유치권자는 일반채권자와 동일한 순위로 배당받을 수 있다.[28]

라. 유치권의 소멸

유치권은 점유상실로 인하여 소멸한다(민법 제328조). 즉 유치권에서는 목적물의 점유가 성립 및 존속요건이다. 유치권은 점유를 상실시키거나 피담보채무가 변제되는 등 특단의 사정이 없는 한 소멸되지 아니한다.[29]

마. 상사유치권과 민사유치권

상사유치권은 민사유치권의 성립요건을 완화하여 성립요건을 변경·완화하여 채권자보호를 강화함으로써 계속적·신용거래를 원활·안전하게 하기 위하여 당사자 사이의 합리적인 담보설정의사를 배경으로 하여 추인된 법정담보물권으로서 목적물과 피담보채권 사이에 개별적인 결련관계를 요구하는 대신 유치권의 대상이 되는 물건을 채무자 소유의 독립된 물건으로 한정하고 있다.[30]

---

26) 송덕수, 전게서, 679면.
27) 대법원 2016.3.10 선고, 2013다99409 판결.
28) 대법원 2011.6.15 선고, 2010마1059 결정.
29) 대법원 1995.9.15 선고, 95다16202 판결.

6. 질 권

가. 개 념

채권의 담보로 채무자 또는 제3자가 제공한 물건 또는 재산권을 유치함으로써 채무의 변제를 간접적으로 강제하다가 변제가 없으면 그 매각대금으로부터 다른 채권자보다 자기채권을 우선변제를 받을 수 있는 권리이다(민법 제329조).

나. 저당권과의 차이

질권은 약정담보물권이라는 점에서 그리고 우선변제권을 가진다는 점에서 저당권과 같다. 그러나 질권은 저당권과 달리 ① 질권은 목적물의 인도가 그 요건인 반면, 저당권에서는 등기가 요건이다. ② 질권의 목적물은 동산과 일정한 재산권인 반면, 저당권의 목적물은 등기·등록이 가능한 부동산, 입목, 선박, 자동차, 항공기, 중기 등이다. ③ 질권에서는 피담보채권의 범위에 제한이 없는 반면, 저당권에서는 피담보채권의 범위가 한정된다.[31]

다. 사회적 작용

질권은 유치적 효력이 있어서 일상생활용품인 동산은 질권설정에 적합하다. 그리하여 일반서민은 그러한 동산에 질권을 활용하고 금융을 얻는다. 질권이 서민금융의 수단이 되는 것이다. 또한 제조업자나 상인이 소유하는 상품에 대하여 그것을 표상하는 증권(창고증권, 화물상환증)에 의하여 상품을 입질(入質)할 수 있다. 그리고 질권 가운데 채권·주식 등 재산권을 목적으로 하는 권리질권은 질권의 본래의 효력인 유치적 효력을 발휘하지 못함으로써 저당권 못지않은 금융매개수단이 되고 있다.[32]

라. 동산질권

(1) 유치적 효력과 우선변제적 효력

동산질권은 피담보채권의 변제가 있을 때까지 목적물을 유치하여, 채무자에게 심리

---

30) 대법원 2013.2.28 선고, 2010다57350 판결.
31) 지원림, 전게서, 708면.
32) 송덕수, 전게서, 684면.

적 압박을 가하여 직접적으로 채무의 변제를 강제하는 작용을 한다. 또는 채무자의 채무불이행이 있으면, 질권자는 질물을 경매하여 그 대금으로부터 우선변제를 받을 수 있으며, 채권질(債權質)에서는 객체인 채권을 추심하여 변제에 충당할 수 있다.[33]

(2) 질물의 목적물

질권은 양도할 수 없는 물건을 목적으로 하지 못한다(민법 제331조). 질권의 설정은 질권자에게 목적물을 인도함으로써 그 효력이 생긴다.

(3) 동산질권의 효력

동산질권자는 피담보채권 전부를 변제받을 때까지 질물을 유치할 수 있다(민법 제335조). 그러나 자기보다 우선권이 있는 채권자에게 대항하지 못한다(민법 제335조 단서).

질권자는 질물의 매각대금으로부터 다른 채권자에 우선하여 자기의 채권을 변제받을 수 있으나(민법 제329조), 자기보다 우선권 있는 채권자에 대하여는 후순위이다.

질권자가 우선변제권을 행사하기 위하여 채무자의 이행지체가 성립하여야 한다.[34]

질권자는 채권의 변제를 받기 위하여 질물을 경매할 수 있다. 정당한 이유가 있는 때에는 질권자는 감정인의 평가에 의하여 질물로 직접 변제에 충당할 것을 법원에 청구할 수 있다(민법 제338조).

(4) 피담보채권의 범위

당사자간에 약정이 있으면 약정에 의하고 약정이 없으면 원본, 이자, 위약금, 질권실행의 비용, 질물보존의 비용 및 채무불이행 또는 질물의 하자로 인한 손해배상의 채권을 담보한다(민법 제334조).

한편, 질권자는 질물에 의하여 변제를 받지 못한 부분의 채권에 한하여 채무자의 다른 재산으로부터 변제를 받을 수 있다(민법 제340조 제1항).

---

33) 지원림, 전게서, 710면.
34) 지원림, 상게서, 717면.

마. 권리질권

(1) 의 의

권리질권이란 동산 이외의 재산권을 목적으로 하는 질권을 말한다(민법 제345조). 권리질권의 목적이 될 수 있는 권리는 원칙적으로 양도성 있는 재산권으로, 중요한 것으로 채권(금전채권, 물건인도채권, 조건부·기한부채권, 장래의 채권 등), 주식 및 지적재산권 등이 있다.

권리질권의 설정은 법률에 다른 규정이 없으면 그 권리의 양도에 관한 법률에 의하여야 한다(민법 제345조). 채권증서가 있는 때에는 질권자에게 교부하여야 효력이 있다(민법 제347조).

지명채권을 목적으로 한 질권의 설정은 설정자가 제450조의 규정에 의하여 제3채무자에게 질권설정의 사실을 통지하거나 채무자(질권설정자)가 이를 승낙하지 않으면 이로써 제3채무자 기타 제3자에게 대항하지 못한다(민법 제349조 제1항).

한편 질권설정자가 제3채무자에게 질권설정 사실을 통지하거나 제3채무자가 이를 승낙한 때에는 제3채무자가 질권자의 동의 없이 질권의 목적인 채무를 변제하더라도 이로써 질권자에게 대항할 수 없고, 질권자는 여전히 제3채무자에 대하여 직접 채무의 변제를 청구할 수 있다.[35]

한편, 확정일자란 증서에 대하여 그 작성한 일자에 관한 완전한 증거가 될 수 있으므로 법률상 인정되고 당사자가 나중에 변경하는 것이 불가능한 확정된 일자를 가리키는 것이다.[36]

(2) 효 력

재산권은 일반적으로 교환가치를 목적으로 하는 것이므로 동산질권에서와 같은 심리적 강제기능은 없고, 유치적 효력은 설정자로 하여금 그 권리를 행사(처분)하지 못하도록 하는 의미를 가질 뿐이다.[37]

따라서 채권질권자는 지시채권, 무기명채권의 증서를 포함하여 교부받은 채권증서를 점유하고 피담보채권 전부의 만족을 얻을 때까지 이를 유치할 수 있다(민법 제355조,

---

35) 대법원 2018.12.27 선고 2016다265689 판결.
36) 대법원 2010.5.13 선고 2010다8310 판결.
37) 지원림, 전게서, 725면.

제335조). 채권증서란 채권의 존재를 증명하기 위하여 채권자에게 제공된 문서로 변제 등으로 채권이 소멸하는 경우 채무자가 채권자에게 그 반환을 청구할 수 있는 것이어야 한다.[38)]

또한 채권질권자는 목적채권으로부터 다른 채권자보다 자기 채권의 우선변제를 받을 권능이 있다(민법 제355조, 제329조).

(3) 채권질권의 실행방법

직접청구권을 행사하는 경우 질권자는 질권설정자의 대리인과 같은 지위에서 입질채권을 추심하여 자기채권의 변제에 충당하고 그 한도에서 질권설정자에 의한 변제가 있었던 것으로 본다. 또한 이 범위 내에서는 제3채무자의 질권자에 대한 금전지급으로써 제3채무자의 질권설정자에 대한 급부가 이루어진다.[39)]

바. 질권의 소멸

질권은 목적물의 멸실, 제3자의 시효취득, 혼동, 포기 등으로 소멸하며, 피담보채권이 변제 등으로 소멸하면 부종성에 기해 당연히 소멸한다[40)].

7. 저당권

가. 의 의

저당권이란 채권자가 채무담보를 위하여 채무자 또는 제3자(물상보증인)가 제공한 부동산 기타 목적물의 점유를 이전받지 않은 채 그 목적물을 관념상으로 지배하다가, 채무의 변제가 없으면 그 목적물로부터 우선변제를 받을 수 있는 담보물권을 말한다(민법 제356조).

한편, 저당권자는 피담보채권의 채권자에 한하는 것이 원칙이나 제3자를 저당권의 명의인으로 하는 데 대하여 채권자, 채무자, 제3자 사이에 합의가 있고 또 채권이 그 제3자에게 실질적으로 귀속된 경우에는 제3자 명의의 저당권도 유효하다.[41)]

---

38) 대법원 2013.8.22 선고 2013다32574 판결.
39) 대법원 2015.5.29 선고 2012다92258 판결.
40) 양창수 · 김형석, 『권리의 보전과 담보』, 박영사, 2012, 325면.

소유권과 점유를 채권자에게 이전하지 않음으로써 설정자가 종전대로 목적물을 사용·수익하면서 담보에 제공할 수 있는 반면, 채권자는 저당물의 소유권이나 점유를 이전받아 이를 보관하는 비용을 부담하지 않은 채, 저당목적물의 교환가치만을 파악하여, 피담보채무의 변제가 없으면 목적물을 경매하여 그 대금으로부터 우선변제를 받을 수 있다는 점에 저당권의 특색이 있다.[42]

나. 저당권의 성립

저당권은 저당권의 설정계약 외에 설정등기가 있어야 성립한다(민법 제186조). 등기할 사항은 채권액과 채무자를 기재하여야 하고, 이 경우 등기원인인 변제기, 이자 및 발생기·지급시기, 원본 또는 이자의 지급장소, 채무불이행으로 인한 손해배상에 관한 약정 등을 기재하여야 한다(부동산등기법 제75조).

다. 저당권의 객체

저당권의 목적물을 점유하지 않으면서 우선변제권을 확보하는 것이므로 그 대상은 저당권의 존재를 공부에 공시할 수 있는 것에 한정된다.[43] 민법이 인정하는 것은 부동산과 지상권·전세권에 한한다. 부동산에 대한 저당권의 경우 1필의 토지의 일부나 1필의 건물의 일부에 대하여는 저당권을 설정할 수 없다. 민법 이외의 법률에서 인정하는 것으로는 등기선박·입목·광업권·어업권·공장재단 또는 공장·광업재단·이륜자동차를 제외한 자동차·항공기 등이 있다.

라. 저당권의 피담보채권

저당권의 피담보채권은 일반적으로 금전채권이지만 그에 한정하지 않고, 금전의 지급을 목적으로 하는 채권도 저당권을 실행할 때 금전채권으로 되어 있으면 된다. 다만, 이 경우에는 금전 이외의 급부를 목적으로 하는 채권의 담보를 위해 저당권설정등기를 신청하는 경우에는 그 채권의 평가액을 기재하여야 한다(부동산등기법 제77조).

장래 발생할 채권을 위하여 저당권을 설정할 수 있는가에 대하여 저당권의 부종성과

---

41) 대법원 2001.3.15 선고 99다48948 판결.
42) 지원림, 전게서, 731면.
43) 김준호, 전게서, 811면.

관련하여 문제될 수 있는데, 저당권 실행 당시에 채권과 저당권이 모두 존재하면 부종성은 충족되므로 가능하다고 보는 데 이설(異說)은 없다. 특히 장래의 증감변동하는 불특정다수인의 채권을 일정한 한도까지 담보하는 저당권을 근저당권이라고 한다.[44]

마. 법정저당권

토지임대인이 변제기를 경과한 후 최후 2년의 차임채권에 의하여 그 지상에 있는 임차인 소유의 건물을 압류한 경우에 저당권과 동일한 효력이 있다(민법 제649조).

바. 저당권의 효력

(1) 피담보채권의 범위

민법은 후순위권리자와 제3자에게 예측하지 못한 손해를 입지 않도록 하기 위하여 피담보채권의 범위를 제한한다.

피담보채권으로는 원본, 이자, 위약금, 채무불이행으로 인한 손해배상 및 저당권의 실행비용을 담보한다. 그러나 지연배상에 대하여는 원본의 이행기일을 경과한 후의 1년분에 한하여 저당권을 행사할 수 있다(민법 제360조).

(2) 목적물의 범위

저당물의 범위는 원칙적으로 소유권과 일치한다. 그리고 저당부동산에 부합된 물건과 종물에도 미친다(민법 제358조).

따라서 건물저당권은 엘리베이터, 냉·난방시설, 주유소 부지 지하에 설치된 유류저장탱크 등에 미치고, 건물에 설치된 보일러 또는 주유소의 주유기 등에 대해서도 저당권의 효력이 미친다.[45]

한편 토지를 목적으로 저당권을 설정한 후 그 설정자가 그 토지에 건물을 증축한 때에는 저당권자는 토지와 함께 그 건물에 대하여도 경매를 청구할 수 있다. 그러나 그 건물의 경매대가에 대하여는 우선변제를 받을 권리가 없다(민법 제365조).

---

44) 지원림, 전게서, 739면.
45) 지원림, 전게서, 742면.

(3) 물상대위

저당목적물이 멸실, 훼손 또는 공용징수로 인하여 받을 금전 기타 물건에 대하여도 저당권을 그 가치대표물에 대하여 행사할 수 있다(민법 제342조, 제370조).[46]

금전 기타 물건으로는 제3자의 불법행위에 의한 손해배상청구권, 수용보상금청구권 등이 이에 해당한다.[47] 이 경우 그 지급 또는 인도 전에 압류를 하여야 한다(민법 제342조). 이는 물상대위의 목적인 채권의 특정성을 유지하여 그 효력을 보전함에 동시에 제3자에게 불측의 손해를 입히지 않으려는 데 있는 것이다.[48]

따라서 근저당권자가 근저당의 목적이 된 토지의 공용징수 등으로 토지의 소유자가 받을 금전이나 물건의 인도청구권을 압류하기 전에 토지의 소유자가 인도청구권에 기해 금전 등을 수령한 경우 근저당권자는 더 이상 물상대위권을 행사할 수 없다.[49]

한편 저당권자의 물상대위권 행사로서의 압류(押留) 및 전부(轉付)는 그 명령이 제3채무자에게 송달됨으로써 효력이 생기며, 위에서 본 '특정성의 유지'나 '제3자의 보호'는 물상대위권자의 압류 및 전부명령이 효력을 발생함으로써 비로소 달성될 수 있는 것이므로, 배당요구의 종기가 지난 후에 물상대위에 기한 채권압류 및 전부명령이 제3채무자에게 송달되었을 경우에는, 물상대위권자는 배당절차에서 우선변제를 받을 수 없다.[50]

(4) 우선변제적 효력

저당권자는 언제나 일반채권자에 우선한다. 그러나 저당권설정등기일보다 먼저 주택임대차보호법 또는 상가건물임대차보호법상 대항요건과 확정일자를 갖춘 임차인은 그의 보증금 반환에 관하여 저당권자에 우선한다.

또한 최종 3개월분의 임금, 재해보상금 채권은 사용자의 총재산에 대하여 질권 또는 저당권에 따라 담보된 채권, 조세·공과금 및 다른 채권에 우선하여 변제되어야 한다(근로기준법 제38조 제2항).

---

46) 저당권의 물상대위권 행사는 담보권의 존재를 증명하는 서류를 집행법원에 제출하여 채권압류 및 전부명령을 신청하거나 배당요구를 하는 방법에 의한다(대법원 1999.5.14.선고, 98다62688 판결).

47) 지원림, 상세서, 744면.

48) 대법원 1994.11.22 선고, 94다25728 판결.

49) 대법원 2015.9.10 선고, 2013다216273 판결.

50) 대법원 2003.3.28 선고, 2002다13539 판결.

그리고 부동산에 대하여 가압류가 먼저 되고 나서 근저당설정등기가 마쳐진 경우에 그 근저당권등기는 가압류에 의한 처분금지의 효력 때문에 가압류채권자에 대한 관계에서만 상대적으로 무효이다. 따라서 배당에 있어 근저당권자는 선순위 가압류채권자에 대하여 우선권을 주장하지 못하므로 1차로 채권액에 따른 안분비례에 의하여 평등배당을 받은 후, 후순위 신청압류채권자에 대하여는 우선변제권이 인정되므로 경매신청압류채권자가 받을 배당액으로부터 자기의 채권액을 만족시킬 때까지 이를 흡수하여 배당받을 수 있다.[51]

(5) 저당권의 실행

저당권의 실행이란 저당권자가 스스로 발의에 의하여 주도적으로 저당물을 현금화하여 그 대가로부터 피담보채권의 변제를 받는 것을 말한다.[52]

저당권자는 그 채권의 변제를 받기 위하여 저당물의 경매를 청구할 수 있다(민법 제363조). 이러한 저당권을 실행하기 위해서는 채권이 존재하고, 채무자가 변제기에 채무를 이행하지 않아야 한다. 이 경우 그 채권의 변제를 받기 위하여 저당물의 경매를 청구할 수 있는데, 민사집행법이 그 경매절차를 규율한다.

한편, 물상보증인[53]이 저당권의 실행으로 목적물의 소유권을 잃은 때에는 보증채무에 관한 규정에 의하여 채무자에 대해 구상권을 가진다(민법 제370조, 제341조).

이 때 물상보증인이 채무자에게 구상할 수 있는 범위는 특별한 사정이 없는 한 담보권의 실행으로 그 부동산의 소유권을 잃게 된 때의 부동산 시가를 기준으로 한다.[54]

사. 제3취득자의 지위

저당권은 목적물에 대한 점유를 내용으로 하는 것이 아니므로 저당권 설정자는 저당권 설정 후에도 자유로이 목적물을 사용·수익하는 것은 물론, 이를 양도하거나 지상권 또는 전세권을 설정할 수 있다. 저당권이 설정된 후에 저당목적물을 양도받은 양수

---

51) 지원림, 전게서, 747면.
52) 지원림, 상게서 751면.
  저당권 실행에 관한 자세한 내용은 민사집행법 제264조 내지 제275조 참조.
53) 물상보증인이란 타인을 위해 자신의 재산을 담보로 제공한 사람을 말하는 것으로 담보한 재산의 범위내에서만 보증책임이 있다는 점에서 주채무자와 동일한 내용의 채무를 부담하는 일반 보증인과 다르다.
54) 대법원 2018.4.10 선고, 2017다283028 판결.

인 또는 그 저당부동산 위에 지상권이나 전세권을 취득한 자를 제3취득자라고 한다.[55]

근저당부동산에 대하여 후순위근저당권을 취득한 자는 제364조에서 정한 권리를 행사할 수 있는 제3취득자에 해당하지 아니한다.[56]

이러한 제3취득자는 채무자의 변제 유무에 따라 그 지위가 달라진다. 채무자가 변제를 하면 문제가 없지만, 변제를 하지 않으면 경매를 통해 그 권리를 잃을 수 있기 때문에 제3자의 지위를 보호하기 위하여 민법은 다음과 같은 제도를 두고 있다.[57]

① 저당권이 실행될 때 경매인이 될 수 있고(민법 제363조 제2항),

② 저당권의 피담보채권을 변제하여 저당권을 소멸시킬 수 있으며(민법 제364조),

③ 저당물의 보존·개량을 위하여 지출한 필요비 및 유익비의 우선상환을 받는 것(민법 제367조) 등이 그러하다.

아. 저당권의 처분

저당권은 그 담보한 채권과 분리하여 타인에게 양도하거나 다른 채권의 담보로 하지 못한다(민법 제361조). 즉 저당권은 수반성이 있어 피담보채권과 일체로만 처분될 수 있다. 저당권 양도는 그에 관한 물권적 합의와 저당권 양도의 등기를 요한다(민법 제186조).

자. 저당권의 소멸

저당권은 담보한 채권이 시효의 완성 기타 사유로 인하여 소멸한 때에는 저당권도 소멸한다(민법 제369조). 저당권이 소멸하면 저당권자는 그에 관한 등기를 말소할 의무를 지며, 부동산소유자는 소유권에 기한 방해배제로서 그 등기의 말소를 청구할 수 있다.[58]

또한 지상권 또는 전세권을 목적으로 하는 저당권의 경우 지상권 또는 전세권이 존속기간의 만료 그밖의 사유로 소멸하면 저당권도 당연히 소멸한다.[59]

저당권이 설정된 전세권의 존속기간이 만료된 경우에 저당권자는 전세금반환채권에 대하여 압류 및 추심명령 또는 전부명령을 받는 등의 방법으로 권리를 행사하여 전세

55) 김형배, 『민법학 강의』, 신조사, 2006, 687면.
56) 대법원 2006.1.26 선고, 2005다17341 판결.
57) 김준호, 전게서, 832면.
58) 양창수·김형석, 『권리의 보전과 담보』, 박영사, 2012, 406면.
59) 대법원 2008.4.10 선고, 2005다47663 판결.

권 설정자에 대해 전세금의 지급을 구할 수 있다.[60]

차. 특수저당권

(1) 공동저당

공동저당이란 동일한 채권을 담보하기 위하여 수 개의 부동산 위에 저당권을 설정하는 것을 말한다. 공동저당은 채무자의 입장에서 여러 개의 저당물이 갖는 담보가치를 집적하여 고액의 피담보채권을 만족시킬 수 있는 장점이 있어 채권자 입장에서 경제사정 등의 변동으로 인한 담보가치의 하락이라는 위험을 분산시킬 수 있어 많이 활용되고 있다.[61]

동시배당의 경우에는 각 부동산의 경매대가에 비례하여 그 가액의 분담을 정한다(민법 제368조 제1항). 이시배당의 경우에는 경매한 부동산의 차순위 저당권자는 선순위 저당권자가 동시배당에 의하여 다른 부동산의 경매대가에서 받을 수 있는 금액의 한도에서 선순위자를 대위하여 저당권을 행사할 수 있다(민법 제368조 제2항).

(2) 근저당

1) 의 의

근저당이란 당좌대월계약, 어음할인약정 또는 계속적 상품공급계약과 같은 계속적 거래관계로부터 발생하는 다수의 불특정채권을 장래의 일정시기(결산기)에 일정한 한도 (채권최고액)까지 담보하는 저당권을 말한다.[62] 즉, 담보할 채권의 최고액까지만 정하고 채무의 확정을 장래에 유보하여 설정하는 저당권을 말한다.

근저당권은 장래 증감변동하는 불특정의 채권을 담보하는 점에서 장래의 특정의 채권을 담보하는 저당권과 다르다. 그리고 일정기간 동안 채무가 없게 되더라도 저당권은 결산기까지 그대로 존속하고, 기간 내에 채무가 다시 발생하면 그 채권을 담보한다. 즉 근저당권에서는 피담보채무가 확정될 때까지의 채무의 소멸 또는 이전은 근저당권에 영향을 미치지 않는다.[63]

---

60) 대법원 2008.12.24 선고, 2008다65396 판결.
61) 지원림, 전게서, 775면.
62) 지원림, 상게서, 783면.
63) 김준호, 전게서, 844면.

2) 피담보채권의 확정

피담보채무는 근저당설정계약서에서 근저당권의 존속기간을 정하거나 기본적인 거래관계에서 결산기를 정한 경우에는 원칙적으로 존속기간이나 결산기가 도래한 때에 확정된다.[64]

그밖에 기본계약 또는 설정계약의 해제·해지 시에도 확정되며[65], 경매신청시에도 피담보채권은 확정된다.[66] 피담보채권의 확정에 대하여 후순위근저당권자가 경매를 신청한 경우 선순위근저당권의 피담보채권의 확정시기는 경락대금납부시이다.[67]

그리고 피담보채무의 확정방법에 관한 다른 약정이 없는 경우라면 근저당설정자가 근저당권자를 상대로 언제든지 계약해지의 의사표시를 함으로써 피담보채무를 확정시킬 수 있다.[68]

한편, 근저당권의 피담보채권이 확정되면 이후에 새로운 거래관계에서 발생하는 원본채권은 그 근저당권에 의하여 담보되지 아니한다. 그렇지만 확정 전에 발생한 원본채권에 관하여 확정 후에 발생하는 이자는 채권최고액의 범위 내에서 근저당권에 의하여 여전히 담보된다.[69]

3) 근저당권의 효력

근저당권은 피담보채권에 포함되는 채권을 최고액의 범위 안에서 담보한다. 즉 결산기에 확정된 채권액이 최고액을 넘고 있으면 최고액까지 우선변제를 받게 되고, 채권액이 최고액보다 적으면 구체적인 채권액에 관하여 우선변제를 받게 된다.[70]

따라서 원본, 이자, 위약금, 채무불이행으로 인한 손해배상, 저당권 실행비용 등이 근저당권에 의하여 담보된다. 다만, 지연손해금은 1년분에 한정될 필요가 없다.[71]

한편, 확정 전에 발생한 원본채권에 관하여 확정 후에 발생하는 이자나 지연손해금 채권은 채권최고액 범위내에서 근저당권에 의하여 여전히 담보된다.[72]

---

64) 대법원 2001.11.9 선고, 2001다47528 판결.
65) 대법원 2006.4.28 선고, 2005다 74108 판결.
66) 대법원 1997.12.9 선고, 97다25521 판결.
67) 대법원 1999.9.21 선고, 99다26085 판결.
68) 대법원 2017.10.31 선고, 2015다65042 판결.
69) 대법원 2007.4.26 선고, 2005다38300 판결.
70) 송덕수, 『신민법입문』, 박영사, 2009, 254면.
71) 지원림, 전게서, 786면.
72) 대법원 2007.4.26 선고, 2005다38300 판결.

4) 매각대금 중 근저당권의 채권최고액을 초과하는 부분의 처리

민사집행법상 경매절차에 있어 근저당권설정자와 채무자가 동일한 경우에 근저당권의 채권최고액은 민사집행법 제148조에 따라 배당받을 채권자나 저당목적 부동산의 제3취득자에 대한 우선변제권의 한도로서의 의미를 갖는 것에 불과하고, 그 부동산으로써는 그 최고액 범위 내의 채권에 한하여서만 변제를 받을 수 있다는 이른바 책임의 한도라고까지는 볼 수 없다. 그러므로 민사집행법 제148조에 따라 배당받을 채권자나 제3취득자가 없는 한 근저당권자의 채권액이 근저당권의 채권최고액을 초과하는 경우에 매각대금 중 그 최고액을 초과하는 금액이 있더라도 이는 근저당권설정자에게 반환할 것은 아니고 근저당권자의 채권최고액을 초과하는 채무의 변제에 충당하여야 한다.[73]

다만, 물상보증인이나 근저당 부동산의 제3취득자가 민법 제357조의 채권최고액만을 변제하면 근저당설정등기의 말소청구를 할 수 있다.[74]

즉 채권최고액은 물상보증인이나 제3취득자 같은 제3자에 대한 관계에서는 저당부동산에 의하여 우선변제되는 물적책임의 범위를 정하는 의미를 가진다.

5) 근저당권의 소멸

피담보채권이 확정되기 전이라도 채권이 변제 등으로 소멸하거나 또는 거래의 계속을 원하지 않는 경우에는 존속기간 또는 결산기가 경과하기 전이라도 근저당설정계약을 해지하고 설정등기의 말소를 청구할 수 있다.[75]

카. 강제경매와 담보권실행경매의 차이

민사집행법상 경매는 확정판결 등 집행권원에 기초하여 하는 **강제경매**와 질권·저당권 등 담보권에 기초하여 하는 **담보권실행경매**로 나누고 있다.

강제경매와 비교해서 담보권 실행을 위한 경매는 다음과 같은 차이가 있다.
① 집행권원이 필요 없고 담보권의 존재를 증명하는 서류를 제출함으로써 개시된다.
② 경매절차의 정지사유를 달리한다.

---

73) 대법원 2009.2.26 선고, 2008다4001 판결.
74) 대법원 1974.12.10 선고, 74다998 판결.
75) 대법원 2006.4.28 선고, 2005다74108 판결.

③ 담보권이 처음부터 존재하지 않은 경우에는 매수인은 소유권을 취득하지 못한다.[76]

타. 우선변제권

채무자가 변제기에 변제하지 않으면, 저당권자는 채무의 담보로 제공한 부동산을 현금화하여 그 대금으로부터 다른 채권자에 우선하여 피담보채권의 변제를 받을 수 있다(민법 제356조).

우선변제권의 실현과 관련하여 저당권자 스스로 저당권을 실행하여 우선변제를 받은 것이 그 전형적인 방법이지만, 저당부동산에 대하여 일반채권자, 전세권자 또는 후순위 저당권자의 집행을 막지 못하며, 우선순위에 따라 매각대금으로부터 변제를 받게 된다.[77]

한편, 허위의 근저당권에 대하여 배당이 이루어진 경우 통정한 허위의 의사표시는 당사자 사이에는 물론 제3자에 대하여도 무효이고, 선의의 제3자에 대해서만 대항하지 못한다.[78]

제2절 국세기본법상 관련 내용

1. 국세우선의 원칙

가. 개 요

국세우선의 원칙이라 함은 국세·가산금 또는 강제징수비는 다른 공과금이나 그 밖의 채권에 우선하여 징수되는 것을 말한다(국세기본법 제35조 제1항).

이는 납세자에게 조세의 체납사실이 있고 그의 재산이 강제환가된 경우 조세채권의 효율적인 확보를 위하여 제한된 범위 내에서 다른 채권자보다 우선하여 변제받을 수

---

76) 김준호, 전게서, 817면.
77) 지원림, 상게서, 774면.
78) 대법원 2016.7.29 선고, 2016다13710 판결.

있는 세법상 인정된 특수한 우선변제권이라고 볼 수 있다.[79]

공과금이라 함은 국세징수법에서 규정하는 강제징수의 예에 따라 징수할 수 있는 채권 중 국세, 관세, 임시수입부가세, 지방세와 이에 관계되는 가산금 및 강제징수비를 제외한 것을 말한다(국세기본법 제2조 제8호).

기타 채권은 사법상의 채권 중 금전채권에 한하고, 특정물의 급부를 목적으로 하는 채권은 해당되지 않는다.[80]

나. 예 외

(1) 국세의 법정기일 전 설정된 전세권·질권·저당권의 피담보채권

국세의 법정기일 전에 전세권·질권 또는 저당권, 주택임대차보호법 제3조의2 제2항 또는 상가건물임대차보호법 제5조 제2항에 따라 대항요건과 확정일자를 갖춘 임차권, 납세의무자를 등기의무자로 하고 채무불이행을 정지조건으로 하는 대물변제의 예약에 따라 채권 담보의 목적으로 가등기를 마친 가등기 담보권에 해당하는 권리가 설정된 재산을 매각하여 그 매각금액에서 국세를 징수하는 경우에는 그 권리에 의하여 담보된 채권은 국세가 우선하지 않는다(국세기본법 제35조 제1항 제3호).

이 규정은 공시를 수반하는 담보물권과 관련하여 거래의 안전을 보장하려는 사법적 요청과 조세채권의 실현을 확보하려는 공익적 요청을 적절하게 조화시키려는 데 그 입법의 취지가 있다.[81]

(2) 공익비용 우선

강제집행·경매 또는 파산절차에 따라 재산을 매각할 때 그 매각금액 중에서 국세·가산금 또는 강제징수비를 징수하는 경우의 그 강제집행·경매 또는 파산절차에 든 비용은 국세에 우선한다(국세기본법 제35조 제1항 제2호).

또한 지방세나 공과금의 체납처분을 할 때 그 체납처분금액 중에서 국세·가산금 또는 체납처분비를 징수하는 경우의 그 지방세나 공과금의 체납처분비가 우선한다(국세기본법 제35조 제1항 제1호).

---

79) 구욱서, 『사법과 세법』, 유로, 2010, 816면.
80) 구욱서, 전게서, 819면.
81) 대법원 2005.11.24 선고, 2005두9088 판결.

(3) 기 타(소액보증금과 임금 등 채권)

주택임대차보호법 제8조 또는 상가건물임대차보호법 제14조가 적용되는 임대차관계에 있는 주택 또는 건물을 매각할 때 그 매각금액 중에서 국세를 징수하는 경우 임대차에 관한 보증금 중 일정 금액으로서 같은 조에 따라 임차인이 우선하여 변제받을 수 있는 금액에 관한 채권은 국세에 우선한다(국세기본법 제35조 제1항 제4호).

그리고 사용자의 재산을 매각하거나 추심(推尋)할 때 그 매각금액 또는 추심금액 중에서 국세를 징수하는 경우에 「근로기준법」 제38조 또는 「근로자퇴직급여 보장법」 제12조에 따라 국세에 우선하여 변제되는 임금, 퇴직금, 재해보상금, 그 밖에 근로관계로 인한 채권은 우선하여 징수하지 아니한다(국세기본법 제35조 제1항 제5호).

(4) 국세와 기타 채권간 순위 요약

① 주택 또는 상가임차인 보증금 중 소액보증금, 최종 3개월 임금, 최종 3년 퇴직금, 재해보상금
② 당해 세(상속세 및 증여세, 재산세, 종합부동산세 등)
③ 법정기일 전에 설정된 전세권, 질권, 저당권, 대항요건을 갖춘 임차보증금 채권
④ 기타 임금 채권(최종 3개월 이외의 임금 및 기타 근로관계로 인한 채권). 다만, 국세의 법정기일 이후에 질권 또는 저당권에 의하여 담보된 채권이 있는 경우에는 국세가 우선한다.
⑤ 국세와 지방세
⑥ 건강보험료, 연금보험료
⑦ 일반채권자 채권

2. 당해세와 저당권

조세와 전세권·질권 또는 저당권의 피담보채권 사이의 우열은 원칙적으로 담보물권이 조세의 법정기일 전에 설정된 것인지 여부에 달려 있다. 그러나 예외적으로 상속세 및 증여세 등 담보물권의 목적인 재산에 대하여 부과된 국세나 지방세는 비록 그 담보권이 법정기일 전에 설정된 경우라도 담보물권의 피담보채권에 우선하는데, 이를 '당해 세 우선에 관한 특례'라고 한다.[82]

당해 세가 담보물권에 의하여 담보되는 채권에 우선한다고 하더라도 이로써 담보물권의 본질적 내용까지 침해되어서는 아니되고, 따라서 위에서 말하는 "그 재산에 대하여 부과된 국세"라 함은 담보물권을 취득하는 사람이 장래 그 재산에 대하여 부과될 것을 상당한 정도로 예측할 수 있는 것으로서 오로지 당해 재산을 소유하고 있는 것 자체에 담세력을 인정하여 부과되는 국세만을 의미하는 것으로 보아야 한다.[83]

한편, 저당부동산이 저당권 설정자로부터 제3자에게 양도되고 위 설정자에게 저당권에 우선하여 징수당할 아무런 조세의 체납이 없었다면 양수인인 제3자에 대하여 부과한 국세 또는 지방세를 법정기일이 앞선다거나 당해세라 하여 우선징수할 수 없다고 할 것이다.[84]

또한 저당권 설정자가 그 피담보채권에 우선하여 징수당할 조세의 체납이 없는 상태에서 사망한 경우에 그 상속인에 대하여 부과된 국세인 상속세를 이를 당해세라 하여 우선징수할 수 없다.[85]

즉, 납세의무자의 재산상에 근저당권이 설정되어 있고 그 설정일이 소정의 법정기일 이전인 때에는 그 근저당권에 의하여 담보되는 채권의 발생 시기 여하를 불문하고 그 채권이 국세에 우선한다는 취지로 보아야 할 것이다.[86]

3. 압류선착주의와 저당권의 관계

국세강제징수에 따라 납세자의 재산을 압류한 경우에 다른 국세 및 강제징수비 또는 지방세의 교부청구가 있으면 압류에 관계되는 국세 및 강제징수비는 교부청구된 다른 국세 및 강제징수비 또는 지방세보다 우선하여 징수한다(국세기본법 제36조)라고 하여 압류선착주의를 규정하고 있다.

공시를 수반하는 담보물권과 관련하여 거래의 안전을 보장하려는 사법적 요청과 조세채권의 실현을 확보하려는 공익적 요청을 적절하게 조화시키려는 데 그 입법의 취지가 있으므로, 조세채권이 담보물권의 본질적 내용까지 침해해서는 아니되고, 담보물권

---

82) 임승순, 『조세법』, 박영사, 2009, 223면.
83) 대법원 1999.3.18 선고, 96다23184 전원합의체 판결.
84) 대법원 2005.3.10 선고, 2004다51153 판결.
85) 대법원 1997.5.9 선고, 96다55204 판결.
86) 대법원 1976.10.26 선고, 76다1091 판결.

을 취득하는 사람이 장래 그 재산에 관하여 담보물권에 우선하는 조세채권의 발생을 상당한 정도로 예측할 수 있어야 그 조세채권을 담보물권에 우선하여 징수할 수 있다고 할 것이며(대법원 1999.3.18 선고, 96다23184 전원합의체 판결, 2003.1.10 선고, 2001다44376 판결 등 참조),

구 국세기본법 제36조 제1항과 구 지방세법 제34조 제1항이 채택하고 있는 이른바 압류선착주의의 취지는 다른 조세채권자보다 조세채무자의 자산 상태에 주의를 기울이고 조세 징수에 열의를 가지고 있는 징수권자에게 우선권을 부여하고자 하는 것이므로(대법원 2003.7.11 선고, 2001다83777 판결 참조), 압류선착주의는 조세채권 사이의 우선순위를 정하는 데 적용할 수 있을 뿐 조세채권과 공시를 수반하는 담보물권 사이의 우선순위를 정하는 데 적용할 수는 없다.

따라서 공시를 수반하는 담보물권이 설정된 부동산에 관하여 담보물권 설정일 이전에 법정기일이 도래한 조세채권과 담보물권 설정일 이후에 법정기일이 도래한 조세채권에 기한 압류가 모두 이루어진 경우, 당해 세를 제외한 조세채권과 담보물권 사이의 우선순위는 그 법정기일과 담보물권 설정일의 선후에 의하여 결정하고, 이와 같은 순서에 의하여 매각대금을 배분한 후, 압류선착주의에 따라 각 조세채권 사이의 우선순위를 결정하여야 할 것이다.[87]

한편 납세담보물을 매각하였을 때에는 압류선착주의에도 불구하고 그 국세·가산금 또는 강제징수비는 매각대금 중에서 다른 국세 및 강제징수비와 지방세에 우선하여 징수한다(국세기본법 제37조).

4. 가등기담보재산과 국세의 관계

가. 가등기에 기한 본등기 전에 압류가 행하여진 경우

납세의무자를 등기의무자로 하고 채무불이행을 정지 조건으로 하는 대물변제의 예약에 의하여 권리이전 청구권의 보전을 위한 가등기(가등록을 포함한다. 이하 같다)나(국세기본법 제35조 제1항 제3호 다목). 그 밖에 이와 유사한 담보의 목적으로 된 가등기가 되어 있는 재산을 압류하는 경우에 그 가등기에 따른 본등기가 압류 후에 행하여진 때에는 그 가등기의 권리자는 그 재산에 대한 체납처분에 대하여 그 가등기에 따른 권리를

---

87) 대법원 2005.11.24 선고, 2005두9088 판결.

주장할 수 없다. 다만, 그 재산에 대하여 부과된 국세와 가산금을 제외한 일반 국세 또는 가산금의 법정기일 전에 가등기된 재산은 그 권리를 주장할 수 있다(국세기본법 제35조 제4항).

가등기권리자에 대하여 조세의 우선권이 인정되는 것은 채권담보의 목적으로 경료된 담보가등기에 한하고, 소유권이전등기청구권의 보전을 위한 가등기는 포함되지 않는다.[88]

압류등기 이전에 소유권이전청구권 보전의 가등기가 경료되고 그 후 본등기가 이루어진 경우에, 그 가등기가 매매예약에 기한 순위보전의 가등기라면 그 이후에 경료된 압류등기는 효력을 상실한다.[89]

한편, 그 가등기가 채무담보를 위한 가등기, 즉 담보가등기라면 그 후 본등기가 경료되더라도 가등기는 담보적 효력을 갖는 데 그치므로 압류등기는 여전히 유효한 것이라고 할 것이다.[90]

나. 가등기에 기한 본등기 이후에 압류된 경우

담보가등기권리자는 청산절차를 완료하였다는 등의 특별한 사정이 없는 한 양도담보권자의 지위에 서게 되고, 그에 따라 국세기본법 제42조(양도담보권자의 물적납세의무)의 규정이 적용된다.[91]

5. 공동저당권 규정의 국세우선변제권 유추적용

조세우선변제권은 일정한 범위 내에서 조세채무자의 총재산에 대하여 우선변제권이 인정된다는 점에서 이른바 법정담보물권으로서의 성격을 갖고 있으며, 따라서 조세채무자의 부동산이 여럿인 경우에는 공동저당권자와 유사한 지위에 서게 되므로 공동저당권에 관한 민법 제368조가 유추적용되어야 한다.[92]

---

88) 사법연수원, 『조세법총론Ⅰ』, 2011, 195면.
89) 대법원 1996.12.20 선고, 95누15193 판결.
90) 대법원 1989.2.28 선고, 87다카684 판결.
91) 사법연수원, 전게서, 196면.
92) 대법원 2006.5.26 선고, 2003다18418 판결.

6. 납세담보 제공방법

토지, 건물, 공장재단, 광업재단, 선박, 항공기 또는 건설기계를 납세담보로 제공하려는 자는 그 등기필증, 등기완료통지서 또는 등록필증을 세무서장에게 제시하여야 하며, 세무서장은 이에 의하여 저당권 설정을 위한 등기 또는 등록 절차를 밟아야 한다 (국세징수법 제20조 제3항).

한편, 납세보증보험자가 보험계약자의 세금을 납부한 경우 과세관청의 납세의무자에 대한 조세채권을 대위행사할 수 있다.[93]

제3절 국세징수법상 관련 내용

세무공무원이 질권이 설정된 재산을 압류하려는 경우에는 그 질권자에게 문서로써 해당 질물의 인도를 요구하여야 한다. 이 경우 질권자는 질권의 설정 시기에 관계없이 질물을 세무공무원에게 인도하여야 한다.

납세담보를 제공받은 국세 및 강제징수비가 그 담보기간에 납부되지 않은 경우 납세담보가 금전이면 그 금전으로 해당 국세 및 강제징수비를 징수하고, 납세담보가 금전 외의 것이면 유가증권, 토지, 건물 등의 경우에는 공매절차에 따라 매각하고, 납세보증보험증권인 경우 해당 납세보증보험 사업자에게 보험금의 지급을 청구하는 방법 등으로 현금화 한다(국세징수법 시행령 제22조 제2항).

---

93) 대법원 2009.2.26 선고, 2005다32418 판결.

제4절 부가가치세법상 관련 내용

재화를 담보로 제공하는 것으로서 질권·저당권 또는 양도담보의 목적으로 동산·부동산 및 부동산상의 권리를 제공하는 것은 재화의 공급으로 보지 아니한다(부가가치세법 제10조 제9항 제1호, 같은법 시행령 제22조).

저당권은 등기·등록에 의하여 공시할 뿐 목적물에 대한 소유권과 점유권을 채권자에게 이전시키지 않고 저당권 설정자가 종전대로 목적물을 사용·수익하는 반면, 채권자는 교환가치만을 지배하므로 재화의 공급이 될 수 없고 질권은 유치적 효력에 의하여 점유의 이전이 필요하지만 질권자는 채무자의 채무불이행이 있을 때 경매 및 간이변제충당권만 있을 뿐 목적물을 수익할 권능은 없기 때문에 인도가 되더라도 재화의 공급으로 보지 않는다.[94]

제5절 소득세법상 관련 내용

1. 임의경매에 의한 부동산 소유권이전 양소득세 과세

양소득세 과세대상이 되는 자산의 유상이전에는 그 소유권이전의 대가로 현금 또는 현물 등을 받거나 양도자산에 대응하는 다른 자산을 대체 취득하거나 법률상 변제의무가 있는 채무를 소멸시키는 경우를 모두 포함하고, 이 때 자산의 처분이 소유자의 자의에 의한 것인지 경매 또는 공매 등과 같이 자의에 의한 것이 아닌지 여부는 양도에 해당하는지 여부를 판단하는데 아무런 영향을 미치지 않는다.[95]

---

94) 구욱서, 전게서, 299면.
95) 대법원 1986.7.8 선고, 86누73 판결.

2. 물상보증인의 양도소득세 납세의무

임의경매의 기초가 된 근저당권설정등기가 제3자의 채무에 대한 물상보증으로 이루어졌다 하더라도 경매목적물의 양도인은 물상보증인이고 경락대금도 경매목적물의 소유자인 물상보증인의 양도소득으로 귀속된다 할 것이다. 그리고 물상보증인의 채무자에 대한 구상권은 납부된 경락대금이 채무자가 부담하고 있는 피담보채무의 변제에 충당됨에 따라 그 대위변제의 효과로서 발생하는 것이지 경매의 대가적 성질에 따른 것은 아니기 때문에 채무자의 무자력으로 인하여 구상권의 행사가 사실상 불가능하게 되었다고 하더라도 그러한 사정은 양도소득을 가리는 데는 아무런 영향이 없다.[96]

제6절 상속세 및 증여세법상 관련 내용

1. 저당권 등이 설정된 재산의 평가

저당권이 설정된 재산의 가액은 당해 재산이 담보하는 채권액으로 한다. 담보 제공된 재산인지 여부는 평가기준일을 기준으로 유효하게 설정되어 있는지 여부에 의하여 판단하여야 한다.[97] 즉 근저당권 설정등기가 원인무효로 말소되었거나 말소되어야 할 경우에는 이에 기한 채권최고액은 상속재산의 가액으로 삼을 수 없다.

그리고 공동저당권이 설정된 재산의 가액은 당해 재산이 담보하는 채권액을 공동저당된 재산의 평가기준일 현재의 가액으로 안분하여 계산한 가액으로 한다.

근저당권이 설정된 재산의 가액은 평가기준일 현재 당해 자산이 담보하는 채권액. 다만, 당해 재산에 설정된 근저당의 채권최고액이 담보하는 채권액 보다 적은 경우에는 채권최고액으로 한다.

질권이 설정된 재산 및 양도담보재산의 가액은 당해 재산이 담보하는 채권액, 전세권이 등기된 재산의 가액은 등기된 전세금(임대보증금을 받고 임대한 경우에는 임대보증금)이 된다(상속세 및 증여세법 시행령 제63조).

---

96) 대법원 1988.2.9 선고, 87누941 판결.
97) 대법원 1993.6.22 선고, 92누17365 판결.

344

2. 시가와 비교 평가

상속세 및 증여세법에 의한 재산 평가시 저당권 등 재산의 평가는 저당권 등이 설정된 재산 평가의 특례에 의한 평가액과 상속세 및 증여세법 제60조에 따라 평가한 가액 중 큰 금액을 그 재산가액으로 한다(상속세 및 증여세법 제66조).

제7절 　관련 사례(판례 및 과세실무)

1. 물상대위권 행사와 우선변제권

가. 사실관계

갑은 을의 물상보증에 기한 구상금채권을 대위변제하고 을과 병이 체결하였던 근저당권 설정등기의 근저당권의 이전등기를 경료받았다. 그 후 과세관청은 병의 체납을 이유로 근저당이 설정된 토지를 압류하였다.

한편, 중앙토지수용위원회는 위 토지에 대하여 수용하기로 재결한 후 토지 소유자와 이해관계인 갑과 과세관청에 토지수용 사실을 알리고 필요한 권리를 행사할 것을 통보하였다. 이에 과세관청은 병이 양도소득세를 체납하였다는 이유로 병의 토지수용보상금지급청구권을 압류하고 그 지급을 구하여 ○억원을 한국토지공사로부터 수령하여 이를 양도세 체납세액에 충당하였다.

그러자 갑은 과세관청 보다 갑이 순위가 앞선 근저당권자이므로 물상대위권의 행사로 위 토지보상금에 관하여 갑이 우선 지급받아야 함에도 과세관청이 이를 지급받음으로써 갑이 그만큼의 손해를 입었으므로 그 금원은 부당이득으로 반환하여야 한다고 주장하였다.

나. 판결요지

저당목적물의 변형물인 금전 기타 물건에 대하여 이미 제3자가 압류하여 그 금전 또는 물건이 특정된 이상 저당권자가 스스로 이를 압류하지 않고서도 물상대위권을 행사하여 일반 채권자보다 우선변제를 받을 수 있으나, 민사집행법에 의하여 담보권의 존재를 증명하는 서류를 집행법원에 제출하여 채권압류 및 전부명령을 신청하거나, 배당요구를 하여야 하는데 이러한 물상대권의 행사를 하지 아니한 채 수용대상토지에 대하여 담보물권의 등기가 된 것만으로는 그 보상금으로부터 우선변제를 받을 수 없다.[98]

다. 검 토

저당목적물이 수용 등에 의하여 금전 기타 물건으로 변형되었을 때에 저당권자는 물상대위권 행사에 의하여 우선변제를 받을 수 있으나 저당권자가 채권압류 및 전부명령 등 민사집행법상 물상대위권을 행사하지 않을 경우 우선변제를 받을 수 없고, 체납자 병을 대위하여 추심권을 취득하고 토지보상금을 지급받은 과세관청은 법률상 원인이 없는 이득이라고 볼 수 없으므로 과세관청에 대하여 부당이득반환을 청구할 수 없다.

2. 증액경정처분 후 당초 신고분에 대한 배당 순위

납세의무자가 신고납세방식인 국세의 과세표준과 세액을 신고한 다음 매각재산에 저당권 등의 설정등기를 마친 경우라면, 이후에 과세관청이 당초 신고한 세액을 증액하는 경정을 하여 당초보다 증액된 세액을 고지하였더라도, 당초 신고한 세액에 대해서는 국세기본법 제35조에 따라 당초의 신고일이 법정기일이 되어 저당권 등에 의하여 담보되는 채권보다 우선하여 징수할 수 있다고 보아야 한다.[99]

3. 근저당채권 매입 후 담보채권자가 경락받은 경우 취득가액

내국법인이 담보권이 설정된 채권을 매입한 후 그 담보물건에 대한 경매에 참여하여 해당 자산을 경락받은 경우, 해당 자산의 경락가액이 공정가액으로 인정되는 때에는 그 경락가액을 해당 자산의 취득가액으로 한다.[100]

---

98) 대법원 2010.10.28 선고, 2010다46756 판결.
99) 대법원 2018.6.28 선고, 2017다236978 판결.
100) 법규법인2013-499, 2014.3.7.

제8절   민법과 세법의 비교

강제집행에 의한 매각대금 배분은 집행비용을 제외한 나머지 금액을 민법·상법·그 밖의 법률에 의한 우선순위에 따라 배당하여야 하는데 세법에 국세와 담보물권과의 우선순위에 관한 규정을 두고 있으므로 조세채권의 징수 순위는 이에 따른다.

조세채권은 국세기본법의 국세우선권 규정에 따라 채권자 평등주의 원칙에도 불구하고 다른 일반 채권에 비해 우선징수된다. 다만, 국세의 법정기일 전에 설정된 담보물권 등이 있는 경우에는 예외적으로 국세가 우선하지 않는다. 담보물권에 해당하는 것으로는 전세권, 질권, 주택임대차보호법 및 상가건물임대차보호법상 대항요건과 우선변제권이 있는 임대차보증금 등이 있다.

즉, 당해세를 제외한 조세채권과 담보물권 사이의 우선순위는 그 법정기일과 담보물권 설정일의 선후에 의하여 결정하고, 압류선착수주의는 조세채권 사이의 우선순위를 정하는 데 적용할 수 있다.

한편 압류선착주의는 조세채권 사이의 우선순위를 정하는 데 적용할 수 있을 뿐 조세채권과 공시를 수반하는 담보물권 사이의 우선순위를 정하는 데에는 적용할 수 없다.

부가가치세 과세대상과 관련하여 재화를 담보로 제공하는 것으로서 질권·저당권의 권리를 제공하는 것은 재화의 공급으로 보지 아니한다. 이는 저당권 설정자가 종전대로 목적물을 사용·수익하고 채권자는 교환가치만을 지배하므로 재화의 공급이 될 수 없다는 논리이다.

임의경매에 의하여 담보권을 실행하는 경우 자산의 유상이전으로 보아 양도소득세가 과세된다. 이 경우 담보목적물의 소유자가 채무자인지, 물상보증인지 상관없다.

제15장

양도담보와 과세문제

- 국세기본법 제42조【양도담보권자의 물적납세의무】납세자가 국세·가산금 또는 강제징수비를 체납한 경우에 그 납세자에게 양도담보재산이 있을 때에는 그 납세자의 다른 재산에 대하여 강제징수를 하여도 징수할 금액에 미치지 못하는 경우에만 그 양도담보재산으로써 납세자의 국세·가산금과 강제징수비를 징수할 수 있다. 다만, 그 국세의 법정기일 전에 담보의 목적이 된 양도담보재산에 대해서는 그러하지 아니하다. 양도담보재산이란 당사자간의 계약에 의하여 납세자가 그 재산을 양도하였을 때에 실질적으로 양도인에 대한 채권담보의 목적이 된 재산을 말한다.

- 소득세법 제88조【양도의 정의】, 시행령 제151조【양도로 보지 아니하는 경우】당사자간에 채무의 변제를 담보하기 위하여 양도한다는 의사표시가 있고 당해 자산을 채무자가 원래대로 사용·수익한다는 의사표시가 있으며, 원금·이율·변제기한·변제방법 등에 관한 약정이 있는 경우에 계약서 사본을 과세표준확정신고서에 첨부하여 신고하는 때에는 이를 양도로 보지 아니한다. 그러나 위의 요건에 위배하거나 채무불이행으로 당해 자산을 변제에 충당한 때에는 그때에 이를 양도한 것으로 본다.

- 부가가치세법 제10조 제9항 제1호【재화의 공급의 특례】, 시행령 제22조【담보제공】양도담보의 목적으로 동산·부동산 및 부동산상의 권리를 제공하는 것은 재화의 공급으로 보지 아니한다.

1. 비전형담보물권

가. 의 의

비전형담보(非典型擔保)란 민법이 정하는 담보물권이 아니면서 실제로 거래계에서 담보적 기능을 수행하는 제도를 말한다. 이러한 비전형담보가 널리 활용되는 것은 등기나 등록에 의하여 공시되지 않는 동산을 담보권자에게 인도하지 않은 채 담보로 제공함으로써 동산저당의 실질을 도모할 수 있고, 민법상의 담보물권의 설정 및 실행절차상의 복잡성과 불편함을 피할 수 있다는 점 및 초과이득을 취득할 수 있는 이점이 있다.[1]

비전형담보는 권리이전형 담보로 매매의 형식을 이용하는 **매도담보**와 소비대차의 형식을 이용하는 **양도담보** 내지 **가등기담보** 등이 있다.

나. 비전형담보의 장점

동산은 질권의 목적이 되는데, 점유개정에 의한 질권설정은 허용되지 않는다. 따라서 질권설정자가 담보목적물을 종전과 같이 사용할 수 없어 담보목적물을 활용할 수 없으나 양도담보의 경우 이러한 제한이 없고, 부동산의 경우 담보권자가 후순위권리자 등 제3자의 간섭을 받지 않아도 되며, 담보권의 실행에 있어서 주도권을 갖을 수 있는 점 등이 권리이전형 담보 즉 비전형담보의 장점이다.[2]

다. 가등기담보 등에 관한 법률

대물반환의 예약에 있어 채무자가 채권자에 대하여 가지는 정산금 청구권이 현실적으로 실현되기 어려운 문제가 발생하자, 이러한 문제들을 종합적으로 규율하기 위하여 특별법 제정의 필요성이 대두되고 이에 「가등기담보 등에 관한 법률」이 제정되었다. 가등기담보법은 민법 제607조 및 제608조의 규정을 출발로 하여 이것과 관련된 채

---

1) 지원림, 『민법강의 제7판』, 홍문사, 2009, 795면.
2) 양창수·김재형, 『권리의 보전과 담보』, 박영사, 2012, 437면.

권담보의 효력을 규율하는 것으로 목적으로 하므로 가등기담보와 양도담보에 대하여도 적용이 된다.[3]

「가등기담보 등에 관한 법률」은 차용물의 반환에 관하여 다른 재산권을 이전할 것을 예약한 경우에만 적용되고, 매매잔대금 지급과 관련하여 다른 재산권을 이전하기로 약정한 경우에는 적용되지 않는다.[4]

또한 「가등기담보 등에 관한 법률」은 재산권 이전의 예약에 의한 가등기담보에 있어서 그 재산의 예약 당시의 가액이 차용액 및 이에 붙인 이자의 합산액을 초과하는 경우에 한하여 그 적용이 있다.[5]

라. 비전형담보의 유형

(1) 매도담보(환매 또는 재매매의 예약)

매도담보는 자금을 매매의 형식을 빌려 매매대금으로 얻는 경우를 말한다. 가령, 1,000만원의 자금을 필요로 하는 A가 시가 3,000만원 상당의 A 소유 토지를 1,000만원에 B에게 매각하여(B 앞으로 소유권이전등기를 해줌) 필요한 자금을 얻고, 후에 그 1,000만원을 반환함으로써 토지를 다시 찾아오는 방법이다. 이 경우 1,000만원은 형식상으로는 매매대금이지만 실질상으로는 차용금으로서, B는 그에 대한 담보로 매수인으로서 토지에 대해 소유권이전등기를 받는 것인데, 이러한 유형을 **매도담보**라고 한다.[6]

환매약정을 한 경우 소유권이전등기와 동시에 환매등기를 하여야 한다.

(2) 양도담보(좁은 의미의 양도담보)

소비대차의 형식을 이용하는 것이므로 계약체결과 동시에 목적물의 소유권을 채권자에게 이전하는 형식이 양도담보이다. 가령, 1,000만원의 자금을 필요로 하는 A가 B로부터 1,000만원을 빌리고, 그 담보로 시가 3,000만원 상당의 A 소유 토지를 B 앞으로 소유권이전등기를 해 주는 방법으로서, 이러한 유형을 양도담보라고 한다. 이 경우 A는 1,000만원을 변제기에 B에게 갚고 토지를 다시 찾아오는 것이다.[7]

---

3) 김준호, 『민법강의』, 법문사, 2009, 867면.
4) 대법원 2007.12.13 선고, 2005다52214 판결.
5) 대법원 1993.10.26 선고, 93다27611 판결.
6) 김준호, 전게서, 864면.
7) 김준호, 상게서, 864면.

민법 제607조는 "차용물의 반환에 관하여 차주가 차용물에 갈음하여 다른 재산권을 이전할 것을 예약한 경우에는 그 재산의 예약 당시의 가액이 차용액 및 이에 붙인 이자의 합산액을 넘지 못한다"고 정하고, 제608조는 "전 2조의 규정에 위반한 당사자의 약정으로서 차주에 불리한 것은 환매 기타 여하한 명목이라도 그 효력이 없다"고 규정하고 있다.

판례는 이 경우 대물변제예약은 무효일지라도 당사자 사이에 정산절차를 밟아야 하는 약한 의미의 양도담보계약으로 보고 있다.[8]

(3) 가등기담보

(가) 내용

담보설정계약에서 대물변제의 예약(소유권 이전의 예약)을 하고 장래의 소유권이전등기청구권을 보전하기 위하여 가등기를 경료하고 장래 채무불이행이 있는 때에 목적물의 소유권을 채권자에게 이전하는 형식을 취한다. 가령 1,000만원의 자금을 필요로 하는 A가 B로부터 1,000만원을 빌리면서 A가 변제기에 1,000만원을 갚지 않을 때에는 시가 3,000만원 상당의 A 소유 토지를 대신 주기로 미리 약속을 하고(대물반환의 예약), 그 예약에 따른 권리를 보전하기 위해 A 소유 토지에 대해 B명의로 가등기를 하는 방법으로서, 이러한 유형을 가등기담보라고 한다. A가 변제기에 1,000만원을 갚지 못하면, B는 가등기에 기해 본등기를 함으로써 토지소유권을 취득하게 된다.[9]

(나) 가등기담보권의 효력

가등기담보설정자는 담보물에 대한 사용수익권을 가지고 있고 가등기담보권리자는 담보권을 실행하여 정산절차가 종료되면 채무자에게 소유권이전등기청구권과 목적물 인도청구권을 행사할 수 있다.[10]

그리고 채권자가 담보권을 실행하여 정산절차를 마치기 전에는 채무자는 언제든지 채무를 변제하고 채권자에게 가등기 및 그 가등기에 기한 본등기의 말소를 청구할 수 있다.[11]

한편, 담보가등기를 마친 부동산에 대하여 강제집행 등이 개시된 경우 담보가등기

---

8) 대법원 1984.4.10 선고, 97다4005 판결.
9) 김준호, 상게서, 864면.
10) 대법원 2001.2.27 선고, 2000다20465 판결.
11) 대법원 1993.6.22 선고, 93다7334 판결.

권리자는 다른 채권자 보다 자기 채권을 우선 변제 받을 권리가 있다(가등기담보 등에 관한 법률 제13조).

즉, 가등기담보권자는 그 담보가등기가 경료된 부동산에 대하여 경매 등이 개시된 경우에는 다른 채권자보다 자기채권에 대하여 우선변제를 받을 권리가 있다 할 것이고 그 순위에 관하여는 그 담보가등기권리를 저당권으로 본다.[12]

2. 양도담보

가. 개 념

양도담보란 채권담보를 위하여 채무자 또는 제3자(물상보증인)가 목적물의 소유권을 채권자에게 이전하고, 채무자가 채무를 변제하지 않으면 채권자가 그 소유권을 확정적으로 취득하거나 그 목적물로부터 우선변제를 받지만, 채무자가 채무를 이행하면 목적물을 다시 원소유자에게 반환하는 방법에 의한 소유권이전형의 비전형담보이다.[13]

한편, 양도담보는 채권의 청산절차가 필요한 지 여부에 따라 청산절차를 수반하는 약한 의미의 양도담보와 청산절차가 필요없는 강한 양도담보로 구분할 수 있다. 그러나 오늘날 양도담보는 모두 청산의무를 수반하기 때문에 구분 실익이 없다.[14]

다만, 채권의 담보 목적으로 재산권을 채권자에게 이전한 경우 그것이 어떠한 형태의 담보계약인지는 개개의 사건마다 구체적으로 당사자의 의사에 의하여 확정되어야 할 문제이나 다른 특약이 인정되지 아니하는 경우에는 당사자 사이에 정산절차를 요하는 약한 의미의 양도담보로 추정된다.[15]

나. 양도담보의 작용

질권·저당권의 경우 그것을 실행하는 경우 담보권 실행경매에 의하게 되어 절차가 번거롭고 비용이 많이 드는 단점이 있으나, 양도담보의 경우에는 절차가 단순하고 비용 지출이 줄어든다. 또한 양도담보 설정자는 질권·저당권에 비해 목적물의 가치가 높게 평가되어 그 담보가치를 충분히 활용할 수 있게 된다. 이러한 이점(利點) 때문에 1960년

---

12) 대법원 1992.3.27 선고, 91다44407 판결.
13) 지원림, 전게서, 813면.
14) 김준호, 『민법강의』, 법문사, 2012, 955면.
15) 대법원 2001.8.24 선고, 2000다15661 판결.

대에 양도담보가 널리 이용되었다.[16]

다. 양도담보의 법적 성질

(1) 개 요

양도담보는 채권담보의 목적으로 소유권이전의 형식을 취하는 점에서 목적과 형식이 일치하지 않는 특별한 점이 있다. 그래서 학설은 담보의 면을 중시하는 담보권설과 형식의 면을 중시하는 신탁적 양도설로 나누어져 있다.

다수설은 「가등기담보 등에 관한 법률」(이하 "가담법"이라 함)이 담보물권에 특유한 권리인 경매청구권, 우선변제권 등에 관하여 규정함으로써 가등기담보권자에게 저당권자와 유사한 지위를 부여한 점을 볼 때 일종의 담보물권으로 이해한다.[17]

(2) 신탁적 소유권이전(가담법 적용을 받지 않는 경우)

양도담보가 소비대차에 기한 채권을 담보하는 것이 아니거나 부동산의 가액이 차용액 및 이자의 합산액에 미달하는 경우에는 가담법의 적용을 받지 않는데, 이 경우 양도담보는 일종의 신탁행위이고, 그에 기하여 소유권은 채권자에게 이전하되 채권자는 그 권리를 채권담보의 목적으로 넘어서 행사할 수 없는 관계가 성립하는 신탁적 소유권이전이라고 본다.[18]

금전채무를 담보하기 위하여 채무자가 그 소유의 동산을 채권자에게 양도하되 점유개정에 의하여 채무자가 이를 계속 점유하기로 한 경우, 특별한 사정이 없는 한 동산의 소유권은 신탁적으로 이전되고, 채권자와 채무자 사이의 대내적 관계에서 채무자는 의연히 소유권을 보유하나 대외적인 관계에 있어서 채무자는 동산의 소유권을 이미 채권자에게 양도한 무권리자가 된다.[19]

판례는 동산에 관하여 양도담보계약이 이루어지고 양도담보권자가 점유개정의 방법으로 인도를 받았다면 그 청산절차를 마치기 전이라 하더라도 담보목적물에 대한 사용수익권은 없지만 제3자에 대한 관계에 있어서는 그 물건의 소유자임을 주장하고 그

16) 송덕수, 『신민법강의』, 박영사, 2009, 775면.
17) 지원림, 상게서, 800면.
18) 송덕수, 전게서, 777면.
19) 대법원 2004.6.25 선고, 2004도1751 판결.

권리를 행사할 수 있다[20]라고 하여 신탁적 소유권이전설 입장을 취하고 있다.

따라서 담보권자가 목적물의 대외적인 소유권을 취득하지만, 그 소유권을 담보의 목적범위 내에서만 행사하여야 할 채권계약상의 구속을 받으며, 목적물이 제3자에게 처분된 경우 제3자는 피담보채권의 존부나 내용 등에 대한 선의·악의를 불문하고 완전한 소유권을 취득하며, 양도담보권자와 담보제공자 사이의 내부적 관계에서는 소유권이 담보제공자에게 있는 것으로 본다.[21]

(3) 담보권(가담법 적용을 받는 경우)

가담법은 가등기담보뿐만 아니라 일정한 경우의 양도담보에도 적용된다. 즉 부동산 양도담보 가운데 그것이 소비대차에 기한 채권을 담보하기 위한 것이고 가액이 차용액과 이자의 합산액을 초과하는 때에만 가담법이 적용된다.[22] 따라서 매매대금 지급과 관련하여 다른 재산권을 이전하기로 약정한 경우는 가담법이 적용되지 않는다.[23]

가등기담보법이 담보물권에 특유한 권리인 경매청구권·우선변제권 등에 관하여 규정함으로써 가등기담보권자에게 저당권자와 유사한 지위를 부여한 점으로 보아 담보물권으로 이해한다.

라. 양도담보계약의 설정

양도담보계약은 채권담보(피담보채권은 금전소비대차에 한하지 않으며 장래의 채권, 물품대금채권, 부당이득반환채권 등)의 목적으로 채무자의 특정의 재산권을 채권자에게 양도하고 채무자의 채무불이행이 있는 경우에 그 재산권으로부터 채권을 변제받기로 하는 계약을 말하는 것으로[24] 소비대차 등 피담보채권의 원인이 되는 계약과는 별개의 법률행위이다.

그 계약은 일반적으로 피담보채무 및 그 내용, 담보목적물 및 그 점유, 용익 및 관리에 관한 사항, 그리고 채무불이행시의 양도담보권 실행의 방법 등을 내용으로 한다.[25]

---

20) 대법원 1994.8.26 선고, 93다44739 판결.
21) 지원림, 전게서, 814~815면.
22) 송덕수, 상게서, 776면.
23) 대법원 2007.12.13 선고, 2005다52214 판결.
24) 송덕수, 전게서, 778면.
25) 양창수·김형석, 『권리의 보전과 담보』, 박영사, 2012, 445면. 대법원 2008.2.28 선고, 2007다37394 판결.

마. 양도담보의 목적물

양도담보의 목적물은 보통 동산이나 부동산이지만 양도할 수 있는 재산권이면 무엇이든 상관없다. 또한 일정한 점포 내의 상품과 같이 증감변동하는 상품 일체도 특정될수 있다면 집합물 전체를 목적으로 하는 양도담보의 목적으로 될 수 있으며, 미등기부동산도 마찬가지이다.[26]

동산에 대하여 양도담보를 설정한 경우 채무자는 담보의 목적으로 그 소유의 동산을채권자에게 양도해 주되 점유개정에 의하여 이를 계속 점유하지만, 채무자가 위 채무를 불이행하면 채권자는 담보목적물인 동산을 사적으로 타에 처분하거나 스스로 취득한 후 정산하는 방법으로 이를 환가하여 우선변제받음으로써 위 양도담보권을 실행하게 되는데, 채무자가 채권자에게 위 동산의 소유권을 이전하는 이유는 채권자가 양도담보권을 실행할 때까지 스스로 담보물의 가치를 보존할 수 있도록 함으로써 만약 채무자가 채무를 이행하지 않더라도 채권자가 양도받았던 담보물을 환가하여 우선변제받는 데에 지장이 없도록 하기 위한 것이다.[27] 그 밖에 주식, 채권, 영업권, 아파트입주권 등도 목적물이 될 수 있다.

한편, 목적물의 점유·사용·수익 및 관리는 대체로 설정자에게 맡겨지는 것으로 약정된다.[28]

바. 양도담보의 공시방법

목적물이 부동산인 경우에는 보통 매매를 원인으로 소유권이전등기를 한다. 피담보채권에 관한 사항은 등기를 통하여 공시되지 않지만, 「부동산 실권리자명의 등기에 관한 법률」 제3조 제2항은 일정한 사항(채권자, 채권금액 및 채무변제를 위한 담보라는 뜻)을 기재한 서면을 제출하도록 하고 있다.[29]

따라서 차용금채무의 담보를 위한 부동산양도담보계약이 체결되었으나 그에 따른소유권 이전등기가 마쳐지지 않은 경우, 양도담보는 그 담보계약에 따라 소유권이전등기를 마침으로써 비로소 담보권이 발생한다.[30]

---

26) 지원림, 전게서, 817면.
27) 대법원 2009.11.26 선고, 2006다37106 판결.
28) 양창수·김형석, 『권리의 보전과 담보』, 박영사, 2012, 446면.
29) 지원림, 상게서, 819면.

목적물이 동산인 경우에는 인도가 있어야 한다. 인도의 방법은 특별히 제한이 없고 점유개정의 방법에 의하더라도 상관없다.[31]

사. 양도담보의 효력

(1) 목적물의 사용수익권

반대의 특약이 없는 한 양도담보에서 목적물의 점유 내지 이용의 권리는 담보제공자에게 속하는 것으로 보아야 한다.[32] 일반적으로 부동산을 채권담보의 목적으로 양도한 경우 특별한 사정이 없는 한 목적부동산에 대한 사용수익권은 채무자인 양도담보설정자에게 있는 것으로 보고 있다.[33]

담보권설에 의할 경우 대외적 효력으로 양도담보권자는 담보권을 취득할 뿐이고, 담보설정자가 여전히 소유권을 가진다.[34]

따라서 건축주가 타인의 대지를 매수하여 연립주택을 신축하면서 대지 매매대금 채무의 담보를 위해 그 연립주택에 관한 건축허가 및 등기를 대지 소유 명의자로 하여두었다면 원시취득자인 건축주로부터 연립주택을 적법하게 임차하여 거주하고 있는 임차인에 대하여 대지 소유자가 그 소유자임을 내세워 명도를 구할 수 없다.[35]

(2) 정산의무

채권자(양도담보권자)가 피담보 채권의 만족을 얻기 위하여 담보목적물을 환가 내지 평가처분한 경우에 채권자는 정산의무가 있다.[36]

(3) 가담법의 적용을 받은 경우 구체적 효력

1) 적용범위

가등기담보법이 적용되는 범위는 피담보채무가 소비대차 또는 준소비대차에 기한

---

30) 대법원 1996.11.15 선고, 96다31116 판결.
31) 지원림, 상게서, 818면.
32) 지원림, 전게서, 820면. 대법원 2008.2.28 선고, 2007다37394 판결.
33) 대법원 2008.2.28 선고, 2007다37394, 37400 판결.
34) 지원림, 상게서, 822면.
35) 대법원 1996.6.28 선고, 96다9218 판결.
36) 대법원 1983.2.8선고, 81다547 판결.

차용금채무인 경우에 한한다. 그리고 담보목적물의 가액이 채무의 원리금을 초과하여야 한다.

양도담보는 담보권의 일종이므로 채무자가 변제기에 채무의 변제를 이행하지 않으면 채권자는 양도담보권을 실행하여 다른 채권자보다 우선하여 목적물로부터 피담보채권의 만족을 얻을 수 있다.[37]

2) 양도담보권의 실행

채무자가 일정기간 내에 변제하지 않을 때에는 양도담보권자는 담보권의 실행에 의하여 우선변제를 받을 수 있다.

양도담보권의 실행은 실행통지, 청산기간의 경과, 청산, 소유권 취득 순이다. 가등기권리자가 이러한 절차를 거치지 아니하면 양도담보권자 등은 소유권을 취득하지 못한다. 목적부동산의 가액이 채권액을 넘는 경우에는 그 차액을 청산금으로 채무자 등에게 지급하여야 한다.[38]

이와 같이 양도담보권자는 청산통지를 하고 청산기간이 경과한 후에 청산금이 있으면 이를 지급함으로써, 또 청산금이 없으면 청산기간의 경과로 목적물의 소유권을 취득하므로 양도담보설정자는 이때까지 채무원리금을 변제하여 소유권 이전등기의 말소를 청구할 수 있다.[39] 청산금의 지급채무와 부동산의 소유권 이전 등기 및 인도채무의 이행은 동시이행 관계에 있다.

청산통지와 관련하여 담보부동산의 평가액이 피담보채권액에 미달하는 경우에는 청산금이 있을 수 없으므로 귀속정산의 통지방법으로 부동산의 평가액 및 채권액을 구체적으로 언급할 필요 없이 그 미달을 이유로 채무자에 대하여 담보권의 실행으로 그 부동산을 확정적으로 채권자의 소유로 귀속시킨다는 뜻을 알리는 것으로 족하다.[40]

한편, 가등기담보법 제3조, 제4조의 각 규정에 의한 담보가등기의 경우 청산절차를 거쳐야 그 가등기에 기한 본등기를 청구할 수 있는데, 위 규정에 위반하여 담보가등기에 기한 본등기가 이루어진 경우에 그 본등기는 무효이다.[41]

37) 지원림, 상게서, 825면.
38) 송덕수, 전게서, 784면; 대법원 2002.4.23 선고, 2001다81856 판결.
39) 양창수·김형석, 『권리의 보전과 담보』, 박영사, 2012, 517면.
40) 대법원 2001.8.24 선고, 2000다15661 판결.
41) 대법원 2010.11.9 선고, 2010마1322 결정.

3) 양도담보 목적물의 처분

가등기담보법상 양도담보권자가 목적물을 처분하면 이는 무권리자의 처분으로 원칙적으로 무효이나[42] 선의의 제3자는 목적물을 유효하게 취득할 수 있다(가등기담보 등에 관한 법률 제11조). 이는 선의인 처분상대방의 신뢰를 보호하기 위하여 특별히 인정된 것이다.[43]

이 경우 설정자가 그 권리를 잃게 되면 양도담보권자는 채무불이행으로 인한 손해배상책임을 진다.[44]

(4) 가담법의 적용을 받지 않는 경우의 구체적 효력

1) 적용범위

적용범위는 ① 소비대차 이외의 사유로 생긴 채권, 가령 매매대금이나 물품대금의 반환채무의 담보, ② 담보부동산에 대한 대물변제 예약 당시의 시가가 피담보채권에 미치지 않는 경우, ③ 동산 양도담보의 경우이다.

2) 정산방법

가담법의 적용을 받지 않는 양도담보의 경우에는 가담법에 의한 실행은 요구되지 않는다. 그러나 반드시 정산은 하여야 한다. 정산에는 귀속정산과 처분정산이 있다. **귀속정산**은 담보부동산의 가액에서 채권의 원리금을 공제한 잔액을 채무자에게 반환하고 담보부동산의 소유권을 취득하는 방법이고, **처분정산**은 담보부동산을 제3자에게 처분하여 그 매각대금에서 채권원리금의 변제에 충당하고 나머지를 채무자에게 반환하는 방법이다.[45]

한편 강한 양도담보(유담보)의 경우 양도담보권자는 목적물을 피담보채무에 갈음하여 양도담보권자에게 귀속시킬 수도 있다.[46]

3) 양도담보 목적물의 처분

양도담보 설정자가 처분한 경우 양수인이 선의취득 요건을 갖춘 경우에는 목적물의

---

42) 양도담보권리자는 양도담보권이라는 일종의 담보물권을 취득할 뿐이고 양도담보설정자가 소유권 기타의 재산권은 여전히 가지게 된다고 보는 데 따른 것이다.
43) 양창수·김형석, 『권리의 보전과 담보』, 박영사, 2012, 516면.
44) 구욱서, 『사법과 세법』, 유로, 2010, 796면.
45) 송덕수, 전게서, 785면.
46) 양창수·김형석, 『권리의 보전과 담보』, 박영사, 2012, 468면.

소유권을 취득한다. 반면에 양도담보권자가 목적물을 처분하면 신탁적 소유권설에 따르면 소유권은 양도담보권자에 있으므로 양수인은 선의·악의를 불문하고 동산의 소유권을 취득한다.[47)]

아. 양도담보권의 물상대위성

양도담보권자는 양도담보 목적물이 소실되어 양도담보 설정자가 보험회사에 대하여 화재보험계약에 따른 보험금청구권을 취득한 경우에도 담보물 가치의 변형물인 위 화재보험증권에 대하여 양도담보권에 기한 물상대위권을 행사할 수 있다.[48)]

제2절 국세기본법상 관련 내용

1. 양도담보권자의 물적 납세의무

납세자가 국세 및 강제징수비를 체납한 경우에 그 납세자에게 양도담보재산이 있을 때에는 그 납세자의 다른 재산에 대하여 강제징수를 하여도 징수할 금액에 미치지 못하는 경우에는 그 양도담보재산으로써 납세자의 국세 및 강제징수비를 징수할 수 있다. 다만, 그 국세의 법정기일 전에 담보의 목적이 된 양도담보재산에 대해서는 그러하지 않는다(국세기본법 제42조 제1항).

양도담보권자에게 보충적 납세의무를 지우는 취지는 어느 재산에 대하여 양도담보가 설정되면 법률상으로 그 양도담보재산의 소유권은 채권자인 양도담보권자에게 귀속되므로 채무자인 양도담보설정자의 국세 등의 체납을 이유로 양도담보재산에 대하여 압류 등 체납처분을 할 수 없다. 이러한 경우 양도담보가 국세 등의 법정기일 이후에 이루어진 경우에도 양도담보재산에 대하여 체납처분을 할 수 없는 문제점이 있기 때문이다.[49)]

한편, 납세자가 제3자와 짜고 거짓으로 양도담보 설정계약을 체결하고 그 등기 또

---

47) 대법원 1967.3.28 선고, 67다61 판결.
48) 대법원 2009.11.26 선고, 2006다37106 판결.
49) 김두형, 『로스쿨 조세법 기초이론』, 한국학술정보(주), 2012, 308면.

는 등록을 함으로써 그 재산의 매각금액으로 국세 등을 징수하기 곤란하다고 인정할 때에는 그 행위의 취소를 법원에 청구할 수 있다(국세기본법 제35조 제6항).

본래의 납세자가 납부하여야 할 국세 등에 관하여 제3자인 양도담보권자가 납부책임을 진다는 의미에서 납부책임의 범위가 확장되어 있으나 납부 주체인 인적 요건을 고려함이 없이 양도담보재산이라는 물적 요건에 의해서만 납부책임을 지우는 물적 납세의무라는 점이 그 특징이다.[50]

2. 양도담보재산

양도담보재산이란 당사자 간의 계약에 의하여 납세자가 그 재산을 양도하였을 때에 실질적으로 양도인에 대한 채권담보의 목적이 된 재산을 말하는 것(국세기본법 제42조 제3항)으로, 동산·유가증권·채권·부동산·무체재산권 등과 그 이외에 법률상으로 아직 권리로 인정되어 있지 않은 것이라도 양도할 수 있는 것은 모두 양도담보의 목적물이 된다(국기 통칙 42 – 0…2).

한편, 국세징수법 제7조 제1항에 따라 양도담보권자에게 납세고지가 있은 후 납세자가 양도에 의하여 실질적으로 담보된 채무를 불이행하여 해당 재산이 양도담보권자에게 확정적으로 귀속되고 양도담보권이 소멸하는 경우에는 납부고지 당시의 양도담보재산이 계속하여 양도담보재산으로 존속하는 것으로 본다(국세기본법 제42조 제2항).

| 제 3 절 | 국세징수법상 관련 내용 |

납세자의 체납액을 물적납세의무자로부터 징수하는 경우 징수하여야 하는 체납액의 과세기간, 세목, 세액, 산출근거 등을 적은 납부고지서를 물적납세의무자에게 발급하여야 한다(국세징수법 제7조 제1항).[51]

또한 고지가 있은 후 당해 재산의 양도에 의하여 담보된 채권이 채무불이행 등 변제

---

50) 임승순, 『조세법』, 박영사, 2009, 103면.
51) 납세고지에 의하여 추상적으로 성립한 물적납세의무가 구체적으로 확정된다.

이외의 이유[52])에 의하여 소멸된 경우(양도담보재산의 환매, 재매매의 예약, 기타 이에 유사한 계약을 체결한 경우에 기한의 경과 기타 그 계약의 이행 이외의 이유로 계약의 효력이 상실된 때를 포함한다)에도 양도담보재산으로 존속하는 것으로 본다(구 국세징수법 제13조 제2항).

그러나 양도담보재산이 양도담보권자로부터 다시 제3자에게 양도가 된 경우에는 양도 전에 고지가 된 경우에도 압류가 되기 전에 양도된 때에는 물적 납세의무는 소멸한다(국기 통칙 13 - 0…1).

제4절　부가가치세법상 관련 내용

재화를 질권·저당권 또는 양도담보의 목적으로 동산·부동산 및 부동산상의 권리를 제공하는 것은 재화의 공급으로 보지 아니한다(부가가치세법 제10조 제9항 제1호, 같은법 시행령 제22조).

그러나 부가가치세법에 있어서 재화의 공급은 계약상 또는 법률상의 모든 원인에 의하여 재화를 인도 또는 양도하는 것을 말하는 것이므로, 환가정산형의 양도담보에 있어서 담보권자가 양도담보 부동산을 환가처분으로 제3자에게 양도하는 것도 부가가치세법상의 재화의 공급에 해당한다.[53])

---

52) 변제 이외의 이유라 함은 양도담보재산에 의하여 담보되는 채권이 소멸되는 경우에 있어서 양도담보재산이 납세자에게 복귀하지 아니하게 되는 경우를 말한다(국기 통칙 13 - 0 - 2).
53) 대법원 1996.12.10 선고, 96누12627 판결.

1. 양도담보설정자(채무자)의 양도소득세 과세 문제

가. 양도로 보지 않는 경우

채무자가 채무의 변제를 담보하기 위하여 자산을 양도하는 계약을 체결한 경우에 당사자간에 채무의 변제를 담보하기 위하여 양도한다는 의사표시가 있고, 당해 자산을 채무자가 원래대로 사용·수익한다는 의사표시가 있으며, 원금·이율·변제기한·변제방법 등에 관한 약정이 있는 경우에는 양도로 보지 아니한다(소득세법 시행령 제151조 제1항).

즉, 채권담보의 목적으로 자산의 소유권을 이전한 것만으로는 양도소득세 과세대상인 자산의 양도로 볼 수 없다.[54] 즉, 청산절차를 밟지 아니하였다면 그 부동산은 아직 채무의 변제에 충당하지 아니한 상태에 있게 되어 양도소득세 부과대상이 되는 양도행위가 있었다고 볼 수 없다.[55]

또한 양도담보 설정 후 채무자가 변제를 하고 소유권이전등기를 환원 받아 원상회복을 한 경우에도 양도로 볼 수 없다.[56]

한편 가등기담보의 경우에도 원칙적으로 정산형 담보권으로 가등기권리자가 담보물에 관한 가등기에 기하여 본등기를 경료하였더라도 그 본등기만으로 그 부동산의 소유권이 유상으로 양도되었다고 할 수 없다.[57]

나. 양도로 보는 경우

양도담보에 관한 계약을 체결한 후 소득세법 시행령 제151조 제1항의 요건에 위배하거나 채무 불이행으로 인하여 당해 자산을 변제에 충당한 때에는 그때에 채무자가 양도담보재산을 양도한 것으로 본다(소득세법 시행령 제151조 제2항).

---

54) 대법원 1991.4.23 선고, 90누8121 판결.
55) 대법원 1983.11.28 선고, 83누196 판결.
56) 대법원 1992.7.24 선고, 92누7832 판결.
57) 대법원 1985.4.23 선고, 84누702 판결.

즉, 채무자의 채무불이행 등의 사유로 담보물의 소유권이 확정적으로 채권자 또는 제3자에게 이전되어 변제에 충당하였을 경우에 비로소 채무자는 담보물을 양도한 것이 되어 양도소득세를 과세할 수 있다.[58]

변제충당이란 채무불이행으로 담보권자가 담보물을 평가하여 그 소유권을 취득하거나(소위, 취득정산) 타에 처분환가하여 그 매득금(賣得金)으로 채무의 우선변제를 받는 경우(소위, 처분정산)뿐만 아니라 그 담보권자가 자기의 채무를 담보하기 위하여 그 담보된 자산을 타에 담보권을 설정하여 제3담보권의 실행으로 인하여 그 담보물의 소유권이 다른 사람에게 이전되는 경우도 여기에 해당된다고 해석된다.[59]

또한 양도담보권자가 양도담보의 실행으로 양도담보의 목적물을 제3자에게 처분한 경우에 그 담보권자에게 어떤 양도소득이 있다고 할 수 없으므로 양도담보권자에게 목적물의 처분을 원인으로 하여 양도소득이 부과되었다면 이는 위법한 처분이고, 그로 인한 양도소득세의 본래의 납세의무자는 양도설정자라고 보아야 한다.[60]

한편, 신축한 주택을 양도담보계약으로 소유권이전등기하였으나, 소송 등으로 인해 담보계약이 말소되었다면 양도담보계약의 효력 및 그로 인한 물권변동 효과는 소급적으로 소멸된 것이므로, 이를 다시 제3자에게 양도한다면 양도소득금액 계산시 그 실지취득가액은 신축 당시 투입된 건축비이다.[61]

2. 양도담보권자(채권자)의 양도소득세 과세 문제

처분정산형의 양도담보에 있어서 양도담보권자(채권자)가 자기 명의로 등기되어 있는 담보목적물을 담보권의 실행으로서 환가하는 경우에는 그 담보권자에게 어떤 양도소득이 있다고 할 수 없는 것이므로, 여기에 대하여 양도소득세를 과세할 수는 없다.[62]

또한 환가정산형의 양도담보에 있어서 채무자가 담보권자의 동의를 얻어 직접 양도담보부동산을 환가처분으로 제3자에게 양도하고 그 양도대가로 양도담보권자의 피담보채무를 변제한 경우 실질적인 측면에서 담보권자는 그 담보부동산의 소유권을 보유하고 있었던 것이 아니라 단지 담보권을 보유하고 있다가 이에 의하여 채권의 만족을

---

58) 서울고법 2018.11.16 선고, 2018누51289 판결.
59) 대법원 1984.4.10 선고, 83누699 판결.
60) 대법원 1994.8.26 선고, 93다15267 판결.
61) 서울행정법원 2019.10.30 선고, 2019구단58752 판결.
62) 대법원 1991.4.23 선고, 90누8121 판결.

얻은 것에 지나지 아니하므로 담보권자에게 양도소득세의 과세대상인 양도차익의 소득이 발생하였다고 볼 여지가 없다.[63]

양도담보권자가 채무자의 채무불이행으로 양도담보권을 실행하여 처분정산이나 취득정산을 할 때에 그때에 비로소 당해 자산을 양도한 것으로 되고, 이 경우 양도소득은 설정자인 채무자에게 귀속하는 것이지 담보권자에게 양도소득이 발생하는 것은 아니다.[64]

제6절 관련 사례(판례 및 과세실무)

1. 채무담보를 위한 양도담보에 해당되는지 여부

가. 사실관계

채권자 갑과 채무자 을은 갑의 토지 위에 공동으로 ○○문화스포츠센터를 신축하고 건물이 완공되면 1/2씩 갑과 을이 공동소유하기로 합의하고 건축공사도급계약을 체결하였다. 그리고 갑이 을에 15억원을 대여(이자율 연 12%)하고 1996.4.19에 이 채권을 담보하기 위하여 ○○문화스포츠센터 중 2층과 3층의 을의 지분에 대하여 소유권이전등기청구권 가등기를 마쳤다. 그 이후 을은 2003.6.20에 건물에 대한 자신의 소유 지분에 관하여 갑 명의로 소유권이전등기를 마쳐 주었다.

부가세 신고와 관련하여 갑은 을로부터 공급가액 ○○억원의 세금계산서를 교부받아 매입세액으로 공제 신고하였다. 이에 대하여 ○○세무서는 위 세금계산서 거래는 양도담보에 해당하여 부가가치세법 제6조 제6항 제1호, 부가가치세법 시행령 제17조에 따라 재화의 공급으로 볼 수 없다는 이유로 매입세액 불공제 경정을 하여 관련 세액을 추징하였다. 그러자 납세자는 채무자 을이 채무를 변제하지 않아 담보목적물을 실행하여 갑 명의로 가등기에 기한 본등기를 마쳤으므로 이는 재화의 공급에 해당한다고 주장한다.

---

63) 대법원 1986.7.22 선고, 85누737 판결.
64) 대법원 1986.7.22 선고, 85누737 판결.

한편 갑과 을 사이에 1998.2.2에 체결된 약정에 의하면 을이 갑에게 을이 사용한 입회분양을 모두 갚을 경우 갑은 을에게 소유권을 돌려주기로 하였고, 갑 명의로 되어 있는 동안 제3자에게 소유권을 이전해서는 안되며, 을 소유부분에 대하여는 을이 운영권을 가지고, 제세공과금도 을이 부담하는 것으로 한 바 있다.

나. 판결요지

채무자 을은 채권자 갑에 대하여 부담하고 있는 채무를 담보하기 위하여 2003.6.20 이 건물에 대한 자신의 지분에 관하여 갑 명의로 소유권이전등기절차를 이행하여 주었다고 봄이 상당하다. 그러므로 건물 지분에 대하여 채무를 담보하기 위해 가등기하고 본등기를 경료하였다면 재화의 공급이 아닌 양도담보에 해당하여 건물 소유권등기에 따른 매입세금계산서 수취분은 매입세액공제대상이 아니다.[65]

다. 검 토

재화를 담보로 제공하는 것으로 당사자 간에 채무의 변제를 담보하기 위하여 양도한다는 의사표시가 있고, 당해 자산을 채무자가 원리대로 사용·수익한다는 의사표시가 있으며, 원금·이율·변제기한·변제방법 등에 관한 약정이 있는 등 채무자가 채무의 변제를 담보하기 위하여 자산을 양도하는 양도담보계약을 체결하고 소유권을 이전한 경우에는 재화의 공급으로 보지 아니하는 바, 채무자가 입회보증금 등 채무를 모두 갚을 경우에 채권자 갑 명의의 소유권을 채무자에 을에게 돌려주기로 한 점, 채권자 갑명의로 있는 동안 갑은 제3자에게 소유권을 이전해서는 안된다는 점, 갑과 을 사이에 채무가 변제기에 피담보채무를 변제하지 않으면 채권채무관계는 소멸하고 부동산의 소유권이 확정적으로 채권자에게 귀속된다는 명시의 특약이 없는 한 가등기에 기한 본등기도 채권의 목적으로 경료된 것으로 정산절차를 예정하고 있는 이른바 약한 의미의 양도담보가 된다.

채무자가 채권자에게 채무변제와 관련하여 다른 재산권을 양도하는 경우 그와 같은 양도의 성격이 무엇인지 여부는 단순히 주고받는 서류의 종류에 의하여 형식적으로 결정할 것이 아니라, 거래의 실질과 당사자의 의사해석에 따라 결정하여야 할 문제이다.[66]

---

65) 대법원 2008.7.29 선고, 2008두9560 판결.
66) 대법원 1992.2.11 선고, 91다36932 판결.

2. 주식의 양도담보권자가 제2차 납세의무자가 되기 위한 요건

주식의 양도담보권자가 출자자의 제2차 납세의무를 부담하는지는 국세기본법 제39조 제1항의 해당 법인의 발행주식 총수 또는 출자총액의 100분의 50을 초과하는 주식 또는 출자지분에 관한 권리를 실질적으로 행사하는 자에 해당하는지 여부 등을 확인하여 사실판단할 사항이다.[67]

3. 가등기된 부동산의 양도소득 계산 시 취득시기 등

가등기된 부동산의 취득시기는 청산금을 지급한 날이고, 취득가액은 청산금으로 확정된 금액이다.[68]

제7절 민법과 세법의 비교

민법상 양도담보의 성질은 담보물권설과 신탁적 양도설이 있는데 세법상으로는 담보물권설에 가까운 것으로 보인다. 즉, 양도담보를 설정하여 이전등기까지 하였어도 청산금을 지급하기 전까지는 소유권은 채무자에게 있는 제한물권인 담보물권으로 보고 양도담보권자에게 물적납세의무를 지우고 있다.

양도담보권자에게 물적납세의무를 지우는 이유는 양도담보가 설정된 재산의 법률상 소유권은 양도담보권자에게 귀속되어도 실질적으로는 양도담보설정자의 소유재산으로 보는 한편, 체납자인 양도담보설정자의 양도담보재산에 대하여 압류 등 체납처분을 할 수 없게 되는 경우 다른 담보권자에 비해 우대하는 결과가 되기 때문이다.

채무자가 양도담보의 목적으로 부동산 등을 제공하는 경우 부가가치세가 과세되는 재화의 공급에 해당하지 않고, 또한 양도담보의 내용이 담긴 계약서 사본을 첨부하여 신고한 때에는 이를 양도소득세가 과세되는 양도로 보지 않는다.

다만, 채무불이행으로 인하여 당해 자산을 변제에 충당한 때에는 자산을 양도한 것

---

67) 국기 서면-2019-징세-1207, 2019.4.23.
68) 조심 2010서1141, 2011.2.28.

으로 보아 양도소득세가 과세된다.

양도담보제공한 부동산을 양도담보권자가 환가처분하여 제3자에게 양도하는 것은 부가가치세 과세대상이 된다, 이는 부가가치세법에 있어서 재화의 공급은 계약상 또는 법률상 모든 원인에 의하여 재화를 인도 또는 양도하는 것이기 때문이다.

그러나 처분정산형 양도에 있어서 양도담보권자가 자기명의로 되어 있는 담보 목적물을 담보권의 실행으로 환가하는 경우에 그 담보권자에게 어떠한 양도소득이 있었다고 볼 수 없다.

양도담보설정자가 피상속인인 경우 양도담보재산은 상속재산이 되고 그 피담보채무는 상속세의 과세가액에서 차감한다. 그리고 상속재산인 양도담보재산의 가액은 상속개시일 현재의 시가와 양도담보재산의 피담보채무액 중 큰 금액으로 평가함으로써 저당권이 설정된 재산과 동일하다.

제 16장

민사채권과 조세채권의 발생과 소멸

- 국세기본법 제21조 제1항, 제2항【납세의무의 성립시기】국세를 납부할 의무는 소득세ㆍ법인세의 경우에는 과세기간이 끝나는 때, 상속세는 상속이 개시되는 때, 증여세는 증여에 의하여 재산을 취득하는 때, 부가가치세는 과세기간이 끝나는 때. 다만, 수입재화의 경우에는 세관장에게 수입신고를 하는 때, 가산세는 가산할 국세의 납세의무가 성립하는 때에 성립한다.

- 국세기본법 기본통칙 21-0…1【납세의무의 성립】납세의무는 각 세법이 정하는 과세요건의 충족, 즉 특정의 시기에 특정사실 또는 상태가 존재함으로써 과세대상(물건 또는 행위)이 납세의무자에게 귀속됨으로써 세법이 정하는 바에 따라 과세표준의 산정 및 세율의 적용이 가능하게 되는 때에 성립한다.

- 소득세법 제39조【총수입금액 및 필요경비의 귀속연도 등】거주자의 각 과세기간 총수입금액 및 필요경비의 귀속연도는 총수입금액과 필요경비가 확정된 날이 속하는 과세기간으로 한다.

- 법인세법 제40조【손익의 귀속사업연도】내국법인의 각 사업연도의 익금과 손금의 귀속사업연도는 그 익금과 손금이 확정된 날이 속하는 사업연도로 한다.

- 부가가치세법 제49조【확정신고와 납부】사업자는 각 과세기간에 대한 과세표준과 납부세액 또는 환급세액을 그 과세기간이 끝난 후 25일 이내에 납세지 관할 세무서장에게 신고납부하여야 한다.

- 소득세법 제76조【확정신고납부】거주자는 해당 과세기간의 과세표준에 대한 종합소득 산출세액 등을 과세표준확정신고기한까지 납세지 관할 세무서장에게 신고납부하여야 한다.

- 법인세법 제60조【과세표준등의 신고】납세의무가 있는 내국법인은 각 사업연도의 종료일이 속하는 달의 말일부터 3개월 이내에 그 사업연도의 소득에 대한 법인세의 과세표준과 세액을 납세지 관할 세무서장에게 신고하여야 한다.

- 국세기본법 제26조【납부의무의 소멸】국세ㆍ가산금 또는 체납처분비를 납부할 의무는 납부ㆍ충당되거나 부과가 취소된 때, 국세를 부과할 수 있는 기간에 국세가 부과되지 아니하고 그 기간이 끝난 때, 국세징수권의 소멸시효가 완성된 때에 소멸한다.

- 국세기본법 제51조 제2항【국세환급금의 충당과 환급】세무서장은 국세환급금으로 결정한 금액을 납부고지에 의하여 납부하는 국세 및 강제징수비(다른 세무서에 체납된 국세 및 강제징수비를 포함), 세법에 따라 자진납부하는 국세(납세자가 그 충당에 동의하는 경우)에 충당하여야 한다.

민법 내용

1. 채권법 서론

가. 개 요

채권법은 형식적으로 「민법」 제3편을 지칭하지만, 실질적으로 채권관계를 규율하는 사법의 일부를 말한다.

일정한 경우에 채권·채무의 발생을 정하고 채무자가 채권자에게 그의 채무를 제대로 이행하면 채권은 만족을 받아 소멸한다. 그러나 채무자가 그의 채무를 이행하지 않는 때에는 채권자가 채무자에게 그 이행을 청구할 수 있도록 하고 이 청구에 법적 효력을 부여하는 법규가 **채권법**이다.[1]

사법은 대등한 권리주체들 사이의 법률관계를 규율한다. 가령 부동산매매에서 매도인과 매수인의 권리와 의무는 그들 사이의 계약, 즉 사법으로부터 발생하는데, 사법은 원칙적으로 당사자들의 약정에 의하여 그 적용이 배제될 수 있다. 반면 매매에 따른 양도소득세를 납부할 의무를 누가 부담하느냐 하는 문제는 공법인 세법에 의하여 규율되는데, 매매 당사자들의 약정에 의한 납세의무자의 변경은 허용될 수 없다.[2]

나. 채권관계

채권자와 채무자 사이에 전개되는 법률관계를 **채권관계**라고 말한다. 가령 건물에 대해 매매계약이 체결되면, 매도인은 매수인에게 매매의 목적이 된 권리를 이전하여 줄 채무를 지고, 매수인은 대금지급채무를 지며, 이 쌍방의무는 동시에 이행되어야 한다.[3]

---

1) 김준호, 『민법강의』, 법문사, 2009, 885면.
2) 지원림, 『민법강의 제7판』, 홍문사, 2009, 831면.
3) 김준호, 전게서, 892면.

다. 채권의 기본적 효력

(1) 청구력

채무자에 대하여 급부를 청구할 수 있는 권리를 말한다.

(2) 급부보유력

채무자가 한 급부를 수령하여 적법하게 보유하는 것을 말한다.

(3) 채권의 강제력(집행력)

채권은 채권자가 채무자에 대해 급부를 청구하는 권리이다. 그런데 채권자의 청구에 따라 채무자가 채무를 이행하지 않는 때에는 국가의 강제력을 빌려 그 이행의 실현을 강제할 수 있는 권리가 채권에 인정된다. 즉 채무자가 급부를 하지 않는 경우 채권자는 국가에 대해 급부판결 내지 이행판결을 구하는 소를 제기할 수 있다. 이 판결에 의해서도 채무자가 이행을 하지 않는 때에는 국가에 대해 채무자의 재산을 강제 매각하여 그 대금으로부터 채권의 변제를 충당시켜 줄 것을 청구할 수 있다.[4]

2. 채권의 발생

채권의 발생원인은 그 성질에 따라 법률행위와 법률행위가 아닌 것으로 나눌 수 있다. 그런데 법률행위가 아닌 채권발생원인은 법률에 규정되어 있다. 그 결과 채권의 발생원인에는 법률행위와 법률의 규정의 둘이 있다고 할 수 있다.

가. 법률행위에 의한 채권의 발생

법률행위에는 단독행위·계약·합동행위의 세 가지가 있다. 이들 가운데 합동행위 (사단법인의 설립행위)는 채권의 발생원인으로 문제되지 않으며, 단독행위와 계약만이 채권을 발생시킨다.

---

4) 김준호, 상게서, 893면.

(1) 단독행위에 의한 발생

채권이 단독행위에 의하여 발생하는 경우가 있다. 그런데 그러한 경우로서 민법에 규정되어 있는 것으로는 유언(민법 제1073조)과 재단법인 설립행위(민법 제48조)의 둘이 있을 뿐이다.

(2) 계약에 의한 발생

계약이 성립하면 채권이 발생하며, 사적자치(私的自治)의 원칙상[5] 계약은 가장 중요한 채권발생원인이 되고 있다. 「민법」은 제3편 제2장에서 계약에 관하여 자세히 규정하고 있으며, 특히 증여·매매·교환 등 14가지에 대하여는 개별적인 규정도 두고 있다. 그러나 계약자유의 원칙상 당사자는 다른 종류의 계약도 얼마든지 체결할 수 있고, 또 열거된 종류의 계약을 체결하는 경우에는 규정된 것과 다른 내용으로 체결할 수 있다.

계약이 성립하기 위하여는 당사자 사이에 의사의 합치가 있을 것이 요구되고 이러한 의사의 합치는 당해 계약의 내용을 이루는 모든 사항에 관하여 알아야 하는 것은 아니나 그 본질적 사항이나 중요사항에 관하여는 구체적으로 의사의 합치가 있거나 적어도 장래 구체적으로 특정할 수 있는 기준과 방법 등에 관하여 합의가 있어야 한다.[6]

한편, 계약서와 같은 처분문서는 그 성립의 진정함이 인정되는 이상 그 기재 내용을 부인할 만한 분명하고도 수긍할 수 있는 반증이 없는 한 그 처분문서에 기재되어 있는 문언대로의 의사표시의 존재 및 내용을 인정하여야 하고, 당사자 사이에 계약의 해석을 둘러싸고 이견이 있어 처분문서에 나타난 당사자의 의사해석이 문제되는 경우에는 문언의 내용, 그와 같은 약정이 이루어진 동기와 경위, 약정에 의하여 달성하려는 목적, 당사자의 진정한 의사 등을 종합적으로 고찰하여 사회정의와 형평의 이념에 맞도록 논리와 경험칙에 따라 합리적으로 해석하여야 한다.[7]

나. 법률의 규정에 의한 채권의 발생

채권이 **법률** 규정에 의하여 발생하는 경우도 있다. 사무관리·부당이득·불법행위이다.

---

5) 세부적으로 체결의 자유, 상대방 선택의 자유, 내용의 자유, 방식의 자유가 있다.
6) 대법원 2001.3.23 선고, 2000다51650 판결.
7) 대법원 2006.2.10 선고, 2003다15501 판결.

(1) 사무관리

법률상 의무 없이 타인의 사무를 처리하는 행위이다(민법 제734조). 가령 옆집에 불이 나서 소화기로 불을 꺼준 것이 그 예이다. 사무관리가 있으면 민법 규정에 의하여 비용 상환청구권, 손해배상청구권, 관리계속의무 등의 채무가 발생한다.

(2) 부당이득

부당이득은 법률상 원인 없이 타인의 재산 또는 노무로 인하여 이익을 얻고, 이로 인하여 타인에게 손해를 가하는 경우이다(민법 제741조). 가령 A 소유의 젖소가 B 소유의 목초지에서 풀을 뜯어 먹었다면, A는 사료비를 절약한 반면, B는 그로 말미암아 재산적 손해를 입게 된다. 이러한 경우의 재산이동이 법률상 원인 없이 일어난 것이라면 B는 A에게 A의 소가 B의 목초를 뜯어 먹었기 때문에 A가 얻은 이득의 반환을 청구할 수 있다.[8]

부당이득은 재화가 정당한 권리자에게 귀속되지 않은 경우 그 부당성을 시정하기 위한 일반조항이다.[9]

(3) 불법행위

고의 또는 과실로 인한 위법행위로 타인에게 손해를 가한 자는 그 손해를 배상할 책임이 있다(민법 제750조).

불법행위로 인한 재산상 손해는 위법한 가해행위로 인하여 발생한 재산상 불이익, 즉 그 위법행위가 없었더라면 존재하였을 재산상태와 그 위법행위가 가해진 현재의 재산상태의 차이를 말하는 것이다.[10]

3. 채권의 목적

가. 의 의

채권은 채권자가 채무자에게 일정한 행위를 청구하는 것을 내용으로 하는 권리이므

---

8) 지원림, 전게서, 855면.
9) 양창수·권영준, 『권리의 변동과 구제』, 박영사, 2012, 425면.
10) 대법원 1992.6.23 선고, 91다33070 판결.

로, 채권의 목적은 채무자의 행위로 귀결된다. 가령 매매계약에서 채권의 목적은 매도인이 매매 목적물의 권리를 이전하는 행위이며, 매수인이 그 대금을 지급하는 행위이다.

나. 채권의 목적의 요건

법률행위의 일반적 유효요건인 확정성·실현가능성·적법성·사회적 타당성은 계약에 의해 발생하는 채권의 목적의 요건에도 공통된다. 그 밖에 민법은 금전으로 가액을 산정할 수 있는 것도 채권의 목적으로 할 수 있다고 정하고 있다.[11]

(1) 확정성

채권의 목적, 즉 급부(給付)는 확정되어 있거나 적어도 확정될 수 있어야 한다. 급부가 이행기까지 확정될 수 없는 경우에는, 채권은 성립하지 않고, 그 채권을 발생시키는 법률행위도 무효이다.[12] 이는 내용이 확정되지도 않은 급부를 채무자에게 이행하라고 할 수 없을 뿐만 아니라 강제집행도 불가능하기 때문이다.[13]

(2) 실현가능성

급부가 실현불가능한 경우에는 채권은 성립하지 않는다. 즉 원시적 불능의 급부를 목적으로 하는 계약은 무효이며, 따라서 채권도 발생하지 않는다. 급부의 가능 여부는 사회통념에 의해 정해지며, 그것은 계약성립시를 기준으로 한다.[14]

(3) 적법성

급부는 적법하여야 한다. 즉 강행법규에 위반하지 않는 것이어야 한다. 이에 위반한 때에는 본래의 계약상의 채권은 발생하지 않는다.

(4) 사회적 타당성

급부는 사회적 타당성이 있는 것이어야 한다. 즉 선량한 풍속 기타 사회질서에 위반하지 않아야 한다. 가령 인신매매나 남녀가 불륜관계를 맺는 것을 약속한 경우와 같이

---

11) 김준호, 전게서, 898~899면.
12) 송덕수, 『신민법강의』, 박영사, 2009, 821면.
13) 지원림, 전게서, 857면.
14) 김준호, 전게서, 898면.

급부의 내용이 사회질서에 반하는 때에는 채권은 성립하지 않으며, 그러한 계약은 무효이다.[15]

한편, 형사사건에 관하여 체결된 성공보수약정이 가져오는 여러 가지 사회적 폐단과 부작용 등을 고려하면, 구속영장청구 기각, 보석 석방 등과 같이 의뢰인에게 유리한 결과를 얻어내기 위한 변호사의 변론활동이나 직무수행 그 자체는 정당하다 하더라도, 형사사건에서의 성공보수약정은 수사·재판의 결과를 금전적인 대가와 결부시킴으로써, 기본적 인권의 옹호와 사회정의의 실현을 사명으로 하는 변호사 직무의 공공성을 저해하고, 의뢰인과 일반 국민의 사법제도에 대한 신뢰를 현저히 떨어뜨릴 위험이 있으므로, 선량한 풍속 기타 사회질서에 위배되는 것으로 평가할 수 있다.[16]

(5) 급부의 금전적 가치

민법 제373조는 "금전으로 가액을 산정할 수 없는 것이라도 채권의 목적으로 할 수 있다"고 규정한다. 가령 피아노를 한밤중에 치지 않기로 약속한 부작위채권도 그 효력에서는 보통의 채권과 다름없다. 즉 채권자는 급부의 실현을 소구할 수 있을 뿐만 아니라 강제이행을 청구할 수 있고, 그 불이행으로 인한 손해배상을 청구할 수도 있다.[17]

다. 민법상 채권의 목적의 분류

민법은 채권의 목적이라 하여 **급부의 종류**로서 특정물채권·종류채권·금전채권·이자채권·선택채권의 다섯 가지에 관하여 규정한다.

이들 급부는 각종의 계약으로부터 발생할 뿐만 아니라 법정채권 발생원인인 사무관리·부당이득·불법행위에 의해서도 발생하는 것이므로, 그 공통된 규정을 둔 것이다.

즉, **특정물채권**에서는 채권의 목적이 특정물의 인도인 경우에 그 보관의무의 기준을 정하고, **종류채권**에서는 채권의 목적이 종류로만 지정된 경우 그 특정의 방법을, **금전채권**에서는 금전이 가지는 성질에 비추어 그 이행에 관한 방법을, **이자채권**에서는 이자의 확정방법을, **선택채권**에서는 채권의 목적이 수 개의 급부 중 어느 하나를 선택에 의해 확정하여야 할 경우에 그 방법을 각각 정하고 있다.[18]

---

15) 송덕수, 전게서, 823면.
16) 대법원 2015.7.23 선고, 2015다200111 판결.
17) 김준호, 상게서, 899면.
18) 김준호, 전게서, 901면.

(1) 특정물채권

특정물채권이란 소유권의 이전 여부와 관계없이 특정물의 인도를 내용으로 하는 채권을 말한다. 이 경우 채무자는 그 물건을 인도하기까지 선량한 관리자의 주의로 보존하여야 한다(민법 제374조).

그리고 특정물의 인도가 채권의 목적인 때에는 채무자는 이행기의 현상대로 그 물건을 인도하여야 한다(민법 제462조). 채무의 성질 또는 당사자의 의사표시로 변제장소를 정하지 아니한 때에는 특정물의 인도는 채권성립 당시에 그 물건이 있던 장소에서 하여야 한다(민법 제467조 제1항).

(2) 종류채권

종류채권에서는 급부하여야 할 물건이 종류와 수량에 의하여 결정되어 있을 뿐이므로, 채무자가 종류물 중에서 특정된 물건을 인도하여야 할 의무를 지는 것은 아니다.[19]

채권의 목적을 종류로 지정한 경우에 법률행위의 성질이나 당사자의 의사에 의하여 품질을 정할 수 없는 때에는 채무자는 중등품질의 물건으로 이행하여야 한다(민법 제375조 제1항). 이 경우 채무자가 이행에 필요한 행위를 완료하거나 채권자의 동의를 얻어 이행할 물건을 지정한 때에는 그때로부터 그 물건을 채권의 목적물로 한다(민법 제375조 제2항).

(3) 금전채권

금전채권은 일정액의 금전의 급부를 목적으로 하는 채권이다. 금전채권에서는 금전 자체가 가지는 개성보다는 그것이 가지는 일정한 가치에 중점을 두는 점에 그 특색이 있다. 또한 이행불능이 생기는 일도 없다.[20] 이행지체만 생길 수 있다.

현금, 즉 한국은행권 또는 주화의 인도에 의한 이행이 금전채무의 전형적인 이행방법이다.[21]

---

19) 지원림, 전게서, 867면.
20) 김준호, 전게서, 909~910면.
21) 지원림, 전게서, 882면.

(4) 이자채권

이자채권은 이자의 지급을 목적으로 하는 채권을 말한다. 이자(利子)란 금전 기타 대체물의 사용대가로 그 원본액과 사용기간에 따라 일정기간마다 일정한 비율(이율)에 따라 지급되는 금전 기타 대체물을 말한다. 또한 지료(地料)는 부(副)대체물인 토지 등의 사용대가이므로 이자가 아니다. 또한 임료(賃料)는 부대체물인 토지 또는 주택의 사용대가이기 때문에 이자가 아니고, 회사의 이익배당도 일정한 이율에 따른 것이 아니고 그때그때의 이윤에 따라 계산되기 때문에 이자가 아니다.[22]

(5) 선택채권

여러 개의 상이한 급부들 중 하나를 목적으로 하는 채권이 **선택채권**이다. 가령 A와 B가 임대차계약을 체결하면서 A가 B의 선택에 따라 한강이 내려다 보이는 3층의 발코니가 딸린 방 또는 조용한 4층의 구석방 중 하나를 빌려주기로 한 경우가 선택채권이다.[23]

4. 채권의 소멸

가. 의 의

채권의 소멸이란 채권이 객관적으로 존재하지 않게 되는 것을 말한다. 채권의 소멸원인에는 변제·대물변제·공탁·상계·경개·면제·혼동의 7가지를 규정하고 있다. 그러나 이는 채권소멸원인의 전부가 아니다. 채권은 채무자에게 책임 없는 이행불능, 목적물의 소멸, 소멸시효의 완성, 채권의 존속기간의 만료 등에 의하여도 소멸한다.

나. 변 제

변제란 채무자 또는 제3자가 채무의 내용인 급부를 실현하는 것을 말한다. 동산의 매도인이 목적물을 인도하거나 또는 임차인이 차임으로 금전을 지급하는 것이 그 예이다. 변제는 채무의 이행과 그 실질에 있어서도 같다. 이행(履行)은 채권을 소멸시키는 행위의 측면에서 본 것이고, 변제(辨濟)는 채권의 소멸이라는 측면에서 본 것이다.[24]

---

22) 지원림, 상게서, 885~886면.
23) 지원림, 전게서, 873면.

(1) 변제자

채무자는 변제의무를 부담하는 자이므로 본래의 변제자는 채무자이다. 그런데 제3자도 원칙적으로 변제를 할 수 있다. 그러나 다음의 세 가지의 경우에는 제3자의 변제가 금지된다.

① 채무의 성질이 제3자의 변제를 허용하지 않는 때에는 제3자가 변제할 수 없다. 가령 학자의 강연과 같은 일신전속적인 급부를 내용으로 하는 채무가 그렇다.

② 당사자의 의사표시로서 제3자의 변제를 허용하지 않는 때에는 제3자가 변제할 수 없다.

③ 이해관계 없는 제3자는 채무자의 의사에 반하여 변제하지 못한다. 그런데 연대채무자, 보증인, 물상보증인, 저당부동산의 제3취득자 등은 법률상 변제에 이해관계 있는 제3자이기 때문에 채무자의 의사에 반하여 변제할 수 있다.[25]

즉 이해관계 내지 변제할 정당한 이익이 있는 자는 변제를 하지 않으면 채권자로부터 강제집행을 받게 되거나 또한 채무자에 대한 자기의 권리를 잃게 되는 지위에 있기 때문에 변제함으로써 당연히 대위의 보호를 받아야 할 법률상 이익을 가진 자를 말하고, 사실상 이해관계를 가진 자는 제외된다.[26]

타인의 채무를 담보하기 위하여 근저당권을 설정한 물상보증인이 그 채무를 변제한 때에는 물상보증인은 채무자에 대하여 구상권이 있다. 그리고 물상보증인은 변제할 정당한 이익이 있다. 그러므로 변제로 당연히 채권자를 대위한다.[27]

(2) 변제의 상대방

변제자는 원칙적으로 채권자에게 급부하여야 한다. 그러나 예외적으로 수령권한이 없는 경우도 있다. 그러나 채권이 압류된 경우, 채권이 질권이 설정된 경우, 채권자가 파산선고를 받거나 회생절차가 개시된 경우에는 채권자에게 수령권한이 없다.[28]

---

24) 송덕수, 전게서, 1033면.
25) 송덕수, 전게서, 1035면.
26) 대법원 2009.5.28 선고, 2008마109 결정.
27) 대법원 2014.4.30 선고, 2013다80429 판결.
28) 지원림, 전게서, 897면.

(3) 채권의 준점유자

채권의 준점유자에 대한 변제는 변제자가 선의이며 과실 없는 때에 한하여 효력이 있다(민법 제470조). 가령 전부명령이 무효인 경우에 그 전부채권자에게 변제한 경우에 제3채무자가 선의이고 무과실이면 채권의 준점유자에 대한 변제로, 그 변제는 유효하다.[29]

채권의 준점유자라 함은, 변제자의 입장에서 볼 때 일반의 거래관념상 채권을 행사할 정당한 권한을 가진 것으로 믿을 만한 외관을 가지는 사람을 말하므로, 준점유자가 스스로 채권자라고 하여 채권을 행사하는 경우뿐만 아니라 채권자의 대리인이라고 하면서 채권을 행사하는 때에도 채권의 준점유자에 해당하고, 채권의 준점유자에 대한 변제는 변제자가 선의이며 과실이 없는 때에는 채권을 소멸시키는 효력이 있으므로 채무자는 그 채무를 면하게 된다.[30]

따라서 채권자는 채무자에게 이행을 청구할 수 없고 채무자는 채권자에 대하여 채무불이행 책임을 지지 않는다. 그 대신 채권자는 변제를 받은 사람에 대하여 그 받은 급부를 부당이득으로 반환청구할 수 있다.[31]

한편, 금융실명거래 및 비밀보장에 관한 법률 시행 이후 예금주 명의의 신탁이 이루어진 다음 출연자가 사망함에 따라 금융기관이 출연자의 공동상속인들 중 전부 또는 일부에게 예금채권을 유효하게 변제하였다면, 그 변제된 예금은 출연자와 예금명의자의 명의신탁약정상 예금명의자에 대한 관계에서는 출연자의 공동상속인들에게 귀속되었다고 본다. 이러한 경우 예금명의자는 예금을 수령한 공동상속인들 전부 또는 일부를 상대로 예금 상당액의 부당이득반환을 구할 수 없다.[32]

(4) 영수증 소지자

영수증을 소지한 자에 대한 변제는 그 소지자가 변제를 받을 권한이 없는 경우에도 효력이 있다(민법 제471조). 그러나 이 경우에도 변제자가 그 권한 없음을 알았거나 알 수 있었을 경우에는 그렇지 않다(민법 제471조 단서).

---

29) 대법원 1980.9.30 선고, 78다1292 판결.
30) 대법원 2004.4.23 선고, 2004다5389 판결.
31) 양창수·김재형, 『계약법』, 박영사, 2012, 312면.
32) 대법원 2012.2.23 선고, 2011다86720 판결.

영수증은 변제의 수령을 증명하는 문서인데, 이 규정에서의 영수증은 작성 권한이 있는 자가 작성한 진정한 것만을 가리키며, 위조된 것은 포함되지 않는다.

(5) 수령권한이 없는 자에 대한 변제

변제수령권한이 없는 자에 대한 변제는 무효이다. 그러나 그 변제로 인하여 채권자가 이익을 받은 때에는 그 한도에서 유효하게 된다(민법 제472조).

한편, 채권의 양도는 있었으나 채권양도의 통지가 없는 동안 채무자가 양도인에게 변제하였다면 아직 대항요건이 구비되지 않았으므로 채무자는 선의·악의를 불문하고 양수인에 대하여 유효한 변제를 주장할 수 있다.[33]

(6) 변제의 목적물

1) 특정물의 현상인도

특정물의 인도가 채권의 목적인 때에는 채무자는 이행기(이행을 하여야 할 시기)의 현상대로 그 물건을 인도하여야 한다(민법 제462조).

2) 타인의 물건의 인도

채무의 변제로 타인의 물건을 인도한 채무자는 다시 유효한 변제를 하지 않으면 그 물건의 반환을 청구하지 못한다(민법 제463조). 즉 타인의 물건을 인도하는 것이 유효한 변제로 되지는 않으며, 단지 그 반환청구권만 제한된다. 그러나 채권자가 변제로 받은 물건을 선의로 소비하거나 타인에게 양도한 때에는 변제는 유효하게 된다(민법 제465조 제1항).

(7) 양도능력 없는 소유자의 물건 인도

무능력자와 같이 양도할 능력이 없는 소유자가 채무의 변제로 물건을 인도한 경우에는 그 변제가 취소된 때에도 다시 유효한 변제를 하지 않으면 그 물건의 반환을 청구하지 못한다(민법 제464조). 그러나 이러한 경우에도 채권자가 변제로 받은 물건을 선의로 소비하거나 타인에게 양도한 때에는 변제는 유효하게 된다(민법 제465조).

---

33) 시원림, 전게서, 901면.

(8) 변제의 장소

변제의 장소는 우선 당사자의 의사표시 또는 채무의 성질에 의하여 정하여진다(민법 제467조 제1항). 그런데 이들 표준에 의하여 정하여지지 않는 경우에는 다음과 같이 된다. 특정물채무는 채권성립 당시에 그 물건이 있던 장소에서 변제하여야 하고(민법 제467조 제1항), 그 이외의 채무의 변제는 채권자의 현주소에서 하여야 한다(민법 제467조 제2항). 이를 지참채무의 원칙이라고 한다.

이밖에 채무자의 주소 또는 채무자의 이익으로 정하여진 제3의 장소를 물건의 인도 장소로 정한 경우의 추심채무와 채무자가 목적물을 채권자의 주소 또는 제3의 장소로 송부하기로 하는 송부채무가 있다.[34]

(9) 변제의 시기

변제의 시기는 채무를 이행하여야 하는 시기, 즉 이행기 또는 변제기를 말한다. 이행기(변제기)는 당사자의 의사표시·급부의 성질 또는 법률의 규정에 의하여 정하여진다.[35]

채무자는 이행기에 변제하여야 한다. 그러나 당사자의 특별한 의사표시가 없으면, 채무자는 기한의 이익을 포기하여 변제기 전에 변제할 수 있다. 그런데 이 경우 상대방의 손해를 배상하여야 한다(민법 제468조 단서).

(10) 변제의 충당

1) 개 요

채무자가 다수의 채권관계에 기하여 동일한 채권자에 여러 개의 동종의 급부의무를 부담하고 있는데, 그가 제공한 급부가 채무 전부를 소멸시키기에 부족하다면 어느 채무가 소멸하느냐, 즉 급부는 어느 채무의 변제에 충당되느냐 하는 문제가 발생한다. 이것이 변제충당의 문제이다.[36]

A는 B에 대하여 이율이 월 2푼인 500만원의 X채무와 무이자인 1,000만원의 Y채무를 부담하고 있다. 그런데 두 채무는 모두 변제기가 되었다. 이 경우에 A가 채무 전부

---

34) 양창수·김재형, 『계약법』, 박영사, 2012, 295면.
35) 송덕수, 전게서, 1042면.
36) 지원림, 전게서, 911면.

를 변제할 자금은 없어서 우선 1,000만원을 지급하였다고 하자. 그때 그 1,000만원이 X채무와 Y채무 중 어느 것에 채워지는지가 문제된다. 이것이 변제의 충당의 문제이다.

2) 충당의 순서

당사자의 합의에 의한 충당이 최우선적으로 이루어진다. 즉 변제자(채무자)와 변제수령자(채권자)는 약정에 의하여 충당에 관한 민법 규정을 배제하고 제공된 급부를 어느 채무에 어떤 방법으로 충당할 것인가를 결정할 수 있다.

그러나 담보권 실행을 위한 경매 또는 강제경매에서는 채권자와 채무자 사이에 변제충당에 관한 합의가 있더라도 그 합의에 의한 충당은 허용되지 않고 민법 제476조에 의한 지정충당도 허용되지 않으며, 민법 제477조 및 제479조의 법정변제충당의 방법에 의한다.[37]

또한 채무자가 1개 또는 수 개의 채무의 비용 및 이자를 지급할 경우에 변제자가 그 전부를 소멸하게 하지 못한 급여를 한 때에는 **비용, 이자, 원본의 순서**로 변제에 충당하여야 한다(민법 제479조). 그리고 이자에는 지연이자도 포함된다.

3) 변제충당의 방법

민법은 변제충당의 방법으로 지정충당과 법정충당을 규정하고 있다.

① **지정충당**(민법 제476조)

지정충당은 변제의 충당이 지정권자의 지정에 의하여 이루어지는 경우이다. 지정충당에 있어서 충당 지정권자는 1차적으로 변제자이다. 그런데 변제자의 지정이 없으면 변제수령자가 지정할 수 있다. 그러나 변제수령자의 지정에는 변제자가 이의를 제기할 수 있다. 그때에는 법정충당을 하게 된다.

② **법정충당**(민법 제477조)

합의충당도 지정충당도 없는 경우에는 법률 규정에 의하여 충당이 일어나게 된다. 이를 법정충당이라고 한다. 그 방법은 다음과 같다.

채무 중에 이행기가 된 것과 되지 않은 것이 있으면 이행기가 된 것에 충당하고, 채무 전부가 이행기가 되었거나 되지 않았으면 채무자에게 변제이익이 많은 것에 충당하며(채무자의 여러 채무 중 이자율이 높고 원금이 큰 채무가 그렇지 않은 채무보다 변제이익

---

37) 지원림, 상게서, 912면.

이 많다), 채무자에게 변제이익이 같으면 이행기가 먼저 된 채무나 먼저 될 채무에 충당하고, 이들 표준에 의하여 충당의 선후를 정할 수 없으면 각 채무액에 비례하여 충당한다.

담보권 실행을 위한 경매에서 담보권자의 수개의 피담보채권에 충당되어야 하는 경우에 법정충당 방법에 따라 충당되어야 한다.[38]

4) 변제충당의 방법 종합

변제충당에 관한 민법 제476조 내지 제479조는 임의규정이므로 변제자와 변제받는 자 사이에 다른 약정이 있다면 약정에 따라 변제충당의 효력이 발생하고, 다른 약정이 없는 경우에 변제의 제공이 채무 전부를 소멸하게 하지 못하는 때에는 제476조의 지정변제충당에 따라 변제충당의 효력이 발생하고, 보충적으로 제477조 법정변제충당의 순서에 따라 변제충당의 효력이 발생한다.[39]

비용, 이자, 원본에 대한 변제충당에 관해서는 민법 제479조에 충당 순서가 법정되어 있고, 지정변제충당에 관한 민법 제476조는 준용되지 않으므로 당사자가 법정 순서와 다르게 일방적으로 충당 순서를 지정할 수 없다.[40]

(11) 변제의 제공

급부를 채무자가 단독으로 실현할 수 있는 경우도 있지만, 일반적으로 채권자의 협력을 필요로 한다. 이 경우 채무자가 급부의 실현에 필요한 준비를 하고 채권자의 협력을 구하는 것을 **변제의 제공**이라고 한다.[41]

민법에서 변제의 제공은 원칙적으로 채무내용에 좇은 현실의 제공으로 하도록 규정하고 있다(민법 제460조). **현실제공**이란 채권자가 제공된 급부를 손을 내밀어 받기로 하면 될 정도로 이루어지는 급부의 제공을 말한다. 즉 채권자의 사소한 협력만을 요하는 경우이다.[42]

가령 부동산 매도인의 이행제공이 인정되기 위해서는 소유권이전등기에 필요한 일

---

38) 대법원 2000.12.8 선고, 2000다51339 판결.
39) 대법원 2015.11.26 선고, 2014다71712 판결.
40) 대법원 2020.1.30 선고, 2018다204787 판결.
41) 지원림, 전게서, 902면.
42) 지원림, 상게서, 904면.

체의 서류를 현실적으로 제공하거나 이행장소에 그 서류를 준비하여 두고 그 뜻을 상대방에게 통지하여 수령을 최고하여야 한다.[43]

그러나 채무자가 미리 변제받기를 거절하거나 채무의 이행에 채권자의 행위를 요하는 경우에는 변제준비의 완료를 통지하고 그 수령을 최고하면 된다(민법 제460조 단서).

(12) 변제의 제공의 효과

변제의 제공이 있으면 그때로부터 채무불이행의 책임을 면하게 된다(민법 제461조). 채권자가 이행을 받지 아니한 때에는 이행의 제공이 있는 때로부터 채권자 지체책임이 있다(민법 제400조).

따라서 변제제공은 이행지체를 이유로 하는 책임을 면하게 하므로 지연이자 등의 손해배상채무나 위약금지급의무가 발행하지 않으며, 채권자는 계약을 해제할 수 없다.[44]

(13) 변제자 대위

구상권을 갖는 자가 변제할 정당한 이익이 있어서 변제한 경우로 당연히 채권자를 대위한다.

즉, 변제를 하지 않으면 채권자로부터 집행을 받게 되거나 또는 채무자에 대한 자기의 권리를 잃게 되는 지위에 있는 경우이다.[45] 물상보증인, 제3취득자, 연대채무자, 보증인 등이 이에 해당한다.

그러므로 대위변제자는 변제한 가액의 범위 내에서 종래 채권자가 가지고 있던 채권 및 담보에 관한 권리를 법률상 당연히 취득한다.[46]

한편, 변제자의 구상권과 변제자대위권은 별개의 권리이며, 변제자대위권은 구상권의 범위 안에서 구상권의 효력을 담보하는 역할을 한다.[47]

다. 대물변제

대물변제라 함은 본래의 급부에 갈음하여 다른 급부를 현실적으로 함으로써 채권을

---

43) 대법원 2001.5.8 선고, 2001다6053 판결.
44) 양창수·김재형, 『계약법』, 박영사, 2012, 305면.
45) 대법원 1990.4.10 선고, 89다카24834 판결.
46) 대법원 2006.2.10 선고, 2004다2762 판결.
47) 대법원 1997.5.30 선고, 97다1556 판결.

소멸시키는 변제 당사자 사이의 계약을 말한다. 예를 들면, 1,000만원의 금전채무를 부담하고 있는 자가 채권자의 승낙을 얻어 1,000만원의 금전지급에 갈음하여 특정 건물 소유권을 이전한 경우가 그에 해당한다.

다만, 채권자에 대하여 금전채무를 부담하는 채무자가 채권자에게 그 금전채무와 관련하여 다른 급부를 하기로 약정한 경우, 그 약정을 언제나 기존 금전채무를 소멸시키고 다른 채무를 성립시키는 약정이라고 단정할 수 없다. 기존 금전채무를 존속시키면서 당사자의 일방 또는 쌍방에게 기존 급부와 다른 급부를 하거나 요구할 수 있는 권능을 부여하는 등 그 약정이 금전채무의 존속을 전제로 하는 약정일 가능성도 배제하기 어렵다.[48]

대물변제가 성립하려면 급부하기로 단순히 약속한 것으로 충분하지 않으며 현실적으로 급부를 하여야 한다. 따라서 급부가 부동산인 때에는 그 부동산의 소유권이전등기를 마쳤어야 하고[49] 동산인 때에는 목적물의 인도가 있어야 한다. 채무가 부존재한다면 대물변제는 무효이며, 부동산 소유권이전도 무효가 된다.[50]

한편, 금전소비대차의 당사자 사이에 장래 채무자가 채무를 이행하지 않으면 채권자의 의사에 따라 특정한 부동산의 소유권이 채권자에게 이전한다고 미리 약정을 하는 것을 대물변제의 예약이라고 하는데, 이러한 경우 대물변제의 예약은 물적담보제도로 기능하게 된다.[51] 대물변제예약완결권은 형성권이며, 10년의 제척기간내에 행사하여야 한다.[52]

라. 공 탁

(1) 제도 개요

민법 제487조 이하에서 정하는 공탁은 채권의 소멸원인으로서의 변제공탁을 의미한다. 변제공탁제도의 실익은 채무자가 채권자의 협력 없이 채무를 면하는 데 있다. 즉 급부 결과를 실현하기 위해서는 채권자의 수령 등 협력이 필요한 채무에서, 채권자가 그 수령을 거절하거나 또는 수령할 수 없는 경우(수령 지체), 채무자는 변제의 제공을

---

48) 대법원 2018.11.15 선고, 2018다28273 판결.
49) 대법원 1995.9.15 선고, 95다13371 판결.
50) 대법원 1991.11.12 선고, 91다9503 판결.
51) 김준호, 전게서, 944면.
52) 대법원 1997.6.27 선고, 97다12488 판결.

통해 채무불이행 책임을 면하기는 하지만 채무는 여전히 존속하는데, 이때 변제의 목적물을 공탁함으로써 채무까지 면하는 제도가 **변제공탁**이다.[53]

(2) 요 건

채권자가 변제를 받지 아니하거나 받을 수 없을 때에(민법 제487조), 또는 변제자가 과실 없이 채권자를 알 수 없는 때(민법 제487조), 즉 객관적으로 채권자 또는 변제수령권자가 존재하고 있으나 채무자가 선량한 관리자의 주의를 다하여도 채권자가 누구인지를 알 수 없는 것을 말한다(채권자불확지).[54] 또한 채권자가 수령을 거절할 것이 명백한 경우에는 이행제공은 하지 않고 바로 변제공탁할 수 있다.[55]

동일한 채권에 대하여 채권양도와 압류·전부명령이 있고 통상의 채무자 입장에서 누구에게 변제하여야 할지 법률상 의문이 제기될 여지가 있는 경우, 특정 채권에 대하여 채권양도의 통지가 있었으나 그 후 통지가 철회되는 등으로 채권이 적법하게 양도되었는지 여부에 관하여 의문이 있는 경우 불확지공탁이 가능하다는 것이 판례이다.[56]

그리고 채권양도금지특약에도 불구하고 채권이 양도되었지만 양수인의 악의나 중과실 여부를 알 수 없는 경우에 채권자 불확지를 원인으로 변제공탁을 할 수 있다.[57]

한편, 민사집행 관련 공탁으로는 집행공탁이 있는데 가압류 또는 압류를 받은 제3채무자가 책임을 면하기 위해 자진해서 하는 피압류채권 관련 공탁이다.

(3) 효 과

공탁에 의하여 채무는 소멸한다(민법 제487조). 즉, 변제와 같이 채권 목적이 실현된다. 그리고 채권자는 공탁소에 대하여 공탁물 출급청구권을 취득하며, 이를 행사함으로써 공탁물을 수령할 수 있다.

피공탁자가 된 채권자가 가지는 공탁금출급청구권은 채무자에 대한 본래의 채권을 갈음하는 권리이다.[58]

---

53) 김준호, 전게서, 1206면.
54) 대법원 1966.4.26 선고, 96다2583판결.
55) 대법원 1994.8.26 선고, 93다42276 판결.
56) 사법연수원, 『요건 사실론』, 2011, 56면.
57) 대법원 2000.12.22 선고, 2000다55904 판결.
58) 대법원 2017.5.17 선고, 2016다270049 판결.

마. 상 계

(1) 개 요

상계(相計)란 채권자와 채무자가 서로 같은 종류를 목적으로 하는 채권·채무를 가지고 있는 경우에, 그 채무들을 대등액에서 소멸하게 하는 단독행위이다(민법 제492조 제1항).

즉, 당사자 쌍방이 서로 같은 종류를 목적으로 한 채무를 부담한 경우에 서로 같은 종류의 급부를 현실적으로 이행하는 대신 어느 일방 당사자의 의사표시로 그 대등액에 관하여 채권과 채무를 동시에 소멸시키는 것이다.[59]

가령 A는 B에 대하여 1,000만원의 금전채권을 가지고 있고 B는 A에 대하여 1,000만원의 금전채권을 가지고 있는 경우에, A 또는 B는 각각 상대방에 대한 일방적인 의사표시로 1,000만원의 금액에서 그들의 채권을 소멸시킬 수 있는데, 그것이 곧 상계이다.

상계가 있으면, 당사자 쌍방의 채권은 대등액에서 소멸한다. 그때 각 채무는 상계할 수 있는 때에 소멸한 것으로 본다. 즉 상계에는 소급효가 있다. 이에 따라 상계적상이 생긴 때 이후로는 이자 등이 발생하지 않은 것으로 처리한다.

이러한 상계는 간이한 변제수단으로서의 기능을 한다. 즉 대립하는 채권을 가지고 있는 채권자·채무자가 이 두 개의 채권을 각기 청구하고 이행받기보다는 서로 대등액에서 소멸시키고 남은 것만을 결제하면 채권자와 채무자 모두에게 노력이나 비용면에서 절약이 되고 간편하게 되기 때문이다.[60]

(2) 요 건

상계를 하기 위하여는 두 당사자의 채권이 상계적상[61]에 있어야 한다. 상계적상(相計適狀)에 있기 위해서는 당사자들은 서로 상대방에 대하여 채권을 가지고 있어야 한다. 상계하는 측의 채권을 **자동채권**이라 하고, 상계를 당하는 채권을 **수동채권**이라고 한다. 자동채권과 수동채권은 같은 종류의 내용을 가진 채권이어야 한다.

그리고 상계를 하는 자는 이행판결을 받을 수 있어야 한다. 따라서 자동채권은 이행기에 있어야 한다. 그러나 수동채권은 이행기에 있을 필요가 없다. 채무자는 이행기 도래 전이라도 이행할 수 있으므로 그의 채무의 이행기가 도래하지 않았더라도 기한의

---

59) 대법원 2011.4.28 선고, 2010다101394 판결.
60) 양창수·김재형, 『계약법』, 박영사, 2012, 327면.
61) 민법 제492조에 정하는 일정한 상계의 요건을 갖춘 상태를 말한다.

이익을 포기하고 그의 채권으로 하여 그의 채무를 소멸시킬 수 있다.[62]

소멸시효가 완성된 채권이라 하더라도 그 시효 완성 전에 상계할 수 있었던 것이면 그 채권자는 상계할 수 있는 것이고 그 상계의 효과는 각 채무가 상계할 수 있는 때에 대등액에 관하여 소멸한 것으로 본다.[63]

(3) 상계의 금지

채무의 성질이 상계를 허용하지 아니할 때[64]에는 상계할 수 없다. 그리고 당사자가 다른 의사표시를 한 경우에는 상계할 수 없다(민법 제492조 단서).

또한 채권이 압류하지 못할 것인 때에는 그 채무자는 상계로 채권자에게 대항하지 못한다(민법 제497조). 본조는 압류금지의 취지를 관철하여 상대방에게 현실의 변제를 받게 하기 위한 취지에서 둔 규정이다.[65]

그리고 채무가 고의의 불법행위로 인한 것인 때에는 그 채무자는 상계로 채권자에게 대항할 수 없다(민법 제496조). 가령, A가 B에 대하여 100만원의 채권을 가지고 있는데, 그 후 B를 구타하여 100만원의 손해배상채무를 지게 된 경우, 이 채권과 채무를 상계하지는 못한다. 불법행위의 피해자로 하여금 현실의 변제를 받게 하는 동시에, 불법행위의 유발을 방지하려는 취지에서 둔 규정이다.[66] 다만, 고의의 불법행위로 인한 채권을 자동채권으로 하는 상계는 허용된다.

(4) 어음채권의 상계

어음채권을 자동채권으로 하여 상계의 의사표시를 하는 경우에는 어음채무자의 승낙이 있다는 등의 사정이 없는 한 어음의 교부가 필수불가결하고 어음의 교부가 없다면 상계의 효력이 발생하지 않는다.[67]

---

62) 지원림, 전게서, 963면.
63) 대법원 1987.8.18 선고 87다카768 판결
64) 노무의 제공과 같은 작위채무나 동시이행의 항변권 등 항변권이 붙어 있는 채권은 성질상 이를 자동채권으로 할 수 없다.
65) 김준호, 상게서, 1223면.
66) 김준호, 전게서, 1222면.
67) 대법원 2008.7.10 선고, 2005다24981 판결.

(5) 임금채권의 상계

사용자는 근로자에 대한 채권과 임금채권은 상계할 수 없지만, 엄격하고 신중하게 판단하였을 때 근로자의 자유로운 의사에 기한 동의가 있으면 상계할 수 있다.[68] 따라서 사용자는 근로자의 동의가 없는 한 단독행위로 상계할 수는 없다고 할 것이다.

(6) 상계의 대항 요건

가압류 또는 압류명령을 받은 채권의 추심금 또는 전부금 청구소송에서 지급을 금지하는 명령을 받은 제3채무자는 그 후에 취득한 채권에 의한 상계로 그 명령을 신청한 채권자(압류채권자)에게 대항하지 못한다(민법 제498조).

다만, 전부명령이 있기 전에 두 채권이 상계적상에 있으면 전부명령 후에 한 상계로써 전부채권자에게 대항할 수 있다.[69]

또한 채권압류명령 또는 채권가압류명령을 받은 제3채무자가 압류채무자에 대한 반대채권을 가지고 있는 경우에 상계로써 압류채권자에게 대항하기 위하여는 압류의 효력 발생 당시에 대립하는 양채권이 상계적상에 있거나, 그 당시 반대채권의 변제기가 도래하지 않은 경우에는 그것이 피압류채권(수동채권)의 변제기와 동시에 또는 그보다 먼저 도래하여야 할 것이다.[70]

(7) 상계의 효과

상계의 의사표시는 각 채무가 상계할 수 있는 때에 대등액에 관하여 소멸한 것으로 본다(민법 제493조 제2항).

바. 경 개

경개(更改)란 신채무를 성립시키고 구채무를 소멸시키는 계약이다. 가령 C의 B에 대한 채권을 성립시키고 A가 B에 대하여 가지고 있는 채권을 소멸시키는 경우(채권자의 교체에 의한 경개), C의 B에 대한 채무를 성립시키고 A가 B에 대하여 부담하고 있는 채무를 소멸시키는 경우(채무자의 교체에 의한 경개), B에 대하여 500만원의 매매대금 채무를

---

68) 대법원 2001.10.23 선고, 2001다25184 판결.
69) 대법원 1973.11.13 선고, 73다518 판결.
70) 대법원 2012.2.16 선고, 2011다45521 판결.

부담하고 있는 A가 B에게 승용차 한 대를 급부할 채무를 부담하는 경우(채권의 내용의 변경에 의한 경개)이다.[71]

사. 면 제

면제(免除)는 채권자가 채무자에 채무를 면제하는 의사를 표시한 때에 채권이 소멸한다. 즉, 단독행위이다. 그러나 그 채권에 관하여 정당한 이익을 가지는 제3자에게는 면제를 가지고 대항하지 못한다(민법 제506조).

아. 혼 동

채권과 채무가 동일한 주체에 귀속한 때에는 채권은 소멸한다(민법 제507조). 가령 채권자가 채무자를 상속하거나 채무자가 채권을 양수한 경우에 혼동이 일어난다. 혼동이 있으면, 채권은 원칙적으로 소멸한다.

제2절 국세기본법상 관련 내용

1. 조세채무의 성립과 확정

가. 조세채무의 성립

조세채무(납세의무)는 각 세법이 규정하고 있는 과세요건을 구성하는 사실에 의하여 충족하는 때에 발생(성립)한다. 즉, 일정한 시점에 있어서 어떤 사람에게 과세물건이 귀속하게 되면 세법이 정한 바에 따라 이를 화폐 또는 수량으로 측정하여 과세표준을 산정하고 여기에다가 세율을 적용할 수 있는 상태에 이르러 그 사람에게 법률상 당연히 납세의무가 성립한다. 이러한 납세의무를 추상적 납세의무라 한다.

따라서 납세의무는 그 성립을 위한 과세관청이나 납세의무자의 특별한 행위가 필요 없이 자동적으로 발생하는 것이다.[72]

---

71) 지원림, 전게서, 972면.

나. 조세채무의 성립시기

① **소득세 · 법인세** : 과세기간이 끝나는 때. 다만, 청산소득에 대한 법인세는 그 법인이 해산 또는 합병을 하는 때

② **상속세** : 상속이 개시되는 때

③ **증여세** : 증여에 의하여 재산을 취득하는 때

④ **부가가치세** : 과세기간이 끝나는 때. 다만, 수입재화의 경우에는 세관장에게 수입신고를 하는 때

⑤ **개별소비세 · 주세 · 교통세** : 과세물품을 제조장으로부터 반출하거나 판매장에서 판매하는 때 또는 과세장소에 입장하거나 과세유흥장소에서 유흥음식행위를 한 때 또는 과세영업장소에서 영업행위를 한 때. 다만, 수입물품의 경우에는 세관장에게 수입신고를 하는 때

⑥ **인지세** : 과세문서를 작성한 때

⑦ **증권거래세** : 해당 매매거래가 확정되는 때

⑧ **교육세** : 국세에 부과되는 교육세는 해당 국세의 납세의무가 성립하는 때, 금융 · 보험업자의 수익금액에 부과되는 교육세는 과세기간이 끝나는 때

⑨ **농어촌특별세** : 농어촌특별세법 제2조 제2항에 따른 본세의 납세의무가 성립하는 때

⑩ **종합부동산세** : 과세기준일

⑪ **가산세** : 가산할 국세의 납세의무가 성립하는 때

⑫ **원천징수하는 소득세 · 법인세** : 소득금액 또는 수입금액을 지급하는 때

인정상여의 경우에는 법인세법에 의하여 처분되는 상여에 대하여는 당해 법인이 소득금액변동통지를 받은 날에 소득금액을 지급한 것으로 보게 되어 있고 국세기본법 제21조 제2항, 제22조 제2항의 각 규정에 의하여 원천징수하는 소득세의 납세의무는 소득금액을 지급하는 때에 성립함과 동시에 특별한 절차 없이 확정되는 것이므로 위 인정상여에 대한 원천세의 조세채권은 소득금액변동통지서가 당해 법인에게 송달된 때에 성립함과 동시에 확정된다.[73]

⑬ **납세조합이 징수하는 소득세 또는 예정신고납부하는 소득세** : 과세표준이 되는 금액

---

72) 최명근, 『세법학총론』, 세경사, 2006, 363면.

73) 대법원 1991.2.26 선고, 90누4631 판결.

이 발생한 달의 말일

⑭ 중간예납하는 소득세 · 법인세 또는 예정신고기간·예정부과기간에 대한 부가가치세 :
중간예납기간 또는 예정신고기간 · 예정부과기간이 끝나는 때

⑮ 수시부과하여 징수하는 국세 : 수시부과할 사유가 발생한 때

한편 제2차 납세의무는 주된 납세의무자의 체납 등 그 요건에 해당되는 사실의 발생에 의하여 추상적으로 성립하고 납부통지에 의하여 고지됨으로써 구체적으로 확정된다고 할 것이므로 제2차 납세의무자 지정통지에 의하여서는 아직 구체적으로 확정되지 아니하고 납세통지서에 의한 부과처분에 의하여 비로소 제2차 납세의무가 구체적으로 확정된다.[74] 따라서 제2차 납세의무의 성립시기는 적어도 주된 납세의무의 납부기한이 경과한 후이다.[75]

다. 조세채무의 귀속

세법상 납세의무는 과세물건이 어떤 자에게 귀속하는 것에 의하여 성립하고 과세물건의 귀속자가 납세의무자가 된다. 구체적인 경우에 과세물건을 누구에게 귀속시켜야 하는 것이 정당하고 타당한지에 관하여 문제가 자주 발생한다. 즉, 과세물건의 귀속과 관련하여 명의와 실체, 형식과 실질이 일치하지 않은 경우에 어떤 기준에 의하여 과세물건의 귀속을 정하여야 할 것이가의 문제가 발생하는데, 이는 세법상 실질과세원칙의 적용에 관한 문제이다.

한편, 실질과세원칙이란 조세의 부담을 회피할 목적으로 과세요건 사실에 관하여 실질과 괴리된 형식이나 외관을 취하는 경우에 그 형식이나 외관에 불구하고 실질에 따라 담세력이 있는 곳에 과세함으로써 부당한 조세회피 행위를 규제하고 과세의 형평을 제고하여 조세정의를 실현하고자 하는 데 목적이 있다.[76]

---

74) 대법원 1982.8.24 선고, 81누80 판결.
75) 대법원 2005.4.15 선고, 2003두13083 판결.
76) 대법원 2012.1.19 선고, 2008두8499 판결.

라. 조세채무의 확정

(1) 의 의

납세의무는 과세요건의 충족에 의하여 성립한다. 그런데 이렇게 추상적으로 성립한 조세채무에 관하여 국가 등이 그 이행을 청구하고 납세의무자가 이를 납부하는 등 그 납세의무의 내용이 구체적으로 실현되려면 그 조세채무의 내용을 구체적으로 확인하여야 한다. 즉 조세채무의 내용은 먼저 과세요건사실을 파악하고, 다음으로 이에 관련 세법 규정을 적용하여 과세표준과 세액을 계산하는 등 조세법률관계의 당사자 중 어느 일방이 이를 확인하여야 하는데, 이러한 절차를 **조세채무의 확정**이라고 한다.[77]

결국 조세채무의 확정은 조세채무의 내용 실현을 위한 이행절차의 전제조건이 된다. 즉, 조세채무가 확정됨에 따라 납세의무자는 납부의무를 이행하여야 하고 납부기한까지 이행하지 않은 경우에 과세관청은 자력집행권에 기하여 체납처분절차를 진행할 수 있다.

(2) 확정의 방식

조세채무를 확정하는 방식은 신고납세방식과 부과과세방식, 그리고 자동으로 확정되는 방식이 있다.

1) 신고납세방식

납세의무자가 과세표준과 세액을 정부에 신고했을 때 확정된다. 이에 해당되는 세목으로는 부가가치세, 소득세, 법인세 등이 있다(국세기본법 제22조 제2항). 납세의무자가 수정신고를 하는 경우에는 당초의 신고에 따라 확정된 과세표준과 세액이 증액되어 확정되며, 당초 확정된 세액의 권리·의무에는 영향이 없다(국세기본법 제22조의2).

2) 부과과세방식

과세관청의 부과처분에 의하여 확정되는 방식으로 정부가 과세표준과 세액을 결정하는 때에 납세의무가 확정된다. 이에 해당되는 세목으로 상속세 및 증여세가 대표적이다(국세기본법 제22조 제3항).

한편, 납세의무자가 과세표준과 세액의 신고를 하지 아니하거나 신고한 과세표준과

---

77) 최명근, 전게서, 366면.

세액이 세법이 정하는 바에 맞지 아니한 경우에는 정부가 과세표준과 세액을 결정하거나 경정하는 때에 그 결정 또는 경정에 따라 확정된다(국세기본법 제22조 제2항).

3) 자동확정방식

납세의무가 성립하는 때에 특별한 절차 없이 그 세액이 확정되는 방식이다. 이에 해당되는 세목으로 원천징수하는 소득세와 법인세, 인지세 등이 있다(국세기본법 제22조 제4항).

마. 조세채무의 이행기

일반적인 사법상의 채권·채무의 이행시기는 당사자가 합의한 바에 의하여 정하여지나, 조세채무의 이행시기는 개별세법에서 정하는 시기에 당사자의 의사와 관계없이 확정된다. 즉, 각 세목별로 납부기한이 개별세법에 규정되어 있고, 납세의무자는 원칙적으로 이 기한까지 이행하여야 하고 이행하지 않을 경우에는 이행지체로 인한 가산금 부과와 함께 자력집행권에 기한 체납처분이 가능하다.

신고납세방식인 부가가치세는 1기분은 매년 1월 25일, 2기분은 매년 7월 25일이 이행기가 되고, 소득세는 매년 5월 31일, 12월말 결산 법인세는 매년 3월 31일이 법정이행기한이다(법정납부기한). 정부부과방식인 상속세 및 증여세는 고지에 의한 납부기한이 이행기가 된다.

2. 조세채무의 소멸

가. 납 부

조세채무의 소멸원인으로서 가장 일반적인 것이 납부에 의한 소멸이다. 변제에 해당하는 것이 납부로 가장 일반적인 조세채무의 소멸원인이다. [78]

나. 대물변제

대물변제는 공법관계에서 일반적으로 인정하기는 어려울 것이다. 물건의 객관적인 시가를 정한다는 것이 쉽지 않고, 부정의 소지도 적지 않기 때문이다. 다만, 예외적으

---

78) 이창희, 『세법강의』, 박영사, 2008, 132~133면.

로 「상속세 및 증여세법」상 물납(物納)을 인정하는 경우가 있다.[79]

다. 상 계

국가가 조세채권을 가지고 납세의무자의 채권과 상계하는 것은 가능하다. 이처럼 국가가 상계하는 경우를 충당(充當)이라고 한다. 국가가 내주어야 할 세금이 있고, 그와 동시에 받아야 할 세금이 있는 경우 국세기본법에 따라 이를 서로 상계할 수 있다. 납세의무자 스스로 상계할 수 없지만 충당해 줄 것을 신청할 수 있다.[80]

즉, 세무서장은 국세환급금으로 결정한 금액을 납부고지에 의하여 납부하는 국세, 체납된 국세 및 강제징수비, 세법에 따라 자진납부하는 국세에 충당하여야 한다. 다만 납세고지에 의하여 납부하는 국세와 세법에 따라 자진납부하는 국세에의 충당은 납세자가 그 충당에 동의하는 경우에만 한다(국세기본법 제51조 제2항).

충당이 있는 경우 체납된 국세 및 강제징수비와 국세환급금은 체납된 국세의 법정납부기한과 국세환급금 발생일 중 늦은 때로 소급하여 대등액에 관하여 소멸한 것으로 본다(국세기본법 제51조 제3항). 즉, 체납된 국세 등을 충당할 경우 충당결정은 체납된 국세의 법정납부기한과 국세환급금 발생일 중 늦은 시점으로 소급하여 그 효력이 발행한다.

다만, 충당의 대상이 되었던 법인세가 감액경정 되었으므로 위 충당은 감액된 범위에서 효력이 없고, 당초 확정되었다가 법인세에 충당되었던 각 부가가치세 환급채권이 그 범위에서 되살아나는 것으로 보아야 한다.[81]

한편, 과세의 대상이 되는 소득, 수익, 재산, 행위 또는 거래의 귀속이 명의일 뿐이고 사실상 귀속되는 자가 따로 있어 명의대여자에 대한 과세를 취소하고 실질귀속자를 납세의무자로 하여 과세하는 경우 명의대여자 대신 실지귀속자가 납부한 것으로 확인된 금액은 실지귀속자의 기납부세액으로 먼저 공제하고 남은 금액이 있는 경우에 실지귀속자에게 환급한다(국세기본법 제51조 제11항).

---

79) 이창희, 상계서, 132~133면.
80) 이창희, 전게서, 132~133면.
81) 대법원 2019.6.13 선고, 2016다239888 판결.

라. 면제 등

민법상 채무소멸 사유인 면제와 공탁은 성질상 조세채무에는 적용할 수 없다 할 것이다. 또한 경개와 혼동도 성질상 조세채무에는 적용할 수 없다.

다만, 증여재산이 저가양수 또는 고가양도에 따른 이익의 증여, 채무면제 등에 따른 증여, 부동산 무상사용에 따른 이익의 증여, 금전 무상대출 등에 따른 이익의 증여에 해당되고, 수증자가 증여세를 납부할 능력이 없다고 인정되는 경우에는 그에 상당하는 증여세의 전부 또는 일부를 면제한다(상속세 및 증여세법 제4조의2 제5항).

마. 국세부과의 제척기간

제척기간제도를 두는 취지는 일정한 권리를 일정한 기간 내에 행사시키고 그 기간이 경과하면 모든 사람에 대한 관계에 있어서 그 권리를 소멸시켜 법률관계를 안정시키는 데 목적이 있다. 즉 제척기간은 외부로부터 작용된 권리의 소멸원인이 아니고 권리 자체의 시간적 존속한계를 정한 기준이라는 것이다.[82]

제척기간에는 중단제도를 인정하지 않는데, 그것은 권리의 존속 여부를 객관적이고 획일적으로 확정시키는 것이 제도의 취지이기 때문에 권리의 성질상 중단이 있을 수 없다. 또한 국세 부과제척기간제도의 입법취지는 조세법률관계의 신속한 확정에 있다.

원칙적으로 제척기간이 만료되면 과세권자로서는 새로운 결정이나 증액경정결정은 물론 감액경정결정 등 어떠한 처분도 할 수 없다.[83]

---

82) 최명근, 전게서, 471~472면.
83) 사법연수원, 『조세법총론 I』, 2011, 136면.

1. 체납세금의 징수와 배분

관할 세무서장이 금전을 압류한 경우에는 그 금전 액수만큼 체납자의 압류에 관계되는 체납액을 징수한 것으로 본다(국세징수법 제50조 제1항).

유가증권을 압류한 경우 그 유가증권에 따라 행사할 수 있는 금전의 급부를 목적으로 한 채권을 추심할 수 있다. 이 경우 관할 세무서장이 채권을 추심하였을 때에는 추심한 채권의 한도에서 체납자의 압류와 관계되는 체납액을 징수한 것으로 본다(국세징수법 제50조 제2항).

압류한 금전 또는 교부청구에 의하여 받은 금전은 각각 그 압류 또는 교부청구에 관계되는 체납액에 충당한다. 충당이라 함은 압류한 금전 및 교부청구에 의하여 받은 금전을 체납자가 납부할 조세의 수납으로 처리하여 조세채무를 소멸시키는 것을 말한다.[84]

배분방법으로는 ① 압류재산에 관계되는 체납액, ② 교부청구를 받은 체납액·지방세 또는 공과금, ③ 압류재산에 관계되는 전세권·질권 또는 저당권에 의하여 담보된 채권, ④ 주택임대차보호법 또는 상가건물임대차보호법에 따라 우선변제권이 있는 임차보증금 반환채권, ⑤ 근로기준법 또는 근로자퇴직급여보장법에 따라 우선변제권이 있는 임금, 퇴직금, 재해보상금 및 그 밖에 근로관계로 인한 채권, ⑥ 압류재산에 관계되는 가압류채권, ⑦ 집행력 있는 정본에 의한 채권(국세징수법 제96조).

매각대금이 체납액과 채권의 총액보다 적을 때에는 민법이나 그 밖의 법령에 따라 배분할 순위와 금액을 정하여 배분하여야 한다(구 국세징수법 제81조 제4항).

2. 민법 변제충당 규정의 적용 한계

동일 징수권자의 압류 또는 교부청구에 관계되는 국세가 여럿 있고 배분된 금액이

---

84) 임승순, 『조세법』, 박영사, 2009, 252면.

그 국세들의 총액에 부족한 경우 충당의 순서에 관하여는 국세징수법상 아무런 규정이 없고, 민법상의 법정변제충당에 관한 규정을 준용하도록 하는 규정도 없는바, 조세채무가 금전채무라는 사실에서 사법상의 채무와 공통점을 갖지만, 조세채무는 법률의 규정에 의하여 정해지는 법정채무로서 당사자가 그 내용 등을 임의로 정할 수 없고, 조세채무관계는 공법상의 법률관계이고 그에 관한 쟁송은 원칙적으로 행정사건으로서 행정소송법의 적용을 받으며, 조세는 공익성과 공공성 등의 특성을 갖고 이에 따라 조세채권에는 우선권 및 자력집행권(국세징수법 제3장 이하)이 인정되고 있는 점을 고려하여 볼 때, 민법 제477조 내지 제479조에서 규정하고 있는 법정변제충당의 법리를 조세채권의 충당에서 그대로 적용하는 것이 타당하다고는 할 수 없다.

이러한 점과 함께 국세징수법에 의한 체납처분절차는 세무서장이 그 절차의 주관자이면서 동시에 그 절차에 의하여 만족을 얻고자 하는 채권(국세)의 채권자로서의 지위도 겸유하고 있는 점을 아울러 고려하면, 압류에 관계되는 국세가 여럿 있고 공매대금 중 그 국세들에 배분되는 금액이 그 국세들의 총액에 부족한 경우에 세무서장이 민법상 법정변제충당의 법리에 따르지 아니하고 어느 국세에 먼저 충당하였다고 하더라도, 체납자의 변제이익을 해하는 것과 같은 특별한 사정이 없는 한 그 조치를 위법하다고는 할 것은 아니다.[85]

제4절 소득세법상 관련 내용

1. 과세대상 소득의 귀속

가. 권리의무확정주의 의의

권리확정주의란 소득의 원인이 되는 권리의 확정시기와 소득의 실현시기와의 사이에 시간적 간격이 있는 경우에는 과세상 소득이 실현된 때가 아닌 권리가 확정적으로 발생한 때를 기준으로 하여 그 때 소득이 있는 것으로 보고 당해 과세연도의 소득을 계산하는 방식으로 실질적으로는 불확실한 소득에 대하여 장래 그것이 실현될 것을 전제로 하여

---

85) 대법원 2007.12.14 선고, 2005다11848 판결 ; 대법원 2002.3.15 선고, 99다35447 판결.

미리 과세하는 것을 허용하는 것이다.[86]

즉, 소득세는 경제적 이득을 대상으로 하는 것이므로 종국적으로는 현실적으로 수입된 소득에 관하여 과세하는 것이 원칙일 것이나, 소득이 현실적으로 없더라도 그 원인이 되는 권리가 발생한 때에는 그 소득이 실현된 것으로 보고 과세소득을 계산하는 것이다.[87]

소득세법에서도 거주자의 각 과세기간 총수입금액 및 필요경비의 귀속연도는 총수입금액과 필요경비가 확정된 날이 속하는 과세기간으로 한다(소득세법 제39조)라고 하여 권리의무확정주의를 규정하고 있다.

나. 권리확정의 구체적인 시기

(1) 소득 발생의 요건

소득이 발생하였다고 하기 위하여는 소득이 현실적으로 실현된 것까지는 필요 없다고 하더라도 적어도 소득이 발생할 권리가 그 실현의 가능성에 있어 상당히 높은 정도로 성숙 확정되어야 한다고 할 것이고, 따라서 그 권리가 이런 정도에 이르지 아니하고 단지 성립된 것에 불과한 단계로서는 아직 소득세의 과세대상으로서의 소득발생이 있다고 볼 수 없다.[88]

한편, 발생할 권리가 성숙·확정되었는지 여부는 개개의 구체적인 권리의 성질이나 내용 및 법률상, 사실상의 여러 상황을 종합적으로 고려하여 결정하여야 한다.[89]

(2) 권리의 확정

권리의무확정주의에서 말하는 권리확정이란 반드시 민법이나 상법상의 권리의 발생요건이라든가 유효요건을 충족하고 권리로서 법적으로 보장된 상태를 말하는 것이 아니고, 널리 권리의 실현이 가능하다고 인정될 수 있는 상태, 즉 계약의 성립과 효력의 발생에서 한걸음 나아가 수익의 원인이 되는 권리의 내용이 법이 보장하는 바에 의하여 그 실현 가능성이 객관적으로 인식되는 상태를 말한다.

---

86) 대법원 2014.1.29 선고, 2013두18810 판결.
87) 대법원 1984.3.13 선고, 83누720판결.
88) 대법원 1980.4.22 선고, 79누296 판결.
89) 대법원 2018.9.13 선고, 2017두56575판결.

여기서 확정의 개념은 소득의 귀속시기에 관한 예외 없는 일반원칙으로 단정하여서는 아니되고, 구체적인 사안에 관하여 소득에 대한 관리·지배와 발생 소득의 객관화 정도, 납세자금의 확보시기 등까지 고려하여 귀속시기를 판단하여야 한다.[90]

따라서 소득세법에 있어서도 소득이 현실적으로 없다 하더라도 그 원인이 되는 권리가 확정적으로 발생한 때에는 그 소득의 실현이 있는 것으로 보는 것이고, 공사가 완공되고 대금 지급시기가 도래하였으며 일부 대금을 어음으로 지급받기까지 한 이상 채권이 확정적으로 발생하였다고 할 것이다.[91]

(3) 판결에 의한 권리의 확정

소득의 지급자와 수급자 사이에 채권의 존부 및 범위에 관하여 다툼이 있어 소송으로 나아간 경우에는 그와 같은 분쟁이 명백히 부당하다고 할 수 없는 경우라면 그 소송 이전 단계에서 소득이 발생할 권리가 확정되었다고 할 수 없고, 판결이 확정된 때에 비로소 그 권리가 확정된다고 보아야 할 것이다.[92]

(4) 권리의 확정과 채권의 실현가능성

소득의 원인이 되는 채권이 발생한 때라 하더라도 그 과세대상이 되는 채권이 채무자의 도산 등으로 인하여 회수불능이 되어 장래 그 소득이 실현가능성이 전혀 없게 된 것이 명백한 때에는 그 경제적 이득을 대상으로 하는 소득세는 그 전제를 잃게 되어 그와 같은 소득을 과세대상으로 하여 소득세를 부과할 수 없다.[93]

한편, 과세대상이 되는 채권의 회수불능 여부는 구체적인 거래내용과 그 후의 정황 등을 따져서 자산 상황, 지급능력 등을 종합하여 사회통념에 의하여 객관적으로 판단하여야 한다.[94]

또한 권리가 확정적으로 발생하여 과세요건이 충족됨으로써 일단 납세의무가 성립하였다 하더라도 그 후 일정한 후발적 사유의 발생으로 말미암아 소득이 실현되지 아니하는 것으로 확정됨으로써 당초 성립하였던 납세의무가 그 전제를 잃게 되었다면,

90) 대법원 1993.6.22 선고, 91누8180 판결.
91) 대법원 1995.11.28 선고, 94누11446 판결.
92) 대법원 1997.6.13 선고, 96누19154 판결.
93) 대법원 1990.7.10 선고, 89누4048 판결.
94) 대법원 2002.10.25 선고, 2001두1536 판결.

국세기본법에 의한 후발적 경정청구를 통하여 납세의무의 부담에서 벗어날 수 있다.[95]

2. 민법상 대물변제와 소득세 과세

가. 양도소득세 과세대상 여부

대물변제는 변제와 같은 효력이 있으므로 대물변제에 의하여 채무가 소멸한다. 따라서 대물변제로 재산의 소유권을 이전하는 것은 소멸채무액에 상당한 대가를 얻는 것이어도 이는 자산의 유상이전에 해당되어 양도소득세 과세대상이 된다. 이 경우 그 자산이 부동산인 경우 양도시기 또는 취득시기는 그 소유권이전등기가 경료된 때이다.[96]

나. 대여원리금에 대한 대물변제가 있는 경우 이자소득 산정

대여원리금에 대한 대물변제가 있는 경우에 그 이자소득을 산정하려면 대물변제 받은 재산의 가액이 그때까지의 원리금을 초과할 때는 기간에 따른 이율을 곱하여 계산한 금액이 이자소득이 되는 것이나 대물변제 받은 재산의 가액이 원리금 합산액에 미달될 때에는 원금상당액을 공제하고 남은 것이 있으면 그 한도에서 이자소득이 있는 것으로 된다.[97]

제 5 절	법인세법상 관련 내용

내국법인의 각 사업연도의 익금과 손금의 귀속사업연도는 그 익금과 손금이 확정된 날이 속하는 사업연도로 한다(법인세법 제40조).

법인세법상 익금과 손금의 귀속시기는 원칙적으로 권리의무확정주의에 의하는 것이지만 이와 다른 기업회계기준이나 관행이 있는 경우에는 이를 우선적용 하여야 한다.[98]

---

95) 대법원 2015.7.16 선고, 2014두5514 판결.
96) 구욱서, 『사법과 세법』, 유로, 2010, 854면.
97) 대법원 1986.2.11 선고, 85누622 판결.
98) 대법원 2004.9.23 선고, 2003두6870 판결.

한편, 법인세법상 어떠한 채권이 발생하였을 경우 이를 익금에 산입할 것인지 여부를 판단함에 있어 그 채권의 행사에 법률상 제한이 없다면 일단 권리가 확정된 것으로서 해당 사업연도의 익금으로 산입되는 것이고, 그 후 채무자의 무자력 등으로 채권의 회수가능성이 없게 되더라도 이는 회수불능으로 확정된 때 대손금으로 처리할 수 있는 사유가 될 뿐이다.[99]

제6절 부가가치세법상 관련 내용

1. 재화의 공급시기

재화의 공급시기는 재화의 이동이 필요한 경우에는 재화가 인도되는 때, 재화가 이동이 필요하지 아니한 경우에는 이용가능하게 되는 때, 그 밖의 경우에는 재화의 공급이 확정되는 때이다(부가가치세법 제15조 제1항). 재화가 이용가능하게 되는 때란 부동산의 경우에는 원칙적으로 그 부동산을 명도받기로 한 때를 말하는 것으로. 이 때 그 사용에 지장이 없었던 때를 말하는 것이지, 현실적으로 이용이 이루어져야 함을 의미하지는 않는다.[100]

반환조건부 판매, 동의조건부 판매, 그 밖의 조건부 및 기한부 판매의 경우에는 그 조건이 성취되거나 기한이 지나 판매가 확정되는 때를 공급시기로 본다(부가가치세법 시행령 제28조 제2항).

2. 용역의 공급시기와 납세의무 성립

용역의 공급이란 계약상 또는 법률상의 모든 원인에 의하여 역무를 제공하거나 재화·시설물 또는 권리를 사용하게 하는 것을 말한다(부가가치세법 제11조 제1항).

이러한 용역의 공급시기는 역무의 제공이 완료되는 때, 시설물, 권리 등 재화가 사용되는 때로 한다(부가가치세법 제16조 제1항).

---

99) 대법원 2005.5.13 선고, 2004두3328 판결.
100) 대법원 1990.4.10 선고, 88누5600 판결.

역무의 제공이 완료된 때란 거래사업자 사이에 계약에 따른 역무 제공의 범위와 계약조건 등을 고려하여 역무의 제공사실을 가장 확실하게 확인할 수 있는 시점, 즉, 역무가 현실적으로 제공됨으로써 역무를 제공받는 자가 역무제공의 산출물을 사용할 수 있는 상태에 놓이게 된 시점을 말한다.[101]

이 경우 대가를 받기로 하고 타인에게 용역을 공급한 이상 실제로 그 대가를 받았는지의 여부는 부가가치세 납부의무의 성립 여부를 결정하는 데 아무런 영향도 미칠 수 없다.[102]

3. 대물변제와 부가가치세 과세

사업자가 계약에 의하여 다른 사업자의 공장 건물을 신축하는 건설용역을 제공하고 그 대가를 건물이 완공된 후 해당 건물로 변제받는 경우에는 재화의 공급에 해당한다.[103] 따라서 대물변제시 세금계산서를 교부받아야 한다.[104]

제7절 관련 사례(판례 및 과세실무)

1. 부가가치세 예정신고의 효력

가. 사실관계

과세관청은 갑으로부터 사업을 양수한 을을 갑의 제2차 납세의무자로 지정하고 을에게 갑회사가 체납한 부가가치세를 부과하였다. 이에 국세기본법 제41조 제1항에서 말하는 사업 양도일 이전에 양도인의 납세의무가 확정된 당해 사업에 관한 국세에 사업 양도일 이전에 당해 사업에 관하여 예정신고가 이루어진 부가가치세도 포함되는지가 문제되었다.

---

101) 대법원 2008.8.21 선고, 2008두5117 판결.
102) 대법원 1995.11.28 선고, 94누11446 판결.
103) 상담3팀 - 1506, 2004.7.27.
104) 부가46015 - 4281, 1999.10.23.

나. 판결요지

예정신고를 한 과세표준과 세액은 부가가치세법 시행령 제65조 제1항 단서에 의하여 확정신고의 대상에서 제외되므로 그 단계에서 구체화되었다고 할 수 있을 뿐만 아니라 부가가치세법 제23조 제1항에 의하여 그에 대한 징수절차로 나아갈 수 있는 점 등을 고려하여 볼 때, 부가가치세 과세표준과 세액의 예정신고를 한 때에 그 세액에 대한 납세의무가 확정되었다고 할 것이다.[105]

다. 검 토

예정신고에 의하여 부가가치세 납세의무가 확정되었다고 보는 것은 부가가치세 납세의무는 당해 과세기간이 종료하는 때에 성립하고 그에 대한 과세표준과 세액의 확정신고시에 확정되는 점, 부가가치세 과세기간은 원칙적으로 1년에 2개의 과세기간을 인정하는 점 등에 비추어 볼 때 문제가 있다고 볼 수 있다.

2. 국세환급금 충당의 소급효 여부

가. 사실관계

갑세무서장은 ○○개발을 ○○산업의 제2차 납세의무자로 지정하고 2005.10.14에 ○○억원의 체납세액을 납부할 것을 통지함. 이후 ○○개발은 을세무서장으로부터 부가가치세 환급금 채권액 15억원이 확정됨. 이에 대하여 지방자치단체 A는 지방세 체납액 18억원을 근거로 하여 2007.1.26에 을세무서장에게 국세환급금을 압류하고 통지함. 한편, 을세무서장은 국세환급금을 국세기본법 제51조 제2항의 규정에 의거 국세에 15억원을 우선충당하는 것으로 결정을 하고 충당을 함. 이에 대하여 지방자치단체 A는 국세기본법 제36조, 지방세법 제34조의 압류선착주의에 따라 다른 채권자들에 우선하여 국세환급금채권을 추심할 권한이 있으므로 을세무서장은 A에게 국세환급금을 지급할 의무가 있다고 주장함.

---

105) 대법원 2011.12.8 선고, 2010두3428 판결.

나. 판결요지

국세기본법 제51조 제2항에 의한 국세환급금의 충당이 있으면 환급금 채무와 조세 채권이 대등액에서 소멸하는 점에서는 민법상 상계와 비슷하지만, 충당의 요건이나 절차, 방법 및 효력은 세법이 정하는 바에 따라 결정되는바, 상계의 소급효에 관한 민법 제493조 제2항과 같은 규정을 두지 않은 이상 충당의 효력은 그 행위가 행하여진 날로 부터 장래에 향하여서만 발생하므로 국세환급금에 의한 충당이 행하여진 경우 충당된 국세의 납기에 소급하여 환급금의 반환채무가 소멸한다고 볼 수 없다.

따라서 ○○개발에 대한 국세채권이 2005.10.14에 발생된 것이라고 하더라도 지방자 치단체 A의 압류통지가 이루어진 2007.1.26 이후에 행하여진 이상 이 충당은 그 충당 일인 2007.7.2로부터 장래에 향하여서만 효력이 발생하기 때문에 압류채권자인 A에게 위 충당을 들어 대항할 수 없다.[106]

다. 검 토

국세환급금의 충당이 있으면 환급금채무와 조세채권은 대등액에서 소멸하고 다만 충당의 효력은 그 행위가 행하여진 날로부터 장래에 향해서만 발생한다. 그러나 국세 환급금 충당의 소급효를 인정하지 않을 경우 압류에 의하여 제3자가 우선 만족을 얻게 되는 불합리한 점이 있어 2010.12.27 세법개정 시 일정한 시기까지는 소급하여 대등액 에 관하여 소멸하는 것으로 정하였다.

3. 부당이득 반환 청구 인정 여부

가. 사실관계

상속인 갑 등은 피상속인 을의 사망으로 상속재산가액을 ○○억원으로 하고 과세가 액을 ○○억원으로 하여 상속세를 신고하고 세액의 일부를 납부한 후 나머지에 대하여 는 연부연납신청을 하고 과세관청이 그 허가를 하였다. 이 후 상속재산 중 주식의 가액 이 ○○감정원의 잘못된 감정 결과에 근거한 사실이 밝혀져 정당한 감정결과를 기초로 계산된 세금을 초과하는 차액 상당에 관하여 과세관청이 법률상 원인 없이 이익을 수

---

106) 대법원 2009.6.11 선고, 2009다27735 판결.

령하고 상속인 갑 등에게 손해를 가한 것으로 보아 부당이득 반환을 청구하였다.

나. 판결요지

과세관청이 상속세 과세가액을 조사 결정하고 납세의무자로부터 연부연납허가 신청을 받아 이를 허가한 것만으로는 상속세부과처분이 있다고 볼 수 없으며 부과과세방식의 조세에 있어서 그 부과처분이 있기 전에 납세의무자가 자진하여 세금을 과다납부하게 되었다면 부당이득의 성립을 인정하여야 한다.[107]

다. 검   토

상속세는 부과과세방식으로 정부가 세액을 결정하는 때가 확정시기이므로 신고납부를 하였더라도 확정전에는 부당이득 반환을 구할 수 있다. 반면 신고납세방식의 조세에 있어서는 신고납부행위가 중대하고도 명백한 하자가 생겨 그 행위가 무효가 되는 것이 아니라면 법률상 원인 없는 부당이득이 될 수 없다.

4. 법원의 채권압류 및 전부명령과 국세환급 충당의 순위

국세환급금에 대한 압류 및 전부명령이 송달되기 전에 과세관청이 충당적상에 있었던 체납국세가 있다면 충당의 소급효에 따라 충당이 가능하나 송달 이후 시점이 충당시점이라면 충당으로 전부채권자에게 대항할 수 없다. 즉, 국세환급금 충당시점이 채권압류 및 전부명령 송달일 이후인 경우에는 충당으로 전부채권자에게 대항할 수 없다.[108]

5. 거래징수 여부와 부가가치세 과세

사업자가 계약상 또는 법률상의 모든 원인에 따라 역무를 제공하거나 시설물 또는 권리를 사용하게 하고 그 대가를 받는 경우 부가가치세법 제31조에 따라 거래징수를 하였는지 불구하고 같은 법 제11조에 따라 부가가치세가 과세된다.[109]

---

107) 대법원 1991.1.25 선고, 87다카2569 판결.
108) 기준-2017-법령해석기본-0009, 2017.3.27.
109) 서면-2015-법령해석부가-1327, 2015.11.23.

6. 제3자가 납부한 조세채무 이행의 효력

납세자가 납부하여야 할 지방세와 가산금 및 체납처분비 등 지방자치단체의 징수금을 제3자가 납세자 명의로 납부한 경우에는 원칙적으로 납세자의 조세채무에 대한 유효한 이행이 되고, 지방자치단체의 조세채권은 만족을 얻어 소멸한다. 따라서 지방자치단체가 징수금을 납부받은 것에 법률상 원인이 없다고 할 수 없으므로, 지방자치단체에 대하여 부당이득반환을 청구할 수 없다.[110]

제8절 민법과 세법의 비교

민사채권은 계약 등에 의한 당사자의 법률행위 또는 법률규정에 의하여 발생하나, 조세채권(납세의무)은 당자사인 과세관청이나 납세의무자의 특별한 행위가 필요없이 개별세법에서 규정하고 있는 과세요건 사실의 충족에 의하여 자동적으로 성립한다.

그리고 성립된 납세의무를 확정시키는 절차가 필요한데 그 절차가 신고 또는 과세관청의 결정 등이 있으며, 납세의무가 확정되면 납세의무자를 법정납부기한 또는 고지에 의한 납부기한까지 납부하여야 하며, 불이행시 과세관청은 자력집행권에 기하여 바로 체납처분 절차를 진행하여 강제징수 할 수 있다.

한편 당초 확정된 조세채무의 크기를 변경시킬 수도 있는데, 당초 확정된 세액은 증가청구이다. 수정신고는 과세관청의 별도 절차 없이 신고시 조세채무시키는 것이 수정신고, 당초 확정된 세액을 감소시키는 것이 경정가 증액되어 확정되며, 경정청구는 과세관청의 별도의 결정에 의하여 조세채무가 감액되어 확정된다.

조세채무의 이행은 금전으로 납부하는 것이 원칙이다. 다만, 상속세 납부에 있어서는 예외적으로 민법상 대물변제와 유사한 물납을 허용하고 있고, 국세기본법에는 민법상 상계와 유사한 충당 제도를 두고 있어 신속하고 간편한 방법으로 조세 징수를 도모하고 있다.

민법상 면제는 세법상 허용될 수 없으나 최근에 무재산 등의 사유로 징수를 할 수

---

110) 대법원 1998.10.9 선고, 98다27579 판결.

없는 영세 사업자의 일정한 체납액에 대하여는 일정한 요건을 충족한 경우 체납액 납부의무를 소멸시켜주는 한시적인 체납액 납부의무 소멸 제도를 두고 시행한 바 있다. 이는 민법상 면제와 유사하다고 볼 수 있다.

그밖에 민사상 채무 소멸 사유인 공탁, 경개, 혼동은 조세채무의 성질상 허용될 수 없다.

제 **17** 장

민사채권과 조세채권의 효력

관련 세법규정 요약

- 국세기본법 제35조【국세의 우선】국세 및 강제징수비는 다른 공과금이나 그 밖의 채권에 우선하여 징수한다.

- 국세징수법 제24조 강제징수】납세자가 독촉 또는 납부기한 전 징수의 고지를 받고 지정된 기한까지 국세 또는 체납액을 완납하지 아니한 경우 재산의 압류(교부청구·참가압류를 포함한다), 압류재산의 매각·추심 및 청산의 절차에 따라 강제징수를 한다.

- 국세징수법 제66조 제1항【공매】세무서장은 압류한 동산, 유가증권, 부동산, 무체재산권 등을 일정한 방법에 따라 공매한다.

- 국세징수법 제94조, 제96조【배분금전의 범위, 배분방법】세무서장은 압류한 금전, 채권·유가증권·그 밖의 재산권의 압류에 따라 체납자 또는 제3자로부터 받은 금전, 압류재산의 매각대금 및 그 매각대금의 예치 이자, 교부청구에 따라 받은 금전에 대하여 일정한 방법에 의하여 배분하여야 한다.

민법 내용

1. 의 의

「민법」 채권편에서는 채권의 효력이라는 제목으로 제387조 내지 제407조에서 이를 정하는데, 그 내용은 크게 세 가지로 나눌 수 있다.

① 채무자가 채무를 제대로 이행하지 않는 채무불이행으로서 대표적으로 이행지체를 들고, 그에 대한 구제로서 강제이행과 손해배상에 관하여 정한다.

② 채권은 채무자가 이행을 하고 채권자가 이를 수령함으로써 만족을 받아 소멸하게 된다. 그런데 채권자가 이행을 받을 수 없거나 받지 아니한 경우에 성실하게 이행을 하려고 하는 채무자를 보호할 필요가 있고, 이 경우에는 채권자가 그 수령을 하지 않음에 따른 지체책임이 있다.

③ 채무자가 채무를 이행하지 않는 경우에는 채권자는 소를 제기하여 채무자의 재산에 대하여 강제집행을 함으로써 만족을 얻게 된다. 이 경우 채무자가 그의 재산의 관리를 게을리하거나 적극적으로 처분하여 일반재산의 감소를 가져오는 경우, 채권자는 채무자의 권리를 대신 행사하고, 그러한 처분행위 등을 취소함으로써 채무자의 일반재산, 즉 책임재산을 보전할 수 있는데, 전자가 **채권자대위권**이고 후자가 **채권자취소권**이다.[1]

2. 채무불이행의 유형

가. 개 요

채무자가 채무의 내용에 좇은 이행을 하지 아니한 때에는 채권자는 손해배상을 청구할 수 있다. 그러나 채무자의 고의나 과실이 없이 이행할 수 없게 된 때에는 그러하지 아니하다(민법 제390조).

채무불이행으로 인한 손해배상청구에 있어서 확정된 채무의 내용에 좇은 이행을 하지 아니하였다면 그 자체가 바로 위법한 것으로 평가된다.[2]

---

1) 김준호, 『민법강의』, 법문사, 2009, 926면.

본조에서 정한 '채무의 내용에 좇은 이행을 하지 아니한' 것이 채무불이행인데, 민법은 그 유형으로 이행지체와 이행불능의 두 가지를 예정하고 있다.

이행지체는 이행이 가능함에도 불구하고 이행기에 이행하지 않는 것이다. 이행불능은 채권의 성립 후에 이행이 불가능하게 된 경우로서[3], 결국 채무불이행의 유형을 크게는 이행의 가능·불가능을 토대로 하여 나눈 것이다.[4]

나. 이행지체

(1) 개 요

이행지체는 급부의 실현이 가능함에도 불구하고 채무자가 그에게 책임 있는 사유로 급부를 이행기[5]에 이행하지 않는 경우를 말한다. 이행지체에 의하여 보통 채권자에게 지연손해가 발생하는 바, 채권자는 민법 제390조에 따라 이러한 손해의 배상을 청구할 수 있다. 이러한 손해배상의 청구에 의하여 그때까지 제공되지 않은 급부에 대한 청구권은 영향을 받지 않으므로, 채권자는 여전히 급부청구권을 행사할 수 있다.[6]

(2) 요 건

상대방이 그 채무자를 이행지체에 빠뜨리려면 우선 자기채무의 이행을 제공하여 채무자의 동시이행의 항변권을 소멸시켜야 한다.[7]

따라서 쌍무계약에서 쌍방의 채무가 동시이행항변권이 있는 경우 일방의 채무의 이행기가 도래하더라도 상대방 채무의 이행제공이 있을 때까지는 그 채무를 이행하지 않아도 이행지체의 책임을 지지 않는다.

한편, 채권의 가압류는 제3채무자에 대하여 채무자에게 지급을 금지하는 데 그칠 뿐 채무 그 자체를 면하게 하는 것이 아니고, 가압류가 있다 하여도 그 채권의 이행기가 도래한 때에는 그 지체책임을 면할 수 없다.[8]

---

2) 대법원 2013.12.26 선고, 2011다85352 판결.
3) 이행불능은 채권이 성립하기 전에 불능이 되었다면 원시적 불능이고, 그 후에 비로소 불능이 되었다면 후발적 불능이라고 한다. 채무불이행 책임이 문제가 되는 것은 후발적 불능의 경우이다.
4) 김준호, 전게서, 945면.
5) 확정기한이 있는 경우에는 그 기한, 기한이 없는 채무는 이행청구를 받은 때, 불확정기한부 채무는 채무자가 기한이 도래함을 안 때 등이 이행기이다(민법 제387조).
6) 지원림, 『민법강의 제7판』, 홍문사, 2009, 983면.
7) 대법원 1969.7.8 선고, 69다337 판결.

★

동시이행항변권

상대방의 채무이행이 있기까지 자신의 채무이행을 거절할 수 있는 권리로서 이를 주장하는 때 그 효력이 있다. 그 효력으로는 이행지체, 즉 채무불이행이 되지 않는다.

(3) 효 과

1) 강제이행

채무자가 임의로 채무를 이행하지 아니한 때에는 채권자는 그 강제이행을 법원에 청구할 수 있다(민법 제389조). 강제이행의 구체적인 절차는 민사집행법에서 규정한다.

이에 따라 채권자는 법원에 대하여 채무의 이행을 채무자에게 명할 것, 즉 이행판결을 청구할 수 있으며(소구력), 채권자는 법이 정하는 절차와 방식에 따라 채권의 내용을 강제적으로 실현할 수 있는 실체법상의 권능(강제집행력)을 가진다.[9]

강제이행은 ① 채권자가 채무자에 대해 가지는 급부청구권의 존재와 내용이 공적으로 증명되어야 하는데, 이를 집행권원이라 하고, ② 이에 의하여 집행력 있는 정본이 만들어지고, ③ 집행력 있는 정본에 기해 집행기관이 강제집행을 실시하는 과정을 거친다.[10]

2) 계약의 해제

채무가 계약에 의하여 발생한 것인 경우에 채무자가 이행지체에 빠지면 일정한 요건 하에 채권자에게 계약해제권이 발생한다.

3) 손해배상 청구

채권자가 상당한 기간을 정하여 이행을 최고하여도 이 기간 내에 이행하지 아니하거나 지체 후의 이행이 채권자에게 이익이 없는 때에는 채권자는 수령을 거절하고 이행에 갈음한 손해배상을 청구할 수 있다(민법 제395조). 즉, 전보배상(塡補賠償)을 청구할 수 있다.

한편, 금전채무의 이행지체로 인하여 발생하는 지연손해금은 그 성질이 손해배상금

---

8) 대법원 1994.12.13 선고, 93다951 판결.

9) 양창수·김재형, 『계약법』, 박영사, 2012, 410면.

10) 김준호, 전게서, 972～973면.

이지 이자가 아니다.[11]

다. 이행불능

(1) 의 의

채무가 성립할 당시에는 이행이 가능하였으나, 후에 채무자의 고의나 과실로 채무를 이행하는 것, 즉 채무의 내용인 급부를 실현하는 것이 일반적·객관적으로 보아 불가능한 것을 **이행불능** 또는 **급부불능**이라고 한다.[12]

구체적으로 어떠한 경우에 이행불능이라고 할 것인가는 명확한 것은 아니다. 대체로 다음의 셋으로 나누어 볼 수 있다.[13]

1) 물리적 불능

가령 매매목적물인 특정물이 멸실되어 버림으로써 그 소유권이 소멸하여 이를 이전 또는 인도한다는 것이 누구에게나 완전히 불가능한 경우 등이 그것이다.

한편, 임대차 목적물이 화재 등으로 인하여 소멸됨으로써 임차인의 목적물 반환의무가 이행불능이 된 경우, 임차인은 이행불능이 자기가 책임질 수 없는 사유로 인한 것임을 증명하지 못하면 목적물 반환의무의 이행불능으로 인한 손해를 배상할 책임을 지며, 화재 등의 구체적인 발생 원인이 밝혀지지 않은 때에도 마찬가지이다.[14]

2) 법적 불능

가령 그 물건의 인도를 금지하는 법령이 공포되는 경우와 같이 그 이행이 법적으로 허용되지 않는 경우가 이에 해당한다.

이행불능의 의미에 채무이행행위가 법률로 금지되어 그 행위의 실현이 법률상 불가능한 경우에도 이행의 불능에 해당한다.[15]

---

11) 대법원 1998.11.10 선고, 98다42141 판결.
12) 한편, 쌍무계약의 당사자 쌍방의 귀책사유 없이 채무가 이행불능된 경우 채무자는 급부의무를 면함과 더불어 반대급부도 청구하지 못하므로 쌍방 급부가 없었던 경우에는 계약관계는 소멸하고, 이미 이행한 급부는 법률상 원인 없는 급부가 되어 부당이득의 법리에 따라 반환청구할 수 있다(대법원 2009.5.28 선고, 2008다98655 판결).
13) 양창수,『민법입문』, 박영사, 2009, 201~202면.
14) 대법원 2017.5.18 선고, 2012다86895 판결.
15) 대법원 2017.10.12 선고, 2016다9643 판결.

3) 사회관념상 불능

그 이행 자체가 누구에게나 완전히 불가능한 것은 아니나, 일반적·객관적으로 채무자에게 그것의 이행을 기대할 수 없는 경우가 그것이다. 가령 A가 일단 B에게 주택 등을 매도하였으나, 아직 등기를 넘겨 주지 않고 있는 동안, 이를 다른 사람에게 다시 팔고 그 앞으로 등기를 이전해 버렸다고 할 경우에도 매도인 A는 제2매수인으로부터 그 부동산을 매수하여 그 소유권을 다시 이전받으면 B에게 이전하여 줄 수 있으므로, 그 채무의 이행이 전적으로 불가능한 것은 아니다. 그러나 일반적으로 그렇게 되기를 기대할 수 없다고 보아 A의 B에 대한 소유권이전 채무는 원칙적으로 이행불능이 되었다고 본다.

매매목적물에 대하여 가압류 또는 처분금지가처분 집행이 되어 있다고 하여 매매에 따른 소유권이전등기가 불가능한 것도 아니며, 이러한 법리는 가압류 또는 가처분집행의 대상이 매매목적물 자체가 아니라 매도인이 매매목적물의 원소유자에 대하여 가지는 소유권이전등기청구권 또는 분양권인 경우에도 마찬가지이다.[16]

부동산 매수인이 매매목적물에 설정된 근저당권의 피담보채무를 이행인수한 뒤 그 변제를 게을리하여 근저당권이 실행됨으로써 매도인이 매매목적물에 대한 소유권을 상실한 경우에는 매수인의 책임있는 사유로 소유권이전등기의무가 이행불능으로 된 경우에 해당한다.[17]

(2) 이행불능의 효과

이행불능의 경우에는 이행지체에 있어서와 달리 채무의 이행 자체가 불가능하므로 채무의 이행청구는 문제가 되지 않는다. 이행불능의 효과로는 손해배상청구권과 계약 해제권의 발생이 명문으로 규정되어 있고, 그 밖에 통설·판례는 대상청구권도 인정한다.[18] 이행불능의 경우에는 이행의 강제를 구할 수는 없다.

한편, 채무자의 귀책사유가 없는 경우에는 위험부담의 문제가 된다. 따라서 당사자 쌍방의 책임없는 사유로 이행할 수 없게 된 때에는 채무자는 상대방의 이행을 청구할 수 없다(민법 제537조).

---

16) 대법원 2006.6.16 선고, 2005다39211 판결.
17) 대법원 2009.5.14 선고, 2009다5193 판결.
18) 송덕수, 『신민법강의』, 박영사, 2009, 881면.

1) 손해배상

채무자의 책임 있는 사유로 인한 이행불능으로 인해 손해가 발생한 경우에 채권자는 그 배상을 청구할 수 있으며(민법 제390조), 이때의 손해배상을 이행지체에서의 지연배상과 구별하여 전보배상이라고 한다.

즉 이행의 전부가 불능으로 된 때에는 급부를 목적으로 하는 청구권은 소멸하고 그에 갈음하여 손해배상청구권이 성립한다.[19]

2) 계약의 해제

계약에 기하여 발생한 채무가 채무자의 책임 있는 사유로 이행불능이 된 때에 채권자는 최고 없이 계약을 해제할 수 있다(민법 제546조).

3) 대상청구권

대상청구권은 이행을 불능하게 하는 사정의 결과로 채무자가 이행의 목적물에 대신하는 이익을 취득하는 경우에 채권자가 채무자에 대하여 그 이익을 청구할 수 있는 권리이다. 우리 민법에는 규정한 바가 없으나, 학설은 대상청구권을 인정하고 있다.[20]

가령 인도채무의 목적물이 채무자에게 책임 없는 사유로 멸실되거나 수용되거나 하여 채무자가 자신의 채무는 면하면서도 그 대신에 제3자에 대한 손해배상채권이나 수용보상금채권과 같은 이익을 얻게 되는 것이 그러하다. 그런데 만일 채무자가 그 채무를 이행한 후에 위와 같은 사정이 생긴 경우에는 그러한 이익은 채권자에게 귀속되었을 것이므로 이를 채무자가 영구히 보유할 수 있다고 하는 것은 부당하고 채권자에게 그러한 대상이익을 넘겨 주는 것이 공평 내지 형평의 이념에 부합한다.[21]

매매의 목적물이 화재로 인하여 소실됨으로써 채무자인 매도인의 매매목적물에 대한 인도의무가 이행불능이 되었다면 채권자인 매수인은 위 화재사고로 인하여 매도인이 지급받게 되는 화재보험금, 화재공제금 전부에 대하여 대상청구권을 행사할 수 있다.[22]

---

19) 김준호, 전게서, 960면.
20) 송덕수, 전게서, 882면.
21) 김준호, 상게서, 960면.
22) 대법원 2016.10.27 선고, 2013다7769 판결.

라. 불완전이행과 이행거절

불완전이행이란 채무의 이행이 불완전한 경우로 채무자의 귀책사유가 있는 때에는 계약해제 또는 손해배상 문제가 발생하고 귀책사유가 없으면 담보책임 문제가 생긴다.

이행거절이란 채무자의 이행을 거절하는 경우로 채무자는 계약해제 또는 손해배상의 문제가 발생한다.

숙박업자가 고객의 안전을 배려하여야 할 보호의무를 위반하여 고객의 생명·신체를 침해하여 투숙객에게 손해를 입힌 경우에는 불완전이행으로 인한 손해배상책임을 부담한다.[23]

계약상 채무자가 계약을 이행하지 않을 의사를 명백히 표시한 경우 채권자는 신의성실원칙상 이행기 전이라도 이행의 최고 없이 채무자의 이행거절을 이유로 계약을 해제하거나 채무자를 상대로 손해배상을 청구할 수 있다.[24]

3. 손해배상

가. 개 요

손해는 법적으로 보호할 가치가 있는 이익(법익)에 대한 침해로 인하여 생긴 불이익이다.[25]

어떤 자가 그의 법익(法益)에 비자발적인 손실을 입었고, 그러한 손실이 타인에 의하여 가해졌다면 그는 손해배상을 청구할 수 있다. 원칙적으로 손해배상의무자에게 과책이 있는 경우에만 손해배상의무를 인정하지만, 예외적으로 과책 없는 책임을 인정하기도 한다.

손해배상은 이미 발생한 손해를 제거하는 것이 아니라 위법한 원인으로 인하여 발생한 손해를 피해자 외의 자가 전보(塡補)하는 것을 말한다.[26] 즉, 피해자에게 생긴 법익상의 불이익을 메꾸어 주는 것으로 금전배상이 원칙이다.

---

23) 대법원 2000.11.24 선고, 2000다38718 판결.
24) 대법원 2017.9.26 선고, 2015다11984 판결.
25) 김준호, 전게서, 979면
26) 지원림, 전게서, 1015~1016면.

나. 요 건

손해배상의 요건으로는

첫째, 작위 또는 부작위에 의하여 계약상의 의무가 위반되거나 법에 의하여 보호되는 법익이 침해되어야 한다.

둘째, 손해를 발생시키는 행위가 법률의 금지 또는 명령에 반하는 것이어야 한다. 민법 제750조가 명문으로 위법성을 불법행위의 요건으로 요구하고 있다.[27]

그러나 채무불이행에 있어서는 채무불이행에 있어서 확정된 채무의 내용에 좇은 이행이 행하여지지 아니하였다면 그 자체가 바로 위법한 것으로 평가되는 것이다.[28]

셋째, 위법한 침해행위에 대하여 과책이 있어야 손해배상책임이 있다.

그러나 금전채무의 경우에는 채무자는 그 불이행에 대하여 자신에게 귀책사유가 없음을 주장·입증하여도 채무불이행책임을 져야 한다. 따라서 채무자가 불가항력을 입증하더라도 채무불이행책임을 면할 수 없다는 것이 통설이다.[29]

다. 손 해

(1) 개 념

손해는 법적으로 보호할 가치가 있는 이익(법익)에 대한 침해로 인하여 생기는 불이익이다. 채무불이행에서의 손해는 채무를 이행하지 않은 데서 오는 불이익이고, 불법행위에서의 손해는 법익침해에서 오는 불이익이다. 손해의 개념에 대하여 통설은 위법행위가 없었다면 존재하였을 이익과 그 위법행위가 있은 후의 현재의 이익의 차이라고 하는 차액설이다. 판례도 이를 견지하고 있다.[30]

한편, 불법행위를 이유로 배상하여야 할 손해는 현실로 입은 확실한 손해에 한하므로, 가해자가 행한 불법행위로 인하여 피해자가 채무를 부담하게 된 경우 피해자가 가해자에게 그 채무액 상당의 손해배상을 구하기 위해서는 채무의 부담이 현실적·확정적이어서 실제로 변제하여야 할 성질의 것이어야 하고, 현실적으로 손해가 발생하였는지 여부는 사회통념에 비추어 객관적이고, 합리적으로 판단하여야 한다.[31]

---

27) 지원림, 상게서, 1017면.
28) 대법원 2002.12.27 선고, 2000다47361 판결.
29) 양창수·김재형, 『계약법』, 박영사, 2012, 452면.
30) 김준호, 전게서, 979면.

(2) 손해의 종류

1) 재산적 손해와 비재산적 손해

침해된 법익의 종류에 따라 **재산적 손해**란 재산적 법익에 대하여 발생한 손해를 말하고, **비재산적 손해** 또는 **정신적 손해**란 생명·신체·자유·명예 등 비재산적 법익에 대하여 발생한 손해를 말한다고 할 수도 있지만, 침해행위의 결과로서 발생한 손해가 재산적인 것인가 아닌가에 의한 구별로 이해하는 견해가 일반적이고 판례도 같은 입장이다.[32]

2) 이행이익의 손해와 신뢰이익의 손해

손해의 개념을 차액설에 의할 경우 채무가 이행되었다면 존재하였을 자산상태와 현존하는 자산상태의 차이가 이행이익이다. **이행이익의 손해**란 채무자가 채무를 이행하지 않았기 때문에 채권자가 입은 손해를 말한다.

가령 A가 B로부터 매수한 부동산을 2,000만원의 전매이익을 얻고 팔 수 있었다면 2,000만원이 이행이익이다. 만일 B가 매매계약상의 의무를 이행하지 않았기 때문에 A가 2,000만원의 전매이익을 얻지 못하였다면 민법 제393조에 따라 A는 B에게 2,000만원의 이행이익의 손해의 배상을 청구할 수 있다.[33]

채무불이행을 이유로 손해배상을 청구하는 것은 채권자는 채무가 이행되었더라면 얻었을 이익을 얻지 못한 손해를 입은 것이다. 그러므로 계약의 이행으로 얻을 이익, 즉 이행이익의 배상을 구하는 것이 원칙이다.[34] 다만 이행이익의 배상을 구하는 것이 원칙이지만 그에 갈음하여 그 계약이 이행되리라고 믿고 지출한 비용 즉 신뢰이익의 배상을 구할 수도 있다.[35]

신뢰이익의 손해란 법률행위의 당사자가 무효인 법률행위를 유효하다고 믿었기 때문에 입은 손해를 말한다(민법 제535조). 이러한 손해로는 계약비용, 계약의 준비를 위한 비용 등이 있다. 이는 법률행위가 원시적 불능으로 무효인 경우에 배상받을 수 있다.

한편, 신뢰이익의 손해는 이행이익의 한도내에서 배상을 청구할 수 있다.[36]

---

31) 대법원 2020.10.15 선고, 2017다278446 판결.
32) 지원림, 전게서, 1022면.
33) 지원림, 상게서, 1023면.
34) 대법원 2017.2.15 선고, 2015다235766 판결.
35) 대법원 2002.6.11 선고, 2002다2539 판결.

3) 적극적 손해와 소극적 손해

적극적 손해는 채무불이행이나 불법행위로 적극적으로 손해가 발생한 경우를 말하고, 소극적 손해는 일실이익과 같이 채무불이행이 없었다면 발생하지 않은 경우의 불이익을 말한다.

(3) 손해배상의 범위

1) 통상손해와 특별손해

배상되어야 할 손해의 범위는 채무불이행으로 인한 손해배상은 통상의 손해를 그 한도로 한다(민법 제393조 제1항).

통상손해란 채무불이행이 있으면 일반적으로 발생하는 손해를 말한다. 임차인이 임차물을 멸실한 때에는 그 임차물의 시가, 임차물반환채무의 이행지체의 경우에는 지연된 기간 동안의 차임, 금전채무의 이행지체에서는 지연된 기간 동안의 이자에 상당하는 금액이 통상의 손해에 해당한다.[37]

또한, 매매계약의 이행불능으로 인한 전보배상에 있어서는 이행불능 당시의 매매목적물의 시가 상당액이 통상의 손해에 해당한다.

특별손해란 채무불이행으로 인해 일반적으로 발생하는 손해가 아닌 것을 말한다. 가령 매도인의 이행불능으로 매수인이 전매(轉賣)를 하지 못해 입은 전매차익의 손해, 다른 목적물을 구입하기 위해 지출한 비용 등이다.

특별한 사정으로 인한 손해는 채무자가 그 사정을 알았거나 알 수 있었을 때에 한하여 배상의 책임이 있다(민법 제393조 제2항). 그 사정을 알았거나 알 수 있었는지의 여부를 가리는 시기는 계약체결당시가 아니라 채무의 이행기까지를 기준으로 판단하여야 한다.[38] 다만, 이행불능의 경우에는 불능시, 불완전이행의 경우에는 이행시가 된다.

2) 금전채무 손해

금전채무불이행에 의한 손해배상액(지연이자)은 법정이자율에 의함을 원칙으로 하고 다만 약정이율이 정하여져 있는 경우에는 그것이 법령의 제한에 위반하지 않는 한도에

---

36) 대법원 2002.10.25 선고, 2002다21769 판결.
37) 김준호, 전게서, 994면.
38) 대법원 1985.9.10 선고, 84다카1532 판결.

서 그 약정이율에 의한다.[39] 다만, 약정이율이 법정이율보다 낮은 경우에는 법정이율에 의하여 지연손해금을 정한다.[40]

한편, 금전채무에 관하여 이행지체에 대비한 지연손해금 비율을 따로 약정한 경우에는 이는 일종의 손해배상 예정이다.[41]

3) 손해배상의 예정

손해배상액의 예정이란 당사자가 미리 배상액을 정해 두는 것을 말한다. 즉 당사자는 채무불이행에 관한 손해배상액을 예정할 수 있다(민법 제398조). 손해배상액의 예약에도 불구하고 채무불이행책임이 성립하기 위해서는 귀책사유가 필요하다.[42]

이와 같은 약정이 있는 경우에는 채무자에게 채무불이행이 있으면 채권자는 실제손해액을 증명할 필요없이 그 예정액을 청구할 수 있는 반면에 실제손해액이 예정액을 초과하더라도 그 초과액을 청구할 수 없게 된다.[43]

한편, 계약당사자들이 그 일방 또는 쌍방이 채무를 이행하지 아니한 경우에 일정한 금전을 따로 급부하기로 하는 약정을 하는 경우가 많은데, 이와 같이 채무자가 채무불이행의 경우에 채권자에게 지급하기로 약정한 금전을 위약금이라고 부른다.[44] 이러한 위약금 약정은 손해배상액을 예정한 것으로 추정한다(민법 제398조 제4항).

다만, 계약당사자들 사이 교부된 계약금은 손해배상액의 예정으로서의 성질은 당연히 가지는 것은 아니며, 그 계약금을 위약금으로 하기로 하는 특약이 있는 경우에 한하여 손해배상액의 예정으로서의 성질을 가진다.[45]

또한 공사도급계약서 또는 그 계약내용에 편입된 약관에 수급인이 하자담보책임 기간 중 도급인으로부터 하자보수요구를 받고 이에 불응한 경우 하자보수보증금은 도급인에게 귀속한다는 조항이 있다면 이 하자보수보증금은 특별한 사정이 없는 한 손해배상액의 예정으로 볼 것이다.[46]

---

39) 양창수·김재형, 『계약법』, 박영사, 2012, 453면.
40) 대법원 2009.12.24 선고, 2009다85342 판결.
41) 대법원 2017.5.30 선고, 2016다275402 판결.
42) 대법원 2007.12.27 선고, 2006다9408 판결.
43) 대법원 1988.5.10 선고, 87다카3101 판결.
44) 양창수·김재형, 『계약법』, 박영사, 2012, 454면.
45) 대법원 1979.4.24 선고, 79다217 판결.
46) 대법원 2002.7.12 선고, 2000다17810 판결.

그리고 손해배상예정액이 부당하게 많은 경우에는 법원은 적당히 감액할 수 있다 (민법 제398조 제3항).

4) 손해배상액의 산정

채무자의 부동산에 관한 소유권이전등기의무가 이행불능으로 된 경우 그 손해배상액은 원칙적으로 이행불능 당시의 목적물의 시가에 의하여야 한다.[47]

한편, 채무불이행에 관해 채권자에게 과실이 있는 때에는 그 과실의 정도에 따라 법원은 손해배상액의 여부 또는 손해배상액을 정할 때 반드시 참작하여야 한다(민법 제396조). 신의칙상 요구되는 주의를 다하지 아니한 경우 공평의 원칙에 따라 손해배상액을 산정할 때 채권자의 그와 같은 부주의를 참작하게 하려는 것이다.[48]

제2절 　조세채권의 효력

1. 개 요

조세채권은 사권보다도 강한 효력을 여러 가지 부여하고 있다. 조세채권은 국가재정의 기초라는 점에서 보통의 민사채권보다 강한 보호를 받아야 한다고 생각하여 일반민사채권에는 인정되지 않는 추가적인 채권확보수단들을 인정해 주고 있다. 가장 중요한 것으로 자력집행, 우선변제의 효력, 납부책임의 인적확대 등 세 가지가 있다.[49]

2. 자력집행권

가. 개 념

조세채권의 강제집행에서 특별한 것은 **자력구제**이다. 사권은 자력구제가 금지되지만, 조세채권은 채권자가 국가이므로 자력구제를 금지할 이유가 없다. 조세채권에 터

---

47) 대법원 2005.9.15 선고, 2005다29474 판결.
48) 대법원 2000.11.24 선고, 2000다38718 판결.
49) 이창희, 『세법강의』, 박영사, 2008, 147면.

잡은 강제집행은 법원에 갈 필요가 없고 세무서가 직접 강제집행을 한다.

즉, 조세 및 기타 공법상의 채권이 납부기한까지 이행되지 아니한 경우, 행정상의 강제력에 의하여 납세자의 재산을 압류하거나 교부청구를 하고, 교부받은 금전으로 국세채권이나 공법상의 채권 등에 충당하는데 이러한 일련의 강제징수절차가 체납처분이다.

한편, 동일한 재산에 대하여 법원이 취하는 강제집행절차와 세무서가 취하는 강제집행절차가 동시에 진행되는 경우 복잡한 법률문제가 생기기도 한다.[50]

나. 내 용

세무서장은 납세자가 독촉장을 받고 지정된 기한까지 국세를 완납하지 않은 경우, 납세자가 납기전에 납부 고지를 받고 지정된 기한까지 완납하지 아니한 경우에는 납세자의 재산을 압류한다(국세징수법 제31조 제1항).

세무서장은 압류한 동산, 유가증권, 부동산, 무체재산권 등을 일정한 방법에 따라 공매한다(국세징수법 제66조 제1항).

세무서장은 압류한 금전, 채권·유가증권·무체재산권 등의 압류로 인하여 체납자로부터 받은 금전, 압류재산의 매각대금 및 그 매각대금의 예치 이자, 교부청구에 의하여 받은 금전에 대하여 일정한 방법에 의하여 배분하여야 한다(국세징수법 제94조, 제96조).

다. 체납처분의 중지

체납처분의 목적물인 총재산의 추산가액이 체납처분비에 충당하고 남을 여지가 없을 때에는 체납처분을 중지하여야 한다. 또한 체납처분의 목적물인 재산이 국세기본법에 따른 채권의 담보가 된 재산인 경우에 그 추산가액이 체납처분비와 해당 채권금액에 충당하고 남을 여지가 없을 때에도 체납처분을 중지하여야 한다(구 국세징수법 제85조 제1항, 제2항).

---

50) 이창희, 상계서, 148면.

3. 국세의 우선권

가. 개 념

국세의 우선권이란 국세채권과 다른 공과금 및 기타 채권이 동시에 납세자의 재산에서 강제징수절차에 의하여 징수 또는 변제되는 경우에 특정한 경우를 제외하고는 국세채권을 다른 공과금 및 기타 채권에 우선하여 징수할 수 있는 법률상의 힘을 말한다.

나. 내 용

국세·가산금 및 강제징수비는 다른 공과금이나 그 밖의 채권에 우선하여 징수한다 (국세기본법 제35조 제1항). 이는 담보 없는 조세채권과 공과금 및 담보 없는 일반채권이 강제환가절차에서 경합적으로 청구된 경우, 채무자의 재산에서 조세채권이 우선징수됨을 뜻한다. 그러므로 조세채권과 일반채권간에는 비록 양 채권이 모두 담보 없는 것이라고 하더라도 채권자 평등의 원칙이 적용될 수 없다. 그리고 조세채권과 기타 일반채권 간에 있어서 발생시기·변제기가 어느 채권이 먼저이냐 등 선후를 불문하고 조세채권이 우선징수된다.[51]

판례에 의하면, 국세는 일정한 요건에 따라 일률적·무선택적·필연적으로 성립한다는 점에 있어서 일반채권과 근본적으로 그 성질을 달리하고, 한편으로는 그 공익성으로 말미암아 그 징수확보를 위하여 채권평등의 원칙에 예외적 효력이 부여되는 것이므로, 이와 같은 관점에서 국세기본법 제35조는 국세우선의 원칙을 천명하여 국세·가산금 또는 체납처분비는 다른 공과금 기타의 채권에 우선하여 징수한다고 규정하고 있는바, 이 우선권은 납세자 소유의 모든 재산에 관하여 등기 등 기타의 공시방법의 필요 없이 인정될 뿐만 아니라 질권·저당권 등 담보물권에 의하여 담보되는 채권에 대하여도 원칙적으로 그 적용이 있는 것이다.[52]

결국 조세는 근대국가에 있어서 그 존립의 경제적 기초이고, 그러한 경제적 재원의 조달과 그 지출에는 공공성·공익성이라는 특성 때문에 조세징수의 편의성을 위해 조세법률이 특별히 조세우선을 인정하고 있다고 보아야 할 것이다.[53]

---

51) 최명근, 『세법학총론』, 세경사, 2006, 508면.
52) 대법원 1983.11.22 선고, 83다카1105 판결.
53) 최명근, 전게서, 507면.

4. 납부책임의 확장

조세채권은 사권과 달리 원래의 채무자 말고 다른 사람에게도 효력을 미치는 경우가 있다. 법이 조세채권의 보호를 위해 특별히 효력을 주고 있는 것이다. 그 대표적인 것이 연대납세의무와 제2차 납세의무이다.[54]

가. 연대납세의무

복수의 자가 연대하여 하나의 납세의무를 부담하는 경우에 그들을 연대납세의무자라고 하고, 그 납세의무를 **연대납세의무**라고 부른다.

국세로는 ① 공유자 또는 공동사업자가 공유물·공동사업 또는 그 공동사업에 속하는 재산에 대하여 부담하는 조세(국세기본법 제25조 제1항), ② 공동상속인의 연대납세의무(상속세 및 증여세법 제3조의2 제1항, 제3항) 등이 있다.[55]

나. 제2차 납세의무

제2차 납세의무의 제도적 본질과 관련하여 판례에 의하면, 제2차 납세의무는 조세징수의 확보를 위하여 원래의 납세의무자의 재산에 대하여 체납처분을 하여도 징수하여야 할 조세에 부족이 있다고 인정되는 경우에 그 원래의 납세의무자와 특수관계에 있는 제3자에 대하여 원래의 납세의무자로부터 징수할 수 없는 액을 한도로 하여 보충적으로 납세의무를 부담케 하는 제도로서, 일반적으로는 형식적으로 제3자에 귀속되어 있는 경우라고 하더라도 실질적으로는 원래의 납세의무자에게 그 재산이 귀속되어 있는 것으로 보아도 공평을 잃지 않는 경우 등 형식적 권리의 귀속을 부인하여 사법질서를 어지럽히는 것을 피하면서 그 형식적 권리귀속자에게 보충적으로 납세의무를 부담케 하여 징수절차의 합리화도 아울러 도모하려는 제도[56]라고 보고 있다.

5. 조세채무 이행지체에 대하 제재

납세의무자가 국세기본법 및 개별세법에 따른 납부기한까지 국세의 납부를 하지 아

---

54) 이창희, 전게서, 177면.
55) 임승순, 『조세법』, 박영사, 2009, 96면.
56) 대법원 1982.12.14 선고, 82누192 판결.

니하거나 납부하여야 할 세액보다 적게 납부하거나 환급받아야 할 세액 보다 많이 환급받은 경우에는 일정한 금액을 가산세로 한다(국세기본법 제47조의4 제1항).

한편, 국세징수법상 가산금과 중가산금은 국세가 납부기한까지 납부되지 않은 경우 미납분에 관한 지연이자의 의미로 부과되는 부대세의 일종으로서, 과세권자의 확정절차 없이 국세를 납부기한까지 납부하지 아니하면 국세징수법 규정에 의하여 당연히 발생하고, 그 액수도 확정되는 것이다.[57]

제3절 ▶ 법인세법상 손해배상금 관련 내용

1. 과세개요

법인이 자기의 귀책사유로 타인에게 가한 손해에 대하여 손해배상금을 지출하였다면 원칙적으로 손해배상금은 손금에 해당한다. 즉, 손해배상청구권 또는 손실보상청구권에 의하여 받는 보상금 등은 법인의 순자산을 증가시키는 거래로 인하여 발생하는 수익이므로 각 사업연도의 소득금액 계산상 이를 익금에 산입한다.

또한 법인의 귀책사유로 타인에게 손해를 가하고 손해배상금을 지급하였다면 그 손해배상금은 원칙적으로 손금에 산입한다.

2. 손해배상금의 익금산입

내국법인이 공장건축물을 매매계약에 의해 취득한 후 하자가 발생하여 법원 판결에 따라 매도자로부터 받은 금액이 손해배상금에 해당하는 경우 법원의 판결이 확정된 날이 속하는 사업연도의 익금에 해당한다.[58]

다만, 손해배상 승소판결을 받았으나 당사자(가해자)가 관할 세무서장으로부터 무재산 결손처분자로 법인이 손해배상금을 받을 수 없는 경우에 해당되면 익금산입은 부당하다.[59]

---

57) 대법원 2005.6.10 선고, 2005다15482 판결.
58) 법규법인 2014-10, 2014.5.9.

3. 손해배상금의 손금산입

법인의 귀책사유로 타인에게 가한 손해에 대하여 손해배상금을 지출하였다면 원칙적으로 손해배상금은 손금에 산입된다. 다만, 법인의 임원 또는 사용인의 행위 등으로 인하여 타인에게 손해를 끼침으로써 법인이 손해배상금을 지출한 경우에는 그 손해배상의 대상이 된 행위 등이 법인의 업무수행과 관련된 것이고 또한 고의나 중과실로 인한 것이 아닌 경우에는 그 지출한 손해배상금은 각 사업연도의 소득금액 계산상 손금에 산입한다(법인세법 기본통칙 19-19-14).

다만, 일정한 징벌적 손해배상금은 법률의 규정에 따라 지급한 손해배상액 중 실제 발생한 손해액을 초과하는 금액은 손금에 산입하지 않는다(법인세법 제21조의2).

가. 손해배상금의 손금산입 시기

손해배상금이 법인세법 제19조에 의한 손금에 해당하는 경우에는 법인세법 시행규칙 제36조에 따라 손해배상금이 확정되는 날이 속하는 사업연도의 손금에 산입한다.[60] 법원의 판결에 의하여 지급하거나 지급받는 손해배상금 등은 법원의 판결이 확정된 날이 속하는 사업연도의 익금 또는 손금에 산입한다. 이 경우 법원 판결이 확정된 날이라 함은 대법원 판결일자 또는 당해 판결에 대하여 상속를 제기하지 아니한 때에는 상소 제기의 기한이 종료한 날의 다음날로 한다(법인세법 기본통칙 40-71-20).

한편, 법원 판결을 준용하여 손해배상액을 지급하기로 합의한 경우, 해당 지급액은 합의에 따른 지급의무가 확정된 날이 속하는 사업연도의 손금에 산입한다.[61]

나. 손해배상금 지출 후 구상금 청구소송이 진행 중인 경우

법인이 지출한 손해배상금이 구상채권에 해당되는 경우에는 원칙적으로 손금에 산입할 수 없으나, 구상금 청구소송에서 법원의 확정판결에 따라 구상채권 금액이 확정된 후 법인세법상 대손요건을 충족하는 사유로 구상할 수 없는 경우에는 대손요건을 충족하는 시점에 대손금으로 손금 산입할 수 있다.[62]

---

59) 국세청적부2011-0093, 2011.8.26.
60) 사전-2019-법령해석법인-0017, 2019.2.8.
61) 사전-2016-법령해석법인-0274, 2016.8.16.
62) 사전-2018-법령해석법인-0757, 2018.12.18.

다. 징벌적 손해배상금의 손금 산입 제한

손해배상금과 관련된 비용의 손금인정을 합리적으로 조정하기 위한 것이다. 실제 손해배상액을 초과하는 금액은 손금에 산입하지 않는다.

제4절 소득세법상 손해배상 관련 내용

사업자가 사업과 관련한 계약의 위약으로 소송을 제기하여 계약상대방으로부터 받는 손해배상금은 사업소득에 해당하나, 소송을 종결시킬 목적으로 계약당사자로부터 받는 소송 종결의 합의금은 기타소득(사례금)에 해당한다.[63]

환매할 수 있는 권리가 발생하였으나 사업시행자의 환매권 통지 불이행으로 환매권 행사가 불가능하게 됨에 따라 당해 토지소유자가 법원의 판결에 따라 지급받은 손해배상금은 기타소득에 해당하지 않는다.[64]

업무와 관련하여 지출한 손해배상금은 원칙적으로 그 업무의 필요경비에 산입된다. 다만 업무와 관련하여 고의 또는 중대한 과실로 타인의 권리를 침해한 경우에 지급되는 손해배상금은 필요경비에 산입하지 않는다(소득세법 제33조 제1항 제15호).

부동산 불법 점유에 따른 부당이득을 반환받은 경우의 손해배상금은 소득세법상 열거된 과세소득에 해당하지 아니한다.[65]

제5절 부가가치세법상 손해배상 관련 내용

각종 원인에 의하여 사업자가 받는 소유재화의 파손·훼손·도난 등으로 가해자로부터 받는 손해배상금, 도급공사 및 납품계약서상 그 기일의 지연으로 발주자가 받는

---

63) 과세기준자문 법규과-292, 2011.3.16.
64) 사전-2018-법령해석소득-0073, 2018.6.29.
65) 사전-2019-법령해석소득-0365, 2019.9.24., 사전-2017-법령해석소득-0045, 2017.2.8.

지체상금, 공급받을 자의 해약으로 인하여 공급할 자가 재화 또는 용역의 공급없이 받는 위약금 또는 이와 유사한 손해배상금 등은 과세대상이 되지 않는다(부가가치세법 기본통칙 4-0-1).

불법행위로 인하여 지급받는 손해배상금은 재화나 용역의 공급과 대가관계가 없으므로 부가가치세 과세대상이 아니다.[66]

가령, 무상지상권 설정기간이 만료된 이후부터 임대차 개시 전까지 토지사용료에 대하여는 토지소유자가 국가배상법에 따라 배상받는 경우로서 해당 배상금이 무단점유에 따른 손해배상금에 해당하는 경우 부가가치세 과세대상에 해당하지 않는다.[67]

또한 임차인이 임대차기간 만료 전에 임대차계약의 해지를 요청하여 임대차계약서의 내용에 따라 사업장을 원상회복하고 위약금을 임대인에게 지급하는 경우 부동산임대용역의 공급 없이 받는 해당 위약금은 부가가치세 과세대상에 해당하지 않는다.[68]

그러나 공급자와 공급받는 자가 계약에 의하여 일정기간 계약이 유지되는 조건으로 공급가액에서 일정금액을 할인하여 용역을 공급하는 경우로서 해당 계약이 중도 해지되어 공급받는 자가 그 할인금액을 공급자에게 반환하는 경우에는 해당 금액은 부가가치세 과세표준에 해당한다.[69]

---

66) 대법원 1984.3.13 선고, 81누412 판결.
67) 사전-2019-법령해석부가-0366, 2019.8.29.
68) 사전-2015-법령해석부가-0080, 2015.6.1.
69) 질의회신 서면-2018-법령해석부가-3071, 2018.11.8.

1. 담보가등기와 국세징수법에 의한 압류의 효력

가. 사실관계

갑은 납세자 을 소유의 토지를 가압류하였다가 다시 갑과 을 사이의 채권을 담보하기 위하여 토지에 관하여 소유권이전청구권 보전을 위한 가등기를 경료하고 가압류는 해제하였다. 그리고 어음금 채무를 을이 지급하지 아니하면 가등기에 기한 본등기를 경료하기로 약정하였으며, 그 후 채무자 을이 채무를 변제하지 아니하자 가등기담보법에 따라 청산금이 없다는 통지와 청산기간이 경과한 후에 갑 앞으로 가등기에 기한 본등기가 이루어졌다. 한편 과세관청은 납세자 을에 대하여 수시분 법인세를 확보하기 위하여 위 토지에 대하여 국세확정전 보전압류처분을 하였다. 그 후 갑은 위 토지의 소유자임을 내세워 그에 대한 압류해제의 신청을 하였으나, 과세관청은 위 가등기가 담보목적의 가등이므로 체납처분에 대항할 수 없다는 이유로 압류해제를 거부하였다.

나. 판결요지

압류등기 이전에 소유권이전청구권 보전의 가등기가 경료되고 그 후 본등기가 이루어진 경우에 그 가등기가 매매예약에 기한 순위보전의 가등기라면 그 이후에 경료된 압류등기는 효력을 상실하여 말소되어야 할 것이고 그 가등기가 채무담보를 위한 가등기 즉 담보가등기라면 그 후 본등기가 경료되더라도 가등기는 담보적 효력을 갖는 데 그치므로 압류등기는 여전히 유효하다.[70]

다. 검 토

가등기담보법의 적용을 받는 경우는 가등기 예약 당시의 목적물의 가액이 차용액 및 이자액을 초과하는 경우에 한하는 것으로 위 경우에는 위에 해당되지 않아 적용대상은 아니다. 그렇다 하더라도 그 가등기가 채무담보를 위한 가등기 즉 담보가등기이고 그

---

70) 대법원 1996.12.20 선고, 95누15193 판결.

후에 압류등기가 경료된 상태에서 본등기가 경료되었으므로 가등기가 담보적 효력을 갖는데 불과한 이상 압류등기를 한 자와 관계에 있어서 압류등기는 여전히 유효하다.

2. 손해배상금의 법인세법상 손익귀속시기

손해배상금이 법인세법 제19조에 의한 손금에 해당하는 경우에는 손해배상금을 실지 지급하는 날이 속하는 사업연도가 아닌 손해배상금이 확정되는 날이 속하는 사업연도에 귀속한다.[71]

또한 손해배상금소송을 제기하여 법원의 확정판결에 따라 손해배상금을 지급하는 경우 해당 손해배상금은 법원의 판결이 확정된 날이 속하는 사업연도의 손금에 산입한다. 그리고 손해배상금을 합의에 의하여 지급할 경우 지급의무가 확정된 날이 속하는 사업연도의 손금에 산입한다.[72]

3. 공사지연 손실보상금 부가가치세 과세 여부

사업자가 발주자와 도급계약을 체결하고 공사용역을 공급하던 중 발주자의 귀책사유로 공사가 중지된 경우로서 법원의 확정판결에 의하여 발주자로부터 공사 지연에 따른 손실을 보상받는 경우 해당 보상금은 부가가치세법 제4조에 따른 부가가치세 과세대상에 해당하지 아니한다.[73]

| 제7절 | **민법과 세법의 비교** |

민사상 강제집행은 채무자 소유의 부동산을 압류하여 현금화한 후 그 매각대금으로 채권자의 금전채권의 만족을 얻게 함을 목적으로 하며, 세법상 체납처분도 납세자의 재산을 강제적으로 매각하여 조세채권을 실현하기 위한 목적인 점에서 양 제도는 성질

---

71) 사전-2019-법령해석법인-0017, 2019.2.28.
72) 사전-2016-법령해석법인-0274, 2016.8.16.
73) 사전-2017-법령해석부가-0401, 2017.6.15.

상 동일하다고 할 수 있다.

그러나 현행법상 양 절차는 근거법도 다를 뿐만 아니라 세부적인 진행절차도 차이가 있다. 즉 집행요건에서도 민사집행에서는 강제집행을 위하여 별도의 집행권원이 필요하나 체납처분절차에서 이러한 절차 필요 없이 자력집행권에 의하여 압류 등 매각절차를 진행할 수 있다.

한편, 양 절차는 서로 양립할 수가 있어 동일한 재산에 대하여 동시에 진행될 수도 있다. 이와 관련 동일한 재산에 대한 금전채권에 기초한 민사집행절절차와 조세채권에 기초한 체납처분 절차를 별도로 진행하도록 허용하면서 아무런 조정절차를 두고 있지 않은 현행 법체계에 문제가 있다는 지적이 제기되고 있다.

또한 국세에 대하여는 민사상 채권자평등의 원칙에도 불구하고 다른 일반 채권자 보다 우선하여 징수할 수 있는 효력을 부여하고 있다. 이는 국세는 일정한 요건에 따라 납세자의 동의가 없어도 일률적으로 성립한다는 점에 있어서 일반채권과 근본적으로 그 성질을 달리하고, 국가재정수요의 확보라는 공익성으로 말미암아 그 징수확보를 위하여 우선징수권을 주고 있다.

또한 조세채권의 확보와 징수의 편의성을 고려하여 당사자의 의사와 관계없이 납세자와 일정한 관계에 있는 자에 대한 연대납세의무와 제2차납세의무를 지정하는 등 납세의무를 확장시키는 제도를 두고 있다.

그 밖에 피상속인의 생전에 급부가 확정된 손해배상채무는 상속채무를 구성한다.

제 18장

채권자취소권

관련 세법규정 요약

국세징수법 제25조【사해행위의 취소 및 원상회복】관할 세무서장은 강제징수를 할 때 납세자가 국세의 징수를 피하기 위하여 한 재산의 처분이나 그 밖에 재산권을 목적으로 한 법률행위(「신탁법」 제8조에 따른 사해신탁을 포함한다)에 대하여 「신탁법」 제8조 및 「민법」 제406조·제407조를 준용하여 사해행위(詐害行爲)의 취소 및 원상회복을 법원에 청구할 수 있다.

제1절 민법 내용

1. 책임재산의 보전

채권에 대하여 강제집행의 대상이 되는 것은 채무자의 재산 전체이고, 이러한 채무자의 일반재산을 **책임재산**이라고 한다. 그러나 채권을 가지고 있는 것만으로 채권자가 채무자의 재산에 지배를 미칠 수 없다. 따라서 채무자는 자기 재산을 자유롭게 처분할 수 있다.

그래서 민법은 일정한 경우에 채권자가 채무자의 책임재산에 대하여 간섭하는 것을 인정함으로써 채권의 실질적 가치를 보전하는 것을 허용하고 있다. 이를 위하여 두 개의 제도가 인정되는데, 하나는 채권자가 채무자에 갈음하여 채무자의 재산권을 행사함으로써 채무자의 책임재산을 보전하고 충실히 하는 **채권자대위권**이고, 다른 하나는 채무자가 행한 법률행위를 취소하고 그 법률행위로 인하여 발생한 책임재산의 감소로부터 원상을 회복하는 **채권자취소권**이 있다.[1]

즉, 채권자취소권은 채무자가 채권자를 해함을 알면서 자신의 일반재산을 감소시키는 행위를 한 경우에 그 행위를 취소하여 채무자의 책임재산을 원상회복시킴으로써 모든 채권자를 위하여 채무자의 책임재산을 보전하는 권리이다.[2]

2. 채권자취소권의 의의

채무자가 채권자를 해함을 알고 재산권을 목적으로 한 법률행위를 한 때에는 채권자는 그 취소 및 원상회복을 법원에 청구할 수 있다. 그러나 그 행위로 인하여 이익을 받은 자나 전득한 자가 그 행위 또는 전득 당시에 채권자를 해함을 알지 못한 경우에는 그러하지 아니한다(민법 제406조 제1항).

세법상 사해행위취소권은 민법상의 채권자취소권이 조세법률관계에 적용되는 경우를 말하는 것으로, 조세채권자가 납세자의 책임재산에 관하여 납세자와 제3자간 유효하게 성립된 법률행위의 효력을 취소하여 납세자의 소유로부터 일탈된 재산을 원상회

---

1) 지원림, 『민법강의 제7판』, 홍문사, 2009, 1078면.
2) 대법원 1995.2.10 선고, 94다2534 판결.

복시키거나 그 배상을 청구할 수 있는 권리이다.[3]

　가령 A에 대하여 1,000만원의 금전채무를 부담하고 있는 B가 그의 유일한 재산인 토지를 그의 친척 C에게 증여한 경우, A는 B와 C 사이의 증여계약을 취소하고 그 토지를 회복할 수 있는데, 이것이 채권자취소권이다.[4]

　채권자취소권은 채무자가 한 법률행위를 취소하고 일탈재산을 회복하여 채무자의 책임재산의 보전을 목적으로 하는 제도로 반드시 재판상 행사되어야 한다. 또한 이 제도는 채무자의 재산에 대하여 압류를 하지 아니하고 책임재산을 확보할 수 있는 제도로, 채무자의 처분의 자유 및 수익자와 전득자의 거래의 안전을 해칠 수 있는 제도이므로 신중하게 운영하여야 한다.[5]

3. 채권자취소권의 내용

　채권자취소권은 사해행위의 취소와 일탈재산의 원상회복의 두 가지를 소구(訴求)할 수 있는 권능이다.[6] 한편, 사해행위 취소소송은 형성의 소로서 그 판결이 확정됨으로써 권리변동의 효력이 발생하나 사해행위 취소판결이 미확정인 상태에서도 그 취소의 효력을 전제로 하는 원상회복청구를 병합하여 제기할 수 있다.[7]

가. 사해행위취소권

　사해행위취소권(詐害行爲取消權)은 채권자가 자기의 이름으로 채무자와 수익자 사이의 법률행위를 취소할 수 있는 당사자가 아닌 제3자의 취소권이다. 채권자취소권이 대상이 되는 사해행위는 기본적으로 채무자가 행한 법률행위이며, 재산을 처분하는 행위로 인해 채무자의 재산감소가 초래되어야 한다. 가족법상의 행위는 원칙적으로 사해행위가 되지 않으나, 정당한 범위를 초과한 부분은 사해행위로 된다.[8]

---

3) 소병직, "채권자취소권의 요건과 행사에 관한 연구", 전북대학교 대학원 박사학위논문, 2007, 42면.
4) 송덕수, 『신민법강의』, 박영사, 2009, 938면.
5) 소병직, 상게논문, 2007, 5~6면.
6) 이은영, 『채권각론』, 박영사, 2009, 458면.
7) 대법원 2019.3.14 선고, 2018다277785 판결.
8) 이은영, 전게서, 463~464면.

나. 원상회복청구권

채권자취소권은 법률행위를 취소하는 데에 그치지 않고 채무자의 책임재산으로부터 일탈된 재산의 원상회복을 청구할 수 있는 권리도 포함한다. 일탈재산의 회복을 구하기 위해서는 반드시 먼저 사해행위를 취소하여야 한다. 그리고 그 원상회복청구권이 취소에 따른 부당이득반환청구권의 성격을 가지는 것인가 또는 채권자취소권에 고유한 원상회복청구권인가에 관하여는 학설이 대립하고 있다.[9]

4. 채권자취소권 행사 요건

가. 객관적 요건

(1) 피보전채권의 존재

사해행위취소소송에서 피보전채권은 금전채권이나 종류채권이어야 하고, 소유권이전등기청구권과 같은 특정물채권은 피보전채권으로 삼을 수 없다.[10] 취소채권자의 채권이 정지조건부채권이라 하더라도 이를 피보전채권으로 하여 채권자취소권을 행사할 수 있다.[11]

채권자취소권의 대상이 되는 피보전채권(被保全債權)은 사해행위 이전에 성립되어야 한다는 것이 우리나라의 통설과 판례의 입장이다.[12] 즉, 처분의 원인이 되는 법률행위가 취소권을 행사하려는 채권자의 채권 보다 앞서 발생한 경우에는 특별한 사정이 없는 한 채권자취소권의 대상이 될 수 없다.[13]

피보전채권이 사해행위 이전에 성립되어 있는 이상 액수나 범위가 구체적으로 확정되지 않은 경우라고 하더라도 채권자취소권의 피보전채권이 된다.[14]

그러나 채권자취소권에 의하여 보호될 수 있는 채권은 원칙적으로 사해행위라고 볼 수 있는 행위가 행하여지기 전에 발생된 것임을 요하지만 사해행위 당시에 이미 채권 성립의 기초가 되는 법률관계가 발생되어 있고, 가까운 장래에 그 법률관계에 기하여

---

9) 이은영, 상게서, 458면.
10) 사법연수원, 『요건 사실론』, 2011, 123면.
11) 대법원 2011.12.8 선고, 2011다55542 판결.
12) 소병직, 전게논문, 49면.
13) 대법원 2002.4.12 선고, 2000다43352 판결.
14) 대법원 2018.6.28 선고, 2016다1045 판결.

채권이 성립되리라는 점에 대한 고도의 개연성이 있으며, 실제로 가까운 장래에 그 개연성이 현실화되어 채권이 성립된 경우에는, 그 채권도 채권자취소권의 피보전채권이 될 수 있다.[15]

한편, 사해행위에 해당하는 부동산 양도 등의 행위가 과세기간 종료 전에 있었다고 하더라도 과세기간 개시일 이후에 있은 이상 이미 조세채권 발생의 기초는 존재하는 것이고, 그 조세채권이 발생할 개연성이 아주 높을 뿐더러 과세기간이 종료되면 부과처분을 거쳐 바로 현실화될 것이라는 점과 조세채권은 통상 계약에 의하여 성립하는 일반채권과는 달리 납세의무자의 자산상태와 관계없이 법이 정한 일정한 과세요건에 따라 성립한다는 점을 고려하면 개연성이론은 조세채권에 그 적용의 여지가 타당하다.[16]

(2) 사해행위

사해행위는 통상 채무자가 채권자를 해하는 법률행위를 말한다. 즉 변제자력을 부족하게 하는 것을 말한다. 그러나 구체적으로 어떠한 행위가 사해행위에 해당하는지는 일률적으로 말할 수 없다. 구체적이고 개별적으로 판단하여야 한다.

즉, 사해행위에 해당하는지 여부는 행위목적을 채무자의 전체 책임재산 가운데에서 차지하는 비중, 무자력의 정도, 법률행위의 경제적 목적이 갖는 정당성 및 그 실현수단인 당해 행위의 상당성, 행위의 의무성 또는 상황의 불가피성, 채무자와 수익자간 통모의 유무와 같은 공동담보의 부족 위험에 대한 당사자의 인식의 정도 등 여러 사정을 종합적으로 고려하여 일반채권자를 해하는 행위로 볼 수 있는지 여부에 따라 판단한다.[17]

채권자취소권의 대상이 되는 법률행위는 채권자를 해하는 것이라야 한다. 채권자를 해한다 함은 채무자의 재산행위로 말미암아 채무자의 적극재산이 채무의 총액보다 적게 되는 경우를 말하는 것이고, 따라서 채무자의 재산적 법률행위로 말미암아 채무자의 채무총액이 적극재산의 총액을 초과한다는 것이 확정되지 아니하고서는 채무자에게 채권자를 해하는 법률행위가 있다고 할 수 없다.[18]

즉, 채무자 재산감소행위로 말미암아 소극재산이 적극재산을 초과하는 상태, 이른바

---

15) 대법원 1996.2.9 선고, 95다14503 판결.
16) 임승순, 『조세법』, 박영사, 2009, 213면.
17) 대법원 2010.9.30 선고, 2007다2718 판결.
18) 대법원 1962.11.15 선고, 62다634 판결.

'무자력 상태를 초래'하거나 '무자력 상태를 악화'시키는 행위를 말한다고 할 수 있다.[19)]

채권자취소권의 대상이 되는 사해행위는 채무자가 수익자와의 사이에서 한 법률행위이어야 하고 수익자나 전득자가 한 법률행위는 취소권의 대상이 아니다.[20)]

1) 무자력의 판단기준

납세자의 적극적 재산을 평가함에 있어서 동산·부동산 등의 유체재산은 물론 영업권·특허권 등의 무체재산권 그리고 채권 등 모든 재산권을 시가에 의하여 평가하고, 그 총액을 산정하여야 한다.[21)] 그러나 압류금지재산은 공동담보가 될 수 없으므로 이를 적극재산에 포함시켜서는 아니된다고 할 것이다.[22)]

채무자가 보증채무 또는 연대채무를 부담하는 경우에 그 채무액을 소극재산에 산입할 것인가가 문제될 수 있는데, 보증채무는 주채무에 대하여 보충적인 성질을 가지므로 주된 채무자가 충분한 자력을 가지고 있을 때에는 보증채무를 부담하는 것이 소극재산의 증가를 초래하는 것으로 볼 수 없으나, 연대채무는 보증채무와는 달리 다른 연대채무자에게 자력이 있어도 채권자의 이행청구를 거부할 수 없으므로 연대채무 전액을 소극재산에 산입하여야 한다.[23)]

한편, 법인의 경우에는 자본의 결손이 심화되어 자산 보다 부채가 커지게 되면 순자산이 없어져 채무초과의 상태가 되는 것이므로 사해행위 당시 법인이 이미 자본이 전액 결손되어 부채가 자산을 넘어선 채무초과 상태에 있으면 무자력 상태가 인정된다.[24)]

2) 사해성의 판단시기

사해행위에 해당하는 법률행위가 있었는가를 따짐에 있어서는 당사자 사이의 이해관계에 미치는 중대한 영향을 고려하여 신중하게 이를 판정하여야 할 것이고, 사해행위에 해당하는 법률행위가 언제 있었는가는 실제로 그러한 사해행위가 이루어진 날을 표준으로 판정할 것이되, 다른 특별한 사정이 없는 한 처분문서에 기초한 것으로 보이는 등기부상 등기원인일자를 중심으로 그러한 사해행위가 실제로 이루어졌는지 여부

---

19) 소병직, 전게논문, 71면.
20) 사법연수원, 『요건 사실론』, 2011, 124면.
21) 최명근, 『세법학총론』, 세경사, 2006, 548면.
22) 대법원 2005.1.28 선고, 2004다58963 판결.
23) 소병직, 전게논문, 72~73면.
24) 대법원 1999.8.24 선고, 99다23468 판결.

를 판정할 수밖에 없을 것이다.[25)]

또한 채무자의 사해행위는 채권자가 취소권을 행사할 당시, 즉 사실심의 구두변론 종결시까지 채무자의 무자력이 계속되었는지 여부를 기준으로 판단한다.[26)]

한편, 처분행위 당시에는 채권자를 해하는 것이었더라도 그 후 채무자가 자력을 회복하거나 채무가 감소하여 변론종결시에는 채권자를 해하지 않은 때에는 사해행위취소권이 소멸하므로 사정변경을 이유로 항변할 수 있다.

(3) 채무자가 행한 법률행위

채권자취소권의 대상이 되는 것은 오로지 채무자가 행한 법률행위이어야 한다. 계약이 보통이고 단독행위·합동행위라도 상관 없다. 그리고 채권행위와 물권행위를 묻지 않는다.

한편, 취소의 대상이 되는 사해행위는 채무자와 수익자 사이에서 행하여진 법률행위에 국한되고, 수익자와 전득자 사이의 법률행위는 취소의 대상이 되지 않는다.[27)]

채무자가 진정한 매도의 의사가 없이 제3자와 매매의 외양을 갖추어 재산권 이전을 합법화하고자 하는 것은 가장매매(假裝賣買)라고 하는데, 가장매매는 채무자의 재산을 제3자에게 은닉하여 두려는 행위로서 채권자를 해하는 행위가 된다. 동시에 매도인과 매수인 사이의 매매에 따른 쌍방의 채무부담의 의사가 없으므로 통정허위표시에 해당된다.[28)]

그리고 판례도, 통정허위표시도 채권자취소권의 대상이 된다고 보고 있다.[29)] 즉, 당사자간 서로 통모하여 한 허위행위도 역시 민법 제406조, 이른바 법률행위에 해당하므로 사해행위취소권의 목적이 된다고 볼 것이다.[30)]

(4) 재산권을 목적으로 한 법률행위

채권자취소권의 객체인 법률행위는 직접 채무자의 일반재산을 구성하는 권리에 관한 것이어야 한다. 그렇지 않으면, 채무자의 자유를 부당히 침해할 염려가 있기 때문이다.[31)]

---

25) 대법원 2002.11.8 선고, 2002다41589 판결.
26) 소병직, 상계논문, 45면.
27) 대법원 2004.8.30 선고, 2004다21923 판결.
28) 이은영, 전게서, 464면.
29) 소병직, 상계논문, 2007, 65~67면.
30) 대법원 1963.11.28 선고, 63다493 판결.
31) 소병직, 전계논문, 68면.

유일한 재산인 부동산을 타인에게 무상으로 이전하여 주는 행위는 특별한 사정이 없는한 채권자에 대하여 사해행위가 된다.[32]

한편, 상속의 포기는 재산권에 관한 법률행위에 해당하지 아니한다.[33] 그러나 상속재산의 분할협의를 하면서 상속재산에 관한 권리를 포기함으로써 재산분할 결과가 구체적 상속분에 상당하는 정도에 미달하는 과소한 경우에는 미달한 부분에 한하여 취소할 수 있다.[34]

또한 채무자가 협의이혼을 하면서 배우자에게 상당한 정도를 넘는 과대한 재산분할을 하는 등 특별한 사정이 있는 경우에는 상당한 부분을 초과하는 부분에 대하여 취소할 수 있다.[35]

나. 주관적 요건

(1) 사해의사의 의미

사해의사란 자신의 처분행위가 사해행위라는 사실을 아는 것을 말한다. 채권자취소권의 성립요건 중 채무자와 수익자 등의 어떠한 상태가 과연 채권자를 해함을 아는 것인지의 문제가 있다. 즉, 사해의사의 문제이다.

사해의사의 의미에 관하여 통설의 입장은 채무자가 일반채권자에 대한 관계에서 채권의 공동담보에 부족이 생기는 것을 인식함으로써 채권자를 해하려는 적극적 의사 내지 의욕까지는 필요하지 아니하며, 또한 일반적으로 채권자는 해한다는 인식이 있으면 되고, 특정의 채권자를 해하게 된다는 것을 인식할 필요가 없다는 이른바 인식설을 취하고 있다.[36]

판례에 의하면 채권자취소권의 주관적 요건인 채무자가 채권자를 해함을 안다는 이른바 채무자의 악의, 즉 사해의사는 채무자의 재산처분 행위에 의하여 그 재산이 감소되어 채권의 공동담보에 부족이 생기거나 이미 부족상태에 있는 공동담보가 한층 더 부족하게 됨으로써 채권자의 채권을 완전하게 만족시킬 수 없게 된다는 사실을 인식하

---

32) 대법원 2001.4.24 선고, 2000다41875 판결.
33) 대법원 2011.6.9 선고, 2011다29307 판결.
34) 대법원 2014.7.10 선고, 2012다26633 판결.
35) 대법원 2006.6.29 선고, 2005다73105 판결.
36) 소병직, 상게논문, 81면.

는 것을 의미하고, 그러한 인식은 일반 채권자에 대한 관계에서 있으면 충분하고 특정의 채권자를 해한다는 인식이 있어야 하는 것은 아니다.[37]

사해행위취소소송에 있어서 채무자의 악의의 점에 대하여는 그 취소를 주장하는 채권자에게 입증책임이 있다.[38] 사해의사를 판단할 때 사해행위 당시의 사정을 기준으로 한다.[39]

그러나 특히 채무자가 자기의 유일한 재산인 부동산을 매각하여 소비하기 쉬운 금전으로 바꾸는 행위는 특별한 사정이 없는 한 채권자에 대하여 사해행위가 되어 채무자의 사해의 의사가 추정된다.[40]

따라서 이를 매수하거나 이전받은 자가 악의가 없었다는 입증책임은 수익자에게 있다.[41]

(2) 수익자·전득자의 사해의사

수익자(受益者)라 함은 채무자의 법률행위로 인하여 이익을 받은 자 즉 법률행위의 상대방을 말하고, 전득자(轉得者)라 함은 사해행위의 목적물을 수익자로부터 다시 취득한 자를 말한다. 원칙적으로 사해행위는 채무자의 행위이기 때문에 이 요건은 채무자를 중심으로 파악하여야 한다.

그러나 민법 제406조 제1항 단서는 수익자 또는 전득자가 선의인 경우에는 취소할 수 없다고 규정하고 있다. 따라서 수익자 또는 전득자의 악의를 취소권의 성립요건으로 볼 수 있다.[42]

이 경우 사해행위의 객관적 요건이 충족되면 수익자나 전득자의 악의는 추정되므로 선의 입증책임은 수익자 또는 전득자에게 있다.

사해행위취소소송에서 수익자의 선의 여부는 채무자와 수익자와의 관계, 채무자와 수익자 사이의 처분행위의 내용과 그에 이르게 된 경위 또는 동기, 그 처분행위의 거래조건이 정상적이고 이를 의심할 만한 특별한 사정이 없으며 정상적인 거래관계임을 뒷받침할 만한 객관적인 자료가 있는지 여부, 그 처분행위 이후의 정황 등 여러 사정을

---

37) 대법원 2004.7.9 선고, 2004다12004 판결.
38) 대법원 1997.5.23 선고, 95다51908 판결.
39) 대법원 2003.12.12 선고, 2001다57884 판결.
40) 대법원 2000.9.29 선고, 2000다3262 판결.
41) 대법원 2001.4.24 선고, 2000다41875 판결.
42) 소병직, 전게논문, 85면.

종합적으로 고려하여 합리적으로 판단하여야 한다.[43]

다. 사해행위의 유형

(1) 부동산 기타 재산권의 매매 또는 증여

채무자가 자기의 유일한 재산인 부동산을 매각하여 소비하기 쉬운 금전으로 바꾸는 행위는 특별한 사정이 없는 한 항상 채권자에 대하여 사해행위가 된다.[44]

또한 채무자의 책임재산에 속하는 부동산 기타의 재산권을 염가로 매매하거나 무상으로 증여하는 행위가 사해행위를 구성하는 데 대하여는 이론이 없다.

그러나 채무자가 상당액의 대금을 받고 재산을 매매하는 것에 대하여는 견해가 엇갈린다.

판례에 따르면, 채무자가 이미 채무초과에 빠져 있는 상태에서 채권자 중 한 사람과 통모하여 그 채권자만 우선적으로 채권의 만족을 얻도록 할 의도로 채무자 소유의 중요한 재산인 공장 건물과 대지를 그 채권자에게 매각하되, 현실로는 매매대금을 한푼도 지급받지 아니한 채 그 대금 중 일부는 채권자의 기존의 채권과 상계하고 그 대지를 담보로 한 은행융자금 채무를 채권자가 인수하며 나머지 대금은 채무자가 그 공장 건물을 채권자로부터 다시 임차하여 계속 사용하는 데 따른 임차보증금으로 대체하기로 약정하였다면, 비록 그 채무자가 영업을 계속하여 경제적 갱생을 도모할 의도였다거나 그 매매가격이 시가에 상당한 가격이라고 할지라도 채무자의 매각행위는 다른 채권자를 해할 의사로 한 법률행위에 해당한다[45]라고 하여 부동산 등을 매각하여 소비하기 쉬운 금전으로 바꾸는 행위는 비록 그것이 상당한 대가로 행해졌다 하더라도 사해행위가 된다는 입장이다.

채무자가 경락허가 결정 이후 경매부동산을 채권자에게 매도하면서, 만약 채무자가 채무를 모두 변제하면 그 매매를 무효로 하되 1개월 내에 변제하지 못하면 그 부동산의 처분은 채권자에게 맡기기로 하고, 채권자는 근저당권자에 대한 경락대금 상당의 채권을 대신 변제하여 매매대금의 지급에 충당하되 채권자가 그 경락 및 경매절차를 정리하지 못했을 때에는 매매를 무효로 하기로 약정하였는데, 그 후 채권자가 경매 절

---

43) 대법원 2016.1.28 선고, 2014다220132 판결.
44) 대법원 1998.4.14 선고, 97다54420 판결.
45) 대법원 1995.6.30 선고, 94다14582 판결.

차를 해결하기로 한 약정을 이행하지 아니하고 그에 따른 대안도 제시하지 아니하는 상황에서, 채무자가 대금지급기일이 임박하여 부동산을 상실할 위기에 처한 나머지 최소한 경매보다는 나은 조건으로 그 부동산을 제3자에게 처분하기에 이르렀다면, 그와 같은 채무자의 처분행위에 채권자를 해할 의사가 있었다고 보기는 어렵다[46]라고 판시한 경우도 있어, 특별한 사정이 있는 경우에는 상당한 대가에 의한 부동산 매매라도 사해행위가 되지 않는다고 보고 있다.

통설은 적정가격에 의한 매각은 재산의 소유형태가 부동산에서 금전으로 바뀔 뿐 총재산의 가액에는 변동이 없다는 점을 들어 원칙적으로 사해행위가 되지 않는다고 본다.[47]

채무자가 자기 재산을 제3자에게 증여함으로 인하여 무자력(無資力)이 되는 경우에 증여계약은 사해행위가 된다.[48]

한편, 아내에게 명의신탁한 부동산을 처분하며 제3자에게 소유권 이전 등기를 마쳐 준 경우 이같은 부동산 매매계약은 일반채권자들을 해하는 사해행위에 해당한다.[49]

(2) 변 제

판례는 채무자가 채권자에게 채무의 이행으로 금전 지급 등 변제행위를 하는 것은 원칙적으로 사해행위가 되지 않는다는 입장이다. 즉 채무자가 기존채무를 변제하는 것은 채무자의 총재산에 증감을 가져오는 것은 아니고, 채권자평등의 원칙도 채무자 사이에 따른 자연스러운 변제까지를 제한하는 것은 아니므로 이와 같은 변제로 다른 채권자에 대한 변제자력이 없게 되었다고 하더라도, 채무자가 채권자를 해할 것을 알고 한 법률행위, 즉 사해행위가 성립된다고 볼 수 없다[50]고 판시하였다.

그러나 일부 채권자와 통모하여 다른 채권자를 해할 의도로 변제하는 경우에는 사해행위가 성립할 수 있다.[51]

---

46) 대법원 1995.6.9 선고, 94다32580 판결.
47) 사법연수원, 『요건 사실론』, 2011, 125면.
48) 이은영, 전게서, 468면.
49) 대법원 2016.7.29 선고, 2015다56086 판결.
50) 대법원 1967.4.25 선고, 67다75 판결.
51) 지원림, 전게서, 1102면.

(3) 대물변제

채무자들이 11억5천만원 상당의 채무를 부도 내고 잠적하면서 그들 소유의 부동산들을 채무자들의 가까운 친척들에게 매매를 원인으로 소유권이전등기를 넘겨 준 경우 채무자들에게 다른 재산이 다소간 있다고 하더라도 그것이 위 채무액 전액을 변제하고 남을 정도가 된다는 증명이 없는 한 사해행위가 성립하고 위 수익자들이 채무자에게 채권이 있더라도 채무가 초과된 채무자가 특정 부동산을 일부 채권자에게 대물변제로 넘겨 주는 것도 사해행위가 될 수 있다.[52]

또한 채무자의 재산이 채무의 전부를 변제하기에 부족한 경우에 채무자가 그의 유일한 재산을 어느 특정 채권자에게 대물변제로 제공하여 양도하였다면 그 채권자는 다른 채권자에 우선하여 채권의 만족을 얻는 반면, 그 범위 내에서 공동담보가 감소됨에 따라 다른 채권자는 종전보다 더 불리한 지위에 놓이게 되므로 이는 곧 다른 채권자의 이익을 해하는 것이라고 보아야 하고, 따라서 채무자가 그의 유일한 재산을 채권자들 가운데 어느 한 사람에게 대물변제로 제공하는 행위는 다른 특별한 사정이 없는 한 다른 채권자들에 대한 관계에서 사해행위가 된다는 것이다.[53]

그러나 기존채무를 소멸시키기 위한 방법으로 대물변제가 있었고 그것이 상당한 가격으로 된 것이라면 채권자취소권의 대상이 될 수 없다.[54]

(4) 물적담보의 제공

채무자가 특정채권자에게 담보를 제공하는 것은 원칙적으로 사해행위가 되지 아니한다.[55]

그러나 이미 채무초과의 상태에 빠져 있는 채무자가 그의 유일한 재산인 부동산을 채권자 중의 어느 한 사람에게 채권담보로 제공하는 행위는 다른 특별한 사정이 없는 한 다른 채권자들에 대한 관계에서 채권자취소권의 대상이 되는 사해행위가 된다고 봄이 상당하다.[56] 여기서 특정 채권자에게 부동산을 담보로 제공한 경우 그 담보물이 채무자 소유의 유일한 부동산인 경우에 한하여만 사해행위가 성립한다고 볼 수 없다.[57]

---

52) 대법원 1990.11.23 선고, 90다카27198 판결.
53) 대법원 2005.11.15 선고, 2004다7873 판결.
54) 대법원 1962.11.15 선고, 62다634 판결.
55) 사법연수원, 『요건 사실론』, 2011, 127면.
56) 대법원 2007.2.23 선고, 2006다47301 판결.

또한 주택 채무자가 채무초과상태에서 채무자 소유의 유일한 주택에 대하여 위 법조 소정의 임차권을 설정해 준 행위는 채무초과상태에서의 담보제공행위로서 채무자의 총재산의 감소를 초래하는 행위가 되는 것이고, 따라서 그 임차권 설정행위는 사해행위취소의 대상이 된다고 할 것이다[58]라고 하여 임차권 설정행위도 사해행위로 보고 있다.

즉, 일부 채권자를 위하여 물적담보를 제공하는 것은 담보채권자에게 우선변제하여 주는 것으로 다른 채권자의 공동담보를 감소시키는 것이므로 원칙적으로 사해행위의 성립을 인정하고 있다.[59]

그리고 채무자가 아무 채무도 없이 다른 사람을 위해 자신의 부동산에 관하여 근저당권을 설정함으로써 물상보증인이 되는 행위는 그 부동산의 담보가치 만큼 채무자의 총재산에 감소를 가져오는 것이므로, 그 근저당권이 채권자의 가압류와 동순위의 효력밖에 없다 하여도, 그 자체로 다른 채권자를 해하는 행위가 된다.[60]

그러나 기존 채권자들의 공동담보가 감소되었다고 볼 수 없는 경우에는 채무자의 담보제공행위는 사해행위라고 할 수 없다.[61]

(5) 저당권이 설정된 부동산이 사해행위로 양도된 경우

저당권이 설정되어 있는 부동산이 사해행위로 양도된 경우에 그 사해행위는 부동산의 가액, 즉 시가에서 저당권의 피담보채권을 공제한 잔액의 범위 내에서 성립한다.[62]

다만 피담보채권액이 목적물의 가액을 초과한 때에는 당해 목적물의 양도는 사해행위에 해당한다고 할 수 없다.[63]

이러한 법리는 그 부동산이 양도담보의 목적으로 이전된 경우에도 마찬가지이다.[64]

---

57) 대법원 2008.2.14 선고, 2005다47106 판결.
58) 대법원 2005.5.13 선고, 2003다50771 판결.
59) 소병직, 전게논문, 102면.
60) 대법원 2010.6.24 선고, 2010다20617 판결.
61) 대법원 2017.9.21 선고, 2017다237186 판결.
62) 대법원 2001.10.9 선고, 2000다42618 판결.
63) 대법원 2013.7.18 선고, 2012다5643 판결.
64) 대법원 2002.4.12 선고, 2000다63912 판결.

(6) 통정행위(가장행위)와 사해행위 취소

가장행위가 채권자를 해할 목적으로 행하여진 경우에는 채권자는 사해행위를 이유로 채권자취소권을 행사할 수 있다.[65]

5. 채권자취소권의 행사

가. 취소권 행사권자

채권자취소권은 채권자가 채권자의 자격으로 자기의 이름으로 행사하여야 한다. 즉 채권자는 채무자를 갈음하여 취소권을 행사하는 것이 아니라 그 자신의 고유한 권리로서 취소권을 행사한다.

또한 채권자취소권은 재판상 행사하여야 한다. 그 이유는 채권자취소권은 취소권행사의 결과가 제3자의 이해에 중대한 영향을 미치기 때문에 법원으로 하여금 취소권의 요건을 판단케 하고 이를 다른 채권자에게 공시할 필요가 있기 때문이다.[66]

나. 취소권 행사의 상대방

(1) 수익자와 전득자가 모두 악의인 경우

수익자와 전득자가 모두 악의인 경우에는 채권자의 선택에 따라 수익자를 상대방으로 하여 가액배상을 청구할 수도 있고, 전득자를 상대방으로 하여 목적물의 반환을 청구할 수 있다고 하여 상대방 선택의 자유를 인정한다.[67]

채권자가 전득자에 대하여 채권자취소권을 행사하여 원상회복을 구하기 위하여는 민법 제406조 제2항의 제척기간 내에 별도의 채권자취소소송을 제기하여야 한다.[68]

(2) 수익자가 악의이고 전득자가 선의인 경우

이 경우에 채권자는 수익자를 상대방으로 하여 원상회복에 갈음하여 가액배상을 구하거나 전득자의 권리를 해치지 않는 범위 내에서 원상회복을 청구할 수 있다.[69]

---

65) 대법원 1984.7.24 선고, 84다카68 판결.
66) 소병직, 전게논문, 146면.
67) 소병직, 상게논문, 148면.
68) 대법원 2014.2.13 선고, 2012다204013 판결.

(3) 수익자가 선의이고 전득자가 악의인 경우

이 경우 채무자로부터 정당하게 권리를 취득한 수익자로부터 권리를 이전받은 전득자에 대하여 채권자취소권을 행사할 수 있는지에 대하여 학실은 긍정실과 부정실로 대립되어 있다.

긍정설은 악의의 전득자를 피고로 취소와 원상회복을 청구할 수 있다는 견해이고, 부정설은 수익자가 선의라는 사실만으로 채무자로부터 수익자에게로 양도행위는 유효하게 되어 취소채권자와의 관련성은 단절되기 때문에 전득자를 상대로 하여 채권자취소권을 행사할 수 없다고 주장한다.[70]

한편, 채권자가 전득자를 상대로 민법 제406조 제1항에 의한 채권자취소권을 행사하기 위해서는 전득자에 대한 관계에서 채무자와 수익자 사이의 사해행위를 취소하는 청구를 해야 한다.[71]

6. 채권자취소권 행사의 범위

가. 사해행위시의 목적물 가액

취소권 행사의 범위는 책임재산의 보전을 위하여 필요하고 충분한 범위내로 한정되므로 원칙적으로 취소채권자의 피보전채권액을 초과하여 취소권을 행사할 수 없다. 따라서 사해행위의 목적물이 가분인 경우에는 피보전채권액 범위 내로 취소가 제한된다.[72] 그러나 예외적으로 목적물이 불가분인 때에는 그 전부에 대하여 취소할 수 있다.

판례에 따르면, 채무자의 무자력 여부는 사해행위 당시를 기준으로 판단하여야 하는 것이므로 채무자의 적극재산에 포함되는 부동산이 사해행위가 있은 후에 경매절차에서 경락된 경우에 그 부동산의 평가는 경락된 가액을 기준으로 할 것이 아니라 사해행위 당시의 시가를 기준으로 하여야 할 것이며, 부동산에 대하여 정당한 절차에 따라 산출된 감정평가액은 특별한 사정이 없는 한 그 시가를 반영하는 것으로 보아도 좋을 것이다[73]라고 사해행위 당시의 시가를 기준으로 목적물의 가액을 산정하도록 하고 있다.

---

69) 소병직, 상게논문, 150면.
70) 소병직, 상게논문, 151면.
71) 대법원 2005.6.9 선고, 2004다17535 판결.
72) 사법연수원, 『요건 사실론』, 2011, 129면.
73) 대법원 2001.4.27 선고, 2000다69026 판결.

또한 채무자가 양도한 목적물에 담보권이 설정되어 있는 경우라면 그 목적물 중에서 일반 채권자들의 공동담보에 공하여지는 책임재산은 피담보채권액을 공제한 나머지 부분만이라 할 것이고, 피담보채권액이 목적물의 가격을 초과하고 있는 때에는 당해 목적물의 양도는 사해행위에 해당한다고 할 수 없다[74]라고 하고 있다.

그리고 목적물 가액의 산정시 목적물의 가액에서 공제하여야 할 채권은 주택임대차보호법상의 소액임차보증금채권, 우선변제권을 가지는 임차보증금반환채권 등이다.[75]

나. 채권자의 피보전채권액

채권자취소권 행사의 범위와 관련하여 보전되어야 할 채권액의 범위와 관련하여 판례에 따르면, 채권자가 채권자취소권을 행사할 때에는 원칙적으로 자신의 채권액을 초과하여 취소권을 행사할 수 없고, 이때 채권자의 채권액에는 사해행위 이후 사실심 변론종결시까지 발생한 이자나 지연손해금이 포함된다[76]라고 하여 취소채권자의 채권액을 기준으로 한다고 보고 있다.

7. 원물반환

민법 제406조에서는 원상회복을 법원에 청구할 수 있다고만 규정하고 있어 이에 관한 구체적인 방법에 대하여는 규정한 바 없다.

부동산에 관한 법률행위가 사해행위에 해당하는 경우에는 원칙적으로 그 사해행위를 취소하고 소유권이전등기의 말소 등 부동산 자체의 회복을 명한다.[77]

사해해위로 인한 원상회복으로 부동산을 반환하는 경우 그 사용이익이나 임료상당액은 반환할 필요가 없다.[78]

채권자의 사해행위취소 및 원상회복청구가 인정되면, 수익자 또는 전득자는 원상회복으로서 사해행위의 목적물을 채무자에게 반환할 의무를 지게 되고, 만일 원물반환이 불가능하거나 현저히 곤란한 경우에는 원상회복의무의 이행으로서 사해행위 목적물의

---

74) 대법원 1997.9.9 선고, 97다10864 판결.
75) 소병직, 전게논문, 157면.
76) 대법원 2003.7.11 선고, 2003다19572 판결.
77) 대법원 1999.9.7 선고, 98다41490 판결.
78) 대법원 2008.12.11 선고, 2007다69162 판결.

가액 상당을 배상하여야 하는바, 원래 채권자와 아무런 채권·채무관계가 없었던 수익자가 채권자취소에 의하여 원상회복의무를 부담하는 것은 형평의 견지에서 법이 특별히 인정한 것이므로, 그 가액배상의 의무는 목적물의 반환이 불가능하거나 현저히 곤란하게 됨으로써 성립된다[79]라고 하여 원물반환을 원칙으로 하고, 예외적으로 공평에 반하거나 원물반환이 불가능한 사정 등 특별한 사정이 있는 경우에 가액배상을 인정하고 있다.

한편, 채무자가 사해행위 취소로 등기명의를 회복한 부동산을 제3자에게 처분하더라도 이는 무권리자의 처분에 불과하여 효력이 없으므로, 채무자로부터 제3자에게 마쳐진 소유권이전등기나 이에 기초하여 순차로 마쳐진 소유권이전등기 등은 모두 원인무효의 등기로서 말소되어야 한다. 이 경우 취소채권자나 민법 제407조에 따라 사해행위 취소와 원상회복의 효력을 받는 채권자는 채무자의 책임재산으로 취급되는 부동산에 대한 강제집행을 위하여 원인무효 등기의 명의인을 상대로 등기의 말소를 청구할 수 있다.[80]

8. 가액배상

가액배상의 의무는 목적물의 반환이 불가능하거나 현저히 곤란하게 됨으로써 성립한다. 여기서 원물반환이 불가능하거나 현저히 곤란한 경우라 함은 원물반환이 단순히 절대적, 물리적으로 불가능한 경우가 아니라 사회생활상의 경험법칙 또는 거래상의 관념에 비추어 그 이행의 실현을 기대할 수 없는 경우를 말한다.[81]

이러한 가액배상은 채권자의 피보전채권액, 목적물의 공동담보가액, 수익자 또는 전득자가 취득한 이익 중 가장 적은 금액을 한도로 하며, 취소채권자는 직접 자기에게 가액배상금을 지급할 것을 청구할 수 있다.[82] 가액배상을 명하는 경우 그 가액의 산정은 사실심 변론종결시를 기준으로 하여야 한다.[83]

저당권이 설정되어 있는 부동산에 관하여 사해행위가 이루어진 경우에 그 사해행위는 부동산의 가액에서 저당권의 피담보채권액을 공제한 잔액의 범위 내에서만 성립한

---

79) 대법원 1998.5.15 선고, 97다58316 판결.
80) 대법원 2017.3.9 선고, 2015다217980 판결.
81) 대법원 2001.2.9 선고, 2000다57139 판결.
82) 사법연수원, 『요건 사실론』, 2011, 133면.
83) 대법원 2001.9.4 선고, 2000다66416 판결.

다고 보아야 하므로, 사해행위 후 변제 등에 의하여 저당권설정등기가 말소된 경우, 사해행위를 취소하여 그 부동산 자체의 회복을 명하는 것은 당초 일반 채권자들의 공동담보로 되어 있지 아니하던 부분까지 회복을 명하는 것이 되어 공평에 반하는 결과가 되므로, 그 부동산의 가액에서 저당권의 피담보채무액을 공제한 잔액의 한도에서 사해행위를 취소하고 그 가액의 배상을 구할 수 있을 뿐이다.[84]

9. 행사의 효과

가. 취소 채권자 등 모든 채권자의 이익을 위한 효력

사해행위취소소송에서 채권자가 승소해서 판결이 확정되면 사해행위는 취소되므로 소급하여 무효가 된다. 이러한 채권자취소권 행사의 효과는 모든 채권자의 이익을 위하여 그 효력이 있다(민법 제407조). 이에 따라 채무자의 책임재산의 증가라는 결과를 가져온다.

다만, 취소 채권자는 채무자로부터 임의로 변제를 받거나 변제가 없는 경우에는 따로 그 이행청구소송을 제기하여 집행권원을 얻어야만 그 재산에 대해 강제집행을 할 수 있고, 일정한 요건을 갖춘 다른 채권자(수익자)도 배당에 참가할 수 있다.[85]

한편, 다른 채권자는 민사집행법상의 절차를 거치지 아니하고 취소채권자를 상대로 하여 안분액의 지급을 구할 수 있는 권리를 취득하거나 취소채권자에게 인도받은 재산 또는 가액배상금에 대한 분배의무는 인정될 수 없다.[86]

나. 상대적 효력(상대적 무효설)

사해행위취소의 효과는 상대적이다. 취소권자인 채권자와 취소의 상대방인 수익자 또는 전득자 사이에서만 사해행위를 무효로 만들고, 채무자 및 취소의 상대방이 되지 아니하는 수익자 또는 전득자에 대한 관계에서는 법률행위가 유효하게 존속한다.[87]

따라서 채무자나 다른 채권자에게 원상회복의 효력이 미치지 않는다.[88]

---

84) 대법원 2001.12.27 선고, 2001다33734 판결.
85) 대법원 2003.6.27 선고, 2003다15907 판결.
86) 대법원 2008.6.12 선고, 2007다37837 판결.
87) 지원림, 전게서, 1123면.
88) 대법원 2015.11.17 선고, 2013다84995 판결.

수익자 또는 전득자가 사해행위의 취소로 인한 원상회복 또는 이에 갈음하는 가액배상을 하여야 할 의무를 부담한다고 하더라도 이는 채권자에 대한 관계에서 생기는 법률효과에 불과하다. 즉, 채무자와 사이에서 그 취소로 인한 법률관계가 형성되는 것은 아니다. 그리고 그 취소의 효력이 소급하여 채무자의 책임재산으로 회복되는 것도 아니다.[89]

한편, 사해행위 목적 부동산 등을 새로운 법률관계에 의하여 취득한 전득자 등은 민법 제406조 제1항 단서에 의하면 보호되며, 이는 그 목적 부동산의 전득자 뿐만 아니라 수익자의 채권자로서 이미 가지고 있는 채권확보를 위하여 부동산을 체납압류 또는 가압류한 자에 불과하더라도 이들에게 사해행위취소 판결의 효력이 미친다고 볼 수 없다.[90]

즉, 채무자와 수익자 사이의 부동산매매계약이 사해행위라는 이유로 취소되어 그 소유권이전등기가 말소된 경우에도 그 이전에 이루어진 수익자의 채권자가 한 가압류의 효력은 소멸하지 않는다.[91]

다. 채무자에 대한 효력

채무자와 수익자 사이의 부동산매매계약이 사해행위로 취소되고 그에 따른 원상회복으로 수익자 명의의 소유권이전등기가 말소되어 채무자 등기 명의가 회복된 경우 그 부동산은 취소채권자나 민법 제407조에 따라 사해행위 취소와 원상회복의 효력을 받는 채권자와 수익자 사이에서 채무자의 책임재산으로 취급될 뿐 채무자가 직접 그 부동산을 취득하여 권리자가 되는 것은 아니다.[92]

한편, 채무자의 부동산에 관한 매매계약 등의 유상행위가 사해행위라는 이유로 취소되고 원상회복이 이루어진 경우 채무자는 수익자에 대하여 부당이득반환채무를 부담한다.[93]

---

89) 대법원 2006.8.24 선고, 2004다23110 판결.
90) 대법원 2005.11.10 선고, 2004다49532 판결.
91) 대법원 1990.10.30 선고, 89다카35421 판결.
92) 대법원 2017.3.9 선고, 2015다217980 판결.
93) 대법원 2015.10.29 선고, 2012다14975 판결.

10. 행사의 제척기간

가. 취소원인을 안 날

채권자취소권 행사는 취소원인을 안 날로부터 1년 이내에 행사하여야 하는데, 취소원인을 안 날과 관련하여 판례는 채권자취소권의 행사에 있어서 제척기간의 기산점인 채권자가 '취소원인을 안 날'이라 함은 채권자가 채권자취소권의 요건을 안 날, 즉 채무자가 채권자를 해함을 알면서 사해행위를 하였다는 사실을 알게 된 날을 의미하고, 채권자가 취소원인을 알았다고 하기 위하여서는 단순히 채무자가 재산의 처분행위를 하였다는 사실을 아는 것만으로는 부족하고 구체적인 사해행위의 존재를 알고 나아가 채무자에게 사해의 의사가 있었다는 사실까지 알 것을 요하며, 사해의 객관적 사실을 알았다고 하여 취소의 원인을 알았다고 추정할 수는 없다 할 것이다.[94]

한편, 제척기간의 기산점과 관련하여 국가가 취소원인을 알았는지 여부는 조세채권의 추심 및 보전 등에 관한 업무를 담당하는 세무공무원의 인식을 기준으로 판단해야지, 체납자의 재산 처분에 관한 등기·등록 업무를 담당하는 다른 공무원의 인식을 기준으로 판단해서는 안된다.[95]

나. 법률행위가 있은 날

채권자취소권은 법률행위가 있은 날로부터 5년 내에 제기하여야 하는데, 어느 시점에서 사해행위에 해당하는 법률행위가 있었는가를 따짐에 있어서는 당사자 사이의 이해관계에 미치는 중대한 영향을 고려하여 신중하게 이를 판정하여야 할 것이고, 사해행위에 해당하는 법률행위가 언제 있었는가는 실제로 그러한 사해행위가 이루어진 날을 표준으로 판정할 것이되, 다른 특별한 사정이 없는 한 처분문서에 기초한 것으로 보이는 등기부상 등기원인일자를 중심으로 그러한 사해행위가 실제로 이루어졌는지 여부를 판정할 수밖에 없을 것이다.[96]

채권자가 취소원인을 안 날은 채무자가 채권자를 해함을 알면서 사해행위를 하였다는 사실을 알게 된 날, 즉 사해행위와 채무자에게 사해의사가 있었다는 사실을 채권자

---

94) 대법원 2006.7.4 선고, 2004다61280 판결.
95) 대법원 2017.6.15 선고, 2015다247707 판결.
96) 대법원 2002.11.8 선고, 2002다41589 판결.

가 안 날을 말한다.[97]

다. 사해행위 취소 청구와 원상회복청구를 분리한 경우

사해행위 취소와 원상회복을 청구함에 있어 사해행위만의 취소를 먼저 청구한 다음 원상회복을 나중에 청구할 수 있으며, 이 경우 사해행위 취소 청구가 민법 제406조 제2 항에 정하여진 기간 안에 제기되었다며 원상회복의 청구는 그 기간이 지난 뒤에도 할 수 있다.[98]

제2절 **국세기본법상 관련 내용**

1. 허위 담보권 설정행위 취소 청구

세무서장은 납세자가 제3자와 짜고 거짓으로 그 재산에 전세권·질권 또는 저당권 의 설정계약, 임대차 계약, 가등기 설정계약, 양도담보 설정계약을 하고, 그 등기 또는 등록을 함으로써 그 재산의 매각금액으로 국세나 가산금을 징수하기가 곤란하다고 인 정할 때에는 그 행위의 취소를 법원에 청구할 수 있다.

이 규정은 민법 제406조의 채권자취소권에 관한 규정이나, 이를 준용한 국세징수법 제30조에 관한 특칙으로서 허위담보권설정행위(통정행위)만을 그 대상으로 하면서 국세 의 우선변제와 관련하여 국세에 우선하는 허위담보권설정행위만을 그 규제대상으로 삼고 있다.[99]

2. 담보권 설정행위 허위 추정

이 경우 납세자가 국세의 법정기일 전 1년 내에 친족관계, 경제적 연관관계, 일정한 경영지배관계에 있는 자와 전세권·질권 또는 저당권 설정계약, 가등기 설정계약 또는

---

97) 대법원 2017.6.15 선고, 2015다247707 판결.
98) 대법원 2001.9.4 선고, 2001다14108 판결.
99) 임승순, 전게서, 211면.

양도담보 설정계약을 한 경우에는 짜고 한 거짓계약으로 추정한다(국세기본법 제35조 제6항).

제3절 국세징수법상 관련 내용

1. 세법상 사해행위취소권의 의의

관할 세무서장은 강제징수를 할 때 납세자가 국세의 징수를 피하기 위하여 한 재산의 처분이나 그 밖에 재산권을 목적으로 한 법률행위(「신탁법」 제8조에 따른 사해신탁을 포함한다)에 대하여 「신탁법」 제8조 및 「민법」 제406조 · 제407조를 준용하여 사해행위(詐害行爲)의 취소 및 원상회복을 법원에 청구할 수 있다(국세징수법 제25조).

위에서 강제징수를 할 때 의미는 세무서장이 사해행위의 취소를 요구할 수 있는 시점을 정한 것으로서 사해행위의 시점을 정한 것은 아니다.

즉, 조세채권자가 반드시 체납자의 지위에서 또는 체납처분절차(강제징수절차)가 개시된 후 법률행위를 하는 경우에만 사해행위취소권을 행사할 수 있다고 제한해석할 수는 없다.[100]

2. 사해행위취소권 행사 요건

가. 개 요

세법상 사해행위취소 요건으로는 민법상 요건과 마찬가지로 조세채권의 존재, 체납자의 악의, 양수자 또는 전득자의 악의, 체납자의 사해행위를 필요로 한다.[101]

나. 사해행위

세법상 사해행위는 조세채권자를 해하는 체납자의 재산권을 목적으로 하는 법률행위를 말한다. 재산권을 목적으로 하는 법률행위는 매매 · 증여 등으로 체납자의 일반재

---

100) 대법원 2000.8.11 선고, 2008다24487 판결.
101) 사법연수원, 『조세법총론 I』, 2011, 216면.

산을 감소시키는 법률행위를 말한다.

세법상 사해행위도 어떠한 행위가 이에 해당되는지는 일률적으로 말할 수 없으므로 구체적이고 개별적으로 검토하여야 한다.

가령, 체납자가 국세의 징수를 면하고자 상속재산의 분할협의를 하면서 상속재산에 관한 권리를 포기하는 경우 국세징수법 제30조에 의한 사해행위취소권 행사의 대상이 될 수 있다(서사－702, 2006.3.24). 즉, 상속재산의 분할협의는 상속이 개시되어 공동상속인 사이에 잠정적 공유가 된 상속재산에 대하여 그 전부 또는 일부를 각 상속인의 단독소유로 하거나 새로운 공유관계로 이행시킴으로써 상속재산의 귀속을 확정시키는 것으로 그 성질상 재산권을 목적으로 하는 법률행위이므로 사해행위취소권 행사의 대상이 될 수 있고, 또한 이미 채무초과 상태에 있는 채무자가 상속재산의 분할협의를 하면서 자신의 상속분에 관한 권리를 포기함으로써 일반 채권자에 대한 공동담보가 감소된 경우에도 원칙적으로 채권자에 대한 사해행위에 해당한다 할 것이다.[102]

다. 체납자의 무자력

사해행위의 취소를 요구할 수 있는 경우는 압류를 면하고자 양도한 재산 이외에 다른 자력이 없어 국세를 완납할 수 없는 경우이다(국징 통칙 30－0…1).

3. 피담보채권이 목적물의 가액보다 적은 경우

사해행위취소의 소를 제기하는 경우에 있어 국세의 액이 사해행위의 목적이 된 재산의 처분예정가액보다 적은 때에는 다음에 의한다.

① 사해행위의 목적이 된 재산이 가분(可分)인 때에는 국세에 상당하는 사해행위의 일부의 취소와 재산의 일부의 반환을 청구하는 것으로 한다.

② 사해행위의 목적이 된 재산이 불가분(不可分)인 때에는 사해행위의 전부취소와 재산의 반환을 청구하는 것으로 한다. 다만, 그 재산의 처분예정가액이 현저히 국세를 초과할 때는 그 재산의 반환 대신에 상당액의 손해배상을 청구하여도 무방하다(국징 통칙 30－0…4).

한편, 양도소득세 채권이 채권자취소권의 피보전채권으로 인정되는 경우 그 채권액

---

102) 대법원 2007.7.26 선고, 2007다29119 판결.

에 사해행위 이후 사실심 변론종결일까지 발생한 가산금과 중가산금도 포함된다.[103]

4. 사해행위 취소에 따른 원상회복 시 당초 과세처분 효력

사해행위취소소송 결과에 따라 재산이 원상회복되는 경우 이미 성립한 납세의무의 취소 여부에 관하여는 과세실무과 판례의 태도가 다르다.

과세실무상으로 채무자가 수증자에게 증여한 재산이 사해행위취소소송에 따라 채무자에게 원상회복되는 경우에도 이미 성립한 납세의무는 취소되지 않는다.[104]

그러나 하급심 판례에 의하면 사해행위취소소송에 따라 수증자가 실질적으로 재산의 무상이전 등을 받은 것이라고 볼 수 없음에도 증여세를 과세할 수 있는 것으로 본다면 수익자는 증여재산 상당의 재산가치의 증가 없이 증여세만을 부담하게 되어 부당하다.[105]

실질적으로 증여재산이 없는데도 증여세를 부과한 결과가 되어 납세자의 재산권이 부당히 침해될 소지가 있어 부당하므로 판례의 태도가 타당하다.

제 4 절 관련 사례(판례) 및 과세실무

1. 협의이혼을 전제로 한 재산분할 및 위자료 명목 증여가 사해행위에 해당되는지 여부

가. 사실관계

체납자 갑은 보유하고 있던 부동산을 2008년 6월경 병에게 양도하고 소유권이전등기를 마쳐 주었다. 그 후 2008년 8월경에 배우자인 을에게 위 매매대금 중 일부를 증여하고 2008년 10월경 갑과 을은 협의이혼신고를 하였다. 그리고 위 부동산에 대한 양도소득세를 신고납부하지 않자 과세관청에서는 양도소득세를 2009년 10월에 결정 고지

---

103) 대법원 2007.6.29 선고, 2006다66753 판결.
104) 과세기준자문－2017－법령해석재산－0022, 2017.10.16.
105) 서울행정법원 2014.7.15 선고, 2013구합60002 판결.

하였다. 그 후 위 세금이 체납이 되자 체납자 갑이 을에게 협의이혼을 전제로 재산분할 및 위자료 명목으로 한 증여가 사해행위에 해당한다고 보고 을을 상대로 양도세 체납 세금 상당 부분의 취소와 그 원상회복을 구하였다.

나. 판결요지

채무자인 갑이 증여 전에 위 부동산을 양도함으로써 과세관청에 납부하여야 할 양도 소득세는 이미 그 발생의 기초가 되는 법률관계가 성립되어 있었고, 가까운 장래에 그 법률관계에 의하여 납세의무가 성립되리라는 점에 대한 고도의 개연성이 있었으며, 그 후 실제로 개연성이 현실화되었으므로 증여 당시 채무자의 무자력 여부를 판단함에 있어 신고 및 납부불성실가산세를 포함한 양도소득세를 소극재산으로 산정한 것은 정당하다.

그리고 채무자가 증여행위 이전에 이미 채무초과 상태에 있었던 것이 아니라 하더라 도 증여행위로 인하여 증여채무가 소극재산에 산입됨으로써 채무초과 상태에 빠지게 된 이상 증여행위는 사해행위에 해당한다는 판단은 정당하다.

또한 사해행위의 주관적 요건인 채무자의 사해의사는 채권의 공통담보에 부족이 생 기는 것을 인식하는 것을 말하는 것으로 증여행위 당시 채무자의 사해행위는 추정되고 수익자인 을의 선의를 인정할 말한 증거가 없는 판단은 정당하다.[106]

다. 검 토

채무자가 증여할 당시에 이미 양도소득세 채권 성립의 기초가 되는 법률관계가 성립 되어 있어 체납된 세금은 피보전채권이 될 수 있고, 증여행위가 사해행위에 해당되므 로 당초 증여계약을 취소하라는 판단은 정당하다.

2. 세무조사 도중에 배우자에게 한 증여가 사해행위에 해당되는지 여부

세무조사 도중에 배우자에게 증여한 부동산은 사해행위취소 대상에 해당되고 피고 가 체납자와 이혼과정에서 양육비 대신 증여받은 부동산이라고 주장하나 선의의 거래 로 보기 어렵다.[107]

---

106) 대법원 2012.2.23 선고, 2011다82360 판결.
107) 대법원 2014.2.21 선고, 2013다217986 판결.

3. 체납자가 부동산 매도대금을 허위의 근저당권자에게 송금하게 한 경우 사해행위 여부

체납자가 부동산을 매도하면서 부동산의 매수인을 통해 피고의 예금계좌로 송금하였는바, 이는 체납자가 조세채권자인 원고를 해함을 알면서 피고에게 변제를 가장하여 위 금원을 증여한 것이므로 사해행위에 해당한다.[108]

4. 상당한 정도를 초과한 재산분할 및 위자료가 사해행위에 해당되는지 여부

협의이혼시 재산분할 및 위자료 명목으로 증여받은 금원이라 하더라도 재산분할이 상당한 정도를 초과한 재산분할인 경우 사해행위에 해당한다.[109] 취소되는 범위는 그 상당한 부분을 초과하는 부분에 한정된다.[110]

5. 조세채권을 피보전채권으로 한 사해행위취소소송의 취소원인 안 날 판단기준

국가가 조세채권을 피보전채권으로 하여 체납자의 법률행위를 대상으로 채권자취소권을 행사할 때에 제척기간의 기산점과 관련하여 국가가 취소원인을 알았는지 여부는 특별한 사정이 없는 한 조세채권의 추심 및 보전 등에 관한 업무를 담당하는 세무공무원의 인식을 기준으로 판단하여야 한다.[111]

6. 예금주 명의신탁계좌에 송금한 행위가 사해행위에 해당하는지 여부

채무자와 전남편인 피고 사이에 예금주명의신탁계약이 체결되었다고 봄이 상당하므로 무자력인 채무자가 피고 계좌에 아파트 매도대금을 매도인들이 각각 송금하게 한 것은 사해행위에 해당한다.[112]

---

108) 대법원 2016.9.28 선고, 2016다234425 판결.
109) 대법원 2017.4.25 선고, 2016다277774 판결.
110) 대법원 2013.2.28 선고, 2012다82084 판결.
111) 대법원 2017.6.15 선고, 2015다247707 판결.
112) 대법원 2018.1.25 선고, 2017다273595 판결.

7. 명의수탁자의 명의신탁자에 대한 분양권 이전의 사해행위 해당 여부

계약명의신탁관계에서 아파트 분양권의 명의수탁자가 국가의 세금 압류에 앞서 명의신탁자에게 분양권을 이전한 것은 사해행위에 해당하므로 취소가 가능하다.[113]

8. 상속재산 분할협의가 사해행위취소권 행사의 대상이 될 수 있는지 여부

상속재산 분할협의는 그 성질상 재산권을 목적으로 하는 법률행위이므로 사해행위 취소권 행사의 대상이 될 수 있다.[114]

9. 고도의 개연성에 의한 조세채권의 성립 요건

이미 채권 성립의 기초가 된 법률관계가 발생되어 있고, 가까운 장래에 그 법률관계에 터잡아 채권이 성립되리라는 점에 대한 고도의 개연성이 있으며, 가까운 장래에 그 개연성이 현실화되어 채권이 성립된 경우에는 그 채권도 채권자취소권의 피보전채권이 될 수 있다.[115]

10. 상속재산이 사해행위로 취소된 경우 상속세 납세의무를 면할 수 있는지 여부

토지를 증여받은 수증자가 사망하여 상속개시가 이루어진 후 사해행위취소 판결에 의하여 그 증여계약이 취소되고 토지가 증여자의 책임재산으로 원상회복되어 강제집행까지 이루어졌다고 하더라도, 그 토지가 상속재산에 포함되어 이루어진 상속세 부과처분에 대하여 국세기본법 제45조의2 제2항에서 정한 후발적 경정을 청구할 사유에 해당하지 아니한다.[116]

---

113) 대법원 2015.12.23 선고, 2012다202932 판결.
114) 대법원 2018.4.26 선고, 2018다209140 판결.
115) 대법원 2018.5.11 선고, 2018다214296 판결.
116) 대법원 2020.11.26 선고, 2014두46485 판결.

11. 채무자 명의로 원상회복된 주식이 매각된 경우 증권거래세 납세의무자

사해행위취소 판결로 주식의 증여계약이 취소되고 채무자 명의로 원상회복된 주식이 강제경매절차에서 매각되어 매각대금이 모두 채권자에게 배당되었다면 주식의 소유권이 유상으로 이전됨으로써 성립하는 증권거래세 납세의무를 부담하는 주권의 양도자는 수익자 또는 전득자가 아닌 채무자로 보아야 한다.[117]

제5절　민법과 세법의 비교

세법상 사해행위취소는 민법상 규정을 준용한다고 국세징수법에 명문으로 규정하고 있어 요건과 효과 그리고 관련 법리는 민법과 동일하다.

다만, 세법상 피보전채권은 일정한 과세요건을 충족하면 조세채권채무가 성립하는 법정채권이고, 재정수요라는 공익성으로 말미암아 그 징수확보를 위하여 채권자평등주의 원칙의 적용을 배제하는 국세우선의 원칙이 적용되고 있는 등 일반 사법상의 채권과 다른 점을 고려할 때 민법상의 사해행위취소권의 법리와 다르게 취급할 필요가 있다.

가령, 세법상 사해행위취소소송 행사의 제척기간도 민법을 준용하므로 취소원인을 안 날로부터 1년 이내인데 체납처분의 특성상 수많은 체납자의 재산에 대한 압류와 분석, 그리고 재산에 대한 평가와 사해의사 등 취소원인을 파악하는데 많은 시간이 소요되는 현실을 감안하면 사해행위취소소송 행사의 제소기간 1년은 너무 단기여서 이에 대한 합리적인 조정이 필요하다.

한편, 민사상 채권자취소권의 대상이 되는 피보전채권은 사해행위 이전에 성립되어야 하는 것이 원칙인데 예외적으로 고도의 개연성론에 의하여 사해행위 이후에 성립한 경우에도 피보전채권의 존재를 인정하고 있는데, 이러한 개연성론은 기간과세를 위주로 하여 과세기간이 종료되면 바로 조세채권이 성립하는 점을 고려하면 세법에서의 적

---

117) 대법원 2020.10.29 선고, 2017두52979 판결.

용 가능성이 높다고 할 수 있다.

세법상 사해행위에 대한 취소소송에서 주로 문제가 되는 법률행위는 증여행위와 관련하여 사해행위 요건에 해당되는 지 여부이다. 주로 양도소득세 매매대금에 대한 계좌 이체와 재산분할 등을 통한 증여에 대한 사해행위 해당 여부가 쟁점이 자주 되고 있다.

제 19장

연대채무와 연대납세의무

- 국세기본법 제25조【연대납세의무】공유물, 공동사업 또는 그 공동사업에 속하는 재산에 관계되는 국세 및 강제징수비는 공유자 또는 공동사업자가 연대하여 납부할 의무를 진다.

  법인이 분할되거나 분할합병된 후 분할되는 법인이 존속하는 경우에는 분할법인, 분할신설법인, 분할합병의 상대방 법인은 분할등기일 이전에 분할법인에 부과되거나 납세의무가 성립한 국세 및 강제징수비에 대하여 분할로 승계된 재산가액을 한도로 연대하여 납부할 의무가 있다.

  법인이 분할 또는 분할합병한 후 소멸하는 경우 분할신설법인, 분할합병의 상대방 법인은 분할합병에 부과되거나 분할법인이 납부하여야 할 국세 및 강제징수비에 대하여 분할로 승계된 재산가액을 한도로 연대하여 납부할 의무가 있다.

  법인이 「채무자 회생 및 파산에 관한 법률」 제215조에 따라 신회사를 설립하는 경우 기존의 법인에 부과되거나 납세의무가 성립한 국세 및 체납처분비는 신회사가 연대하여 납부할 의무를 진다.

- 소득세법 제2조의2 제1항【납세의무의 범위】주된 공동사업자에게 합산과세되는 경우 그 합산과세되는 소득금액에 대해서는 주된 공동사업자의 특수관계인은 손익분배비율에 해당하는 그의 소득금액을 한도로 주된 공동사업자와 연대하여 납세의무를 진다.

- 법인세법 제3조 제3항【납세의무】연결법인은 각 연결사업연도의 소득에 대한 법인세를 연대하여 납부할 의무가 있다.

- 상속세 및 증여세법 제3조의2 제1항【상속세 납부의무】상속세는 상속인 또는 수유자가 각자가 받았거나 받을 재산을 한도로 연대하여 납부할 의무를 진다.

- 상속세 및 증여세법 제4조의2 제6항【증여세 납세의무】수증자의 주소나 거소가 분명하지 아니한 경우로서 증여세에 대한 조세채권을 확보하기 곤란한 경우, 수증자가 증여세를 납부할 능력이 없다고 인정되는 경우로서 체납처분을 하여도 증여세에 대한 조세채권을 확보하기 곤란한 경우, 수증자가 비거주자인 경우에는 증여자가 수증자와 연대하여 증여세를 납부할 의무를 진다.

민법 내용

1. 인적담보제도

연대채무·보증채무가 이에 속하는데, 이것은 하나의 채무에 채무자 이외의 다른 사람도 채무자로 되는 경우로서, 채무자의 일반재산 이외에 다른 사람의 일반재산도 채권자의 강제집행의 대상이 되는 점에서 채권의 담보기능을 한다.[1]

2. 연대채무의 의의

급부는 하나이지만 수인의 채권자 또는 채무자가 있는 것이 다수 당사자의 채권관계이다. 따라서 채권자 또는 채무자의 수만큼 채권 또는 채무가 있는 것으로 구성된다. 이 중 동일한 급부를 채권자 또는 채무자에게 중첩적으로 귀속시켜서 그것이 하나의 급부를 공통으로 하는 점에서 그에 따른 효력 내지 제약을 받게 하는 것으로 연대채무, 보증채무 등이 있다.[2]

연대채무란 수인의 채무자가 각각 채무 전부를 이행할 의무를 부담하되, 채무자 1인의 이행으로 다른 채무자도 그 의무를 면하게 되는 다수 당사자의 채권관계를 말한다(민법 제413조). 연대채무에 있어서는 채무자들 상호간에 공동목적을 위한 주관적 공동관계가 있다.

이는 채무자가 무자력하게 됨으로써 채권이 실현될 가능성이 없어지는 위험을 줄여 채권의 효력을 강화하여 채권의 만족을 확보하는 기능을 한다.

한편, 연대채권은 수인의 채권자가 동일한 내용의 급부에 대하여 각자 독립하여 그 전부 또는 일부의 급부를 청구할 수 있는 권리를 가지고, 그 중 1인 또는 수인이 급부 전부를 수령하면 모든 채권자의 채권이 소멸하는 다수 당사자 사이의 채권관계를 말한다.[3]

---

1) 김준호, 『민법강의』, 법문사, 2009, 748면.
2) 김준호, 상게서, 1058~1059면.
3) 지원림, 『민법강의 제7판』, 홍문사, 2009, 1135면.

3. 연대채무의 성립

가. 법률행위에 의한 성립

채무자 수인이 채권자와의 계약으로 연대채무를 성립시킬 수 있지만, 수인이 순차로 별개의 계약을 맺어 연대채무를 성립시킬 수도 있다. 가령 A가 B에 대해 채무를 지는 경우, C가 별개의 계약을 맺어 A와 함께 연대채무를 부담하는 것이 그러하다. 한편 연대채무는 주관적 공동관계가 있음을 전제로 하는 점에서 C가 A와 더불어 연대채무를 부담하기 위해서는 A와의 연대에 관한 사전 또는 사후의 합의가 필요한 것으로 해석한다.[4]

나. 법률의 규정에 의한 성립

법률에서 연대채무가 성립하는 것으로 정하는 것이 있다.

민법에서 정하는 것으로

① 법인의 목적범위 외의 행위로 인하여 타인에게 손해를 가한 경우에 그 사항의 의결에 찬성하거나 그 의결을 집행한 사원·이사 기타 대표자의 연대책임(제35조 제2항),
② 임무를 해태한 이사의 연대책임(제65조),
③ 사용대차 또는 임대차에서 발생하는 채무에서 공동차주 또는 공동임차인의 연대채무(제616조, 제654조),
④ 공동불법행위자의 연대책임(제760조),
⑤ 일상 가사로 인한 채무에 대한 부부의 연대책임(제832조)
이 있다.[5]

4. 연대채무의 효력

가. 대외적 효력

채권자는 어느 연대채무자에 대하여 또는 동시나 순차로 모든 연대채무자에 대하여 채무의 전부나 일부의 이행을 청구할 수 있다(민법 제414조).

---

4) 김준호, 전게서, 1073면.
5) 김준호, 상게서, 1074면.

또한 연대채무는 모든 채무자의 일반재산을 책임재산으로 하여 채권의 담보기능을 수행하는 점에서 어느 연대채무자로부터 채권의 만족을 받는 것이 보장되지 않으므로, 어느 연대채무자가 그의 재산을 감소시켜 무자력이 되는 때에는 다른 채무자의 자력에 관계없이 채권자취소권을 행사할 수 있다.[6]

나. 연대채무자 1인에 대하여 생긴 사유의 효력

연대채무에서는 수인의 채무자가 독립된 채무를 부담하지만 그것은 하나의 급부를 공통으로 하는 점에서, 1인의 채무자가 그 급부를 이행하면 다른 채무자에게도 그 효력이 미친다.

즉, 채권의 목적을 달성시키는 변제와 같은 사유는 연대채무자 또는 연대보증채무자 전원에 대하여 절대적 효력을 가진다.[7]

(1) 이행청구의 절대적 효력

어느 연대채무자에 대한 이행청구는 다른 연대채무자에게도 효력이 있다(민법 제416조). 따라서 1인에 대한 이행의 청구에 의하여 모든 연대채무자를 이행지체에 빠뜨리고 (민법 제387조 제2항), 모든 연대채무자에 대하여 소멸시효 중단의 효과를 발생시킨다(민법 제168조 제1호).

(2) 경개의 절대적 효력

어느 연대채무자와 채권자 간에 채무의 경개가 있을 때에는 채권은 모든 연대채무자의 이익을 위하여 소멸한다(민법 제417조). 가령 금전소비대차 1천만원의 금전채무에 대해 A·B·C가 연대채무를 지기로 하였는데, A가 채권자와의 계약으로 종전의 채무를 소멸시키고 새로 다른 채무를 성립시키는 경우, 금전의 반환에 대신하여 토지소유권을 이전해 주기로 한 때에는, 종전의 연대채무관계는 전부 소멸하고 A와 채권자 사이에 경개계약에 따른 새로운 채무만이 문제된다.[8]

---

6) 김준호, 전게서, 1075면.
7) 대법원 2013.3.14 선고, 2012다85281 판결.
8) 김준호, 전게서, 1077면.

(3) 상계의 절대적 효력

어느 연대채무자가 채권자에 대하여 채권이 있는 경우에 그 채무자가 상계한 때에는 채권은 모든 연대채무자의 이익을 위하여 소멸한다(민법 제418조 제1항). 상계는 실질적으로 변제와 동일시할 수 있기 때문이다.

(4) 면제의 절대적 효력

어느 연대채무자에 대한 채무면제는 그 채무자의 부담부분에 한하여 다른 연대채무자의 이익을 위하여 효력이 있다(민법 제419조).

가령 B, C, D가 A에 대하여 90만원의 연대채무를 부담하고 있는데, 그들의 부담부분이 동일한 경우에 A가 B에게 그의 채무 부담부분인 30만원을 면제하면 C, D는 30만원의 채무를 면하고 60만원의 채무를 부담한다.

(5) 혼동의 절대적 효력

어느 연대채무자와 채권자간에 혼동이 있는 때에는 그 채무자의 부담부분에 한하여 다른 연대채무자도 의무를 면한다(민법 제420조). 가령 연대채무자 A가 900만원의 채권을 양수한 경우에 그 채권은 혼동으로 인해 소멸한다(민법 제507조). 이 경우 다른 연대채무자 B·C는 600만원의 연대채무를 부담하는데, 그 채권자는 채권을 양수한 A가 된다.[9]

(6) 소멸시효(완성)의 절대적 효력

어느 연대채무자에 대하여 소멸시효가 완성한 때에는 그 부담부분에 한하여 다른 연대채무자도 의무를 면한다(민법 제421조).

(7) 상대적 효력

어느 연대채무자에 대한 승인, 압류, 가압류, 가처분 등에 의한 시효의 중단 내지 시효의 정지, 시효이익의 포기, 판결에 의한 시효기간의 연장은 상대적 효력이 있다.[10]

따라서 채권자의 경매신청에 의한 경매개시결정에 따라 연대채무자 1인 소유 부동

---

9) 김준호, 상게서, 1080면.
10) 김준호, 전게서, 1080면.

산이 압류된 경우 채무자에 대한 소멸시효는 중단되지만 압류에 의한 시효중단의 효력은 다른 연대채무자에 대하여 주장할 수 없다.[11]

(8) 계약의 해제 등

당사자 일방 또는 쌍방이 수인인 경우에는 계약의 해제나 해지는 그 전원으로부터 또는 당사자 전원에 대하여 하여야 한다(민법 제547조 제1항).

다. 연대채무자 상호간의 구상관계

어느 연대채무자가 변제 기타 자기의 출재(出財)로 공동면책이 된 때에는 다른 연대채무자의 부담부분에 대하여 구상권을 행사할 수 있다. 위의 구상권은 면책된 날 이후의 법정이자 및 피할 수 없는 비용 기타의 손해배상을 포함한다(민법 제425조).

채권의 궁극적인 부담은 채무자들 사이의 내부관계에서 행하여져야 하는 것인데, 이러한 내부적인 비용분담관계를 구상관계라고 한다.[12]

(1) 부담부분

연대채무자 각자는 대외적으로 채권자에 대하여 채무 전액을 지급하여야 할 의무를 부담하지만, 대내적으로는 연대채무자 상호간에는 출재를 서로 분담하기로 되어 있다. 여기서 분담비율이 문제되는데, 특약으로 비율을 정할 수 있고, 이를 정할 표준이 없으면 부담부분이 균등한 것으로 추정된다.[13]

(2) 구 상

1) 개 념

어느 연대채무자가 변제 기타 자기의 출재로 공동면책이 된 때에는 다른 연대채무자의 부담부분에 대하여 구상권을 행사할 수 있다(민법 제425조). 즉 연대채무자 상호간에는 부담부분이 있으며 연대채무자 1인이 그 부담부분을 넘어 변제, 기타 자기의 출재로 채무자 전원을 공동면책케 한 때에는 실질적으로 타인의 채무를 변제한 것과 같으므로 다른 연대채무자의 부담부분에 대하여 구상권을 행사할 수 있다.

---

11) 대법원 2001.8.21 선고, 2001다22840 판결.
12) 양창수·김형석,『권리의 보전과 담보』, 박영사, 2012, 276면.
13) 지원림, 전게서, 1139면.

가령 A·B·C가 D에 대하여 300만원의 연대채무를 부담하고 있는데 A가 D의 청구에 따라 변제를 하여 채무 전액을 소멸시킨 경우에 그들의 부담부분이 균등하였다면, 다른 연대채무자 B와 C에 대하여 100만원씩의 지급을 요구할 수 있다.[14] 연대채무자에 대해 구상권을 가지는 근거와 관련하여 연대채무에서의 전부의무는 담보의무이고 채무자간의 부담부분은 고유의무라고 하는 것이 통설적 견해이다. 따라서 부담부분을 넘어서 변제하는 것은 타인의 채무를 담보하는 것인 동시에 그의 채무를 대신 변제한 것이 되므로 그에 대해 구상권이 발생하는 것으로 해석한다.[15]

2) 구상의 요건

어느 연대채무자가 변제 기타 출재로 자기의 채무뿐만 아니라 다른 모든 연대채무자들의 채무를 공통으로 소멸시켰을 것이 필요하다. 따라서 공동면책이 있기만 하면 출재한 액에 관하여 부담부분의 비율에 따라 구상(求償)할 수 있다. 가령 A·B·C가 D에 대하여 300만원의 연대채무를 부담하고 있고 그들의 부담부분이 균등한 경우에, A가 D에게 60만원을 변제하였다면 A는 B와 C에게 20만원씩을 구상할 수 있다.[16]

한편, 면제나 소멸시효의 완성의 경우에는 공동면책이 있어도 이것이 면제를 받은 채무자 등의 출연에 의한 것이 아니므로 구상권이 발생하지 않는다.

3) 사전통지

어느 연대채무자가 다른 연대채무자에게 통지하지 아니하고 변제 기타 자기의 출재로 공동면책이 된 경우에 다른 연대채무자가 채권자에게 대항할 수 있는 사유가 있었을 때에는 그 부담부분에 한하여 이 사유로 면책행위를 한 연대채무자에게 대항할 수 있고, 그 대항사유가 상계인 때에는 상계로 소멸한 채권은 그 연대채무자에게 이전한다(민법 제426조). 가령 A·B·C가 D에 대하여 연대채무를 부담하고 있는데, A가 B와 C에게 통지하지 않고 변제를 하였으나 B가 무능력자로서 취소권을 가지고 있다면, A는 B의 부담부분에 대하여 구상할 수 없다.[17]

---

14) 지원림, 전게서, 1140면.
15) 김준호, 선게서, 1081면.
16) 지원림, 상게서, 1141면.
17) 지원림, 전게서, 1142면.

4) 구상권의 범위

연대채무자 중에 상환할 자력이 없는 자가 있는 때에는 그 채무자의 부담부분은 구상권자 및 다른 자력이 있는 채무자가 그 부담부분에 비례하여 분담한다. 그러나 구상권자에게 과실이 있는 때에는 다른 연대채무자에 대하여 분담을 청구하지 못한다(민법 제427조 제1항).

가령, A가 90만원을 변제하고 B・C에 대하여 각각 30만원씩 구상하려는데 C가 무자력인 때에는, C의 상환부분 30만원은 A와 B가 각자의 부담부분에 비례하여 즉 15만원씩 부담한다.[18]

5. 부진정연대채무

가. 의 의

동일한 내용의 급부에 관하여 수인의 채무자가 각자 독립하여 전부를 급부를 하여야 할 채무를 부담하고 그 중 1인의 이행으로 모든 채무자의 채무가 소멸하는 연대채무에 속하지 않는 것을 **부진정연대채무**(不眞正連帶債務)라고 한다.[19]

즉, 부진정연대채무 관계는 서로 별개의 원인으로 발생한 독립된 채무라 할 것이므로 동일한 경제적 목적을 가지고 있는 서로 중첩되는 부분에 관하여 일방의 채무가 변제 등으로 소멸한 경우 타방의 채무도 소멸하는 관계에 있으면 성립할 수 있다.[20]

그 수인의 채무자간에 연대채무에서처럼 공동으로 부담한다고 하는 주관적 공동관계가 없는 점에서 연대채무와 다르다. 그리고 채무자간에 채무를 내부적으로 분담한다고 하는 부담부분이 없어 어느 채무자가 채무 전부를 이행하였다고 하더라도 다른 채무자에 대해 구상권을 행사할 수 없다.[21]

다만, 공동불법행위 책임과 관련하여 부진정연대채무자 중 1인이 자기의 부담부분 이상을 변제하여 공통의 면책을 얻게 하였을 때에는 다른 부진정연대채무자에게 그 부담부분의 비율에 따라 구상권을 행사할 수 있다.[22]

---

18) 김준호, 전게서, 1085면.
19) 지원림, 상계서, 1144면.
20) 대법원 2010.5.27 선고, 2009다85861 판결.
21) 김준호, 전게서, 1087면.
22) 대법원 2006.1.27 선고, 2005다19378 판결.

이는 채무자 상호간에 어떤 대내적인 특수관계에서 또는 형평의 관점에서 손해를 분담하는 관계에 따른 부담부분이라고 할 수 있다.

나. 성 립

부진정연대채무는 동일한 손해에 대해 수인이 각자 독립된 법률관계에 기초하여 그 전부의 배상의무를 지는 경우 주로 손해배상청구권의 경합이 인정되는 경우에 발생한다.

구체적으로 이에 해당하는 것으로

① 타인의 주택을 소실케 한 경우에 실화자의 불법행위에 의한 손해배상과 보험회사의 보험금지급의무

② 임치물을 도난당한 경우에 수치인의 채무불이행에 의한 손해배상의무와 도둑의 불법행위에 의한 손해배상의무

③ 법인의 불법행위책임과 대표기관 개인의 배상책임(민법 제35조 제1항)

④ 법인의 목적범위 외의 행위로 타인에게 손해를 가한 경우의 대표기관의 책임(민법 제35조 제2항)

⑤ 임무를 해태한 이사의 연대책임(민법 제65조)

⑥ 피용자의 불법행위로 인한 배상의무와 사용자의 배상의무(민법 제750조, 제756조)

⑦ 책임무능력자의 불법행위에 대한 감독의무자와 대리감독자의 배상의무(민법 제755조)

⑧ 동물의 가해행위에 대한 점유자와 보관자의 배상의무(민법 제759조)

⑨ 공동불법행위자의 배상의무(민법 제760조) 등이 그러하다.[23]

다. 효 력

부진정연대채무에서 변제와 같은 사유는 채무자 전원에 대하여 절대적 효력이 있다.[24] 변제 및 이에 준하는 것을 제외하면 모두 상대적 효력을 가질 뿐이다. 가령 피해자가 공동불법행위자 중 1인에 대하여 손해배상채무를 면제하거나 그 1인과 손해배상액에 관하여 합의하더라도 그러한 사유가 다른 공동불법행위자에게 영향을 주지 않고, 다른 공동불법행위자는 손해 전부를 배상하여야 한다. 부진정연대채무자 사이에는 주관적 공동관계가 없고 각자가 자기와 관련된 별개의 법률요건에 의하여 책임을 질 뿐

---

23) 김준호, 상계서, 1087면.
24) 대법원 2006.1.27 선고, 2005다19378 판결.

이기 때문이다.[25]

그러나 최근 판례에 의하면, 부진정연대채무자 1인이 자신의 채권자에 대한 반대채권으로 상계를 한 경우에도 채권은 변제, 대물변제 또는 공탁이 행하여진 경우와 동일하게 현실적으로 만족을 얻어 그 목적을 달성하는 것이므로, 그 상계로 인한 채무소멸의 효력은 소멸한 채무 전액에 관하여 다른 부진정연대채무자에 대하여도 미친다고 보아야 한다.[26]

라. 구상관계

부진정연대채무에서 각 채무자가 각자의 입장에서 책임을 부담할 뿐 그들 사이에 주관적 공동관계가 없어 부담부분이라는 관념이 없어 구상관계가 당연히 발생하지는 않는다. 그러나 부진정연대채무의 관계에 있는 복수의 책임주체 내부관계에 있어서는 형평의 원칙상 일정한 부담부분이 있을 수 있으며, 그 부담부분은 각자의 고의 및 과실의 정도에 따라 정하여지는 것으로서 부진정연대채무자 중 1인이 자기의 부담부분 이상을 변제하여 공동의 면책을 얻게 하였을 때에는 다른 부진정연대채무자에게 그 부담부분의 비율에 따라 구상권을 행사할 수 있다.[27]

제2절 　국세기본법상 관련 내용

1. 연대납세의무의 의의

연대납세의무에 관하여는 연대채무에 관한 규정, 즉 민법 제413조부터 제416조까지, 제419조, 제421조, 제423조 및 제425조부터 제427조까지 규정을 준용한다(국세기본법 제25조의2).

연대납세의무란 2인 이상의 납세의무자가 하나의 동일한 채무를 각각 독립하여 전

---

25) 지원림, 전게서, 1145면.
26) 대법원 2010.9.16 선고, 2008다97218 판결.
27) 대법원 2006.1.27 선고, 2005다19378 판결.

체의 납세의무를 부담하고, 그 중 1인이 체납된 세금을 전액 납부하면 모든 납세의무자의 납세의무가 소멸하는 납세의무를 말한다. 이는 국가가 조세채권의 확보를 위하여 사실상 다수의 인적담보를 얻는 결과가 되며 조세채권의 실현을 보다 확실하게 하는 기능을 한다.

2. 연대납세의무의 종류

가. 공유물, 공동사업의 연대납세의무

공유물,[28] 공동사업[29] 또는 그 공동사업에 속하는 재산에 관계되는 국세 및 강제징수비는 공유자 또는 공동사업자가 연대하여 납부할 의무를 진다(국세기본법 제25조 제1항).

따라서 연대납세의무자는 개별세법에 특별한 규정이 없는 한 원칙적으로 고유의 납세의무 부분이 없이 공유물 등에 관계된 국세의 전부에 대하여 전원이 연대하여 납세의무를 부담한다.

통상 공유물이나 공동사업에 관한 권리의무는 공동소유자나 공동사업자에게 실질적·경제적으로 공동으로 귀속하게 되는 관계로 담세력도 공동의 것으로 파악하는 것이 조세실질주의의 원칙에 따라 합리적이기 때문에 조세채권의 확보를 위하여 그들에게 연대납세의무를 지우고 있다.[30]

나. 분할 등의 연대납세의무

법인이 분할되거나 분할합병된 후 분할되는 법인이 존속하는 경우에는 분할법인, 분할신설법인, 분할합병의 상대방 법인은 분할등기일 이전에 분할법인에 부과되거나 납세의무가 성립한 국세 및 강제징수비에 대하여 분할로 승계된 재산가액을 한도로 연대하여 납부할 의무가 있다(국세기본법 제25조 제2항).

한편, 분할되는 법인의 납세의무에 대해 새로 설립되는 법인 등이 연대하여 책임을 지도록 규정한 것은 상법에 회사채무에 대하여 분할회사간 연대의무가 도입됨에 따라

---

28) 공유물(共有物)이란 물건이 지분에 의하여 수인의 소유로 된 것을 말한다(민법 제262조).
29) 공동사업이라 함은 그 사업이 낭사자 전원의 공동의 것으로서, 공동으로 경영되고, 따라서 당사자 전원이 그 사업의 성공 여부에 대하여 이해관계를 가지는 사업을 말한다(국기 통칙 25-0…2).
30) 대법원 1999.7.13 선고, 99두2222 판결.

법인이 분할합병되는 경우 분할 등으로 설립된 법인에게 모회사의 조세채무에 대한 연대납세의무를 부여함으로써 분할 관련 회사간 조세채무 부담의 범위를 명확히 하고자 한 것이다.[31]

다. 분할합병으로 해산하는 경우 연대납세의무

법인이 분할 또는 분할합병한 후 소멸하는 경우 분할신설법인, 분할합병의 상대방 법인은 분할법인에 부과되거나 분할법인이 납부하여야 할 국세 및 강제징수비에 대하여 분할로 승계된 재산가액을 한도로 연대하여 납부할 의무가 있다(국세기본법 제25조 제3항).

라. 「채무자 회생 및 파산에 관한 법률」에 의한 연대납세의무

법인이 「채무자 회생 및 파산에 관한 법률」 제215조에 따라 신회사를 설립하는 경우 기존의 법인에 부과되거나 납세의무가 성립한 국세 및 강제징수비는 신회사가 연대하여 납부할 의무를 진다(국세기본법 제25조 제4항).

마. 민법의 규정의 준용

국세기본법 또는 세법에 따라 국세 및 강제징수비를 연대하여 납부할 의무에 관하여는 민법 제413조부터 제416조까지, 제419조, 제421조, 제423조 및 제425조부터 제427조까지의 규정을 준용한다(국세기본법 제25조의2).

한편, 국세기본법 제25조 제1항 소정의 연대납세의무의 법률적 성질은 민법상의 연대채무와 다르지 아니하여, 각 연대납세의무자는 개별 세법에 특별한 규정이 없는 한 원칙적으로 고유의 납세의무부분이 없이 공동사업 등에 관계된 국세의 전부에 대하여 전원이 연대하여 납세의무를 부담하는 것이므로, 국세를 부과함에 있어서는 연대납세의무자인 각 공유자 또는 공동사업자에게 개별적으로 당해 국세 전부에 대하여 납세의 고지를 할 수 있고, 또 연대납세의무자의 1인에 대한 과세처분의 하자는 상대적 효력만을 가지므로, 연대납세의무자 1인에 대한 과세처분의 무효 또는 취소 등의 사유는 다른 연대납세의무자에게 그 효력이 미치지 않는다.[32]

---

31) 재정경제부, 『1998 간추린 개정세법』,1999, 20면.
32) 대법원 1999.7.13 선고, 99두2222 판결.

3. 연대납세의무의 확정

가. 연대납세의무의 확정 절차

과세관청이 과세표준과 세액을 결정 또는 경정하고 그 통지를 납세고지서에 의하여 행하는 경우의 납세고지는 그 결정 또는 경정을 납세의무자에게 고지함으로써 구체적 납세의무확정의 효력을 발생시키는 부과처분으로서의 성질과 확정된 조세채권의 이행을 명하는 징수처분으로서의 성질을 아울러 갖는 것인바, 연대납세의무자에게 서류 송달시 대표자를 명의인으로 하여 송달할 수 있는 납세고지는 이미 확정된 구체적 조세채권에 대하여 그 이행을 명하는 이른바 징수처분으로서의 납세고지에만 한하는 것이며, 부과납세방식의 조세에 있어서 그 부과결정의 통지를 납세고지서에 의하여 하는 경우, 또는 신고납세방식의 조세에 있어서 무신고 또는 부실신고시에 과세표준과 세액을 결정 또는 경정하고 그 통지를 납세고지서에 의하고 그 대표자나 국세징수상 편의한 자만을 명의인으로 하여 고지할 수는 없다.[33]

연대납세의무자 사이의 상호연대관계는 이미 확정된 조세채무의 이행에 관한 것이지 조세채무 자체의 확정에 관한 것은 아니므로 연대납세의무자라 할지라도 각자의 구체적 납세의무는 개별적으로 확정절차를 거쳐야 한다.[34]

따라서 연대납세의무자 1인에 대하여 납세고지를 하였다고 하더라도, 이로써 다른 연대납세의무자에게도 부과처분의 통지를 한 효력이 발생한다고 할 수는 없고, 다만 지방세법 제18조 제3항에 의하여 준용되는 민법 제416조에 따라 다른 연대납세의무자에게 징수처분의 통지를 한 효력이 발생할 수 있을 뿐이다.[35]

나. 연대납세의무자에 대한 서류의 송달

연대납세의무자에게 서류를 송달할 때에는 그 대표자를 명의인으로 하며, 대표자가 없을 때에는 연대납세의무자 중 국세를 징수하기 유리한 자를 명의인으로 한다. 다만, 납세의 고지와 독촉에 관한 서류는 연대납세의무자 모두에게 각각 송달하여야 한다 (국세기본법 제8조 제2항).

---

33) 대법원 1985.10.22 선고, 85누81 판결.
34) 임승순, 『조세법』, 박영사, 2009, 93면, 대법원 1994.5.10 선고, 94누2077 판결.
35) 대법원 1998.9.4 선고, 96다31697 판결.

4. 연대납세의무의 효력

조세채권자는 연대납세의무자 1인 또는 전원에 대하여 납부를 구할 수 있고(민법 제 414조), 연대납세의무자 1인에 대한 이행청구는 다른 연대납세의무자에게도 절대적 효력을 가진다(민법 제416조).

연대납세의무자 1인의 조세의 전부 또는 일부를 납부한 때에는 다른 자의 납세의무도 그 한도에서 소멸한다. 이 경우 조세를 납부한 자는 다른 자에 대하여 구상권을 가진다.[36]

제3절 개별세법상 연대납세의무 내용

1. 법인세법

연결법인은 법인세법 제76조의14 제1항에 따른 각 연결사업연도의 소득에 대한 법인세(각 연결법인의 법인세법 제55조의2에 따른 토지 등 양도소득에 대한 법인세를 포함한다)를 연대하여 납부할 의무가 있다(법인세법 제2조 제3항).

2. 소득세법

가. 공동사업의 연대납세의무

국세기본법 규정에 불구하고 소득세법상 공동사업자는 연대납세의무를 지지 않는 것이 원칙이다.[37] 그러나 특수관계자간 공동사업의 경우는 연대납세의무가 있다.

공동사업에 관한 소득금액을 계산하는 경우에는 해당 거주자별로 납세의무를 진다. 다만, 주된 공동사업자에게 합산과세되는 경우 그 합산과세되는 소득금액에 대해서는 주된 공동사업자의 특수관계자인은 손익분배비율에 해당하는 그의 소득금액을 한도로 주된 공동사업자와 연대하여 납세의무를 진다(소득세법 제2조의2 제1항, 소득세법 제43조 제3항).

---

36) 임승순, 상게서, 93면.
37) 대법원 1995.4.11 선고, 94누13152 판결.

나. 배우자 등의 이월과세 연대납세의무

거주자가 특수관계자에게 자산을 증여한 후 그 자산을 증여받은 자가 그 증여일부터 5년 이내에 다시 타인에게 양도한 경우로서 증여자가 그 자산을 직접 양도하는 것으로 보는 경우에 그 양도소득에 대해서는 증여자와 증여받은 자가 연대하여 납세의무를 진다(소득세법 제2조의2 제3항).

다. 공동소유 자산 양도소득세 납세의무

공동으로 소유한 자산에 대한 양도소득금액을 계산하는 경우에는 해당 자산을 공동으로 소유하는 각 거주자가 납세의무를 진다(소득세법 제2조의2 제5항).

3. 상속세 및 증여세법

가. 상속인 또는 유증받는 자의 연대납세의무

상속인 또는 유증을 받는 자는 「상속세 및 증여세법」에서 정하는 바에 따라 부과된 상속세에 대하여 상속재산 중 각자가 받았거나 받을 재산을 기준으로 상속세를 연대하여 납부할 의무를 진다(상속세 및 증여세법 제3조2 제1항).

다만, 특단의 사정이 없는 한 각 상속인은 민법 소정의 상속분 비율에 의한 상속세를 납부하여야 할 것이나 공동상속인 사이에서 합의에 의하여 상속재산을 분할한 경우에는 그 분할비율에 따라 상속세를 납부할 의무가 있다.[38]

한편, 각자가 받았거나 받을 상속재산을 초과하여 대신 납부한 상속세액에 대하여는 다른 상속인에게 증여한 것으로 보아 증여세가 과세된다.[39]

이 때 연대납세의무의 한도를 정하는 각자가 받았거나 받을 재산에 사전증여재산을 가산하였다면, 그에 상응하여 상속인 등이 납부할 증여세 결정세액 또한 공제되어야 한다.[40]

또한 상속세 연대납부의무는 상속재산총액에서 부채총액을 차감한 가액 중 각자가 받았거나 받을 재산가액을 한도로 하여 상속인의 고유재산에 대하여도 체납처분을 할

---

38) 대법원 1986.2.25 선고, 85누962 판결.
39) 서면4팀-1543, 2007.5.9
40) 대법원 2018.11.29 선고, 2016두1110 판결.

수 있다(재경부 재산 46014-105, 1998.5.23.).

한편, 상속으로 인한 납세의무의 승계의 의미는 상속인이 피상속인의 국세 등 납세의무를 상속재산의 한도에서 승계한다는 뜻이고 상속인은 피상속인의 국세 등 납세의무 전액을 승계하나 다만 과세관청이 상속재산을 한도로 하여 상속인으로부터 징수할 수 있음에 그친다는 뜻은 아니다.[41]

나. 상속개시 후 주채무의 변제기가 도래한 보증채무를 상속채무로 상속 재산가액에서 공제받을 수 있는 경우

상속개시 당시 제3자를 위하여 연대보증채무를 부담하고 있었지만 상속개시 당시에는 아직 변제기가 도래하지 아니하고 주채무자가 변제불능의 무자력 상태에 있지도 아니하여 피상속인이 그 채무를 종국적으로 부담하여 이행 여부가 불확실한 경우 그 후 주채무자의 변제기 도래 전에 변제불능의 무자력 상태가 됨에 따라 상속인들이 사전구상권을 행사할 수도 없는 상황에서 채권자들이 상속인들을 상대로 피상속인의 연대보증채무의 이행을 구하는 민사소송을 제기하여 승소판결을 받아 그 판결이 확정되었고 상속인들이 주채무자나 다른 연대보증인에게 실제로 구상권을 행사하더라도 변제받을 가능성이 없다고 인정되는 경우에는 피상속인이 종국적으로 부담하여 이행하여야 할 채무로 사실상 확정되었다고 볼 수 있다.[42]

다. 증여자의 연대납세의무

증여자의 연대납세의무는 주된 납세의무자인 증여를 받은 자(수증자)의 납세의무가 과세처분으로 확정된 뒤의 연대납부책임이다.[43]

증여자는 수증자의 주소나 거소가 분명하지 아니한 경우로서 조세채권을 확보하기 곤란한 경우, 수증자가 증여세를 납부할 능력이 없다고 인정되는 경우로서 강제징수를 하여도 증여세에 대한 조세채권을 확보하기 곤란한 경우, 수증자가 비거주자인 경우에는 수증자가 납부할 증여세를 연대하여 납부할 의무를 진다(상속세 및 증여세법 제4조의2 제6항). 이 경우 연대납세의무자는 한도 없이 전체 증여세에 대하여 납부할 의무를 진

---

41) 대법원 1991.4.23 선고, 90누7395 판결.
42) 대법원 2010.12.9 선고, 2008두10133 판결.
43) 대법원 1992.2.25 선고, 91누12813 판결.

다. 다만, 일정한 증여재산에 대하여는 연대납세의무가 제외된다(상속세 및 증여세법 제4조의2 제6항).

제4절   관련 사례(판례)

1. 연대납세의무자 중 1인에 대한 과세처분의 하자가 다른 연대납세의무자에게도 미치는지 여부

가. 사실관계

갑과 을은 공동으로 ○○구 ○○동 산 ○○ 임야를 1/2씩 취득하여 분할 및 지목변경 후 공동명의의 건축허가를 받은 공장건물과 근린생활시설을 각각 완공하면서 완공 이전인 1989.11.에 대지와 건물을 12억원에 주식회사 ○○에게 양도하고 부가가치세법상 신고납부를 하지 아니하였다. 이에 ○○세무서에는 부가가치세법상 부동산매매업으로 보아 건물의 공급가액에 대한 부가가치세와 가산세 부과처분을 하였다. 부과처분을 함에 있어 납부자 성명을 ○○산업 갑 외 1인으로만 기재한 고지서를 갑에게만 송달하고 을에게는 송달하지 않았다. 갑은 을에 대하여 납부고지 자체가 없었던 이상 갑에게 부가가치세 전액을 부과할 수 없고 1/2 지분만 부과할 수 있다고 주장하였다.

나. 판결요지

국세기본법상 연대납세의무의 법률적 성질은 민법상의 연대채무와 근본적으로 다르지 아니하므로 각 연대납세의무자는 공유물·공동사업 등에 관계된 국세의 전부에 대하여 고유의 납세의무를 부담한다 할 것이다. 같은법에 준용되는 민법 제415조는 어느 연대채무자에 대한 법률행위의 무효나 취소의 원인은 다른 연대채무자의 채무에 영향을 미치지 아니한다고 규정하고 있으므로 연대납세의무자 중 1인에 대한 과세처분의 하자가 다른 연대납세의무자에게도 그 효력이 미치는 것이 아니다.[44]

---

44) 대법원 1997.7.13 선고, 99두2222 판결.

다. 검 토

상속세 연대납세의무는 상속인 등의 고유의 상속세의 납세의무가 확정되면 당연히 확정되는 것이므로 과세관청은 연대납세의무자의 확정을 위한 별도의 절차를 거침이 없이 연대납세의무자에 대하여 징수절차를 개시할 수 있다.[45]

연대납세의무에 대해서는 민법의 연대채무에 관한 대부분의 규정이 준용되므로 과세관청은 징수를 위하여 모든 연대납세의무자에 대하여 동시 또는 순차로 조세채무의 전부나 일부를 청구하거나, 독촉, 체납처분을 할 수 있다.

또한 연대납세자 중 1인이 조세채무의 전부 또는 일부를 이행한 경우에는 다른 연대납세의무자의 조세채무도 그 이행한 한도 내에서 소멸한다. 이 경우 납세의무를 이행한 연대납세의무자는 자기 부담분을 초과한 금액에 대하여 다른 연대납세의무자로부터 구상받을 수 있다.[46]

한편, 공동상속인의 연대납세의무는 다른 공동상속인의 고유의 상속세 납부의무를 이행하면 그 범위에서 일부 소멸하는 것일 뿐 다른 공동상속인의 납부 여부에 따라 원래부터 부담하는 연대납세의무의 범위가 변동되는 것은 아니다.[47]

2. 상속세 연대납세의무의 한도

피상속인이 상속인에게 미리 증여한 사전증여재산의 경우 그 시기의 차이만 있을 뿐 당사자들 사이에 재산이 무상으로 이전된다는 실질이 동일하다는 점과 더불어 상속세 특유의 과세목적 달성을 위하여 이를 일반적인 상속재산과 동등하게 취급하고 있는 것인 만큼, 미리 재산을 증여받은 상속인의 연대납세의무 한도를 정하는 각자가 받았거나 받을 재산에 사전증여재산을 가산하였다면 그에 상응하여 부과되거나 납부할 증여세액을 공제하여야 한다고 보는 것이 타당하다.[48]

---

45) 대법원 1990.7.10 선고, 89누8279 판결.
46) 김두형, 『로스쿨 조세법 기초이론』, 한국학술정보(주), 2012, 289면.
47) 대법원 2016.1.28 선고, 2014두3471 판결.
48) 대법원 2018.11.29 선고, 2016두1110 판결.

　세법상 연대납세의무에 관한 내용은 기본적으로 민법상 연내납세의무에 관한 규정을 준용하므로 세법에 특별한 규정이 없는 한 민법상 연대채무에 관한 법리에 따라야 한다. 국세기본법, 개별세법에서 연대납세의무와 관련한 특별한 규정을 두고 있다.

　민법상 연대채무는 주로 대등한 당사자 사이의 의사합치에 의하여 성립되는 반면, 세법상 연대납세의무는 조세채권 확보를 위해 법률의 규정에 근거하여 성립한다.

　또한 민법상 연대채무는 주관적 공동관계를 전제로 하는 데 비해 세법상 연대납세의무는 조세채권 확보와 징수의 편의를 위해 주관적 공동관계가 없어도 인정되는 경우가 있다.

　공동사업 등의 경우에는 주관적 공동관계가 인정되므로 국세기본법의 규정에 따라 당연히 공동사업자가 연대하여 국세 등을 납부할 의무를 진다. 부가가치세에 있어서는 구성원 각자가 부가가치세 전부에 대하여 납부할 의무가 있다. 소득세에 있어서는 공동사업 합산과세시에 구성원 각자가 일정한 한도 내에서 주된 사업자와 연대하여 소득세를 납부할 의무가 있다.

　그리고 상속세 연대납세의무는 다른 공동상속인 각자의 고유의 상속세 납세의무가 그들 각자에 대한 과세처분(고지)에 의하여 확정되면 상속세 및 증여세법 규정에 의하여 당연히 확정된다. 다만, 상속세 연대납부의무는 상속재산총액에서 부채총액을 차감한 가액 중 각자가 받았거나 받을 재산가액의 한도에서 납세의무를 부담하므로 민법상 연대책임과 차이가 있다.

　증여세에 있어서는 수증자의 주소나 거소가 분명하지 아니한 경우로서 조세채권을 확보하기 곤란하고, 수증자가 증여세를 납부할 능력이 없다고 인정되어 조세채권을 확보하기 곤란한 경우에는 증여자에게 연대납세의무를 지우고 있다.

　법인세에 있어서는 연결법인은 경제적 실체가 단일하다고 보아 연대납세의무가 인정되고, 법인이 분할되거나 분할합병된 경우의 연대납세의무는 분할법인과 분할신설법인 등이 주관적 공동관계가 없음에도 조세채권 확보 등 정책적 목적에 의하여 연대납세의무를 부담시키고 있다.

제20장

보증채무와 제2차 납세의무

- 국세기본법 제38조【청산인 등의 제2차 납세의무】법인이 해산한 경우 그 법인에 부과되거나 그 법인이 납부할 국세 및 강제징수비를 납부하지 아니하고 청산 후 남은 재산을 분배하거나 인도하였을 때에 그 법인에 대하여 강제징수를 집행하여도 징수할 금액에 미치지 못하는 경우에는 청산인 또는 청산 후 남은 재산을 분배받거나 인도받은 자는 그 부족한 금액에 대하여 제2차 납세의무를 진다.

- 국세기본법 제39조【출자자의 제2차 납세의무】법인의 재산으로 그 법인에 부과되거나 그 법인이 납부할 국세 및 강제징수비에 충당하여도 부족한 경우에는 그 국세의 납세의무 성립일 현재 무한책임사원으로서 합명회사의 사원, 합자회사의 무한책임사원, 주주 또는 합자회사의 유한책임사원, 유한책임회사의 사원, 유한회사의 사원에 해당하는 사원 1명과 그의 특수관계인 중 일정한 자로서 그들의 소유주식 또는 출자액의 합계가 해당 법인의 발행주식 총수 또는 출자총액의 100분의 50을 초과하면서 그 법인의 경영에 대하여 지배적인 영향력을 행사하는 자들(과점주주)은 그 부족한 금액에 대하여 제2차 납세의무를 진다.

- 국세기본법 제40조【법인의 제2차 납세의무】국세의 납부기한 만료일 현재 법인의 무한책임사원 또는 과점주주의 재산으로 그 출자자가 납부할 국세 및 강제징수비에 충당하여도 부족한 경우로 정부가 출자자의 소유주식 또는 출자지분을 재공매하거나 수의계약으로 매각하려 하여도 매수희망자가 없는 경우, 법률 또는 그 법인의 정관에 의하여 출자자의 소유주식 또는 출자지분의 양도가 제한된 경우에는 그 부족한 금액에 대하여 법인이 제2차 납세의무를 진다.

- 국세기본법 제41조【사업양수인의 제2차 납세의무】사업이 양도·양수된 경우 양도일 이전에 납세의무가 확정된 그 사업에 관한 국세 및 강제징수비를 양도인의 재산으로 충당하여도 부족할 때에는 일정한 사업의 양수인은 그 부족한 금액에 대하여 양수한 재산의 가액을 한도로 제2차 납세의무를 진다.

- 국세징수법 제7조【제2차 납세의무자에 대한 납부 고지】납세자의 체납액을 제2차 납세의무자와 납세보증인으로부터 징수하려면 제2차 납세의무자에게 징수하려는 체납액의 과세기간, 세목, 세액 및 그 산출근거, 납부기한, 납부장소와 제2차 납세의무자로부터 징수할 금액 및 그 산출 근거 등을 적은 납부통지서로 고지하여야 한다.

민법 내용

1. 개 념

보증채무란 주된 채무와 동일한 내용의 급부를 내용으로 하며, 주된 급부의 이행이 없으면 그것을 이행함으로써 주된 채무를 담보하는 채무를 말한다.[1] 이에 따라 보증인은 주채무자가 이행하지 아니하는 채무를 이행할 의무가 있다(민법 제428조 제1항).

보증채무는 주채무와는 독립된 별개의 채무로 되어 있지만, 주채무의 이행을 담보하는 것을 목적으로 하는 점에서 주채무에 종속하는 성질을 가지고 있다.[2] 보증채무는 통상 보증인과 채권자 사이의 계약으로 성립한다.

2. 보증채무의 법적 성질

가. 부종성

보증채무는 주된 채무에 대하여 종된 채무로서의 성질을 가지며, 그것과 내용을 같이한다. 그러므로 보증채무는 주된 채무의 존재를 전제로 하여 성립하며 존속한다.

따라서 주채무가 존재하지 않으면 보증채무도 성립하지 않으며, 주채무가 변제·대물변제 등에 의하여 소멸하면 보증채무도 소멸한다. 주채무가 무효이거나 취소된 경우에도 보증채무는 소멸한다.[3] 주채무에 대한 소멸시효가 완성된 경우에는 시효완성의 사실로 주채무가 소멸된다. 그러므로 보증채무의 부종성에 따라 보증채무 역시 당연히 소멸되는 것이 원칙이다.[4] 주채무자에 대한 시효의 중단은 보증인에 대하여 그 효력이 있다(민법 제440조).

보증채무는 주채무에 부종하여 성립·존속하므로 주채무를 초과하는 보증채무는 인정되지 않는다(내용에서의 부종성). 보증계약은 원칙적으로 주계약의 범위를 초과할 수 없으며, 초과된 부분은 무효로 된다.[5] 또한 보증인의 부담이 주채무의 목적이나 형태보

---

1) 지원림, 『민법강의 제7판』, 홍문사, 2009, 1149면.
2) 김준호, 『민법강의』, 법문사, 2009, 1091면.
3) 지원림, 상계서, 1151면.
4) 대법원 2018.5.15 선고, 2016다211620 판결.

다 중한 때에는 주채무의 한도로 감축한다(민법 제430조).

그리고 보증인은 주채무자의 항변사유로 채권자에게 대항할 수 있다(민법 제433조). 주채무자가 채권자에 대하여 취소권 또는 해제권이나 해지권이 있는 동안은 보증인은 채권자에 대하여 채무의 이행을 거절할 수 있다(민법 제435조).

보증에 관하여 민법에 대한 특례로 보증인 보호를 위한 특별법(이하 '보증인보호법'이라 한다)이 있다. 보증인보호법에서는 보증계약을 체결할 때에는 보증채무최고액을 서면으로 특정해야 하고, 보증기간의 약정이 없는 때에는 그 기간을 3년으로 보고, 보증기간은 갱신할 수 있되 보증기간의 약정이 없는 때에는 계약체결 시의 보증기간을 그 기간으로 본다고 정하고 있다. 다만 보증인보호법이 규정하고 있는 '보증기간'은 특별한 사정이 없는 한 보증인이 보증책임을 부담하는 주채무의 발생기간이며, 보증채무의 존속기간을 의미한다고 볼 수 없다.[6]

나. 수반성

주채무자에 대한 채권이 이전되면 원칙적으로 보증인에 대한 채권도 이전되는데, 이 때 채권양도의 대항요건도 주채권의 이전에 관하여 구비하면 족하고, 별도로 보증채권에 관하여 대항요건을 갖출 필요는 없다. 주채무자에 대한 채권만을 이전하기로 하는 특약이 있다면 보증채무가 소멸하는 반면, 보증인에 대한 채권만을 이전하기로 하는 특약은 무효이다.[7]

또한 주채무자의 사망으로 상속이 개시되어 주채무자의 변동이 생기는 경우에, 보증채무는 원칙적으로 존속한다. 채권자의 의사와 관계 없이 개시되는 상속의 경우 보증채무를 소멸시키는 것이 채권자에게 가혹하기 때문이다.[8]

다. 독립성

보증채무는 주된 채무에 대하여 부종성을 가지지만, 주된 채무와 별개의 독립한 채무이다. 즉 보증인은 주된 채무가 이행되지 않는 경우의 책임[9]만을 부담하는 것이 아

---

5) 이은영, 『채권각론』, 박영사, 2009, 540~541면.
6) 대법원 2020.7.23 선고, 2018다42231 판결.
7) 지원림, 전게서, 1153면.
8) 이은영, 상게서, 543면.
9) 물상보증인은 타인의 채무를 담보하기 위하여 자기 물건을 담보로 제공하고, 채무의 이행이 없으면 그가

니라 독립한 채무를 부담한다.[10]

보증채무는 주채무와는 별개의 채무다. 그렇기 때문에 보증채무 자체의 이행지체로 인한 지연손해금은 보증한도액과는 별도로 부담한다.[11]

라. 보충성

(1) 개 념

보증인은 주채무자가 이행하지 않는 채무의 이행의무를 지는데, 이와 같이 주채무자의 이행이 우선하고 그의 이행이 없는 때에 보증인이 이행하도록 하는 것을 **보충성**이라 한다.[12]

채권자는 변제기가 도래하면 주채무자와 보증인에게 동시에 또는 순차로 채무의 이행을 청구할 수 있고, 채권자가 보증인에게 먼저 채무의 이행을 청구하면 보증인은 보충성에 기한 항변권을 갖는다.

(2) 최고·검색의 항변권

채권자가 보증인에게 채무의 이행을 청구한 때에는 보증인은 주채무자의 변제자력이 있는 사실 및 그 집행이 용이할 것을 증명하게 하여 먼저 주채무자에게 청구하라고 항변할 수 있는 것이 **최고의 항변권**이고, 주채무자의 재산에 대하여 집행할 것을 항변할 수 있는 것이 **검색의 항변권**이다(민법 제437조).

그러나 보증인이 주채무자와 연대하여 채무를 부담하는 연대보증에서는 위 항변권이 인정되지 않는다(민법 제437조 단서).

보증인의 항변에도 불구하고 채권자의 해태로 인하여 채무자로부터 전부나 일부의 변제를 받지 못한 경우에는 채권자가 해태하지 아니하였으면 변제받았을 한도에서 보증인은 그 의무를 면한다(민법 제438조).

제공한 담보물이 실행을 당한다는 의미에서 물건 책임을 질 뿐, 채무를 부담하지 않는다.
10) 지원림, 상게서, 1153면.
11) 대법원 2003.6.13 선고, 2001다29803 판결.
12) 이은영, 전게서, 541면.

3. 보증채무의 효력

(1) 보증채무의 내용

보증채무의 내용은 주채무의 그것과 동일하다. 따라서 주채무는 원칙적으로 대체적 급부를 내용으로 하는 것이어야 한다.[13]

(2) 보증채무의 범위

보증채무는 주채무자의 이자, 위약금, 손해배상 기타 주채무에 종속한 채무를 포함한다. 보증인은 그 보증채무에 관한 위약금 기타 손해배상액을 예정할 수 있다(민법 제429조). 보증채무는 주채무와 별개의 채무이기 때문에 보증채무 자체의 이행지체로 인한 지연손해금은 보증액 한도와 별도로 부담한다.[14]

(3) 주채무의 시효중단

주채무자에 대한 시효의 중단은 보증인에 대하여 그 효력이 있다(민법 제440조). 이는 시효중단은 당사자 및 그 승계인 간에만 효력이 있다는(민법 제169조) 것에 대한 예외를 규정한 것으로, 채권자 보호 내지 채권담보의 확보를 위한 취지에서 특별히 정한 것이다.[15]

그러나 보증인에게 생긴 사유는 주채무자에게 그 효력이 없다. 따라서 보증인에 대한 시효중단사유가 있더라도 주채무의 소멸시효가 중단되지는 않는다.[16]

한편 재판의 확정에 의한 시효기간의 연장 효력은 보증채무에는 미치지 않는다.[17]

(4) 구상권

보증인이 자기의 출재로 공동면책을 얻은 때에는, 그는 당연히 주채무자에 대하여 구상권을 가진다.[18]보증인의 구상권은 사전구상권과 사후구상권이 있다.

한편, 수탁보증에 있어서 주채무자가 면책행위를 하고도 그 사실을 보증인에게 통지

---

13) 지원림, 전게서, 1158면.
14) 대법원 2000.4.11 선고, 99다12123 판결.
15) 김준호, 전게서 1102면. 대법원 2005.10.27.선고, 2005다35554 판결.
16) 대법원 2002.5.14 선고, 2000디62476 판결.
17) 대법원 2006.8.24 선고, 2004다26287 판결.
18) 송덕수,『신민법강의』, 박영사, 2009, 995면.

하지 아니하고 있던 중에 보증인도 사전통지를 하지 아니한 채 이중의 면책행위를 한 경우 보증인은 주채무자에 대하여 제446조에 의하여 자기의 면책행위의 유효를 주장할 수 없다.[19]

(5) 근보증

1) 의의

근보증이란 일정한 계속적 거래관계로부터 발생하는 일체의 채무를 보증하기로 하는 계약을 말한다(민법 제428조의3).

또한 근보증은 채권자와 주채무자 사이의 특정한 계속적 거래계약뿐만 아니라 그 밖에 일정한 종류의 거래로부터 발생하는 채무 또는 특정 원인에 기하여 계속적으로 발생하는 채무에 대하여도 할 수 있다.[20]

계속적 보증계약에서 주채무자가 신의칙에 반하는 사정으로 인하여 과다하게 발생한 경우에는 보증인의 책임을 합리적인 범위 내로 제한할 수 있으나, 보증한도액이 정하여져 있는 경우에는 그 보증한 한도내의 채무가 잔존하고 있는 이상 그 보증한도에서 책임을 진다.[21]

2) 보증계약의 방식

보증하는 채무의 최고액을 일정한 서면에 의하여 특정하여야 하고, 서면으로 특정하지 아니한 보증계약은 효력이 없다(민법 제428조의3). 또한 인터넷과 휴대폰 등 전자적 형태로 한 전자보증계약도 효력이 없다.

3) 보증채무의 확정

계속적 채권관계에서 발생하는 주계약상의 불확정채무에 대하여 보증한 경우 그 보증채무는 통상적으로 주계약상의 채무가 확정된 때에 확정된다.[22]

---

19) 대법원 1997.10.10 선고, 95다46265 판결.
20) 대법원 2013.11.14 선고, 2011다29987 판결.
21) 대법원 1995.6.30 선고, 94다40444 판결.
22) 대법원 2013.7.11 선고, 2013다22454 판결.

4) 계속적 보증계약에서 보증인의 해지권 유무

계속적 보증계약에서 보증인의 주채무자에 대한 신뢰가 깨어지는 등 보증인으로서 보증계약을 해지할 만한 상당한 이유가 있는 경우 보증인은 일방적으로 이를 해지할 수 있다.[23]

(6) 채권자의 정보제공의무와 통지의무

채권자는 보증계약을 체결하거나, 갱신할 때, 채무자의 신용정보와 연체상태를 보증인에게 알려야 하고, 채무자가 3개월 이상 연체되면 채권자는 의무적으로 보증인에게 연체사실을 통지하여야 한다. 또한 채권자는 보증인의 청구가 있으면 주채무의 내용 및 그 이행여부를 알려야 한다.

채권자가 위 규정에 위반하여 보증인에게 손해를 입힌 경우에는 보증채무를 감경하거나 면제할 수 있다(민법 제436조의2).

제 2 절 　**국세기본법상 관련 내용**

1. 제2차 납세의무 개요

가. 의 의

제2차 납세의무는 원래의 납세의무자(주된 납세의무자)가 조세를 체납한 경우에 그 재산에 대하여 체납처분을 하여도 징수하여야 할 조세에 부족이 있다고 인정되는 경우 그 납세의무자와 일정한 관계에 있는 제3자에 대하여 원래의 납세의무자로부터 징수할 수 없는 세액을 한도로 보충적으로 납세의무를 부담하게 하는 제도이다.[24]

제2차 납세의무제도는 과세관청의 입장에서 납세자의 징수회피행위에 대하여 신속하고 효과적으로 대처할 수 있어 조세의 징수확보 측면에서 실효성 있는 제도이나, 납세의무자의 입장에서는 타인이 체납한 조세에 대하여 불시에 납부책임을 지게 되어 사

---

23) 대법원 2003.1.24 선고, 2000다37937 판결.
24) 대법원 1982.12.14 선고, 82다192 판결.

법상의 거래안전을 크게 해칠 우려가 있는 제도이기도 하다.[25]

한편 제2차 납세의무가 성립하기 위하여는 주된 납세의무자의 체납 등 그 요건에 해당되는 사실이 발생하여야 하는 것이므로, 그 성립시기는 적어도 주된 납세의무의 납부기한이 경과한 이후라고 해야 한다.[26]

나. 제2차 납세의무의 부종성

제2차 납세의무는 본래의 납세의무를 대신하는 것이기 때문에 주된 납세의무의 존재를 전제로 하여 성립하고 주된 납세의무에 관하여 생긴 사유는 제2차 납세의무에도 그 효력이 있다. 따라서 주된 납세의무가 무효이거나 취소되면 제2차 납세의무도 무효로 되고 주된 납세의무의 내용에 변경이 생기면 제2차 납세의무의 내용도 변경되며, 주된 납세의무가 소멸하면 제2차 납세의무도 소멸한다. 이러한 성질을 민법상 보증채무의 경우에 비유하여 제2차 납세의무의 부종성이라고 한다.[27]

한편, 국세에 관한 제2차 납세의무는 그 발생, 소멸에 있어 주된 납세의무에 부종하는 것이므로 주된 납세의무자에 대한 시효의 중단은 제2차 납세의무자에 대하여도 그 효력이 있다.[28]

다. 제2차 납세의무의 보충성

제2차 납세의무는 본래의 납세의무에 대신하는 것이기 때문에 본래의 납세의무자에 대하여 체납처분을 집행하여도 징수하여야 할 세액이 부족하다고 인정될 경우에 한하여 그 부족액을 한도로 하여 인정된다.[29]

제2차 납세의무자로부터 징수할 금액은 주된 납세자에 대한 체납처분을 종결하기 전이라도 징수할 금액에 부족하다고 인정되는 범위 내에서 납부통지를 할 수 있다(국징통칙 12-0…5).

즉, 제2차 납세의무가 성립하기 위하여는 주된 납세의무에 징수부족액이 있을 것을 요건으로 하지만, 일단 주된 납세의무가 체납된 이상 그 징수부족액의 발생은 반드시

---

25) 임승순, 전게서, 94면.
26) 대법원 2005.4.15 선고, 2003두13083 판결.
27) 임승순, 전게서, 99면.
28) 대법원 1985.11.12 선고, 85누488 판결.
29) 임승순, 전게서, 99면.

주된 납세의무자에 대하여 현실로 체납처분을 집행하여 부족액이 구체적으로 생기는 것을 요하지 아니하고, 다만 체납처분을 하면 객관적으로 징수부족액이 생길 것으로 인정되면 족하다고 할 것이다.[30]

2. 제2차 납세의무 유형

가. 청산인 등의 제2차 납세의무

법인의 청산이란 해산한 법인의 잔무를 처리하고 재산을 정리하여 권리능력을 완전히 소멸시키는 절차를 말하며, 법인이 해산하면 해산법인의 이사에 갈음하여 청산인이 대내적으로 청산법인의 사무를 집행하고 대외적으로 청산법인을 대표한다.

법인이 해산한 경우에 그 법인에 부과되거나 그 법인이 납부할 국세 및 강제징수비를 납부하지 아니하고 청산 후 남은 재산을 분배하거나 인도하였을 때에 그 법인에 대하여 체납처분을 집행하여도 징수할 금액에 미치지 못하는 경우에는 청산인 또는 청산 후 남은 재산을 분배받거나 인도받은 자는 그 부족한 금액에 대하여 제2차 납세의무를 진다(국세기본법 제38조).

(1) 법인이 해산한 경우

법인이 해산한 경우는 ① 주주총회 기타 이에 준하는 총회 등에서 해산한 날을 정한 경우에는 그 날이 경과한 때, ② 해산한 날을 정하지 아니한 경우에는 해산결의를 한 때, ③ 해산사유(존립기간의 만료, 정관에 정한 사유의 발생, 파산, 합병) 등의 발생으로 해산하는 경우에는 그 사유가 발생한 때, ④ 법원의 명령 또는 판결에 의하여 해산하는 경우에는 그 명령 또는 판결이 확정된 때, ⑤ 주무관청이 설립허가를 취소한 경우에는 그 취소의 효력이 발생하는 때 등이다.

(2) 청산인의 직무

청산인의 직무로는 현존사무의 종결, 채권의 추심 및 채무의 변제, 잔여재산의 인도가 있다(민법 제87조).

---

30) 대법원 1996.2.23 선고, 95누14756 판결.

(3) 잔여재산의 인도

해산한 법인의 재산은 정관으로 정한 자에게 귀속한다. 정관으로 귀속권리자를 지정하지 아니하거나 이를 지정하는 방법을 정하지 아니한 때에는 이사 또는 청산인은 주무관청의 허가를 얻어 그 법인의 목적에 유사한 목적을 위하여 그 재산을 처분할 수 있다. 이상의 방법으로 처분되지 아니한 재산은 국고에 귀속한다(민법 제80조).

(4) 청산인 등 제2차 납세의무의 한도

제2차 납세의무는 청산인의 경우 분배하거나 인도한 재산의 가액[31]을 한도로 하고, 그 분배 또는 인도를 받은 자의 경우에는 각자가 받은 재산의 가액을 한도로 한다.

나. 출자자의 제2차 납세의무

(1) 개 요

법인의 재산으로 그 법인에 부과되거나 그 법인이 납부할 국세 및 강제징수비에 충당하여도 부족한 경우에는 그 국세의 납세의무 성립일 현재 무한책임사원으로서 합명회사의 사원, 합자회사의 무한책임사원, 주주 또는 합자회사의 유한책임사원, 유한책임회사의 사원, 유한회사의 사원에 해당하는 사원 1명과 그의 특수관계인 중 일정한 자로서 그들의 소유주식 또는 출자액의 합계가 해당 법인의 발행주식 총수 또는 출자총액의 100분의 50을 초과하면서 그 법인의 경영에 대하여 지배적인 영향력을 행사하는 자들(과점주주)은 그 부족한 금액에 대하여 제2차 납세의무를 진다(국세기본법 제39조).

입법목적은 비상장법인의 실질적 운영자인 과점주주가 회사의 수익을 자신에게 귀속시키고 그 손실은 회사에 떠넘김으로써 법인격을 악용할 우려가 크므로 이를 방지하여 실질적인 조세평등을 이루기 위한 것이다.

(2) 과점주주의 범위

과점주주란 주주 또는 유한책임사원, 합자회사의 유한책임사원, 유한책임회사의 사원 1명과 그의 특수관계인 중 ① 친족관계[32], ② 경제적 연관관계, ③ 경영지배관계[33]

---

31) 재산의 가액은 청산 후 남은 재산을 분배하거나 인도한 날 현재의 시가로 한다.
32) 친족관계의 발생·소멸여부에 관하여는 국세기본법 등에 특별한 규정이 있는 경우를 제외하고는 민법에 따른다.

중 일정한 관계에 있는 자로서 그들의 소유주식 합계 또는 출자액 합계가 해당 법인의 발행주식 총수 또는 출자총액의 100분의 50을 초과하면서 그 법인의 경영에 대하여 지배적인 영향력을 행사하는 자들이다(국세기본법 제39조 제2호).

과점주주의 100분의 50을 초과하는 주식에 관한 권리행사는 반드시 현실적으로 주주권을 행사할 것을 요구하는 것이 아니며 소유 주식에 관하여 주주권을 행사할 수 있는 지위에 있으면 족하다.[34]

다. 법인의 제2차 납세의무

국세의 납부기한 만료일 현재 법인의 무한책임사원 또는 과점주주(출자자)의 재산으로 그 출자자가 납부할 국세 및 강제징수비에 충당하여도 부족한 경우에는 정부가 출자자의 소유주식 또는 출자지분을 재공매하거나 수의계약으로 매각하려 하여도 매수 희망자가 없는 경우, 법률 또는 그 법인의 정관에 의하여 출자자의 소유주식 또는 출자 지분의 양도가 제한된 경우에 그 법인은 그 부족한 금액에 대하여 제2차 납세의무를 진다(국세기본법 제40조 제1항).

법인의 제2차 납세의무는 그 법인의 자산총액에서 부채총액을 뺀 가액을 그 법인의 발행주식총액 또는 출자총액으로 나눈 가액에 그 출자자의 소유주식 금액 또는 출자액을 곱하여 산출한 금액을 한도로 한다(국세기본법 제40조 제2항).

라. 사업양수인의 제2차 납세의무

(1) 개 요

사업이 양도·양수된 경우에 양도일 이전에 양도인의 납세의무가 확정된 그 사업에 관한 국세 및 강제징수비[35]를 양도인의 재산으로 충당하여도 부족할 때에는 사업장별로 그 사업에 관한 모든 권리와 모든 의무를 포괄적으로 승계한 사업의 양수인은 그 부족한 금액에 대하여 양수한 재산의 가액을 한도로 하여 제2차 납세의무를 진다(국세 기본법 제41조 제1항).

양수한 재산의 가액이란 사업의 양수인이 양도인에게 지급하였거나 지급하여야 할

---

33) 국세기본법 시행령 제1조의2 제3항 제1호 가목 및 같은 항 제2호 가목 및 나목의 관계
34) 대법원 2008.9.11 선고, 2008두983 판결.
35) 사업용 부동산을 양도함으로써 납부하여야 할 양도소득세는 그 사업에 관한 국세에 해당하지 않는다.

금액이 있는 경우에는 그 금액, 지급할 금액이 불분명한 경우에는 양수한 자산 및 부채를 「상속세 및 증여세법」제60조부터 제66조까지의 규정을 준용하여 평가한 후 그 자산총액에서 부채총액을 뺀 가액을 말한다(국세기본법 시행령 제23조 제2항).

(2) 사업양도로 보는 경우

사업의 양도·양수란 계약의 명칭이나 형식에 관계없이 실질상 사업에 관한 권리와 의무 일체를 포괄적으로 양도·양수하는 것을 말하며, 개인간 및 법인간은 물론 개인과 법인 사이에도 사업의 양도·양수가 이루어질 수 있다.

사업의 양도·양수계약이 그 사업장 내의 시설물, 비품, 재고상품, 건물 및 대지 등 대상목적에 따라 부분별, 시차별로 별도로 이루어졌다 하더라도 결과적으로 사회통념상 사업 전부에 관하여 행하여진 것이라면 사업의 양도·양수에 해당한다(국기 통칙 41－0…1).

(3) 사업의 양도·양수로 보지 아니하는 경우

영업에 관한 일부의 권리와 의무만을 승계한 경우, 강제집행절차에 의하여 경락된 재산을 양수한 경우, 보험업법에 의한 자산 등이 강제이전의 경우는 사업의 양도·양수로 보지 아니한다.

(4) 제2차 납세의무의 한도

사업의 양도인에게 둘 이상의 사업장이 있는 경우에 하나의 사업장을 양수한 자의 제2차 납세의무는 양수한 사업장과 관계되는 국세 및 강제징수비(둘 이상의 사업장에 공통되는 국세·가산금과 체납처분비가 있는 경우에는 양수한 사업장에 배분되는 금액을 포함한다)에 대해서만 납세의무를 진다(국세기본법 시행령 제23조 제1항).

3. 제2차 납세의무자의 권리 구제

국세기본법 또는 세법에 따른 처분에 의하여 권리나 이익을 침해당하게 될 이해관계인으로 제2차 납세의무자로서 납부고지서를 받은 자는 위법 또는 부당한 처분을 받은 자의 처분에 대하여 그 처분의 취소 또는 변경을 청구하거나 그 밖에 필요한 처분을 청구할 수 있다(국세기본법 제55조 제2항).

그러나 제2차 납세의무자 지정처분만으로는 아직 납세의무가 확정되는 것이 아니고 납부통지에 의하여 고지됨으로써 구체적으로 확정되는 것이므로 그러한 지정처분은 항고소송의 대상이 되는 행정처분이라고 할 수 없다.[36]

4. 제2차 납세의무의 소멸

제2차 납세의무는 물적 납세의무 및 납세보증채무와 함께 보충적 납세의무에 속하므로 주된 납세의무가 소멸하면 제2차 납세의무도 소멸한다.

5. 납세담보

가. 의 의

납세담보란 조세채권을 보전하기 위하여 국가가 제공받는 공법상의 담보이며, 조세채무의 변제를 확보하기 위하여 과세관청이 제공받는 수단으로 인적담보와 물적담보가 있다.

인적담보는 주된 납세자가 조세채무를 이행하지 않은 경우 이의 이행을 담보하기 위하여 납세자 이외의 타인의 납세보증서를 제공받는 것으로서 타인의 재산에대하여 조세징수의 우선순위를 확보하는 것이고, 물적담보는 납세자 또는 제3자의 담보목적물을 제공받아 조세채권을 확보하는 것이다.

나. 인적납세담보

이는 납세담보로서 세무서장이 확실하다고 인정하는 보증인의 납세보증서를 제출하는 제도이다. 이러한 인적납세담보는 납세보증인의 재산력 내지 신용을 조세채권의 담보로 이용하는 것이다.

납세보증은 인적담보에 속하는 것으로 납세보증인은 주된 납세의무자의 국세 · 가산금 또는 체납처분비 등의 조세채무가 이행되지 않는 경우 그 이행의 책임을 부담하는 자이다.[37]납세보증은 납세보증계약에 의하여 성립하는 공법상의 채무로서 납세보증채

---

36) 대법원 1995.9.15 선고, 95누6632 판결.
37) 임승순, 『조세법』, 박영사, 2009, 101면.

무에 대하여 우선변제권 및 자력집행권이 인정된다.

이러한 납세보증은 담보제공방법으로서 보증서에 부합하는 서식에 따라 작성 제출된 것이라도 납세담보는 세법이 그 제공을 요구하도록 규정된 경우에 한하여 과세관청이 요구할 수 있고 따라서 세법에 근거없이 제공한 납세보증은 공법상 효력이 없다.[38]

인적납세담보는 민사보증채무와 동일하게 부종성과 보충성이 있다고 해석된다. 왜냐하면 국세징수법은 납세보증인으로부터 국세징수절차를 제2차 납세의무자로부터의 국세징수절차와 동일하게 규정하고 있을 뿐만 아니라, 세법에 특별한 규정이 있는 것을 제외하고는 납세보증과 민사채무의 보증 간에 그 법률적 성질을 다르게 이해할 이유가 없기 때문이다.[39]

따라서 과세관청이 주된 납세의무자에게 체납세액을 청구하지 아니하고 바로 납세보증인에게 한 경우에 납세보증인은 우선 주된 납세자에게 변제능력이 있다는 사실 및 주된 납세자에 대한 집행이 용이하다는 것을 증명하여 먼저 주된 납세자에게 청구할 것과 그 재산에 대하여 집행할 것을 항변할 수 있다.[40]

다. 물적납세담보

이는 납세자 또는 제3담보제공자가 제공하는 담보목적물에 의하여 그의 경제적 교환가치의 처분권을 조세채권자가 지배하는 방법으로 납세를 담보하는 제도이다.

물적담보로 제공할 수 있는 담보의 종류로는 ① 금전, ② 「자본시장과 금융투자업에 관한 법률」 제4조 제3항에 따른 국책증권 등, ③ 납세보증보험증권, ④ 은행법에 따른 은행 등의 납세보증서, ⑤ 토지, ⑥ 보험에 든 등기·등록된 건물, 광업재단, 공장재단, 선박, 항공기 또는 건설기계가 있다(국세징수법 제18조).

라. 납세담보 제공을 요구할 수 있는 사유

납기전 시작 전의 징수유예, 고지된 국세 등의 징수를 유예할 때에는 그 유예에 관계되는 금액에 상당하는 납세담보의 제공을 요구할 수 있다.

납세지 관할 세무서장은 상속세 납부세액이나 증여세 납부세액이 2천만원을 초과하

---

38) 대법원 1990.12.26 선고, 90누5399 판결.
39) 최명근, 『세법학총론』, 세경사, 2006, 536면.
40) 김두형, 『로스쿨 조세법 기초이론』, 한국학술정보(주), 2012, 312면.

는 경우에는 일정한 방법에 따라 납세의무자의 신청을 받아 연부연납을 허가할 수 있다. 이 경우 납세의무자는 담보를 제공하여야 한다(상속세 및 증여세법 제71조 제1항).

제3절 국세징수법상 관련 내용

1. 제2차 납세의무자에 대한 납부고지

관할 세무서장은 납세자의 체납액을 제2차 납세의무자 등으로부터 징수하려면 제2차 납세의무자 등에게 징수하려는 체납액의 과세기간·세목·세액 및 그 산출근거·납부기한·납부장소와 제2차 납세의무자로부터 징수할 금액 및 그 산출근거와 그 밖에 필요한 사항을 적은 납부고지서를 제2차 납세의무자 등에게 발급하여야 한다(국세징수법 제7조).

제2차 납세의무가 발생하기 위해서는 주된 납세의무자의 조세체납이 있고, 그에 대하여 체납처분을 집행하여도 그 징수할 금액에 부족이 있어야 한다. 따라서 주된 납세의무자에 대한 과세처분 이전에 한 제2차 납세의무자에 대한 납부고지는 위법하다.[41]

해당하는 자가 수인인 경우에 그들은 각자가 법인의 체납세액에 대하여 과점주주인 지위에서 다른 과점주주와 독립하여 제2차 납세의무를 부담하는 것이지, 1개의 제2차 납세의무에 관하여 그 납세의무자가 수인이 되는 경우가 아니므로 제2차 납세의무자는 각자가 법인의 체납세액 전액에 대하여 납세의무를 부담하는 것이다. 따라서 1개의 채무에 관하여 채무자가 수인인 경우에 민법 제408조의 분별의 이익[42]이 없다.[43]

2. 징수유예 등과 관계

주된 납세자의 국세에 관하여 징수를 유예한 기간 중에 있어서는 그 국세의 제2차 납세의무자에 대하여 납부통지서 또는 납부최고서를 발부하거나 체납처분을 하지 아

---

41) 임승순, 전게서, 98면.
42) 채권자는 채무자가 수인인 경우에 특별한 의사표시가 없으면 각 채권자 또는 각 채무자는 균등한 비율로 권리가 있고 의무를 부담한다.
43) 대법원 1996.12.6 선고, 95누14770 판결.

니한다. 그러나 제2차 납세의무자에 대하여 한 징수유예는 주된 납세자에 대하여 효력을 미치지 아니한다(국징 통칙 12-0…1 ①).

제4절   소득세법상 관련 내용

근저당 실행을 위한 임의경매에 있어서 경락인은 담보권의 내용을 실현하는 환가행위로 인하여 목적부동산의 소유권을 승계취득하는 것이므로, 비록 임의경매의 기초가 된 근저당설정등기가 제3자의 채무에 대한 물상보증으로 이루어졌다 하더라도 경매목적물의 양도인은 물상보증인이고, 경락대금도 경매목적물의 소유자인 물상보증인의 양도소득으로 귀속된다 할 것이다.

그리고 물상보증인의 채무자에 대한 구상권은 납부된 경락대금이 채무자가 부담하고 있는 피담보채무의 변제에 충당됨에 따라 그 대위변제의 효과로서 발생하는 것이지, 경매의 대가적 성질에 따른 것은 아니기 때문에 채무자의 무자력으로 인하여 구상권의 행사가 사실상 불가능하게 되었다고 하더라도 그러한 사정은 양도소득을 가리는데는 아무런 영향이 없다.[44]

한편, 부동산 매도인의 매매대금채권 중 매수인의 도산으로 인하여 회수불능이 되어 그 소득이 실현가능성이 전혀 없게 된 것이 객관적으로 명백한 부분은 양도가액에 포함할 수 없다.[45]

제5절   법인세법상 관련 내용

채무보증으로 인하여 발생한 구상채권은 원칙적으로 대손금의 대상 채권에 해당되지 않는다(법인세법 제19조의2 제2항).

다만, 보증인이 보증채무의 이행 당시 주채무자 및 다른 연대 보증인들이 이미 도산

---

44) 대법원 1991.5.28 선고, 91누360 판결.
45) 대법원 2002.10.11 선고, 2002두1953 판결.

하여 그들에게 집행할 재산이 없는 등 자력이 전혀 없어 보증인이 주채무자나 다른 연대보증인들에 대하여 그 변제 금원에 대한 구상권을 행사할 수 없는 상태에 있었다면 보증인의 구상채권은 회수할 수 없는 채권으로서 보증인에게 귀속된 손비의 금액으로 손금에 산입할 수 있다.[46)]

제6절 관련 사례(판례)

1. 상속재산가액에서 공제되는 보증채무 요건

가. 사실관계

상속인 갑은 상속인의 아버지 을이 사망함에 따라 을 소유의 재산을 상속받고 ○○억원을 상속세 과세가액으로 하여 상속세 ○○천만원을 신고납부하였다. 과세관청은 이에 대한 상속세 조사를 실시하고 신고누락 재산을 발견하여 추가로 상속세 ○○천만원을 결정고지하였다.

이에 대하여 갑은 상속재산 중 피상속인 을의 보증채무 ○억원을 상속재산가액에서 차감하여 ○○천만원의 상속세를 환급하여 줄 것을 청구하였으나, 과세관청은 보증채무의 경우 주채무자가 상속개시일 현재 변제불능 상태이고 상속인이 주채무자에게 구상권을 행사할 수 없는 때 공제대상에 해당된다는 이유로 경정청구 거부처분을 하였다.

나. 판결요지

상속개시 당시 피상속인이 제3자를 위하여 연대보증채무를 부담하고 있거나 물상보증인으로서의 책임을 지고 있는 경우에 주채무자가 변제불능의 무자력 상태에 있기 때문에 피상속인이 그 채무를 이행하지 않으면 안될 뿐만 아니라 주채무자에게 구상권을 행사하더라도 변제를 받을 가능성이 없다고 인정되는 때에는 그 채무금액을 상속재산가액에서 공제할 수 있는 바, 상속개시 당시 주된 채무자가 변제불능의 상태에 있는가

---

46) 대법원 2002.9.24 선고, 2001두489 판결.

아닌가는 일반적으로 주된 채무자가 파산, 화의, 회사정리 혹은 강제집행 등의 절차개시를 받거나, 사업패쇄, 행방불명, 형의 집행 등에 의하여 채무초과 상태가 상당기간 계속되면서 달리 융자를 받은 가능성이 없는가 등을 고려하여 결정하여야 할 것이다. 주채무자의 채무초과 상태가 상당기간 지속되어도 융자도 받을 수 없는 등 구상권을 행사하여도 변제받을 가능성이 없다고 보여지므로 상속재산가액에서 공제되어야 한다.[47]

다. 검 토

주채무자가 채무초과 상태가 상당기간 지속되어 융자도 받을 수 없는 등 주채무자로부터 채권을 회수하는 것이 객관적으로 어려워 변제받을 가능성이 없다고 보여지면 피상속인이 부담하고 있는 보증채무액은 상속재산가액에서 차감하여야 한다.

2. 제2차 납세의무에 대한 부과제척기간

법인의 과점주주 등이 부담하는 제2차 납세의무에 대해서는 주된 납세의무와 별도로 부과제척기간이 진행하고, 부과제척기간은 특별한 사정이 없는 한 이를 부과할 수 있는 날인 제2차 납세의무가 성립한 날로부터 5년간으로 봄이 상당하다. 한편 제2차 납세의무가 성립하기 위하여는 주된 납세의무자의 체납 등 그 요건에 해당하는 사실이 발생하여야 하므로 그 성립시기는 적어도 주된 납세의무의 납부기한이 경과한 이후라고 할 것이다.[48]

제7절   민법과 세법의 비교

세법상 제2차 납세의무자의 법리는 기본적으로 민법의 보증채무에 관한 법리가 그대로 적용된다. 따라서 보증채무의 성질이 부종성과 보충성의 법리에 따라 주된 납세

---

47) 대법원 2010.11.11 선고, 2010두16073 판결.
48) 대법원 2012.5.9 선고, 2010두13234 판결.

의무자와 일정한 관계에 있는 자에 대한 주된 납세의무자에 대한 체납처분을 집행하여도 국세 등 징수가 부족한 경우에 일정한 범위내에서 납세의무를 진다.

따라서 주된 납세의무가 무효이거나 취소되면 제2차 납세의무도 무효로 되고, 주된 납세의무가 소멸하면 제2차 납세의무도 소멸한다.

납세보증인의 보증은 그가 가진 일반재산이 강제집행되는 점 등에서 민법상의 인적 보증과 유사하지만 민법에서는 채권자와 보증인 사이에 보증계약 체결에 의하여 성립하지만, 조세채권에 있어서는 일정한 요건을 갖춘 자만이 보증인이 될 수 있다는 점에서 차이가 있다.

인적납세담보는 민사보증채무와 성질이 유사하므로 부종성과 보충성이 있다고 해석하고 있으며, 최고검색의 항변권도 있다고 보고 있다.

제2차 납세의무와 납세보증채무는 모두 보충적 납세의무이지만, 제2차 납세의무는 법률의 규정에 의하여 납세의무자를 확장하는 것임에 비하여 납세보증은 납세보증 의사에 기하여 납세의무를 부담하는 것이라는 점에서 본질적인 차이가 있다.

제**21**장

채권양도와 채무인수 및
국세환급금 양도

관련 세법규정 요약

- 국세기본법 제53조【국세환급금에 관한 권리의 양도】납세자는 국세환급금에 관한 권리를 타인에게 양도할 수 있다. 국세기본법 시행령 제43조의4 제1항【국세환급금의 양도】이에 따라 국세환급금에 관한 권리를 타인에게 양도하려는 납세자는 세무서장이 국세환급금통지서를 발급하기 전에 양도인의 주소와 성명, 양수인의 주소와 성명, 양도하려는 권리의 내용을 적은 문서로 관할 세무서장에게 양도를 요구하여야 한다.

- 소득세법 제24조 제1항, 같은법 시행령 제51조 제3항 제4호【총수입금액의 계산】사업과 관련하여 무상으로 받은 자산의 가액과 채무의 면제 또는 소멸로 인하여 발생하는 부채의 감소액은 총수입금액에 산입한다.

- 법인세법 제15조 제1항, 같은법 시행령 제11조 제6호【수익의 범위】채무의 면제 또는 소멸로 인하여 생기는 부채의 감소액은 수익의 범위에 포함된다.

- 소득세법 제88조 제1호, 같은법 시행령 제151조 제3항【양도의 범위】부담부 증여시 증여자의 채무를 수증자가 인수하는 경우 증여가액 중 그 채무액에 해당하는 부분은 양도로 본다.

제1절　민법 내용

1. 채권양도 개요

가. 채권양도의 의의

채권양도란 종래의 채권자가 채무자에 대한 채권을 동일성을 유지한 채 새로운 채권자에게 이전하는 종래의 채권자와 새로운 채권자 사이의 계약을 말한다. 즉, 채권관계의 당사자가 변경되는 경우로 법률행위에 의한 것이 채권양도이다.

채권양도는 채권자가 이행기가 도래하지 않은 채권을 양도함으로써 투하자본을 회수할 수 있거나, 담보제공 목적으로 활용이 가능하다.

한편, 기본적 채권관계가 어느 정도 확정되어 있고 그 권리의 특정이 가능하고 가까운 장래에 발생할 것임이 상당 정도 기대되는 경우의 장래채권은 이를 양도할 수 있다.[1]

나. 채권양도의 제한

채권은 양도할 수 있다. 그러나 채권의 성질이 양도를 허용하지 아니하는 때에는 그러하지 아니하다(민법 제449조). 채권자가 변경되면 급부의 내용이 전혀 달라지는 채권(예 : 특정인의 초상화를 그리게 하는 채권) 등의 경우에는 양도가 허용되지 않는다.[2]

부양청구권(민법 제979조), 재해보상청구권(근로기준법 제86조), 국가배상청구권(국가배상법 제4조) 등은 법률의 규정에 의하여 양도가 금지되고 있다.

또한 매매로 인한 소유권이전등기청구권은 특별한 사정이 없는 한 그 권리의 성질상 양도가 제한된다. 그 양도에 채무자의 승낙이나 동의를 요한다.[3]

그리고 전세권이 존속하는 동안은 전세권을 존속시키기로 하면서 전세금반환청구권만을 전세권과 분리하여 확정적으로 양도하는 것은 허용되지 않는다.[4]

---

1) 대법원 1996.7.30 선고, 95다7932 판결.
2) 송덕수, 상계서, 1008면.
3) 대법원 2001.10.9 선고, 2000다51216 판결.
4) 대법원 2002.8.23 선고, 2001다69122 판결.

다. 채권양도의 효력

채권은 양도행위에 의하여 그 동일성을 유지하면서 양도인으로부터 양수인에게 이전하며, 권리이전의 효과는 양도인과 양수인 사이의 채권양도계약만으로 발생하고, 채무자에 대한 통지 등은 채무자를 보호하기 위한 대항요건에 불과하다.[5]

채권에 종속하는 이자채권, 위약금 채권, 보증채권 등도 원칙적으로 양수인에게 이전된다. 또한 채무자는 계약의 당사자가 아니므로 채무자의 동의는 필요 없고 채무자의 의사에 반하여 한 양도도 유효하다.[6]

한편, 채무자가 채권자에게 채무변제와 관련하여 다른 채권을 양도하는 것은 특단의 사정이 없는 한 채무변제를 위한 담보 또는 변제의 방법으로 양도되는 것으로 추정할 것이지 채무변제에 갈음한 것으로 볼 것은 아니어서, 그 경우 채권양도만 있으면 바로 원래의 채권이 소멸한다고 볼 수는 없고 채권자가 양도받은 채권을 변제받은 때에 비로소 그 범위 내에서 채무가 면책된다.[7]

그리고 지명채권을 양도하였으나 양도의 원인이 되는 그 위임이 해지 등으로 효력이 소멸한 경우에는 이로써 지명채권은 양도인에게 당연히 복귀한다.[8]

라. 양도금지 특약의 효력

당사자가 채권양도의 반대의 의사를 표시한 경우에는 양도하지 못한다. 그러나 그 의사표시로써 선의의 제3자에게 대항하지 못한다(민법 제449조 제2항).

가령, 채권자 A와 채무자 B가 양도금지의 특약을 하였는데, A가 이러한 특약이 있음을 알지 못하는 선의의 제3자인 C에게 채권을 양도하였다면, B는 C에게 양도금지의 특약 있음을 주장하지 못한다.[9] 그러므로 당사자의 의사표시에 의한 채권양도금지특약은 제3자가 악의인 경우는 물론 제3자가 채권양도금지특약을 알지 못한 데에 중대한 과실이 있는 경우에도 채권양도금지특약으로 대항할 수 있다.[10]

그러나 양도금지 특약이 있는 채권이라도 압류 및 전부명령에 따라 채권이 이전될

---

5) 대법원 2012.8.30 선고, 2011다32785 판결.
6) 김준호, 『민법강의』, 법문사, 2009, 1122면.
7) 대법원 2013.5.9 선고, 2012다40998 판결.
8) 대법원 2011.3.24 선고, 2010다100711 판결.
9) 지원림, 『민법강의 제7판』, 홍문사, 2009, 1189면.
10) 대법원 2015.4.9 선고, 2012다118020 판결.

수 있고, 양도금지특약이 있는 사실에 관하여 압류채권자가 선의인가 악의인가는 전부
명령의 효력에 영향이 없다.[11]

채권관계에서 사적자치와 계약자유의 원칙에 따라 당사자가 계약 내용을 자유롭게
결정할 수 있으므로 양도금지특약을 하면 채권은 양도성을 상실하게 되고 이는 제3자
에게도 효력이 미친다. 이 때 채권양도는 원칙적으로 무효라고 보는 것이 악의의 양수
인과의 관계에서 법률관계를 보다 간명하게 처리하는 방법이다.[12]

2. 지명채권의 양도

가. 지명채권의 개념

지명채권은 채권자가 특정되어 있는 채권이며, 보통 채권이라고 하면 지명채권을 가
리킨다. 지명채권은 증권적 채권과 달리 채권의 성립·존속·행사·양도에 증서의 작
성 및 교부 등이 필요치 않다.[13]

나. 지명채권의 양도성

지명채권의 양도라 함은 채권의 귀속주체가 법률행위에 의하여 변경되는 것을 말하
며, 양도가 유효하기 위해서는 양도인이 채권을 처분할 수 있는 권한을 가지고 있어야
한다.[14]

다. 지명채권 양도의 대항요건

지명채권의 양도는 양도인이 채무자에게 통지하거나 채무자가 승낙하지 아니하면
채무자 기타 제3자에게 대항하지 못한다(민법 제450조)고 규정하여 대항요건주의를 채택
하고 있다.

대항할 수 있는 사유는 채권의 성립, 존속, 행사를 저지, 배척하는 사유(변제, 경개, 면
제, 상계, 소멸시효)를 가리킨다.[15]

---

11) 대법원 2002.8.27 선고, 2001다71699 판결.
12) 대법원 2019.12.19 선고, 2016다24284 판결.
13) 송덕수, 『신민법강의』, 박영사, 2009, 1008면.
14) 대법원 2016.7.14 선고, 2015다46119 판결.
15) 대법원 1994.4.29 선고, 93다35551 판결.

(1) 채무자에 대한 통지 또는 채무자의 승낙

1) 개 요

지명채권의 양도는 당사자인 양도인과 양수인의 합의에 의하여 행하여진다. 따라서 양도의 당사자가 아닌 채무자와 기타의 제3자는 채권양도의 사실을 알지 못하여 예측하지 못한 손해를 입을 가능성이 있다. 이에 채무자와 기타의 제3자를 보호하기 위하여 일정한 요건을 갖추지 못하면 채권양도를 가지고 이들에게 대항할 수 없도록 규정하고 있는데, 민법이 정하는 대항요건은 양도인의 통지 또는 양수인의 승낙이다.[16]

2) 채무자에 대한 통지

채권을 양도하였다는 사실을 양도인이 채무자에게 통지하여야 한다. 법적 성질은 관념의 통지여서 의사표시에 관한 규정들이 준용된다. 따라서 양도인이 직접 할 수도 있고, 채권자의 대리인에 의해서도 행하여질 수 있다. 양도 통지는 채무자에게 도달함으로써 그 효력이 생기고 통지에 조건이나 기한을 붙일 수 없다.[17]

3) 통지의 효력

채권양도에 의해 채권은 그 동일성을 유지하면서 양도인으로부터 양수인에게 이전한다. 그리고 채권의 양도에 의해 양도인에 대한 채무자의 지위가 달라진 것은 아니다. 따라서 채무자는 그 통지를 받은 때까지 양도인에 대하여 생긴 사유로써 채무의 불성립, 무효와 취소 등을 대항(주장)할 수 있다.[18]

또한 채무자에게 채권양도를 통지한 때에는 양수인의 동의가 없으면 철회하지 못한다(민법 제452조 제2항).

4) 채무자의 승낙

승낙은 채권양도의 사실에 대한 인식을 표명하는 행위이며, 그 법적 성질은 관념의 통지이다. 그리고 그 상대방은 양도인과 양수인 중 누구라도 상관없다. 승낙은 채권양도 후에 하게 되는데, 사전 승낙도 유효하다.[19] 승낙은 발송시 효력이 생긴다.

---

16) 송덕수, 전게서, 1011면.
17) 지원림, 전게서, 1196면.
18) 김준호, 전게서, 1138면.
19) 송덕수, 전게서, 1012면.

채무자는 채권양도를 승낙한 후에 취득한 양도인에 대한 채권으로써 양수인에 대하여 상계로써 대항하지 못한다.[20]

다만, 이의유보승낙의 경우에는 채무자에 대한 통지 또는 채무자의 승낙 전의 대항할 수 있는 사유로 양수인에게 대항할 수 있다.

(2) 제3자에 대한 관계

1) 선의보호주의와 대항요건주의[21]

지명채권의 양도는 양도인과 양수인의 계약만으로 효력이 발생하나, 이럴 경우 채권양도의 사실을 알지 못하는 그 채권에 대해 이해관계를 가지게 되는 제3자에게 예기치 못할 손해를 입힐 수 있는 문제가 발생한다. 이에 따라 채무자와 제3자를 보호할 필요가 있는데, 그 보호방법에 관해서 입법례가 크게 선의보호주의와 대항요건주의가 있다.

선의보호주의란 양도계약만으로 당사자뿐만 아니라 채무자 및 제3자에 대해서도 양도의 효력이 발생하는 것으로 독일 민법이 이에 속한다. 이 경우 채권양도 사실을 모르는 선의의 채무자 또는 제3자만 보호된다.

대항요건주의란 당사자에 양도계약만으로 양도의 효력이 발생하지만, 이를 채무자 또는 제3자에게 대항하기 위해서는 통지 또는 승낙을 요구하는 것으로서 일본 민법이 이를 따르고 있고, 우리 민법도 제450조에서 이를 채택하고 있다.

2) 제3자에 대한 대항요건

제3자에 대항하기 위해서는 통지나 승낙은 확정일자 있는 증서에 의하여야 한다(민법 제450조). **제3자**란 그 채권에 관하여 양수인의 지위와 양립할 수 없는 법률상의 지위를 취득한 자로 채권의 이중양수인, 채권의 질권자, 채권을 압류 또는 가압류한 양도인의 채권자, 채권의 양도인이 파산한 경우의 파산채권자 등이 이에 해당한다.[22]

확정일자란 증서에 대하여 그 작성한 일자에 관한 완전한 증거가 될 수 있는 것으로 법률상 인정되는 일자를 말한다.[23] 즉 당사자가 나중에 변경하는 것이 불가능한 확정된 일자를 가리킨다.[24]

---

20) 대법원 1984.9.11 선고, 83다카2288 판결.
21) 김준호, 전게서, 1331면.
22) 김준호, 상게서, 1141면.
23) 대법원 1988.4.12 선고, 87다카 2429 판결.

확정일자 있는 증서에 의한 통지나 승낙은 통지나 승낙행위 자체를 확정일자 있는 증서로 하여야 한다는 것을 의미한다.[25]

확정일자로는 공정증서가 대표적이고 실제에 있어서는 내용증명우편이 널리 활용되며, 법원이 강제집행의 일환으로 하는 전부명령이나 그 전제가 되는 가압류 또는 압류의 명령이 기재된 일자 있는 서면도 확정일자 있는 증서라고 할 수 있다.

가령 만약 제1양수인이 통지 또는 승낙을 확정일자 있는 증서에 의하여 하였고 제2양수인은 그렇게 하지 않았다면, 제1양수인만 적법한 채권자가 되고 제1양수인과 제2양수인 모두 통지 또는 승낙을 확정일자 있는 증서에 의하여 하였다면 판례에 의하면 통지도달순서에 따라 우열이 결정된다.[26]

즉, 채권이 이중으로 양도된 경우의 양수인 상호간의 우열은 통지 또는 승낙에 붙여진 확정일자의 선후에 의하여 결정할 것이 아니다. 채권양도에 대한 채무자의 인식 즉 확정일자 있은 양도통지가 채무자에게 도달한 일시 또는 확정일자 있는 승낙의 일시의 선후에 의하여 결정하여야 한다.[27]

3. 증권적 채권의 양도

가. 증권적 채권의 개념

증권적 채권이란 증권이 결부되어 그 성립·존속·행사·양도 등이 원칙적으로 증권에 의하여 이루어지는 채권을 말한다. 이에 해당하는 것으로는 지시채권, 무기명채권, 지명소지인출급채권이 있다.

★

담보목적의 채권양도
담보목적의 채권양도가 이루어진 경우에는 양도채권의 채무자가 그 피담보채무가 소멸되었다는 이유로 채권양수인의 양수금 청구를 거절할 수 없다.[28]

---

24) 대법원 2000.4.11 선고, 2000다2627 판결.
25) 대법원 2011.7.14 선고, 2009다49469 판결.
26) 양창수·권영준, 『권리의 변동과 구제』, 박영사, 2012, 199 – 200면.
27) 대법원 1994.4.26 선고, 93다24223 판결.
28) 대법원 1999.11.26 선고, 99다23093 판결.

나. 증권적 채권의 양도 방식

(1) 지시채권의 양도

어음·수표, 화물상환증, 창고증권 등 지시채권은 그 증서에 배서하여 양수인에게 교부하는 방식에 의한다(민법 제508조).

(2) 무기명채권의 양도

상품권, 입장권 등 무기명채권은 양수인에게 그 증서를 교부함으로써 양도의 효력이 있다(민법 제523조).

(3) 지명소지인출급채권의 양도

채권자를 지정하고 소지인에게 변제할 것을 부기한 증서는 양수인에게 그 증서를 교부함으로써 양도의 효력이 있다(민법 제525조).

4. 채무인수

가. 채무인수의 의의

채무인수란 채무의 동일성을 유지하면서 채무가 채무자로부터 채무인수인에게 이전되는 것을 말하며, 계약에 의하여 이루어진다. 채무인수에 의하여 채무자는 채무를 면하고 양수인이 동일한 채무를 부담한다.[29]

채무인수는 채권자와 제3자 사이의 계약으로 인수하여 채무자의 채무를 면하게 할 수 있으며(민법 제453조), 채무자와 제3자 사이의 계약에 의해서도 채무를 인수할 수 있다. 이 경우에는 채권자의 승낙에 의하여 그 효력이 생긴다(민법 제454조).

나. 면책적 인수와 중첩적(병존적)인수

면책적 인수라 함은 채무의 동일성을 유지하면서 이를 종래의 채무자로부터 제3자인 인수인에게 이전하는 것을 목적으로 하는 계약이다. 면책적 인수로 인하여 인수인은 종래의 채무자와 지위를 교체하여 새로이 당사자로서 채무관계에 들어서서 종래의

---

29) 김준호, 『민법강의』, 법문사, 2012, 1197면.

채무자와 동일한 채무를 부담한다.[30)]

한편, 부동산 매수인이 매매목적물에 관한 임대차보증금 반환채무 등을 인수하는 한편, 그 매매대금에서 공제하기로 약정한 경우 그 인수는 특별한 사정이 없는 한 매도인을 면책시키는 채무인수가 아니라 이행인수로 보아야 하고 면책적 채무인수로 보기 위해서는 이에 대한 채권자, 즉 임차인의 승낙이 있어야 한다.[31)]

중첩적 채무인수는 당사자의 채무는 그대로 존속하며 이와 별개의 채무를 부담하는 것을 말한다. 중첩적 채무인수에서 인수인이 채무자의 부탁 없이 채무자와의 계약으로 채무를 인수하는 것은 매우 드문 일이므로 채무자와 인수인은 원칙적으로 주관적 공동관계가 있는 연대채무관계에 있고, 인수인이 채무자의 부탁을 받지 아니하여 주관적 공동관계가 없는 경우에는 부진정연대관계가 있는 것으로 보아야 한다.[32)]

당사자의 채무인수가 면책적인가 중첩적인가 하는 것은 채무인수계약에 나타난 당사자 의사의 해석에 관한 문제이다. 다만, 면책적 인수인지 중첩적 인수인지가 분명하지 아니한 때에는 이를 중첩적으로 인수한 것으로 보아야 한다.[33)]

다. 채무인수의 효과

채무인수의 효과로서 전채무자의 채무는 그 동일성을 잃지 않고 신채무자에게 이전되고 전채무자는 채무를 면한다. 또한 인수자는 전채무자의 항변할 수 있는 사유로 채권자에게 대항할 수 있다(민법 제458조).

한편, 채권자의 승낙이 없는 경우에는 채무자와 양수인 사이에서 면책적 채무인수약정을 하였더라도 이행인수 등으로서의 효력밖에 갖지 못하여 채무자는 채무를 면하지 못한다.[34)]

라. 이행인수

이행인수란 채무자와 인수인 사이의 계약으로 인수인이 채무자의 채무를 이행할 의무를 지는 것을 말한다. 다만, 채권자는 인수인에 대해 직접 채무이행을 청구하지 못한

---

30) 대법원 1999.7.9 선고, 99다12376 판결.
31) 대법원 2015.5.29 선고, 2012다84370 판결.
32) 대법원 2009.8.20 선고, 2009다32409 판결.
33) 대법원 2002.9.24 선고, 2002다36228 판결.
34) 대법원 2012.5.24 선고, 2009다88303 판결.

다.[35)]

한편, 이행인수에 따라 특별한 사정이 없는 한 매수인이 매매대금에서 그 채무액을 공제한 나머지 금액을 지급함으로써 잔금지급의무를 다하였다고 할 것이고, 채무인수인이 근저당권의 피담보채무의 변제를 게을리 함으로써 경매절차가 개시되어 경매절차의 진행을 막기 위하여 채무를 변제하였다면 매도인은 채무인수인에 대하여 손해배상채권을 취득하는 이외에 매매계약을 해제할 수 있다.[36)]

이러한 계약해제권은 인수채무를 이행하지 아니함으로써 매매대금의 일부를 지급하지 아니한 것과 동일하다고 평가할 수 있는 특별한 사유가 있을 때 계약해제권이 발생한다.[37)]

★

계약인수

계약인수란 계약 또는 법률의 규정에 의하여 당사자 일방이 계약관계로부터 탈퇴하고 대신 제3자가 계약관계에 당사자가 되는 것을 말한다.
주택임대차법상 대항력을 갖춘 임차인의 임대차보증금 반환채권이 가압류된 상태에서 임대주택이 양도된 경우 양수인이 채권가압류의 제3채무자 지위를 승계하고, 이 경우 가압류채권자는 양수인에 대하여만 가압류의 효력을 주장할 수 있다.[38)]

제2절 국세기본법상 관련 내용

1. 국세환급금의 양도

조세환급청구권은 납세자와 과세주체간의 조세법률관계에 부수하여 발생하는 금전채권이므로 권리자가 이를 처분할 수 있도록 허용하는 것이 타당하다.[39)]

---

35) 대법원 1997.10.24 선고, 97다28698 판결.
36) 대법원 1993.2.12 선고, 92다23193 판결.
37) 대법원 2007.9.21 선고, 2006다69479 판결.
38) 대법원 2013.1.17 선고, 2011다49523 판결.
39) 소순무, 『조세소송(개정5판)』, (주)영화조세통람, 1547면.

국세환급금에 관한 권리를 타인에게 양도하려는 납세자는 국세환급금통지서를 받기 전에 양도인의 주소와 성명, 양수인의 주소와 성명, 양도하려는 권리의 내용을 적은 문서로 관할 세무서장에게 요구하여야 한다(국세기본법 제53조, 시행령 제43조의4 제1항).

이에 대하여 세무서장은 양도인이 납부할 다른 국세·가산금 또는 체납처분비가 있으면 그 국세·가산금 또는 체납처분비에 충당하고, 남은 금액에 대해서는 양도의 요구에 지체 없이 따라야 한다(구 국세기본법 제53조, 시행령 제43조의4 제2항).

한편, 국세환급금의 양도요구는 국세기본법 시행규칙 제19조에서 정한 일정한 서식의 국세환급금 양도요구서에 의하도록 규정하고 있는바, 환급받을 납세자가 위 시행규칙 소정의 서식을 사용하지 않고 일반 채권양도절차에 따라 환급금채권을 양도하고 양도통지를 하였다고 하더라도, 그 양도통지가 국세기본법 시행령에 정한 내용을 포함한 문서로 되어 있는 이상 그 양도통지는 국세기본법에 따른 적법한 양도통지로 본다.[40]

2. 충당의 시기

국세환급금채권이 확정된 이후에 양도 요구를 받은 경우에는 양도 요구를 받은 때로부터, 국세환급금채권이 확정되기 전에 미리 양도 요구를 받은 경우에는 국세환급금채권이 확정된 때로부터 지체없이 충당하여야 한다.[41]

충당이 유효한지 여부를 판단함에 있어서는 국세환급금채권이 확정된 이후에 양도 요구를 받은 경우에는 양도 요구를 받은 때로부터, 국세환급금채권이 확정되기 전에 미리 양도 요구를 받은 경우에는 국세환급금채권이 확정된 때로부터 지체없이 충당하였는지를 기준으로 판단하여야 한다.[42]

따라서 과세관청의 충당이 국세환급금채권의 양도요구를 받은 때 또는 국세환급금채권이 발생한 때로부터 30일 이내에 이루어진다면 지체 없는 충당으로 유효하다.[43]

3. 충당지체의 효력

납세자가 자신이 환급받을 국세환급금채권을 타인에게 양도한 다음 양도인 및 양수

---

40) 고성춘, 『조세법』, 도서출판 청보, 2008, 225면.
41) 대법원 2003.9.26 선고, 2002다 31834 판결.
42) 대법원 2003.9.26 선고, 2002다 31834 판결.
43) 대법원 2015.12.23 선고, 2015두 50597 판결.

인의 주소와 성명, 양도하고자 하는 권리의 내용 등을 기재한 문서로 세무서장에게 통지하여 그 양도를 요구하면, 세무서장은 양도인이 납부할 다른 체납국세 등이 있는지 여부를 조사·확인하여 체납국세 등이 있는 때에는 지체 없이 체납국세 등에 먼저 충당한 후 그 잔여금이 있으면 이를 양수인에게 지급하여야 함에도 양도요구를 받은 날로부터 무려 1년 9월이 경과한 시점에서 결손처분을 취소하고 국세 등에 환급금을 충당하였는바, 이러한 충당은 결국 양수인에게 확정적으로 귀속되어 더 이상 양도인 소유가 아닌 재산에 대하여 조세채권을 징수한 결과가 되어 그 효력이 발생하지 않는다고 보아야 할 것이다.[44]

따라서 충당할 국세 등이 있음에도 불구하고 양도에 응하거나 즉시 충당조치를 하지 아니하면 환급금의 양도가 확정적으로 이루어지는 것이므로 그후에 충당의 흠결을 들어 양수인에 대한 지급을 거절할 수 없다.[45]

4. 국세환급금의 선충당권과 압류 및 전부명령과의 관계

양도인의 요구에 의한 채권양도의 경우 양도인이 납부할 다른 국세·가산금 또는 체납처분비가 있는 경우에는 그에 충당하도록 규정하고 있는바, 국세환급금에 관한 권리가 양도된 경우가 아니고 압류 및 전부명령(轉付命令)의 경우에는 국세기본법 시행령 제42조의 적용 여부가 문제될 수 있는데, 판례에 의하면, 국세환급금채권에 대한 압류 및 전부명령은 국세환급금채권이 납세의무자 이외의 자에게 이전된다는 점에서 국세환급금채권의 양도와 유사하기는 하나, 납세의무자의 채권자에 의하여 이루어지는 채권집행으로서 납세의무자의 의사와 무관하게 이루어진다는 점에서 상이하여 이를 국세환급금채권의 양도와 동일하다고 볼 수는 없으므로, 달리 근거 규정이 없는 이상 국세환급금채권의 양도에 있어서 과세관청의 선충당권을 규정한 국세기본법 시행령 제42조 등이 국세환급금채권에 대한 압류 및 전부명령에 대하여 적용 또는 유추적용된다고 볼 수 없다.[46]

---

44) 대법원 2003.9.26 선고, 2002다31834 판결.
45) 대법원 2003.9.26 선고, 2002다31834 판결.
46) 대법원 2008.7.24 선고, 2008다19843 판결.

채권양도 관련 과세 문제

1. 채권양도와 부가가치세 과세

외상매출금은 매매 등을 원인으로 채무자에 대하여 발생하는 금전채권에 불과하여 배타적으로 소유·관리할 수 있는 권리가 아니므로 부가가치세법에 규정한 재산적 가치가 있는 권리에 해당하지 아니한다(부가 46015 – 2459, 1997.11.1).

2. 채권양도와 압류의 효력

국세체납자의 거래처에 대한 채권을 제3자에게 양도한 경우로서, 세무서장이 그 채권을 압류한 때에는 당해 채권압류통지서가 채무자에게 송달된 때까지 채권양도사실을 양도인이 채무자에게 통지하거나 채무자가 승낙하였음을 확정일자 있는 증서로 증명하지 못하는 한 당해 세무서장의 압류는 유효하다(징세 46101 – 4696, 1993.11.5).

3. 대물변제로 받은 채권의 기타소득 귀속시기

채권자가 채무변제에 갈음한 채권양도로 원래 채권의 원리금을 넘는 새로운 채권을 양수함으로써 원래의 채권이 소멸하는 경우 양수한 채권에 기하여 채권자가 원래의 채권의 원리금을 초과하는 금액을 현실로 추심한 때 기타소득이 발생한다.[47]

4. 채권양도에 따른 법인세 과세

법인이 소유하고 있는 채권은 자산에 해당하므로 채권의 양도금액은 그 대금을 청산한 날 등이 속하는 사업연도의 익금이 된다.

---

47) 대법원 2016.6.23 선고, 2012두28339 판결.

제4절 채무인수 관련 과세문제

1. 채무면제 또는 소멸에 따른 소득세와 법인세 과세

소득세법상 사업과 관련하여 무상으로 받은 자산의 가액과 채무의 면제 또는 소멸로 인하여 발생하는 부채의 감소액은 총수입금액에 산입한다(소득세법 제24조 제1항, 같은법 시행령 제51조 제3항 제4호).

법인세법상 채무의 면제 또는 소멸로 인하여 생기는 부채의 감소액은 수익의 범위에 포함된다(법인세법 제15조 제1항, 같은법 시행령 제11조 제6호).

2. 부담부증여에 의한 채무인수와 양도소득세

부담부증여시 증여자의 채무를 수증자가 인수하는 경우 증여가액 중 그 채무액에 해당하는 부분은 양도로 본다(소득세법 제88조 제1호, 같은법 시행령 제151조 제3항).

부담부증여에 있어서 증여가액 중 수증자의 인수채무액에 상당하는 부분은 양도소득세의 과세대상이 되고, 이는 이른바 면책적 채무인수로서 증여자의 채무를 소멸시키고 수증자가 채무자의 지위를 승계하는 경우는 물론, 증여자의 종전채무가 그대로 존속하는 중첩적 채무인수의 경우에도 특별한 사정이 없는 한 마찬가지이다. 또한 채권자의 승낙이 없더라도 양도소득세 과세대상에 해당한다.[48]

3. 부담부증여시 증여세 과세가액 계산

한편, 증여세 과세가액은 증여재산가액을 합친 금액에서 그 증여재산에 담보된 채무로서 수증자가 인수한 금액을 뺀 금액으로 한다(상속세 및 증여세법 제47조 제1항). 부담부증여에 있어서 수증자가 증여자로부터 인수한 채무를 증여가액에서 공제하는 이유는 경제적으로 볼 때 수증자가 증여자로부터 채무를 인수하는 것과 그 채무에 상당하는 돈을 증여자에게 지급하는 것이 마찬가지여서 증여재산 중 그 채무액에 상당하는 부분은 증여받은 것이 아니라 유상으로 양수한 것으로 보기 때문이다.

---

48) 대법원 2016.11.10 선고, 2016두45400 판결.

4. 채무인수 조건부 양도시 양도가액 계산

양도하는 자산에서 일정액의 채무가 있어 동 채무를 그 자산을 취득하는 자가 인수·변제하기로 하는 계약조건인 경우에 있어서 동 채무는 양도가액에서 공제하지 아니한다(소득 통칙 96 - 0…1).

5. 채무인수와 증여세 과세

제3자로부터 채무의 인수 또는 변제를 받은 경우에는 인수 또는 변제로 인한 이익에 상당하는 금액은 그 이익을 얻은 자의 증여재산가액이 된다(상속세 및 증여세법 제36조 제1항).

제5절 관련 사례(판례)

1. 채권양도 통지 취하의 효력

가. 사실관계

갑은 2005.12.26 ○○주식회사로부터 건설용 차량 3대를 대금 498,000,000원(부가가치세 45,300,000원 포함)에 구입하고, 2006.1.25 ○○세무서에 2005년 제2기 부가가치세 확정신고를 하고 갑은 을(갑의 채권자)에게 부가가치세 환급금 채권을 양도하고 국세기본법 제53조와 같은법 시행령 제42조 제1항에 의한 국세환급금양도요구서를 작성하여 ○○세무서에 제출하였다. 이후 갑은 채권양도 사실을 부인하면서 채권양도통지 취하서를 작성하여 ○○세무서에 제출하였고, 이에 따라 국세환급금 4,530만원을 지급하였다. 이러한 경우 당초 채권양도 통지 취하(철회)의 효력 문제이다.

나. 판결요지

갑은 국세기본법 등 관계 법령에 의한 국세환급금 양도요구서에 사자를 통하여 자신의 명의로 채권양도에 관한 취지를 표시하고 있어 채권양도 통지가 효력이 없다고 볼 수 없으며, 채권양도인인 채무자에게 채권양도를 통지한 이후에는 양수인의 동의가 없으면 그 통지를 철회할 수 없는바(민법 제452조 제1항), 이 경우 양수인 을의 동의가 없었으므로 을은 갑으로부터 국세환급금 채권을 적법하게 양수하였다고 할 것이므로 ○○세무서에서는 국세환급금 4,530만원과 지연손해금을 지급할 의무가 있다.[49]

다. 검   토

채무자가 채권양도 통지한 이후에는 양수인의 동의가 없으면 그 통지를 철회할 수 없는 바, 양수인이 동의한 사실이 없으므로 채권양도의 철회는 효력이 없어 당초 채권양도의 효력에 영향이 없으므로 채권 양수인에게 환급금이 지급되어야 한다.

2. 국세환급채권을 양도받은 전부채권자의 경정청구 행사 가능 여부

세법상 경정청구를 행사할 수 있는 자는 과세표준신고서를 법정신고기한까지 제출한 자가 이에 해당되므로 국세환급금반환채권을 이전받은 사업자는 경정청구를 할 수 없다.[50]

3. 채권양수에 의한 기타소득 발생 요건

채권자가 채무변제에 갈음한 채권양도로 원래 채권의 원리금을 넘는 새로운 채권을 양수함으로써 원래의 채권이 소멸한 것만으로는 특별한 사정이 없는 한 아직 원래의 채권에 대한 기타소득이 발생하였다고 할 수 없고, 채권자가 양수한 채권에 기하여 원래의 채권의 원리금을 초과하는 금액을 현실로 추심한 때에 비로소 원래의 채권에 대한 기타소득이 발생한다고 보아야 한다.[51]

4. 무상채권양도의 증여 해당 여부

채권양도의 법률행위에 의하더라도 부동산에 대한 담보 또는 소송상의 목적에 의하

---

49) 대법원 2008.9.11 선고, 2008다44177 판결.
50) 대법원 2014.2.11 선고, 2012두27183 판결.
51) 대법원 2016.6.23 선고, 2012두288339 판결.

여 형식적으로 채권양도하고, 여러 정황상 실질적으로 이익을 귀속시킬 목적이 있다고 보기 어려운 경우에는 증여로 볼 수 없다.[52]

제6절 **민법과 세법의 비교**

납세자가 자신이 환급받을 국세환급금채권을 타인에게 양도한 다음 양도인 및 양수인의 주소와, 성명, 양도하고자 하는 권리의 내용 등을 기재한 문서로 세무서장에게 통지하여 그 양도를 요구하면 세무서장은 양도인이 납부할 다른 체납 국세 등이 있는지 여부를 조사·확인하여 체납 국세 등이 있는 때에는 지체없이 체납 국세 등에 먼저 충당한 후 그 잔여금이 있으면 이를 양수인에게 지급하여야 한다.

민법상 채권양도는 채권자의 양도통지나 채무자의 승낙이라는 대항요건을 갖추면 채무자는 양도인에게 대항할 수 있는 사유로 양수인에게 대항할 수 없는 것이지만, 국세환급금채권의 경우에는 국세기본법에서 과세주체의 충당권 확보에 대한 이익을 위하여 내부적 절차로서 세무서장에게 선충당의무를 규정하고 있고, 이러한 선충당의무는 국가의 재정의 기초가 되는 조세의 효율적 징수를 위해 민법상 채권양도의 법리에 대한 예외가 되므로, 환급금채권이 양도된 경우에는 그 양도 통지 후에도 과세관청은 우월적 지위에 서서 양도인의 체납 국세에 우선 충당할 수 있다.[53]

그러나 환급금채권에 대하여 세무서장이 납세자로부터 적법한 양도 요구를 받았음에도 지체 없이 충당을 하지 않은 경우에는 양수인이 양수한 국세환급금은 확정적으로 양수인에게 귀속되고, 만약 그 후에 세무서장이 양도인의 체납 국세 등에 충당을 하면 이러한 충당은 결국 양수인에게 확정적으로 귀속되어 양도인 소유가 아닌 재산에 대하여 조세채권을 징수한 결과가 되어 그 효력이 발생하지 않는다.[54]

---

52) 의정부지법 2019.4.30 선고, 2017구합12525 판결.
53) 대법원 2015.12.23 선고, 2015두50597 판결.
54) 대법원 2003.9.26 선고, 2002다31834 판결.

제 **22** 장

계약의 해제와 과세처분의 효력

관련 세법규정 요약

- 국세기본법 제45조의2【경정 등의 청구】, 시행령 제25조의2【후발적 사유】과세표준신고서를 법정신고기한까지 제출한 자 또는 국세의 과세표준 및 세액의 결정을 받은 자는 최초의 신고·결정 또는 경정을 할 때 과세표준 및 세액의 계산 근거가 된 거래 또는 행위 등의 효력과 관계되는 계약이 해제권의 행사에 의하여 해제되거나 해당 계약의 성립 후 발생한 부득이한 사유로 해제되거나 취소된 경우에는 그 사유가 발생한 것을 안 날부터 3개월 이내에 결정 또는 경정을 청구할 수 있다.

- 소득세법 제21조 제10호【기타소득】계약의 위약 또는 해약으로 인하여 받는 위약금과 배상금, 부당이득 반환시 지급받는 이자는 기타소득으로 한다.

- 상속세 및 증여세법 제4조 제4항【증여세 과세대상】수증자가 증여재산(금전 제외)을 당사자 간의 합의에 따라 신고기간 이내에 반환하는 경우에는 처음부터 증여가 없었던 것으로 본다. 신고기한이 지난 후 3개월 이내에 증여자에게 반환하거나 증여자에게 다시 증여하는 경우에는 그 반환하거나 다시 증여하는 것에 대하여 증여세를 부과하지 않는다.

제1절 민법 내용

1. 계약의 의의

계약은 사법상의 일정한 법률효과의 발생을 목적으로 하는 당사자의 합의를 뜻하는 것으로, 일반적으로 채권의 발생을 목적으로 하는 채권계약을 말한다.

개인의 대부분의 생활은 계약과 밀접하게 관련되어 있다. 가령 주택을 사고 팔기도 할 경우에는 매매, 사용대차, 임대차계약에 의하게 되고, 교부수단을 이용할 경우에는 도급계약, 병원에서 치료를 받거나 기타 사무처리를 부탁할 경우에는 위임계약 등에 의한다.[1]

2. 계약의 성립

계약은 둘 이상의 계약당사자의 의사표시의 일치에 의하여 성립하는데, 이러한 의사표시의 일치를 **합의**라고 한다.

합의는 매매의 경우 매매의 객체와 대금, 임대차의 경우 임차물과 차임 등 계약의 본질적 구성부분에 관하여 합의가 이루어져야 한다. 또한 누가 당사자가 되어야 하는가 등에 관하여도 합의가 필요하다.[2]

이러한 계약은 통상 청약과 승낙으로 성립한다. 시간적으로 선행하는 당사자의 의사표시를 청약이라고 하고, 이에 대응하는 상대방의 의사표시를 승낙이라고 한다.[3]

3. 계약해제의 의의

계약의 해제란 유효하게 성립한 계약의 효력을 당사자 일방의 의사표시에 의하여 소급적으로 소멸케 하여, 계약이 처음부터 성립하지 않은 것과 같은 상태로 복귀하는 것을 말한다. 해제권은 권리자의 일방적 의사표시에 의하여 법률관계의 변동을 가져오는

---

1) 김준호, 『민법강의』, 법문사, 2009, 1242면.
2) 송덕수, 『신민법강의』, 박영사, 2009, 1120면.
3) 양창수 · 김재형, 『계약법』, 박영사, 2012, 26면.

권리이므로 형성권에 속한다.[4]

가령 A가 그 소유 건물에 대해 B와 매매계약을 체결하였는데, B가 대금의 지급을 지체할 경우 A는 B에게 대금과 지연배상을 청구할 수도 있지만, 그에 대응하여 자신도 B에 대하여 건물에 대한 소유권이전 채무를 부담하게 된다. 따라서 A는 자신의 반대급부의무를 이행하여야 하고 B의 채무에 대해서는 소송을 통해 강제집행을 하여 만족을 얻을 수 있다.

그러나 이러한 절차가 번거로우므로 A가 일방적으로 B와의 매매계약을 해소하여 계약의 구속으로부터 벗어나게 하여 주는 제도가 '해제'이다.[5]

한편, 계약금이 해약금인 경우 당사자의 일방이 이행에 착수할 때까지 계약금 교부자는 이를 포기하면서, 수령자는 그 배액을 상환하면서 매매계약을 해제할 수 있다(민법 제565조 제1항). 해제권 행사의 시기를 당사자의 일방이 이행에 착수할 때까지로 제한한 것은 당사자의 일방이 이미 이행에 착수한 때에는 그 당사자는 그에 필요한 비용을 지출하였을 것이고, 또 그 당사자는 계약이 이행될 것으로 기대하고 있는데 만일 이러한 단계에서 상대방으로부터 계약이 해제된다면 예측하지 못한 손해를 입게 될 우려가 있으므로 이를 방지하고자 함에 있다.[6]

4. 해제권의 구분

계약 또는 법률의 규정에 의하여 당사자 일방이나 쌍방이 해지 또는 해제의 권리가 있는 때에는 그 해지 또는 해제는 상대방에 대한 의사표시로 한다(민법 제543조).

해제권의 근거가 계약에 있으면 약정해제권이라고 하고 법률에 근거를 두고 있으면 법정해제권이라 한다.

한편, 부수적 채무의 불이행을 원인으로 하여 계약을 해제할 수 없지만 그 불이행으로 인하여 채권자가 계약의 목적을 달성할 수 없는 경우 또는 특별한 약정이 있는 경우에는 해제할 수 있다.[7]

---

4) 지원림, 『민법강의 제7판』, 홍문사, 2009, 1303면.
5) 김준호, 전게서, 1329면.
6) 대법원 1993.1.19 선고, 92다31323 판결.
7) 대법원 2012.3.29 선고, 2011다102301 판결.

가. 약정해제권

약정해제는 당사자의 합의에 의하여 계약을 해소할 수 있는 가능성을 유보해 둠으로써 장래의 사정변경에 대비하려는 제도이다.[8] 약정해제권을 유보한 경우에도 계약목적 등을 고려하여 특별한 해제사유를 정해 두고자 하는 경우 등이 있으므로 당사자가 어떤 의사로 해제권 조항을 둔 것인지는 결국 의사해석의 문제이다.[9]

매매계약에 있어 매매의 당사자 일방이 계약금을 교부하고 상대방이 이행에 착수할 때까지 교부자가 이를 포기하고 매매계약을 해제하는 경우(민법 제565조)가 이에 해당한다.

약정해제권의 행사의 경우에는 법정해제권의 경우와는 달리 그 해제의 효과로서 손해배상청구를 할 수 없다.[10]

나. 법정해제권

법률의 규정에 의한 **해제권**으로는 채무불이행으로서 이행지체(민법 제544조~제545조)와 이행불능(민법 제546조) 두 가지이다. 그리고 계약 각칙에서는 매매(민법 제570조 이하), 도급(민법 제668조, 제670조), 증여(민법 제555조~제557조)이다.[11]

5. 법정해제권의 발생

모든 계약에 공통되는 법정해제권의 발생은 채무불이행을 그 요건으로 한다. 그런데 채무불이행에는 여러 유형이 있으므로 그에 따라 해제권의 발생요건도 각각 다르다.[12]

채무자가 채무불이행책임을 지게 되는 요건은 둘을 들 수 있다. 하나는 객관적인 채무불이행이 있어야 한다. 민법 제390조가 정하는 「채무의 내용에 좇은 이행을 하지 아니한 때」와 민법 제544조에서 정하는 「당사자 일방이 그 채무를 이행하지 아니하는 때」이다. 그리고 다른 하나는 채무자에게 그 채무불이행에 대하여 「책임 있는 사유」가 있을 것이다.[13]

---

8) 지원림, 상게서, 1304면.
9) 대법원 2016.12.15 선고, 2014다14429 판결.
10) 대법원 1983.1.18 선고, 81다89 판결.
11) 김준호, 전게서, 1330면.
12) 지원림, 전게서, 1308면.
13) 양창수·김재형, 『계약법』, 박영사, 2012, 348면.

가. 이행지체에 의한 해제권 발생

당사자 일방이 그 채무를 이행하지 아니하는 때에는 상대방은 상당한 기간을 정하여 그 이행을 최고하고 그 기간 내에 이행하지 아니한 때에는 계약을 해제할 수 있다(민법 제544조). 채무자의 귀책사유 요건 여부와 관련하여서는 귀책사유가 필요하다는 것이 통설이다.[14]

(1) 채무자가 이행지체에 있을 것

이행지체의 발생시기는 채무이행의 확정한 기한이 있는 경우에는 채무자는 기한이 도래한 때로부터 지체책임이 있다. 채무이행이 불확정한 기한이 있는 경우에는 채무자는 기한이 도래함을 안 때로부터 지체책임이 있다(민법 제387조 제1항).

채무이행의 기한이 없는 경우에는 채무자는 이행청구를 받은 때로부터 지체책임이 있다(민법 제387조 제2항).

쌍무계약인 부동산매매계약에 있어서는 특별한 사정이 없는 한 매수인의 잔대금지급의무와 부동산매매계약에 있어서 매도인의 소유권이전등기서류 교부의무는 동시이행관계에 있다 할 것이고, 이러한 경우에 매도인이 매수인에게 지체의 책임을 지워 매매계약을 해제하려면 매수인이 이행기일에 잔대금을 지급하지 아니한 사실만으로는 부족하고, 매도인이 소유권이전등기신청에 필요한 일체의 서류[15]를 수리할 수 있을 정도로 준비하여 그 뜻을 상대방에게 통지하여 수령을 최고함으로써 이를 제공하여야 하는 것이 원칙이고, 또 상당한 기간을 정하여 상대방의 잔대금채무이행을 최고한 후 매수인이 이에 응하지 아니한 사실이 있어야 한다.[16]

다만 부동산매매계약에 있어서 매수인이 잔금지급기일까지 그 대가를 지급하지 못하면 매도인이 계약을 해제할 수 있다는 취지의 약정을 한 경우 위와 같은 약정이 매수인의 지급기한 도과 및 매도인의 해제통지만으로 계약을 해제시키기로 하는 특약이라고 볼 사정이 있는 경우에는 대금지급기한 도과 및 매도인의 해제통지로 매매계약이 해제된다.[17]

---

14) 김준호, 상계서, 1337면.
15) 일체의 서류는 등기권리증, 위임장 및 부동산 매도용 인감증명서 등 등기신청행위에 필요한 모든 구비서류를 말한다.
16) 대법원 1992.7.14 선고, 92다5713 판결.
17) 대법원 2007.11.29 선고, 2007다576 판결.

구체적으로 동시이행 관계에 있는 의무자의 일방이 이행지체를 이유로 한 해제권을 적법하게 취득하기 위하여는 그 이행제공에 표시된 이행기가 일정한 기한 내로 정하여진 경우라면 그 이행의 청구 한자가 원칙적으로 그 기간 중 이행 제공을 계속하여야 할 것이다. 일정한 일시 등과 같이 기일로 정하여진 경우에는 그 기일에 이행제공이 있어야 할 것이다.[18]

(2) 상당한 기간을 정한 이행의 최고

이행지체를 이유로 한 계약해제에서 이행의 최고는 반드시 미리 일정 기간을 명시하여 최고할 필요가 없으며, 최고한 때로부터 상당한 기간이 경과하면 해제권이 발생한다.[19]

채권자는 상당한 기간을 정하여 그 이행을 최고하여야 하는데, 상당한 기간은 채무자가 이행의 준비를 하고 이를 이행하는 데 필요한 기간을 말한다. 최고기간(催告期間)이 상당한지 여부는 거래관행 및 신의칙에 의하여 결정된다.[20] 해제권이 발생하는 시기는 원칙적으로 최고기간이 만료하는 때이다.[21]

그리고 최고기간내에 이행이 없는 경우에는 계약은 당연히 해제된다는 취지의 이행청구는 그 이행청구와 동시에 최고기간 내에 이행이 없는 것을 정지조건으로 하여 미리 해제의 의사표시를 한 것으로 본다.[22]

그러나 채무자가 미리 이행하지 아니할 의사를 표시한 경우에는 최고를 요하지 아니한다(민법 제544조 단서). 계약상 채무자가 계약을 이행하지 아니할 의사를 명백히 표시한 경우에 채권자는 신의성실의 원칙상 이행기 전이라도 이행의 최고 없이 채무자의 이행거절을 이유로 계약을 해제하거나 채무자를 상대로 손해배상을 청구할 수 있고, 채무자가 계약을 이행하지 아니할 의사를 명백히 표시하였는지 여부는 계약 이행에 관한 당사자의 행동과 계약 전후의 구체적인 사정 등을 종합적으로 살펴서 판단하여야 한다.[23]

또한 계약의 성질 또는 당사자의 의사표시에 의하여 일정한 시일 또는 일정한 기간

---

18) 대법원 1992.12.22 선고, 92다28549 판결.
19) 대법원 1994.11.25 선고, 94다35930 판결.
20) 지원림, 전게서, 1313면.
21) 송덕수, 전게서, 1185면.
22) 대법원 1981.4.14 선고, 80다2381 판결.
23) 대법원 2005.8.19 선고, 2004다53173 판결.

내에 이행하지 아니하면 계약의 목적을 달성할 수 없을 경우(정기행위)[24]에 당사자 일방이 그 시기에 이행하지 아니한 때에는 상대방은 최고를 하지 아니하고 계약을 해제할수 있다(민법 제545조).

다만, 채권자가 적법한 이행의 최고를 하였으나 채무자가 그 최고기간 또는 상당한 기간 내에 이행하지 아니한 데에 정당한 사유가 있는 경우에는 이행지체를 이유로 한 해제권 행사가 제한될 수 있다.[25]

한편, 이행거절로 인한 계약해제의 경우에는 상대방의 최고 및 동시이행관계에 있는 자기 채무의 이행제공을 요하지 않는다.[26]

즉, 부동산 매도인이 중도금의 수령을 거절하였을 뿐만 아니라 계약을 이행하지 아니할 의사를 명백히 표시한 경우 매수인은 소유권이전등기의무 이행기일까지 기다릴 필요 없이 이를 이유로 매매계약을 해제할 수 있다.[27]

나. 이행불능에 의한 해제권 발생

채무자의 책임 있는 사유로 이행이 불능하게 된 때에는 채권자는 계약을 해제할 수 있다(민법 제546조). 이 경우에는 반대채무의 이행제공을 요하지 않으며, 이행기를 기다릴 필요 없고 그때부터 최고 없이 계약을 해제할 수 있다.

채무의 이행이 불능이라는 것은 단순히 절대적, 물리적으로 불능인 경우가 아니라 사회생활에 있어서의 경험법칙 또는 거래상의 관념에 비추어 볼 때 채권자가 채무자의 이행의 실현을 기대할 수 없는 경우를 말한다.[28]

다만, 일부의 이행이 불능인 경우에는 이행이 가능한 나머지 부분만의 이행으로 계약의 목적을 달할 수 없을 경우에만 계약 전부의 해제가 가능하다.[29]

부동산을 이중매도(二重賣渡)하고 매도인이 그 중 1인(제2매수인)에게 먼저 소유권을 이전하여 준 경우에는 특별한 사정이 없는 한 다른 1인(제1매수인)에 대한 소유권이전등기의무는 이행불능상태에 있다고 할 것이다.[30]

---

24) 가령 초대장의 주문, 장례식에 보낼 화환의 주문, 연회를 위한 요리의 주문 등이 이에 속한다.
25) 대법원 2013.6.27 선고, 2013다14880 판결.
26) 대법원 2011.2.10 선고, 2010다77385 판결.
27) 대법원 1993.6.25 선고, 93다11821 판결.
28) 대법원 1996.7.26 선고, 96다14616 판결.
29) 대법원 1996.2.9 선고, 94다57817 판결.
30) 대법원 1965.7.27 선고, 65다947판결.

또한 매매목적물에 관한 근저당권의 피담보채무를 인수한 매수인이 인수채무의 일부인 근저당권의 피담보채무의 변제를 게을리함으로써 매매목적물에 관하여 근저당권의 실행으로 임의경매 절차가 개시되고 매도인이 경매절차에서 진행을 막기 위하여 피담보채무를 변제하였다면 매도인은 채무인수인에 대하여 손해배상채권을 취득하는 이외에 이 사유를 들어 매매계약을 해제할 수 있다.[31]

그러나 채무자에게 책임 없는 사유로 이행이 불능하게 된 경우에는 채권자에게 유책사유가 있든 없든 위험부담의 문제로 되며, 이행불능을 이유로 한 해제는 인정되지 않는다.[32]

매매목적물인 부동산에 근저당권설정등기나 가압류등기가 있는 경우에 매도인으로서는 근저당권설정등기나 가압류등기를 말소하여 완전한 소유권이전등기를 해 주어야 할 의무를 부담한다고 할 것이지만 매매목적물인 부동산에 대한 근저당설정등기나 가압류등기가 말소되지 아니하였다고 하여 바로 매도인의 소유권이전등기의무가 이행불능으로 된다고 할 수 없다.[33]

6. 사정변경으로 인한 해제권 발생

민법에서는 사정변경을 이유로 계약을 해제 또는 해지할 수 있는 일반규정을 두고 있지 않다. 그러나 계약의 등가(等價)관계가 심하게 파괴된 때에는 일정한 요건에 따라 해제 또는 해지할 수 있다는 것이 통설이다.[34]

구체적으로 계약 성립에 기초가 된 사정이 현저히 변경되고 당사자가 계약의 성립 당시 이를 예견할 수 없었으며, 그로 인하여 계약을 그대로 유지하는 것이 당사자의 이해에 중대한 불균형을 초래하거나 계약을 체결한 목적을 달성할 수 없는 경우에는 계약준수 원칙의 예외로서 사정변경을 이유로 계약을 해제하거나 해지할 수 있다.[35]

여기서 말하는 사정이라 함은 계약의 기초가 되었던 객관적인 사정으로서 일방 당사자의 주관적 또는 개인적인 사정을 의미하는 것은 아니다.[36]

31) 대법원 2004.7.9 선고, 2004다13083 판결.
32) 송덕수, 전게서, 1186면.
33) 대법원 2003.5.13 선고, 2000다50688 판결.
34) 김준호, 전게서, 1340면.
35) 대법원 2017.6.12 선고, 2016다249557 판결.
36) 대법원 2007.3.29 선고, 2004다31302 판결.

계속적 보증은 계속적 거래관계에서 발생하는 불확정한 채무를 보증하는 것으로 보증인의 주채무자에 대한 신뢰가 깨어지는 등 정당한 이유가 있는 경우에는 보증인으로 하여금 보증계약을 그대로 유지·존속시키는 것이 신의칙상 부당하므로 특별한 사정이 없는 한 보증인은 보증계약을 해지할 수 있다.[37]

한편 보험계약은 장기간의 보험기간 동안 존속하는 계속적 계약일 뿐만 아니라, 도덕적 위험의 우려가 있어 당사자의 윤리성과 선의성이 강하게 요구되는 특성이 있으므로 당사자 사이에 강한 신뢰관계가 있어야 한다. 따라서 보험계약의 존속 중에 당사자 일방의 부당한 행위 등으로 인하여 계약의 기초가 되는 신뢰관계가 파괴되어 계약의 존속을 기대할 수 없는 중대한 사유가 있는 때에는 상대방은 그 계약을 해지함으로써 장래에 향하여 그 효력을 소멸시킬 수 있다.[38]

7. 해제권 행사의 효과

가. 원상회복 의무

(1) 내용

당사자 일방이 계약을 해제한 때에는 각 당사자는 이행한 급부에 대하여 그 상대방에 대하여 부당이득으로 인한 원상회복의무가 있다. 따라서 계약이 해제되면 직접효과설에 의하여 그 계약의 이행으로 변동이 생겼던 물권은 당연히 그 계약이 없었던 원상태로 복귀한다.[39] 계약 해제의 효과로서 원상회복의무를 규정하는 민법 제548조 제1항 본문은 부당이득에 관한 특별규정의 성격을 가진다.[40]

그러나 제3자에 대한 소급효는 제한된다. 여기서 제3자란 일반적으로 해제된 계약으로부터 생긴 법률효과를 기초로 하여 해제 전에 새로운 이해관계를 가졌을 뿐만 아니라 등기·인도 등으로 완전한 권리를 취득한 사람을 말한다.[41] 즉, 매매계약이 해제되기 전에 부동산을 매수하여 소유권을 취득한 자가 이에 해당한다.

그러나 계약상의 채,권을 양수한 자는 제3자에 해당하지 않으므로 계약이 해제된 경

---

37) 대법원 2018.3.27 선고, 2015다12130 판결.
38) 대법원 2020.10.29 선고, 2019다267020 판결
39) 대법원 1977.5.24 선고, 75다1394 판결.
40) 대법원 2014.3.13 선고, 2013다34143 판결.
41) 대법원 2014.12.11 선고, 2013다14569 판결.

우 해제 이전에 채권을 양수한 자는 채무자로부터 이행받은 급부를 원상회복하여야 할 의무가 있다.[42]

다만, 건축공사도급계약의 경우 채무불이행으로 말미암아 해제되고 해제 당시 공사가 상당한 정도로 진척되어 이를 원상회복하는 것이 중대한 사회적, 경제적 손실을 초래하게 되며, 완성된 부분이 도급인에게 이익이 되는 경우에는 도급계약은 미완성부분에 대하여만 실효된다.[43]

한편 매매계약 당시 계약당사자 사이에 계약이 해제되면 매수인은 매도인에게 소유권이전등기를 하여 주기로 하는 약정이 있는 경우 매도인은 그 약정에 기하여 매수인에 대하여 소유권이전등기 절차의 이행을 청구할 수 있다.[44]

(2) 급부의 반환방법과 범위

각 당사자의 원상회복의무는 부당이득반환의무이며, 원물반환이 원칙이다. 그리고 제3자에 등기가 경료된 경우에는 원물반환이 불가능하므로 예외적으로 가액배상을 할 수 있다.[45]

원상회복을 위하여 이행된 급부는 부당이득으로 반환되어야 하는데 그 이익 반환의 범위는 이익의 현존 여부나 선의, 악의에 불문하고 특별한 사유가 없는 한 받은 이익 전부이다.[46]

금전반환의 경우에는 그 받은 날로부터 이자를 가하여야 한다(민법 제548조). 여기서 가산되는 이자는 원상회복의 범위에 속하는 것으로서 일종의 부당이득반환의 성질을 가지는 것이고 반환의무의 이행지체로 인한 지연손해금이 아니다[47].

따라서 부동산 매매계약이 해제된 경우 매도인의 매매대금 반환의무와 매수인의 소유권이전등기말소등기 절차이행의무가 동시이행의 관계에 있는지 여부와는 관계없이 매도인이 반환하여야 할 매매대금에 대하여는 그 받은 날로부터 민법 소정의 법정이율인 연5푼의 비율에 의한 법정이자를 부가하여 지급하여야 한다.[48] 당사자 사이에 그

---

42) 대법원 2003.1.24 선고, 2000다22850 판결.
43) 대법원 1994.11.4 선고, 94다18584 판결.
44) 대법원 1982.11.23 선고, 81다카1110 판결.
45) 대법원 2013.12.12 선고, 2013다14675 판결.
46) 양창수·김재형, 『계약법』, 박영사, 2012, 523면.
47) 대법원 2016.6.9 선고, 2015다222722 판결.
48) 대법원 2000.6.9 선고, 2000다9123 판결.

이자에 관하여 특별한 약정이 있으면 그 약정이율이 우선 적용되고, 약정이율이 없으면 민사 또는 상사 법정이율이 적용된다.[49]

다만, 원상회복의무가 이행지체에 빠진 이후의 기간에 대해서는 부당이득반환의무로서의 이자가 아니라 반환채무에 대한 지연손해금이 발생하게 되므로 거기에는 지연손해금률이 적용되어야 한다.[50]

한편, 부동산 매매계약이 해제되면 그에 따른 원상회복의무로서 매수인은 매매목적물을 매매 이전의 원상으로 복귀시켜 매도인에게 반환할 의무가 있다. 이러한 의무는 특별한 사정이 없는 한 매도인의 매매대금 반환의무와 서로 동시이행의 관계에 있다.[51]

(3) 계약해제 후 원상회복 과실상계 여부

과실상계는 불법행위로 인한 손해배상책임에 인정되는 것이고, 매매계약이 해제되어 소급적으로 효력을 잃어 원상회복의무 이행으로 반환하는 경우에는 적용되지 않는다.[52]

나. 제3자의 보호

당사자 일방이 계약을 해제한 때에는 각 당사자는 그 상대방에 대하여 원상회복의무가 있다. 그러나 제3자의 권리를 해하지 못한다(민법 제548조 제1항).

여기서 제3자란 일반적으로 그 해제된 계약으로부터 생긴 법률효과를 기초로 하여 해제 전에 새로운 이해관계를 가졌을 뿐만 아니라 등기·인도 등으로 완전한 권리를 취득한 자를 말한다.[53] 계약해제 전의 제3자는 선의·악의를 불문한다.

그 밖에 계약해제 전에 계약의 목적물을 가압류한 가압류채권자는 제548조 제1항 단서 소정의 제3자에 해당한다.[54]

즉, 해제 전에 그 해제와 양립되지 아니하는 법률관계를 가진 제3자에 대하여는 계약의 해제에 따른 법률효과를 주장할 수 없다. 이는 제3자가 그 계약의 해제 전에 계약

---

49) 대법원 2013.4.26 선고, 2011다50509 판결.
50) 대법원 2013.4.26 선고, 2011다50509 판결.
51) 대법원 1996.4.12 선고, 95다28892 판결.
52) 대법원 2014.3.13 선고, 2013다34143 판결.
53) 대법원 2007.12.27 선고, 2006다60229 판결.
54) 대법원 2000.1.14 선고, 99다40937 판결.

이 해제될 가능성이 있다는 것을 알았거나 알 수 있었다 하더라도 달라지지 않는다.[55]

가령, 부동산에 대한 매매계약이 해제되기 전에 부동산을 매수하여 소유권을 취득한 자가 이에 해당한다.[56]

그러나 계약상의 채권을 양수한 자는 제3자에 해당하지 않으므로 계약이 해제된 경우 특단의 사정이 없는 한 채무자로부터 이행받은 급부를 원상회복하여야 할 의무가 있다.[57]

한편, 계약해제로 인하여 소유권을 상실하게 된 임대인으로부터 그 계약이 해제되기 전에 임차인이 주택을 임차받아 주택의 인도와 주민등록을 마쳤다면 임차인은 민법 제548조 제1항 단서에 따라 계약해제로 인하여 권리를 침해받지 않는 제3자에 해당한다.[58]

다. 손해배상의 청구

계약의 해지 또는 해제는 손해배상의 청구에 영향을 미치지 않는다(민법 제551조).

다만, 계약이 해제되었을 때에는 손해배상의 청구도 채무불이행으로 인한 손해배상과 다를 것이 없으므로 전보배상으로서 그 계약의 이행으로 인하여 채권자가 얻을 이익, 즉 소위 이행이익을 손해로서 청구하여야 하고 그 계약이 해제되지 아니하였을 경우 채권자가 그 채무의 이행으로 소요하게 된 비용, 즉 신뢰이익의 배상은 청구할 수 없다.[59]

또한 채권자는 이행이익의 배상을 구하는 대신에 계약이 이행되리라고 믿고 지출한 비용의 배상을 채무불이행으로 인한 손해라고 볼 수 있는 한도에서 청구할 수도 있다. 이러한 지출비용의 배상은 이행이익의 범위를 초과할 수 없다.[60]

계약해제로 인한 손해배상책임은 채무불이행으로 인한 손해배상책임과 다를 것이 없으므로 상대방에게 고의 또는 과실이 없을 때에는 배상책임을 지지 않는다.[61]

---

55) 대법원 2010.12.23 선고, 2008다57746 판결.
56) 대법원 1999.9.7 선고, 99다14877 판결.
57) 대법원 2003.1.24 선고, 2000다22850 판결.
58) 대법원 2003.8.22 선고, 2003다12717 판결.
59) 대법원 1983.5.24 선고, 82다카1667 판결.
60) 대법원 2017.2.15 선고, 2015다235766 판결.
61) 대법원 2016.4.15 선고, 2015다59115 판결.

한편, 약정해제는 상대방의 채무불이행을 원인으로 하는 것이 아니므로 손해배상청구권은 발생하지 않는다.

8. 합의해제

계약의 해제는 해제권을 가지는 자의 일방적 의사표시로 계약을 실효시키는 단독행위이다. 반면에 **합의해제**는 해제권의 유무와 상관없이 당사자의 합의로 종전 계약을 해소하여 원상으로 회복시키는 것을 내용으로 하는 새로운 계약이다.[62]

합의해제는 해제권의 유무에 불구하고 계약 당사자 쌍방이 합의에 의하여 기존의 계약의 효력을 소멸시켜 당초부터 계약이 체결되지 않았던 것과 같은 상태로 복귀시킬 것을 내용으로 하는 새로운 계약으로서 그 효력은 그 합의의 내용에 의하여 결정되며,[63] 합의가 성립하기 위해서는 쌍방 당사자의 표시행위에 나타난 의사의 내용이 객관적으로 일치하여야 한다.

따라서, 합의해제시에 손해배상에 관한 특약이 없는 한 채무불이행으로 인한 손해배상을 청구할 수 없고[64], 당사자간에 약정이 없는 이상 합의해제로 인하여 반환할 금전에 그 받은 날로부터 이자를 지급하여야 할 의무도 없다.

한편 채무자와 제3채무자 사이의 기본적 계약관계인 도급계약이 해지된 이상 그 계약에 의해서 발생한 보수채권은 소멸하게 된다. 다만 도급계약 해지 전에 확정된 전부명령의 효력은 피압류채권의 기초가 된 도급계약이 해지되기 전에 발생한 보수채권에는 미치지 않는다.[65]

매매계약이 합의해제된 경우에도 매수인에게 이전되었던 소유권은 당연히 매도인에게 복귀하는 것이므로 합의해제에 따른 매도인의 원상회복청구권은 소유권에 기한 물권적 청구권이라 할 것이므로 소멸시효의 대상이 되지 아니한다.[66]

계약의 합의해제의 경우에도 민법 제548조의 제3자 보호규정이 적용된다.[67]

---

62) 대법원, 2009.2.12 선고, 2008다71926 판결.
63) 대법원 1996.7.30 선고, 95다16011 판결.
64) 대법원 2013.11.28 선고, 2013다8755 판결.
65) 대법원 2006.11.26 선고, 2003다29456 판결.
66) 대법원 1982.7.27 선고, 80다2968 판결.
67) 대법원 2005.6.9 선고, 2005다6341 판결.

9. 계약의 해제와 취소권 행사

매도인이 매수인의 중도금 지급채무 불이행을 이유로 매매계약을 적법하게 해제한 후라도 매수인으로서는 상대방이 한 매매계약의 효과로서 발생하는 손해배상책임을 지거나 매매계약에 따른 계약금의 반환을 받을 수 없는 불이익을 면하기 위하여 착오를 이유로 한 취소권을 행사하여 매매계약 전체를 무효로 돌리게 할 수 있다.[68]

제2절 국세기본법상 관련 내용

1. 계약해제와 세법상 효과

계약이 해제되면 계약의 효력은 소급하여 당초부터 발생하지 아니하므로 세법상 납세의무자는 국세기본법 제45조의2 제2항의 후발적 경정청구 사유에 의하여 경정청구를 할 수 있다.

2. 경정청구

가. 통상적 경정청구

과세표준신고서를 법정신고기한까지 제출한 자는 과세표준신고서에 기재된 과세표준 및 세액(각 세법에 따라 결정 또는 경정이 있는 경우에는 해당 결정 또는 경정 후의 과세표준 및 세액을 말한다)이 세법에 따라 신고하여야 할 과세표준 및 세액을 초과할 때, 과세표준신고서에 기재된 결손금액 또는 환급세액(각 세법에 따라 결정 또는 경정이 있는 경우에는 해당 결정 또는 경정 후의 결손금액 또는 환급세액을 말한다)이 세법에 따라 신고하여야 할 결손금액 또는 환급세액에 미치지 못할 때에는 최초신고 및 수정신고한 과세표준 및 세액(각 세법에 따른 결정 또는 경정이 있는 경우에는 그 결정 또는 경정 후의 과세표준 및 세액을 말한다)의 결정 또는 경정을 법정신고기한이 지난 후 3년(각 세법에 따른 결정 또는 경정이 있는 경우에는 이의

---

68) 대법원 1996.12.6 선고, 95다24982 판결.

신청·심사청구 또는 심판청구기간을 말한다) 이내에 관할 세무서장에게 청구할 수 있다(국세기본법 제45조의2 제1항).

나. 후발적 경정청구

(1) 취지

후발적 사유의 발생으로 말미암아 과세표준 및 세액의 산정기초에 변동이 생긴 경우 납세자로 하여금 그 감액을 청구할 수 있도록 함으로써 납세자의 권리구제를 확대하려는 데 있다.[69]

(2) 내용

과세표준신고서를 법정신고기한까지 제출한 자 또는 국세의 과세표준 및 세액을 결정을 받은 자는 최초의 신고·결정 또는 경정을 할 때 과세표준 및 세액의 계산 근거가 된 거래 또는 행위 등의 효력과 관계되는 계약이 (국세의 법정신고기한 후에) 해제권의 행사에 의하여 해제되거나 해당 계약의 성립 후 발생한 부득이한 사유로 해제되거나 취소된 경우에는 그 사유가 발생한 것을 안 날부터 3개월 이내에 결정 또는 경정을 청구할 수 있다(국세기본법 제45조의2 제2항 제5호, 시행령 제25조의2 제2호).

이 경우 계약이 해제권의 행사에 의하여 해제된 경우에 합의해제는 포함되지 않는다고 보고, 계약의 성립 후 부득이한 사유로 인하여 해제되거나 취소된 경우란 사정변경에 의하여 계약내용에 구속력을 인정하는 것이 부당한 경우와 그와 유사한 객관적 사유가 있는 경우를 의미한다고 해석한다.[70]

따라서 그 해제가 계약의 이행지체, 이행불능, 불완전이행 또는 하자담보책임 등 법정해제사유로 인한 것인 때에 후발적 경정청구를 할 수 있다.[71]

한편, 다른 견해에 의하면 국세기본법 시행령에서 해제권의 행사에 의한 해제를 별도로 규정하고 있는 점에 비추어 볼 때, 해당 계약의 성립 후 발생한 부득이한 사유로 해제되는 경우를 계약의 합의해제를 의미한다고 보고 있다.

---

69) 대법원 2010.12.9 선고, 2008두10133 판결.
70) 임승순,『조세법』, 박영사, 2009, 173면.
71) 최명근,『세법학총론』, 세경사, 2006, 419면.

(3) 당초 매매대금 등의 사후감액시 경정청구 가능 여부

후발적 사유에는 사업상의 정당한 사유로 당초의 매매대금이나 용역대금을 감액한 경우도 포함된다고 봄이 타당하므로 특별한 사정이 없는 한 그 감액분은 당초의 매매대금이나 용역대금에 대한 권리가 확정된 사업연도의 소득금액에 포함하여 법인세로 과세할 수 없다.[72]

★

형사판결이 후발적 경정청구에 해당되는지 여부

형사사건의 재판절차에서 납세의무의 존부나 범위에 관한 판단을 기초로 판결이 확정되었다고 하더라도, 이는 특별한 사정이 없는 한 관세법 제38조의3 제3항 및 관세법 시행령 제34조 제2항 제1호에서 말하는 최초의 신고 또는 경정에서 과세표준 및 세액계산의 근거가 된 거래 또는 행위 등이 그에 관한 소송에 대한 판결에 의하여 다른 내용 것으로 확정된 경우에 해당한다고 볼 수 없다.[73]

제3절 부가가치세법상 관련 내용

1. 부과처분(결정) 전 재화공급계약이 합의해제시 과세처분 가능 여부

재화의 공급이 있었으나 납세의무자가 그에 대한 부가가치세 신고를 하지 아니한 경우, 과세관청이 부가가치세의 부과처분을 하기 전에 재화공급계약이 합의해제되고, 그 공급대가까지 모두 반환되었다면 재화공급계약의 효력은 소급적으로 소멸하여 재화의 공급은 처음부터 없었던 것으로 보아야 하므로, 이를 과세원인으로 하는 부가가치세의 부과처분은 할 수 없다.[74]

---

72) 대법원 2013.12.26 선고, 2011두1245 판결.
73) 대법원 2020.1.9 선고, 2018두61888 판결.
74) 대법원 1998.3.10 선고, 96누13941 판결.

2. 부과처분(결정) 후 재화공급계약이 법정해제시 과세처분의 효력

또한 해제 전에 이 사건 부과처분이 이루어졌다 하더라도 해제의 소급효로 인하여 이 사건 매매계약의 효력이 소급하여 상실되는 이상 부가가치세의 부과대상이 되는 이 사건 건물의 공급은 처음부터 없었던 셈이 되므로 과세처분은 위법하다. 납세자가 과세표준신고를 하지 아니하여 과세관청이 부과처분을 한 경우 그 후에 발생한 계약의 해제 등 후발적 사유를 원인으로 한 경정청구제도가 있다 하여 그 처분 자체에 대한 쟁송의 제기를 방해하는 것은 아니다.[75]

다만, 현행 세법상 계약해제는 당초 과세기간에 대한 후발적 경정청구 사유가 아닌 계약일이 속한 과세기간의 수정세금계산서 발급사유에 해당한다.

3. 계약의 해제로 인한 수정세금계산서 발급

계약의 해제로 인한 재화 또는 용역이 공급되지 아니한 경우에는 계약이 해제된 때에 그 작성일은 계약해제일로 적고 비고란에 처음 세금계산서 작성일을 덧붙여 적은 후 붉은 글씨로 쓰거나 음의 표시를 하여 발급하여야 한다(부가가치세법 시행령 제70조 제1항 제2호). 즉, 계약해제는 후발적 경정청구 사유가 아니라 계약해제일이 속한 과세기간의 수정세금계산서 발급사유이다.

한편, 계약 당사자가 합의해제 약정서를 작성하고, 이사회회의록에 의하여 가결되었으며, 합의해제 약정서에 기납부한 분양대금의 반환방법, 반환시기, 손해배상금의 지급여부 등이 나타나 있다면 합의해제 약정서 작성시기를 합의해제시기로 볼 수 있다.[76]

4. 계약의 해제로 인한 위약금 또는 손해배상금의 과세

공급받을 자의 해약으로 인하여 공급할 자가 재화 또는 용역의 공급 없이 받는 위약금 또는 이와 유사한 손해배상금은 과세대상이 되지 않는다(부가 통칙 1-0-2).

가령, 임차인이 사업부진으로 인해 임차기간 만료 전에 임대차계약의 해지를 요청하

---

75) 대법원 2002.9.27 선고, 2001두5989 판결.
76) 조심-2019-서-1799, 2019.8.21.

였으나 중도 임대차계약의 해지에 따른 손해배상 문제로 임대인과 다툼이 있어 법원의 결정에 따라 임차사업장을 원상복구 인도하여 부동산임대용역을 제공받지 아니하는 기간에 대하여 위약금 또는 손해배상금을 임대인에게 지급하는 경우 당해 위약금 또는 손해배상금은 부가가치세법 제1조의 규정에 의한 부가가치세 과세대상에 해당하지 아니한다(부가-1031, 2010.8.9).

다만, 재화나 용역을 공급하는 자가 이를 공급받는 자로부터 위약금의 돈을 지급받았다고 하더라도, 그 실질이 재화나 용역의 공급과 대가관계에 있는 것이라면, 이는 부가가치세의 과세표준이 되는 공급가액에 포함된다고 볼 수 있다.[77]

그러나 화장품을 수입하여 국내 소매업체 등에 판매하는 국내 사업자가 상대방 법인의 유통정책 변경에 따라 공급계약이 해지되어 상대방 법인으로부터 재화 또는 용역의 공급없이 손실에 따른 보상금을 지급받는 경우 해당 보상금은 부가가치세 과세대상에 해당하지 아니한다.[78]

5. 계속적 용역공급의 계약해지의 경우

공급단위를 구획할 수 없는 용역을 계속적으로 공급하는 것을 내용으로 하는 계약에 있어서 용역의 공급도중 당사자의 합의나 채무불이행 등으로 인해 계약관계가 종료하더라도 특별한 사정이 없는 한 이미 용역을 제공하여 공급시기가 도래함으로써 발생한 부가가치세 납세의무에는 아무런 영향을 미칠 수 없다.[79]

---

77) 대법원 2019.9.10 선고, 2017두61119 판결.
78) 사전-2016-법령해석부가-0040, 2016.2.17.
79) 대법원 2003.5.16 선고, 2001두9264 판결.

소득세법상 관련 내용

1. 기타소득세 과세

가. 위약금과 배상금

계약의 위약 또는 해약으로 인하여 받는 위약금과 배상금은 기타소득으로 한다(소득세법 제21조 제1항 제10호). 위약이란, 채무자가 계약을 준수하지 않음에 따라 발생한 채무불이행으로 말하고, 해약이란 해지 또는 해제를 말한다.[80]

'위약금과 배상금'이란 재산권에 관한 계약의 위약 또는 해약으로 받는 손해배상으로서 그 명목 여하에 불구하고 본래의 계약의 내용이 되는 지급 자체에 대한 손해를 넘는 손해에 대하여 배상하는 금전 또는 그 밖의 물품의 가액을 말한다. 이 경우 계약의 위약 또는 해약으로 반환받은 금전 등의 가액이 계약에 따라 당초 지급한 총금액은 넘지 아니하는 경우에는 지급 자체에 대한 손해를 넘는 금전 등의 가액으로 보지 아니한다(소득세법 시행령 제41조 제8항).

나. 위약금과 배상금의 요건

(1) 재산권에 관한 계약

소득세법 제21조 제1항 제10호 소정의 위약금과 배상금은 재산권에 관한 계약에 한한다. 따라서 생명, 신체, 자유, 명예, 정조, 성명, 초상 등의 인격적 이익이나 비재산적 이익의 침해로 손해를 입은 경우에 받는 손해배상금 또는 위자료는 소득세 과세대상에 해당하지 아니한다. 그러므로 교통사고로 인하여 사망 또는 상해를 입은 자나 그 가족이 피해보상으로 인하여 받은 사망, 상해보상 또는 위자료는 소득세 과세대상에서 제외된다.[81]

또한 위약 또는 해약으로 인하여 받는 위약금 또는 배상금은 "재산권에 관한 계약의 위약 또는 해약으로 받는 손해배상으로서 그 명목 여하에 불구하고 본래의 계약의 내

---

80) 국세청, 『조세법의 해석과 적용에 관한 연구』, 2011, 392면.

81) 김진오·김영진·박철영·채명성·황재훈, 『조세법판례연구』, 세경사, 2010, 28면.

용이 되는 지급 자체에 대한 손해를 넘는 손해에 대하여 배상하는 금전 또는 기타의 가액으로 한다"라고 규정하고 있는바, 조세법규의 해석은 엄격히 해석하여야 하고 확장해석 내지 유추해석은 금지된다 할 것으로서 위 법조항에서 말하는 위약 또는 해약의 대상이 되는 '계약' 내지 '재산권에 관한 계약'이라 함은 엄격한 의미의 계약만을 가리킨다 할 것이고, 따라서 이 사안에 있어 지분환급금의 지연손해금은 위 법조항에서 말하는 '계약'의 위약으로 인하여 받는 배상금이라 할 수 없다 할 것이므로 그 지연손해금은 기타소득에 해당된다 할 수 없다.[82]

한편, 퇴직금지급채무의 이행지체로 인한 지연손해금은 법소정의 재산권에 관한 계약의 위약 또는 해약으로 인하여 받는 손해배상금으로서 기타소득에 해당한다.[83]

(2) 본래의 계약의 내용이 되는 지급 자체에 대한 손해를 넘는 손해

(가) 개요

이는 일반적으로 계약 상대방의 채무불이행으로 인하여 발생한 재산의 실제 감소액을 넘는 손해배상금액, 즉 채무가 이행되었더라면 얻었을 재산의 증가액을 보전받는 것이라고 이해되고 있다.[84]

금전채무의 이행지체로 인한 지연손해금은 본래의 계약의 내용이 되는 지급자체에 대한 손해라고 할 수 없다.[85]

이에 해당되는 것으로는 원본의 사용대가가 아니라 변제기까지 금전채무를 이행하지 못한 점에 대한 손해배상금인 지연손해금이 있다.[86]

한편, 금전소비대차계약을 체결한 경우 약정 변제기까지의 이자는 이자소득에 해당하겠지만, 변제기를 지난 후의 기간에 대한 지연손해금은 위약으로 인한 기타소득에 해당한다.[87]

---

82) 대법원 1993.6.22 선고, 91누8180 판결.
83) 대법원 2006.1.12 선고, 2004두3984 판결.
84) 국세청, 『조세법의 해석과 적용에 관한 연구』, 2011, 393면.
85) 대법원 1994.5.24 선고, 94다3070 판결.
86) 국세청, 『조세법의 해석과 적용에 관한 연구』, 2011, 394면.
87) 대법원 1994.5.24 선고, 94다3070 판결.

(나) 현실적인 손해 전보 손해배상금

그러나 매수인측의 채무불이행으로 매매계약을 합의해제하면서 매도인이 매수인으로부터 손해배상금 명목으로 금원을 지급받은 경우, 즉 매도인이 입은 현실적인 손해를 전보하기 위하여 지급된 손해배상금인 경우에 그 금원은 소득세법상의 '기타소득'에 해당하지 않는다. 가령, 매매계약 해제에 따른 가옥철거비용과 임대차 관련 손해액 등을 손해배상금으로 지급받은 경우 이는 현실적인 손해를 전보하기 위하여 지급된 손해배상금으로 보는 것이 상당하다.[88]

(다) 손해배상에 대한 법정이자의 기타소득 해당 여부

부동산 매매계약의 당사자가 이행이 지체된 중도금 및 잔금을 이자부 소비대차의 목적으로 할 것을 약정하여 소비대차의 효력이 생긴 경우에는 특별한 사정이 없는 한 그 이후 지급받는 약정이율에 의한 돈은 이자가 아니라 지연손해금이므로 기타소득에 해당한다.[89]

(라) 법정이자의 기타소득 해당 여부

한편 법정이자는 이자의 일종으로서 채무불이행으로 발생하는 소비대차와는 그 성격을 달리하는 것이므로 계약의 위약 또는 해약으로 인하여 받는 위약금과 배상금에 해당하지 아니한다.[90]

다. 계약금만 수수한 상태에서 계약 해제시 계약금 과세 문제

매매계약에 있어서 계약금은 당사자 일방이 이행에 착수할 때까지 매수인은 이를 포기하고 매도인은 그 배액을 상환하여 계약을 해제할 수 있는 해약금의 성질을 가지고, 다만 당사자의 일방이 위약한 경우 그 계약금을 위약금으로 하기로 하는 특약이 있는 경우에만 손해배상액의 예정으로서의 성질을 갖는 것이다. 따라서 지급받은 매매대금을 아직까지 반환하지 않고 있다 하더라도 위약금으로 귀속되었다고 단정할 수 없어 위 매매계약금이 귀속되었음을 전제로 한 과세처분은 위법하다.[91]

---

88) 대법원 2004.4.9 선고, 2002두3942 판결.
89) 대법원 1997.3.28 선고, 95누7406 판결.
90) 대법원 1997.9.5 선고, 96누16315 판결.

라. 부당이득 반환시 지급받는 이자

법원의 계약취소 판결에 따라 계약금, 중도금을 반환 받으면서 지연이자를 함께 지급받는 경우 지연이자는 소득세법 제21조 제1항 제10호의 기타소득에 해당한다.[92]

한편, 계약해제로 인한 원상회복의무의 이행으로 금전의 반환을 구하는 소가 제기된 경우 채무자는 그 지급일부터 소장 부본 송달일까지 연 5%의 법정이자, 그 다음날부터 사실심 판결선고일까지 연 5%의 법정이자 또는 지연손해금, 그 다음날부터 다 갚을 때까지 연 20%의 지연손해금은 중 5%의 법정이자는 기타소득으로 과세할 수 없고 그 초과 부분만 위약금·배상금으로서 기타소득으로 과세할 수 있다. 즉 판결선고일 다음날부터 다 갚을 때까지 연 20%의 지연손해금 중 연 5%를 초과하는 지연손해금 부분의 과세만 적법하다.[93]

2. 계약 해제시 양도소득세 과세 문제

가. 법정해제 등에 의한 계약해제

부동산에 대한 매매계약을 체결하면서 매수인 앞으로 미리 소유권이전등기를 경료하였는데 매수인이 잔대금 지급채무를 이행하지 아니하여 매도인이 매매계약을 해제하였다면, 위 매매계약은 그 효력이 소급하여 상실되었다고 할 것이므로 매도인에게 양도로 인한 소득이 있었음을 전제로 한 양도소득세 부과처분은 위법하다.[94]

그리고 과세관청의 부과처분이 있은 후에 계약해제 등 후발적 사유가 발생한 경우 이를 원인으로 한 경정청구제도가 있다 하더라도 이와는 별도로 그 처분 자체에 관하여 다툴 수 있다 할 것이다.[95]

또한 부동산에 대한 매매계약을 체결하면서 양수인 앞으로 미리 소유권이전등기를 경료하였는데 양수인이 잔대금지급채무를 이행하지 아니하는 등으로 매매계약을 해제하거나 해제조건이 성취되었다면, 위 매매계약은 그 효력이 소급하여 상실되어 양도가 이루어지지 않는 것이 되므로 양도소득세의 과세요건이 자산의 양도가 있다고 볼 수

---

91) 대법원 1987.2.24 선고, 86누438 판결.
92) 사전-2019-법령해석소득-0228, 2019.6.24.
93) 서울고법 2017.9.15 선고, 2016누57993 판결(대법원 2018.1.31 선고, 2017두63672 심리불속행 상고기각).
94) 대법원 1985.3.12 선고, 83누243 판결.
95) 대법원 2002.9.27 선고, 2001두5972 판결.

없고, 위 부동산에 대한 제3취득자가 있어 양도인 앞으로 원상회복이 이행불능이 됨으로써 양도인이 이로 인한 손해배상청구권을 취득하더라도 이를 위 부동산의 양도로 인한 소득이라고 볼 수 없다.[96]

나. 합의해제에 의한 계약해제

부동산매매원인 무효의 소에 의하여 매매사실이 원인무효로 판결된 경우 법정해제 및 약정해제의 경우에는 양도에 해당하지 아니하는 데는 이론이 없다. 그런데 합의해제[97]의 경우 양도에 해당하는지에 대하여는 의견이 대립되어 있다.

(1) 양도에 해당한다는 견해

양도로 인한 자산의 이전이 이루어진 이상 그 원인이 된 양도계약의 합의해제는 무효·취소·해제권에 의한 해제의 경우와 달리 당초의 계약대로 적법하게 이행된 것이므로 그때 과세요건은 성립하고 나머지는 이를 확정하는 부과처분이 있을 뿐이고, 그 과세요건 성립 이후 혹은 나아가 이를 확정하는 부과처분이 행하여진 후에 합의해제가 되더라도 당초 과세처분에 아무런 영향이 없으므로 양도에 해당한다는 것이다.

또한 계약의 합의해제는 새로운 매매가 우연히 같은 당사자 사이에서 일어나는 것일 뿐이므로 처음의 매도가 과세대상인 양도에 해당함은 물론 합의해제 역시 양도에 해당한다는 것이다.

(2) 제한적으로 양도에 해당한다는 견해

법정신고기한 내의 합의해제를 허용하고 있는 증여세의 경우와 대비하여 과세관청이 과세권을 행사하여 납세의무가 확정되기 이전의 단계에서 계약이 합의해제된 경우에는 양도소득세를 부과할 수 없지만, 납세의무가 확정된 후에 합의해제된 경우에는 양도로 보아야 한다는 견해이다.

또한 합의해제의 경우 계약의 효력 여부는 순전히 당사자의 의사에 달려 있으므로 조세부과의 법적 안정성을 고려한다면 특별한 사정이 없는 한 부과처분 이후의 합의해

---

96) 대법원 2012.11.29 선고, 2011두31802 판결.
97) 합의해제는 계약당사자가 전에 맺은 계약을 체결하지 않았던 것과 같은 효과를 발생시킬 것을 내용으로 하는 새로운 계약이다. 이러한 합의해제는 하나의 계약이고, 해제와는 본질적으로 상이하므로 민법상 해제규정이 적용되지 아니하고 그 효력도 계약의 내용에 의하여 결정된다.

제는 양도에 해당한다는 것이다.

(3) 양도에 해당하지 않는다는 견해

매매계약에 의하여 소유권이전등기를 경료한 후 당해 매매계약을 해제하고 당해 소유권이전등기를 말소한 경우에는 양도소득세의 과세의 원인이 소멸되었으므로 양도소득세를 과세할 수 없다는 견해이다.

즉 과세처분 전에 해제가 되었다면 그 과세처분을 할 근거가 없게 되며, 과세처분 후에 그 과세대상인 경제적 실질이 소멸한 경우에는 그 과세처분은 근거를 잃게 된다고 할 수 있을 것이므로 계약이 해제되면 양도소득세를 부과할 수 없다는 것이다.

(4) 과세실무

양도소득세 과세대상 자산을 양도하고 양도소득세를 신고·납부한 후에는 당사자간의 합의해제로 해당 양도 계약을 취소하는 경우에도 양도소득세 과세대상이다.[98]

부동산에 대한 매매계약이 합의해제되면 매매계약의 효력은 상실되어 양도가 이루어지지 않는 것이 되므로 양도소득세의 과세요건인 자산의 양도가 있다고 볼 수 없다.[99]

다만, 부동산매매계약에 따라 잔금청산 및 소유권이전등기 후 당초 체결한 특약에 따라 매매계약을 해제하고 소유권이전등기가 말소된 경우에는 양도소득세 과세대상이 아니다.[100]

정리하면 매매계약이 성립한 후 당사자 간에 합의해제를 한 경우 양도소득세 부과대상인 자산의 양도에 해당하는지 여부는 매매계약의 이행완료 여부, 양도소득세 납세의무 성립 여부, 부과처분의 유무, 계약을 소급적으로 소멸시킬 객관적인 사정변경 또는 부득이한 사유의 유무, 합의해제의 동기 및 의도 등을 종합하여 판단하여야 한다.[101]

한편, 부동산매매계약의 해약으로 인하여 지급하는 위약금 등은 양도차익 계산시 필요경비로 공제하지 아니한다(소득통칙 97-0-6).

---

98) 양도, 기획재정부 금융세제과-174, 2017.7.12.

99) 심사-양도-2015-0099, 2016.1.21.

100) 조심 2013서2700, 2013.11.27.

101) 조심 2018전4317, 2018.12.19.

(5) 판례의 태도

양도소득세는 자산의 양도와 그에 따른 소득이 있음을 전제로 하여 과세하는 것으로서, 부동산에 대한 매매계약이 합의해제되었다면 매매계약의 효력은 상실되어 양도가 이루어지지 않는 것이 되므로 양도소득세의 과세요건인 자산의 양도가 있다고 볼 수 없다 할 것이다.[102]

즉, 양도계약을 합의해제하여 말소등기까지 경료하였다면 계약의 이행으로 인한 물권변동의 효과는 소급적으로 소멸되므로 양도소득세의 과세대상이 되는 양도는 처음부터 없었던 것으로 보아야 한다.[103]

또한 매매계약이 합의해제되고, 부동산에 대한 제3취득자가 있어 양도인 앞으로의 원상회복이 이행불능이 됨으로써 양도인이 이로 인한 손해배상청구권을 취득하더라도 이를 위 부동산의 양도로 인한 소득이라고 볼 수는 없다[104]라고 판시하였다.

즉, 이 경우에는 부과처분 이후에 합의해제로 인한 효과로 양도가 이루어지지 않은 것으로 보이는바, 부과처분 후의 합의해제는 실제로는 조세회피의 의도가 있는 경우가 많을 것이고, 조세부과의 법적 안정성 등을 고려하면[105] 문제가 있다.

판례는 또 합의해제로 인하여 그 부동산의 소유권은 등기에 관계없이 당연히 거래상대방에게 복귀하므로 소유권이전등기를 경료하지 아니하였다고 하여 부동산을 양도한 것으로 보아 양도소득세 등을 부과한 처분은 실질과세의 원칙에 위반된다[106]라고 보고 있다.

따라서 매매계약이 합의해제 되었다면 매매계약은 그 효력이 소급하여 상실되었다고 할 것이므로, 매도인에게 양도로 인한 소득이 있었음을 전제로 한 양도소득세부과처분은 위법하다.[107]

한편, 계약의 해제 등 후발적 사유를 원인으로 한 경정청구 제도가 있다 하여 그 처분 자체에 대한 쟁송의 제기를 방해하는 것은 아니므로 경정청구와 별도로 부과처분을 다툴 수 있다.[108]

---

102) 대법원 1990.7.13 선고, 90누1991 판결.
103) 대법원 1993.5.11 선고, 92누17884 판결.
104) 대법원 1989.7.11 선고, 88누8609 판결.
105) 고성춘, 『조세법』, 도서출판 청보, 2008, 108면.
106) 대법원 1995.1.12 선고, 94누1234 판결.
107) 대법원 2002.9.27 선고, 2001두5972 판결.
108) 대법원 2002.9.27 선고, 2001두5989 판결.

정리하면 양도계약이 해제되면 그 계약 이행의 완료 여부, 제3취득자의 존재로 인한 원상회복 가부, 계약해제가 부과처분 전·후 어느 시점에 있었는지 여부에 관계 없이 양도소득세 과세대상이 아닌 것으로 보는 입장을 취하고 있는 것으로 이해된다.[109]

다만, 하급심 판례에 의하면 부동산 매매계약 해제에 따른 어떠한 통보행위도 하지 아니하였고, 이러한 이행제공이 수반되지 아니한 묵시적 합의만으로는 해제의 효력이 발생하였다고 보기 어렵다[110]거나 관련 소송에서 매매계약이 합의해제 되었다고 인정되었다 하더라도 매매를 무효로 볼 수 없는 경우 양도소득세 부과는 적법하다[111]라고 본 경우도 있다.

제5절   법인세법상 관련 내용

1. 계약해제와 법인세 경정청구

가. 개요

원칙적으로 소득의 원인이 되는 권리가 확정적으로 발생하여 과세요건이 충족됨으로써 일단 납세의무가 성립하였다 하더라도 일정한 후발적 사유의 발생으로 말미암아 소득이 실현되지 아니하는 것으로 확정되었다면 당초 성립하였던 납세의무는 그 전제를 상실하여 원칙적으로 그에 따른 법인세를 부과할 수 없다.[112]

나. 후발적 경정청구 기산일

계약이 해제권의 행사에 의하여 해제되었음이 증명된 이상 그에 관한 소송의 판결에 의하여 해제 여부가 확정되지 않았다 하더라도 후발적 경정청구 사유에 해당된다(이 때 후발적 경정청구의 기산일은 계약이 해제된 시점 즉, 해제의 효력이 발생하는 해제통지의 도달시점이

---

109) 서울지방국세청, 『공정과세를 위한 법의 이해』, 2011, 34-35면.
110) 수원지방법원 2019.8.22 선고, 2019구합27 판결.
111) 서울고법 2018.11.29 선고, 2018누49897 판결.
112) 대법원 2014.3.13 선고, 2012두10611 판결.

다). 따라서 토지매매계약이 적법하게 해제되었다면 토지의 양도로 얻은 소득은 해제권 행사에 의한 계약해제라는 후발적 사유의 발생으로 말미암아 실현되지 아니하는 것으로 확정되었다 할 것이므로 이는 후발적 경정청구 사유에 해당한다. 또한 해제의 효력이 제한되는 제3자가 존재한다고 해서 이를 후발적 경정청구사유를 부정할 특별한 사정으로 보기 어렵다.[113]

즉, 계약이 해제권의 행사에 의하여 해제되었음이 입증되면 계약 해제와 관한 다툼이 있어 그 소송이 확정되지 않았다고 하더라도 후발적 경정청구를 할 수 있다.

2. 경정청구의 제한

다만, 법인세법이나 관련 규정에서 일정한 계약의 해제에 대하여 그로 말미암아 실현되지 아니한 소득금액을 그 해제일이 속하는 사업연도의 소득금액에 대한 차감사유 등으로 별도로 규정하고 있거나 경상적·반복적으로 발생하는 매출에누리나 매출환입과 같은 후발적 사유에 대하여 납세의무자가 기업회계기준이나 관행에 따라 그 해제일이 속한 사업연도의 소득금액을 차감하는 방식으로 법인세를 신고해 왔다는 등의 특별한 사정이 있는 경우에는, 그러한 계약의 해제가 당초 성립하였던 납세의무에 영향을 미칠 수 없으므로 후발적 경정청구 사유가 될 수 없다.[114]

따라서 작업진행률에 의한 익금 또는 손금이 공사계약의 해약으로 인하여 확정된 금액과 차액이 발생한 경우에는 그 차액을 해약일이 속하는 사업연도의 익금 또는 손금에 산입한다(법인세법 시행령 제69조 제3항).

3. 위약금의 법인세 손익귀속시기

매매계약의 원인에 대한 다툼으로 제기한 계약보증금반환 소송에서 대법원은 해제의 원인이 매수인에게 있다고 판단하여 계약보증금 상당액이 위약금으로 확정된 경우 해당 매매계약보증금의 손익귀속시기는 대법원 확정 판결일이 속하는 사업연도이다.[115]

---

113) 대법원 2020.1.30 선고, 2016두59188 판결.
114) 대법원 2014.3.13 선고, 2012두10611 판결.
115) 법규법인 2011-0414, 2011.10.27.

4. 몰취된 계약금이 원천징수 대상 위약금 등에 해당되는지 여부

재산권에 관한 매매계약에서 매수인이 외국법인인 매도인에게 채무불이행을 함으로써 계약금을 위약금으로 하는 약정에 따라 계약금이 몰취된 경우 매수인은 법인세법에 따라 외국법인의 국내원천소득인 위약금에 대한 법인세 원천징수납부 의무가 있다.[116]

제6절 상속세 및 증여세법상 관련 내용

1. 증여계약 해제 등에 의한 증여세 과세

가. 반환 또는 재증여에 대한 증여세 과세

증여를 받은 후 그 증여받은 재산(금전은 제외)[117]을 당사자간의 합의에 따라 증여받은 날이 속하는 달의 말일부터 3개월 이내(증여세과세표준 신고기한)에 반환하는 경우에는 처음부터 증여가 없었던 것으로 본다. 그러나 증여받은 날이 속하는 달의 말일부터 3개월 이내에 과세표준과 세액을 결정받은 경우에는 그러하지 아니한다.

또한 수증자가 증여받은 재산을 신고기한이 지난 후 3개월 이내에 증여자에게 반환하거나 증여자에게 다시 증여하는 경우에는 그 반환하거나 다시 증여하는 것에 대하여 증여세를 부과하지 아니한다(상속세 및 증여세법 제4조 제4항).

증여세 과세표준 신고기한 내에 당사자들의 합의에 의하여 증여재산을 반환하는 경우나 명의신탁받은 재산을 반환하는 경우 모두 그 재산을 수증자 또는 명의수탁자가 더 이상 보유하지 않게 된다는 면에서 실질적으로 다르지 아니하므로, 증여세 과세표준 신고기한 내에 반환하는 경우에는 처음부터 증여가 없었던 것으로 본다는 규정은 명의수탁자가 명의신탁받은 재산을 명의신탁자 명의로 재산을 반환하는 경우뿐 아니라 명의신탁자의 지시에 따라 제3자 명의로 반환하는 경우라고 하더라도 마찬가지이다.[118]

---

116) 대법원 2019.7.4 선고, 2017두38645 판결.
117) 금전은 증여와 반환이 용이하여 증여세 신고기한 이내에 증여와 반환을 반복하는 방법으로 증여세를 회피하는 데 악용될 우려가 크기 때문에 금전은 제외한다(대법원 2016.2.18 선고, 2013두7384 판결).
118) 대법원 2011.9.29 선고, 2011두8765 판결.

따라서 위 요건에 해당되지 않을 경우에는 반환하거나 재증여하는 경우 당초 증여와 반환·재증여 모두에 대하여 과세한다.

나. 증여계약의 합의해제시 증여세 과세 여부

(1) 증여세 과세처분 전 합의해제의 경우

상속세 및 증여세법 제31조 제4항 규정이 신설되기 이전 판례에 의하면, 과세관청에서 증여를 과세원인으로 하는 과세처분을 하기 전에 그 증여계약이 적법하게 해제되고 그 해제에 의한 말소등기가 된 때에는 그 계약의 이행으로 생긴 물권변동의 효과는 소급적으로 소멸하고 증여는 처음부터 없었던 것으로 보아야 할 것이므로 이를 과세원인으로 하는 증여세의 과세처분은 할 수 없다.[119]

다만, 증여계약이 그에 대한 부과처분이 있기 전에 해제되었다 하여도 증여가 있은 때로부터 6월 이내에 그로 인한 원상회복(반환)이 되지 않았다면 증여세를 적법하게 부과할 수 있다고 할 것이다.[120]

(2) 증여세 과세처분 후 합의해제의 경우

계약의 합의해제는 계약에 의하여 발생한 권리관계의 변동을 원상으로 회복시키기로 하는 새로운 계약에 불과하고 계약의 효력은 원칙적으로 당사자 사이에서만 발생할 뿐 다른 사람의 권리관계에 영향을 미칠 수 없는 법리이므로, 증여계약의 이행에 의한 재산의 취득이 있게 됨으로써 증여세를 부과할 수 있는 국가의 조세채권이 발생한 이후 증여계약의 당사자가 그 증여계약을 합의해제하였다 하더라도 그로 인하여 이미 발생한 국가의 조세채권에 아무런 영향을 줄 수가 없다.[121]

또한, 당초의 증여가 일단 유효하게 성립하여 그로 인한 소유권이전등기가 적법하게 마쳐졌어도 당사자 사이에 담합이 이루어져 그 소유권이전등기가 원인무효인 것처럼 제소하여 말소등기를 명하는 판결을 받아 동 등기를 말소한 경우에는 당사자 사이에 기존의 증여계약에 대한 일종의 합의해제가 성립하였다고 봄이 상당하므로, 증여세 부과처분이 있은 후에 그 소유권이전등기말소청구소송의 승소판결이 확정되었다거나,

---

119) 대법원 1996.4.26 선고, 96누1061 판결.
120) 대법원 1997.7.11 선고, 97누1884 판결.
121) 대법원 1987.11.10 선고, 87누607 판결.

그로 인하여 등기가 말소되었다고 하더라도 국가의 구체적 조세채권이 이미 적법하게 성립된 뒤이므로 그러한 사유만으로는 증여세 부과처분의 적법성을 다툴 수 없다.[122]

2. 착오에 기한 증여계약의 해제와 증여세 과세

증여자가 재산을 증여하여 수증자 명의로 소유권이전등기까지 적법하게 마친 다음, 그에 대한 증여세 과세처분이 있게 되자 그 증여가 증여세 과세대상이 됨을 알지 못하였다 하여 착오를 이유로 이를 취소하고, 증여세 납세의무자인 수증자 역시 그 취소를 전제로 증여세 과세처분의 적법성을 다툰다면, 이는 그 착오의 내용이나 증여 의사표시를 취소하는 목적에 비추어 그 실질에 있어서는 과세처분 후 증여계약을 합의해제하는 경우로 볼 것이므로, 그 취소로 인한 증여세 과세처분의 효력에 대하여도 증여계약의 합의해제에 관한 위 법리가 적용된다.[123]

3. 명의신탁 재산 처분 후 금전 반환시 증여세 부과 여부

명의신탁자가 명의신탁된 재산(주식)을 증여받은 날로부터 3월(신고기한) 이내에 현금으로 처분 후 당초 명의신탁자에게 반환할 경우 증여세 부과 여부와 관련하여 판례에 따르면, 증여받은 것으로 의제되는 재산은 이 사건 명의신탁주식 매수대금이 아닌 이 사건 명의신탁주식 자체이고, 명의수탁자가 명의신탁재산을 처분하여 그 대금을 명의신탁자에게 반환하는 것은 조세회피목적의 명의신탁에서 당연히 예정된 행위인데, 명의수탁자가 명의신탁재산의 처분대가 또는 가액 상당의 금전을 명의신탁자에게 반환하는 것을 증여받은 재산의 반환으로 보아 증여세를 부과할 수 없다고 해석한다면 명의신탁행위를 증여로 의제하여 과세함으로써 조세회피목적의 명의신탁을 억제하고자 하는 법의 취지가 몰각되게 되므로, 원고의 이 사건 명의신탁주식 매도대금의 반환을 '증여받은 재산의 반환'으로는 볼 수 없다고 판단하고[124] 있다.

즉, 명의신탁주식의 매각대금을 명의수탁자가 증여받은 날로부터 3월(신고기한) 이내에 명의신탁자에게 반환한 경우 이를 증여받은 재산의 반환으로 볼 수 없다.

---

122) 대법원 1998.4.24 선고, 98두2164판결.
123) 대법원 2005.7.29 선고, 2003두13465 판결.
124) 대법원 2007.2.8 선고, 2005두10200 판결.

4. 명의신탁 해지를 원인으로 한 소유권이전등기시 증여세 과세 문제

명의신탁 해지를 원인으로 하여 경료된 소유권이전등기가 그 실질에 있어서도 명의
신탁의 해지를 원인으로 소유권이 환원된 것이지, 증여계약의 합의해제나 재차증여를
명의신탁의 해지로 가장한 것이라고 볼 수 없다는 이유로 이에 대한 증여세 부과처분
은 위법하다.[125]

제7절 | 관련 사례(판례 및 과세실무)

1. 기타소득에 해당하는 손해배상금 해당 여부

가. 사실관계

원고들은 주식회사 ○○반도체의 연대보증하에 ○○건설주식회사에게 이 사건 주
식 118,000주를 주당 130,000원에 매도하였는데, 그 후 이 사건 매매계약이 ○○건설
의 귀책사유로 인하여 해제됨에 따라 연대보증인인 ○○반도체로부터 매매계약 당시
의 1주당 주가 130,000원과 해제 당시의 이 사건 주식의 1주당 주가인 34,418원과의
차액에다가 매도주식수를 곱한 금액에 상당하는 이 사건 손해배상금을 교부받았다.

나. 판결요지

대법원은 매수인의 채무불이행으로 주식매매약정이 해제됨에 따라 매도인이 손해배
상금으로 매도일로부터 해제시까지의 주가 하락분에 상당하는 금액을 지급받은 경우,
소득세법 시행령 제41조 제3항에 정한 기타소득인 '본래의 계약의 내용이 되는 지급
자체에 대한 손해를 넘는 손해에 대하여 배상하는 금전'에 해당하지 않는다.[126]

---

125) 대법원 2004.5.14 선고, 2003두3468 판결.
126) 대법원 2007.4.13 선고, 2006두12692 판결.

다. 검 토

위 사건에서 손해배상금은 현실적인 손해를 전보하기 위하여 지급된 것으로 보아 기타소득에 해당되지 않는다고 판시하고 있다.

소득세법상 본래의 계약의 내용이 되는 지급 자체에 대한 손해를 넘는 손해가 구체적으로 무엇을 의미하는지는 법문상 명확하지는 않으므로 결국 계약의 성격, 거래 관행 등을 종합하여 구체적으로 판단하여야 한다.[127]

2. 매매계약 해제시 양도소득세 과세 문제

가. 사실관계

납세의무자 갑은 2004년에 토지를 ○○코리아에 매도하는 매매계약을 체결하고 잔금 수령전 2004년 7월에 ○○코리아 앞으로 소유권이전등기를 경료해 주었다. 그 후 2004년 10월에 각각 ○○부동산신탁, 그리고 ○○주식회사에 순차로 토지에 대한 소유권이전등기가 마쳐졌다. 그리고 납세의무자 갑은 위 토지에 대한 양도소득세를 신고·납부하였다. 그러자 과세관청은 양도가액 과소신고를 이유로 양도소득세를 경정한 바 있다. 그 후 납세의무자 갑은 ○○코리아가 위 토지의 잔대금 ○○억원을 지급하지 않자 위 매매계약은 2007년 12월에 해제되었다고 주장하면서 ○○코리아 명의의 소유권이전등기 말소를 구하는 소를 제기하였고, 2008년에 소유권이전등기 말소를 이행하라는 판결이 내려지고 ○○코리아가 항소를 취하하여 판결 내용대로 확정되었다.

판결에 의하여 갑은 과세관청에 당초 양도소득세 부과처분의 취소를 구하는 경정청구를 하였으나, 과세관청에서 이를 거부하자 소송을 제기하였다.

나. 판결요지

부동산에 대한 매매계약을 체결하면서 양수인 앞으로 미리 소유권이전등기를 경료하였는데 양수인이 잔대금지급채무를 이행하지 아니하여 양도인이 매매계약을 해제하였다면, 위 매매계약은 그 효력이 상실되어 양도가 이루어지지 않는 것이 되므로 양도소득세의 과세요건인 자산의 양도가 있다고 볼 수 없다. 위 부동산에 대한 제3취득자

---

127) 국세청, 『조세법의 해석과 적용에 관한 연구』, 2011, 393면.

가 있어 양도인 앞으로의 원상회복이 이행불능이 됨으로써 양도인이 이로 인한 손해배상청구권을 취득하더라도 이를 부동산의 양도로 인한 소득이라고 볼 수 없다. 따라서 당초 양도로 인한 소득이 발생하였다는 전제로 한 과세처분은 위법하다.[128]

다. 검 토

제3자에게 이미 소유권이전등기가 이루어진 후 채무불이행을 이유로 매매계약을 해제하고 소유권이전등기 말소를 통하여 원상회복이 되어야 하는데 이러한 원상회복이 이행불능인 경우에 손해배상청구권을 취득하더라도 이를 부동산의 양도로 인한 소득이 발생하였다고 볼 수 없다.

3. 매매계약 해제와 수정세금계산서 발급

중간지급조건부계약으로 계약금, 중도금 등에 대하여 공급시기가 도래하여 세금계산서를 발급하였으나 분양대상 목적물의 실질적 소유권(잔금청산, 사용수익 및 소유권이전등기)이 아직 이전되기 전에 계약의 취소 또는 해제가 있는 경우에는 그 해제일 또는 취소일에 재화의 공급이 없었던 것이 되므로 수정세금계산서를 발급하여야 한다.[129]

4. 법원의 판결로 인한 위약금의 손익귀속시기

매매계약의 원인에 대한 다툼으로 제기한 계약보증반환금 소송에서 해제의 원인이 매수자에게 있다고 판단하여 계약보증금 상당액이 위약금으로 확정된 경우 해당 매매계약보증금의 손익귀속시기는 대법원의 확정 판결일이 속하는 사업연도이다.[130]

5. 민법 제548조 제2항 따른 계약해제로 인한 반환이자의 성질

계약해제로 인한 이자의 반환은 일종의 부당이득반환의 성질을 가지는 것이지 반환의무 이행지체로 인한 손해배상은 아니므로 지체기간 동안 가산하는 이자는 기타소득으로 과세대상이 될 수 있는 지체책임에 따른 배상금이라고 보기 어렵다.[131]

---

128) 대법원 2011.8.25 선고, 2010두25152 판결.
129) 법규부가 2014－491, 2014.10.23.
130) 법규법인 2011－0414, 2011.10.27.

다만, 2014.12.23. 법률 제12852호로 개정된 소득세법은 부당이득 반환시 지급받은 이자를 기타소득으로 규정하고 있다.

따라서, 계약이 취소되어 계약금, 중도금을 반환 받으면서 지연이자를 함께 지급받는 경우 지연이자는 소득세법 제21조 제1항 제10호의 기타소득에 해당한다.[132]

6. 명목상 위약금이 부가가치세 과세표준에 해당되는지 여부

부가가치세 과세표준이 되는 공급가액이란 재화나 용역의 공급에 대가관계가 있는 가액, 즉 대가를 말하며, 재화나 용역의 공급대가가 아닌 위약금은 공급가액이 될 수 없지만, 명목상 위약금이라도 재화나 용역의 공급과 대가관계에 있다면 과세표준이 되는 공급가액에 포함된다.[133]

7. 지연손해금 또는 위약금의 기타소득 귀속시기

계약금이 위약금이나 배상금으로 대체되는 경우에 기타소득의 귀속시기는 계약의 위약 또는 해약이 확정된 날이다(소득세법 시행령 제50조 제1항 제1호의2).

잔금 미지급에 따른 계약의 위약으로 매도인의 계약해제와 지급받은 계약금을 별도의 최고 절차 없이 매매계약의 내용에 따라 반환하지 아니한다고 통고하고 매수인이 해당 계약금에 대하여 부당이득반환 청구소송을 제기한 경우 매도인의 기타소득 수입시기는 당초 계약해제와 계약금을 반환하지 아니한다고 통고하여 부동산매매계약의 해약이 확정된 날로 한다.[134]

수급자가 가집행선고부 승소판결에 의하여 지급자로부터 실제로 지연손해금에 상당하는 금전을 수령하였다면, 비록 아직 그 본안판결이 확정되지 않았더라도 특별한 사정이 없는 한 소득세법상 기타소득의 실현가능성은 상당히 높은 정도로 성숙·확정되었다고 할 것이다. 따라서 가집행선고부 승소판결에 따른 지연손해금의 현실적인 지급은 원천징수의무가 발생하는 소득금액의 지급에 해당한다.[135]

131) 대법원 2018.1.31 선고, 17두63672 판결.
132) 사전−2019−법령해석소득−0228, 2019.6.24.
133) 대법원 2019.9.10 선고, 2017두61119 판결.
134) 법규소득 2011−65, 2011.3.28.
135) 대법원 2019.5.16 선고, 2015다35270 판결.

한편 위약금 또는 배상금의 지급을 위해 채권의 양도가 이루어진 경우 채무자가 양도하는 채권의 가액에서 원래 채권의 원리금을 넘는 금액은 채무불이행으로 인한 위약금 또는 배상금으로서 채권자에게 귀속시키려는 의사로 채무변제에 갈음한 채권양도를 한 경우 그 양수한 채권에 기하여 채권자가 원래 채권의 원리금을 초과하는 금액을 현실로 추심한 때에 비로소 원래 채권에 대한 기타소득이 발생한다.[136]

8. 권리가 확정된 위약금을 포기시 과세 여부

거주자가 소득세법에 따른 위약금 기타소득의 수령을 임의포기하는 경우 포기하는 때에 위약금을 지급받은 것으로 보아 기타소득에 대한 소득세가 과세된다.[137]

제8절 민법과 세법의 비교

민법상 약정해제권의 행사 또는 법정해제권, 그리고 합의해제에 의하여 계약을 해제한 때에는 계약의 효력은 소급하여 당초부터 발생하지 않은 것이 되므로 각 당사자는 이행한 급부에 대하여 그 상대방에 대하여 부당이득으로 인한 원상회복의무가 있다.
세법상으로도 계약해제의 경우 원칙적으로는 자산의 양도 또는 재화 또는 용역의 공급, 자산의 무상이전 등이 없는 것으로 볼 수 있는데 각 세목마다 그 내용에 차이가 있다.
양도소득세 과세와 관련하여 부동산 매매계약이 체결되고 소유권이전등기가 이루어지면 당연히 양도소득세가 과세될 수 있고, 그 이후 당초 부동산 매매계약이 일정한 사유에 의하여 해제되면 원상회복의무에 의하여 양도가 없었던 것으로 처리한다.
즉, 계약이 민법상 법정해제권 또는 약정해재권에 의하여 해제되면 세법상 계약의 무효 또는 취소와 같이 취급한다. 따라서 양도인이 받은 매매대금은 원칙적으로 양수인에게 원상회복으로 반환되어야 할 것이어서 양도가 이루어지지 않은 것이 되므로 양

---

136) 대법원 2016.6.23 선고, 2012두28339 판결.
137) 법규소득 2011-0506, 2011.12.15.

도소득세의 과세대상으로 삼을 수 없다.

다만, 합의해제의 경우 과세실무상 합의해제의 시기와 소유권환원등기 완료 여부, 대금에 대한 청산 여부 등 객관적인 자료에 의하여 해제된 사실이 명백히 확인된 경우에 한하여 양도소득세 과세대상으로 보지 않는다.

이는 형식적으로만 해제를 하고 실제로는 원상회복을 하지 않는 등 조세회피 수단으로 악용될 소지를 차단하기 위한 것으로 보인다.

이에 해당될 경우에는 후발적 경정청구 제도를 이용하여 당초 과세된 양도소득세를 감액시킬 수 있다. 다만, 세법상 경정청구를 할 수 있는 후발적 사유는 해제권의 행사에 의하여 해제되거나 해당 계약의 성립 후 발생한 부득이한 사유로 해제되는 경우에 한한다. 한편 계약이 해제권의 행사에 의하여 해제되었음이 입증되면 그에 관한 소송의 판결에 의하여 해제여부가 확정되지 않았더라도 후발적 경정청구를 할 수 있다.

부득이한 사유로 인한 해제는 사정변경에 의한 해제나, 합의해제에 의한 양도계약의 해제이다. 다만 합의해제의 경우 합의해제가 양도소득세를 부당하게 감소시킬 목적으로 이루어진 가장행위 등에 해당되면 당초 양도소득세 과세에는 영향을 미치지 않는다.

증여세 과세와 관련하여 해제권 행사에 의한 계약해제의 경우에는 증여세 과세대상이 아니지만 증여계약이 합의해제되어 원상회복되는 경우 증여세 과세표준 신고기간 이내에 합의해제한 경우에 한하여 증여가 없는 것으로 보아 증여세 과세대상에서 제외된다.

판례에 의하면 부가가치세의 경우 계약이 약정해제권 또는 법정해제권 행사로 인하여 해제된 경우에는 해제일이 과세처분 전후에 관계없이 해제의 소급효에 의하여 과세대상 재화 등의 공급이 없었던 것으로 되어 과세대상에서 제외된다. 합의해제의 경우에는 과세처분 이전에 계약이 합의해제되고 원상회복까지 이루어진 경우 과세대상이 아니다. 그 밖의 계약해제는 후발적 경정청구 사유가 아니고 수정세금계산서 발급사유가 된다.

★

계약의 해제와 취득세 과세

해제권의 행사에 따라 부동산 매매계약이 적법하게 해제되면 그 계약의 이행으로 변동되었던 물권은 당연히 그 계약이 없었던 상태로 복귀하는 것이므로 매도인이 비록 원상회복의 방법으로 소유권이전등기의 방식을 취하였다고 하더라도 특별한 사정이 없는 한 이는 매매 등과 유사한 새로운 취득으로 볼 수 없어 취득세 과세대상이 되는 부동산 취득에 해당하지 않는다.[138]

★

계약의 해제와 취득세 경정청구

취득세는 본래 재화의 이전이라는 사실 자체를 포착하여 거기에 담세력을 인정하고 부과하는 유통세의 일종으로 취득자가 사용·수익·처분권으로써 얻을 수 있는 이익을 포착하여 부과하는 것이 아니므로 그에 대한 조세채권은 취득행위라는 과세물건 사실이 존재함으로써 당연히 발생하고 일단 적법하게 취득한 이상 이후에 계약이 합의해제되거나 해제조건의 성취 또는 해제권의 행사 등에 의하여 소급적으로 실효되더라도 이미 성립한 조세채권의 행사에 아무런 영향을 줄 수 없다.[139]

---

138) 대법원 2020.1.30 선고, 2018두32927 판결.
139) 대법원 2018.9.13 선고, 2015두57345 판결.

제23장

증여와 세법상 증여

- 소득세법 제88조 제1호【양도의 정의】부담부 증여에 있어서 증여자의 채무를 수증자가 인수하는 경우에는 증여가액 중 그 채무액에 상당하는 부분은 그 자산이 유상으로 사실상 이전되는 것으로 본다.

- 상속세 및 증여세법 제2조 제6호【정의】증여란 그 행위 또는 거래의 명칭·형식·목적 등과 관계없이 직접 또는 간접적인 방법으로 타인에게 무상으로 유형·무형의 재산 또는 이익을 이전하거나 타인의 재산가치를 증가시키는 것을 말한다. 다만, 유증과 사인증여는 제외한다.

- 상속세 및 증여세법 제44조 제1항【배우자 등에게 양도한 재산의 증여 추정】배우자 또는 직계존비속에게 양도한 재산은 양도자가 그 재산을 양도한 때에 그 재산의 가액을 배우자등이 증여받은 것으로 추정하여 이를 배우자등의 증여재산가액으로 한다.

- 상속세 및 증여세법 제45조 제1항【재산 취득자금 등의 증여 추정】재산 취득자의 직업, 연령, 소득 및 재산 상태 등으로 볼 때 재산을 자력으로 취득하였다고 인정하기 어려운 일정한 경우에는 그 재산을 취득한 때 그 재산의 취득자금을 그 재산 취득자가 증여받은 것으로 추정하여 이를 그 재산 취득자의 증여재산가액으로 한다.

민법 내용

1. 증여의 의의

증여란 당사자 일방이 무상으로 재산을 상대방에게 수여하는 의사를 표시하고 상대방이 이를 승낙함으로써 성립하는 계약을 말한다(민법 제554조). 무상으로 재산을 수여하는 의미는 증여자의 재산이 감소하고 수증자의 재산을 증가케 하는 모든 행위를 말한다. 따라서 권리양도, 용익물권 설정, 증여자가 채무 부담하는 것 등이 포함된다.[1]

증여는 계약이라는 점에서 단독행위인 유증(민법 제1073조)과 구별된다. 수증자의 승낙 표시가 있어야 증여가 성립하므로 승낙을 할 수 없는 태아(胎兒)나 아직 성립되지 않은 단체에 대한 증여의 의사표시는 그 효력이 발생하지 않는다.[2]

증여계약의 진정성립이 인정되면 법원은 그 기재 내용을 부인할 만한 분명하고도 수긍할 수 있는 반증이 없는 한 그 증여계약에 기재되어 있는 문언대로 의사표시의 존재와 내용을 인정하여야 한다.[3]

한편, 기부채납은 기부자가 그의 소유재산을 지방자치단체의 공유재산으로 증여하는 의사표시를 하고 지방자치단체는 이를 승낙하는 채납(採納)의 의사표시를 함으로써 성립하는 증여계약이다.[4]

2. 증여의 효력

가. 증여자의 급부의무

증여자는 계약에 의하여 부담하는 의무를 그 내용에 좇아 이행하여야 한다. 따라서 재산권의 이전이 증여의 목적이라면 인도·등기 등을 통하여 그 재산권을 이전하여야 한다. 그리고 증여의 목적이 타인의 재산이라면 그것을 취득하여 이전하여야 한다.[5]

---

1) 김준호, 『민법강의』, 법문사, 2009, 1368면.
2) 지원림, 『민법강의 제7판』, 홍문사, 2009, 1368면.
3) 서울고법 2019.1.18 선고, 2018누64391 판결.
4) 대법원 1992.12.8 선고, 92다4031 판결.
5) 지원림, 전게서, 1339면.

나. 증여계약의 해제

민법의 증여의 해제원인으로 세 가지를 규정하고 있다.

(1) 서면에 의하지 않은 증여의 해제

증여의 의사가 서면으로 표시되지 아니한 경우에는 각 당사자는 이를 해제할 수 있다(민법 제555조). 이는 증여자가 경솔하게 증여하는 것을 방지하고 증여의 의사를 명확하게 하여 분쟁을 예방하기 위함이다.[6] 또한 증여계약을 해제할 수 있는 자는 증여자와 수증자 모두이다.

서면에 의하지 아니한 증여의 해제는 이미 이행한 부분에 대하여는 영향을 미치지 않는다.[7]

부동산의 증여에 있어서는 등기신청을 위하여 반드시 계약서를 작성하고 그것에 시장(市長) 등의 검인을 받아야 하는데, 이 계약서도 서면에 해당한다.[8]

(2) 망은행위로 인한 증여의 해제

수증자가 증여자에 대하여 증여자 또는 배우자나 직계혈족에 대한 범죄행위가 있는 때, 증여자에 대하여 부양의무 있는 경우에 이를 이행하지 아니하는 때에는 증여자는 그 증여를 해제할 수 있다.

(3) 증여자의 재산상태 변경으로 인한 증여의 해제

증여계약 후에 증여자의 재산상태가 현저히 변경되고 그 이행으로 인하여 생계에 중대한 영향을 미칠 경우에는 증여자는 증여를 해제할 수 있다(민법 제557조).

이 경우 증여계약의 해제는 증여자의 증여 당시의 재산상태가 증여 후의 그것과 비교하여 현저히 변경되어 증여 목적 부동산의 소유권을 수증자에게 이전하게 되면 생계에 중대한 영향을 미치게 될 것이라는 등의 요건이 구비되어야 할 것이다.[9] 위 계약의 해제는 이미 이행한 부분에 대하여는 영향을 미치지 않는다(민법 제558조).

---

6) 지원림, 상게서, 1340면.
7) 대법원 1998.9.25 선고, 98다22543 판결.
8) 송덕수, 『신민법강의』, 박영사, 2009, 1207면.
9) 대법원 1996.10.11 선고, 95다37759 판결.

3. 부담부증여

부담부증여는 수증자가 증여를 받으면서 일정한 급부를 하기로 하는 증여이다. 가령 토지소유자가 토지를 증여하면서 나중에 나이가 들어 자신의 거동이 불편하면 수증자가 증여자 부부를 부양하고 그의 선조의 제사를 지내주기로 약속한 경우가 그에 해당한다.[10]

한편, 부담부증여에 있어서는 쌍무계약에 관한 규정이 준용되어 부담의무 있는 상대방이 자신의 의무를 이행하지 아니할 때에는 비록 증여계약이 이행되어 있다 하더라도 그 계약해제를 할 수 있다.[11]

4. 정기증여

가령 매월 100만원을 증여하는 것처럼 정기적으로 증여하기로 약정한 것이 정기증여이다. 정기의 급여를 목적으로 한 증여는 증여자 또는 수증자의 사망으로 인하여 그 효력을 잃는다(민법 제560조).

5. 사인증여

가령 내가 죽으면 너에게 이 시계를 주겠다고 하는 경우처럼 증여자의 사망으로 인하여 효력이 발생하는 증여가 사인증여(死因贈與)이다. 사인증여는 수증자가 증여자 생전에 승낙을 하여야 성립하는 계약으로 증여의 일종이라는 점에서 단독행위인 유증(遺贈)과 다르다. 그러나 증여자의 사망 후에 효력이 발생한다는 점에서 유증과 같기 때문에 사인증여에 유증의 규정이 준용된다. 그러나 이 경우 유증의 방식에 관한 민법 제1065조 내지 제1072조는 단독행위임을 전제로 하는 것이어서 계약인 사인증여에는 적용되지 아니한다.[12]

---

10) 송덕수, 전게서, 1209면.
11) 대법원 1996.1.26 선고, 95다43358 판결.
12) 지원림, 전게서, 1342면.

1. 증여의 개념

일반적으로 증여란 당사자 일방이 무상으로 재산을 상대방에게 수여하는 의사를 표시하고 상대방이 이를 승낙함으로써 그 효력이 생기는 계약을 말한다(민법 제554조). 세법상 증여도 원칙적으로 민법의 개념에 기초한다. 그러나 세법상의 증여를 민법상의 전형적인 증여계약에만 국한시키게 되면 여러 가지 형태의 조세회피행위가 만연되고 이는 공평과세의 원칙을 해치는 결과로 이어지므로 이에 대한 세법적 조정이나 규제가 필요하다.[13]

이에 따라 「상속세 및 증여세법」에서는 증여란 그 행위 또는 거래의 명칭·형식·목적 등과 관계없이 직접 또는 간접적인 방법으로 타인에게 무상으로 유형·무형의 재산 또는 이익을 이전(현저히 낮은 대가를 받고 이전하는 경우를 포함한다)하거나 타인의 재산가치를 증가시키는 것을 말한다. 다만, 유증과 사인증여는 제외한다(상속세 및 증여세법 제2조 제6호). 즉, 무상 또는 현저히 낮은 대가를 받고 재산 또는 경제적 이익을 이전하거나, 타인의 재산가치를 증가시키는 것을 증여로 본다.

2. 증여세 포괄주의 문제

가. 유형별 포괄주의

종전 유형별 포괄주의에서는 포괄적으로 증여의제 과세대상을 규정한 다음, 개별 유형으로 증여세 과세대상을 규정하였고, 개별유형과 유사한 경우에는 그 밖의 이익의 증여의제 규정을 두었다.

그러나 법령이 너무 길고 복잡하여 전문가조차도 법령의 내용을 알기 어렵고 변칙증여는 계속되며 신종 파생금융상품 등 다양한 자본거래 등에 따른 새로운 유형의 변칙증여에 적절히 대응하지 못하는 문제점이 지적되자, 이에 대처하기 위하여 증여세 완전포괄주의가 불가피한 선택이라는 주장이 제기되었다.[14]

---

13) 임승순, 『조세법』, 박영사, 2009, 800면.

나. 증여세 완전포괄주의

(1) 도입배경

2004년 이전에는 상속세 및 증여세법상 증여의 개념을 별도로 두지 아니하여 민법상 증여 외에는 사실상 재산의 무상이전이 있는 경우에도 별도의 과세 근거 규정이 없으면 과세할 수 없어서 2001년부터 유형별 포괄주의를 도입하여 시행하였으나, 새로운 유형의 변칙증여행위에 대한 사전대처가 미흡한 문제점이 지적됨에 따라 이를 개선하기 위하여 민법상 증여 뿐만 아니라 재산의 사실상 무상이전, 타인의 기여에 의한 재산의 가치증가를 증여로 보는 등 증여의 과세대상을 포괄적으로 규정하는 증여세 완전포괄주의를 도입하여 2004년부터 시행하고 있다.

(2) 규정내용

「상속세 및 증여세법」 제2조 제7호와 제4조에서 증여세 과세대상과 증여재산의 범위에 관하여 포괄주의 방식을 채택함으로써 현행법은 증여개념의 포괄적 규정과 이를 보완하는 개별적 및 유형별 예시규정으로 되어 있다.

증여세 포괄주의와 관련하여서는 논란이 제기되고 있는데, 찬성하는 입장에서는 응능과세원칙과 실질과세원칙에 따라 변칙상속·증여의 경우에도 경제적 측면에서 무상의 소득 증가를 야기한 경우에는 정상적인 상속·증여와 동일한 세부담을 하여야 하고, 완전포괄주의는 탈법적인 조세회피행위에 대처하기 위한 수단이 되며, 변칙적이고 불법적인 부(富)의 세습을 차단하기 위한 방어벽으로 완전포괄주의가 필요하다고 본다.[15]

반면 반대하는 입장에서는 조세법률주의의 과세요건 명확주의에 위반되고, 조세법이 특정인 또는 특정집단에 불리하게 적용되어 조세공평주의에 위배되며, 법률에 일반규정만 둔 채 구체적 과세요건을 하위명령에 위임하는 방식은 포괄위임입법을 허용하는 것이고 이는 과세요건 법정주의에 어긋난다는 것이다.[16]

한편, 당사자가 거친 여러 단계의 거래 등 법적 형식이나 법률관계를 재구성하여 직접적인 하나의 거래에 의한 증여로 보고 증여세 과세대상에 해당한다고 하려면, 납세

---

14) 구욱서, 『사법과 세법』, 유로, 2010, 366면.
15) 임승순, 전게서, 802~803면.
16) 임승순, 상계서, 802~803면.

의무자가 선택한 거래의 법적 형식이나 과정이 처음부터 조세회피의 목적을 이루기 위한 수단에 불과하여 그 재산이전의 실질이 직접적인 증여를 한 것과 동일하게 평가될 수 있어야 하고, 이는 당사자가 그와 같은 거래형식을 취한 목적, 제3자를 개입시키거나 단계별 거래 과정을 거친 경위, 그와 같은 거래방식을 취한 데에 조세 부담의 경감 외에 사업상의 필요 등 다른 합리적인 이유가 있는지, 각각의 거래 또는 행위 사이의 시간적 간격, 그러한 거래형식을 취한데 따른 손실 및 위험부담의 가능성 등 관련 사정을 종합적으로 고려하여 판단하여야 한다.[17)]

3. 증여재산의 범위

가. 개 요

증여재산은 수증자에게 귀속되는 재산으로서 금전으로 환산할 수 있는 경제적 가치가 있는 모든 물건과 재산적 가치가 있는 법률상 또는 사실상의 모든 권리를 포함한다(상속세 및 증여세법 제2조 제7호).

나. 공동상속 후 분할시 증여

상속개시 후 상속재산에 대하여 등기·등록·명의개서 등(이하 "등기 등"이라 함)에 의하여 각 상속인의 상속분이 확정되어 등기 등이 된 후, 그 상속재산에 대하여 공동상속인이 협의하여 분할한 결과 특정상속인이 당초 상속분을 초과하여 취득하게 되는 재산가액은 그 분할에 의하여 상속분이 감소한 상속인으로부터 증여받은 재산에 포함한다(상속세 및 증여세법 제4조 제3항).

다만, 상속세 과세표준 신고기한 이내에 분할에 의하여 당초 상속분을 초과하여 취득한 경우, 당초 상속재산의 분할에 대하여 상속회복청구의 소에 의한 법원의 확정판결에 의하여 상속인 및 상속재산에 변동이 있는 경우, 민법 제404조의 규정에 의한 채권자대위권의 행사에 의하여 공동상속인들의 법정상속분대로 등기 등이 된 상속재산을 상속인 사이의 협의분할에 의하여 재분할하는 경우, 상속세과세표준 신고기한 내에 상속세를 물납하기 위하여 민법 제1009조의 규정에 의한 법정상속분으로 등기·등록 및 명의

---

17) 대법원 2017.2.15 선고, 2015두46963 판결.

개서 등을 하여 물납을 신청하였다가 「상속세 및 증여세법 시행령」 제71조의 규정에 의하여 물납허가를 받지 못하거나 물납재산의 변경명령을 받아 당초의 물납재산을 상속인간의 협의분할에 의하여 재분할하는 경우에는 정당한 사유가 있는 것으로 보아 증여받은 재산에 포함하지 않는다(상속세 및 증여세법 제4조 제3항, 같은법 시행령 제3조의2).

다. 부부간 명의신탁 재산의 증여재산

부부의 일방이 혼인 중 그의 단독명의로 취득한 부동산은 그 명의자의 특유재산으로 추정되므로, 당해 부동산의 취득자금의 출처가 명의자가 아닌 다른 일방 배우자인 사실이 밝혀졌다면 일단 그 명의자가 배우자로부터 취득자금을 증여받은 것으로 추정할 수 있다.[18]

한편, 부부 사이에서 일방 배우자 명의의 예금이 인출되어 타방 배우자 명의의 예금계좌로 입금되는 경우에는 증여 외에도 단순한 공동생활의 편의, 일방 배우자 자금의 위탁 관리, 가족을 위한 생활비 지급 등 여러 원인이 있을 수 있으므로, 그와 같은 예금의 인출 및 입금 사실이 밝혀졌다는 사정만으로 경험칙에 비추어 해당 예금이 타방 배우자에게 증여되었다는 과세요건사실이 추정된다고 할 수 없다.[19]

라. 위자료에 대한 증여재산 여부

이혼 등에 따라 정신적 또는 재산상 손해배상의 대가로 받는 위자료는 조세포탈의 목적이 있다고 인정되는 경우를 제외하고는 이를 증여로 보지 아니한다(상증 통칙 31 – 24 …6).

마. 증여받은 재산을 유류분으로 반환하는 경우 증여재산 여부

피상속인의 증여에 따라 재산을 수증받은 자가 민법 제1115조에 따라 증여받은 재산을 유류분 권리자에게 반환한 경우 반환한 재산가액은 당초부터 증여가 없었던 것으로 본다(상증 통칙 31 – 0…3).

---

18) 대법원 2008.9.25 선고, 2006두8068 판결.
19) 대법원 2015.9.10 선고, 2015두41937 판결.

바. 상여로 처분된 금액

법인세법에 의하여 상여로 처분된 금액은 소득세법상 소득세의 과세대상으로 되고 (소득세법 제20조 제1항 제3호), 한편 타인의 증여에 의하여 재산을 취득함으로써 증여세가 부과될 수 있는 경우라 하더라도 그 재산취득으로 인한 소득에 소득세법에 의한 소득세가 부과되는 때에는 증여세를 부과하지 아니하도록 되어 있으므로(구 상속세법 제29조의3 제3항), 법인의 임원인 원고에게 사외유출되어 상여처분되는 소득에 대하여는 소득세를 부과하는 외에 증여세를 부과할 수 없다.[20]

사. 증여재산의 반환

금전을 증여받은 경우에 증여세 신고기한 이내에 같은 금액 상당의 금전을 반환하더라도 증여세 부과대상으로 삼고 있는 바, 금전을 반환하더라도 법률적인 측면은 물론 경제적인 측면에서도 이미 수증자의 재산은 실질적으로 증가되었다고 할 수 있고, 금전을 계좌에 입금하거나 이체하는 경우에도 마찬가지이다.[21]

아. 부담부증여

(1) 개 요

부담부증여에 있어서 과세가액은 그 증여재산에서 담보된 채무로서 수증자가 인수한 금액을 뺀 금액으로 한다(상속세 및 증여세법 제47조 제1항). 또한 증여자가 해당 재산을 타인에게 임대한 경우의 해당 임대보증금도 차감한다(상속세 및 증여세법 시행령 제36조 제1항).

부담부증여에 있어서 수증자가 증여자로부터 인수한 채무를 증여가액에서 공제하는 이유는, 경제적으로 볼 때 수증자가 증여자로부터 채무를 인수하는 것과 그 채무에 상당하는 돈을 증여자에게 지급하는 것이 마찬가지이기 때문이다. 즉, 증여재산 중 그 채무액에 상당하는 부분은 증여받은 것이 아니라 유상으로 양수한 것으로 보기 때문이다.[22]

---

20) 대법원 1992.11.10 선고, 92누3441 판결.
21) 대법원 2016.2.18 선고, 2013두7384 판결.
22) 고성춘, 『조세법』, 도서출판 청보, 2008, 634면.

한편, 수증자가 채무를 변제하지 아니하고 다른 사람이 변제한 경우에는 새로운 증여로서 증여세 과세문제가 생긴다.

(2) 물상보증채무의 공제 여부

물상보증채무나 연대보증채무의 경우 주채무자가 따로 있어 원칙적으로 공제대상 채무에 포함되지 않고 주채무자가 변제불능의 무자력 상태에 있어 수증자가 그 채무를 변제하더라도 구상권 행사가 불가능한 경우에 공제 대상 채무에 해당된다.[23]

(3) 직계존비속간 부담부증여

배우자간 또는 직계존비속간의 부담부증여에 대해서는 수증자가 증여자의 채무를 인수한 경우에도 그 채무액은 수증자에게 인수되지 아니한 것으로 추정한다(상속세 및 증여세법 제47조 제3항).

다만, 국가·지방자치단체 및 금융기관에 대한 채무 등은 당해 기관에 대한 채무임을 확인할 수 있는 서류, 기타 채무는 채무부담계약서, 채권자확인서, 담보설정 및 이자지급에 관한 증빙 등에 의하여 그 사실을 확인할 수 있는 서류 등에 의하여 증명되는 경우에는 그러하지 아니한다(상속세 및 증여세법 시행령 제36조 제2항). 이는 배우자 또는 직계존비속간의 부담부증여에 편승한 증여세의 면탈을 방지하고자 함에 그 목적이 있는 것이다.[24]

그러나 배우자 또는 직계존비속간의 부담부증여인 경우에도 수증자가 인수하거나 부담하는 채무가 진정한 것인 때에는 이러한 신분관계가 없는 자들간의 부담부증여의 경우와 마찬가지로 그 채무의 인수 등이 단서에 해당되는 경우인지의 여부를 가릴 것 없이 그 부담액은 증여재산의 가액에서 공제되어야 할 것이다.[25]

한편, 일반적으로 제3자 앞으로 근저당권이 설정된 부동산을 직계존속으로부터 증여받은 경우 바로 근저당권부 채무를 면책적으로 인수한 것으로 증여재산의 가액에서 공제되는 수증자가 인수하거나 부담하는 채무가 진정한 것이라고 볼 수 없고, 이러한 경우 수증자가 근저당권부 채무를 면책적으로 인수하였다거나, 그 후 수증자 자신의 출재에 의하여 변제하였다는 점에 대한 입증책임을 부담한다고 할 것이다.[26]

---

23) 서울행정법원 2011.1.20 선고, 2010구합31669 판결.
24) 대법원 1988.5.24 선고, 87누1242 판결.
25) 대법원 1997.7.22 선고, 96누17493 판결.

4. 증여의 추정

가. 배우자 등에 양도한 재산의 증여 추정

배우자 또는 직계존비속간 양도한 재산은 그 양도자가 그 재산을 양도한 때에 그 재산의 가액을 원칙적으로 배우자 등이 증여받은 것으로 추정한다(상속세 및 증여세법 제44조 제1항). 또한 특수관계인에게 양도한 재산을 그 특수관계인이 양수일로부터 3년 이내에 당초 양도자의 배우자 등에 다시 양도한 경우에는 배우자 등이 증여받은 것으로 추정한다(상속세 및 증여세법 제44조 제2항).

나. 예금의 증여 추정

증여세 부과처분에 있어 과세관청에 의하여 증여자로 인정된 자 명의의 예금이 인출되어 납세자 명의의 예금계좌 등으로 예치된 사실이 밝혀지면 그 예금은 납세자에게 증여된 것으로 추정되고, 그와 같은 예금의 인출과 납세자 명의로의 예금 등이 증여가 아닌 다른 목적으로 행하여진 것이라는 특별한 사정이 있다면 이에 대한 입증책임은 납세자에게 있다.[27]

다만, 부부 사이에서 일방 배우자 명의의 예금이 인출되어 타방 배우자 계좌로 입금되는 경우에 증여 외 다른 원인이 있을 수 있으므로, 경험칙에 비추어 타방 배우자에게 증여되었다는 과세요건 사실이 추정된다고 할 수 없다.[28]

5. 증여세 과세가액 불산입

공익법인 등이 출연받은 재산에 대한 증여세 과세가액 불산입제도의 입법취지는 공익사업을 앞세우고 변칙적인 재산출연행위를 하여 탈세나 부의 증식수단으로 악용하는 것을 방지하기 위하여 공익법인 등에 출연한 재산에 대하여는 공익법인 등이 해당 재산이나 그 운용소득을 출연목적에 사용할 것을 조건으로 증여세 과세가액에 정책적으로 산입하지 않는다.[29]

---

26) 대법원 2000.3.24 선고, 99두 12168 판결.
27) 대법원 2002.11.13 선고, 99두4082 판결.
28) 대법원 2019.8.29 선고, 2019두43887 판결.
29) 대법원 2013.6.27 선고, 2011두12580 판결.

제3절 소득세법(양도소득세) 관련 내용

부담부증여(負擔附贈與)에 있어서 증여자의 채무를 수증자가 인수하는 경우에는 증여가액 중 그 채무액에 상당하는 부분은 그 자산이 유상으로 사실상 이전되는 것으로 본다(소득세법 제88조 제1호 단서).

부담부증여에 대하여 양도에 해당하는 것으로 간주하여 증여자에게 양도소득세를 부과하는 이유는 증여자가 증여로 인하여 유상양도에 준하는 이익을 얻었기 때문이다. 즉 증여자가 채무인수로 인하여 채무를 면하는 이득이 현실적으로 발생하여 그 이득에 대하여 유상양도에 준하여 증여자에게 양도세를 부과하는 데 있다.[30]

제4절 관련 사례(판례) 및 과세실무

1. 주식이동상황명세서의 효력

가. 사실관계

과세관청에 제출된 갑회사의 주식이동상황명세서상 대표자인 을이 아들인 병으로부터 주식 ○○,○○○주를 주당 ○○,○○○원에 양수한 것으로 되어 있으나, 을 앞으로 명의개서는 아직 되지 않았다. 이에 대하여 과세관청은 을이 병으로부터 위 주식을 증여받았다고 보고 증여세 ○억원을 부과하였다.

이에 을은 병과 을 사이에 주식매매계약을 체결한 사실이 없을 뿐만 아니라 단지 주식의 명의만을 을로 바꾸어 놓았을 뿐이므로 주식을 증여받은 것으로 추정하여 증여세를 부과한 처분은 위법하다고 주장하였다.

---

30) 고성춘, 전게서, 634면.

나. 판결요지

갑회사의 대표이사인 을이 주식변동상황명세서를 세무서에 신고하면서 아들인 병으로부터 이 주식을 양수한 것으로 스스로 밝히고 있고, 주식이동상황명세서상 계속하여 을이 주식을 소유하고 있는 점, 주식의 대금을 아들인 병에게 지급하지 않는 점 등에 비추어 보면 을이 증여에 의하여 이 주식을 취득한 것이 상당하다.[31]

다. 검 토

주식에 대한 증여계약을 체결한 사실이 없고, 명의개서를 하지 않았다고 하더라도 주식이동상황명세서상 주식을 대가없이 양수하였다면 이를 증여로 추정할 수 있다.

2. 공익법인 등에 출연된 재산에 대한 증여세 과세가액 불산입 제도의 취지

공익법인을 앞세우고 변칙적인 재산출연행위를 하여 탈세나 부의 증식수단으로 악용하는 것을 방지하기 위하여 공익법인 등에 출연된 재산에 대하여 공익법인 등이 해당 재산이나 그 운용소득을 출연목적에 사용할 것을 조건으로 증여세 과세가액에 정책적으로 산입하지 않는데 있다.[32]

3. 직계존비속간 거래의 실질 판단 기준

직계존비속간 재산, 매매거래의 실질이 양도에 해당하는지 증여에 해당하는지 여부는 계약내용과 금융자료 등에 의한 실제지급사실 및 자금출처 관련 증빙, 차입한 금전에 대한 원리금의 실제부담자 등을 종합하여 사실판단할 사항이다.[33]

---

31) 대법원 2011.8.25 선고, 2011두10010 판결.
32) 대법원 2010.5.27 선고, 2007두26711 판결.
33) 법규재산 2012-373, 2012.11.2.

제5절   민법과 세법의 비교

민법상 증여란 당사자 일방이 무상으로 재산을 상대방에게 수여하는 의사를 표시하고 상대방이 이를 승낙함으로써 그 효력이 생기는 계약을 말한다. 세법상 증여도 원칙적으로 민법의 개념에 기초한다. 다만, 조세정책적 목적 달성과 공평과세 실현을 위하여 세법에서는 증여의 의미가 확대되고 있다.

세법상 증여의 개념은 2013년 12월 30일 상속세 및 증여세법을 개정하면서 이른바 증여세 완전포괄주의 제도를 도입하면서 민법상의 증여개념과 다른 증여에 관한 포괄적인 개념을 규정함으로써 차이가 발생하게 되었다.

즉, 세법상 증여는 경제적 실질의 측면에서 파악하여 실질적인 경제적 이익이 무상으로 이전되면 증여로 보고 증여세를 과세한다.

상속세 및 증여세법상 증여의 개념은 그 행위 또는 거래의 명칭·형식·목적 등과 관계없이 직접 또는 간접적인 방법으로 타인에게 무상으로 유형·무형의 재산 또는 이익을 이전하거나 현저히 낮은 대가를 받고 이전하는 경우 또는 타인의 재산가치를 증가시키는 것을 말하는 것이다.

즉, 유형·무형의 재산은 민법상 증여의 목적물인 재산권과 유사하나 현저히 낮은 대가를 받고 이전하는 경우에도 증여로 볼 수 있고, 기타 타인의 재산가치를 증가시는 일체의 행위 또는 사실도 증여로 보아 증여세를 과세하는 점 등에 비추어 볼 때 세법상 증여의 범위는 민법상 증여 보다 개념이 포괄적이고 적용 범위가 넓다.

그밖에 민법상 증여에 해당하지 않아도 조세회피행위를 차단하고 실질적으로 무상이전이 있는 경우 등 일정한 경우에는 증여로 의제하여 증여세를 과세하고 있으며, 배우자 등에 대한 양도에 대하여는 형식상 매매 등에 의한 양도에도 불구하고 실질과세 원칙에 의하여 증여로 추정하고 있다.

결국 민법은 당사자의 의사를 존중하여 일정한 합의가 있는 경우에 증여로 보는데 대하여 세법은 실질과세 원칙을 구현하고 조세회피행위에 효과적으로 대응하기 위하여 전형적인 증여계약에 의한 재산권의 무상이 이전 뿐만 아니라 무상 또는 저렴한 대가 또는 일정한 행위에 의한 실질적인 이익의 이전이나 타인의 재산가치 증가 등을 증여로 보아 증여세를 과세하고 있다.

한편, 증여재산에 해당하더라도 수증자가 공익법인에 해당될 경우에는 공익법인이 국가가 수행하여야 할 업무의 일부를 대신 수행하는 점을 고려하여 일정한 조건으로 그 출연재산에 대하여는 증여세를 부과하지 않고 있다.

제 24 장

매매와 개별세법상 의미

관련 세법규정 요약

- 부가가치세법 제9조 제1항【재화의 공급】, 시행령 제18조 제1항 제1호【재화공급의 범위】현금판매 · 외상판매 · 할부판매 · 장기할부판매 · 조건부 및 기한부판매 · 위탁판매 기타 매매계약에 의하여 재화를 인도 또는 양도하는 것은 재화의 공급이다.

- 소득세법 제88조 제1호【양도의 정의】양도란 자산에 대한 등기 또는 등록과 관계없이 매도, 교환, 법인에 대한 현물출자 등으로 인하여 그 자산이 유상으로 사실상 이전되는 것을 말한다.

민법 내용

1. 매매의 의의

매매는 당사자 일방이 재산권을 상대방에게 이전할 것을 약정하고 상대방이 그 대금을 지급할 것을 약정함으로써 그 효력이 생기는 계약이다(민법 제563조).

매매를 통해 재산권의 이전이 이루어지는 점에서 재화이동의 대표적인 매개수단으로 기능을 한다.[1]

2. 매매의 법적 성질

매매는 낙성·쌍무·유상·불요식의 전형계약이다.

① 매매는 당사자의 의사표시의 일치만으로 성립하는 낙성계약이다.

② 매매계약에 의하여 발생하는 매도인의 재산권 이전의무와 매수인의 대금지급의무는 서로 대가적 의미에 있으므로 매매는 쌍무계약이다.

③ 매매는 쌍무계약인 만큼 대가적 의미의 재산출연도 있게 되는 유상계약이다.

④ 매매는 불요식계약이다.[2]

3. 매매의 성립요건

매매는 낙성계약이므로 당사자 쌍방의 의사표시의 일치, 즉 합의가 있으면 성립한다. 그 합의는 구두의 것이어도 무방하므로 반드시 서면으로 행할 필요가 없다.

즉, 매도인이 재산권을 이전하는 것과 매수인이 그 대가로서 금원을 지급하는 것에 관하여 쌍방 당사자의 합의가 이루어짐으로써 성립하는 것이다.[3]

매매를 성립시키기 위한 합의는 목적재산권과 대금에 의하여 이루어져야 한다. 그러나 매매계약비용·채무의 이행시기 및 이행장소 등 부수적인 구성부분에 대하여는 합의가 없어도 상관없다. 또한 매매 목적인 재산권은 타인에게 속한 것도 유효하고 물권

---

1) 김준호,『민법강의』, 법문사, 2009, 1377면.
2) 송덕수,『신민법강의』, 박영사, 2009, 1211면.
3) 대법원 1996.4.26 선고, 94나34432 판결.

에 한하지 않고 채권·지적재산권 등도 포함하며, 장래에 성립할 재산권도 매매의 목적이 될 수 있다.[4)]

당사자 사이의 의사의 합치는 당해 계약의 내용을 이루는 모든 사항에 관하여 있어야 하는 것은 아니고 그 본질적 사항이나 중요한 사항에 관하여는 구체적으로 의사의 합치가 있거나 적어도 장래 구체적으로 특정할 수 있는 기준과 방법 등에 관한 합의가 있어야 한다.[5)]

4. 매매의 예약

가. 의 의

일반적으로 예약이란 그에 의하여 본계약을 반드시 체결할 의무를 부담하는 계약을 말한다. 매매의 예약은 가령 ① 토지를 매수하고자 하는데 그 지상에 건축을 할 수 있는지가 불분명하여 이것이 확정될 때에 본계약을 체결할 목적으로 미리 예약을 할 수 있고, ② 매수인이 대금이 부족하여 당장 본계약을 체결할 수 없는 경우에 매매예약을 해 두면 장래 확실하게 매매계약을 성립시킬 수 있으며, ③ 미리 그 대금을 약정한 때에는 장차 목적물의 시가가 올라가더라도 약정한 대금으로 매수할 수 있는 이점이 있다.[6)]

그에 의하여 당사자들이 본계약을 체결할 의무를 부담하기 때문에 채권계약이다. 예약도 보통 청약과 승낙에 의하여 성립하고, 본계약의 내용이 확정되어 있거나 확정가능하여야 한다. 즉, 매매의 예약은 당사자의 일방의 매매를 완결할 의사를 표시한 때에 매매의 효력이 생기는 것이므로 적어도 일방예약이 성립하려면 본계약의 요소가 되는 매매목적물, 이전방법, 매매가액 및 지급방법 등의 내용이 확정되어 있거나 확정할 수 있어야 한다.[7)]

---

4) 송덕수, 전게서, 1211면.
5) 대법원 2001.3.23 선고, 2000다51650 판결.
6) 김준호, 전게서, 1381면.
7) 지원림,『민법강의 제7판』, 홍문사, 2009, 1344면.

나. 매매의 일방예약

당사자 일방이 상대방에게 매매를 완결할 의사를 표시하는 때에 매매의 효력이 생긴다(민법 제564조 제1항). 예약상의 의무자에 대하여 예약완결의 의사표시를 할 수 있는 권리인 **예약완결권**은 형성권에 속한다. 예약완결권을 행사하면, 즉 예약상의 의무자에 대하여 예약완결의 의사를 표시하면 자동적으로 본계약이 성립한다.[8]

의사표시의 기간을 정하지 아니한 때에는 예약자는 상당한 기간을 정하여 매매완결 여부의 확답을 상대방에게 최고할 수 있다(민법 제564조 제2항). 예약자가 기간 내에 확답을 받지 못한 때에는 예약은 그 효력을 잃는다(민법 제564조 제3항).

예약완결권은 형성권이므로 당사자 사이에 그 행사기간을 약정한 때에는 그 기간 내에, 그러한 약정이 없는 때에는 그 예약이 성립한 때로부터 10년 내에 이를 행사하여야 하고, 그 기간이 지난 때에는 예약완결권은 제척기간의 경과로 인하여 소멸한다.[9]

5. 계약금

가. 개 념

매매의 당사자 일방이 계약 당시에 상대방에게 교부하는 금전 기타 물건을 **계약금**이라 한다.

계약금 계약은 금전 기타 유가물의 교부를 요건으로 하므로, 단지 계약금을 지급하기로 약정만 한 단계에서는 아직 계약금으로서의 효력, 즉 위 민법 규정에 의해 계약해제를 할 수 있는 권리는 발생하지 않는다고 할 것이다.[10]

나. 계약금의 성질

(1) 증약금(증약계약금)

이는 계약체결의 증거로서 의미를 가지는 계약금이다. 계약금이 교부되어 있는 경우 그것이 언제나 계약체결의 증거가 되므로, 모든 계약금은 **증약금**(證約金)으로서의 성질

---

8) 지원림, 전게서, 1345면.
9) 지원림, 상게서, 1346면. 대법원 1995.11.10 선고, 94다22682 판결.
10) 대법원 2008.3.13 선고, 2007다73611 판결.

을 가진다.[11]

(2) 위약금(위약계약금)과 위약벌

이는 위약, 즉 채무불이행이 있는 경우에 의미를 가지는 계약금이다. 계약금을 교부 받은 자가 계약을 위반하면 그 배액을 상환하고, 계약금을 교부한 자가 계약상의 채무를 불이행하면 그것을 수령한 자가 몰수하는 형태로 나타난다.

이 경우 채무불이행 사실만 입증하면 되고 손해의 약정과 발생을 증명하지 아니하고 예상배상액을 청구할 수 있다.[12] 또한 손해액이 예정 배상액 보다 크다는 사실을 증명해도 증액을 청구하지 못한다.[13]

그런데 이러한 계약금이 위약벌의 성질을 가지는 경우와 손해배상액의 예정으로의 성질을 가지는 경우가 있는데, 이 중 어디에 속하는지가 해석에 의하여 밝혀지지 않으면 민법 제398조 제4항에 따라 **위약계약금**은 원칙적으로 손해배상액의 예정으로서의 성질을 가진다고 할 것이다.[14]

다만, 손해배상의 예정으로 추정하기 위하여는 계약금을 위약금으로 하기로 하는 특약이 있어야 하고 그와 같은 특약이 없는 경우에는 그 계약금은 손해배상의 예정으로 볼 수 없다.[15] 그리고 계약 당시 당사자 사이에 손해배상액을 예정하는 내용의 약정이 있는 경우에는 그것은 계약상이 채무불이행으로 인한 손해액에 관한 것이고 이를 그 계약과 관련된 불법행위상의 손해까지 예정한 것이라고 볼 수 없다.[16]

위약벌의 약정은 채무의 이행을 확보하기 위하여 정하는 것으로서 손해배상의 예정과 다르므로 손해배상의 예정에 관한 민법 제398조 제2항을 유추 적용하여 그 액을 감액할 수 없고, 다만 의무의 강제로 얻은 채권자의 이익에 비하여 약정된 벌이 과도하게 무거울 때에는 일부 또는 전부가 공서양속에 반하여 무효로 된다.[17]

참고로 위약벌 약정을 한 경우, 별도의 손해액을 증명하면 위약금으로 받은 금액에다가 실제로 발생한 손해액에 대해 추가로 손해배상을 받을 수도 있다.

---

11) 송덕수, 전게서, 1216면.
12) 대법원 2007.8.23 선고, 2006다15755 판결.
13) 대법원 1988.9.27 선고, 86다카2375 판결.
14) 지원림, 전게서, 1348면.
15) 대법원 1996.6.14 선고, 95나11429 판결.
16) 대법원 1999.1.15 선고, 98다48033 판결.
17) 대법원 2016.1.28 선고, 2015다239324 판결.

한편, 위약금 약정이 손해배상액의 예정과 위약벌의 성격을 함께 가지는 경우 특별한 사정이 없는 한 법원은 당사자의 주장이 없더라도 직권으로 민법 제398조 제2항에 따라 위약금 전체 금액을 기준으로 감액할 수 있다.[18]

(3) 해약금(해약계약금)

1) 의 의

해약금은 계약의 해제권을 유보하는 작용을 하는 계약금이다. 그리하여 계약금이 교부된 경우 당사자 일방이 착수할 때까지 교부자는 이를 포기하고 수령자는 그 배액을 상환하여 매매계약을 해제할 수 있다(민법 제565조). 즉 이 경우 당사자 사이에 약정이 없으면 해약금으로 추정한다.

이행에 착수한다는 것은 객관적으로 외부에서 인식할 수 있을 정도로 채무의 이행행위의 일부를 하거나 또는 이행을 하기 위하여 필요한 전제행위를 하는 경우를 말한다.[19]

한편, 이행기의 약정이 있는 경우라도 당사자가 채무의 이행기 전에는 착수하지 아니하기로 특약을 하는 등 특별한 사정이 없는 한 이행기 전에 이행에 착수할 수 있다.[20]

다만, 민법 제565조의 해약권은 당사자 간에 다른 약정이 없는 경우에 한하여 인정된다. 만일 당사자가 위 조항의 해제권을 배제하기로 하는 약정을 하였다면 더 이상 그 해제권을 행사할 수 없다.[21]

2) 기준 계약금

한편 매도인이 실제 교부받은 계약금의 배액만을 상환하여 매매계약을 해제할 수 있다면 이는 당사자가 일정한 금액을 계약금으로 정한 의사에 반하게 될 뿐 아니라, 교부받은 금원이 소액일 경우에는 사실상 계약을 자유로이 해제할 수 있어 계약의 구속력이 악화되는 결과가 되어 부당하기 때문에, 계약금 일부만 지급된 경우 수령자가 매매계약을 해제할 수 있다고 하더라도 해약금의 기준이 되는 금원은 실제 교부받은 계약금이 아니라 약정 계약금이라고 봄이 타당하므로, 계약금의 일부로서 지급받은 금액의

---

18) 대법원 2020.11.12 선고, 2017다275270 판결.
19) 대법원 2008.10.23 선고, 2007다72274 판결.
20) 대법원 1993.1.19 선고, 92다31323 판결.
21) 대법원 2009.4.23 선고, 2008다50615 판결.

배액을 상환하는 것으로 매매계약을 해제할 수 없다.[22]

3) 해제권 행사의 요건

계약금의 교부자는 의사표시만으로 해제권을 행사할 수 있으나, 그 수령자는 해제의 의사표시와 함께 배액의 제공이 있어야 한다.[23]

매매 당사자 일방이 계약 당시 상대방에게 계약금을 교부한 경우 당사자 사이에 다른 약정이 없는 한 당사자 일방이 계약 이행에 착수할 때까지 계약금 교부자는 이를 포기하고 계약을 해제할 수 있고, 그 상대방은 계약금의 배액을 상환하고 계약을 해제할 수 있다.[24]

해제권 행사의 시기를 '당사자 일방이 이행에 착수'할 때까지로 제한한 것은 당사자의 일방이 이미 이행에 착수한 때에는 그 당사자는 그에 필요한 비용을 지출하였을 것이고, 또 그 당사자는 계약이 이행될 것으로 기대하고 있는데, 만일 이러한 단계에서 상대방으로부터 계약이 해제된다면 예측하지 못한 손해를 입게 될 우려가 있으므로 이를 방지함에 있다 할 것이고, 여기서 '당사자 일방이 이행에 착수'하였다고 함은 반드시 계약내용에 들어맞는 이행의 제공에까지 이르러야 하는 것은 아니지만 객관적으로 외부에서 인식할 수 있을 정도로 채무 이행행위의 일부를 행하거나[25] 또는 이행에 필요한 전제행위를 행하는 것[26]으로서 단순히 이행의 준비를 하는 것만으로는 부족하다.[27]

민법 제565조 제1항에서 말하는 당사자의 일방이라는 것은 매매 쌍방 중 어느 일방을 지칭하는 것이고, 상대방이라 국한하여 해석할 것이 아니므로, 비록 상대방인 매도인이 매매계약의 이행에는 전혀 착수한 바가 없다 하더라도 매수인이 중도금을 지급하여 이미 이행에 착수한 이상 매수인은 민법 제565조에 의하여 계약금을 포기하고 매매계약을 해제할 수 없다.[28]

그러나 매수인이 중도금을 약정한 일시에 지급하지 아니하면 그 계약을 무효로 한다

---

22) 대법원 2015.4.23 선고, 2014다231378 판결.
23) 지원림, 전게서, 1348면.
24) 대법원 1997.6.27 선고, 97다9369 판결.
25) 중도금의 지급이나 목적물의 인도 등.
26) 잔대금을 준비하기 위하여 등기소에 동행할 것을 촉구하는 것 등.
27) 대법원 1997.6.27 선고, 97다9369 판결.
28) 대법원 2000.2.11 선고, 99다62074 판결.

는 특약이 있는 경우 그 불이행 자체로서 계약은 그 일자에 자동적으로 해제된 것이라고 보아야 한다.[29]

4) 효 과

해약금에 의한 해제는 당사자 일방의 이행이 있기 전에 교부자는 이를 포기하고 수령자는 그 배액을 상환하여 매매계약을 종결짓는 것이므로, 따로 원상회복의무는 발생하지는 않는다. 또 이 해제는 해약금 계약에 의해 하는 것이고 채무불이행을 원인으로 하는 것이 아니므로, 해제를 하더라도 손해배상의 문제가 발생하지 않는다.[30]

6. 매매계약의 비용 부담

목적물의 측량비용, 계약서 작성비용 등 매매계약에 관한 비용은 당사자 쌍방이 균분하여 부담한다(민법 제566조).

7. 매매의 효력

매매가 성립하면 매도인은 매수인에게 대하여 매매의 목적이 된 권리를 이전하여야 하며, 매수인은 매도인에게 그 대금을 지급하여야 한다(민법 제568조 제1항).

부동산매매계약에서 발생하는 매도인의 소유권이전등기의무와 매수인의 매매잔대금지급의무는 동시이행의 관계에 있다. 동시이행의 항변권은 상대방의 채무이행이 있기까지 자신의 채무이행을 거절할 수 있는 권리이다.[31]

가. 매도인의 재산권 이전의무

매도인은 매매의 목적물인 재산권을 매수인에게 이전하는 데 필요한 모든 행위를 하여야 할 의무를 부담한다. 따라서 매매의 목적인 권리가 물권·지적재산권 등과 같이 법률행위 외에 등기·등록·인도 등의 공시방법을 갖추어야 하는 것이면, 등기·등록에 협력하거나 인도하여야 한다. 그리고 타인의 재산권을 매각한 경우에는 매도인은 이를 취득하여 매수인에게 이전하여야 한다.[32] 그리고 매수인이 목적물을 사용·수익

---

29) 대법원 1988.12.20 선고, 88다카132 판결.
30) 김준호, 전게서, 1386면.
31) 대법원 2006.2.23 선고, 2005다53187 판결.

할 수 있도록 점유를 이전해 주어야 한다.

또한 매도인은 당사자 사이의 특약이 없는 한 제한이나 부담이 없는 완전한 소유권을 이전하여야 할 의무가 있다. 가령 매매목적 부동산에 관하여 저당권등기나 가등기 또는 가압류등기가 경료되어 있는 경우에, 매도인은 원칙적으로 이러한 등기를 말소하여 완전한 소유권이전등기를 경료하여 주어야 하는바, 매수인은 그러한 등기의 말소에 필요한 서류의 교부가 있을 때까지 매매대금의 지급을 거절할 수 있다.[33]

한편, 토지의 매수인이 아직 소유권이전등기를 경료받지 아니하였다 하여도 매매계약의 이행으로 그 토지를 인도받은 때에는 매매계약의 효력으로서 이를 점유·사용할 권리가 생기게 된 것으로 보아야 한다.[34]

나. 매수인의 대금지급의무

(1) 개 요

매수인은 매도인의 권리이전에 대한 반대급부로 대금지급의무를 진다(민법 제568조 제1항). 이와 관련하여 대금지급기일, 지급장소 등은 당사자의 특약으로 정하고, 그 특약이 없는 경우에는 당사자 일방에 대한 의무이행의 기한이 있는 때에는 상대방의 의무이행에 대하여도 동일한 효력이 있는 것으로 추정한다(민법 제585조).

그리고 매매목적물의 인도와 동시에 대금을 지급하는 경우에는 대금은 목적물의 인도장소에서 지급하여야 한다(민법 제586조).

(2) 대금의 이자

매수인이 목적물을 인도받은 날로부터 대금의 이자를 지급하여야 한다. 그러나 대금의 지급에 대하여 기한이 있는 때에는 그러하지 아니하다(민법 제587조). 즉 매수인이 매도인으로부터 목적물의 인도를 받게 되면 대금지급과의 동시이행의 관계도 깨지므로 그때부터는 대금의 이자를 지급하여야 한다는 취지이다. 그러나 이때의 이자는 손해배상으로서의 지연이자를 의미한다.[35]

---

32) 지원림, 전게서, 1351면.
33) 지원림, 전게서, 1352면.
34) 대법원 1998.6.26 선고, 97다42823 판결.
35) 김준호, 전게서, 1391면.

따라서, 목적물의 인도가 이루어지지 아니하는 한 매도인은 매수인의 대금지급의무이행의 지체를 이유로 매매대금 이자상당액의 손해배상청구를 할 수 없다.[36]

(3) 대금지급거절권

매매의 목적물에 대하여 권리를 주장하는 자가 있는 경우에 매수인이 매수한 권리의 전부나 일부를 잃을 염려가 있는 때에는 매수인은 그 위험의 한도에서 대금의 전부나 일부의 지급을 거절할 수 있다(민법 제588조).

그러나 매도인이 상당한 담보를 제공한 때에는 매수인은 대금지급을 거절하지 못한다(민법 제588조 단서).

따라서, 매매목적물에 저당권과 같은 담보물권이 설정되어 있는 경우 매도인이 저당권을 말소하지 못하고 있다면 매수인은 그 위험의 한도에서 매매대금의 지급을 거절할 수 있다.[37]

다. 과실의 귀속

과실(果實)은 이를 수취할 권리자에게 속한다. 그리고 **과실수취권**은 원물의 소유자에게 있는 것이 원칙이다(민법 제211조). 따라서 매매계약이 있은 후에도 인도하지 아니한 목적물로부터 생긴 과실은 매도인에게 속한다(민법 제587조). 인도 후에는 과실은 매수인에게 속한다.

그러나 매매목적물의 인도 전이라도 매수인이 매매대금을 완납한 때에는 그 이후의 과실수취권은 매수인에게 귀속된다고 보아야 할 것이다.[38]

라. 매도인의 담보책임

매매의 목적이 된 권리나 물건에 흠이 존재하는 경우, 매수인은 매매의 목적을 달성할 수 없게 되므로 매도인은 매매의 목적인 권리나 물건 등의 하자에 대하여 일정한 책임을 부담하는데 이를 매도인의 담보책임이라고 한다.

민법의 하자담보책임에 관한 규정은 매매라는 유상, 쌍무계약에 의한 급부와 반대급

---

36) 대법원 1995.6.30 선고 95다14290 판결.
37) 대법원 1996.5.10 선고 96다6554 판결.
38) 대법원 1993.11.9 선고, 93다28928 판결.

부 사이의 등가관계를 유지하기 위하여 민법의 지도이념과 공평의 원칙에 입각하여 마련된 것이다.[39)

한편, 착오로 인한 취소 제도와 매도인의 하자담보책임 제도는 그 취지가 서로 다르고 그 요건과 효과도 구별되므로, 매매계약 내용의 중요 부분에 착오가 있는 경우 매수인은 매도인의 하자담보책임의 성립과는 상관없이 착오를 이유로 그 매매계약을 취소할 수 있다.[40)

마. 부동산 경매절차에서 타인 명의 매각허가결정의 효력

부동산 경매절차에서 부동산을 매수하려는 사람이 매수대금을 자신이 부담하면서 타인의 명의로 매각허가결정을 받기로 함에 따라 그 타인이 경매절차에 참가하여 매각허가가 이루어진 경우에도 그 경매절차의 매수인은 그 명의인이므로 경매 목적 부동산의 소유권은 매수대금을 실질적으로 부담한 사람이 누구인가와 상관없이 그 명의인이 취득한다.[41)

8. 환 매

환매란 매도인이 매매계약과 동시에 특약으로 환매할 권리를 보유한 때에 일정한 기간 내에 그 권리를 행사하여 매수인으로부터 목적물을 매수하는 것을 말한다.

환매권 행사로 매도인과 매수인간에 별도의 매매계약이 성립한 것이 되어 매도인은 매수인에 대하여 목적물에 대한 소유권이전과 인도를 청구할 수 있고, 매수인이 부담한 매매비용을 반환하여야 한다.

9. 할부판매

가. 의 의

할부매매는 매수인이 상품을 미리 인도받고 대금은 일정기간 동안 분할하여 지급하는 매매로서 목적물의 인도시기와 대금의 분할지급에 특수한 내용을 이룬다. 상인은

---

39) 대법원 2014.5.16 선고, 2012다72582 판결.
40) 대법원 2018.9.13 선고, 2015다78703 판결.
41) 대법원 2012.11.15 선고, 2012다69197 판결.

판매를 촉진하고 소비자는 고가의 상품을 큰 부담 없이 인도받아 사용할 수 있다는 점에서 많이 활용되고 있다.[42]

나. 소유권 유보

할부매매에서는 매도인의 대금채권 담보를 위해 매수인에게 인도된 목적물의 소유권은 대금이 완제될 때까지 매도인에게 남아 있다. 즉 소유권을 유보하는 것으로 약정하는 것이 보통이다. 매수인의 대금연체 또는 그 밖의 신용불안의 사실이 발생하면 매도인은 그 유보된 소유권에 기해 매매의 목적물을 회수함으로써 대금채권을 담보한다는 점에서 간편하고 강력한 담보수단이 된다.[43]

이러한 소유권 유보부 매매의 법적 성질은 매매의 목적물의 소유권은 매도인에게 유보되고 매매대금의 완제라는 정지조건의 성취와 함께 소유권은 자동적으로 이전된다는 정지조건부 소유권이전설이 판례의 입장이다.[44]

즉 동산 매매계약에서 매도인은 대금이 모두 지급될 때까지 매수인 뿐만 아니라 제3자에 대하여도 유보된 목적물의 소유권을 주장할 수 있고, 다만 대금이 모두 지급되었을 때에는 그 정지조건이 완성되어 별도의 의사표시 없이 목적물의 소유권이 매수인에게 이전된다.[45]

즉 매매 목적물에 대한 소유권이 유보된 상태에서 매매가 이루어진 경우에는 대금이 모두 지급될 때까지는 매매 목적물에 대한 소유권이 이전되지 않고 점유의 이전만 있어 매수인이 이를 다시 매도하여 인도하더라도 제3자는 유효하게 소유권을 취득하지 못한다.[46]

10. 방문판매 · 통신판매 · 다단계판매

가. 방문판매

방문판매라 함은 재화 또는 용역의 판매를 업으로 하는 자가 방문의 방법으로 그의

---

42) 김준호, 상계서, 1425면.
43) 김준호, 전게서, 1426면.
44) 지원림, 전게서, 1383면.
45) 대법원 2010.2.11 선고, 2009다93671 판결.
46) 대법원 1999.9.7 선고, 99다30534 판결.

영업소, 대리점 기타 영업장소 외의 장소에서 소비자에게 권유하여 계약의 청약을 받거나 계약을 체결하여 재화 또는 용역을 판매하는 것을 말한다(방문판매 등에 관한 법률 제2조 제1호).

나. 통신판매

통신판매라 함은 우편, 전기통신 등의 방법으로 재화 또는 용역의 판매에 관한 정보를 제공하고 소비자의 청약에 의하여 재화 또는 용역을 판매하는 것으로, 전화권유판매를 제외한 것을 말한다(전자상거래 등에서의 소비자보호 등에 관한 법률 제2조 제2호).

다. 다단계판매

다단계판매라 함은 재화 또는 용역의 판매업자가 특정인에게 판매업자가 공급하는 재화 또는 용역을 소비자에게 판매하는 등의 활동을 하면 일정한 이익을 얻을 수 있다고 권유하여, 판매원의 가입이 단계적으로 이루어지는 다단계판매조직을 통하여 재화 등을 판매하는 것을 말한다(방문판매 등에 관한 법률 제2조 제5호).

제 2 절 부가가치세법상 관련 내용

1. 재화 공급의 범위

부가가치세법상 재화의 공급은 계약상 또는 법률상 모든 원인에 의하여 재화를 인도하거나 양도하는 것이므로 사법상의 매매보다는 넓은 개념이다.

현금판매·외상판매·할부판매·장기할부판매·조건부 및 기한부 판매·위탁판매·기타 매매계약에 의하여 재화를 인도 또는 양도하는 것(부가가치세법 시행령 제18조 제1항 제1호)이다. 그 밖의 경매, 수용, 현물출자 등에 의한 재화의 인도 또는 양도도 과세되는 재화의 공급에 해당한다.

여기서 그 인도 또는 양도는 재화를 사용·소비할 수 있도록 소유권을 이전하는 행위를 전제로 하는 것이라고 할 것인바, 사업자가 건물을 매도하기로 하는 매매계약을 체결한 다음, 매매대금이 청산되거나 거래상대방 명의로의 이전등기를 경료하기 이전이라도, 거래상대방으로 하여금 사실상 소유자로서 당해 건물에 대한 배타적인 이용 및 처분을 할 수 있도록 점유를 이전하였다면, 이는 부가가치세법상 재화의 공급에 해당한다.[47] 다만, 반환조건부 판매, 동의조건부 판매, 그 밖의 조건부 판매 및 기한후 판매는 그 조건이 성취되거나 기한이 지나 판매가 확정되는 때가 공급시기이다.

한편, 부동산 매매계약에 있어 매수인이 부가가치세를 부담하기로 약정한 경우 부가가치세를 매매대금과 별도로 지급하기로 했다는 등의 특별한 사정이 없는 한 부가가치세를 포함한 매매대금 전부와 부동산의 소유권이전등기의무가 동시이행의 관계에 있다.[48]

2. 환매와 재화의 공급

사업자가 환매조건부계약에 의하여 재화를 인도 또는 양도하는 경우에는 부가가치세법상 재화의 공급으로 본다.[49]

주택신축판매업자가 신축 중인 국민주택규모 초과 미분양주택을 환매조건부 매매계약에 따라 양도한 후 약정에 따라 계약체결일로부터 소유권이전 또는 잔금지급 후 6개월 이내에 환매(계약상 환매기간은 계약체결일로부터 건물보존등기 후 1년 이내)하는 경우 당해 환매는 재화의 공급에 해당한다.[50]

또한 사업자가 재화를 환매조건부로 양도한 후 약정에 따라 환매기간 내에 환매하는 경우 해당 환매는 부가가치세법상 재화의 공급에 해당한다.[51]

---

47) 대법원 2006.10.13 선고, 2005두2926 판결.
48) 대법원 2006.2.24 선고, 2005다58656 판결.
49) 부가22601-1334, 1990.10.13.
50) 질의회신 부가가치세과-50, 2010.1.13.
51) 과세기준자문, 법규과-18, 2010.1.8.

1. 매매에 의한 사업소득 수입시기

상품·제품 등의 판매는 그 상품 등을 인도한 날, 그 외 부동산 등의 경우에는 대금을 청산한 날. 다만, 대금을 청산하기 전에 소유권 등의 이전에 관하여 등기 또는 등록을 하거나 해당 자산을 사용·수익하는 경우에는 그 등기·등록일 또는 사용수익일로한다(소득세법 시행령 제48조). 대금을 청산한 날이란 실제로 잔대금을 지급하여 사실상의소유권을 취득한 시점을 말한다.[52]

2. 환매권 상실에 따른 손해배상금의 기타소득 해당 여부

환매권 상실에 따른 손해배상금이 토지를 소유하였을 경우 실현할 수 있었던 통상적인 지가상승 범위에 대응하는 것으로서 단순한 손해 그 자체에 대한 보상을 넘어 본래의 계약의 내용이 되는 지급 자체에 대한 손해를 넘는 손해에 대하여 배상하는 금전으로 볼 수 없다.[53]

또한 토지소유자에게 환매할 수 있는 권리가 발생하였으나 사업시행자의 환매권 통지 불이행으로 환매권 행사가 불가능하게 됨에 따라 당해 토지소유자가 손해배상청구소송을 제기하여 법원판결에 따라 손해배상금을 지급받는 경우 당해 손해배상금은 소득세법에 의한 기타소득에 해당하지 아니한다.[54]

3. 양도소득 과세원인인 양도의 의미

가. 양도의 개념

재산권은 매매·교환·증여·출자·상속·수용 등에 의하여 이전하는데, 세법에서는 이들을 포함하여 재산권에 대한 권리 주체가 바뀌고 재산권이 이전하는 현상을 양

---

52) 대법원 1999.10.26 선고, 98두2669 판결.
53) 대법원 2009.1.30 선고, 2008두20239 판결.
54) 사전-2018-법령해석소득-0073, 2018.6.29.

도라고 한다. 조합원이 조합에 토지와 건축물을 현물출자하는 것도 양도에 해당한다.[55]

즉, 양도라 함은 매도 등으로 인하여 그 자산이 유상으로 사실상 이전되는 것을 말한다(소득세법 제88조 제1호). 매매의 경우 일반적으로 매매잔금지급의무와 소유권이전등기 의무가 완료되면 양도로 볼 수 있다.

대물변제로 소유권이전등기를 해 준 경우, 협의이혼시 위자료로 부동산소유권을 이전해 준 경우, 공용수용, 국세징수법에 의한 공매, 임의경매절차에 의하여 부동산의 소유권이 사실상 유상으로 이전된 경우 등도 양도에 해당한다.[56]

나. 양도소득세 과세대상

양도소득세는 매매 등의 목적물인 재산권 중 토지·건물·부동산에 관한 권리 및 일정범위의 특정주식과 영업권·시설이용권 등 기타 자산의 유상이전이 과세대상이다.[57] 건축 중에 있는 건물이 건축법상 건물(지붕과 기둥 또는 벽)로 볼 수 있는 단계에 이르렀다면 건물로서, 그렇지 않다면 토지의 일부로서 양도소득세의 과세대상이 된다.[58]

한편, 저당권의 실행을 위한 부동산 임의경매는 담보권의 내용을 실현하여 현금화하기 위한 행위로서 양도소득세 과세대상인 자산의 양도에 해당하고, 이 경우 양도소득인 매각대금은 부동산의 소유자에게 귀속된다.[59]

강제경매의 경우에도 양도소득세 과세대상이 된다. 다만, 강제경매절차의 기초가 된 경매부동산에 관한 채무자 명의의 등기가 원인무효인 것인 때에는 매수인은 경매부동산의 소유권을 취득할 수 없고, 강제경매절차를 통하여 채무자에게 돌아간 이익이 있으면 원칙적으로 원상회복으로 반환의 대상이 될 수 있을 뿐이므로 이 경우 특별한 사정이 없는 한 양도소득세를 과세할 수 없다.[60]

즉, 양도소득세의 과세대상은 소유권을 양도함으로써 발생하는 소득인데 여기서 소유권이전 등기를 마친 소유권 뿐만 아니라 매수후 대금의 거의 전부를 지급한 사실상

55) 대법원 1985.5.28 선고, 84누545 판결.
56) 사법연수원, 『조세법총론Ⅰ』, 2011, 221면.
57) 구욱서, 『사법과 세법』, 유로, 2010, 112면.
58) 대전고법 2019.8.14 선고, 2019누1303 판결.
59) 대법원 2012.9.13 선고, 2010두13630 판결.
60) 대법원 2016.8.18 선고, 2014두10981 판결.

의 소유권도 포함된다.[61]

그러나 부동산의 양도가 무효인 경우에는 특별한 사정이 없는 한 양수인 명의로 소유권이전등기가 마쳐졌더라도 양도소득세의 과세대상인 자산의 양도에 해당한다거나 자산의 양도로 인한 소득이 있다고 할 수 없다.[62]

한편, 조합에 출자된 자산은 출자자의 개인재산과 구별되는 별개의 조합재산을 이루어 조합원의 합유로 되고, 출자자는 그 출자의 대가로 조합원의 지위를 취득하는 것이므로 조합에 대한 자산의 현물출자는 자산의 유상이전으로 양도소득세 과세원인인 양도에 해당한다.[63]

다. 사실상 유상이전

(1) 개념

사실상 유상이전이라 함은 양수자가 법률상의 소유권을 취득하지 않아도 자산에 대한 사용(물건의 용도에 따라 그 성질을 변경하지 않고 이용하는 것)·수익(목적물로부터 생기는 과실을 수취하는 것)·처분(물건이 갖는 교환가치를 실현하는 것)이라는 소유권의 내용을 실현하는 단계를 말하는 것이다. 또한 재산의 양도에 따라 대가관계의 경제적 이익을 얻는 것을 말한다.

(2) 사실상 유상이전의 시기

민법은 부동산에 관한 법률행위로 인한 물권의 득실변경은 등기하여야 그 효력이 생긴다(민법 제186조)라고 하여 등기를 물권변동의 성립요건으로 규정하고 있다. 반면에 소득세법은 양도자산에 대한 등기·등록을 하지 않더라도 사실상 이전이 있으면 양도가 있다고 본다.

물건에 대한 대가를 모두 지급하게 되면 통상 자신이 물건에 대한 소유자라고 인식하게 되고, 법률상으로도 소유권이전등기청구권과 사용 등을 위한 인도청구권을 가지게 되므로 그 매매대금이 청산되면 사실상 이전되었다고 본다. 그리고 급부가 대금이 아닐 때는 물건에 대한 사용·수익을 실현할 수 있는 단계에 이르면 사실상 권리가 이전되었

---

61) 대법원 2011.9.8 신고, 2009두6537 판결.
62) 대법원 1997.1.21 선고, 96누8901 판결.
63) 대법원 2002.4.23 선고, 2000두5852 판결.

다고 볼 수 있다.[64]

판례에 의하면, 토지소유권이 유상으로 사실상 이전되는 것이라고 함은 이 사건과 같이 매매의 경우에는 그 토지의 대가가 사회통념상 대금의 거의 전부가 지급되었다고 볼 만한 정도의 대금지급이 이행되었음을 뜻한다고 보아야 한다.[65]

대가적 급부가 사회통념상 거의 전부 이행되었다고 볼 만한 정도에 이르는지 여부는 미지급 잔금의 액수와 그것이 전체 대금에서 차지하는 비율, 미지급 잔금이 남게 된 경위 등에 비추어 구체적 사안에서 개별적으로 판단하여야 한다.[66]

한편, 부동산 매매계약을 체결한 매수인이 대금을 청산하지 아니한 상태에서 매매계약상 권리의무 내지 매수인의 지위를 제3자에게 양도하고 그 매매계약 관계에서 탈퇴하는 경우에는 부동산을 취득할 수 있는 권리를 양도하는 것에 불과하다.[67]

조합에 대한 자산의 양도시기는 조합에 현물출자를 이행한 때, 즉 동업계약체결일이다.[68]

라. 양도의 소득 구분

양도소득세의 과세대상이 되는 토지 또는 건물 등의 자산을 양도하여도 당해 자산의 양도가 사업으로 행하여지는 경우에는 그 자산의 양도로 인하여 발생하는 소득은 사업소득(부동산매매업 또는 주택신축판매업)을 구성하게 된다.[69]

마. 양도가액

실지양도가액이란 양도목적물의 양도당시 객관적인 교환가치에 의한 가액이 아니라 양도자와 양수자간 실제로 거래한 가액, 즉 양도자가 양도목적물의 대가로 실제로 수령하거나 수령하기로 약정한 금액을 말한다.[70]

---

64) 구욱서, 전게서, 141~142면.
65) 대법원 1984.2.14 선고, 82누286 판결.
66) 대법원 2014.6.12 선고, 2013두2037 판결.
67) 대법원 2013.10.11 선고, 2013두10519 판결.
68) 대법원 2002.4.23 선고, 2000두5852 판결.
69) 임승순,『조세법』, 박영사, 2009, 495면.
70) 대법원 1992.5.12 선고, 91누10848 판결.

바. 미등기 양도자산에 대한 중과

미등기 양도자산에 대하여 양도소득세를 중과하도록 한 취지는 자산을 취득한 자가 양도 딩시 그 취득에 관한 등기를 하지 아니하고 이를 양도함으로써 양도소득세 등 각종 조세를 포탈하거나 양도차익만을 노려 잔대금 등의 지급 없이 전전 매매하는 따위의 부동산투기 등을 억제, 방지하려는데 있다고 할 것이므로 애당초 그 자산의 취득에 있어서 자산의 미등기양도를 통한 조세회피목적이나 전매이득취득 등 투기목적이 없다고 인정되는 등 부득이한 사유가 인정되는 경우에는 양도소득세가 중과되는 미등기 양도자산에서 제외된다.[71]

4. 환매와 양도소득세

소유부동산을 민법 규정에 의한 환매조건부로 유상 양도하고 환매권을 보유한 상태에서 소유권이전등기를 하는 경우에는 소득세법 규정에 의한 양도에 해당하여 양도소득세가 과세되며, 다만, 환매계약에 따른 환매기간 내에 환매권을 행사하여 해당 부동산의 소유권을 환원등기하는 것은 양도로 보지 아니하여 양도소득세가 과세되지 아니한다.[72]

한편, 환매권 행사로 취득한 토지의 취득시기와 관련하여 공익사업법 규정에 의하여 협의매수 또는 수용된 토지를 당해 사업의 폐지 등으로 협의매수일 또는 수용개시일 당시의 토지소유자가 환매권을 행사하여 취득한 후 이를 양도한 경우 당해 토지의 취득시기는 환매대금을 청산한 날이다.[73]

---

71) 대법원 1995.4.11 선고, 94누8020 판결.
72) 재일46014－2023, 1994.7.22.
73) 재산세제과－94, 2005.8.18.

제4절 관련 사례(판례) 및 과세실무

1. 잔금 지급 지연에 따른 연체이자의 소득구분

가. 사실관계

갑은 갑 소유의 ○○광역시 ○○구 ○○동 소재 토지를 ○○인터내셔날 외 2개 업체에 매각하기 위하여 2004.12.8자로 계약을 체결하여 총매매대금 86억원 중 계약금을 제외한 잔금을 2005.3.31까지 받기로 하였다가 연장기한인 2005.4.25까지 잔금을 지급받지 못함에 따라 2005.5.3 수정계약을 체결하여 총매매가액을 85억원으로 감액한 후, 잔금을 2006.6.10까지 받기로 하였으나, 다시 수정계약서상 잔금지급일까지 잔금을 받지 못하고 있다가, 매수인을 ○○인터내셔날 외 2개 업체에서 ○○인터내셔날 단독 매수인으로 변경하고, 총매매대금을 93억원으로 증액한 후 당초 계약시 지급한 계약금을 제외한 잔금을 동일자로 정산받은 사실이 있음.

이에 대하여 ○○지방국세청은 2006.8.16부터 2006.9.26까지 갑에 대하여 개인제세조사를 실시하여 토지를 매각하는 과정에서 당초 매매계약서상 잔금지급약정일에 잔금을 지급받지 못하게 됨에 따라 ○○억원의 연체이자가 발생하였음에도 갑이 이를 부동산 매각대금에 포함하여 양도소득세를 신고한 데 대하여 기타소득으로 보아 2005년 귀속 종합소득세 ○억원을 경정하게 되었음.

반면 납세자 갑은 이에 대하여 수정계약서를 작성하면서 지가상승액 등을 감안하여 매매대금을 변경하였으므로 수정계약은 당초계약과는 별개의 새로운 계약으로 보아야 하므로 증액된 매매대금이 연체이자 성격인 지연배상금에 해당된다고 보아 소득세법 제21조의 기타소득으로 과세한 것은 부당하다고 주장함.

나. 판결요지

최종계약서가 잔금지급이 이루어짐과 동시에 같은 날 작성되어 그 작성시 조세부담의 회피나 경감 등 특정 목적이 있었음을 추단케 하는 점 등의 사정을 고려하면 지가의 상승 등 여러 요소를 감안하여 그 매매대금을 새로이 체결한 것이 아니라 매수인의 요청에 따라 잔금지급기일을 연기하면서 연기된 기간 동안의 약정 연체이자를 당초 매매대금에 가산하여 명목상 그 매매대금을 증액한 것에 불과하므로, 그 증가된 매매대금의 실질은 계약의 위약으로 인한 위약금이다.[74]

다. 검 토

토지를 양도하고 매매대금 지급지연으로 인해 추가로 지급받는 연체이자상당액은 위약금 또는 지연손해금으로서 기타소득에 해당한다.[75]

따라서 매매대금이 증액된 주된 경위가 매수인의 잔금지급기일 연기 요청에 따라 그 기일을 연기하면서 기간동안 약정된 연체이율에 따른 지연손해금을 매매대금에 가산한 경우에 이는 위약금에 해당된다. 다만, 매매목적물의 시가 변동 등 사정에 의하여 새로운 매매계약을 체결할 의사로 매매대금이 증액되었다면 이는 위약금으로 보기 어려울 것이다.

2. 환매가 당초 양도소득세에 미치는 영향

유효한 매매계약을 토대로 자산의 양도가 이루어진 후 환매약정에 따른 환매가 이루어지더라도 이는 원칙적으로 새로운 매매에 해당하므로 양도소득세 과세요건을 이미 충족한 당초 매매계약에 따른 자산의 양도에 영향을 미칠 수 없다.[76]

3. 환매에 따른 재매입가액의 부가가치세 과세표준 차감 여부

분양사업자가 입주 후 일정시점에 분양주택 시가가 분양가액에 미달하면 수분양자가 재매입을 요구할 수 있는 조건으로 주택을 공급하고 약정조건에 따라 주택을 재매입하는 경우 재매입가액을 과세표준에서 차감할 수 없다.[77]

환입이란 공급된 재화가 품질차이 등의 사유로 구매목적에 맞지 않아 재화를 온전히 사용하지 아니한 상태로 공급한 자에게 반환하는 것을 말하는 바, 당초 공급이 완료된

---

74) 대법원 2010.2.11 선고, 2009두18271 판결.
75) 심사소득 2003-185, 2003.6.30.
76) 대법원 2015.8.27 선고, 2013두12652 판결.
77) 법규부가2012-421, 2012.12.28.

재화를 구매자가 정상적으로 사용·수익한 후 공급한 자에게 다시 환매하는 경우에는 재화를 반품·환입으로 볼 수 없고 별도의 공급으로 보아야 한다.[78]

4. 환매에 따른 세금계산서 발급방법

차량을 판매하는 사업자가 총판업체와 판매상계약을 체결하여 차량을 총판업체에 인도하고 그 대금수취 및 소유권이전을 완료한 다음, 판매상계약 특약에 따라 판매상계약 만료 또는 종료 시점에 총판업체에 인도되었으나 판매되지 아니한 전시차량과 재고차량을 환매하는 경우 부가가치세법 시행령 제70조 제1항에 따른 수정세금계산서 발급사유에 해당하지 아니하고, 해당 환매는 부가가치세법 제9조에 따른 재화의 공급에 해당하는 것으로 총판업체는 그 공급시기에 세금계산서를 발급하여야 한다.[79]

5. 매매계약에 의하여 취득한 자산의 하자보수비용 등의 손익귀속시기

신축공장을 매매로 취득한 후 공장건물의 하자로 손해배상 소송을 제기하고 하자보수비용 등 손해배상금을 받은 경우에는 법원의 확정 판결이 확정된 날이 속하는 사업연도의 익금에 해당한다.[80]

법원의 판결이 확정된 날이라 함은 대법원 판결일자 또는 당해 판결에 대하여 상소를 제기하지 아니한 때에는 상소제기 기한이 종료한 날의 다음날이다.[81]

6. 매매대금 지급지연에 따른 추가 지급받은 금액의 소득 구분

거주자가 토지를 양도하고 매매대금의 지급지연으로 인해 추가로 지급받는 연체이자는 소득세법에 의한 기타소득에 해당되는 것이나, 그 매매대금이 실질적으로 소비대차로 전환된 경우에는 이자소득에 해당한다.[82] 따라서 양도대가를 늦게 지급함에 따라 추가로 지급받은 금액은 양도소득으로 볼 수 없다.[83]

---

78) 부가46015-770, 1999.3.22.
79) 사전-2015-법령해석부가-0371, 2015.11.26.
80) 법규법인2014-10, 2014.5.9.
81) 사전-2016-법령해석법인-0011, 2016.7.13.
82) 법규과-277, 2005.9.20.
83) 사전-2017-법령해석재산-0580, 2017.9.13.

7. 기타 과세 실무사례

매매계약의 이행이 완결되지 아니한 상태에서 대법원의 확정판결에 따라 본래의 매도자에게 소유권이 환원된 쟁점토지의 당초 양도는 소유권이전등기에 불구하고 토지의 양도로 보지 않는다.[84]

부동산 조건부 매매계약에 따라 소유권이전등기를 하고 일부 대금을 미지급한 경우 사실적 장애나 법률적 장애가 없어졌다고 보기 어려워 매매조건이 성취되지 아니한 것으로 보아야 한다.[85]

이전등기가 되었다 하더라도 매매잔금 미지급 등의 사유로 당사자간 특약에 의하여 잔금지급 이전까지 사용·수익 등 이용을 제한하고 있는 경우라면 실제로 사용·수익이 가능한 날이 재화의 공급시기가 된다.[86]

제5절 민법과 세법의 비교

민법상 부동산 매매에 의하여 소유권이 이전되기 위해서는 매수인의 대금지급의무와 동시에 권리 자체를 이전해 주어야 한다. 즉, 부동산 소유권이전등기를 하여야 물권변동의 효력이 발생한다.

반면 세법에서는 매매에 의한 재산권 이전을 양도라 하는데 부동산에 대한 양도소득세 과세와 관련하여 양도의 시기와 관련하여 원칙적으로 소유권이전등기가 이행되지 않았더라도 대금이 청산되거나 사실상 소유권이 이전된 경우에는 양도로 보아 양도소득세를 과세한다.

사실상 이전이란 대가가 사회통념상 대금의 거의 전부가 지급되었다고 볼 만한 정도의 대금지급이 이행되었음을 뜻한다.

한편 대금청산일이 분명하지 않거나 대금청산 전 소유권이 이전등기된 경우에는 그 등기 등에 기재된 등기접수일에 자산의 유상양도가 이루어진 것으로 본다.

---

84) 과세품질 서울청2010-7, 2010.6.30.
85) 과세품질 중부청2011-18, 2011.9.30.
86) 재소비 46015-259, 2000.8.19.

또한 토지 등의 수용의 경우에 관련법상 수용의 개시일에 소유권이 이전되나, 소득세법에서는 대금을 청산한 날, 수용개시일, 소유권이전등기 접수일 중 빠른날을 자산의 이전 시기로 보고 있다.

다만, 경매에 의한 매각은 민법과 세법 동일하게 매각대금 완납일로 자산의 이전시기로 보고 있다.

그리고 민법상 매매의 목적물인 재산권은 물권, 채권, 지적재산권 등을 의미하는데 부가가치세법상 과세 대상인 재화 또는 용역의 범위와 유사하다고 할 수 있다. 따라서 재화의 유상 이전은 부가가치세 과세대상이 되고, 무상 이전의 경우 일정한 사유에 해당하면 과세대상으로 의제하고 있다. 다만, 재산권 가운데 친권, 부양권 등 신분상의 권리는 그 성질상 양도가 불가능하므로 부가가치세 과세대상인 재화에 해당되지 않는다.

제25장

임대차와 임대소득

관련 세법규정 요약

- 부가가치세법 시행령 제65조 제1항【부동산 임대용역의 공급가액 계산】사업자가 부동산임대용역을 공급하고 전세금이나 임대보증금을 받는 경우에는 금전 이외의 대가를 받는 것으로 보아 일정한 산식에 따라 계산한 간주임대료를 과세표준으로 한다.

- 소득세법 제19조 제1항 제12호【사업소득】부동산업에서 발생하는 소득은 사업소득으로 한다.

- 소득세법 제25조 제1항, 같은법 시행령 제53조 제3항【총수입금액계산의 특례】부동산 또는 부동산상의 권리를 대여하고 보증금 등을 받은 경우에 일정한 산식에 따라 계산한 금액을 사업소득금액으로 하여 총수입금액에 산입한다.

1. 임대차의 의의

임대차는 당사자 일방이 상대방에게 목적물을 사용·수익하게 할 것을 약정하고 상대방이 이에 대하여 차임을 지급할 것을 약정함으로써 성립하는 계약이다(민법 제618조).

타인의 물건을 사용·수익할 수 있는 권리로는 물권으로서의 지상권과 전세권이 있으나, 이들은 그 대상이 토지 내지는 부동산이라는 한계가 있고 또 그 소유자가 이들 물권의 설정 자체를 기피하는 것이 보통이어서, 거래 실제에서는 채권으로서 임대차가 주로 활용된다.[1]

민법이 규율하는 임대차는 동산의 임대차와, 농지가 아닌 일반토지의 임대차, 그리고 주택이 아닌 일반건물의 임대차를 대상으로 한다. 농지에 관해서는 「농지법」이 규율하고 있다. 농지의 임대를 금지하고 있는 농지법 제23조는 강행규정이어서 이를 위반한 임대차계약은 무효이므로 임대인이 임차인에게 차임 지급을 청구할 수 없다.[2]

그리고 주택 임대차에 관하여는 주거생활의 안정이라는 면에서 임차인을 보호하여야 할 요청이 강하고, 이에 관해서는 민법에 대한 특별법으로서 「주택임대차보호법」이 우선적으로 적용된다.[3]

2. 임대차의 성립

임대차는 당사자 일방이 상대방에게 목적물을 사용·수익하게 할 것을 약정하고 상대방이 이에 대하여 차임을 지급할 것을 약정함으로써 그 효력이 생긴다(민법 제618조).

임대인이 임차목적물에 대한 소유권 기타 처분권을 가지고 있어야 하는 것은 아니다. 즉 권원 없는 자가 타인의 소유물을 자기 이름으로 임대하더라도 임대차계약은 유효하다(민법 제569조).[4]

---

1) 김준호, 『민법강의』, 법문사, 2009, 1443면.
2) 대법원 2017.3.15 선고, 2013다79887 판결.
3) 김준호, 상게서, 1444면.
4) 지원림, 『민법강의 제7판』, 홍문사, 2009, 1406면.

임대인이 그 목적물에 대한 소유권 기타 이를 임대할 권한이 없다고 하더라도 임대인은 임차인으로 하여금 그 목적물을 완전하게 사용·수익하게 할 의무가 있고, 임차인도 임대인의 의무가 이행불능으로 되지 않는 한 차임을 지급할 의무가 있다.[5]

판례에 의하면, 임대인이 그 목적물에 대한 소유권 기타 이를 임대할 권한이 없다고 하더라도 임대차계약은 유효하게 성립하고, 따라서 임대인은 임차인으로 하여금 그 목적물을 완전하게 사용·수익케 할 의무가 있고, 또한 임차인은 이러한 임대인의 의무가 이행불능으로 되지 아니하는 한 그 사용·수익의 대가로 차임을 지급할 의무가 있다고 할 것이며, 그 임대차관계가 종료되면 임차인은 임차목적물을 임대인에게 반환하여야 할 계약상의 의무가 있다.[6]

3. 임대차의 효력

가. 임대차 기간

임대차 기간은 당사자간의 약정에 의하여 정하여지며 최장 존속기간 제한이 없다. 기간의 약정이 없는 임대차의 경우에는 당사자는 언제든지 계약해지의 통고를 할 수 있다. 이 경우 토지, 건물 기타 공작물에 대하여는 임대인이 해지를 통고한 경우에는 6월, 임차인이 해지를 통고한 경우에는 1월, 동산에 대하여는 5일이 경과하면 해지의 효력이 생긴다(민법 제635조).

임대차 기간이 만료 후 임차인이 임차물을 계속 사용·수익하는 경우에 임대인이 상당한 기간 내에 이의를 제기하지 않은 때에는 종전의 임대차와 동일한 조건으로 다시 임대차 한 것으로 본다(민법 제639조 제1항).

나. 임대인의 권리와 의무

(1) 임대인의 권리

임대인은 차임채권을 가지고 있다. 차임은 임차목적물의 사용수익에 대한 대가이다. 차임은 반드시 금전으로 지급될 필요는 없으나, 금전으로 지급되는 것이 일반적이다.[7]

---

5) 대법원 2009.9.24 선고, 2008나38325 판결.
6) 대법원 1996.9.6 선고, 94다54641 판결.
7) 양창수·김형석,『권리의 보전과 담보』, 박영사, 2012, 579면.

또한 임대물에 대한 공과금의 증감 기타 경제사정의 변동으로 인하여 약정한 차임이 상당하지 아니한 때에는 장래에 대한 차임의 증가를 청구할 수 있다(민법 제628조).

(2) 임대인의 의무

임대인은 목적물을 임차인에게 인도하고 계약 존속 중 그 사용·수익에 필요한 상태를 유지하게 할 의무를 부담한다(민법 제623조).

또한 임차인은 임대차계약에 있어서 임대인은 임대차 목적물을 계약 존속 중 그 사용·수익에 필요한 상태를 유지하게 할 의무(이하 '임대인의 수선의무'라 한다)를 부담하는 것이므로(민법 제623조), 목적물에 파손 또는 장해가 생긴 경우 그것이 임차인이 별비용을 들이지 아니하고도 손쉽게 고칠 수 있을 정도의 사소한 것이어서 임차인의 사용·수익을 방해할 정도의 것이 아니라면 임대인은 수선의무를 부담하지 않지만, 그것을 수선하지 아니하면 임차인이 계약에 의하여 정하여진 목적에 따라 사용·수익할 수 없는 상태로 될 정도의 것이라면 임대인은 그 수선의무를 부담한다.[8]

한편, 임대차계약에 있어서 목적물을 사용수익하게 할 임대인의 의무와 임차인의 차임 지급 의무는 상호 대응관계에 있는 것이므로 임대인이 목적물에 대한 수선의무를 불이행하여 임차인이 목적물을 전혀 사용할 수 없는 경우에는 임차인은 차임 지급을 거절할 수 있다.[9]

또한 임대인이 수선의무를 이행하지 않을 경우 이를 이유로 임대차계약을 해지할 수 있으며, 이러한 수선의무는 임대인의 귀책사유로 수선이 필요하게 되었을 것을 요구하지 않는다.[10]

다. 임차인의 권리

(1) 임차권

임차인은 계약 또는 목적물의 성질에 의한 용법에 따라 목적물을 사용·수익할 수 있는 권리를 가지는바, 이를 **임차권**이라고 한다. 임차권은 물건을 직접 지배하여 사용·수익하는 것을 정당화한다는 점에서 지상권·전세권 등의 물권과 차이를 보이지

---

8) 대법원 2000.3.23 선고, 98두18053 판결.
9) 대법원 1989.6.13 선고, 88다카13332 판결.
10) 사법연수원, 『요건 사실론』, 2011, 112면.

않지만 그 본질은 채권이다.[11]

1) 임차권의 대항력

임차권은 임차인이 임대인에 대해서만 주장할 수 있는 채권으로 구성되어 있기 때문에 임대인이 목적물을 제3자에게 양도한 경우에는 임차인은 제3자에게 임차권을 주장할 수 없다.[12]

부동산임차권에 이 원칙을 관철한다면 임차인의 지위가 불안정해지고 사회경제적 이익을 크게 해칠 수 있으므로 임차권의 대외적 효력 내지 대항력을 인정하려는 노력이 필요하며, 이러한 점을 고려하여 예외적으로 일정한 경우에 부동산임차권의 대항력을 인정한다.[13]

2) 임차권의 등기

부동산임차인은 당사자간에 반대 약정이 없으면 임대인에 대하여 그 임대차등기절차에 협력할 것을 청구할 수 있고, 부동산임대차를 등기한 때에는 그때부터 제3자에 대하여 효력이 생긴다(민법 제621조).

등기된 임차권에는 용익권적 권능외에 임차보증금에 대한 담보권적 권능이 있고, 임대차기간이 종료되면 용익권적 권능은 임차권 등기의 말소 없이도 소멸하나 담보권적 권능은 바로 소멸하지 않는다.[14]

그리고 건물의 소유를 목적으로 한 토지 임대차는 이를 등기하지 아니한 경우에도 임차인이 그 지상건물을 등기한 때에는 제3자에 대하여 임대차의 효력이 생긴다(민법 제622조 제1항). 가령 건축을 목적으로 토지를 임차한 자가 토지임차권등기는 하지 않은 채 건물을 지은 뒤 건물에 관하여 보존등기를 하는 경우에 그렇다.[15]

3) 임차권의 양도

임차권의 양도는 임차인이 임차권을 제3자에게 양도하는 것을 말하는데, 이것은 권리로서의 임차권(사용·수익권)만이 양도되는 것이 아니라, 임차인이 임대차계약에 따라

---

11) 지원림, 전게서, 1413면.
12) 김준호, 전게서, 1456면.
13) 지원림, 전게서, 1413면.
14) 대법원 2002.2.26 선고, 99다67079 판결.
15) 송덕수, 『신민법강의』, 박영사, 2009, 1275면.

생기는 모든 권리와 의무, 즉 임차인의 지위가 제3자에게 이전된다고 보는 것이 통설이다.[16]

이 경우 임차인은 임대인의 동의 없이 그 권리를 양도할 수 없다(민법 제629조). 임차인이 임대인의 동의를 얻어 임차권을 양도한 경우에 임차인은 계약관계에서 벗어나고 임대인과 양수인 사이에 임대차관계가 계속된다. 반면 동의를 얻지 않는 경우 양도인과 양수인 사이에 채권적 효력은 발생하지만, 임대인에 대한 관계에서 양도의 효력이 발생하지 않는다.[17] 또한 임대인이 임대차계약을 해지할 수 있다(민법 제629조 제2항).

임대차계약은 원래 당사자의 개인적 신뢰를 기초로 하는 계속적 법률관계임을 고려하여 임대인의 인적 신뢰나 경제적 이익을 보호하여 이를 해치지 않게 하고자 함에 있으며 임차인이 임대인의 승낙 없이 제3자에게 임차물을 사용 수익시키는 것은 임대인에게 임대차관계를 계속 시키기 어려운 배신적 행위가 될 수 있는 것이기 때문에 임대인에게 일방적으로 임대차관계를 종지시킬 수 있도록 함에 있다.[18]

(2) 임차물의 전대

임차물의 전대(轉貸)는 임차인이 임대차계약에 따른 그의 지위를 그대로 가지면서 임차물을 제3자로 하여금 사용·수익하게 하는 것이다. 임대차계약에서 예정되어 있지 않았던 제3자가 목적물을 사용·수익하게 되고, 이것은 임대차에서 당사자간의 신뢰관계를 파괴한다는 점에서 민법 제629조는 임대인의 동의를 얻어야 하는 것으로 정한다.[19]

임대인의 동의를 얻은 경우에는 전차인(轉借人)은 임대인에 대하여 직접의무를 부담하고 전차인은 전대차계약상의 변제기 전에 전대인(轉貸人)에 대한 차임의 지급을 가지고 임대인에 대항하지 못하도록 규정한다(민법 제630조).

따라서 임대인은 임차인과 전차인에 대하여 차임의 지급을 구할 수 있고, 임대차가 종료하면 전대차도 당연히 종료한다.[20]

임대인의 동의를 얻지 못한 경우에는 전차인은 자신의 전대인에 대한 권리로 임대인

---

16) 김준호, 전게서, 1467면.
17) 지원림, 상게서, 1417면.
18) 대법원 1993.4.27 선고, 92다45308 판결.
19) 김준호, 전게서, 1468면.
20) 지원림, 전게서, 1417~1418면.

에 대항하지 못하고, 임대인의 물권적 청구에 응하여야 한다.[21)

(3) 임차인의 비용상환청구권

임차인이 임차물의 보존에 관한 필요비를 지출한 때에는 임대인에 대하여 그 상환을 청구할 수 있다. 또 임차인이 유익비를 지출한 경우에 임대인은 임대차 종료시에 그 가액의 증가가 현존한 때에 임차인의 지출한 금액이나 그 증가액을 상환하여야 한다(민법 제626조).

필요비에 관하여 임차물의 원상회복이나 유지를 위한 비용으로 좁게 해석하는 견해도 있으나, 다수설은 목적물은 통상의 용도에 적합한 상태로 보존하기 위하여 지출된 비용도 포함된다고 한다.[22)

임대인의 필요비 상환의무는 특별한 사정이 없는 한 임차인의 차임지급의무와 서로 대응하는 관계에 있으므로 임차인은 지출한 필요비 금액의 한도에서 차임의 지급을 거절할 수 있다.[23)

판례에 의하면, 민법 제626조 제2항에서 임대인의 상환의무를 규정하고 있는 유익비란 임차인이 임차물의 객관적 가치를 증가시키기 위하여 투입한 비용을 말하는 것인바(대법원 1991.10.8 선고, 91다8029 판결 참조), 간판은 건물부분에서 간이음식점을 경영하기 위하여 부착시킨 시설물에 불과하여 위 건물부분의 객관적 가치를 증가시키기 위한 것이라고 보기 어려울 뿐만 아니라, 그로 인한 가액의 증가가 현존하는 것도 아니어서 그 간판설치비를 유익비라 할 수 없다.[24)

(4) 부속물매수청구권

건물 기타 공작물의 임차인이 그 사용의 편익을 위하여 임대인의 동의를 얻어 이에 부속한 물건이 있는 때에는 임대차의 종료시에 임대인에 대하여 그 부속물의 매수를 청구할 수 있다(민법 제646조).

여기서 매수청구의 대상이 되는 부속물은 건물 기타의 공작물에 부속된 물건으로서 임차인의 소유에 속하고 건물의 구성부분이 되지 않은 것으로서 건물의 사용에 객관적

---

21) 지원림, 상게서, 1419면.
22) 지원림, 상게서, 1411면.
23) 대법원 2019.11.14 선고, 2016다227694 판결.
24) 대법원 1994.9.30 선고, 94다20389, 20396 판결.

인 편익을 가져오는 물건으로, 예를 들면 차양·출입문·샤시·전기·수도시설 등을 들 수 있다.[25]

따라서 기존건물과 분리되어 독립된 소유권의 객체가 될 수 없는 증축부분이나 임대인의 소유에 속하기로 한 부속물은 매수청구의 대상이 될 수 없다.[26]

그러나 임대차계약이 임차인의 채무불이행으로 인하여 해지된 경우에는 임차인은 민법 제646조에 의한 부속물매수청구권이 없다.[27]

임차인의 **부속물매수청구권**은 형성권이며, 임차인의 매수청구의 의사표시만으로 그 부속물에 대해 임대인과 임차인 사이에 매매 유사의 법률관계가 성립된다. 그리고 이는 강행규정으로서 이에 위반하는 약정으로 임차인에게 불리한 것은 무효이다.[28]

(5) 갱신청구권·지상물매수청구권

국민경제적 관점에서 지상 건물의 잔존가치를 보존하고 토지소유자의 배타적 소유권 행사로 인하여 희생당하기 쉬운 임차인을 보호하기 위한 제도이다.[29]

건물 기타 공작물의 소유 또는 식목, 채염, 목축을 목적으로 한 토지 임대차의 기간이 만료한 경우에 건물, 수목 기타 지상시설이 현존한 때에는 민법 제283조(지상권자의 갱신청구권, 매수청구권)의 규정을 준용한다(민법 제643조). 이에 따라 토지 임차인은 1차로 임대인을 상대로 계약의 갱신을 청구할 수 있고, 임대인이 갱신을 원하지 않는 경우에 2차적으로 인정되는 이 권리는 형성권으로 그 행사에 의하여 임대인과 임차인 사이에 지상물에 대한 매매가 성립한다.[30]

그러나 공작물의 소유 등을 목적으로 하는 토지임대차에 있어서 임차인의 채무불이행을 이유로 계약이 해지된 경우에는 임차인은 임대인에 대하여 민법 제643조, 제283조에 의한 매수청구권을 가지지 아니한다.[31]

---

25) 송덕수, 전게서, 1276면.
26) 대법원 1982.1.19 선고, 81다1001 판결.
27) 대법원 1990.1.23 선고, 88다카7245 판결.
28) 김준호, 전게서, 1462면.
29) 대법원 2013.11.28 선고, 2013다48364 판결.
30) 지원림, 전게서, 1421면.
31) 대법원 2003.4.22 선고, 2003다7685 판결.

(6) 임대차보증금반환청구권

임대차가 종료하면 임차인은 임대인에 대하여 보증금 반환청구권을 행사할 수 있다. 임대차계약의 기간이 만료된 경우에 임차인의 임차목적물을 명도할 의무와 임대인이 보증금 중 연체차임 등 당해 임대차에 관하여 명도시까지 생긴 모든 채무를 청산한 나머지를 반환할 의무는 동시이행의 관계에 있다.[32]

한편, 임차목적물을 양수한 경우 임대차계약에서 임대차보증금은 임대차계약 종료 후 목적물을 임대인에게 명도할 때까지 발생하는 임대차에 따른 임차인의 모든 채무를 담보한다. 따라서 이러한 채무는 임대차관계 종료 후 목적물이 반환될 때에 특별한 사정이 없는 한 별도의 의사표시 없이 보증금에서 당연 공제된다.

임차건물의 양수인이 건물 소유권을 취득한 후 임대차관계가 종료돼 임차인에게 임대차보증금을 반환해야 하는 경우에도 임대인의 지위를 승계하기 전까지 발생한 연체차임이나 관리비 등이 있으면 이는 임대차보증금에서 당연히 공제된다고 봐야 하다.[33]

다만, 임대차보증금이 임대인에게 교부되어 있더라도 임대인은 임대차관계가 계속되고 있는 동안에는 임대차보증금에서 연체차임을 충당할 것인지를 자유로이 선택할 수 있으므로 임대차계약 종료 전에는 연체차임 공제 등 별도의 의사표시 없이 당연히 공제되는 것은 아니다.[34]

라. 임차인의 의무

(1) 차임지급의무

임차인은 사용·수익의 대가로 차임을 임대인에게 지급할 의무를 진다(민법 제618조). 차임은 반드시 금전이어야 하는 것은 아니며, 물건이어도 된다. 당사자간에 차임의 지급시기에 관하여 약정이 없는 경우에는 동산·건물이나 대지에 대하여는 매월말에, 기타 토지에 대하여는 매년 말에 지급하여야 한다. 그러나 수확기에 있는 것에 대하여는 그 수확 후 지체 없이 지급하여야 한다(민법 제633조).

임차물에 대한 공과부담의 증감이나 기타 경제사정의 변경으로 약정한 차임이 상당하지 아니하게 된 때에는 당사자는 장래에 차임의 증감을 청구할 수 있다(민법 제628조).

---

32) 대법원 1977.9.28 선고, 77다1241 판결.
33) 대법원 2017.3.22 선고, 2016다218874 판결.
34) 대법원 2013.2.28 선고, 2011다49608 판결.

또한 건물 기타 공작물의 임대차에는 임차인의 차임 연체액이 2기의 차임액에 달하는 때에는 임대인은 계약을 해지할 수 있다(민법 제640조). 차임이 연체되었다 하더라도 자동으로 임대차계약이 해지되지 않으며, 차임연체를 원인으로 한 임대차계약 해지 통보를 하여야 한다. 이는 상가건물임대차보호법의 적용을 받는 상가임대차에도 적용된다.[35]

(2) 용법에 따른 사용·수익 의무

임차인은 목적물을 사용·수익할 권리가 있지만, 그 목적물의 성질에 의해 정하여진 용법으로 이를 사용·수익하여야 한다(민법 제654조).

한편, 임대차 종료 후 임차인이 목적물을 계속 사용·수익한 사실이 있으면 임차인이 차임 상당의 이득을 얻고 이로 인하여 임대인이 손해를 입었다는 사실이 추정되므로 임대인의 경우 부당이득반환채권이 발생한다.[36]

(3) 임차물반환의무

임대차 종료시 임차인은 목적물을 반환하여야 한다. 임차인은 차용물을 반환하는 때에는 이를 원상에 회복할 의무를 부담한다(민법 제654조, 제615조). 임대차가 종료한 경우이면, 그것이 임대인의 귀책사유로 임대차계약이 중도에 해지되었더라도 원상회복의무를 부담한다.[37]

4. 보증금과 권리금

가. 보증금

(1) 의의

보증금은 임대차 특히 건물의 임대차에서 임차인이 부담하는 차임 기타 채무, 특히 목적물의 멸실·훼손 등으로 인한 손해배상채무를 담보하기 위하여 임차인 또는 제3자가 임대인에게 교부하는 금전으로,[38] 임대차가 종료한 때에 임차인의 채무가 있는

---

35) 대법원 2014.7.24 선고, 2012다28486 판결.
36) 사법연수원, 『요건 사실론』, 2011, 115면.
37) 대법원 2002.12.6 선고, 2002다42278 판결.
38) 지원림, 전게서, 1428면.

때에는 별도의 의사표시 없이 그 채무액은 보증금에서 당연히 공제된다.[39] 또한 차임 채권에 관하여 압류 및 추심명령이 있더라도 임대차계약이 종료되어 목적물이 반환될 때에는 그 때까지 추심되지 않은 채 잔존하는 차임채권도 임대차보증금에서 당연히 공제된다.[40]

다만, 임대차기간이 종료하기 전에는 별도의 의사표시 없이 연체차임이 임대차보증금에서 당연히 공제되지 않는다.[41]

그리고 임대차보증금은 임대차계약이 종료된 후 임차인이 목적물을 명도할 때까지 발생하는 차임 및 기타 임차인의 채무를 담보하기 위하여 교부되는 것이므로 특별한 사정이 없는 한 임대차계약이 종료되었다 하더라도 목적물이 명도되지 않았다면 임차인은 보증금이 있음을 이유로 연체차임의 지급을 거절할 수 없다.[42]

한편, 임대차계약을 체결함에 있어 임료(賃料) 없이 보증금만을 지급하는 이른바 채권적 전세의 경우에 있어서는 그 보증금에 대한 이자상당액이 임료에 해당하는 것으로써 보증금의 이자와 차임과를 상계하는 것이거나 보증금 또는 전세금이라는 이름의 목돈을 냄으로써 차임을 면제받는 것이다.[43]

(2) 임대차보증금 반환채무의 상계

임대인은 임대차보증금이 없어도 부동산 임대차계약을 유지할 수 있다. 따라서 임대인은 임대차계약이 존속 중이라도 임대차보증금 반환채무에 관한 기한의 이익을 포기하고 임차인의 임대차보증금 반환채권을 수동채권으로 하여 상계할 수 있다.[44]

(3) 임차건물의 양수인이 있는 경우 임대차보증금에서 공제하는 차임 등의 범위

임차건물의 양수인이 건물소유권을 취득한 후 임대차 관계가 종료되어 임차인에게 임대차보증금을 반환해야 하는 경우, 임대인의 지위를 승계하기 전까지 발생한 연체차임이나 관리비 등이 있으면 이는 임대차보증금에서 당연히 공제된다.[45]

---

39) 대법원 2016.7.27 선고, 2015다230020 판결.
40) 대법원 2004.12.23 선고, 2004다56554 판결.
41) 대법원 2016.11.25 선고, 2016다211309 판결.
42) 대법원 1999.7.27 선고, 99다24881 판결.
43) 대법원 1990.8.28 선고, 90다카10343 판결.
44) 대법원 2016.11.25 선고, 2016다211309 판결.
45) 대법원 2017.3.22 선고, 2016다218874 판결.

(4) 건물 공유자의 임차보증금 반환채무의 성질

건물 공유자가 공동으로 건물을 임대하고 임차보증금을 수령한 경우 특별한 사정이 없는 한 그 임대는 각자 공유지분을 임대한 것이 아니라 임대 목적물은 다수의 당사자로서 공동으로 임대한 것이고 임차보증금 반환채무는 성질상 불가분채무에 해당한다.[46)]

나. 권리금

권리금은 임대차계약시 주로 도시에서 건물, 특히 점포의 장소적 이익의 대가로 임차인으로부터 임대인에게 또는 임차권의 양수인으로부터 양도인에게 지급되는 금전이다. 즉 영업시설·비품 등 유형물이나 거래처, 신용, 영업상의 노하우 혹은 점포 위치에 따른 영업상의 이점 등 무형의 재산적 가치의 양도 또는 일정기간 동안의 이용대가이다.[47)] 통상 권리금은 새로운 임차인으로부터만 지급받을 수 있을 뿐이고 임대인에 대하여 지급을 구할 수 없다.[48)]

권리금이 그 수수 후 일정한 기간 이상으로 그 임대차를 존속시키기로 하는 임차권 보장의 약정하에 임차인으로부터 임대인에게 지급된 경우에는, 보장기간 동안의 이용이 유효하게 이루어진 이상 임대인은 그 권리금의 반환의무를 지지 아니한다.[49)]

그러나 예외적으로 권리금 수수후 일정한 기간 이상으로 그 임대차를 존속시켜 그 가치를 이용케 하기로 약정하였음에도 임대인의 사정으로 약정기간 동안의 재산적 가치를 이용케 해주지 못한 경우에는 임대인은 그 권리금의 전부 또는 일부의 반환의무를 진다.[50)] 임대인은 임대차기간이 끝나기 6개월 전부터 임대차 종료시까지 권리금 계약에 따라 임차인이 주선한 신규임차인이 되려는 자로부터 권리금을 지급받는 것을 방해할 수 없다(상가건물임대차보호법 제10조의 4).

한편, 권리금계약은 임대차계약이나 임차권 양도계약 등에 수반되어 체결되지만, 임대차계약 등과는 별개의 계약이다.[51)]

---

46) 대법원 2017.5.30 선고, 2017다205073 판결.
47) 지원림, 상게서, 1431면.
48) 대법원 2004.4.11 선고, 2000다4517 판결.
49) 대법원 2002.7.26 선고, 2002다25013 판결.
50) 양창수·김형석, 『권리의 보전과 담보』, 박영사, 2012, 582면.
51) 대법원 2013.5.9 선고, 2012다115120 판결.

5. 임차권의 양도와 임차물의 전대

임차권은 임대인의 동의가 있는 경우 양도 또는 전대를 할 수 있다(민법 제629조 제1항). 이 경우 임차권은 동일성을 유지하면서 양수인에게 포괄적으로 이전한다.

임차권의 양도에 있어서 그 임차권의 존속기간, 임대기간 종료 후의 재계약 여부, 임대인의 동의 여부는 위 계약의 중요한 요소를 이루는 것이므로 양도인으로서는 이에 관계되는 모든 사정을 양수인에게 알려주어야 할 신의칙상의 의무가 있다고 할 것이다.[52]

임대인의 동의 없이 양도 또는 전대한 경우에는 임대인은 계약을 해지할 수 있다(민법 제629조 제2항). 다만 임차권의 무단양도나 무단전대라 하더라도 그와 같은 임차인의 행위가 임대인에 대한 관계에서 배신적 행위에 해당하지 않으면 임대인은 임대차계약을 해지할 수 없으며, 이 경우 제3자는 임차권의 양도나 전대로써 임대인에게 대항할 수 있다.[53]

6. 임대차의 종료

임대차의 존속기간이 정하여진 경우 그 존속기간의 만료로 임대차는 종료한다. 임대차 기간의 약정이 없는 때에는 당사자는 언제든지 계약해지의 통고를 할 수 있고, 부동산의 경우 임대인은 6월, 임차인은 1월이 경과함으로써 해지의 효력이 발생한다(민법 제635조). 해지에 의하여 임대차계약은 장래에 향하여 소멸한다(민법 제550조 참조).

임대차계약이 종료되면 임대인은 보증금에서 임차인이 불이행한 차임과 손해배상금을 공제한 잔액을 임차인에게 반환하여야 한다.[54]

한편, 임대차 종료 후 임차인의 임차목적물 인도의무와 임대인의 임대차보증금 반환의무는 동시이행의 관계에 있다. 그러므로 임차인이 동시이행의 항변권에 기하여 임차목적물을 점유하고 사용·수익한 경우 그 점유는 불법점유라 할 수 없다. 다만, 사용·수익으로 인하여 실질적으로 얻은 이익이 있으면 부당이득으로 반환하여야 한다.[55]

---

52) 대법원 1996.6.14 선고, 94다41003 판결.
53) 대법원 2010.6.10 선고, 2009다101275 판결.
54) 대법원 2005.9.28 선고, 2005다8323 판결.
55) 대법원 1989.2.28 선고, 87다카2114 판결.

부가가치세법상 관련 내용

1. 부동산임대용역에 대한 과세표준

사업자가 부동산임대용역을 공급하고 전세금 또는 임대보증금을 받는 경우에는 금전 이외의 대가를 받는 것으로 보아 간주임대료를 과세표준으로 한다(부가가치세법 시행령 제65조 제1항).

부동산임대에 있어서 임대료가 주된 대가라고 할 수 있으나 임대보증금 또는 전세보증금의 경우에도 그 자체는 대가라 할 수 없어도 보증금을 받는 경우 그 보증금에 상당하는 만큼의 월세가 경감되는 것이 거래관행임을 고려하여 보증금의 이자상당액을 대가로 보는 것이 일반적 개념이므로 이를 과세표준에 산입하도록 한 것이다.[56]

또한, 전세금 또는 임차보증금으로 정기예금에 가입하여 이자수익을 얻거나 전세금 또는 임차보증금으로 투자를 하여 투자수익을 얻는 등 전세금 또는 임차보증금을 보유하는 계약기간 동안 이를 운용하면서 수익을 창출할 수 있게 되므로, 이를 부동산임대용역에 대한 대가로 볼 수 있다.

한편, 임대인의 해지통고로 건물 임대차계약이 해지되어 임차인의 점유가 불법점유가 된다고 하더라도, 임차인이 건물을 명도하지 아니하고 계속 사용하고 있고 임대인 또는 임차보증금을 반환하지 아니하고 보유하면서 향후 월 임료 상당액을 보증금에서 공제하는 관계에 있다면, 이는 부가가치세의 과세대상인 용역의 공급에 해당하고 대가를 받기로 하고 타인에게 용역을 공급한 이상 실제로 그 대가를 받았는지의 여부는 부가가치세 납부의무의 성립 여부를 결정하는 데 아무런 영향을 미칠 수 없다.[57]

그리고 임대인의 해지통보에도 불구하고 임차인이 건물을 명도하지 않고 계속 사용하고 있고 임대인 또한 임차보증금을 반환하지 않고 월임대료를 공제하는 관계에 있는 경우 해지 이후 부동산임대용역의 공급시기는 계약상 대가의 각 부분을 받기로 한 때가 된다.[58]

---

56) 김형환, 『부가가치세 실무해설』, 세경사, 2010, 835면.
57) 대법원 2003.11.28 선고, 2002두8534 판결.
58) 사전-2019-법령해석부가-0323, 2019.7.22.

그러나 부동산 임대업자가 임차인과 임대료에 대한 다툼이 있어 해당 임대료 상당액이 법원의 판결에 의하여 확정되는 경우 해당용역의 공급시기는 법원의 판결에 의하여 해당대가가 확정되는 때이다.[59]

2. 간주임대료의 계산

간주임대료는 예정신고기간 또는 과세기간의 전세금 또는 임대보증금에 계약기간 1년의 국세청장이 정하는 정기예금이자율을 곱하여 계산한 금액으로 한다.

여기서 간주임대료 계산의 근거가 되는 임대차보증금은 실제로 그 금액을 지급받았는지의 여부에 상관없이 약정상 받기로 한 금액을 가리키며,[60] 반환 여부에 관계없이 계산하고, 당해 부동산임대용역의 공급이 개시되거나 개시된 날부터 완료될 때까지를 임대기간으로 한다.[61]

다만, 임대인이 임대보증금에서 연체된 월 차임 상당액을 매월 공제충당하기로 한 경우에는 연체된 월 차임이 순차 공제되고 남은 금액만을 간주임대료 계산의 기초로 삼아야 한다.[62]

3. 부동산임대용역의 공급시기

부동산임대용역의 공급시기는 대가의 각 부분을 받기로 한 때가 공급시기가 된다. 다만, 임대차계약의 유효여부, 임대보증금반환, 임대료 등의 소송으로 임대료 상당액 등이 법원의 판결에 의하여 확정되는 경우에는 해당 임대료 상당액 등이 법원의 판결에 의하여 확정되는 때가 공급시기에 해당한다.[63]

---

59) 사전-2017-법령해석부가-389, 2017.6.29.
60) 대법원 1995.7.14 선고, 95누4018 판결.
61) 김형환, 전게서, 838면.
62) 대법원 1995.7.14 선고, 95누4018 판결.
63) 사전-2016-법령해석부가-0061, 2016.2,25.

제 3 절 **소득세법 및 법인세법상 관련 내용**

1. 부동산 등의 대여에 대한 임대소득

부동산업에서 발생하는 소득은 사업소득에 속한다(소득세법 제19조 제1항 제12호). 즉, 임대차계약 및 기타의 방법에 의하여 부동산을 사용 또는 수익하게 하고 받은 대가는 부동산임대소득에 해당한다.[64]

거주자의 각 소득에 대한 총수입금액은 해당 과세기간에 수입하였거나 수입할 금액의 합계액으로 한다(소득세법 제24조 제1항). 즉, 부동산 등을 임대하고 받은 임대료 등은 해당 과세기간의 수입금액에 산입한다. 또한 부동산 또는 부동산상의 권리를 대여하고 보증금 등을 받은 경우에 일정한 산식에 따라 계산한 금액[65]을 사업소득금액으로 하여 총수입금액에 산입한다(소득세법 제25조 제1항, 같은법 시행령 제53조 제3항).

다만, 전·답의 임대소득과 주택가액이 일정금액 이하인 1주택 임대소득에 대하여는 비과세한다(소득세법 제12조 제2호, 가목·나목).[66]

민법상 부동산은 토지와 그 정착물을 말하나, 소득세법상 부동산임대소득이 발생하는 부동산은 더 넓은 개념이다. 즉 민법상의 부동산뿐만 아니라 부동산상의 권리,[67] 공장재단과 광업재단·광업권 등이 포함된다.[68] 부동산에는 미등기 부동산을 포함하는 것으로 한다(소득 통칙 19-0…7).

한편 자기소유의 부동산을 타인의 담보물로 사용하게 하고 그 사용대가를 받는 것은 부동산상의 권리를 대여하는 사업에서 발생하는 소득으로 부동산임대업에서 발생하는 소득으로 본다(소득 통칙 19-0…8).

또한 부동산매매업 또는 건설업자가 판매를 목적으로 취득한 토지 등의 부동산을 일시적으로 대여하고 얻는 소득은 부동산임대업에서 발생하는 소득으로 본다(소득 통칙 19-122…1). 그 밖에 광고용으로 토지, 가옥의 옥상 또는 측면 등을 사용하게 하고 받는

---

64) 사전-2019-법령해석소득-0365, 2019.9.24.
65) 이를 간주임대료라 한다.
66) 비과세 주택임대소득은 2018.12.31. 이전 과세기간에 한다.
67) 부동산상의 권리란 전세권 및 부동산임차권을 말한다.
68) 사법연수원, 『조세법총론Ⅰ』, 2011, 52면.

대가는 부동산임대업에서 발생하는 소득으로 본다(소득 통칙 19-0…9).

2. 기타 자산이나 권리의 대여에 대한 소득

저작자 또는 실연자(實演者)·음반제작자·방송사업자 외의 자가 저작권 또는 저작인 접권의 양도·대여 또는 사용의 대가로 받는 금품(소득세법 제21조 제1항 제5호), 영화필름, 라디오·텔레비전방송용 테이프 또는 필름의 양도·대여 또는 사용의 대가로 받는 금품(소득세법 제21조 제1항 제6호), 광업권·어업권·산업재산권·산업정보, 산업상 비밀, 상표권·영업권, 일정한 점포임차권[69], 토사석의 채취허가에 따른 권리, 지하수 개발 이용권, 그 밖에 이와 유사한 자산이나 권리를 양도하거나 대여하고 그 대가로 받는 금품(소득세법 제21조 제1항 제7호), 물품 또는 장소를 일시적으로 대여하고 사용료로서 받는 금품(소득세법 제21조 제1항 제8호) 등은 기타소득에 속한다.

3. 임대소득의 수입금액 귀속시기

자산을 임대하여 발생하는 소득은 계약 또는 관습에 따라 지급일이 정해진 것은 그 정해진 날, 임대차계약에 관한 쟁송에 대한 판결·화해 등으로 소유자 등이 받게 되어 있는 이미 지난 기간에 대응하는 임대료상당액은 판결·화해 등이 있은 날이 그 사업 소득의 수입시기가 된다(소득세법 시행령 제48조 10조의4).

4. 법인의 부동산 임대소득

임대인이 법인인 경우에는 임대물건이 부동산인지 그외 자산이나 권리인지 여부에 관계없이 임대소득은 법인의 각 사업연도 익금에 산입된다.

한편, 차입금을 과다 보유하고 있는 부동산임대업을 주업으로 하는 법인과 법인세의 과세표준과 세액을 추계하는 경우에는 부동산 임대에 의한 전세금 또는 임대보증금에 대한 사업수입금액은 간주임대료에 의한 금액으로 한다.

---

69) 점포임차권이란 거주자가 사업소득이 발생하는 점포를 임차하여 점포임차인으로서의 지위를 양도함으로써 얻는 경제적 이익을 말한다.

관련 사례(판례 및 과세실무)

1. 임대차 계약 종료후 명도불이행 손해배상금 부가가치세 과세 여부

가. 사실관계

납세자(임대인) 갑은 을과 갑 소유의 건물을 당초 1년간 임대하기로 임대차계약을 체결하면서 임차인 을은 임대차계약 종료일까지 원상회복을 하고 원상으로 복구하지 못할 경우에는 임대차계약이 종료한 날로부터 명도 또는 복구된 날까지의 기간에 대하여 통상의 임대료 및 관리비의 2배와 손해배상금을 임대인 갑에게 지급하기로 하였다. 그러나 임대차기간이 3회에 걸쳐 연장되었음에도 임차인이 임차목적물을 명도하지 않자 갑이 건물 명도청구 및 손해배상청구 소송을 제기하여 승소하였으며, 이에 따라 임차인 을은 임대료 및 관리비의 1.5배의 손해배상금을 지급하였다. 이에 대하여 과세관청은 통상의 임대료와 관리비에 대하여 부가가치세를 과세하였다. 그러자 납세자 갑은 건물의 명도 및 손해배상청구 소송을 통하여 확정된 손해배상금은 일실이익 또는 부당이득의 성격이므로 부가가치세 과세대상이 아니라고 주장하였다.

나. 판결요지

임대인의 해지통고로 건물 임대차계약이 해지되어 임차인의 점유가 불법점유가 된다고 하더라도, 임차인이 건물을 명도하지 아니하고 계속 사용하고 있고 임대인 또한 임차보증금을 반환하지 아니하고 보유하면서 향후 월 임료 상당액을 보증금에서 공제하는 관계에 있다면, 이는 부가가치세의 과세대상인 용역의 공급에 해당하고, 대가를 받기로 하고 타인에게 용역을 공급한 이상 실제로 그 대가를 받았는지의 여부는 부가가치세 납세의무의 성립 여부를 결정하는 데 아무런 영향을 미칠 수 없다.[70]

다. 검 토

임대차 계약 종료 후에도 임차인이 계속 점유하면서 임차건물을 사용·수익하고 있

---

70) 대법원 2003.11.28 선고, 2002두8534 판결.

고 임차보증금을 임대인이 반환하지 않고 월 임료 상당액을 보증금에서 공제하는 관계에 있으므로 손해배상금 명목이라 하더라도 용역의 공급과 대가관계가 인정되므로 부가가치세 과세대상이 되는 것은 타당하다.

2. 법원의 판결에 의하여 내용이 확정된 부동산임대용역의 공급시기

임대차계약의 유효여부 및 임대료 등이 법원의 확정판결에 의하여 확정되는 경우에는 임대료 상당액 등이 법원의 판결에 의하여 확정되는 때가 공급시기에 해당한다.[71] 한편, 부동산임대용역의 공급은 공급단위를 구획할 수 없는 용역을 계속적으로 공급하는 경우에 해당되므로 그 대가의 각 부분을 받기로 한 때가 공급시기이다. 다만, 역무의 제공이 완료되는 때 또는 대가를 받기로 한 때를 공급시기로 볼 수 없는 경우에는 법원 판결에 따라 임대료 상당액 등이 확정되는 때로 보아야 한다.

| 제5절 | 민법과 세법의 비교 |

민법상 임대차의 목적물은 동산 또는 부동산으로 볼 수 있으나 소득세법상 과세 대상 목적물은 부동산 뿐만 아니라 전세권 또는 부동산임차권 등 부동산상의 권리와 광업권 등도 포함하여 임대 목적물의 범위가 민법 보다 더 넓다고 볼 수 있다.

또한 일반적으로 토지, 건물 등의 임대차계약을 체결할 때 임차인이 월임차료, 기타의 임대차계약상의 채무를 담보하기 위하여 임대인에게 지급하는 금전인 임대보증금에 대하여 세법에서는 일정 산식에 의하여 계산된 간주임대료를 부가가치세 과세표준과 소득세 사업수입금액에 산입하며, 법인세 계산시 간주익금으로 하여 소득금액에 반영한다.

간주임대료 계산의 근거가 되는 임대차보증금은 실제로 그 금액을 지급받았는지의 여부에 상관없이 약정상 받기로 한 금액을 말한다.

그리고 권리금은 영업권으로서 재화의 양도에 해당되므로 부가가치세 과세대상이

---

71) 사전 – 2016 – 법령해석부가 – 0061, 2016.2.25.

된다.

한편 부동산 임대용역을 대가 없이 제공하는 경우 원칙적으로 부가가치세 등을 과세하지 않으나 일정한 특수관계자에게 대가 없이 부동산 임대용역을 제공할 경우에는 용역의 공급으로 보아 부가가치세가 과세되고, 부당행위계산 부인에 의하여 소득세가 과세될 수도 있다. 또한 상속세 및 증여세법에 의하여 증여세가 과세될 수도 있다.

★

사용대차와 세법

사용대차는 당사자 일방이 상대방에게 무상으로 사용·수익하게 하기 위하여 목적물을 인도할 것을 약정하고 차주는 이를 사용·수익한 후 그 물건을 반환한 것을 약정함으로써 성립하는 계약을 말한다(민법 제609조).

사업소득 또는 기타소득이 있는 자가 그와 특수관계에 있는 자에게 토지, 건물 등을 무상으로 사용하게 한 경우 부당행위계산 부인에 의하여 시가에 의하여 계산한 임대료 상당의 소득이 있는 것으로 보아 소득세가 과세된다(소득세법 제41조, 소득세법 시행령 제98조 제2항 제2호).

법인세법상 법인이 그와 특수관계가 있는 자에 토지, 건물 등을 무상 사용하도록 한 경우에는 부당행위계산 부인에 의하여 시가 상당액을 익금산입한다(법인세법 제52조, 법인세법 시행령 제88조 제1항 제6호).

한편, 타인의 부동산을 무상사용한 경우이면 무상으로 사용함에 따라 이익을 얻은 경우에는 증여세가 과세된다(상속세 및 증여세법 제37조 제1항).

제 **26** 장

소비대차와 이자소득

관련 세법규정 요약

- 소득세법 제16조 제1항 제11호【이자소득】비영업대금의 이익은 이자소득으로 한다.

- 상속세 및 증여세법 제41조의4【금전 무상대출 등에 따른 이익의 증여】타인으로부터 금전을 무상 또는 적정 이자율 보다 낮은 이자율로 대출받은 경우에는 그 금전을 대출받은 날에 무상으로 대출받은 경우에는 대출금액에 적정 이자율을 곱하여 계산한 금액을, 적정 이자율 보다 낮은 이자율로 대출받은 경우에는 대출금액에 적정 이자율을 곱하여 계산한 금액에서 실제 지급한 이자 상당액을 뺀 금액을 대출받은 자의 증여재산가액으로 한다.

민법 내용

1. 소비대차의 의의

소비대차는 당사자 일방이 금전 기타 대체물의 소유권을 상대방에게 이전할 것을 약정하고, 상대방은 그와 같은 종류, 품질 및 수량으로 반환할 것을 약정함으로써 성립하는 계약을 말한다(민법 제598조). 소비대차는 차주(借主)가 목적물의 소유권을 취득하는 점에서 사용대차나 임대차와 구별된다.

한편 준소비대차란 당사자 사이에 금전 기타 대체물의 급부를 목적으로 하는 기존의 채무가 존재하는 경우 당사자간 그 목적물을 소비대차의 목적으로 할 것을 약정한 때에 소비대차의 효력이 생기는 것을 말한다.

2. 소비대차의 성립

소비대차는 낙성계약이므로 당사자의 일정한 합의만 있으면 성립한다. 합의의 내용에는 대주(貸主)가 금전 기타 대체물을 차주에게 이전하여 일정기간 동안 이용하게 할 것과 반환하여야 할 시기에 차주가 그가 빌려 쓴 것과 동종·동질·동량의 물건을 반환할 것에 대하여 이루어져야 한다. 소비대차의 목적물은 금전 기타의 물건인데, 오늘날 소비대차는 대부분 금전에 관하여 행하여진다.[1]

소비대차는 낙성계약이므로 금전 등을 수수하거나 현실의 수수가 있을 것과 같은 경제적 이익을 취득하여야만 소비대차가 성립하는 것은 아니다.[2]

---

[1] 송덕수, 『신민법강의』, 박영사, 2009, 1253면.
[2] 대법원 1991.4.9 선고, 90다14652 판결.

3. 소비대차의 효력

가. 대주의 의무

(1) 소유권이전의무

대주는 목적물을 이용하게 할 의무를 지며, 이를 위하여 목적물의 소유권을 차주에게 이전하여야 한다.

(2) 담보책임

이자 있는 소비대차의 목적물에 하자가 있는 경우에는 하자담보책임을 진다(민법 제602조). 즉 선의·무과실의 차주는 목적물의 하자가 중대한 것이어서 계약의 목적을 달성할 수 없을 때에는 계약을 해제할 수 있고, 그 밖의 경우에는 손해배상을 청구할 수 있다. 또한 계약해제나 손해배상에 갈음하여 하자 없는 완전물의 교부를 청구할 수도 있다.[3]

나. 차주의 의무

(1) 반환의무

차주는 약정시기에 차용물과 같은 종류, 품질 및 수량의 물건을 반환하여야 한다(민법 제603조 제1항). 반환시기의 약정이 없는 때에는 대주는 상당한 기간을 정하여 반환을 최고하여야 한다. 그러나 차주는 언제든지 반환할 수 있다(민법 제603조 제2항).

(2) 하자 있는 물건의 반환

차주가 하자 있는 물건을 받은 경우에 이자 없는 소비대차의 경우에는, 차주는 하자 있는 물건의 가액으로 반환할 수 있다(민법 제602조 제2항).

다. 이자지급의무

이자란 금전 기타의 대체물의 사용 대가로서 원본의 금액과 대여기간에 비례하여 받는 금전 기타의 대체물을 말한다. 금전을 대여하고 받는 것이면 수수료, 할부금, 예금,

---

3) 지원림,『민법강의 제7판』, 홍문사, 2009, 1397면.

공제금, 소개료, 채당금 기타 그 명목을 불문한다.[4)]

이자부 소비대차에서 차주는 이자를 지급할 의무를 부담한다. 이율은 원칙적으로 당사자가 자유롭게 결정할 수 있고, 약정이율이 없으면 법정이율에 의한 이자를 지급하여야 한다.[5)]

이자 있는 소비대차는 차주가 목적물의 인도를 받은 때로부터 이자를 계산하여야 하며, 차주가 그 책임 있는 사유로 수령을 지체할 때에는 대주가 이행을 제공한 때로부터 이자를 계산하여야 한다(민법 제600조).

4. 대물반환의 예약

가. 의 의

대물변제(반환)의 예약이란 채무자가 원래의 급부에 갈음하여 다른 급부를 할 것을 채권자와 채무자가 미리 약정하는 것을 말한다.

그때 장차 대주가 취득할 소유권이전등기청구권 보전의 가등기를 해 두는 것이 일반적이다.[6)]

가령 A가 B로부터 금전을 차용하면서 변제기에 원금과 이자를 갚지 못하면서 A 소유의 부동산의 소유권을 B에게 이전할 것을 미리 약속하는 경우에서처럼 채무자가 본래의 급부에 갈음하여 다른 급부로 이행할 것을 미리 약속하는 것이 대물변제의 예약이다. 그 중 소비대차에 따른 차용물의 반환채무에 갈음하여 다른 재권산을 이전하는 것을 내용으로 하는 것이 대물반환의 예약이다.

대물반환의 예약은 주로 금전소비대차에 부수하여 행하여지며, 대주가 차주의 궁박·무경험 등을 이용하여 자기의 급부보다 월등히 많은 고가의 급부를 하게 함으로써 폭리를 얻는 데 이용되자, 폭리행위로부터 차주를 보호하기 위하여 민법 제607조의 특별한 규정을 둔 것이다.[7)]

---

4) 대법원 1989.10.24 선고, 89누2554 판결.
5) 지원림, 전게서, 1398면.
6) 송덕수, 전게서, 1255면.
7) 지원림, 전게서, 1399면.

나. 효 과

차용물의 반환에 관하여 차주가 차용물에 갈음하여 다른 재산권을 이전할 것을 예약한 경우에 그 재산의 예약 당시의 가액이 차용액 및 이에 붙인 이자의 합산액을 넘지 못한다(민법 제607조). 그리고 위 규정에 위반한 당사자의 약정으로서 차주에게 불리한 것은 여하한 명목이라도 그 효력이 없다(민법 제608조).

이자와 관련하여 변제기 이후의 지연손해금은 이자에 해당되지 않는다.[8]

효력이 없다는 내용에 관하여 판례는, 민법 제607조, 제608조에 위반된 대물변제의 약정은 대물변제의 예약으로서는 무효가 되지만 약한 의미의 양도담보를 설정하기로 하는 약정으로서는 유효하다고[9] 보고 있다. 즉 약한 의미의 양도담보로서의 효력을 가지므로 청산 내지 정산을 하여야 한다는 의미로 본다.[10]

제 2 절 부가가치세법상 관련 내용

사업자간에 상품 등의 재화를 사용·소비하고 동종 또는 이종의 재화를 반환하는 소비대차의 경우에 당해 재화를 차용하거나 반환하는 것은 각각 재화의 공급에 해당한다.[11]

---

8) 대법원 1966.5.31 선고, 66다638 판결.
9) 대법원 1999.2.9 선고, 98다51220 판결.
10) 지원림, 상게서, 1400면.
11) 질의회신 부가가치세과 - 606, 2013.6.28.

소득세법상 관련 내용

1. 이자소득의 범위

이자란 자본의 사용대가로 원본금액과 사용기간에 비례하여 지급되는 금전 기타 대체물을 말하며, 이러한 자본의 이용관계로 인하여 발생하는 소득을 이자소득이라고 한다.

기업회계기준상 이자수익은 수익금액을 신뢰성 있게 측정할 수 있고, 경제적 효익의 유입가능성이 매우 높은 경우 인식하며, 소득세법에서는 이자소득으로서 과세대상 소득으로 열거된 것에 한하여 이자소득이 된다.

소득세법에서 규정하는 이자소득으로는 국내외에서 받는 예금 · 적금 · 부금 등의 이자, 내국법인이 발행한 채권 또는 증권의 이자와 할인액, 비영업대금의 이익 등이 있다(소득세법 제16조).

2. 이자소득의 귀속시기

이자소득 중 비영업대금의 이익에 관하여 원칙적으로 약정에 의한 이자지급일이다. 다만, 이자지급일의 약정이 없거나 약정에 의한 이자지급일 전에 이자를 지급받는 경우 또는 소득세법 시행령 제51조 제7항의 규정에 의하여 총수입금액 계산에서 제외하였던 이자를 지급받는 경우에는 그 이자지급일로 한다(소득세법 시행령 제45조 제9호의2).

판례에 의하면, 이자제한법 소정의 제한이율을 초과하는 이자 지연손해금은 그 기초가 되는 약정 자체가 무효이므로 약정한 이행기가 도래하였다 하더라도 이자 지연손해금채권은 발생할 여지가 없고, 따라서 채무자가 임의로 이를 현실지급한 때가 아니면 과세대상 소득을 구성한다고 볼 수 없다[12]고 하고 있어 현실적으로 지급한 때에 이자소득이 발생하는 것으로 보고 있다.

반면에 금원의 대여로 이자상당의 소득을 얻는 사업소득의 존부와 금액을 확정하여 과세대상으로 삼는 경우에 단지 이자약정 아래 금원을 대여하였다는 사정만으로 그 이자지급시기가 도래하기만 하면 소득이 현실적으로 발생한 것으로 보아 과세할 수는 없

---

12) 대법원 1987.11.10 선고, 87누598 판결.

는 것이지만, 만약 원리금을 초과하는 담보물을 취득하고서 금원을 대여하였다는 것과 같은 사정이 있는 경우에는 이자지급기일이 도래하기만 하면 그에 의하여 발생한 이자채권은 특별한 사정이 없는 한 그 소득의 실현이 객관적으로 보아 상당히 높은 것이므로 과세관청으로서도 그때 소득이 있는 것으로 보아 과세할 수 있다[13]라고 하여 구체적인 사정에 따라 소득의 객관적 실현 가능성 여부를 가지고 판단하고 있다.

3. 이자소득 등의 소득구분

가. 비영업대금 이익으로 이자소득에 해당되는 경우

사법상 이자(利子)란 금전을 대여하여 원본의 금액과 대여기간에 비례하여 받는 돈 또는 대체물을 의미하는데 소득세법상 이자소득인 비영업대금의 이익이란, 금전의 대여를 영업으로 하지 아니하는 자가 일시적·우발적으로 금전을 대여함에 따라 지급받는 이자 또는 수수료 등을 말하는 것이다.[14] 그리고 그 이익은 금전의 소비대차로 인한 것이어야 한다.

사업을 영위하는 거주자 등이 그 사업자금 등의 일부를 은행에 예입하거나 타인에게 대여하고 받는 이자수입은 소득세법 제16조의 해석상 사업소득이 아닌 이자소득으로 보고 있다.[15]

또한 부동산 매매계약에서 그 매매대금이 실질적인 소비대차의 목적물로 전환되어 이자가 발생한 경우라면 그 이자는 비영업대금의 이익으로서 이자소득에 해당된다.[16] 따라서 부동산 매매계약의 당사자가 이행이 지체된 중도금 및 잔금을 이자부 소비대차의 목적으로 할 것을 약정하여 소비대차의 효력이 생긴 경우에는 그 소비대차의 변제기 이내에 지급받는 약정이자율에 의한 돈은 이자라 할 것이므로 이에 따른 소득은 이자소득에 해당한다.[17]

한편, 비영업대금의 이자소득에 대한 과세표준확정신고 또는 과세표준과 세액의 결정·경정 전에 그 원리금 채권을 회수할 수 없는 일정한 사유가 발생하여 그때까지

---

13) 대법원 1993.12.14 선고, 93누4649 판결.
14) 대법원 1997.9.5 선고, 96누16315 판결.
15) 사법연수원, 상게서, 32면.
16) 대법원 2000.9.8 선고, 98두16149 판결.
17) 대법원 2001.6.29 선고, 99두11936 판결.

회수한 금액이 원금에 미달하는 때에는 그와 같은 회수불능사유가 발생하기 전의 과세연도에 실제로 회수한 이자소득이 있다고 하더라도 이는 이자소득세 과세대상이 될 수 없다고 보아야 할 것이다.[18]

즉 회수가 불가능함이 객관적으로 명백하게 된 경우에는 그 회수금원이 원금에 미달하는 한 당해 과세연도에 있어서 과세요건을 충족시키는 이자소득 자체의 실현은 없었다고 볼 수밖에 없어 민법 제479조 제1항의 변제충당에 관한 규정은 그 적용의 여지가 없다.[19]

대여원리금 채권의 전부 또는 일부를 회수할 수 없는 사유가 발생하였는지는 이자를 수입한 때를 기준으로 판단할 것이 아니라, 과세표준확정 신고 또는 과세표준과 세액의 결정·경정이 있은 때를 기준으로 판단하여야 한다.[20]

회수불능 사실에 대한 입증책임은 납세자에게 있으며 구체적인 거래내용과 그후의 정황 등을 따져서 채무자의 자산상황, 지급능력 등을 종합하여 사회통념에 의하여 객관적으로 평가하는 방법으로 판정하여야 한다.[21]

나. 사업소득으로 보는 경우

원본채권으로부터 발생하는 이자도 당해 금전의 대여가 사업으로 행하여지는 경우에는 사업소득을 구성한다. 이와 관련하여 비영업대금의 이익과 대금업과의 구분이 문제되는바 일반적으로 어떤 이자가 대금업에서 발생하는 소득, 즉 사업소득에 해당되려면 영리 또는 수익을 목적으로 금전으로 대여하여야 하고, 금전을 대여하는 자가 불특정다수인에게 당해 대여행위를 계속적이고 반복적으로 행하여야 한다.[22]

따라서 대금업을 하는 거주자임을 대외적으로 표방하고 불특정다수인을 상대로 금전을 대여하는 사업을 하며, 관할 지방자치단체로부터 인가를 받거나, 사업자등록을 한 경우에는 소득세법 제19조 제1항 제11호에 규정하는 금융업으로 본다. 그밖에 금전대여를 위한 물적시설이나 인적조직 등도 당연히 갖추어져 있어야 한다.

다만, 대외적으로 대금업을 표방하지 아니한 거주자의 금전대여는 소득세법 제16조

---

18) 대법원 2012.6.28 선고, 2010두9433 판결.
19) 대법원 1991.11.26 선고, 91누3420 판결.
20) 대법원 2013.9.13 선고, 2013두6718 판결.
21) 대법원 2002.10.25 선고, 2001두1536 판결.
22) 임승순, 『조세법』, 박영사, 2009, 381면.

제1항 제11호에 규정하는 비영업대금의 이익으로 본다.

판례에 의하면, 금전대여로 인한 소득이 구소득세법 제17조 제1항 제10호에서 규정하는 비영업대금의 이익인가, 같은법 제20조 제1항 제8호에서 규정하는 사업소득인가의 여부는 금전대여행위가 같은법상의 사업에 해당하는가 여부에 달려 있다 할 것이고, 같은법에서 말하는 사업에의 해당 여부는 단기금융업법에 의한 재무부장관의 인가를 받거나 사업자등록을 마치는 등 대외적으로 대금업자임을 표방하였는지 여부에 의하여 전적으로 좌우되는 것이 아니라, 당해 금전거래행위의 영리성, 계속성, 반복성의 유무, 거래기간의 장단, 대여액과 이자액의 다과 등 제반 사정을 고려하여 사회통념에 비추어 판단하여야 할 것이다.[23]

또한 장기할부조건부 판매에 있어서 장기할부조건에 대한 반대급부로서 현금거래 또는 통상의 대금결제방법에 의한 거래의 경우보다 추가로 지급받은 금액이나, 계약을 체결하는 과정에서 이자상당액을 가산하여 매도가액을 확정하고 할부방법에 따라 이자를 포함한 가액을 매도대금으로 지급받은 경우에 있어서 판례는 그 이자상당액 등을 비영업대금업의 이익에 해당하지 않는 것으로 보고 있다. 따라서 위 금원은 당해 물품의 매도가액에 포함되어 사업소득 등을 구성한다.[24]

다. 기타소득으로 보는 경우

부동산 등 자산의 매도인이 매매계약의 이행단계에서 중도금, 잔금 등의 지급기일을 어긴 매수인에게 대금지급기일을 연장함과 동시에 이에 대한 지연손해금을 지급받기로 약정하고 그 약정에 따라 추가로 지연손해금액을 지급받았다면, 이러한 지연손해금은 자산의 양도와 관련하여 발생하는 소득이기는 하지만 양도대금 그 자체이거나 자산의 양도와 대가관계에 있다고 보기도 어렵고, 더욱이 구소득세법 제25조 제1항 제9호가 '계약의 위약 또는 해약으로 인하여 지급받는 위약금과 배상금'을 기타소득으로 분류하고 있으므로[25] 실지양도가액에 포함될 수 없다.

채무의 이행지체로 인한 지연배상금이 본래의 계약의 내용이 되는 지급 자체에 대한 손해라고 할 수는 없는 것이고, 나아가 그 채무가 금전채무라고 하여 달리 해석할 것은

---

23) 대법원 1987.12.22 선고, 87누784 판결.
24) 사법연수원, 『소득세법』, 2009, 33면.
25) 대법원 1993.7.27 선고, 92누19613 판결.

아니므로, 금전채무의 이행지체로 인한 약정지연손해금의 경우도 위 법령에 의한 기타소득이 되는 위약금 또는 배상금에 포함되는 것이라고 할 것이다.[26]

제4절　상속세 및 증여세법상 관련 내용

　타인으로부터 금전을 무상 또는 적정 이자율 보다 낮은 이자율로 대출받은 경우에는 그 금전을 대출받은 날에 무상으로 대출받은 경우에는 대출금액에 적정 이자율을 곱하여 계산한 금액을, 적정 이자율 보다 낮은 이자율로 대출받은 경우에는 대출금액에 적정 이자율을 곱하여 계산한 금액에서 실제 지급한 이자 상당액을 뺀 금액을 대출받은 자의 증여재산가액으로 한다(상속세 및 증여세법 제41조의4).

제5절　관련 사례(판례 및 과세실무)

1. 기타소득과 이자소득의 구분

가. 사실관계

　갑은 18억원을 대여하고 2개월 이자를 3억원으로 약정하였고 이를 상환하지 못할 경우 연체에 대한 패널티로서 매월 2억원씩의 추가 이자비용을 부담한다는 약정을 체결하였다. 이에 대하여 관할 세무서는 약정으로 지급받은 3억원과 패널티로서 지급받은 5억원은 약정일이 속하는 연도의 이자소득으로 보고 종합소득세를 결정하였다.

나. 판결 요지

금전소비대차계약에 있어서 차주가 변제기일까지 원본의 사용대가로 약정비율에 따

26) 대법원 1994.5.24 선고, 94다3070 판결.

라 지급하는 돈은 이자소득이지만, 변제기일이 지난 이후 지급하는 금원은 비록 그 손해금 산정기준이나 그 액수에 관하여 약정이 되어 있더라도 이자소득이 아니라 금전채무의 이행지체로 인한 약정지연손해금이어서 기타소득에 해당한다.[27]

다. 검 토

당초 처분청에서는 2차 약정은 1차 약정의 연장에 불과한 이자소득으로 보았으나 법원은 금전소비대차계약에 있어서 차주가 변제기일까지 원본의 사용대가로 약정비율에 따라 지급하는 돈은 약정이자이지만, 변제기일이 지난 이후 지급하는 금원은 비록 그 손해금 산정기준이나 그 액수에 관하여 약정이 되어 있다고 하더라도 이는 이자가 아니라 금전채무의 이행지체로 인한 약정지연손해금이라 할 것이고, 이는 소득세법 제21조 제1항 제10호에 정한 계약의 위약 또는 해약으로 인하여 받은 위약금 또는 배상금으로 기타소득에 해당한다고 보았다.

2. 현저하게 고율로 약정된 이자에 대한 소득세 과세 여부

가. 사실관계

납세자 갑이 을에게 ○○억원을 대여한 후 지급받은 이자는 연 200% 정도로 지급받기로 약정하고 이 중 일부인 ○억원을 이미 지급받았는데 나중에 당초 지급받기로 한 이자 중에서 일부 받은 금액을 초과한 부분은 받지 않기로 하였을 뿐만 아니라 금전소비대차계약에 따른 이자 약정은 그 이율이 지나치게 높아 사회질서에 반하여 무효이므로 당초 지급받은 이자만 이자소득이므로 당초 약정시 받기로 한 이자를 이자소득으로 보아 종합소득세를 과세한 것은 위법하다.

나. 판결요지

금전소비대차계약에 따른 이자약정이 고율에 해당되는 경우 사회통념상 허용되는 한도를 초과하여 현저하게 고율로 정하여졌다면 무효에 해당하지만 차주의 사정 등이 있어 사회질서에 반하지 않는 경우 고율의 이자약정이 있었다는 사정만으로 이자약정

---

27) 국세공무원교육원, 『과세품질 향상 교육』, 2011, 300면.

이 무효라고 할 수 없다.[28]

다. 검 토

금전소비대차와 함께 이자의 약정을 하는 경우 그 이율이 사회통념상 허용되는 한도를 초과하여 현저하게 고율로 정하여졌다면 그와 같이 허용할 수 있는 한도를 초과하는 부분의 이자 약정은 선량한 풍속 기타 사회질서에 위반한 사항을 내용으로 하는 법률행위로서 무효로 볼 수 있으나, 고율의 이자 약정이 있어도 대주가 폭리를 취할 의도로 일방적으로 고율의 이자를 요구하지 않고 차주도 경제적으로 여유가 있는 등 특별한 사정이 있으면 사회질서에 반하는 것이라고 볼 수 없다.

3. 부동산 매매시 잔금 지급지연 연체이자 소득 구분

일반적으로 부동산의 매도인이 그 매매계약의 이행단계에서 매수인에 대하여 대금 지급기일을 연장하여 주고 그 반대급부로서 매수인으로부터 지연손해금으로 추가 지급받는 금액은 이자소득인 비영업대금에 해당하지 않지만, 그 매매대금이 실질적인 소비대차의 목적물로 전환되어 이자가 발생한 경우라면 그 이자가 비영업대금의 이익으로서 이자소득에 해당하게 된다.[29]

제6절 민법과 세법의 비교

민법상 소비대차계약에 의한 금전대여의 경우 차주가 대가를 지급할 필요가 없는 무이자부 소비대차와 대가가 있는 이자부 소비대차가 있는데 이러한 내용에 대하여는 당사자의 약정에 의하여 정하여진 율에 의하여 결정된다.

세법상 소비대차계약과 관련된 이자에 대하여도 원칙적으로 당사자가 약정할 이율에 의하여 지급받거나 받기로 하는 금액을 이자소득으로 보아 소득세 등을 과세하고

---

28) 대법원 2010.6.24 선고, 2010두5189 판결.
29) 대법원 2000.9.8 선고, 98두16149 판결.

있다.

그러나 법인이 출자자나 사용인 등 특수관계 있는 자에게 무상 또는 낮은 이율로 대여한 경우 그 무상 또는 저율로 제공한 금액에 대하여는 약정한 이자율에 관계없이 세법상 일정한 산식에 의하여 계산된 인정이자를 소득으로 하여 법인세 등을 과세하고 있다. 즉, 이는 법인세법상 부당행위 계산 부인의 일종으로 이자를 실제로 지급받지 않았음에도 불구하고 지급받은 것으로 보아 익금에 산입하는 것이다.

특히 실제 현금 지출이 있었지만 거래의 내용이 불분명하거나, 거래가 종결되지 않아 그 금액이 확정되지 않은 가지급금에 대하여는 실질적인 이익 발생여부와 관계없이 인정이자를 계산하여 법인세 등을 과세하고 있다.

한편, 금전의 대여를 영업으로 하지 아니하는 자가 일시적으로 금전을 대여함에 따라 받는 이자는 비영업대금 이자소득으로, 금전의 대여가 사업으로 행하여지는 경우에는 사업소득으로 분류한다.

제 **27** 장

도급과 용역의 공급

- 부가가치세법 제2조【정의】, 시행령 제3조 제1항 【용역의 범위】용역이란 재화 외의 재산 가치가 있는 모든 역무 및 그 밖의 행위를 말하며, 건설업은 용역에 해당한다.

- 부가가치세법 제16조 제1항【용역의 공급시기】, 시행령 제29조【용역의 공급시기】용역이 공급되는 시기는 역무가 제공되거나 재화·시설물 또는 권리가 사용되는 때로 한다. 완성도기준 지급·중간지급·장기할부 또는 기타 조건부로 용역을 공급하거나 그 공급단위를 구획할 수 없는 용역을 계속적으로 공급하는 경우에는 그 대가의 각 부분을 받기로 한 때이다.

- 소득세법 시행령 제48조 제5호【사업소득의 수입시기】건설·제조 기타 용역(도급공사 및 예약매출 포함)의 제공의 경우에는 용역의 제공을 완료한 날이다. 목적물을 인도하는 경우에는 목적물을 인도한 날이다. 다만, 계약기간이 1년 이상인 경우로서 일정한 경우에는 작업진행률을 기준으로 하여야 한다.

- 법인세법 시행령 제69조 제1항【용역제공 등에 의한 손익의 귀속사업연도】건설·제조 기타 용역(도급공사 및 예약매출 포함)의 제공으로 인한 익금과 손금은 그 목적물의 건설 등의 착수일이 속하는 사업연도부터 그 목적물의 인도일이 속하는 사업연도까지 해당 사업연도말까지 발생한 총공사비누적액 대비 총공사예정비로 계산한 작업진행률에 의하여 계산한 수익과 비용을 각각 해당 사업연도의 익금과 손금에 산입한다. 다만, 중소기업인 법인이 수행하는 계약기간이 1년 미만인 건설 등의 경우와, 기업회계기준에 따라 그 목적물의 인도일이 속하는 사업연도의 수익과 비용으로 계상한 경우에는 그 목적물의 인도일이 속하는 사업연도로 할 수 있다.

1. 도급의 의의

도급이란 당사자 일방이 어느 일을 완성할 것을 약정하고 상대방이 그 일의 결과에 대하여 보수를 지급할 것을 약정함으로써 그 효력이 생기는 계약을 말한다(민법 제664조).

그리고 도급은 일의 완성을 목적에 두는 것으로 수급인 스스로 그 일을 하여야만 하는 것은 아니다. 그래서 도급에서는 일의 성질이나 의사에 의하여 금지되지 않는 한 수급인이 제3자에게 그 일의 전부 또는 일부를 맡겨 완성하게 하는 것이 허용되며, 실제 건설공사계약에서는 하도급이 많이 행하여진다.[1]

2. 도급의 효력

가. 수급인의 의무

(1) 일의 완성의무

수급인은 약정된 기한 내에 약정된 일을 완성하여야 할 의무를 부담한다. 수급인의 위 의무는 보수지급의무에 대하여 선이행관계에 있다. 따라서 수급인은 기일까지 일을 완성하지 못하면 도급인이 보수를 제공하지 않더라도 채무불이행책임이 있다.[2]

(2) 완성물 인도의무

1) 내용

도급의 목적인 일의 내용이 물건에 관한 것인 경우에 수급인은 완성한 물건을 도급인에게 인도하여야 한다. 그리고 여기서 **인도**는 단순한 점유의 이전만을 의미하는 것이 아니고, 도급인이 목적물을 검사한 후 그 목적물이 계약내용대로 완성되었음을 명시적 또는 묵시적으로 시인하는 것까지 포함하는 의미이다.[3]

---

1) 김준호, 『민법강의』, 법문사, 2009, 1508면.
2) 양창수 · 김재형, 『계약법』, 박영사, 2012, 273면.
3) 지원림, 『민법강의 제7판』, 홍문사, 2009, 1472면.

2) 완성물 소유권 취득

소유권 귀속은 일반적으로 자기의 노력과 재료를 들여 건물을 건축한 사람은 그 건물의 소유권을 원시취득하는 것이고, 따라서 일의 완성에 필요한 재료의 전부 또는 중요부분을 도급인이 공급한 경우에 완성된 물건의 소유권은 원시적으로 도급인에게 귀속된다.[4]

따라서 수급인이 자기의 노력과 출재로 건축중이거나 완성한 건물의 소유권은 도급인과 수급인 사이의 특약에 의하여 달리 정하거나 기타 특별한 사정이 없는 한 도급인이 약정에 따른 건축공사비 등을 청산하여 소유권을 취득하기 이전에는 수급인의 소유에 속한다.[5]

그렇다고 하더라도 어떠한 경우에나 그 건물의 소유권을 수급인이 원시취득하는 것이라고 할 수 없고 당사자간의 약정에 의하여 그 소유권의 귀속도 달라질 것이므로 그 소유권의 귀속을 가릴려면 도급인과 수급인의 약정내용을 살펴보아야 한다.[6]

따라서 도급계약에 있어서는 수급인이 자기의 노력과 재료를 들여 건물을 완성하더라도 도급인과 수급인 사이에 도급인 명의로 건축허가를 받아 소유권보존등기를 하기로 하는 등 완성된 건물의 소유권을 도급인에게 귀속시키기로 합의한 것으로 보여질 경우에는 그 건물의 소유권은 도급인에게 원시적으로 귀속된다.[7]

대지 공유지분권자들에게서 아파트 신축공사를 도급받은 갑주식회사한테서 을주식회사가 갑회사의 사정으로 신축공사가 중단되었던 미완성의 건물을 양도받은 후 나머지 공사를 진행하여 구조와 형태면에서 사회통념상 독립한 건물이라고 볼 수 있었다면 대지 공유지분권자와 수급인 을회사 사이에 완성된 건물의 소유권을 도급인에게로 귀속시키기로 합의한 것으로 볼 수 있는 사정이 없다면 을회사가 건물의 소유권을 원시취득한다.[8]

한편, 건축허가서는 허가된 건물에 관한 실체적 권리의 득실변경의 공시방법이 아니고 추정력도 없다. 따라서 건축허가서에서 건축주로 기재된 자가 건물의 소유권을 취득하는 것이 아니다.[9] 또한 건축중인 건물의 소유자와 건축허가의 건축주가 반드시 일

---

4) 지원림, 상계서, 1473면. 대법원 1962.3.29 선고, 62다23 판결.
5) 대법원 1999.2.9 선고, 98두16675 판결.
6) 대법원 1985.5.28 선고, 84다카2234 판결.
7) 대법원 1997.5.30 선고, 97다8601 판결.
8) 대법원 2011.8.25 선고, 2009다67443, 67450 판결.

치하여야 하는 것도 아니다.[10]

또한 단지 채무의 담보를 위하여 채무자가 자기 비용과 노력으로 신축하는 건물의 건축허가 명의를 채권자 명의로 하였다면 이는 완성된 건물을 담보로 제공하기로 하는 합의로써 법률행위에 의한 담보물권의 설정에 다름 아니므로 완성된 건물의 소유권은 일단 이를 건축한 채무자가 원시적으로 취득한 후 채권자 명의로 소유권보존등기를 마침으로써 담보목적의 범위 내에서 채권자에게 그 소유권이 이전된다고 보아야 한다.[11]

3) 지체상금

지체상금이란 채무자가 계약기간 내에 계약상의 의무를 이행하지 않았을 때 채권자에게 지급하는 금액을 말한다.

건설공사도급계약의 경우 지체상금 약정을 하는 것은 공사가 비교적 장기간에 걸쳐 시행되기 때문에 그 사이에 공사의 완성이 장애가 된 사정이 발생할 가능성이 많으므로 이러한 경우에 대비하여 도급인의 손해액에 대한 입증곤란을 덜고, 손해배상에 관한 법률관계를 간이화할 목적에 있다.[12]

그 성질은 손해배상의 예정이므로 그 금액이 부당히 과다하다고 인정되는 경우에는 민법 제398조 제2항에 의해 적당히 감액할 수 있다.[13]

한편, 수급인이 납품기한 내에 납품을 완료하지 못하면 지연된 일수에 비례하여 계약금액에 일정비율을 산정한 지체상금을 도급인에게 지급하기로 약정한 경우, 수급인이 책임질 수 없는 사유로 인하여 그 의무이행이 지연되었다면 그 해당 기간은 지체상금의 발생기간에서 공제되어야 한다.[14]

4) 목적물에 대한 유치권 행사

목적물이 도급인의 소유로 된 때에 수급인은 보수지급청구권을 확보하기 위하여 보수를 받을 때까지 목적물에 대한 유치권을 행사할 수 있다.[15]

---

9) 대법원 2007.4.26 선고, 2005다19156 판결.
10) 대법원 2009.3.12 선고, 2006다28454 판결.
11) 대법원 1990.4.24 선고, 89다카18884 판결.
12) 대법원 1999.1.26 선고, 96다6158 판결.
13) 대법원 2002.9.4 선고, 2001다1386 판결.
14) 대법원 2016.12.15 선고, 2014다14429 판결.
15) 대법원 1995.9.15 선고, 95다16202 판결.

(3) 수급인의 담보책임

완성된 목적물 또는 완성 전의 성취된 부분에 하자가 있는 때에는 도급인은 수급인에 대하여 상당한 기간을 정하여 그 하자의 보수를 청구할 수 있다. 그러나 하자가 중요하지 아니한 경우에 그 보수에 과다한 비용을 요할 때에는 그러하지 아니하다. 도급인은 하자의 보수에 갈음하여 또는 보수와 함께 손해배상을 청구할 수 있다(민법 제667조).

즉, 건물신축도급계약에 있어서 수급인이 신축한 건물의 하자가 중요하지 아니하면서 동시에 그 보수에 과다한 비용을 요하는 경우에는 도급인은 하자보수나 하자보수에 갈음하는 손해배상을 청구할 수 없고, 그 하자로 입은 손해의 배상만을 청구할 수 있다.[16]

이러한 수급인의 담보책임은 목적물의 인도를 받은 날로부터 또는 일을 종료한 날로부터 1년내에 행사되어야 한다(민법 제670조). 수급인의 담보책임은 무과실 책임이고 제척기간을 재판상 또는 재판외 권리행사기간이다.[17]

도급계약에 있어서 완성된 목적물에 하자가 있는 때에는 도급인은 수급인에 대하여 하자의 보수를 청구할 수 있고, 그 하자의 보수에 갈음하여 또는 보수와 함께 손해배상을 청구할 수 있는바, 이들 청구권은 특별한 사정이 없는 한 수급인의 보수지급청구권과 동시이행의 관계에 있다.[18]

또 도급인이 완성된 목적물의 하자로 인하여 계약의 목적을 달성할 수 없을 때에는 계약을 해제할 수 있다. 그러나 건물 기타 토지의 공작물의 도급은 해제할 수 없다(민법 제668조). 이 경우 손해배상만 청구할 수 있다.

한편, 주택건물의 신축공사를 한 수급인이 그 건물을 점유하고 있고 또 그 건물에 관하여 생긴 공사금 채권이 있다면, 수급인은 그 채권을 변제받을 때까지 건물을 유치할 권리가 있다고 할 것이고, 이러한 유치권은 수급인이 점유를 상실하거나 피담보채무가 변제되는 등 특단의 사정이 없는 한 소멸되지 않는다.[19]

---

16) 대법원 1997.2.25 선고, 96다45436 판결.
17) 대법원 1990.3.9 선고, 88다카31866 판결.
18) 대법원 1991.12.10 선고, 91다33056 판결.
19) 대법원 1995.9.15 선고, 95다16219 판결.

나. 도급인의 의무

(1) 보수지급의무

도급인은 일의 완성에 대하여 보수를 지급하여야 할 의무를 진다. 보수는 금전에 한하지 않으며 물건의 급부나 사용, 노무의 제공도 무방하다. 지급시기에 특약이 있으면 그에 의하고, 특약이 없으면 관습에 의하며, 관습도 없으면 목적물을 인도받음과 동시에 지급하여야 한다.[20]

한편, 공사도급계약에 있어서는 반드시 구체적인 공사대금을 사전에 정해야 하는 것은 아니고 실제 지출한 비용에 거래관행에 따른 상당한 이윤을 포함한 금액을 사후에 공사대금으로 정할 수 있다.[21]

(2) 공사 중단·해제 시 보수지급의무

공사가 중간에 중단된 경우 도급인은 전공사약정액의 기성고율에 의한 보수를 수급인에게 지급할 의무를 부담한다.[22]

따라서, 공사도급계약이 해제된 경우에 해제될 당시 공사가 상당한 정도로 진척되어 이를 원상회복하는 것이 중대한 사회적·경제적 손실을 초래하고 완성된 부분이 도급인에게 이익이 되는 경우에 도급계약은 미완성 부분에 대하여만 실효되고 수급인은 해제한 상태 그대로 그 공사물을 도급인에게 인도하며, 도급인은 특별한 사정이 없는 한 인도받은 공사물의 기성고 등을 참작하여 이에 상응하는 보수를 지급하여야 하는 권리의무관계가 성립한다.[23] 수급인의 채무불이행을 이유로 계약이 해제된 경우에도 마찬가지이다.[24]

3. 도급의 종료

도급은 계속적 채권계약이 아니므로 수급인이 일을 완성하기 전에는 도급인은 손해를 배상하고 계약을 해제할 수 있다(민법 제673조).

---

20) 지원림, 전게서 1480면.
21) 대법원 2013.5.24 선고, 2012다112138 판결.
22) 양창수·김재형, 『계약법』, 박영사, 2012, 283면.
23) 대법원 2017.12.28 선고, 2014다83890 판결.
24) 대법원 2017.1.12 선고, 2014다11574 판결.

여기서 배상할 손해액은 도급인의 일방적인 계약해제로 인하여 수급인이 입게 될 손해, 즉 수급인이 이미 지출한 비용과 일을 완성하였더라면 얻었을 이익을 합한 금액을 전부 배상하게 하는 것이다.[25] 그러나 이 경우 도급인은 수급인에 대한 손해배상에 있어서 과실상계나 손해배상액예정액 감액을 주장할 수 없다.[26]

제2절 부가가치세법상 관련 내용

1. 용역의 범위

건설업은 용역의 공급에 해당하며(부가가치세법 시행령 제3조 제1항 제1호), 건설업사업자가 건설자재의 전부 또는 일부를 부담하는 것, 자기가 주요자재를 전혀 부담하지 아니하고 상대방으로부터 인도받은 재화를 단순히 가공만 해 주는 것은 용역의 공급에 해당한다(부가가치세법 시행령 제25조).

2. 용역의 공급시기

통상적인 용역의 공급시기는 역무의 제공이 완료되는 때, 시설물, 권리 등 재화가 사용되는 때이다(부가가치세법 제16조 제1항).

건설용역의 경우 건설공사기간에 대한 약정만 체결하고 대금지급기일에 관한 약정이 없는 경우에는 해당 건설공사에 대한 건설용역의 제공이 완료되는 때이고 완료 여부가 불분명한 때에는 준공검사일이 된다(부가 통칙 9-22-3).

한편, 공사용역의 제공을 완료하였으나 공사지연 및 하자 등에 대한 분쟁으로 소송이 진행 중인 경우 해당 공사용역의 공급시기는 역무의 제공이 완료된 때(사용승인일)이 된다.[27]

또한 사업자가 완성도기준지급 또는 중간지급조건부 건설용역의 공급계약서상 특정

---

25) 대법원 2002.5.10 선고, 2000다37296, 37302 판결.
26) 대법원 2002.5.10 선고, 2000다37296 판결.
27) 사전-2018-법령해석부가-0542, 2018.9.27.

내용에 따라 해당 건설용역에 대하여 검사를 거쳐 대가의 각 부분의 지급이 확정되는 경우에는 검사 후 대가의 지급이 확정되는 때가 그 공급시기이다(부가 통칙 9-22-4).

3. 지체상금의 과세대상 여부

도급공사 및 납품계약상 그 기일의 지연으로 인하여 발주자가 받은 지체상금은 과세 대상이 되지 아니한다(부가가치세법 제4조, 통칙 4-0…1).

<table>
<tr><td>제3절</td><td>소득세법상 관련 내용</td></tr>
</table>

사업소득의 수입시기는 건설·제조 기타 용역(도급공사 및 예약매출[28] 포함)의 제공의 경우에는 용역의 제공을 완료한 날이고, 목적물을 인도하는 경우에는 목적물을 인도한 날이다. 다만, 계약기간이 1년 이상인 경우로 비치·기장된 장부에 의하여 해당과세기 간 종료일까지 실제로 발생한 건설등의 필요경비 총누적액을 확인할 수 있는 경우에는 작업진행률을 기준으로 하여야 한다. 또한 계약기간이 1년 미만인 경우로 일정한 경우 에는 작업진행률을 기준으로 할 수 있다(소득세법 시행령 제48조 제5호).

도급계약의 경우에 병의 치료·물건의 운송 등 무형의 일을 목적으로 하는 경우, 도 급인의 소유물을 수선하는 경우 또는 도급인이 제공하는 주된 재료를 사용하여 어떤 물건을 제작하는 경우에 있어서는 수급인은 물건의 소유권을 도급인에게 이전할 필요 가 없으므로 일(용역)을 완료한 날이 수입시기가 된다. 그리고 제작한 물건이 기계장치 와 같은 동산인 경우에는 인도일이 수입시기가 된다. 세법상의 손익의 인식시기는 민 법상 도급 보수의 지급시기와도 원칙적으로 일치한다.[29]

---

28) 예약매출이란 상품이나 제품 등의 판매를 미리 예약하고 장래의 정해진 시점에 매수자에게 상품, 제품 등을 인도하는 판매형태를 말한다.
29) 구욱서, 『사법과 세법』, 유로, 2010, 521면.

건설·제조 기타 용역(도급공사 및 예약매출 포함)의 제공으로 인한 익금과 손금은 그 목적물의 건설 등의 착수일이 속하는 사업연도부터 그 목적물의 인도일이 속하는 사업연도까지 해당 사업연도말까지 발생한 총공사비누적액 대비 총공사예정비로 계산한 작업진행률에 의하여 계산한 수익과 비용을 각각 해당 사업연도의 익금과 손금에 산입한다.

다만, 중소기업인 법인이 수행하는 계약기간이 1년 미만인 건설 등의 경우와 기업회계기준에 따라 그 목적물의 인도일이 속하는 사업연도의 수익과 비용으로 계상한 경우에는 그 목적물의 인도일이 속하는 사업연도로 할 수 있다(법인세법 시행령 제69조 제1항).

한편, 작업진행률에 의한 익금과 손금이 공사계약의 해약 등으로 인하여 확정된 금액과 차액이 발생한 경우에는 그 차액을 해약일이 속하는 사업연도의 익금 또는 손금에 산입한다(법인세법 시행령 제69조 제3항).

법인이 제공을 완료한 용역 등에서 발생한 하자의 보수와 관련한 비용은 그 지출이 확정된 사업연도의 손금에 산입한다.[30]

1. 공동수급업체 공사대금채권의 귀속

가. 사실관계

갑외 4개 건설업체(공동수급업체)는 도급인 A와 총 공사금액 ○○○억원의 공사도급계약을 체결하였다. 이후 공사진척도에 따른 기성금으로 제2회 ○○억원과 제3회 ○○억원을 각각 청구하였다. 그 이후 공동수급업체 중 을은 공동수급업체에서 탈퇴하였고, 갑외 나머지 공동수급업체들은 변동된 지분비율에 따라 새로운 공동수급협정을 체결

---

30) 법인 46012-505, 2001.3.8.

하고 당초 공사계약의 변경계약을 체결하였다.

한편, 을은 부가세 등이 체납되어 ○○세무서장은 위 공사에 관한 공사대금채권 중 ○억원을 압류하고 도급인 A에게 통지를 하였다. 이에 대하여 갑외 3개의 공동수급업체들은 공동수급체는 민법상 조합에 해당하며 공사대금채권은 을의 지분을 포함하여 전부 공동수급업체 전원에게 합유적으로 귀속하는 것이므로 을에게 귀속됨을 전제로한 을의 채권자들의 무효인 채권압류 등에 관계없이 공동수급업체들에게 기성금 및 손해배상금을 지급할 의무가 있다고 주장하였다.

나. 판결요지

공동이행방식의 공동수급체의 구성원들이 기성대가 등을 공동수급체의 구성원별로 직접 지급 받기로 하는 공동수급협정서를 수수하여 공동도급계약을 체결하면 공동수급체의 구성원 각자로 하여금 공사대금채권에 관하여 그 출자지분의 비율에 따라 도급인에 대하여 권리를 취득하게 하는 묵시적 약정을 하였다고 보는 것이 타당하므로 갑을 비롯한 공동수급체의 구성원들은 도급인에 대하여 각 지분비율에 따라 구성원 각자에게 구분하여 귀속하는 공사대금채권을 가진다고 할 것이다.[31]

다. 검 토

공동수급체가 민법의 조합에 해당되어 공사대금채권이 공동수급체의 구성원 전원에게 합유적으로 귀속하는 조합채권이 원칙이나, 이를 배제하는 당사자 사이의 약정이 있을 경우에는 공사대금채권이 구성원 각자의 지분비율에 따라 구분하여 귀속된다고 볼 수 있으므로 공동수급체의 구성원에 대한 채권자의 구분귀속된 공사대금채권에 대한 압류는 유효하다.

유사한 판례로 공동수급체가 공사도급계약과 관련하여 도급인에 대하여 갖는 모든 채권이 반드시 공동수급체의 구성원들에게 합유적으로 귀속되어야만 하는 것은 아니고, 공동수급체의 구성원들이 도급인에 대하여 갖는 채권의 성격은 공사도급계약의 내용에 따라 결정된다.[32]

---

31) 대법원 2012.5.17 선고, 2009다105406 판결.
32) 대법원 2010.5.13 선고, 2010두2456 판결.

2. 도급계약불이행에 따른 손해배상금의 소득구분

공사중단으로 지급받은 손해배상금은 지체상금으로 본래 계약의 내용이 되는 지급시체에 대한 손해를 넘는 손해에 대하여 배상하는 금전인 기타소득에 해당한다.[33]

3. 공사대금소송이 진행중인 경우 용역의 공급시기

공사도급계약에 의하여 공사를 진행하다 완공 전에 공사가 중단된 경우 그 기성고가 결정되어 그에 상응한 공사대금을 지급받을 수 있게 된 날을 건설용역의 공급시기로 봄이 상당하다 할 것이 바, 공사대금에 관한 소송이 진행중인 경우 소송의 판결 확정일이 용역의 공급시기이다.[34]

4. 미지급 공사대금에 관한 용역의 공급시기

공사의 기성고에 따라 그 대금을 지급받기로 도급계약에 기한 용역은 완성도기준지급의 용역공급에 해당하여 그 대가의 각 부분을 받기로 한 때가 공급시기가 되고,. 미지급 공사대금에 관한 용역의 공급시기는 계약에서 정한 건물 사용승인일로 보아야 한다.[35]

5. 사용승인일 이후 건설용역이 완료된 경우 용역의 공급시기

신축건물에 대한 사용승인일 이후에 단순한 하자보수나 추가공사가 아닌 마무리 공사가 계속되는 경우 해당 사용승인일은 역무의 제공이 완료된 날에 해당하지 아니하고, 실제로 공사가 완성된 때가 역무의 제공이 완료되는 때이다.[36]

6. 공사계약 무효시 완료용역의 부가가치세 과세 여부

공사도급업체가 입찰방해 등 유죄판결을 받음에 따라 공사계약이 무효가 된 경우 공

---

33) 대법원 2008.12.11 선고, 2008두16414 판결.
34) 대법원 2009.5.14 선고, 2009두3224 판결.
35) 대법원 2018.7.12 선고, 2018두42290 판결.
36) 법규부가2014-512, 2014.11.17.

사용역이 완료된 부분에 대하여는 각각의 공급시기에 세금계산서를 발급하는 것이며, 공사도급업체의 귀책사유로 반환받은 부당이득금은 부가가치세 과세대상이 아니다.[37]

제6절 민법과 세법의 비교

민법상 도급계약에 의하여 수급인은 일을 완성하여 그 목적물은 도급인에게 인도하여야 반대급부로 그 대가를 청구할 수 있다. 다만, 당사자 사이에 일이 진행 정도에 따라 보수를 일정액씩 분할하여 지급하기로 하는 특약을 맺은 경우에 도급인은 인도 전이라도 공사 기성고 비율에 따라 보수를 신청할 수 있는 바, 세법에서도 이 법리를 인정하고 있다.

법인세법에서는 원칙적으로 건설 등의 익금의 귀속시기는 작업진행률에 의하여 산정된 금액을 해당 사업연도의 익금에 산입한다.

다만, 중소기업인 법인이 수행하는 계약기간이 1년 미만인 건설 등의 경우와 기업회계기준에 따라 그 목적물의 인도일이 속하는 사업연도의 수익과 비용으로 계상한 경우에는 그 목적물의 인도일이 속하는 사업연도로 할 수 있다.

소득세법에서는 건설 등의 사업소득의 수입시기는 원칙적으로의 용역의 제공을 완료한 날이며, 목적물을 인도하는 경우에는 목적물을 인도한 날이다. 다만, 일정한 경우에는 작업진행률에 의하여 수입시기를 인식한다.

부가가치세법에서는 건설 등의 용역의 공급시기는 원칙적으로 역무 제공 완료일이 되고, 완성도 기준, 중간지급 기준, 공사계약기간이 장기일 경우 기성고에 의한 완성도에 따라 공급시기를 인식한다.

---

37) 사전-2015-법령해석법인-0376, 2015.12.11.

제28장

조합과 공동사업 과세

관련 세법규정 요약

- 소득세법 제2조 제3항【납세의무자】국세기본법상 법인으로 보는 단체 외의 법인 아닌 단체는 국내에 주사무소 또는 사업의 실질적 장소를 둔 경우에는 1거주자로 본다.

- 소득세법 제2조의2【납세의무의 범위】공동사업에 따라 공동사업에 관한 소득금액을 계산하는 경우에는 해당 거주자별로 납세의무를 진다.

- 소득세법 제43조 제1항【공동사업에 대한 소득금액 계산의 특례】사업소득이 발생하는 사업을 공동으로 경영하고 그 손익을 분배하는 공동사업자의 경우에는 해당 사업을 경영하는 장소를 1거주자로 보아 공동사업장별로 그 소득금액을 계산한다.

제1절 민법 내용

1. 조합계약의 의의

조합계약은 2인 이상이 상호출자하여 공동사업을 경영할 것을 약정함으로써 성립하는 계약을 말한다(민법 제703조 제1항). 실제 거래에서는 동업이라는 인적결합이 자주 등장하는데, **동업**은 2인 이상이 출자하여 공동으로 영업 또는 기업을 경영하는 것으로 민법상의 조합에 해당한다.[1]

조합은 공동사업을 경영하기 위한 단체이다. 즉, 사단에서만큼 강하지는 않지만, 조합에도 각 조합원을 공동목적 하에 통제하려고 하는 단체적 구속의 측면이 있다.

2. 조합에 관한 민법규정

조합에는 상반된 면이 교차되어 있다. 즉 공동사업을 경영한다는 점에서 단체로서의 성질을 가지면서도 조합 자체가 독립하여 존재하지 못하는 결과 그 구성원인 조합원을 중심으로 법률관계가 형성된다. 조합에 관한 민법의 규정은 특별법의 규율을 받지 않으면서 사단이 아닌 조합으로서의 실질을 갖춘 각종 동업관계에 대해 통칙적으로 적용된다.[2]

3. 조합의 성립

조합은 2인 이상의 당사자 사이의 합의(조합계약)가 있어야 성립한다. 그런데 조합은 낙성·불요식 계약이므로 당사자들의 합의에 특별한 방식을 요하지 않는다.[3]

조합은 목적단체이므로 공동사업을 적극적으로 경영하지 않으면 안된다. 공동으로 할 사업의 종류나 성질에는 제한이 없다. 공익이든 사익이든, 영리적이든 비영리적이든 불문한다. 또 계속적인 것이어야 하는 것도 아니다. 또한 조합원 전원이 사업의 성공에 대해 이해관계를 가져야 하고, 이익은 조합원 모두에게 분배되어야 한다. 일부의

---

1) 구욱서, 『사법과 세법』, 유로, 2010, 541면.
2) 김준호, 『민법강의』, 법문사, 2009, 1549면.
3) 지원림, 『민법강의 제7판』, 홍문사, 2009, 1510면.

조합원만이 이익분배를 받는 경우에는 민법상의 조합이 아니다.[4]

또한 모든 조합원은 출자의무를 부담한다. 그러나 출자의 종류나 성질에 제한이 없으므로, 출자는 금전뿐만 아니라 기타의 재산 또는 노무·신용으로도 할 수 있으며, 각 조합원은 출자의 종류 및 내용이 동일하여야 하는 것은 아니다.[5]

4. 조합의 법률관계

가. 조합의 대내관계

조합에서는 각 조합원의 개인성이 중요시되므로 각 조합원이 조합업무에 참여할 권한을 갖는 것이 원칙이다.

조합의 통상사무는 각 조합원 또는 각 업무집행자가 전행할 수 있다. 그러나 그 사무의 완료 전에 다른 조합원 또는 다른 업무집행자의 이의가 있는 때에는 즉시 중지하여야 한다(민법 제706조 제3항).

조합의 업무집행은 조합원의 과반수로 결정하며, 업무집행자가 수인인 때에는 그 과반수로써 결정한다(민법 제706조 제2항).

나. 조합의 대외관계

조합은 그 자체가 독립된 인격으로 인정되지 못한다. 따라서 조합의 내부 의사결정을 토대로 제3자와 법률관계를 맺은 때에는 조합 자체가 아닌 조합원 모두가 그 당사자가 된다. 즉 조합의 대외관계에서는 모든 조합원만이 행위의 주체로 인정될 뿐이다. 거래의 편의를 위해 어느 1인의 조합원이 제3자와 법률관계를 맺고 그것이 다른 조합원에게 효력을 가지기 위하여는 대리의 제도를 통할 수밖에 없고, 여기에 대리 일반의 법리가 적용된다.[6]

따라서 조합원 1인이 다른 조합원의 동의없이 한 조합채권양도 행위는 무효이다.[7]

---

4) 김준호, 전게서, 1550면.
5) 지원림, 상게서, 1511면.
6) 김준호, 전게서, 1553면.
7) 대법원 1990.2.27 선고, 88다카11534 판결.

다. 조합의 재산관계

각 조합원은 조합계약에 의하여 출자의무를 부담한다(민법 제703조 제1항).

판례에 의하면, 부동산의 소유자가 동업계약(조합계약)에 의하여 부동산의 소유권을 투자하기로 하였으나 아직 그의 소유로 등기가 되어 있고 조합원의 합유로 등기되어 있지 않다면, 그 동업계약을 이유로 조합계약 당사자가 아닌 사람에 대한 관계에서 그 부동산이 조합원의 합유에 속한다고 할 근거는 없으므로, 조합원이 아닌 제3자에 대하여는 여전히 소유자로서 그 소유권을 행사할 수 있는 것이다.

또한 조합체가 합유등기를 하지 아니하고 그 대신 조합원들 명의로 각 지분에 관하여 공유등기를 하였다면, 이는 그 조합체가 조합원들에게 각 지분에 관하여 명의신탁한 것으로 보아야 한다.[8]

(1) 조합재산

법률의 규정 또는 계약에 의하여 수인이 조합체로서 물건을 소유하는 때에는 합유로 한다(민법 제271조 제1항)고 하여 조합체가 물건을 소유하는 경우에는 그 조합체의 성립원인에 관계없이 합유로 보고 있다.

조합원이 출자한 재산과 조합의 공동사업으로 취득한 재산 및 그 과실 등이 조합재산을 이룬다.

합유인 조합재산의 지분은 전원의 동의 없이는 처분하지 못한다(민법 제272조 제1항). 합유물의 지분은 조합재산을 구성하는 물건에 대한 지분을 뜻하고, 이에는 개개의 물건에 대한 지분과 물건 전체에 대한 지분으로 나눌 수 있다.[9]

(2) 지분에 대한 압류의 효력

조합원의 지분에 대한 압류는 그 조합원의 장래의 이익배당 및 지분의 반환을 받을 권리에 대하여 효력이 있다(민법 제714조).

어느 조합원 개인에 대한 채권자는 그 조합원이 조합재산 전체에 대해 가지는 지분을 압류할 수 있지만, 이를 실행하게 되면 조합원이 아닌 타인이 조합재산에 대해 권리를 가지게 되어 조합으로서 공동사업을 경영하는 데 지장을 가져온다. 그래서 그 압류

---

8) 대법원 2002.6.14 선고, 2000다30622 판결.
9) 김준호, 전게서, 1556면.

는 그 조합원이 장래의 받을 이익배당과 지분반환청구권을 가지는 때의 그 권리에 대해서만 효력이 있는 것으로 정한다.[10]

(3) 조합채무자의 상계의 금지

조합의 채무자는 그가 부담하는 채무와 조합원 개인에 대한 채권을 상계하지 못한다(민법 제715조 제1항). 가령 A·B·C 세 사람으로 되어 있는 조합의 부동산을 6천만원에 매수하여 대금채무를 지는 갑이 A에 대해 3천만원의 채권을 가지고 있더라도 위 대금채무와 상계할 수 없다.

(4) 조합채무에 대한 책임

조합의 채무는 전 조합원에게 합유적으로 귀속되며, 조합재산이 그에 대하여 책임을 진다. 한편 조합채무는 각 조합원의 채무이기도 하므로, 각 조합원은 손실분담의 비율로 각자의 개인재산으로 책임진다.[11] 따라서 조합의 채권자는 채권 전액에 관하여 전 조합원을 상대로 하여 조합재산을 집행할 수 있고, 각 조합원이 분담하는 금액에 관하여 각 조합원의 개인재산을 집행할 수도 있다. 전자를 집행하고 조합재산이 부족한 경우에 후자를 집행하는 것이 보통이지만, 그들 사이에 주종관계가 없으므로 채권자가 어느 쪽을 행사하든 자유이다.[12]

가령 A·B·C 세 사람의 조합이 갑으로부터 1천만원을 빌린 경우, 갑은 조합재산에 대해 집행을 할 수 있을 뿐 아니라 A·B·C 각자의 개인재산에 대해서도 집행을 할 수 있다.

(5) 조합의 채권

조합이 타인에게 물건을 판 대금채권 등은 조합원 모두의 합유에 속하므로 채권의 추심은 조합원 전원이 공동으로 하여야 하는 것이 원칙이고, 그 추심한 것은 조합의 재산이 된다. 즉 채권이 분할할 수 있는 경우에도 조합원의 지분비율에 따라 분할되는 것이 아니다.[13]

---

10) 김준호, 상게서, 1555면.
11) 조합채권자가 그 채권발생 당시에 그 비율을 알지 못한 때에는 각 조합원에게 균등한 비율로 그 권리를 행사할 수 있다(민법 제712조).
12) 지원림, 전게서, 1516면.

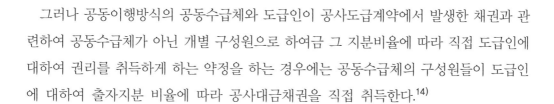

그러나 공동이행방식의 공동수급체와 도급인이 공사도급계약에서 발생한 채권과 관련하여 공동수급체가 아닌 개별 구성원으로 하여금 그 지분비율에 따라 직접 도급인에 대하여 권리를 취득하게 하는 약정을 하는 경우에는 공동수급체의 구성원들이 도급인에 대하여 출자지분 비율에 따라 공사대금채권을 직접 취득한다.[14]

(6) 손익분배

조합의 공동사업에 따른 이익과 손실은 조합원에게 합유적으로 귀속되는바, 손익분배의 비율이나 결산의 시기를 특약으로 정할 수 있으나, 그러한 특약이 없으면 손익분배의 비율은 각 조합원의 출자가액에 비례하여 정하여진다.

그리고 조합원 전원에 대한 이익분배가 조합의 필수적 요소이다. 건설공동수급체는 기본적으로 민법상의 조합의 성질을 가지는 것인바, 건설공동수급체의 구성원인 조합원이 그 출자의무를 불이행하였더라도 이를 이유로 그 조합원이 조합에서 제명되지 아니하고 있는 한, 조합은 조합원에 대한 출자금채권과 그 연체이자채권, 그 밖의 손해배상채권으로 조합원의 이익분배청구권과 직접 상계할 수 있을 뿐이고, 조합계약에 달리 출자의무의 이행과 이익분배를 직접 연계시키는 특약(출자의무의 이행을 이익분배와의 사이에서 선이행관계로 견련시키거나 출자의무의 불이행 정도에 따라 이익분배금을 전부 또는 일부 삭감하는 것 등)을 두지 않는 한 출자의무의 불이행을 이유로 이익분배 자체를 거부할 수는 없다고 할 것이다.[15]

(7) 출자의무와 이익분배청구권의 관계

공동수급체 구성원이 출자의무를 이행하지 않더라도, 공동수급체가 출자의무의 불이행을 이유로 이익분배 자체를 거부할 수 없고, 그 구성원에게 지급할 이익분배금에서 출자금이나 그 연체이자를 당연히 공제할 수도 없다. 다만, 공동수급체의 출자채권과 공동수급체에 대한 구성원의 이익분배청구권이 상계적상에 있으면 두 채권을 대등액에서 상계할 수 있다.[16]

---

13) 김준호, 전게서, 1558면.
14) 대법원 2012.5.17 선고, 2009다105406 판결.
15) 대법원 2006.8.25 선고, 2005다16959 판결.
16) 대법원 2018.1.24 선고, 2015다69990 판결.

라. 수인이 부동산을 공동으로 매수한 경우 법률관계

수인이 부동산을 공동으로 매수한 경우, 매수인들 사이의 법률관계는 공유관계로서 단순한 공동매수인에 불과할 수도 있고, 그 수인을 조합원으로 하는 동업체에서 매수한 것일 수도 있는바, 공동매수의 목적이 전매차익의 획득에 있을 경우 그것이 공동사업을 위해 동업체에서 매수한 것이 되려면, 적어도 공동매수인 사이에서 그 매수한 토지를 공유가 아닌 동업체의 재산으로 귀속시키고 공동매수인 전원의 의사에 기해 전원의 계산으로 처분한 후 그 이익을 분배하기로 하는 명시적 또는 묵시적 의사의 합치가 있어야만 할 것이고, 이와 달리 공동매수 후 매수인별로 토지에 관하여 공유에 기한 지분권을 가지고 각자 자유롭게 그 지분권을 처분하여 대가를 취득할 수 있도록 한 것이라면 이를 동업체에서 매수한 것으로 볼 수는 없다.[17]

5. 조합원의 탈퇴

조합계약으로 조합의 존속기간을 정하지 아니하거나 조합원의 종신까지 존속할 것을 정한 때에는 각 조합원은 언제든지 탈퇴할 수 있다. 그러나 부득이한 사유 없이 조합이 불리한 시기에 탈퇴하지 못한다(민법 제716조 제1항).

그리고 조합원은 사망, 파산, 성년후견의 개시, 제명의 사유로 인하여 탈퇴된다(민법 제717조).

조합원이 탈퇴하는 경우 탈퇴 당시의 조합재산상태를 기준으로 평가한 조합재산 중 탈퇴자의 지분에 해당하는 금액을 금전으로 반환하여야 하고, 조합원의 지분비율은 조합 내부의 손익분배비율을 기준으로 계산하여야 하나, 당사자가 손익분배의 비율을 정하지 아니한 때에는 민법 제711조에 따라 각 조합원의 출자가액에 비례하여 이를 정하여야 한다.[18]

조합원이 탈퇴를 하게 되면 그때부터 책임이 없으나, 탈퇴 전의 조합채무에 대해서는 탈퇴 후에도 그 책임을 부담한다.[19]

한편, 2인 조합에서 조합원 1인이 탈퇴하면 조합관계는 종료되지만 특별한 사정이

---

17) 대법원 2007.6.14 선고, 2005다5140 판결.
18) 대법원 2008.9.25 선고, 2008다41529 판결.
19) 김준호, 전게서, 1563면.

없는한 조합이 해산되지 않고, 조합원의 합유에 속하였던 재산은 남은 조합원의 단독 소유에 속하게 된다.[20]

6. 조합원의 사망

조합원 1인이 사망한 때에는 그 조합관계에서 당연히 탈퇴하고 조합계약에서 사망한 조합원의 지위를 그 상속인이 승계하기로 약정한 바 없다면 사망한 조합원이 지위는 상속인에게 승계되지 않는다.[21]

그리고 특별한 약정이 없는 한 사망한 합유자의 상속인은 합유자로서의 지위를 승계하는 것이 아니므로 해당 부동산은 잔존 합유자가 2인 이상인 경우에는 잔존 합유자의 합유로 귀속되고 잔존합유자가 1인인 경우에는 잔존합유자의 단독소유로 귀속된다.[22]

그 상속인은 특단의 사정이 없는 한 민법 제719조 제1항, 제2항의 규정에 따라 잔존 조합원에 대하여 상속개시 당시 조합의 적극재산과 소극재산을 반영한 재산상태를 기준으로 평가한 조합재산 중 피상속인의 지분에 해당하는 금액의 환급을 청구할 권리만 있다.[23]

7. 조합의 해산

조합의 목적인 공동사업의 성공 또는 성공의 불능이 확정될 경우, 조합계약에서 정한 해산사유가 발생한 경우 또는 조합원 전원의 동의가 있는 경우에 조합이 해산하여 조합관계가 종료되고, 두 사람으로 이루어진 조합에서 한 사람이 탈퇴하여 조합원이 한 사람만 남은 경우에 그들 사이에서는 해산을 거칠 필요 없이 조합관계가 종료된다.[24] 그 밖에 부득이한 사유가 있는 때에는 각 조합원은 조합의 해산을 청구할 수 있다(민법 제720조).

조합이 해산한 때에는 청산은 총조합원 공동으로 또는 그들이 선임한 자가 그 사무를 집행한다(민법 제721조 제1항). 그리고 청산인의 직무는 현존사무의 종결, 채권의 추심

---

20) 대법원 2013.5.23 선고, 2010다102816 판결.
21) 대법원 1987.6.23 선고, 86다카2951 판결.
22) 대법원 1994.2.25 선고, 93다39225 판결.
23) 대법원 2006.3.9 선고, 2004다49693 판결. 대법원 2016.5.12 선고, 2015두60167 판결.
24) 지원림, 전게서, 1519면.

과 채무의 변제, 잔여재산의 인도 등을 행한다.

8. 조합계약의 해제와 원상회복

동업계약과 같은 조합계약에 있어서 조합의 해산청구를 하거나 조합으로부터 탈퇴를 하거나 또는 다른 조합원을 제명할 수 있을 뿐이지 일반계약에 있어서처럼 조합계약을 해제하고 상대방에게 그로 인한 원상회복의 의무를 부과할 수 없다.[25]

제2절 부가가치세법상 관련 내용

1. 공동사업자의 사업자등록

가. 공동사업 여부 판단기준

조합이란 민법 제703조에 의한 조합계약에 의하여 2인 이상이 서로 출자하여 공동사업을 경영할 것을 약정하고 그 지분 또는 손익분배 비율 등을 정하거나 당사자 전원이 그 사업의 성공 여부에 대하여 직접적으로 이해관계를 가지는 동업형태를 말한다.[26]

하나의 사업에 참여한 당사자들간 공동사업에 관한 권리의무가 실질적, 경제적으로 공동하게 귀속하게 되는 것인지를 판단함에 있어서는 당사자들의 사업자 등록, 소득세 신고 내용 등의 형식과 출자에 이르게 된 사정과 출자 여부, 손익의 귀속관계, 경영에의 참가, 당해 사업의 운영형태 등 제반 사정을 종합하여 판단하여야 할 것이고, 이러한 과세요건 사실에 대한 입증책임은 과세권자에게 있다.[27]

---

25) 대법원 1994.5.13 선고, 94다7157 판결.
26) 대법원 2018.8.17 선고, 18두 44012 판결.
27) 대법원 1998.7.10 선고, 97누13894 판결.

나. 사업자 등록

공동으로 사업을 경영하는 자가 부가가치세법 제5조의 규정에 의하여 납세의무자로 등록하는 경우에는 공동사업자가 그 지분 또는 손익분배의 비율, 대표자 기타 필요한 사항이 기재된 동업계약서를 제출하여야 하며, 관할 세무서장은 공동사업자를 1사업자로 보아 대표자 명의(예 : ○○○외 ○인)로 사업자등록증상 성명란을 기재하고 주민등록번호 및 사업자의 주소는 대표자의 것만 기재하고 동 여백에는 공동사업자 전원의 성명ㆍ주민등록번호를 기재한다.[28]

다만, 국세기본법 및 법인세법에 의거 법인으로 보지 아니하는 단체 중 소득세법에 의거 그 단체를 1거주자로 보는 사업자(예 : 상조회ㆍ동창회ㆍ종친회)는 그 대표자와 단체명을 기재하고, 공동사업자의 수가 많아 교부사유란 여백에 기재가 불가능한 경우 미기재된 공동사업자의 성명 및 주민등록번호는 이면 여백에 기재한다.[29]

또한 공동사업자의 구성원 또는 출자지분이 변경되는 경우에는 부가가치세법 시행령 제11조에서 규정하는 사업자등록 정정사유에 해당하므로, 이 경우 당해 사업자는 공동사업자의 변동을 입증하는 서류를 첨부하여 사업자등록 정정신고를 하여야 한다(국세청 부가 2601 - 843, 1988.5.21).

2. 공동사업자의 부가가치세 신고ㆍ납부ㆍ환급

공동사업자 각자의 지분 또는 손익분배비율이 정하여진 경우라도 부가가치세는 당해 사업장의 대표자 1인 명의로 신고ㆍ납부하는 것이며, 이 경우 부가가치세 신고서의 사업자 인적사항란 및 신고인란에 사업자등록증에 기재된 대표자 명의(예 : ○○○ 외 ○인)를 기재하여야 한다.

공동사업자에게 부가가치세를 환급하는 경우 관할 세무서장은 정당한 국세환급금 지급대상자임을 확인한 후 공동사업 대표자에게 환급하여야 한다(국세청 징세 46101 - 246, 1999.10.15).

---

28) 이 경우 대표자 명의로 사업자등록을 신청하여야 한다.
29) 김형환, 『부가가치세 실무해설』, 세경사, 2010, 181～182면 참조.

3. 공동사업의 손익분배시 과세문제

공동사업자가 공동으로 사업을 영위하고 그 공동사업장에서 발생한 이익금을 각자의 투자비율에 따라 투자가끼리 각각 분배하는 경우 동 분배 이익금과 사업자가 단순하게 다른 사업자의 사업에 투자하고 추후 다른 사업자로부터 수령하는 투자원금과 이익은 부가가치세 과세대상에 해당하지 아니한다(국세청 서면3팀-1497, 2006.7.20).

4. 출자지분의 양도 또는 반환시 과세문제

조합에 현물출자를 하게 되면 현물출자 대상이 되는 재화의 공급에 대한 대가로서 주식 또는 출자지분을 취득하게 되어 부가가치세가 과세된다.

공동사업 구성원이 자기의 출자지분을 타인에게 양도하거나 출자지분을 현금으로 반환하는 것은 공동사업자의 입장에서 보면 재화의 공급에 해당하지 아니한다.

그러나 법인 또는 공동사업자가 출자지분을 현물로 반환하는 것은 재화의 공급에 해당한다(부가 통칙 6-14-2).

실질적으로 동업관계를 해체하기 위한 공유물분할은 출자지분의 현물분할로 부가가치세가 과세되며, 그 지분별로 분할등기한 때의 시가상당액을 과세표준으로 하여 공동사업자는 각 사업자에게 세금계산서를 교부하여야 한다(국세청 부가 46015-2243, 1996.10.26.).[30]

따라서 건물 신축·분양업의 공동사업자가 미분양 부분을 각자의 지분에 따라 단독소유로 이전한 경우, 그 실질에 있어서 동업관계의 해체를 위한 출자지분의 현물반환에 불과하다는 이유로 부가가치세법상 재화의 공급으로 보지 아니하는 사업의 양도에 해당하지 않는다.[31]

또한 부동산임대사업을 공동으로 영위한 사실이 인정되고 그 후 건물을 구분하여 각자 소유권보존등기를 경료하고 종전의 공동사업자등록을 단독사업으로 정정함과 동시에 개별적으로 부동산임대업자 등록을 마친 것은 공동재산을 분할하여 출자지분을 반환한 것에 해당한다.[32]

그러나 공유물을 합유물의 성격을 그대로 유지한 채 또는 공동사업을 유지한 채 단

---

30) 조심 2020전7386, 2020.12.2.
31) 대법원 1999.5.14 선고, 97누12082 판결.
32) 대법원 2009.11.12 선고, 2009두12471 판결.

순히 형식상 또는 관리목적상 구성원의 소유로 분할하는 경우에는 재화의 공급으로 보지 아니한다(국세청 부가 46015－5062, 1999.12.27.).

또한 단순히 공유관계를 해소하기 위한 공유물 분할은 그 자체만으로는 부가가치세 과세대상이 되는 재화의 공급으로 보기 어렵다.[33]

5. 공동사업자에 대한 납세의 고지

부가가치세법에서는 규정을 두고 있지 않으나, 판례에 의하면 연대납세의무의 법률적 성질은 민법상의 연대채무와 근본적으로 다르지 아니하여, 각 연대납세의무자는 개별 세법에 특별한 규정이 없는 한 원칙적으로 고유의 납세의무 부분이 없이 공동사업 등에 관계된 국세의 전부에 대하여 전원이 연대하여 납세의무를 부담하는 것이므로, 국세를 부과함에 있어서는 연대납세의무자인 각 공유자 또는 공동사업자에게 개별적으로 당해 국세 전부에 대하여 납세의 고지를 할 수 있고, 또 연대납세의무자의 1인에 대한 과세처분의 하자는 상대적 효력만을 가지므로, 연대납세의무자의 1인에 대한 과세처분의 무효 또는 취소 등의 사유는 다른 연대납세의무자에게 그 효력이 미치지 않는다[34]고 판시하고 있다.

6. 조합과 조합원 사이 거래의 부가가치세 과세 대상 여부

상가를 건축하여 임대업을 할 목적으로 결성된 조합이 사업자등록을 하고 독립한 계산하에 상가건물을 신축하여 조합 명의로 상당수의 점포를 임대하고 조합원들에게 공유물 분할의 형식으로 점포를 분할한 경우 조합원들에 대한 분양은 부가가치세법상 재화의 공급에 해당한다.[35]

---

33) 조심 2020중791, 2020.6.1.
34) 대법원 1999.7.13 선고, 99두2222 판결.
35) 대법원 1999.4.13 선고, 97누6100 판결.

1. 공동사업에 대한 소득금액 계산

가. 원 칙

사업소득이 발생하는 사업을 공동으로 경영하고 그 손익을 분배하는 공동사업의 경우에는 해당 사업을 경영하는 장소를 1거주자로 보아 공동사업장별로 그 소득금액을 계산한다(소득세법 제43조 제1항).[36] 이에 따라 공동사업에서 발생한 소득금액은 해당 공동사업을 경영하는(출자공동사업자 포함) 각 거주자간에 약정된 손익분배비율 또는 지분비율에 의하여 분배되었거나 분배될 소득금액에 따라 각 공동사업자별로 분배한다(소득세법 제43조 제2항). 이 경우 해당 거주자별로 납세의무를 진다(소득세법 제2조의2 제1항).

이 경우 원칙적으로 공유물 또는 공동사업에 관한 소득세에 대하여는 특례규정인 소득세법의 위 규정이 우선적용되는 것이므로, 공유물 또는 공동사업에 관한 국세 중 소득세에 있어서는 각 공유자 또는 각 공동사업자가 그 지분 또는 손익분배의 비율에 따라 안분계산한 소득금액에 대한 소득세를 개별적으로 납부할 의무를 부담할 뿐이며, 연대납세의무가 없다.[37]

다만, 단체 구성원 간 이익의 분배비율이 정하여져 있고 해당 구성원별로 이익의 분배비율이 확인되는 경우, 구성원 간 이익의 분배비율이 정하여져 있지 아니하나 사실상 구성원별로 이익이 분배되는 것으로 확인되는 경우, 전체 구성원 중 일부 구성원의 분배비율 또는 이익이 분배되는 것으로 확인되는 경우의 확인된 부분에 대하여는 각 구성원별로 소득세 또는 법인세를 납부할 의무가 있다(소득세법 제2조 제3항, 제4항).

나. 공동사업 합산과세

그러나 예외적으로 거주자 1인과 특수관계에 있는 자가 공동사업자에 포함되어 있는 경우로서 손익분배비율을 거짓으로 정하는 등 일정한 사유가 있는 경우에는 그 특수관계자의 소득금액은 그 손익분배비율이 큰 공동사업자의 소득금액으로 보아 합산

---

36) 이는 국세기본법 제25조 제1항에 대한 특칙으로 볼 수 있다.
37) 대법원 1995.4.11 선고, 94누13152 판결.

과세한다(소득세법 제43조 제3항). 이 경우에는 주된 공동사업자의 특수관계인은 손익분배비율에 해당하는 그의 소득금액을 한도로 주된 공동사업자와 연대하여 납세의무를 진다(소득세법 제2조의2 제1항).

2. 조합에 대한 현물출자

양도라 함은 자산에 대한 등기 또는 등록과 관계없이 매도, 교환, 법인에 대한 현물출자 등으로 인하여 그 자산이 유상으로 사실상 이전되는 것을 말한다(소득세법 제88조 제1항).

조합은 두 사람 이상이 서로 출자하여 공동사업을 경영할 것을 약정함으로써 성립하고 모든 조합원은 조합계약에서 약정한 출자의무를 부담하며 각 조합원이 출자하는 각종 자산은 조합재산이 되는 것이므로 조합원의 합유가 되고 출자자는 그 출자의 대가로 조합원의 지위를 취득하는 것이므로 조합에 대한 자산의 현물출자는 자산의 유상이전으로 양도소득세 과세원인인 양도에 해당한다.[38] 그리고 그 양도시기는 조합에 현물출자를 이행한 때이다.[39]

3. 조합 지분 탈퇴(해산)시 과세소득

공동사업을 목적으로 한 조합체가 조합재산인 부동산을 양도함으로써 얻은 소득은 그것이 사업용 재고자산인 경우 사업소득이 되며, 사업용고정자산으로 양도소득세 과세대상이면 양도소득이 된다. 탈퇴한 조합원이 다른 조합원들에게 잔존 조합재산에 관한 자신의 지분을 양도하고 일부 조합재산을 받음으로써 얻은 소득의 성질도 이와 다르지 않으므로, 탈퇴 당시 조합재산의 구성내역에 따라 탈퇴한 조합원의 사업소득 또는 양도소득 등이 된다.[40]

즉 조합원이 그 지분을 다른 조합원이나 제3자에게 양도한 경우 대가와 당초 출자액의 차액을 양도소득으로 과세한 것이 정당하다.[41]

공동사업에 참여한 조합원이 공동사업을 탈퇴함에 따라 자기지분(탈퇴자의 현물출자지

---

38) 대법원 1985.3.12 선고, 84누544 판결.
39) 대법원 2002.4.23 선고, 2000두5852 판결.
40) 대법원 2015.12.23 선고, 2012두8977 판결.
41) 대법원 1982.9.14 선고, 82누22 판결.

분 및 출자 후 조합이 취득한 자산 등)에 상당하는 대가를 잔여 또는 신규 가입 조합원으로부터 받은 경우 그에 상당하는 지분이 사실상 유상으로 양도된 것으로 보는 것이며, 자기 지분을 조합의 현물자산으로 그대로 반환받는 경우에는 양도로 보지 아니한다.[42]

한편, 조합체의 해산에 따라 잔여재산분배를 하는 경우 당해 조합체의 사업소득 수입금액을 당해 자산의 시가상당액으로 계산한다는 점에서 그와 반대측면에 있는 조합원의 양도소득 산정시 당해 자산 취득가액도 그 시가상당액으로 계산함이 타당하다.[43] 즉, 출자가액을 실지거래가액으로 보아 취득가액으로 할 수 없다는 것이다.

따라서 탈퇴한 조합원이 탈퇴 당시 지분의 계산으로 얻은 소득은 소득세법상 배당소득에 해당한다고 할 수 없다.

한편, 동업계약을 맺고 공동으로 공유수면매립공사를 시행하던 중 공사가 완공될 무렵 동업관계에서 탈퇴하면서 이익분배율에 따라 수지결산을 하고, 추가로 수령한 정산분배금은 공동으로 사업을 경영하는 경우 그 손익분배비율에 의하여 분배된 소득금액으로서 사업소득이 된다.[44]

4. 실질과세 원칙에 의한 조합 인정

2인 이상이 공동으로 사업을 경영하여 그 이익을 분배하기로 약정한 경우에는 편의상 외부적으로 그 중 1인의 이름으로 활동을 하더라도 실질과세원칙과 소득세법에 따라 그 공동사업으로 인한 소득은 각 그 지분 또는 손익분배비율에 의하여 분배되거나 분배될 소득금액에 따라 각 소득금액을 계산하여야 하고, 행위 또는 거래의 명칭이나 형식이 부동산 양도라 하더라도 조합원 1인이 타 조합원에게 자기의 공동사업의 지분을 양도한 것이라면 그 실질내용에 따라 이를 그 양도한 조합원의 조합에서의 탈퇴 또는 해산이라고 볼 수 있다.[45]

---

42) 재재산 46014-302, 1997.8.30.
43) 대법원 2018.10.25 선고, 2018두49246 판결.
44) 대법원 1992.3.31 선고, 91누8845 판결.
45) 대법원 1995.11.10 선고, 94누8884 판결.

5. 동업기업 과세 특례

민법상 조합 등 2명 이상이 금전이나 그 밖의 재산 또는 노무 등을 출자하여 공동사업을 경영하면서 발생한 이익 또는 손실을 배분받기 위하여 설립한 단체(동업기업)에 대하여는 소득세법 등에 의한 소득세를 부과하지 아니하고(조세특례제한법 제100조의16 제1항), 조세특례제한법 제100조의18에 따라 배분받은 동업기업의 소득에 대하여 소득세 또는 법인세를 납부할 의무를 진다(조세특례제한법 제100조의16 제2항).

이러한 동업기업 과세 특례를 적용받기 위하여는 일정한 절차에 따라 관할 세무서장에게 신청하여야 한다(조세특례제한법 제100조의17). 따라서, 조합 등 동업기업은 소득세법상 공동사업장 과세제도와 동업기업 과세제도 중에서 선택할 수 있다.

한편, 노무의 대가로 자본지분을 받은 경우에는 해당 동업자는 해당 자본지분의 시가 상당액을 사업소득으로 인식하여야 할 것이다.[46]

제4절 상속세 및 증여세법 관련 내용

상속개시 당시 상속인이 환급을 청구할 수 있는 조합의 잔여재산이 있는 경우 피상속인의 사망으로 인하여 조합을 탈퇴하기 이전에 생긴 조합의 채무는 탈퇴로 인한 계산에 따라 상속재산가액에서 제외된다.[47]

---

46) 이준규·이은미, "조세특례제한법상 동업기업 과세특례제도의 타당성에 관한 연구", 『조세법연구 14(1)』, 2008, 84면.
47) 대법원 2016.5.12 선고, 2015두60167 판결.

1. 조합구성원 1인의 체납으로 인한 조합재산 압류의 효력

가. 사실관계

갑 외 6개 회사는 공동으로 1995.12.29경 ○○지검 청사에 대한 신축공사를 총공사금액 25,768,862,000원, 공사기간 착공일로부터 950일로 하는 내용의 공사도급계약을 체결하면서, 같은 날 계약금액 23억 9,200만원, 착공일 1995.12.30 공사기간 착공일로부터 270일로 하는 1차 계약을 체결하였다.

그리고 이어서 1996년경 계약금액 60억 9,380만원의 2차 계약을, 1996.12.24경 계약금액 6억 7,300만원, 착공일 같은 달 26일, 준공일 같은 달 31일로 하는 3차 계약을, 1997.6.10경 계약금액 48억 3,450만원, 착공일 같은 달 11일, 공사기간 착공일로부터 240일로 하는 4차 계약을, 같은 해 12월 27일경 계약금액 27억 3,800만원, 착공일 같은 달 29일, 공사기간 착공일로부터 180일로 하는 5차 계약을, 1998.3.5경 계약금액 29억 9,700만원, 착공일 같은 달 9일, 준공일 같은 해 11월 10일로 하는 6차 계약을, 같은 해 6월 19일경 계약금액 6,818,188,000원, 착공일 같은 달 24일, 준공일 같은 해 11월 10일로 하는 7차 계약을 각 체결하였다.

이후 갑이 1998.3.5경 부도가 나 1997년도 수시분 부가가치세를 체납하게 되자, ○○세무서장은 갑의 지분비율에 따라 1998.3.26경 4차 계약에 따른 기성고 공사대금채권 중 234,011,700원, 같은 해 4월경 5차 계약에 따른 기성고 공사대금채권 중 1,953만원, 합계 253,541,700원(234,011,700원+19,530,000원)을 압류한 후 이를 체납세액에 충당하였다.

이에 대하여 공동수급업체 중 을은 6개 회사가 공동협정서에 터잡아 그들 상호간에 금전 기타 재산 및 노무를 출자하여 신축공사 관련사업을 공동으로 시행하기로 하는 내용의 약정을 함으로써 그들 사이에는 민법상 조합이 성립되었다고 판단하고서, 그 후 ○○세무서장이 그 조합의 구성원인 갑의 부가가치세 체납을 이유로 원고 등 6개 회사의 조합재산인 253,541,700원의 공사대금채권에 대하여 압류처분을 한 것은 체납자 아닌 제3자 소유의 재산을 대상으로 한 것으로서 그 처분의 내용이 법률상 실현될 수 없는 것이어서 당연무효라고 주장하였다.

나. 판결요지

체납처분으로서 압류의 요건을 규정하는 국세징수법 제24조 각 항의 규정을 보면, 어느 경우에나 압류의 대상을 납세자의 재산에 국한하고 있으므로, 납세자가 아닌 제3자의 재산을 대상으로 한 압류처분은 그 처분의 내용이 법률상 실현될 수 없는 것이어서 당연무효이다. 그리고 민법상 조합의 채권은 조합원 전원에게 합유적으로 귀속하는 것이어서 특별한 사정이 없는 한 조합원 중 1인에 대한 채권으로써 그 조합원 개인을 집행채무자로 하여 조합의 채권에 대하여 강제집행을 할 수 없다.[48]

다. 검 토

공동이행방식의 공동수급체는 민법상 조합의 성질을 가지며[49], 민법상 조합의 채권은 조합원 전원에게 합유적으로 귀속되므로 조합의 구성원 중 1인의 체납을 이유로 조합재산인 공사대금채권에 압류처분을 한 것은 체납자가 아닌 제3자의 재산을 압류한 것이므로 당연무효라고 볼 수 있다.

공동사업자의 재산은 사업자 전원의 합유이며, 권리도 합유적으로 귀속하므로 그 중 1인의 채무로 인한 압류, 추심 등의 집행은 위법하다.[50]

★

부동산을 공동으로 매수한 매수인들 사이의 법률관계

공동매수인들 사이에서 매수한 토지는 공유가 아닌 동업체에서 매수한 것이 되려면 적어도 공동매수인들 사이에서 매수한 토지를 공유가 아닌 동업체에 귀속시키고 공동매수인 전원의 의사에 기하여 전원의 계산으로 처분한 후 이익을 분배하기로 하는 명시적 또는 묵시적 의사의 합치가 있어야 한다.[51]

따라서 공동매수인별로 토지에 관하여 공유에 기한 지분권을 가지고 각각 자유롭게 지분권을 처분하여 대가를 취득할 수 있도록 한 것이라면 이를 동업체에서 매수한 것으로 볼 수 없다.

---

48) 대법원 2001.2.23 선고, 2000다68924 판결.
49) 대법원 2000.12.12 선고, 99다49620 판결.
50) 국징, 심사-기타-2018-0008, 2018.6.20.
51) 대법원 2012.8.30 선고, 2010다39918 판결.

★

건설공동수급체의 법적성질

공동이행방식의 공동수급체는 기본적으로 민법상 조합의 성질을 가지므로 도급인에 대하여 가지는 채권은 원칙적으로 공동수급체 구성원에게 합유적으로 귀속하는 것이어서 특별한 사정이 없는 한 구성원 중 1인이 임의로 도급인에 대하여 출자지분비율에 따른 급부를 청구할 수 없고 구성권 1인에 대한 채권으로써 그 구성원 개인을 집행채무자로 하여 공동수급체의 도급인에 대한 채권에 대하여 강제집행을 할 수 없다. 그러나 공동수급체가 아닌 개별 구성원으로 하여금 지분비율에 따라 지접 도급인에 대하여 권리를 취득하게 하는 약정을 하는 경우와 같이 공사도급계약의 내용에 따라서는 도급인에 대하여 가지는 채권이 공동수급체 구성원 각자에 지분비율에 따라 구분하여 귀속될 수도 있고, 위와 같은 약정은 명시적으로는 물론 묵시적으로도 이루어질 수 있다.[52]

2. 세법상 공동사업의 의미

공동사업은 그 사업이 당사자 전원의 공동의 것으로서 공동으로 경영되고 당사자 전원이 그 사업의 성공여부에 대하여 이해관계를 가지는 사업을 말하는 것으로 민법상의 조합 및 공동사업자로 보는 법인격 없는 단체 등이 영위하는 사업이 이에 해당한다.[53]

---

52) 대법원 2012.5.17 선고, 2009다105406 판결.
53) 사전－2018－법령해석소득－0076, 2018.12.27.

민법과 세법의 비교

　민법상 조합계약은 2인 이상이 상호출자하여 공동사업을 경영할 것을 약정함으로써 성립하는 계약을 말하는데, 실제 거래에서는 동업으로 2인 이상이 출자하여 공동으로 영업 또는 기업을 경영하는 것을 말한다.

　민법상 조합은 소득세법상 공동사업장에 해당되므로 원칙적으로 공동사업장을 하나의 과세단위인 1거주자로 보아 공동사업장별로 소득금액을 계산한다. 다만, 일부 또는 전체의 구성원별로 이익이 분배되는 것으로 확인되는 경우에는 1거주자로 보지 않고 각 구성원별로 소득세 또는 법인세를 과세한다. 이 경우 공동사업자들간 연대납세의무는 없다.

　공동사업장 과세시 예외적으로 거주자 1인과 특수관계에 있는 자가 공동사업자에 포함되어 있는 경우로 소득세 부담 회피 혐의가 있는 경우 등에는 그 특수관계자의 소득금액은 그 손익분배비율이 큰 공동사업자의 소득금액으로 보아 합산과세하고, 이 경우 일정한 범위내에서 공동사업자들간 연대납세의무가 있다.

　조합에 관한 현행 세법상 태도는 조합을 도관으로 보아 그 자체에 대하여 소득세나 법인세를 부과하지 않고, 조합을 통하여 얻은 소득을 각 조합원에게 직접 과세하는 방식을 취하는 것으로 보인다.

　또한 부가가치세에 대하여는 공동사업 등에 관계된 모든 국세에 대하여는 구성원전원이 연대납세의무를 부담하고, 이러한 연대납세의무의 법률적 성질은 민법상의 연대채무와 근본적으로 다르지 않다.

제29장

사실혼과 세법상 배우자

- 국세기본법 시행령 제1조의2 제1항 제3호【특수관계인의 범위】혈족 · 인척 등 일정한 친족관계란 배우자(사실상 혼인관계에 있는 자를 포함한다)등을 말한다.

- 소득세법 제50조 제1항【기본공제】, 시행령 제106조 제5항【부양가족 등의 인적공제】거주자의 배우자로서 연간 소득금액이 없거나 연간 소득금액의 합계액이 100만원 이하인 사람은 거주자의 해당 과세기간의 종합소득금액에서 공제한다. 또 거주자의 직계존속(직계존속이 재혼한 경우에는 그 배우자로서 거주자의 직계존속과 혼인 중임이 증명되는 사람으로 사실혼은 제외한다)으로서 60세 이상인 사람은 거주자의 해당 과세기간의 종합소득금액에서 공제한다.

- 소득세법 제88조 제6호【정의】1세대란 거주자 및 그 배우자(법률상 이혼을 하였으나 생계를 같이 하는 등 사실상 이혼한 것으로 보기 어려운 관계가 있는 사람을 포함한다)가 그들과 같은 주소 또는 거소에서 생계를 같이하는 자 및 형제자매를 말한다.

민법 내용

1. 사실혼의 의의

사회생활상 부부공동생활을 영위하고 있지만 혼인신고를 하지 않은 남녀관계를 **사실혼**(事實婚)이라고 한다. 우리 법이 신고혼주의를 채택하고 있기 때문에 혼인신고를 하지 않은 사실혼관계가 성립하기 쉽다. 학설은 대체로 혼인의사와 혼인의 실체가 있지만 단지 신고를 하지 않았다는 형식적인 이유만으로 부부관계의 일체의 효과를 거부함은 타당하지 않고, 실질적으로 부부인 이상 혼인신고가 이루어지지 않았다고 하더라도 법의 보호를 받아야 할 것이라고 한다.[1]

2. 사실혼의 성립요건

사실혼이 성립하기 위하여는 주관적 요건과 객관적 요건이 필요하다. 주관적으로는 사실상의 혼인의사의 합치가 있어야 하고, 객관적 요건으로는 사회관념상 부부공동생활이라고 인정할 만한 사회적 실체가 상당기간 지속되거나 지속이 예정되어야 한다. 즉, 단기간의 동거 또는 간헐적인 정교관계가 있는 것만으로는 혼인의 실체를 인정할 수 없다.[2]

3. 사실혼의 효과

가. 신분적 효과

사실혼 부부 사이에서도 동거·부양·협조의무와 정조의무가 있고, 이에 대응하여 서로 배우자로서의 권리가 있다.[3]

---

1) 지원림, 『민법강의 제7판』, 홍문사, 2009, 1784면.
2) 지원림, 상게서, 1785면.
3) 이상신·박훈, "사실혼 배우자에 대한 일관된 과세방식 도입방안", 『조세법연구 12－2』, 2009, 220~221면.

나. 재산적 효과

사실혼 부부도 일상가사에 대해 서로 대리권이 있고 일상가사에 관한 법률행위로 인한 채무에 대해서는 연대책임을 진다고 보아야 한다. 이는 일상가사대리권이나 일상가사채무의 제도가 부부의 실질적인 공동생활을 전제로 하고 있기 때문이다.[4] 일상가사대리권과 일상가사채무의 연대책임에 관한 규정이 적용된다. 특유재산의 각자 관리나 귀속불분명재산의 공유추정 규정 등이 그대로 인정된다. 이러한 점은 법률혼의 경우와 차이가 없다.

다. 혼인신고를 전제로 하는 효과

혼인의 효과 중 혼인신고를 전제로 하는 것은 사실혼에 인정될 수 없다. 따라서 사실혼으로 인해 호적이 변동되거나 친족관계가 발생하는 것은 아니며, 미성년자가 사실혼의 관계에 있더라도 성년으로 의제되는 것은 아니다. 사실혼 부부는 서로 후견인이 될수도 없고 상속권도 없다.[5]

다만, 부부재산의 청산의 의미를 갖는 재산분할에 관한 규정은 부부의 생활공동체라는 실질에 비추어 인정되는 것이므로 사실혼관계에서도 준용 또는 유추적용할 수 있다.[6]

★

부부일방의 특유재산

부부의 일방이 혼인중 그의 단독 명의로 취득한 재산은 그 명의자의 특유재산으로 추정되는 것이고, 다른 일방이 실제로 당해 재산의 대가를 부담하여 취득하였음을 증명한 경우에는 그 확정이 번복되고 그 대가를 부담한 다른 일방이 실질적인 소유자로서 편의상 명의자에게 이를 명의신탁한 것으로 인정할 수 있다.[7]

---

4) 김주수·김상용, 『친족·가족법』, 법문사, 2010, 257~258면.
5) 이상신·박훈, 상계논문, 220~221면.
6) 대법원 1995.3.28 선고, 94므1584판결.
7) 대법원 2007.4.26 선고, 2006다79704 판결.

★

일상가사대리권

일상가사에 관한 법률행위란 부부가 공동생활을 영위하는 데 통상 필요한 법률행위를 말하며, 금전차용행위도 금액, 차용목적, 실제의 지출용도, 기타의 사정 등을 고려하여 그것이 부부의 공동생활에 필요한 자금조달을 목적으로 하는 것이라면 일상가사에 속한다고 보아야 할 것이다.[8] 한편, 배우자 소유의 부동산을 처분하는 행위는 일상가사 대리권의 범위에 속하지 않는다.[9]

제2절 개별세법상 관련 내용

1. 국세기본법상 과점주주의 제2차 납세의무

과점주주의 제2차 납세의무를 인정함에 있어 과점주주의 개념에 대하여 주주 또는 유한책임사원 등 1명과 그와 대통령령으로 정하는 친족이나 그 밖의 특수관계인을 정하고 있는데(국세기본법 제2조 제20호 가목, 제39조 제2호), 특수관계인 친족 중에서 배우자와 사실상 혼인관계 있는 자를 포함한다(국세기본법 시행령 제1조의2 제1항 제3호, 제20조 제2항)

한편, 친족관계의 발생·소멸 여부에 관하여는 국세기본법 또는 세법에 특별한 규정이 있는 경우를 제외하고는 민법에 따른다(국기 통칙 39-20…1).

2. 소득세법상 종합소득공제 대상 여부

종합소득이 있는 거주자는 거주자의 배우자에 대하여 연간 소득금액이 없거나 연간 소득금액의 합계액이 100만원 이하인 경우에 연간 150만원을 해당 과세기간의 종합소득금액에서 공제한다(소득세법 제50조 제1항 제2호). 이 경우 사실상의 배우자도 기본공제 대상인지 여부에 대하여는 명확하지 않다.

다만, 거주자의 직계존속(직계존속이 재혼한 경우에는 그 배우자로서 직계존속과 혼인 중임이 증

---

8) 대법원 1999.3.9 선고, 98다46877 판결.
9) 대법원 1966.7.19 선고, 66다863 판결.

명되는 사람. 다만, 사실혼을 제외한다)으로서 60세 이상인 사람은 거주자의 해당 과세기간에
사람의 수에 1명당 연 150만원을 공제한다(소득세법 제50조 제1항 제3호 가목, 같은법 시행령
제106조 제5항)라고 하여 이 경우에는 사실상 배우자를 배제하고 있다.

3. 1세대 1주택 판정시 배우자의 1세대 구성 여부

거주자 및 그 배우자가 그들과 동일한 주소 또는 거소에서 생계를 같이하는 가족과
함께 구성하는 1세대가 양도일 현재 국내에 1주택을 보유하고 일정한 요건을 충족하는
경우에는 양도소득에 대한 소득세를 과세하지 않는다(소득세법 제89조 제1항 제3호, 시행령
제154조 제1항).

여기서 1세대란 거주자 및 그 배우자(법률상 이혼을 하였으나 생계를 같이 하는 등 사실상 이
혼한 것으로 보기 어려운 관계가 있는 사람을 포함한다)가 그들과 같은 주소 또는 거소에서 생계
를 같이 하는 자 및 형제자매를 말한다(소득세법 제88조 제6호)

한편, 거주자의 배우자는 거주자와 동거 또는 생계를 같이 하지 않더라도 엄격해석
의 원칙상 거주자의 배우자라는 사실만으로 거주자와 1세대를 구성한다.[10]

정리하면 거주자의 법률상 배우자는 항상 1세대 구성원이 되고, 법률상 배우자가 아
닌 경우에는 생계를 같이 하는 등 사실상 이혼한 것으로 보기 어려운 경우에는 1세대
로 본다.

그러므로 배우자와 혼인상태가 파탄되어 사실상 이혼관계에 있다고 하더라도 두 사
람 사이의 법률상 혼인관계가 해소되지 아니한 이상 여전히 1세대를 구성한다고 볼
수 밖에 없다.[11]

4. 상속세 및 증여세법상 배우자 등에게 양도한 재산의 증여 추정

배우자 또는 직계존비속에게 양도한 재산은 양도자가 그 재산을 양도한 때에 그 재
산의 가액을 배우자 등이 증여받은 것으로 추정한다(상속세 및 증여세법 제44조 제1항).라고
규정하고 있어 사실상 배우자가 포함되는지 여부가 분명하지 아니하나 판례에 의하면
사실상 배우자는 포함되지 않는다.[12]

---

10) 대법원 1998.5.29 선고, 97누19465 판결.
11) 대법원 2012.5.24 선고, 2011두5346 판결.

| 제3절 | 관련 사례(판례 및 과세실무) |

1. 배우자 등에 양도재산 증여 추정시 사실상 배우자 해당 여부

가. 사실관계

갑은 1917.3.27 을과 혼인신고를 하고 법률상 부부로 동거하여 오던 중 갑은 1961년경부터 병과 부첩관계를 맺고 1963년부터 1971년까지 사이에 3남을 낳았으며, 1967년에는 매매를 원인으로 하여 첩관계에 있는 병에게 ○○시 ○○구 ○번지에 있는 토지를 이전하는 소유권이전등기를 1984.11.8에 마쳤다. 한편 갑은 1976.4.21에 사망하였고, 을은 1984.10.7에 사망하였다.

이에 대하여 ○○세무서에서는 「상속세 및 증여세법」에 따라 배우자간의 양도로 보아 증여세 등을 부과하자, 납세자 병이 사실상의 배우자는 「상속세 및 증여세법」상 배우자에 해당하지 아니하므로 과세처분은 위법임을 주장함.

나. 판결요지

「상속세 및 증여세법」상 배우자 또는 직계존비속에게 양도한 재산은 양도자가 당해 재산을 양도한 때에 그 재산의 가액을 양수자에게 증여한 것으로 본다(구 상속세 및 증여세법 제34조 제1항)라고 규정하고 있는바, 위 규정의 배우자에게는 법률상의 배우자만이 해당할 뿐 사실상의 배우자는 해당하지 아니한다 할 것이므로, 사실상 배우자인 병이 갑으로부터 토지를 양도받은 것이 배우자간의 양도행위에 해당한다고 한 과세처분은 위법하다.[13]

다. 검 토

상속세 및 증여세법상 배우자 또는 직계존비속에게 양도한 재산은 양도자가 당해 재산을 양도한 때에 그 재산의 가액을 양수자에게 증여한 것으로 보는 바, 위에서 말하는

---

12) 대법원 1991.4.26 선고, 90누6897 판결.
13) 대법원 1991.4.26 선고, 90누6897 판결.

배우자는 사실상의 배우자는 해당되지 않고 법률상 배우자만 해당된다.

2. 동생의 사실혼 배우자가 특수관계인에 해당하는지 여부

친족이란 세법상 고유개념은 아니므로 기본적으로 친족관계를 규정한 민법에서 차용한 개념으로 보는 것이 합리적이므로 사실혼 관계에 있는 배우자란 당사자의 배우자에 한하는 것이므로 혈족의 사실혼 배우자는 국세기본법 시행령 제1조의2 제1항 제2호의 4촌 이내의 인척에 해당하지 아니한다.[14]

제4절 | **민법과 세법의 비교**

민법에서는 법률혼 배우자와 사실혼 배우자를 달리 취급하고 있으나, 세법에서는 국세기본법과 개별세법에서 통일적으로 규정하고 있지 않고 단지 배우자라고만 규정하거나, 사실상 배우자도 포함한다라고 규정한 것도 있어서 해석상 논란의 여지가 있다.

국세기본법에서는 특수관계인의 범위와 관련하여 법률상 배우자 뿐만 아니라 사실상 혼인관계 있는 자를 포함시키고 있다. 이에 따라 출자자의 제2차 납세의무의 특수관계인의 범위에는 법률상 배우자 뿐만 아니라 사실상 배우자가 포함된다.

소득세법에서는 종합소득세 기본공제 대상에서 소득금액이 일정금액 이하인 거주자의 배우자라고만 규정하고 있어 사실상 배우자도 포함되는지 여부가 분명하지 아니하고, 다른 기본공제 대상인 직계존속의 경우에는 배우자에 사실상 배우자는 제외한다고 명확하게 규정하고 있다.

또한 양도소득세 1세대 1주택 판정시 1세대의 범위와 관련하여 세대 구성원인 배우자에 법률상 배우자 뿐만 아니라 법률상 이혼을 하여 형식상 세대를 달리하여도 생계를 같이 하는 등 사실상 이혼한 것으로 보기 어려운 관계가 있는 사람을 포함시키고 있으므로 일정한 사유가 있으면 사실상 배우자도 1세대 구성원으로 볼 수 있다.

상속세 및 증여세법에서는 직계존비속 등 양도에 대한 증여추정에 있어서는 판례에

---

14) 서면-2016-법령해석기본-5939, 2017.3.8.

따르면 사실상 배우자는 제외된다.

결국 개별세법에서는 통일적으로 규정하고 있지 않고 단지 배우자라고만 규정한 경우에는 구체적인 과세요건 판단에서 조문의 입법취지와 목적 등을 감안하여 합목적적으로 해석하여야 할 것이다.

제**30**장

이혼과 관련 과세문제

관련 세법규정 요약

- 소득세법 제88조 제1호【양도의 정의】양도란 자산에 대한 등기 또는 등록과 관계없이 매도, 교환, 법인에 대한 현물출자 등으로 인하여 그 자산이 유상으로 사실상 이전되는 것을 말한다.

- 소득세법 기본통칙 88-0…1【자산의 양도로 보지 아니하는 경우】이혼으로 인하여 혼인 중에 형성된 부부공동재산을 민법 제839조의2에 따라 재산분할하는 경우에는 양도로 보지 아니한다.

제1절 **민법 내용**

1. 이혼의 의의

혼인의 해소란 완전히 유효하게 성립한 혼인이 그 후의 사유로 말미암아 소멸하는 것을 말한다. 혼인의 해소 원인에는 배우자의 사망과 이혼이 있다.

2. 이혼에 의한 부부관계의 해소

이혼(離婚)이란 완전·유효하게 성립한 혼인을 당사자 쌍방 또는 일방의 의사에 의하여 해소하는 제도이다. 우리 법상 이혼에는 협의이혼과 재판상 이혼의 두 가지가 있다.

가. 협의이혼

부부는 협의에 의하여 이혼할 수 있다(민법 제834조). 협의상 이혼은 가정법원의 확인을 받아「가족관계의 등록 등에 관한 법률」이 정하는 바에 의하여 신고함으로써 그 효력이 생긴다(민법 제836조).

(1) 이혼숙려기간

또한 이혼숙려기간이 경과하여야 한다. 즉 가정법원에 이혼의사의 확인을 신청한 당사자는 위의 이혼에 관한 안내를 받은 날로부터 양육하여야 할 자가 있는 경우에는 3개월, 그렇지 않은 경우에는 1개월이 지난 후에 이혼의사의 확인을 받을 수 있다. 다만, 폭력으로 인하여 당사자 일방에게 참을 수 없는 고통이 예상되는 등 이혼을 하여야 할 급박한 사정이 있는 경우에는 가정법원은 그 기간을 단축 또는 면제할 수 있다. 성급한 이혼을 방지하기 위한 취지에 기한 것이다.[1]

(2) 이혼신고

협의상 이혼은 가정법원의 확인을 받아「가족관계의 등록 등에 관한 법률」이 정한

---

1) 지원림,『민법강의 제7판』, 홍문사, 2009, 1757면.

바에 따라 신고함으로써 그 효력이 생긴다(민법 제836조 제1항).

나. 재판상 이혼

재판상 이혼이란 일정한 사유[2])가 있을 때 당사자 일방의 청구로 법원의 판결에 의하여 혼인을 해소시키는 것을 말한다. 재판상 이혼원인을 정하는 방법은 두 가지 입법방식이 있는데, 부부의 일방에게 책임이 있는 경우에 한하여 다른 일방에게 이혼을 청구할 수 있는 **유책주의**와 다른 하나는 책임과 관계없이 혼인이 파탄에 이르면 이혼을 청구할 수 있는 **파탄주의**가 있다.[3]

다. 이혼의 효과

이혼이 성립하면 혼인이 해소되어 혼인에 의하여 생긴 동서·부양·협조의무 등은 모두 소멸한다.[4] 그리고 배우자의 혈족과의 사이에 생겼던 인척관계도 종료한다(민법 제775조).

3. 부부별산제

가. 개 요

혼인을 한 당사자가 혼인 전 취득한 재산에 대하여 민법은 당사자들의 합의에 의하여 약정할 수 있도록(민법 제829조) 하고, 이러한 합의가 없는 경우에는 **부부별산제**를 적용하도록 하고 있다.

이에 따라 부부의 일방이 혼인 전부터 가진 고유재산과 혼인 중 자기의 명의로 취득한 재산은 그 특유재산으로 한다(민법 제830조 제1항). 부부의 누구에게 속한 것인지 분명하지 아니한 재산은 부부의 공유로 추정한다(민법 제830조 제2항)라고 하여 부부별산제를 채택하고 있다.

---

2) 이러한 사유로는 배우자에 부정한 행위가 있을 때, 배우자가 악(惡)으로 다른 일방을 유기한 때, 배우자 또는 직계존속으로부터 심히 부당한 대우를 받았을 때, 자기의 직계존속이 배우자로부터 심히 부당한 대우를 받았을 때, 배우자의 생사가 3년 이상 분명하지 아니한 때, 기타 혼인을 계속하기 어려운 중대한 사유가 있을 때이다(민법 제840조).

3) 송덕수, 『신민법강의』, 박영사, 2009, 1538면.

4) 송덕수, 상계서, 1543면.

나. 명의신탁의 경우

부부의 일방이 혼인 중 그의 단독명의로 취득한 부동산은 그 명의자의 특유재산으로 추정되므로 당해 부동산의 취득자금의 출처가 명의자가 아닌 다른 일방 배우자인 사실이 밝혀졌다면 일단 그 명의자가 배우자로부터 취득자금을 증여받은 것으로 추정할 수 있고, 이 경우 당해 부동산이 명의자의 특유재산이 아니고 다른 일방 배우자로부터 명의신탁된 것이기 때문에 그 취득자금을 증여받은 것으로 볼 수 없다는 점에 대하여는 납세자가 이를 주장·입증하여야 한다.

또한, 민법 제830조 제1항 소정의 '특유재산의 추정'을 번복하기 위하여는 다른 일방 배우자가 실제로 당해 부동산의 대가를 부담하여 그 부동산을 자신이 실질적으로 소유하기 위해 취득하였음을 증명하여야 하므로(대법원 1998.12.22 선고, 98두15177 판결 등 참조), 단순히 다른 일방 배우자가 그 매수자금의 출처라는 사정만으로는 무조건 특유재산의 추정이 번복되어 당해 부동산에 관하여 명의신탁이 있었다고 볼 것은 아니고, 관련 증거들을 통하여 나타난 모든 사정을 종합하여 다른 일방 배우자가 당해 부동산을 실질적으로 소유하기 위하여 그 대가를 부담하였는지 여부를 개별적·구체적으로 가려 명의신탁 여부를 판단하여야 한다.[5]

4. 재산분할청구권

가. 의 의

재산분할청구권이란 이혼한 부부의 일방이 타방 배우자에 대하여 혼인 중 취득한 재산의 분할을 청구하는 권리로, 가족관계에 기초한 법정채권이다. 재산분할청구권을 인정하는 취지에 관하여 학설은 일반적으로 처(妻)의 가사노동을 정당하게 평가함으로써, 이혼 후 생활공동체의 해소에 따른 재산관계를 청산하고 이혼 후 경제적 자립능력 없는 배우자를 부양함으로써 이혼의 자유를 실질적으로 보장하려는 데 있다고 한다.[6]

재산분할청구권이 실질적인 부부공동재산의 청산 및 이혼 후 부양적 성질뿐만 아니라 유책배우자의 위자료로서의 성격까지 포함하고 있다.[7]

---

5) 대법원 2008.9.25 선고, 2006두8068 판결.
6) 지원림, 전게서, 1772면.
7) 대법원 2001.5.8 선고, 2000다58804 판결.

나. 분할의 대상

(1) 부부가 협력으로 이룩한 재산

혼인 중에 부부 쌍방의 협력에 의하여 이룩한 재산은 실질적으로 부부의 공동재산이라고 보아야 하므로 분할대상이 된다. 그 재산은 부동산은 물론 현금·예금자산도 포함한다. 그리고 그 명의가 누구인지 불문한다.

혼인 중에 쌍방이 협력하여 이룩한 재산이 있는 경우에는 혼인관계의 파탄에 대하여 책임이 있는 배우자라도 그 재산의 분할을 청구할 수 있다.[8]

반면에 혼인 전부터 부부 일방이 가진 고유재산과 그로부터 증가된 재산, 혼인 중 부부의 일방이 상속·증여·유증받은 재산 등은 분할의 대상이 아니다.[9]

한편 부부 일방의 특유재산은 원칙적으로 분할 대상이 되지 아니하나 특유재산일지라고 다른 일방이 적극적으로 특유재산의 유지에 협력하여 감소를 방지하였거나 증식에 협력하였다고 인정되는 경우에는 분할대상이 될 수 있다.[10]

제3자 명의의 재산이더라도 그것이 부부 중 일방에 의하여 명의신탁된 재산도 부부 쌍방의 협력에 의하여 형성된 것이라면 재산분할 대상이 될 수 있다.[11]

(2) 퇴직금과 연금

퇴직금은 혼인 중 제공한 근로에 대한 대가가 유예된 것이므로 부부의 혼인 중 재산의 일부가 되며, 부부 중 일방이 직장에서 일하다가 이혼 당시에 이미 퇴직금을 수령하여 소지하고 있는 경우에는 분할의 대상으로 삼을 수 있다. 그러나 그의 퇴직일과 수령할 퇴직금이 확정되었다는 등의 특별한 사정이 없는 한 그가 장차 퇴직금을 받을 개연성이 있다는 사정만으로 그 장래의 퇴직금을 분할의 대상이 되는 재산에 포함시킬 수 없다.[12]

다만, 근무함에 있어 상대방 배우자의 협력이 기여한 것으로 인정된다면 그 퇴직금 역시 부부 쌍방의 협력으로 이룩한 재산으로서 재산분할의 대상이 될 수 있다.[13]

---

8) 대법원 1993.5.11 선고, 자93스6 결정.
9) 송덕수, 전게서, 1547~1548면.
10) 대법원 1993.5.25 선고, 92므501 판결.
11) 대법원 2009.6.9 선고, 2008스111 결정.
12) 송덕수, 전게서, 1548면.
13) 대법원 2014.7.16 선고, 2013므2250 판결.

(3) 부부 일방이 혼인 중 제3자에 대한 채무

부부가 이혼하는 경우에 일방이 혼인 중 제3자에게 부담한 채무는 일상 가사에 관한 것 이외에는 원칙적으로 그 개인의 채무로서 분할의 대상이 되지 않으나, 그것이 공동 재산의 형성과 유지에 수반하여 부담한 채무인 때에는 분할의 대상이 된다.[14]

(4) 재산분할의 효과

재산분할이 있다고 하여 바로 재산이 이전되는 효과가 발생하는 것은 아니다. 부동산의 경우에는 등기가 경료되어야 하고, 동산은 인도되어야 한다.[15]

(5) 기타

이혼 및 재산분할 사건에서 위자료 및 재산분할금을 지급하기 위하여 부동산의 처분이 불가피하다 하여 그 처분에 관하여 부과될 양도소득세 상당액을 분할대상재산의 가액에서 미리 공제하여야 한다고 볼 수 없다.[16]

다. 재산분할과 사해행위 해당 여부

남편 갑이 처 을에게 행한 재산분할계약에 관하여 갑의 채권자 A가 그 법률행위를 사해행위라고 하여 채권자취소권을 행사할 수 있는지에 대하여, 판례는 채무자인 갑을 상대로 금 19,000,800원의 손해배상채권을 보전하기 위하여 1988.8.24 이 사건 부동산에 대하여 가압류결정을 받았는데, 같은 달 23일 갑은 그의 처인 을과 합의이혼을 하고 피고에 대한 위자료 및 자녀의 양육비조로 그의 유일한 재산인 이 사건 부동산을 을에게 무상양도한 사실을 인정하고 위와 같은 양도경위에 비추어 위 갑은 그 양여행위로써 자신이 무자력에 빠지게 되어 채권자인 A를 해한다는 사실을 알고 있었다고 보여지므로, 위 양여(讓與)행위는 채권자 A에 대한 사해행위가 된다[17]고 판시한 바 있다.

이 경우 상당한 범위를 넘는 재산분할의 경우 이혼이 수반되는 위자료 상당액을 제외한 재산분할의 액수를 확정한 다음에 그 초과부분에 한하여 사해행위 취소를 할 수 있다.[18]

---

14) 지원림, 전게서, 1776면.
15) 지원림, 상게서, 1781면.
16) 대법원 1994.12.2 선고, 94므901 판결.
17) 대법원 1990.11.23 선고, 90다카24762 판결.
18) 대법원 2000.9.29 선고, 2000다25569 판결.

1. 재산분할과 양도소득세 과세 여부

가. 유상양도에 해당하지 않는 경우(원칙)

민법 제839조의2에 규정된 재산분할제도는 혼인 중에 부부 쌍방의 협력으로 이룩한 실질적인 공동재산을 청산·분배하는 것을 주된 목적으로 하는 것인바, 이와 같이 협의이혼시에 실질적인 부부공동재산을 청산하기 위하여 이루어지는 재산분할은 그 법적 성격, 분할대상 및 범위 등에 비추어 볼 때 실질적으로는 공유물분할에 해당하는 것이라고 봄이 상당하므로, 재산분할의 방편으로 행하여진 자산의 이전에 대하여는 공유물분할에 관한 법리가 준용되어야 할 것이다.

따라서 원고들이 각자의 소유명의로 되어 있던 이 사건 각 부동산을 상대방에게 서로 이전하였다고 하여도 분할 후 자산가액의 비율이 실질적인 공동재산의 청산범위를 넘어서는 것이라거나 또는 재산분할 비율과의 차이에 따른 정산을 하였다는 등의 특별한 사정이 없는 한, 공유물분할에 관한 법리에 따라 그와 같은 부동산의 이전이 유상양도에 해당한다고 볼 수 없고, 또한 재산분할이 이루어짐으로써 분여자의 재산분할의무가 소멸하는 경제적 이익이 발생한다고 하여도, 이러한 경제적 이익은 분할재산의 양도와 대가적 관계에 있는 자산의 출연으로 인한 것이라 할 수 없으므로, 재산분할에 의한 자산의 이전이 양도소득세 과세대상이 되는 유상양도에 포함된다고 할 수 없다.[19]

공유물의 분할은 법률상으로는 공유자 상호간의 지분의 교환 또는 매매라고 볼 것이나 실질적으로는 공유물에 대하여 관념적으로 그 지분에 상당하는 비율에 따라 제한적으로 행사되던 권리, 즉 지분권을 분할로 인하여 취득하는 특정 부분에 집중시켜 그 특정 부분에만 존속시키는 것으로 소유형태가 변경된 것뿐이어서 이를 자산의 유상양도라고 할 수 없으며, 이러한 법리는 이혼시 재산분할의 방법으로 부부 일방의 소유명의로 되어 있던 부동산을 상대방에게 이전한 경우에도 마찬가지라고 할 것이다.[20]

---

19) 대법원 1998.2.13 선고, 96누14401 판결.
20) 대법원 2003.11.14 선고, 2002두6422 판결.

그리고 재산분할에 있어서 현물분할 뿐만 아니라 금전지급에 의한 분할방법을 혼용한 재산분할의 경우에도 양도소득세 과세대상이 아니다.[21]

나. 유상양도에 해당되는 경우(예외)

자산가액의 비율이 실질적인 공동재산의 청산범위를 넘어서는 것이라거나, 또는 재산분할 비율과의 차이에 따른 정산을 하였다는 등의 특별한 사정이 있는 등 해당 자산의 이전에 어떠한 대가관계가 있다고 볼 수 있는 경우라면 그것이 비록 형식적으로 재산분할의 일환으로 이루어졌다고 하더라도 그 실질은 자산의 유상양도로 보아야 한다.[22]

또한 재산분할청구된 공동재산을 대신하여 이혼 일방자가 혼인 전에 취득한 고유재산으로 소유권이전하여 주는 경우에는 이를 대물변제에 의한 양도로 보아 양도소득세를 과세한다.[23] 즉, 이 경우 재산분할의 법적 성질에 대하여 청산적 요소뿐만 아니라 부양적 요소도 포함하고 있다. 이 경우 부양적 요소로서의 재산분할은 일종의 손해배상 내지 위자료와 비슷한 성격을 띠고 있기 때문에 금전지급에 갈음하여 부동산 등을 양도한 경우에 그 양도의 대가로써 부양료의 지급의무의 소멸이라는 경제적 이익을 얻게 되는 것이므로 유상양도로서 양도소득세가 과세된다고 보여진다.[24]

즉, 상대방의 부양의 보조에 충당된 재산 또는 유책배우자의 상대방에 대한 손해배상·위자료에 충당된 재산은 장래의 부양의무의 이행 또는 손해배상 및 위자료의 지급의무의 이행으로서의 성질을 가진 재산분할로서 그 대가로서 손해배상·위자료의 지급의무의 소멸이라는 경제적 이익을 얻게 되는바, 이런 경우 재산분할은 유상양도에 해당하는 것으로 볼 수 있다.[25]

21) 대법원 2012.9.13 선고, 2012두10901 판결.
22) 사전 – 2015 – 법령해석재산 – 0183, 2015.7.20.
23) 한연호, 『양도소득세 실무해설Ⅰ』, 국세공무원교육원, 2010, 29면.
24) 김지선, 전게논문, 60면.
25) 김지선, "이혼시 재산분할청구권에 관한 연구", 원광대학교 대학원 석사학위논문, 2003, 59면.

다. 재산분할로 취득한 자산 양도시 취득시기

이혼에 따른 재산분할로 인하여 취득하는 부동산을 그 후에 양도하는 경우 그 양도 차익을 산정함에 있어서 취득가액은 최초의 취득시기를 기준으로 정하여야 한다.[26] 즉, 재산분할을 원인으로 한 소유권 이전 시를 기준으로 할 것은 아니다.[27]

2. 위자료와 기타소득세 · 양도소득세 과세 여부

이혼에 따른 정신적 고통에 대한 위자료는 불법행위로 인한 손해배상금으로서 소득 세법 제21조 제1항 제10호의 기타소득에 포함되지 않는다.[28]

그러나 부부가 이혼을 하게 되어 남편이 아내에 대한 위자료를 지급하기 위한 방법 으로 자신의 소유인 주택의 소유권을 이전하는 것은 아내에 대한 위자료채무의 이행에 갈음한 것으로서 그 주택을 양도한 대가로 위자료를 지급할 채무가 소멸하는 경제적 이익을 얻게 되는 것이므로, 그 주택의 양도는 양도소득세의 부과대상이 되는 유상양 도에 해당한다 할 것이고, 또 나아가 남편으로부터 주택을 양도받은 아내가 그 주택을 다시 제3자에게 양도하는 것은 양도소득세의 부과대상이 되는 별개의 유상양도에 해 당한다.[29]

즉, 위자료 채무를 변제하기 위하여 부동산 소유권을 이전하는 것은 대물변제에 해 당되어 양도소득세 과세대상이다.

한편, 협의이혼 등을 하면서 위자료 등 구체적인 액수를 정하지 아니하고 자산을 이 전한 경우 양도소득세의 과세대상이 되는 유상양도에 해당하는 위자료 등에 대한 입증 책임은 원칙적으로 처분청에 있으나 처분청이 위자료나 자녀양육비까지 구체적으로 입증할 필요는 없다.[30]

---

26) 대법원 2003.11.14 선고, 2002두6422 판결.
27) 대법원 2012.9.13 선고, 2012두10901 판결.
28) 구욱서, 『사법과 세법』, 유로, 2010, 648면.
29) 대법원 1995.11.24 선고, 95누4599 판결.
30) 대법원 2002.6.14 선고, 2001두4573 판결.

제3절 | 상속세 및 증여세법상 관련 내용

1. 위자료에 대한 증여세 과세

이혼 등에 따라 정신적 또는 재산상 손해배상의 대가로 받는 위자료는 조세포탈의 목적이 있다고 인정되는 경우를 제외하고는 이를 증여로 보지 아니한다(상증 통칙 31-24 …6). 즉, 위자료는 이혼에 따른 정신적 손해를 보전할 목적으로 배상하는 것이고, 따라서 무상으로 재산을 취득하는 것이 아니므로 증여세가 문제되지 않는다.[31]

2. 재산분할과 증여세 과세

헌법재판소의 결정에 따라 1998.12.28 「상속세 및 증여세법」 개정시 관련 조항이 삭제되었다. 따라서 이혼시 재산분할은 원칙적으로 증여세 과세문제가 발생하지 않는다.[32]

다만, 이혼에 따른 재산분할이 민법 제839조의2 제2항의 규정 취지에 반하여 상당하다고 할 수 없을 정도로 과대하고 상속세나 증여세 등 조세를 회피하기 위한 수단에 불과하여 그 실질이 증여라고 평가할 만한 특별한 사정이 있는 경우에는 그 상당한 부분을 초과하는 부분에 한하여 증여세 과세대상이 될 수 있다.[33]

헌재 결정에 의하면, 이혼시 재산분할제도는 본질적으로 혼인 중 쌍방의 협력으로 형성된 공동재산의 청산이라는 성격에 경제적으로 곤궁한 상대방에 대한 부양적 성격이 보충적으로 가미된 제도라 할 것이어서, 이에 대하여 재산의 무상취득을 과세원인으로 하는 중여세를 부과할 여지가 없다

설령 증여세나 상속세를 면탈할 목적으로 위장이혼하는 것과 같은 경우에 증여와 동일하게 취급할 조세정책적 필요성이 있다 할지라도, 그러한 경우와 진정한 재산분할을 가리려는 입법적 노력 없이 반증의 기회를 부여하지도 않은 채 상속세 인적공제액을 초과하는 재산을 취득하기만 하면 그 초과부분에 대하여 증여세를 부과한다는 것은 입

---

31) 구욱서, 『사법과 세법』, 유로, 2010, 648면.
32) 최성일, 『상속세 및 증여세법』, 국세공무원교육원, 2010, 125면.
33) 대법원 2017.9.12 선고, 2016두58901 판결.

법목적과 그 수단 간의 적정한 비례관계를 벗어난 것이며 비민주적 조세관의 표현이다. 그러므로 이혼시 재산분할을 청구하여 상속세 인적공제액을 초과하는 재산을 취득한 경우 그 초과부분에 대하여 증여세를 부과하는 것은 증여세제의 본질에 반하여 증여라는 과세원인이 없음에도 불구하고 증여세를 부과하는 것이어서 현저히 불합리하고 자의적이며 재산권 보장의 헌법이념에도 부합하지 않으므로 실질적 조세법률주의에 위배된다.

이혼시의 재산분할청구로 취득한 재산에 대하여 증여세를 부과하는 주된 입법목적은 배우자의 사망으로 상속받는 재산에 대하여 상속세를 부과하는 것과 과세상 형평을 유지하는 데 있다고 하나, 이혼과 배우자의 사망은 비록 혼인관계의 종료를 가져온다는 점에서 공통점이 있다 할지라도 그로 인한 재산관계·신분관계는 여러 가지 면에서 차이가 있다. 그러므로 증여세의 상속세 보완세적 기능을 관철하는 데에만 집착한 나머지 배우자상속과 이혼시 재산분할의 재산관계의 본질적이고도 다양한 차이점을 무시하고 이를 동일하게 다루는 것은 본질적으로 다른 것을 같게 다룸으로써 자신의 실질적 공유재산을 청산받는 혼인 당사자를 합리적 이유 없이 불리하게 차별하는 것이므로 조세평등주의에 위배된다.[34]

3. 이혼 후 배우자증여공제

수증자가 배우자인 관계로 배우자증여공제를 받았다가 상속개시 당시에는 이혼으로 상속인이 아니어서 배우자상속공제를 받을 수 없게 된 경우 상속세 산출세액에서 공제할 증여세액은 실제로 납부된 증여세액이 아니라 증여한 재산가액에서 배우자증여공제를 하지 아니하였을 때의 증여세 산출세액이다.[35]

또한 피상속인의 상속세 과세가액을 결정하기 위하여 피상속인의 상속재산에 가산할 증여재산은 증여재산가액 전체 금액이지 증여재산가액에서 배우자증여공제액을 차감한 가액이 아니다.

---

34) 헌법재판소, 1997.10.30 선고, 96헌바14 결정.
35) 대법원 2012.5.9 선고, 2012두720 판결.

1. 가장이혼에 의한 형식상 재산분할인지 여부

가. 사실관계

납세자 갑은 남편 을을 상대로 이혼 및 재산분할등기에 관한 조정을 신청하여 이혼 및 재산분할을 원인으로 남편 을은 을소유의 아파트에 관한 소유권이전등기 절차 이행 과 현금 ○억원을 지급하라는 조정이 성립되었다. 이에 대하여 과세관청은 아파트와 현금을 재산분할의 형식을 취하여 갑이 취득하였다 하더라도 그 실질이 증여에 해당한 다는 이유로 증여세를 부과하였는데, 납세자 갑은 위 재산은 이혼에 따른 재산분할을 원인으로 취득한 것이므로 증여세 부과처분은 위법하다고 주장하였다.

나. 판결요지

이혼후에도 함께 거주하다가 세무조사가 시작된 이후 주소를 옮기고 재산분할로 전 재산을 이전하였다 할지라도 남편인 을의 상속분쟁, 사채업 종사 등 제반 증거 등을 참조하면 가장이혼을 한 것으로 단정하기 어렵다. 따라서 갑이 아파트 등을 재산분할 내지 위자료 명목으로 취득하였다고 볼 여지도 적지 않다. 그러므로 위 재산이전이 증 여임을 전제로 한 처분은 위법하다.[36]

다. 검 토

이혼 후 재산분할에 대하여는 실질적으로 부부 공유재산을 청산받는 것이어서 원칙 적으로 증여세를 부과할 수 없다. 그러나 가장이혼을 통해 재산분할의 형식을 취하여 실질적인 증여인 경우 증여세를 부과하여야 하는데, 가장이혼 인지 여부는 제반사정을 종합하여 판단하여 하는데 가장이혼이라고 볼 수 없으면 재산분할에 대하여 증여세를 부과할 수 없다.

---

36) 대법원 2009.11.26 선고, 2009두14415 판결.

2. 법률상 이혼 후 동일 세대 해당 여부

가. 사실관계

B는 1997.9.25 A와 혼인하여 법률상 부부였으나 2008.1.11 협의이혼하였다. B는 혼인 중이었던 2003.5.21에 아파트를 취득하였다가 이혼 이후인 2008.9.8에 양도하였는데, 법률상 배우자가 없으므로 1세대 1주택 비과세에 해당한다고 생각하여 양도소득세 신고를 하지 않았다. 이에 대하여 과세관청은 B와 A가 2008.1.11 이혼한 후에도 사실상 혼인관계를 지속하고 있고, A는 이 아파트 외에도 8채의 아파트를 소유하고 있으므로, 이 아파트의 양도가 1세대 3주택 이상 소유자의 주택양도에 해당한다고 보아 중과세율을 적용하여 양도소득세를 부과하는 처분을 하였다.

납세자 B는 아파트 양도 당시 이미 이혼한 A는 분리되어 따라 1세대를 구성하므로 이 아파트 양도는 비과세 대상인 1세대 1주택에 해당한다고 주장하였다.

나. 판결요지

양도소득세 비과세요건인 1세대 1주택에 해당하는지를 판단할 때 거주자와 함께 1세대를 구성하는 배우자는 법률상 배우자만을 의미한다고 해석되므로, 거주자가 주택의 양도 당시 이미 이혼하여 법률상 배우자가 없다면, 그 이혼을 무효로 볼 수 있는 사정이 없는 한 종전 배우자와는 분리되어 따로 1세대를 구성하는 것으로 보아야 한다.[37]

다. 검 토

A와 B는 법률상 이혼 후에도 사실상 혼인관계를 유지하고 있어서 법률상 협의이혼을 어떻게 볼 것인가가 쟁점이 된 것으로 세법상 실질과세 원칙에 의할 경우 사실상 혼인관계가 있으므로 A와 B는 동일한 세대로 보고 1세대 1주택 비과세 여부를 판단하여야 한다.

다만, 판례는 당사자 간의 합의하여 협의이혼신고가 된 이상 그 협의이혼에 다른 목적이 있다 하더라도 협의이혼을 사법상 무효로 볼 수 없고, 1세대를 구성하는 배우자

---

37) 대법원 2017.9.7 선고, 2016두35083 판결.

는 법률상 배우자만을 의미한다는 전제하에 이 건은 1세대 1주택 비과세 요건을 충족한다고 보았다.

이는 세법상 실질과세 원칙에 의한 과세형평 보다 사법적으로 형성된 유효한 외관에 대한 법적 안정성을 좀 더 중요시한 판결로 세법과 사법의 조화를 도모한 판결로 생각된다.

3. 부당한 목적을 위한 협의이혼의 효력

당사자 일방이 양도소득세를 회피할 목적으로 이혼했다거나 이혼 후에도 사실상 혼인관계를 유지했다는 사정만으로 그 이혼을 무효로 볼 수 없어 양도 당시 이미 이혼한 배우자와는 분리되어 따로 1세대를 구성하므로 아파트 비과세 대상인 1세대 1주택에 해당한다.[38]

한편 대법원은 협의이혼에 있어서 이혼의 의사는 법률상 부부관계를 해소하려는 의사를 말한다고 할 것이므로, 일시적으로나마 그 법률상의 부부관계를 해소하려는 당사자간의 합의하에 협의이혼이 된 이상, 그 협의에 다른 목적이 있다 하더라도 양자 간의 이혼의사가 없다고 말할 수 없다. 따라서 이와 같은 협의이혼은 무효로 되지 않는다.[39]

제 5 절　민법과 세법의 비교

민법상 협의이혼은 혼인과 마찬가지로 신고에 의하여 성립하는데, 법원은 형식적 의사설에 의하여 형식적인 이혼의사의 합치가 있으면 이혼신고가 유효하다는 입장이다. 반면 과세실무상으로는 실질과세 원칙의 관점에서 협의이혼의 실질적인 측면을 고려하여 실질적인 이혼여부를 판단하여 과세여부를 판단하는 경향이 있다.

과세관청에서는 납세자가 양도소득세 등을 회피할 목적으로 의도적으로 이혼 등의 방법으로 1세대 1주택 비과세 요건을 충족하여 비과세 혜택을 받는 행위를 방지하기

---

38) 대법원 2017.9.7 선고, 2016두35083 판결.
39) 대법원 1993.6.11 선고, 93므171 판결.

위하여 형식적인 이혼 절차를 거쳤다 하더라도 당사자의 실질적인 의사와 이혼 후의 생활상태 등을 고려하는 등 실질적 의사설과 유사하게 협의이혼의 무효여부를 판단하고 있다.

생각건대 사법상의 법률효과와 조세법상 실질과세원칙의 조화로운 적용이 필요한데 조세채무의 회피 등 다른 목적을 위한 방편으로 일시적으로 이혼신고를 하기로 하는 합의가 있었음에 불과하다고 인정하려면 누구나 납득할 수 있는 명백한 증거를 확보하여야 할 것이다.

한편 판례에 의하면 이혼에 따른 재산분할은 실질적으로 공유물 분할에 해당하는 것이여서 공유물 분할에 관한 법리에 따르는 바, 공유물 분할은 공유자 상호간의 지분의 교환 또는 매매라고 볼 것이나 실질적으로는 소유형태만 변경되는 것으로 이는 원칙적으로 양도소득세의 과세대상이 되는 유상양도가 아니라고 보고 있다.

다만, 자산가액 비율이 실질적인 공동재산의 범위를 넘어서는 경우 등에는 양도소득세 과세대상이 될 수도 있다.

또한 재산분할에 따른 증여세도 원칙적으로 과세대상이 아니다. 그 재산분할이 상당하다고 할 수 없을 정도로 과대하고 상속세나 증여세 등 조세를 회피하기 위한 수단에 불과하여 그 실질이 증여라고 평가될 경우에는 증여세 과세대상이 될 수 있다.

또한 이혼 후 정신적 손해배상의 대가로 받은 위자료는 세법상 원칙적으로 증여로 보지 않는다. 다만, 예외적으로 조세포탈 목적이 있다고 인정되는 경우에는 증여세가 과세될 수도 있다.

★
이혼에 따른 재산분할에 의한 취득이 취득세 과세대상인지 여부

제839조의2의 재산분할에 따른 부동산 소유권 이전은 취득세 비과세 대상을 한정적으로 규정한 지방세법 제110조 제4호의 공유물의 분할로 인한 취득에 해당하지 아니한다. 즉, 이혼시 재산분할은 공유물 분할에 따른 비과세 대상이 되지 않는다.[40]

---

40) 대법원 2003.8.19 선고, 2003두4331 판결.

제 31 장

상속재산

관련 세법규정 요약

상속세 및 증여세법 제2조 제3호【정의】상속재산이란 피상속인에게 귀속되는 모든 재산을 말하며, 금전으로 환산할 수 있는 경제적 가치가 있는 모든 물건과 재산적 가치가 있는 법률상 또는 사실상의 모든 권리를 포함한다. 다만, 피상속인의 일신에 전속하는 것으로서 피상속인의 사망으로 인하여 소멸되는 것은 제외한다.

1. 상속의 의의

상속이란 사망한 사람이 생전에 가지고 있던 모든 재산상의 권리와 의무가 그의 상속인에게 포괄적으로 승계되는 것을 말한다. 법인은 상속능력이 없다. 즉 상속인의 자격이 될 수 있는 자격을 상속능력이라고 하는데 피상속인과 일정한 친족관계가 있는 자연인만 상속능력이 있다.

상속의 근거로는 가족공동체 구성원의 유산에 대한 잠재적 공유관계의 청산과 유산에 의한 생존 가족의 생활보장을 든다.

2. 상속재산의 범위

상속인은 상속개시된 때로부터 피상속인의 재산에 관한 포괄적 권리의무를 승계한다(민법 제1005조)라고 규정하고, 적극재산과 소극재산 모두를 포함하고 있다. 즉 **상속재산**이란 상속인이 상속에 의하여 승계하게 될 피상속인의 권리와 의무의 전체이다.

가. 물 권

물권은 원칙적으로 전부 상속된다. 그리고 상속으로 인한 부동산물권의 취득은 등기를 요하지 않는다. 동산물권도 인도를 요하지 않고 당연히 상속인에게 이전되는 것으로 보아야 한다.[1]

한편, 상속개시 후 피상속인의 재산을 상속인을 취득자로 하여 증여 또는 매매를 원인으로 하는 소유권이전등기를 한 경우 그 재산은 상속재산에 포함한다. 이 경우 그 재산에 대하여 별도로 증여세를 과세하지 아니한다(상증 통칙 7-0…2).

또한 상속개시 후에 피상속인의 부동산을 상속인 외의 자에게 소유권이전등기하는 경우 당해 부동산을 상속재산에 포함시켜야 상속세를 과세하는 것이며, 당해 부동산을

---

1) 지원림, 『민법강의 제7판』, 홍문사, 2009, 1878면.

피상속인의 유증 또는 사인증여 외의 사유로 소유권을 이전하는 경우에는 상속인들이 그 취득자에게 소유권을 이전하는 사실상 원인에 따라 증여세 또는 양도소득세를 과세한다(재삼46014 - 372, 1999.2.24).

나. 채권과 채무

채권 또는 채무는 일반적으로 상속의 대상이 된다. 특히 상속재산을 구성하는 소극재산으로 채무는 「하는 채무」이든 「주는 채무」이든 「사법상의 채무」이든 「공법상의 채무」이든 상속이 된다. 그리고 상속은 상속인이 포기나 한정승인을 하지 않는 한 상속채무에 대하여 무한책임을 진다.[2] 그러나 피상속인의 일신전속적인 것은 상속되지 않는다(민법 제1005조).

통상의 손해배상청구권은 당연히 상속된다. 그러나 약혼 해제 · 혼인의 무효 취소, 이혼, 입양의 무효 취소 등을 이유로 한 위자료청구권은 그 배상에 관한 계약이 성립되거나 소를 제기한 후에만 상속된다.[3]

그리고 퇴직금은 상속의 대상이지만, 유족연금은 모두 유족의 고유의 권리이다. 부의금(賻儀金)은 상주(喪主)에 증여로 본다. 따라서 상속재산이 아니다.

부양청구권은 일신전속적인 것이므로 상속되지 않는다. 그러나 부양료지급청구권이나 부양의무는 상속된다. 저작권 · 특허권 · 실용신안권 · 디자인권 · 상표권 등도 상속대상이다. 또한 광업권 · 어업권도 상속대상이 된다.[4]

다. 보험금

보험계약자인 피상속인인 자기를 피보험자 및 수익자로 한 경우에 보험청구권이 상속재산인지 여부에 대하여는 상속재산이다[5]라는 견해와 상속재산으로 볼 수 없다[6]는 견해가 있다.

판례에 의하면, 생명보험에 있어서 보험계약자가 피보험자 중 1인인 자신을 보험수익자로 지정한 경우라도 그 지정은 유효하고 따라서 보험수익자가 사망하면 그 보험금

---

2) 지원림, 상게서, 1879면.
3) 송덕수, 『신민법강의』, 박영사, 2009, 1641면.
4) 송덕수, 상게서, 1642면.
5) 지원림, 전게서, 1881면.
6) 송덕수, 상게서, 1642면.

은 상속재산이 된다.[7]

반면, 생명보험의 보험계약자가 스스로를 피보험자로 하면서, 수익자는 만기까지 자신이 생존할 경우에는 자기 자신을, 자신이 사망한 경우에는 '상속인'이라고만 지정하고, 그 피보험자가 사망하여 보험사고가 발생한 경우 **보험금청구권**은 상속인들의 고유재산으로 보아야 할 것이고, 이를 상속재산이라 할 수 없다.[8]

즉 피보험자의 사망이라는 보험사고가 발생한 때에는 보험수익자의 지위에서 보험금을 청구할 수 있고, 이 권리는 보험계약의 효력으로서 당연히 생기는 것으로서 상속재산이 아니라 상속인의 고유재산이다.[9]

그 밖에 생명보험에서 법정상속인을 보험수익자로 한 경우 보험수익자인 상속인이 여러 명인 경우 각 상속인은 특별한 사정이 없는 한 자신의 상속분에 상응하는 범위 내에서 보험자에 대하여 보험금을 청구할 수 있다.[10]

라. 보증채무

보통의 **보증채무** 및 보증인의 지위는 책임의 범위가 확정되어 있으므로 상속된다. 반면에 계속적 보증의 경우에는 보증기간과 보증한도액의 정함이 없으면 그 상속성이 부정되지만, 상속개시 전에 이미 발생한 구체적 보증채무는 상속된다.[11]

마. 법률상 지위

민법상의 사단법인의 사원의 지위, 즉 사원권은 원칙적으로 상속되지 않는다. 민법상 조합에서 조합원이 사망하면 당연히 탈퇴하게 되고(민법 제717조 제1호) 조합원의 지위는 상속인에게 승계되지 않는다. 부동산 명의신탁에 있어서 수탁자가 사망하면 그 명의신탁관계는 그 재산상속인과의 사이에 존속한다.[12]

---

7) 대법원 2002.2.8 선고, 2000다64502 판결.
8) 대법원 2001.12.28 선고, 2000다31502 판결.
9) 대법원 2004.7.9 선고, 2003다29463 판결.
10) 대법원 2017.12.22 선고, 2015다236820 판결.
11) 지원림, 전게서, 1880면. 대법원 2001.6.12 선고, 2000다47187 판결.
12) 송덕수, 전게서, 1643면.

바. 제사용 재산

제사용 재산은 제사를 주재하는 자[13]가 승계한다. 제사용 재산은 분묘에 속하는 1정보 이내의 금양임야와 600평 이내의 묘토[14]인 농지, 족보와 제구 등이다(민법 제1008조의3).

사. 출연재산

출연재산은 유증의 효력이 발생한 때, 즉 출연자가 사망한 때로부터 법인에 귀속되므로 출연재산은 상속인의 상속재산에 포함되지 않는다.[15]

아. 지적재산권

특허권, 상표권, 저작권 등 지적재산권도 상속재산이 된다.

3. 상속재산의 분할

가. 의 의

상속재산의 분할이란 상속재산의 공유관계를 각 공동상속인의 단독소유로 전환하기 위하여 행하여는 절차를 말한다. 분할 절차는 먼저 상속인과 상속재산을 확정한 후 구체적 상속재산 분할을 하는 과정을 거친다. 구체적 상속분은 기여분과 특별수익[16](생전 증여재산과 유증)을 감안하여 산정한다.

상속재산 분할협의는 공동상속인들 사이에 이루어지는 일종의 계약으로서, 공동상속인들은 이미 이루어진 상속재산 분할협의의 전부 또는 일부를 전원의 합의에 의하여 해제한 다음 다시 새로운 분할협의를 할 수 있고, 상속재산분할 협의가 해제되면 그

---

13) 제사 주재자는 우선적으로 망인의 공동상속인들 사이의 협의에 의하여 정하되, 협의가 이루어지지 않는 경우에는 제사 주재자의 지위를 유지할 수 없는 특별한 사정이 있지 않는 한 망인의 장남이 되고, 공동상속인들 중 아들이 없는 경우에는 망인의 장남이 제사의 주재자가 된다(대법원 2008.11.20 선고, 2007다27670 판결).

14) 위토라고도 하며, 그로부터 수익으로 제사비용 등 각종 비용에 충당하는 농지.

15) 대법원 1984.9.11 선고, 83누578 판결.

16) 공동상속인 중에 피상속인으로부터 재산의 증여 또는 유증을 받은 특별수익자가 있는 경우 공동상속인들 사이의 공평을 기하기 위하여 수증재산은 상속분의 선급으로 다루어 구체적인 상속분을 산정함에 있어 이를 참작하도록 하는 데 취지가 있다(대법원 2014.5.29 선고, 2012다31802 판결).

협의에 따른 이행으로 변동이 생겼던 물권은 당연히 그 분할협의가 없었던 원상태로 복귀한다.[17]

즉, 상속재산 분할협의는 상속이 개시되어 공동상속인 사이에 잠정적 공유관계가 된 상속재산에 대하여 그 전부 또는 일부를 각 상속인의 단독소유로 하거나, 새로운 공유관계를 이행시킴으로써 상속재산의 귀속을 확정시키는 것을 말한다.[18]

나. 분할의 대상

원칙적으로 불가분채권과 불가분채무가 분할대상이다. 다만, 금전채무와 같이 급부의 내용이 가분인 채무가 공동상속된 경우, 이를 상속개시와 동시에 당연히 법정상속분에 따라 공동상속인에게 분할되어 귀속되는 것이므로 상속재산 분할의 대상이 될 여지가 없다.[19]

다만, 특별한 사정이 있을 때에는 상속재산분할을 통하여 공동상속인들 사이의 형평을 기할 필요가 있으므로 가분채권도 예외적으로 상속재산분할의 대상이 될 수 있다.[20]

상속개시 당시에는 상속재산을 구성하던 재산이 그후 처분되거나 멸실·훼손되는 등으로 상속재산분할 당시 상속재산을 구성하지 아니하게 되었다면 그 재산은 분할의 대상이 될 수 없다. 다만 상속인이 그 대가로 처분대금, 보험금, 보상금 등 대상재산을 취득하게 된 경우에는 그 대상재산이 분할의 대상이 될 수는 있다.[21]

한편, 분할에 이하여 공동상속인 중 1인이 고유의 상속분을 초과하여 재산을 취득하게 되었더라도 이는 상속개시 당시에 피상속인으로부터 승계 받은 것으로 보아야 하고 다른 공동상속인으로부터 증여받은 것으로 볼 수 없다.[22]

다. 분할의 효과

상속재산의 분할은 상속개시된 때에 소급하여 그 효력이 있다. 그러나 제삼자의 권리를 해하지 못한다(민법 제1015조). 여기서 제3자는 상속재산 분할 전에 이해관계를 맺

---

17) 대법원 2004.7.8 선고, 2002다73203 판결.
18) 대법원 2007.7.26 선고, 2007다29119 판결.
19) 대법원 2014.7.10 선고, 2012다26633 판결.
20) 대법원 2016.5.14 선고, 2014스122 결정.
21) 대법원 2016.5.4 선고, 2014스122 판결.
22) 대법원 2002.7.12 선고, 2001두441 판결.

은 자로서 권리변동 및 대항요건을 갖추어야 한다.[23]

한편, 공동상속인 중 1인이 제3자에게 상속 부동산을 매도한 뒤 그 앞으로 소유권이 전등기가 경료되기 전에 그 매도인과 다른 공동상속인들 간에 그 부동산을 매도인 외의 상속인 1인의 소유로 하는 내용의 상속재산 협의분할이 이루어져 그 앞으로 소유권 이전등기를 한 경우에, 그 상속재산 협의분할은 상속개시 된 때에 소급하여 효력이 발생하고 등기를 경료하지 아니한 제3자는 민법 제1015조 단서 소정의 소급효가 제한되는 제3자에 해당하지 아니한다.[24]

공동상속인 상호간에 상속재산에 관하여 협의분할이 이루어짐으로써 공동상속인 중 일부가 고유의 상속분을 초과하여 재산을 취득하게 되었다고 하여도 이는 상속개시 당시에 소급하여 피상속인으로부터 승계받은 것으로 볼 것이지 다른 공동상속인으로부터 증여받은 것으로 볼 것은 아니다.[25]

제2절　소득세법상 관련 내용

피상속인의 증여에 의하여 재산을 수증받은 자가 민법 제1115조의 규정에 의하여 증여받은 재산을 금전으로 환가하여 유류분 권리자에게 반환하는 경우에 소득세법의 규정에 의한 양도로 보아 양도소득세가 과세되는 것이며, 이 경우 양도소득세를 계산함에 있어 취득시기는 상속개시일, 양도시기는 유류분 재산의 현금지급일이 된다.[26]

피상속인의 재산을 유증으로 취득한 자가 해당 재산을 제3자에게 양도한 후 법원판결에 따라 해당 재산가액 중 유류분가액 상당액을 유류분 권리자에게 금전으로 반환하는 경우 유류분권리자는 유증으로 재산을 취득한 자가 해당 재산을 제3자에게 양도한 때를 양도시기로 하여 양도소득세를 신고·납부하여야 한다.[27]

한편, 유류분반환대상재산이 수용된 이후 유류분 권리자가 유류분반환청구권을 행

---

23) 대법원 1996.4.26 선고, 95다54426 판결.
24) 대법원 1996.4.26 선고, 95다54426 판결.
25) 대법원 2001.11.27 선고, 2000두9731 판결.
26) 질의회신 부동산거래관리과-1390, 2010.11.18.
27) 양도, 법규과-251, 2014.3.21.

사하는 경우 수용 시점에 이를 양도한 것으로 볼 수 있는 점 등에 비추어 처분청이 쟁점부동산의 취득시기를 상속개시일로, 양도시기를 수용일로 하여 양도소득세를 과세한 처분은 잘못이 없다.[28]

<table>
<tr><td>제3절</td><td>상속세 및 증여세법상 관련 내용</td></tr>
</table>

1. 상속재산의 범위

가. 개 요

상속재산에는 피상속인에게 귀속되는 재산으로서 금전으로 환산할 수 있는 경제적 가치가 있는 모든 물건과 재산적 가치가 있는 법률상 또는 사실상의 모든 권리를 말한다. 그러나 피상속인의 일신에 전속하는 것으로서 피상속인의 사망으로 인하여 소멸되는 것은 제외한다(상속세 및 증여세법 제2조 제3호).

나. 물 권

당연히 상속재산에 포함한다. 다만, 질권·저당권 또는 지역권과 같은 종된 권리는 주된 권리의 가치를 담보하고 또는 증가시키는 것으로서 독립하여 상속재산을 구성하지 아니한다(상증 통칙 7-0…1).

한편, 상속개시 후 피상속인의 재산을 상속인을 취득자로 하여 증여 또는 매매를 원인으로 하는 소유권이전등기 등을 한 경우 그 재산은 상속재산에 포함한다. 또한 상속인 외의 자를 취득자로 하여 피상속인으로부터 직접 소유권이전등기 등을 한 경우 그 재산은 상속재산에 포함한다(상증 통칙 7-0…2).

부동산 증여에 있어 그 부동산의 취득일은 증여에 따른 소유권이전등기를 한 때이며 그 소유권이전등기를 마치지 아니한 이상 그러한 상태에서 소유자이던 증여자가 사망한 경우에는 그 부동산은 상속재산이다.[29]

---

28) 조심2014중2824, 2014.9.1.
29) 대법원 1994.12.9 선고, 93누23985 판결.

다. 채권 등

물권·채권 및 무체재산권뿐만 아니라 신탁수익권, 전화가입권 등이 포함된다. 또한 경제적 가치가 있는 것, 즉 영업권과 같은 것이 포함된다. 기타 현금 채권인 배당금,[30] 무상주를 받을 권리 등 실질적으로 재산이 있을 경우에는 상속재산에 포함한다(상증 통칙 7-0…1).

(1) 피상속인이 부동산 양도 후 잔금 수령 전 상속이 개시된 경우

상속개시 전 피상속인이 부동산양도계약을 체결하고 잔금을 받기 전에 사망한 경우에는 양도대금 전액에서 상속개시 전에 받은 계약금과 중도금을 뺀 잔액을 그 상속재산의 가액으로 한다(상증 통칙 7-0…3).

(2) 피상속인이 매매계약 등에 의하여 실질적으로 처분한 경우

상속개시 이전에 매매계약 등에 의하여 실질적으로 처분된 부동산에 관한 등기가 상속 개시 당시 피상속인의 명의로 존속하고 있다고 하더라도 이를 상속재산에 포함시킬 수 없다.[31]

(3) 피상속인이 부동산 매수대금을 모두 지급한 경우

피상속인이 매수하여 그 대금을 모두 지급한 토지는 피상속인 명의로 등기되었느냐 여부에 관계없이 실질적으로 그 권리가 피상속인에게 귀속된 재산으로써 상속재산에 해당한다.[32]

(4) 피상속인이 부동산 양수 후 잔금 지급 전 상속이 개시된 경우

상속개시 전 피상속인이 부동산양수계약을 체결하고 잔금을 지급하기 전에 사망한 경우에는 이미 지급한 계약금과 중도금을 상속재산에 포함한다(상증 통칙 7-0…3).

---

30) 사망 전에 처분한 주식에 대한 배당금 등이 상속개시 후 지급되는 경우 당해 배당금 등은 상속재산에 포함한다. 그러나 배당기준일 현재 생존하고 있던 주주가 주주총회에서 잉여금처분결의가 있기 전에 사망한 경우로서 상속개시 후에 주주총회에서 잉여금의 처분이 확정된 경우 당해 배당금과 상여금은 상속세 과세가액에 포함하지 아니한다.

31) 대법원 1991.6.25 선고, 90누7838 판결.

32) 대법원 1992.4.24 선고, 91도1609 판결.

라. 명의신탁 재산

명의신탁은 실질적으로 위탁자가 관리·처분권을 가진다는 점에서 실질적으로는 신탁이 아니고 자기의 소유인 것이므로 실질과세원칙에 의거 당연히 본래의 상속재산으로 본다.[33]

부동산의 상속인이 그 재산상속으로 인한 상속세의 부과를 회피하기 위하여 명의신탁해지를 원인으로 제3자 앞으로 소유권이전등기를 넘긴 경우에 구 상속세법(1993. 12.31, 법률 제4662호로 개정되기 전의 것) 제32조의2 제1항에 의하여 그 소유권이전등기를 넘겨받은 명의자에게 증여한 것으로 의제되어 부과되는 증여세와 그 등기명의이전에 의하여 회피하고자 하였던 상속세는 서로 과세물건을 달리하여 중복과세에 해당하지 아니하고, 상속인에게 부과된 상속세는 재산상속을 과세요건으로 하여 부과되는 것으로서 실질과세의 원칙에 반하지 아니한다.[34] 즉 증여세 부과 여부와 관계없이 상속재산에 포함한다.

그러나 상속재산가액에 산입될 상속재산에 해당하는지 여부는 실질과세의 원칙에 의하여 그 실질에 따라 판단되어야 할 것이어서, 피상속인이 생전에 명의수탁받아 등기 등을 하여 둔 재산은 상속재산가액에 포함될 수 없고, 그 명의신탁이 조세회피를 위한 것이어서 증여의제되어 증여세가 과세될 수 있는 재산이라 하더라도 달리 볼 수는 없다 할 것이다.[35]

마. 신탁재산

피상속인이 신탁한 재산은 상속재산으로 본다. 또한 피상속인이 신탁으로 인하여 타인으로부터 신탁의 이익을 받을 권리를 소유하고 있는 경우에도 그 이익에 상당하는 가액은 상속재산에 포함된다. 다만, 타인이 신탁의 이익을 받을 권리를 소유하고 있는 경우 그 이익에 상당하는 가액은 상속재산으로 보지 아니한다(상속세 및 증여세법 제9조).

---

33) 조심 2010서2454, 2010.12.27.
34) 대법원 2000.11.28 선고, 98두17937 판결.
35) 대법원 1997.11.14 선고, 97누669 판결.

바. 조합재산

상속개시 당시 상속인이 환급을 청구할 수 있는 조합의 잔여재산이 있는 경우 피상속인이 사망으로 인하여 조합을 탈퇴하기 이전에 생긴 조합의 채무는 탈퇴로 인한 계산에 따라 상속재산가액에서 제외되게 된다.[36]

그 상속인은 특단의 사정이 없는 한 민법 제719조 제1항, 제2항의 규정에 따라 잔존 조합원에 대하여 상속개시 당시 조합의 적극재산과 소극재산을 반영한 재산상태를 기준으로 평가한 조합재산 중 피상속인의 지분에 해당하는 금액의 환급을 청구할 권리만 있다.[37]

사. 퇴직금과 유족연금 등

피상속인에게 지급될 퇴직금, 퇴직수당, 공로금, 연금 또는 이와 유사한 것이 피상속인의 사망으로 인하여 지급되는 경우 원칙적으로 그 금액은 상속재산으로 본다.

다만, 「국민연금법」에 따라 지급되는 유족연금 또는 사망으로 인하여 지급되는 반환일시금, 「공무원연금법」, 「공무원재해보상법」 또는 「사립학교교직원 연금법」에 따라 지급되는 일정한 유족연금, 「군인연금법」에 따라 지급되는 일정한 유족연금, 「산업재해보상보험법」에 따라 지급되는 일정한 유족연금 「근로기준법」 등을 준용하여 사업자가 그 근로자의 유족에게 지급하는 유족보상금 또는 재해보상금, 「전직대통령예우 등에 관한 법률」 또는 「별정우체국법」에 따라 지급되는 일정한 유족연금 등은 상속재산으로 보지 않는다(상속세 및 증여세법 제10조, 시행령 제6조).

아. 유류분반환청구권 행사대상 자산의 상속재산 여부

유류분이란 피상속인의 유언 등에 의하여 상속인의 상속분이 전혀 없게 되는 경우를 방지하기 위하여 상속재산 중 상속인들에게 귀속되도록 하는 일정한 몫을 말한다.

유류분반환청구의 방법으로는 재판외 행사를 포함하고 목적물을 특정할 필요가 없다.[38]

---

36) 대법원 2016.5.12 선고, 2015두60167 판결.
37) 대법원 2006.3.9 선고, 2004다49693 판결.
38) 대법원 1995.6.30. 선고, 93다11715 판결.

우리 민법은 유류분의 반환방법에 관하여 별도의 규정을 두고 있지 않으나 증여 또는 유증재산 그 자체를 반환하는 것이 통상적인 방법이다. 다만, 목적물에 관하여 제3자가 저당권 등의 권리를 취득한 경우에는 가액반환을 허용한다.[39]

한편, 공동상속인이 아닌 제3자에 대한 증여는 원칙적으로 상속개시 전의 1년간에 행한 것에 한하여 유류분반환청구를 할 수 있고, 다만 당사자 쌍방이 증여 당시 유류분권리자에게 손해를 가할 것을 알고 증여를 한 때에는 상속 개시 1년 전에 한 것에 대하여도 유류분반환청구가 허용된다.[40]

유류분권리자의 유류분반환청구권 행사로 그 유류분을 침해하는 증여 또는 유증은 소급하여 효력을 상실하므로 해당 증여재산은 상속재산을 구성한다.[41] 이에 따라 반환된 증여에 대하여는 상속세 및 증여세법상 경정청구를 할 수 있다(상속세 및 증여세법 제79조). 한편, 반환받은 자가 반환 대상 부동산 대신에 현금을 받은 경우에는 양도소득세 과세대상이다.

2. 의제상속재산

의제상속재산이란 상속세 과세대상이 되는 본래의 상속재산, 즉 상속·유증·사인증여에 의하여 취득한 재산은 아니어도 실질적으로는 상속이나 유증 등에 의하여 재산을 취득한 것과 동일하게 볼 수 있는 경우에 상속재산으로 의제하는 재산으로, 민법상 고유재산에 속하는 생명보험금과 퇴직수당을 「상속세 및 증여세법」에서는 상속재산으로 의제하고 있다.[42]

피상속인의 사망으로 인하여 받는 생명보험 또는 손해보험의 보험금으로서 피상속인이 보험계약자인 보험계약에 의하여 받는 것은 상속재산으로 본다(상속세 및 증여세법 제8조 제1항). 또한 보험계약자가 피상속인이 아닌 경우에도 피상속인이 실질적으로 보험료를 납부하였을 때에는 피상속인을 보험계약자로 보아 상속재산으로 본다(상속세 및 증여세법 제8조 제2항).

---

39) 대법원 2014.2.13 선고, 2013다65963 판결.
40) 대법원 2012.5.24 선고, 2010다50809 판결.
41) 서울행정법원 2016.5.19 선고, 2015구합83351 판결.
42) 구욱서, 『사법과 세법』, 유로, 2010, 715면.

따라서 상속인이 보험계약자로 실질적으로 보험료를 납부한 금액은 상속인이 고유재산으로 상속재산에 포함되지 않는다.[43]

3. 상속개시일 전 처분재산 등의 상속 추정

피상속인이 재산을 처분하여 받은 금액이나 피상속인의 재산에서 인출한 금액이 상속개시일 전 1년 이내에 재산 종류별로 계산하여 2억원 이상인 경우와 상속개시일 전 2년 이내에 재산 종류별로 계산하여 5억원 이상인 경우로 용도가 객관적으로 명백하지 아니한 경우 또는 피상속인이 부담한 채무를 합친 금액이 상속개시일 전 1년 이내에 2억원 이상인 경우와 상속개시일 전 2년 이내에 5억원 이상인 경우로 용도가 객관적으로 명백하지 아니한 경우 등에는 이를 상속받은 것으로 추정하여 상속세 과세가액에 산입한다(상속세 및 증여세법 제15조 제1항).

4. 비과세 상속재산의 범위[44]

가. 유증[45]재산

국가 또는 지방자치단체, 지방자치단체조합, 공공도서관·공공박물관에 유증한 재산과 「근로자복지기본법」에 따른 우리사주조합 및 근로복지진흥기금에 유증을 한 재산, 사회통념상 인정되는 이재구호금품, 치료비 및 불우한 자를 돕기 위하여 유증한 재산.

나. 보호구역 안의 토지

문화재보호법에 따른 국가지정문화재 및 시·도지정문화재와 같은법에 따른 보호구역에 있는 토지로서 해당 문화재 또는 문화재자료가 속하여 있는 보호구역 안의 토지.

---

43) 재산-108, 2010.2.23, 국심 2006서2732, 2007.12.13.
44) 상속세 및 증여세법 제12조.
45) 유증이란 유언자의 유언에 의하여 재산을 타인에게 무상으로 주는 단독행위를 말한다. 유증을 받는 자로서 유언에 의하여 지정된 자를 수유자라고 하고 자연인뿐만 아니라 법인은 물론 비법인사단, 재단 등도 수유자가 될 수 있다.

다. 제사용 토지

① 피상속인이 제사를 주재하고 있던 선조의 분묘에 속한 9,900제곱미터(1정보) 이내의 금양임야[46]

② 분묘에 속한 1,980제곱미터(600평) 이내의 묘토인 농지

③ 족보와 제구

라. 상속인이 국가 등에 증여한 재산

상속재산 중 상속인이 상속세 신고기한 내에 국가·지방자치단체 또는 공공단체에 증여한 재산(상속세 및 증여세법 제12조 제7호).

5. 상속재산의 분할과 증여세 과세

공동상속인 상호간에 상속재산에 대하여 협의분할이 이루어짐으로써 공동상속인 중 일부가 고유의 상속분을 초과하는 재산을 취득하게 되어도 이에 대한 증여세를 과세할 수 없다.[47]

6. 상속재산에서 차감할 채무

가. 원칙

상속재산가액에서 공제될 피상속인의 채무는 상속개시 당시 피상속인이 종국적으로 부담하여 이행하여야 할 것이 확실하다고 인정되는 채무를 말한다.[48]

즉, 채무라 함은 명칭여하에 관계없이 상속개시 당시 피상속인이 부담하여야 할 확정된 채무로서 공과금 이외의 모든 부채를 말하며, 상속개시일 현재 실제 존재하여야 한다.[49]

---

46) 금양임야는 벌목을 금지하는 임야를 뜻하며, 제사용 자원으로서 피상속인의 선조의 분묘에 속하여 있는 임야를 말한다.

47) 대법원 2002.7.12 선고, 2001두441 판결.

48) 대법원 1996.4.12 선고, 95누10976 판결.

49) 재산-250, 2011.5.20.

나. 확인방법

피상속인이 국가, 지방자치단체 및 금융기관 등 외의 자에 대하여 채무를 부담하는 경우 채무부담계약서, 채권자확인서, 담보설정 및 이자지급에 관한 증빙 등 그 사실을 확인할 수 있는 서류 등에 의하여 상속인이 실제로 부담하는 사실이 확인되지 아니하는 경우에는 상속인이 변제할 의사가 없는 것으로 추정하여 동 채무부담액은 상속세 과세가액에 산입한다(상속세 및 증여세법 제15조 제2항, 같은법 시행령 제11조 제3항).

한편, 상속인이 공제대상으로 신고한 금융기관의 대출채무가 피상속인의 채무인지 여부에 다툼이 있는 경우 이는 기본적으로 대출계약의 당사자인 채무자 확정의 문제라 할 것이므로 계약 당사자의 의사와 계약 체결 전후의 구체적인 사정 등을 종합하여 판단하되 그 대출약정이 통정허위표시로서 무효라는 등의 특별한 사정이 없는 한 계약 상의 대출명의자를 채무자로 보는 것이 당사자들의 의사에 부합하는 합리적인 해석이라 할 것이다.[50]

다. 연대보증채무 등의 채무

상속재산가액에서 차감될 피상속인의 채무는 상속개시 당시 피상속인이 종국적으로 부담하여 이행하여야 할 것이 확실하다고 인정되는 채무로서 상속개시 당시 현존하거나 확정될 수 있어야 한다. 또한 상속개시 당시 피상속인이 제3자를 위하여 연대보증 채무를 부담하고 있거나 물상보증인으로서의 책임을 지고 있는 경우에는 주채무자가 변제불능의 무자력 상태에 있기 때문에 피상속인이 그 채무를 이행하지 않으면 안될 뿐만 아니라 주채무자에게 구상권을 행사하더라도 변제를 받을 가능성이 없다고 인정되는 때에는 그 채무금액을 상속재산 가액에서 공제할 수 있다.[51]

---

50) 대법원 2008.11.27 선고, 2008두13569 판결.
51) 대법원 2004.9.24 선고, 2003두9886 판결.

관련 사례(판례 및 과세실무)

1. 명의신탁재산의 상속재산 해당 여부

가. 사실관계

과세관청이 피상속인 갑의 상속세를 결정하면서 을명의로 ○○은행에 예치되어 있는 예금 ○○○억원을 피상속인 갑이 을에게 명의신탁한 재산(예금주 명의는 을명의로 되어 있으며, 피상속인 갑은 단지 그의 대리인 자격으로 신청인의 성명란에 자신의 이름을 을 아래에 기재함)으로 보고 이 중 ○억원을 상속재산가액에 산입하는 등 총 상속재산가액을 경정하여 상속세 ○○억원을 부과하자 상속인 병은 위 ○○○억원의 재산은 피상속인 갑의 재산이 아니고 을의 재산이므로 상속재산을 갑의 재산으로 추정하여 과세한 처분은 위법하다는 주장이다.

나. 판결요지

예금은 제3자의 소유이고 피상속인은 예금계좌 개설시 제3자의 대리인 자격으로 성명란에 자신의 이름을 제3자 명의 아래에 기재하였을 뿐인 경우 예금이 피상속인의 소유임을 전제로 한 상속세 부과처분은 위법하다.[52]

다. 검 토

예금은 제3자의 소유이고 피상속인은 예금계좌 개설시 제3자의 대리인 자격으로 성명란에 자신의 이름을 제3자 명의 아래에 기재하였을 뿐인 경우에는 예금의 소유자는 제3자의 재산에 속하므로 이를 상속재산으로 보고 행한 과세처분은 위법하다.

2. 한정승인 상속재산 양도소득세 과세 여부

한정승인이란 상속인의 상속으로 인하여 얻은 재산의 한도에서 피상속인의 채무와 유증을 변제할 것을 조건으로 하는 상속을 승인하는 것을 말한다(민법 제1028조). 한정승

---

52) 대법원 2010.12.23 선고, 2010두18321 판결.

인에 의하여 상속인은 채무와 책임이 분리되어 상속재산의 한도에서만 책임을 진다.

저당권 실행을 위한 부동산 임의경매는 소득세법상 양도소득세 과세대상인 자산의 양도에 해당한다. 한정승인을 한 상속인이라도 상속이 개시된 때로부터 피상속인의 재산에 관한 권리의무를 포괄적으로 승계하여 해당 부동산의 소유자가 된다는 점에서는 단순승인을 한 상속인과 마찬가지로 양도소득인 매각대금의 귀속자이고, 이에 대한 양도소득세의 부과처분은 적법하다.[53] 다만, 상속재산을 넘는 양도소득세 등 채무는 이른바 자연채무로서 존재하게 되므로 상속인이 임의로 이를 변제하면 비채변제가 되지 아니하고, 부당이득반환청구권도 발생하지 아니한다.[54]

3. 상속재산에 대한 강제집행 시 상속채권자와 한정승인자의 고유채권자가 경합하는 경우 우선순위

법원이 한정승인신고를 수리하게 되면 피상속인의 채무에 대한 상속인의 책임은 상속재산으로 한정되고 그 결과 상속채권자는 특별한 사정이 없는 한 상속인의 고유재산에 대하여 강제집행을 할 수 없다.[55]

상속채권자가 아닌 한정승인자의 고유채권자가 상속재산에 관하여 담보권을 취득한 경우, 담보권을 취득한 채권자와 상속채권자 사이의 우열관계는 민법상 일반원칙에 따라야 하고 상속채권자가 우선적 지위를 주장할 수 없다. 그러나 상속재산에 관하여 담보권을 취득하였다는 등 사정이 없는 경우, 한정승인자의 고유채권자는 상속채권자가 상속재산으로부터 채권의 만족을 받지 못한 상태에서 상속재산을 고유채권에 대한 책임재산으로 삼아 이에 대하여 강제집행을 할 수 없다. 이는 한정승인자의 고유채무가 조세채무인 경우에도 그것이 상속재산 자체에 대하여 부과된 조세나 가산금, 즉 당해세에 관한 것이 아니라면 마찬가지이다.[56]

즉, 한정승인자의 고유채권자와 상속채권자가 모두 일반채권자라면 한정승인자의 고유채권자는 상속채권자가 상속재산으로부터 채권의 만족을 받지 못한 상태에서 상속재산을 책임재산으로 하여 강제집행을 할 수 없다.

---

53) 대법원 2012.9.13 선고, 2010두13630 판결.
54) 서울고법 2019.5.15 선고, 2018누63916 판결.
55) 대법원 2010.3.18 선고, 2007다77781 판결.
56) 대법원 2016.5.24 선고, 2015다250574 판결.

4. 대습상속인도 10년 이내 재차증여 합산 여부

상속인은 민법 제1001조 및 제1003조에 따른 대습상속인도 포함된다. 따라서 피상속인이 사망하여 상속이 개시된 때에 대습상속의 요건을 갖추어 상속인이 되었다면, 그 상속인이 상속개시일 전 10년 이내에 피상속인으로부터 증여 받은 재산의 가액은 상속인에 대한 증여로 보아 상속세 과세가액에 포함하여야 한다.[57]

5. 배우자의 실제 상속재산 해당 여부

수익자가 피상속인의 아들로 지정된 보험금은 상속인인 아들의 고유재산이 되는 것이므로 상속인간 협의분할 대상이 아니며, 설사 상속세 신고기한 이내에 상속인간 협의에 의하여 피상속인의 배우자가 해당 보험금을 수령하였다고 하더라도 배우자가 실제 상속받은 재산으로 볼 수 없다.[58]

6. 법정상속분 포기의 대가로 받은 현금의 양도소득세 과세 여부

상속재산분할에 대한 조정을 갈음하는 결정으로 청구인이 다른 상속인들의 상속재산에 대한 법정상속지분을 현금 등으로 유상취득한 경우(즉, 상속부동산등을 공동상속인 중 청구인 1명이 단독소유하고, 나머지 상속인 5명에게 상속부동산 지분에 대한 포기의 대가로 현금을 지급한 경우) 상속부동산에 대한 법정상속분 포기의 대가로 다른 상속인들이 지급받은 현금 등은 양도소득세 과세대상이다.[59]

---

57) 대법원 2018.12.13 선고, 2016두54275 판결.
58) 사전-2014-법령해석재산-20405, 2015.7.13.
59) 사전-2019-법령해석재산-0641, 2020.2.4.

제5절 민법과 세법의 비교

　민법상 상속재산의 범위는 세법상 상속재산과 일치하지 않으며 민법상 상속재산을 토대로 하면서 추가적으로 가산하는 의제상속재산 또는 상속재산에 가산하는 특별수익의 범위 등이 민법과 다르다.

　민법상 피보험자가 사망시 수익자가 자녀 등 법정상속인에 해당하는 경우 이는 수익자의 고유재산인데 반해 세법상으로는 실질적으로 상속이나 유증 등에 의하여 재산을 취득한 것과 동일하게 취급하여 상속재산으로 의제한다.

　특별수익 계산시 민법은 원칙적으로 기간 제한이 없이 생전기간 동안 증여를 포함시키나 세법에서는 상속개시 전 10년 이내에 상속인에게 증여한 재산가액과 상속개시 전 5년 이내에 상속인이 아닌 자에게 증여한 재산가액을 과세가액에 산입한다.

　또한 세법에서는 상속이 개시되기 일정한 기간 전에 피상속인이 재산을 처분하거나 예금을 인출한 경우 그 사용처를 입증하지 못할 경우 그 금액을 상속인이 현금으로 상속받은 것으로 추정하여 상속세 과세가액에 산입한다.

　민법상 실종선고로 인한 사망 간주일(상속개시일)은 실종기간 만료일인데 반해 세법상 피상속인이 실종선고로 인하여 상속이 개시되는 경우 상속개시일은 실종선고일이 된다.

제**32**장

부당이득과 세법

관련 세법규정 요약

국세기본법 제51조 제1항(국세환급금의 충당과 환급) 세무서장은 납세의무자가 국세 및 강제징수비로서 납부한 금액 중 잘못 납부하거나 초과하여 납부한 금액이 있거나 세법에 따라 환급하여야 할 환급세액이 있을 때에는 즉시 그 잘못 납부한 금액, 초과하여 납부한 금액 또는 환급세액을 국세환급금으로 결정하여야 한다.

1. 민법상 부당이득 반환

　법률상 원인 없이 타인의 재산 또는 노무로 인하여 이익을 얻고 이로 인하여 타인에게 손해를 가한 자는 그 이익을 반환하여야 한다(민법 제741조). 이익을 얻는 방법에는 제한이 없다. 가령 채무를 면하는 경우와 같이 어떠한 사실의 발생으로 당연히 발생하였을 손실을 보지 않는 것도 이익에 해당한다.[1] 또한 채권도 물권과 같이 재산의 하나이므로 그 취득도 당연히 이득이 되고 수익이 된다.[2]

　수익자가 선의인 경우에는 그 받은 이익이 현존하는 한도에서(민법 제748조 제1항), 수익자가 악의인 경우에는 그 받은 이익에 이자를 붙여 반환하고 이를 배상하여야 한다(민법 제748조 제2항).

　매매계약이 무효인 경우 악의의 수익자인 매도인은 특별한 사정이 없는 한 반환할 매매대금에 대하여 민법이 정한 연 5%의 법정이율에 의한 이자를 붙여 반환하여야 하고 위와 같은 법정이자의 지급은 부당이득반환의 성질을 가지는 것이지 이행지체로 인한 손해배상은 아니다.[3]

　부당이득반환제도는 정당한 권리 없이 타인의 재화로부터 이익을 얻은 때에 공평·정의의 이념에 의하여 그 이익을 본래의 정당한 권리자에게 환원시키는 기능을 한다.

2. 세법상 부당이득 반환

가. 국세환급금 청구권의 발생

　환급에 관한 권리·의무는 과오납상태가 되거나 법상의 요건을 충족함으로써 당연히 발생한다.

　과납부세액이란 신고 또는 부과처분이 당연무효는 아니나 그후 취소 또는 경정됨으로써 그 전부 또는 일부가 감소된 세액을, 오납액은 납부 또는 신고나 부과처분이 부존재하거나 당연무효임에도 납부 또는 징수된 세액을 뜻한다. 환급세액은 적법하게 납부 또는 징수되었으나 그 후 국가가 보유할 정당한 이유가 없게 되어 각 개별세법에서 환급하기로 정한 세액을 말한다.

---

1) 대법원 2017.12.5 선고, 2017다225978 판결.
2) 대법원 1996.11.22 선고, 96다34009 판결.
3) 대법원 2017.3.9 선고, 2016다47478 판결.

세무서장은 납세의무자가 국세 및 강제징수비로서 납부한 금액 중 잘못 납부하거나 초과하여 납부한 금액이 있거나 세법에 따라 환급하여야 할 환급세액이 있을 때에는 즉시 그 잘못 납부한 금액, 초과하여 납부한 금액 또는 환급세액을 국세환급금으로 결정하여야 한다(국세기본법 제51조 제1항).

국세환급금 중 충당한 후 남은 금액은 국세환급금의 결정을 한 날로부터 30일 이내에 납세자에게 지급하여야 한다(국세기본법 제51조 제6항).

오납금은 그 납부시 부과·징수처분 또는 신고의 무효가 발생요건이고, 과납금은 납부 이후 과세관청의 직권에 의한 처분취소 또는 납세자의 쟁송에 의한 처분취소가 요건이 된다.[4]

한편, 법령해석에 대한 견해 차이는 명백한 하자로 볼 수 없고, 이에 따른 공무원의 불법행위도 인정할 수 없다.[5]

나. 조세환급금의 성질

조세환급금은 조세채무가 처음부터 존재하지 않거나 그 후 소멸하였음에도 불구하고 국가가 법률상 원인 없이 수령하거나 보유하고 있는 부당이득에 해당하고, 환급가산금은 그 부당이득에 대한 법정이자로서의 성질을 가진다. 이 때 환급가산금의 내용에 대한 세법상의 규정은 부당이득의 반환범위에 관한 민법 제748조에 대하여 그 특칙으로서의 성질을 가진다. 따라서 환급가산금은 국가의 선의·악의를 불문하고 그 가산금에 관한 각 규정에서 정한 기산일과 비율에 의하여 확정된다.[6]

다. 조세의 과오납이 부당이득이 되기 위한 요건

조세의 과오납이 부당이득이 되기 위해서는 납세 또는 조세의 징수가 실체법적으로나 절차법적으로 전혀 법률상의 근거가 없거나 과세처분의 하자가 중대하고 명백하여 당연무효이어야 하고, 과세처분의 하자가 단지 취소할 수 있는 정도에 불과할 때에는 과세관청이 이를 스스로 취소하거나 항고소송 절차에 의하여 취소되지 않는 한 그로 인한 조세의 납부가 부당이득이 된다고 할 수 없다.[7]

---

4) 소순무, 『조세소송(개정5판)』, (주)영화조세통람, 2010, 523면.
5) 대법원 2018.8.30 선고, 2017다291814 판결.
6) 대법원 2009.9.10 선고, 2009다11808 판결.

여기서 신고행위의 하자가 중대하고 명백하여 당연 무효에 해당하는지의 여부에 대하여는 신고행위의 근거가 되는 법규의 목적, 의미, 기능 및 하자 있는 신고행위에 대한 법적 구제수단 등을 목적론적으로 고찰함과 동시에 신고행위에 이르게 된 경위 등 구체적 사정을 개별적으로 파악하여 합리적으로 판단하여야 한다.[8]

한편, 부과제척기간이 도과된 이후 납세의무자가 종합소득세를 신고납부한 경우 그 신고납부한 행위는 당연무효이다.[9]

라. 부가가치세 환급세액 지급의무가 민사상 부당이득 반환의무인지 여부

부가가치세 환급세액 지급의무는 그 납세의무자로부터 어느 과세기간에 과다하게 거래징수된 세액 상당을 국가가 실제로 납부 받았는지와 관계없이 부가가치세법령의 규정에 의하여 직접 발생하는 것으로서, 그 법적 성질은 정의와 공평의 관념에서 수익자와 손실자 사이의 재산상태 조정을 위해 인정되는 부당이득 반환의무가 아니라 부가가치세법령에 의하여 그 존부나 범위가 구체적으로 확정되고 조세 정책적 관점에서 특별히 인정되는 공법상 의무라고 봄이 타당하다. 따라서 환급세액 지급 청구는 민사소송이 아니라 행정소송법상 당사자 소송에 의하여야 한다.[10]

마. 실제사업자가 따로 있는데도 사업자명의 세금 납부 후 과세처분이 무효 또는 취소되어 과오납부액이 발생한 경우 환급청구권자(부당이득청구권자)

실제사업자가 따로 있는데도 과세관청이 사업자명의에게 과세처분을 한 경우에는 사업명의자와 과세관청 사이에 과세처분에 따라 세액을 납부하는 법률관계가 성립된다. 따라서 사업명의자에게 과세처분이 이루어져 사업명의자 명의로 세액이 납부되었으나 과세처분이 무효이거나 취소되어 과오납부액이 발생한 경우에 사업명의자 명의로 납부된 세액의 환급청구권자는 사업명의자와 과세관청 사이의 법률관계에 관한 직접 당사자로서 세액 납부의 법률효과가 귀속되는 사업명의자로 보아야 한다.[11]

7) 대법원 1984.11.11 선고, 94다28000 판결.
8) 대법원 2006.1.13 선고, 2004다64340 판결.
9) 대법원 2020.8.13 선고, 2019다300361 판결.
10) 대법원 2013.3.21 선고, 2011다95564 판결.
11) 대법원 2015.8.27 선고, 2013다212639 판결.

한편, 현행 세법상 과세의 대상이 되는 소득 등의 귀속이 명의일 뿐 사실상 귀속되는 자가 따로 있어 명의대여자에 대한 과세를 취소하고 실질귀속자를 납세의무자로 하여 과세하는 경우 명의대여자 대신 실질귀속자가 납부한 것으로 확인된 금액은 실질귀속자의 기납부세액으로 먼저 공제하고 남은 금액이 있는 경우에는 실질귀속자에게 환급한다(국세기본법 제51조 제11항).

바. 원천징수납부세액 환급청구권자

원천징수 세제에 있어서 원천징수의무자가 원천납세자로부터 원천징수대상이 아닌 소득에 대하여 세액을 징수·납부하였거나 징수하여야 할 세액을 초과하여 징수·납부하였다면, 이로 인한 환급청구권은 원천납세의무자가 아닌 원천징수의무자에게 귀속된다.[12]

이 경우 원천징수의무자가 원천납세의무자에 대한 관계에서는 법률상 원인 없이 이익을 얻은 것이라 할 것이므로 원천납세의무자는 원천징수의무자에 대하여 환급청구권 상당액을 부당이득으로 구상할 수 있다.[13]

사. 기타 과오납세액 등 환급청구권자

매입자납부특례에 따라 매입자가 납부한 과오납 세액에 대한 부가가치세 환급세액 환급청구권은 매입자에게 귀속된다.[14]

명의수탁자 명의로 납부한 세액을 명의신탁자의 기납부세액으로 차감하지 아니한다.[15] 즉, 명의수탁자에게 과세처분이 이루어져 명의수탁자 명의로 세액이 납부되었으나 과세처분이 무효이거나 취소되어 과오납부세액이 발생한 경우에 그 세액의 환급청구권자는 명의수탁자와 과세관청 사이의 법률관계에 관한 직접 당사자로서 세액 납부의 법률효과가 귀속되는 명의수탁자로 보아야 한다.[16]

---

12) 대법원 2019.11.15 선고, 2019다252103 판결.
13) 대법원 2003.3.14 선고, 2002다68294 판결.
14) 서울고등법원 2018.12,12 선고, 2018나2043669 판결.
15) 제주지법 2018.10.24 선고, 2018구합 5387 판결.
16) 서울고법 2018.3.21 선고, 2017나1924 판결.

3. 민법상 부당이득과 과세 여부

가. 정당한 권원 없이 토지 무단 사용 관련 부당이득과 부가가치세 과세

당초부터 정당한 권원이 없이 토지를 무단으로 점유함으로써 처음부터 계약상 또는 법률상의 원인으로 볼 수 있는 특별한 사정이 없다면 법원의 판결에 따라 지급받는 부당이득금 등은 부동산임대용역의 공급에 해당하지 아니하여 부가가치세가 과세되지 않는다.[17]

나. 공사도급계약 무효로 인한 부당이득금 수령과 부가가치세 과세

공사도급업체의 귀책사유로 공사계약이 무효가 되어 공사도급업체로부터 반환받는 부당이득금은 부가가치세법에 따른 부가가치세 과세대상에 해당하지 않는다.[18]

다. 정당한 권원 없이 토지 무단 사용 관련 부당이득과 소득세 과세

타인 소유 토지 위에 권한없이 건물을 소유하고 있는 자는 실제로 건물을 사용·수익하고 있지 않더라도 그 자체로써 특별한 사정이 없는 한 법률상 원인 없이 타인의 재산으로 인하여 토지의 차임에 상당하는 이익을 얻고 이로 인하여 타인에게 동액 상당의 손해를 주고 있다고 보아야 한다.[19]

이에 따라 부동산 소유자가 법원의 판결(화해권고결정)에 따라 부동산을 소유의 의사에 반하여 정당한 권원 없이 불법으로 점유하여 사용한 자로부터 지급받는 임료 상당의 부당이득금은 소득세법상 과세대상 소득에 해당하지 않는다.[20]

라. 임대차 기간 경과 후 지급받은 임료 상당의 부당이득금 등 과세

임대차계약에 관한 쟁송에 대한 판결 등으로 인하여 소유자 등이 받게 되어 있는 이미 경과한 기간에 대응하는 임대료 상당액(지연이자 및 기타손해배상금 포함)은 부동산임대소득에 대한 총수입금액에 해당한다. 그 수입금액시기는 판결 등이 있은 날이 된다.

---

17) 법규부가2014-230, 2014.6.25.
18) 사전-2015-법령해석부가-0376, 2015.12.11.
19) 대법원 1998.5.8 선고, 98다2389 판결.
20) 법규소득2014-230, 2014.7.29.

그리고 부동산임대소득에 해당하는 부당이득금을 지급받기 위하여 지출하는 변호사비용 등 관련 소송비용은 부동산임대소득 계산에 있어 필요경비에 해당한다.[21]

마. 타인 소유 부동산 처분 후 부당이득 반환시 양도소득세 공제 여부

타인 소유의 부동산을 처분하여 매각대금을 수령한 경우 수익자는 그러한 처분행위가 없었다면 부동산 자체를 반환하여야 할 지위에 있던 사람이므로 처분행위로 인하여 발생한 양도소득세 기타 비용은 수익자가 이익 취득과 관련하여 지출한 비용에 해당한다고 할 수 없어 이를 반환하여야 할 이득에서 공제할 것은 아니다.[22]

4. 민법상 부당이득과 국세우선권 있는 조세채권과의 관계

배당에서 국세기본법에 따라 적법한 체납처분에 따른 압류권자인 대한민국의 조세채권이 원고가 원고의 착오입금에 따라 체납자에 대해 가진 부당이득반환채권보다 우선하므로 대한민국이 우선 배당받은 것은 타당하다.[23]

5. 조세환급금 및 환급가산금의 성질

조세환급금은 조세채무가 처음부터 존재하지 않거나 그 후 소멸하였음에도 불구하고 국가가 법률상 원인 없이 수령하거나 보유하고 있는 부당이득에 해당하고, 환급가산금은 그 부당이득에 대한 법정이자로서의 성질을 가진다. 이 때 환급가산금의 내용에 대한 세법상의 규정은 부당이득의 반환범위에 관한 민법 제748조에 대하여 그 특칙으로서의 성질을 가진다고 할 것이므로, 환급가산금은 국가의 선의·악의를 불문하고 그 가산금에 관한 각 규정에서 정한 기산일과 비율에 의하여 확정된다. 부당이득반한의무는 일반적으로 기한의 정함이 없는 채무로서, 수익자는 이행청구를 받은 날로부터 이행지체로 인한 지연손해금을 배상할 책임이 있다. 그러므로 납세자가 조세환급금에 대하여 이행청구를 한 이후에는 법정이자의 성질을 가지는 환급가산금청구권 및 이행

21) 소득세과-274, 2009.1.21.
22) 대법원 2011.6.10 선고, 2010다40239 판결.
23) 김천지원 2019.11.27 선고, 2019가단 33568 판결.

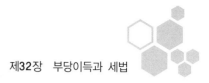
지체로 인한 지연손해금청구권이 경합적으로 발생하고, 납세자는 자신의 선택에 좇아 그 중 하나의 청구권을 행사할 수 있다.[24]

---

24) 대법원 2009.9.10 선고, 2009다11808 판결.

제**33**장

민사집행법과 세법의 관계

제1절 민사집행절차와 체납처분절차의 경합

현행법상 체납처분절차와 민사집행절차는 별개의 절차이고 두 절차 상호간의 관계를 조정하는 별도의 규정이 없으므로, 한쪽의 절차가 다른 쪽의 절차에 간섭할 수 없는 반면, 쌍방 절차에서 각 채권자는 서로 다른 절차에 정한 방법으로 다른 절차에 참여하게 된다. 따라서 체납처분절차에 따라 압류된 채권에 대하여도 민사집행법에 따라 압류 및 추심명령을 할 수 있고, 민사집행절차에서 압류 및 추심명령을 받고 채권자는 제3채무자를 상대로 추심의 소를 제기할 수도 있고, 제3채무자는 압류 및 추심명령에 선행하는 체납처분에 의한 압류가 있어 서로 경합된 다른 사정만을 내세워 민사집행정차에서 압류 및 추심명령을 받은 채권자의 추심청구를 거절할 수 없고, 또한 민사집행절차에 따른 압류가 근로기준법에 따라 우선변제권을 가지는 임금 등 채권에 기한 것이라는 등의 사정을 내세워 체납처분에 의한 압류채권자의 추심청구를 거절할 수도 없다. 다만, 제3채무자는 체납처분에 의한 압류채권자와 민사집행법에서 압류 및 추심명령을 받은 채권자 중 어느 한쪽의 청구에 응하여 그에게 채무를 변제하고 그 변제 부분에 대한 채무의 소멸을 주장할 수 있으며, 또한 민사집행법 제248조 제1항에 따른 집행공탁을 하여 면책될 수도 있다.[25]

제2절 민사집행절차에서 조세압류채권자의 배당요구

민사집행절차에서 압류 및 추심명령을 받은 채권자 뿐만 아니라 체납처분에 의한 압류채권자의 지위도 민사집행법상의 배당절차에서 배당을 받을 채권자의 지위로 전환된다고 할 것이어서, 체납처분에 의한 압류채권자가 공탁사유신고나 추심신고 시까지 민사집행법 제247조에 의한 배당요구를 따로 하지 않았다고 하더라도 그 배당절차에 참가할 수 있다.[26]

---

25) 대법원 2015.7.9 선고, 2013다 60982 판결.
26) 대법원 2015.4.23 선고, 2013다207774 판결.

색인

■ 정 진 오

- 전북 고창 출생
- 전주고등학교 졸업
- 국립세무대학 내국세과 졸업(5회)
- 한국방송통신대학교 법학과 졸업
- 전북대학교 경영대학원 경영학 석사
- 전북대학교 일반대학원 법학과 법학박사

- 전주, 익산, 군산, 정읍, 남원 등 일선 세무서
- 국세공무원교육원 교수과(민법과 세법 강의)
- 광주지방국세청 송무과 송무2계장
- 군산세무서 조사과장
- 북전주세무서 진안지서장
- 전주세무서 개인납세1과장
- 전주세무서 부가가치세과장
- 현재 광교세무법인 전북(탑)지점 대표
- 법학박사/세무사/경영지도사

[주요 논문]
- 세무조사상 납세자 권익 보호에 관한 연구[2008.8., 박사학위논문]
- 공평과세를 위한 세무조사제도 개선방안(공저)[2009.4., 한국세법학회]
- 한국의 세무조사제도에 있어서 납세자 권익 보호방안(공저)[2009.8., 국민대학교 법학연구소]
- 세법상 가산세 제도의 합리적 개선방안[2011.4., 한국세법학회]
- 세법상 사해행위취소 제도의 적용상 쟁점과 입법적 개선방안(공저)[2012.12., 한국조세연구포럼]

■ 문 정 균

- 서울 남강고등학교 졸업
- 성균관대학교 법과대학 졸업
- 성균관대학교 대학원 법학과 수료(조세법 전공)
- 제50회 사법시험 합격
- 사법연수원 제40기(기업법 전공) 수료
- 서울지방변호사회 조세연수원(22기) 수료

- 법무법인 서로 소속 변호사
- 법무법인 서로 구성원 변호사
- 법률사무소 감우 대표변호사
- 법무법인 감우 구성원 변호사
- 이화여자대학교 법학전문대학원 보건의료법 연구과정 수료
- 대한변호사협회 행정법, 보험 전문변호사 등록

[저서]
- 『상속세의 역습』 공저 (리얼북스, 2015)
- 『상속을 설계하라!』 공저 (CNO퍼블리셔, 2017)

[전문분야]
- 과세전적부심사, 조세심판청구, 세금부과처분취소 등 조세소송
- 상속재산분할, 상속회복청구 등 상속관련 소송
- 의료인 및 의료기관 형사 및 행정처분 관련 소송
- 보험 관련 민·형사 사건 : 보험금 청구 소송, 보험사기 형사사건 변론 등

개정증보판 **민법과 세법 실무**

2019년 4월 18일 초판 발행
2021년 3월 30일 3판 발행

저　　　자　정　진　오
　　　　　　　문　정　균
발　행　인　이　희　태
발　행　처　**삼일인포마인**

저자협의
인지생략

서울특별시 용산구 한강대로 273 용산빌딩 4층
등록번호 : 1995. 6. 26 제3－633호
전　　화 : (02) 3489－3100
F　A　X : (02) 3489－3141
I S B N : 978－89－5942－961－5　93320

♣ 파본은 교환하여 드립니다.　　　　　　정가 60,000원

삼일인포마인 발간책자는 정확하고 권위 있는 해설의 제공을 목적으로 하고 있습니다. 다만 그 완전성이 항상 보장되는 것은 아니고 또한 특정 사안에 대한 구체적인 의견제시가 아니므로, 적용결과에 대하여 당사가 책임지지 아니합니다. 따라서 실제 적용에 있어서는 충분히 검토하시고, 저자 또는 능력 있는 전문가와 상의하실 것을 권고합니다.